D1751615

Enrico Riva   Hauptfragen der materiellen Enteignung

Enrico Riva

Fürsprecher, Dr. iur., LL.M.
Privatdozent an der Universität Bern

Hauptfragen der materiellen Enteignung

Eine Untersuchung zum Tatbestand
des entschädigungspflichtigen
Eigentumseingriffs
im schweizerischen Recht

Verlag Stämpfli & Cie AG Bern · 1990

Habilitationsschrift der rechts- und wirtschaftswissenschaftlichen Fakultät
der Universität Bern

Die Arbeit für die vorliegende Untersuchung ist durch ein dreijähriges Forschungsstipendium des Schweizerischen Nationalfonds für wissenschaftliche Forschung unterstützt worden.

Abschluss des Manuskripts: Ende Oktober 1989. Band 114/1988 der Amtlichen Sammlung der Entscheidungen des Schweizerischen Bundesgerichts ist vollständig berücksichtigt.

Adresse des Verfassers: Engestrasse 49, CH-3012 Bern

©
Verlag Stämpfli & Cie AG Bern · 1990
Gesamtherstellung ab gelieferten Daten:
Stämpfli & Cie AG, Graphisches Unternehmen, Bern
Printed in Switzerland

ISBN 3-7272-9610-0

Vorwort

Zwei Jahrzehnte lang – nämlich seit der 1967 veröffentlichten Untersuchung von A. MEIER-HAYOZ und P. ROSENSTOCK «Zum Problem der Grünzonen» – hat sich die Rechtswissenschaft mit dem Phänomen der materiellen Enteignung kaum mehr in eigenständiger Weise auseinandergesetzt. Während das Feld der bundesgerichtlichen Rechtsprechung überlassen blieb und von dieser auch die letzten bedeutenden Weiterentwicklungen des Entschädigungsrechtes ausgingen, beschränkte sich die Lehre weitgehend darauf, die Ergebnisse der Gerichtspraxis vorzutragen und gewisse ihrer Einzelpunkte zu erörtern. Erst der 1988 erschienene gewichtige Aufsatz von Bundesrichter Th. PFISTERER[1] hat erstmals wieder eine Gesamtschau des Problems gebracht. Die vorliegende – gleichzeitig und unabhängig entstandene – Untersuchung stellt wie die Arbeit PFISTERERS den Versuch dar, die materielle Enteignung aus einer umfassenden Perspektive anzugehen. Die «Eigentumsbeschränkungen, die einer Enteignung gleichkommen», sollen als ein einheitliches Institut begriffen und analysiert werden.

Angesichts der Tatsache, dass in der Schweiz das Recht des entschädigungspflichtigen Eigentumseingriffs in ausgeprägtem Masse Richterrecht ist, kann und will auch diese Untersuchung nicht an der bundesgerichtlichen Rechtsprechung vorbeigehen. Im Gegenteil: Die Rechtsprechung bildet den Ausgangspunkt der Analyse und liefert überdies das unentbehrliche Anschauungsmaterial für ein wirklichkeitsbezogenes Verständnis der sich stellenden Probleme. Ziel der Arbeit ist es indessen, über diese Judikatur hinaus zu den Prinzipien vorzustossen, welche die materielle Enteignung zu einem Rechtstatbestand machen. Beabsichtigt ist also eben das, was das am Einzelfall orientierte Richterrecht schwer zu leisten vermag, nämlich eine Besinnung auf die leitenden Gesichtspunkte und Gedanken, die es erlauben, das Einzelproblem in seinen übergeordneten Rahmen einzuordnen.

---

[1] Entwicklung und Perspektiven der bundesgerichtlichen Rechtsprechung zur materiellen Enteignung, Zbl 1988, S. 469–89 und 517–38.

Für eine solche Besinnung scheint die Zeit reif. Einerseits haben die letzten beiden Jahrzehnte die Fülle der durch das Entschädigungsgebot von Art. 22ter Abs. 3 BV aufgeworfenen Fragen deutlich gemacht. Dabei scheinen die von der Raumplanung ausgelösten Umwälzungen heute weitgehend bewältigt; die bundesgerichtliche Rechtsprechung bietet sich in ihren Ergebnissen gefestigt dar. Auf der anderen Seite machen die Vielzahl der Probleme und die Verästelungen der Judikatur es zunehmend schwieriger, die materielle Enteignung in ihren übergreifenden Merkmalen zu erkennen. Die vorliegende Untersuchung versteht sich als Beitrag zu einem erneuerten Verständnis des entschädigungspflichtigen Eigentumseingriffes.

Am Schlusse dieses achtjährigen Unternehmens habe ich Vielen zu danken.

Als erstes danke ich meinen Mitbürgerinnen und Mitbürgern, die mir mit ihren Steuergeldern über den schweizerischen Nationalfonds ein sehr grosszügiges Forschungsstipendium haben zukommen lassen. Dieses Stipendium ermöglichte mir von 1982 bis 1984 einen Aufenthalt an der Harvard Law School (Cambridge, Mass./USA) und daran anschliessend ein weiteres Arbeitsjahr in der Schweiz. Ich bin froh, hier ein materielles Ergebnis der mir zuteil gewordenen Förderung vorlegen zu können.

Ich danke Herrn Professor Dr. iur. Jörg Paul Müller, dass er meine Absicht, dieses Unterfangen in Angriff zu nehmen, aufgenommen und mich auf dem langen und steinigen Weg mit Rat, Freundschaft und Zeit – und zuletzt mit seinem Gutachten im Rahmen des Habilitationsverfahrens – begleitet und gefördert hat. Ohne ihn wäre die Arbeit nicht zu einem guten Ende gekommen.

Herr Bundesrichter Prof. Dr. iur. Dr. h. c. Alfred Kuttler machte mir die unveröffentlichte Bundesgerichtspraxis zugänglich. Seine Äusserungen zu einer ersten Fassung dieser Arbeit bewahrten mich vor Fehldeutungen und vermittelten mir ein besseres Verständnis der Rechtsprechung. Im Rahmen des Habilitationsverfahrens übernahm er das erste Gutachten. Ich danke ihm für seine Hilfe und sein stetes Wohlwollen.

Meinen Anwaltskollegen Prof. Dr. Pierre Jolidon, Dr. Georg Krneta, Fürsprecher Riccardo Gullotti und Fürsprecher Ulrich Hirt bin ich dankbar für ihre Bereitschaft, mich als ihren damaligen Mitarbeiter mehrmals für Monate zu beurlauben, um die Fertigstellung der Arbeit zu ermöglichen.

Frau Silvia Lüdy danke ich für die Übernahme des grössten Teils der Schreibarbeiten und für die selbständige Erstellung des Urteilsregisters.

Meine lieben Eltern, Herr und Frau Guido und Greti Riva-Stampfli, sicherten die Existenz unserer Familie während jener Monate, in denen ich nichts verdienen konnte. Sie haben auch sonst mit Rat und Tat am Entstehen dieser Arbeit Anteil genommen. Ohne ihre Unterstützung wäre dieses Buch nicht zum Abschluss gekommen. Ich bin ihnen sehr dankbar.

Ein besonderer grosser Dank geht an meine Frau Antonia. Sie hat die guten Zeiten dieses Abenteuers – nämlich die zwei wunderbaren in Amerika verbrachten Jahre – und die viel längeren schlechten Zeiten mit mir geteilt, ohne mich je zu fragen, wie es mit ihrem Recht auf eigene Zeit und berufliche Selbstverwirklichung bestellt sei. Ihr und unseren beiden Kindern Franca und Paolo gehört dieses Buch ebenso wie mir.

Schliesslich dies: Deo gratias. Es ist eine nicht verdiente, grosse Gunst, sich mit einem faszinierenden Thema auseinandersetzen zu dürfen und diese Auseinandersetzung zu einem – wenn auch unvollkommenen – Abschluss führen zu können.

Bern, Januar 1990   ENRICO RIVA

Inhaltsverzeichnis

Vorwort V
Literatur XV
Abkürzungen XXXVI

Einleitung
Fragestellung und Methode 1

0.1 Gegenstand dieser Untersuchung 1
0.2 Zur Methode 3
0.3 Rechtsvergleichende Hinweise 7
       A. Allgemeines 7
       B. Europäische Menschenrechtskonvention 8
       C. USA 10
       D. Bundesrepublik Deutschland 11

Erster Teil
Die Ausbildung der materiellen Enteignung in der Rechtsprechung des schweizerischen Bundesgerichts 13
       Vorbemerkung: Der prozessuale Rahmen 14

1. **Erste Phase: Inhaltsbestimmung oder Enteignung**
Vom Entscheid *Huber* (1876) zum Entscheid *Fröbel* (1904) 18

1.1 Das Ausgangsmodell 18
1.2 Inhaltsbestimmung 22
1.3 Enteignung oder Eigentumsbeschränkung? 28
1.4 Eigentum 31
1.5 Der Formalismus der frühen Rechtsprechung 34

2. **Zweite Phase: Zweifel**
Vom Urteil *Koch-Zeller* (1905) zum Urteil *Zinggeler* (1929) 35

2.1	Entgegengesetzte Entwicklungen	35
2.2	Ausgleich von Sonderopfern?	37
2.3	Schutz des ausgeübten Eigentumsinhaltes	43
2.4	Enteignungsanalogie	46
2.5	Das Weiterwirken des Ausgangsmodells	53
	2.5.1 Inhaltsbestimmung	54
	2.5.2 Enteignung	57
2.6	Auf der Suche nach einem neuen Modell	60

3. Dritte Phase: Die alte Formel
Vom Urteil *Müller-Haiber* (1943) zum Urteil *Chappuis* (1963) ... 63

3.1	Vorläufer in der unveröffentlichten Rechtsprechung der Jahre 1932 bis 1937	63
3.2	Die Prägung der alten Formel in den Urteilen *Wettstein* und *Müller-Haiber*	69
3.3	Die Konkretisierung der alten Formel zwischen 1943 und 1965	78
	3.3.1 Zahlen und Sachverhalte	78
	3.3.2 Entzug des gegenwärtigen Gebrauchs	80
	3.3.3 Entzug des zukünftigen Gebrauchs – Eingriffsintensität und Sonderopfer	83
	A. Allgemeines	83
	B. Eingriffsintensität	85
	C. Sonderopfer	90
3.4	Materiellrechtliche und prozessuale Einzelfragen	93
	3.4.1 Beanspruchung privater Strassen durch das Gemeinwesen	94
	3.4.2 Im öffentlichen Recht begründete Eigentumspositionen	96
	3.4.3 Die Geltendmachung des Anspruchs aus materieller Enteignung	97
3.5	Die Bedeutung der alten Formel und ihr Widerhall in der Wissenschaft	100

4. Vierte Phase: Die neue Formel
Die Rechtsprechung seit dem Urteil *Barret* (1965) 105

4.1	Das Urteil *Barret*	105
4.2	Die Ausbildung der neuen Formel	113
4.3	Die Konkretisierung der neuen Formel zwischen 1965 und 1979	117
	4.3.1 Zahlen und Sachverhalte	118

4.3.2	Zur Methode des Bundesgerichts	120
4.3.3	Eingriffsintensität	122
	A. Allgemeines	122
	B. Die Rechtsprechung zur Eingriffsintensität	123
	C. Würdigung	127
4.3.4	Mit hoher Wahrscheinlichkeit in naher Zukunft zu erwartende Verwirklichung	128
	A. Bedeutung dieses Kriteriums	128
	B. Das Urteil *Sigg*	130
	C. Die Kriterien der Realisierungswahrscheinlichkeit im Einzelnen	133
	– Marktverhältnisse	133
	– Lage und Beschaffenheit des Grundstücks	134
	– Erschliessungsverhältnisse	135
	– Stand der öffentlichen Planung	138
	– Rechtliche Gegebenheiten	140
	– Absichten des Eigentümers	142
	D. Das Zusammenspiel der Kriterien	145

4.4 Inhaltsbestimmung und Formel *Barret*:
Das Urteil *Meier v. Zizers* (1979) 146

4.5 Die Rechtsprechung seit 1980 157
    4.5.1 Aufbruch und Beharren 157
    4.5.2 Fortschreibung der Formel *Barret* 158
        A. Entzug einer wesentlichen Eigentumsbefugnis 158
        B. Sonderopfer 161
    4.5.3 Das Erfordernis der Realisierungswahrscheinlichkeit 164
        A. Formel 164
        B. Rechtliche Gegebenheiten 165
        C. Tatsächliche Gegebenheiten 170
        D. Absichten des Eigentümers 171
        E. Der neue Stellenwert der Realisierungswahrscheinlichkeit 173
    4.5.4 Raumplanerische Eingriffe;
Auszonung – Nichteinzonung 176
        A. Ausgangslage 176
        B. Die Unterscheidung von Nichteinzonung und Auszonung 177
        C. Die Praxis bei Nichteinzonungen 179
        D. Auszonungen 182

4.6 Sonderfragen 182
    4.6.1 Die Entschädigungslosigkeit polizeilicher Eingriffe 182
    4.6.2 Beurteilungszeitpunkt 187

	4.6.3 Massgebende Rechtslage bei sich überlagernden Eigentumsbeschränkungen	189
	4.6.4 Das Verhältnis zwischen materieller und formeller Enteignung	192
	4.6.5 Materielle Enteignung wohlerworbener Rechte?	197
4.7	Würdigung der vierten Rechtsprechungsphase	200
	4.7.1. Erfolgreiche Bewältigung des mit der Raumplanung gestellten Entschädigungsproblems	200
	4.7.2 Unergiebigkeit der Formel *Barret*	205
	4.7.3 Ausblick: Die konkreten Ergebnisse der Rechtsprechung als Grundlage eines besseren Verständnisses	208

Zweiter Teil
Die Dogmatik der materiellen Enteignung ... 211

5. Die Tatbestandselemente der materiellen Enteignung ... 212

5.1	Erscheinungsweisen und Tatbestand	212
	5.1.1 Die materielle Enteignung aus der Sicht des betroffenen Eigentümers	212
	5.1.2 Erscheinungsweisen der materiellen Enteignung in der bundesgerichtlichen Rechtsprechung	213
	5.1.3 Bestimmung des Tatbestandes	217
5.2	Hoheitsakt	219
	5.2.1 Allgemeines	219
	5.2.2 Nur förmliche Rechtsakte oder auch Realakte? Finalität und Unmittelbarkeit	220
	A. Förmliche Rechtsakte	220
	B. Realakte?	222
	C. Mittelbare Eingriffe?	224
	D. Würdigung	226
5.3	Rechtmässigkeit	227
5.4	Eigentum – Gegenstand der materiellen Enteignung	230
	5.4.1 Das Problem	230
	5.4.2 Das Objekt der materiellen Enteignung in der Rechtsprechung des Bundesgerichts	232
	A. Vorbemerkung	232
	B. Im privaten Recht gründende Positionen	233
	C. Im öffentlichen Recht gründende Positionen	236
	5.4.3 Ausweitung des Schutzbereiches?	241

5.5	Schmälerung bisher gegebener Eigentumsbefugnisse	246
	5.5.1 Allgemeines	246
	5.5.2 Exkurs: Das Verhältnis zwischen materieller und formeller Enteignung	247
5.6	Vermögensminderung	252
	5.6.1 Der Grundsatz	252
	5.6.2 Folgerungen	253
5.7	Entschädigungspflicht des Gemeinwesens	258

6. Die Abgrenzung der materiellen Enteignung von den entschädigungslosen Beeinträchtigungen des Eigentums ... 259

6.1	Die Grundlagen	259
	6.1.1 Das Spannungsverhältnis zwischen Inhaltsbestimmung und Schutz des Eigentums	259
	6.1.2 Die Leitbilder des entschädigungspflichtigen Eigentumseingriffs	262
6.2	Die Intensität des Eingriffs	266
	6.2.1 Allgemeines – Bedeutung in Rechtsprechung und Lehre	266
	6.2.2 Die betroffene Eigentumsposition als Ausgangspunkt	267
	6.2.3 Untaugliche und auszuschliessende Unterkriterien zur Eingriffsintensität	270
	A. «Eingriff in die Substanz» – «Entzug einer wesentlichen Eigentumsbefugnis»	270
	B. «Situationsgebundenheit»	271
	6.2.4 Die Konkretisierung des Intensitätskriteriums	273
	A. Wertverminderung: keine feste Grenze nach oben; Unbeachtlichkeit von Einbussen bis zu 20%	274
	B. Gegenwärtiger und zukünftiger Gebrauch	277
	C. Verbleib einer wirtschaftlich sinnvollen Nutzung	283
	D. Eignung des betroffenen Objektes	285
	E. Ausgleich durch angemessene Vorteile	287
	F. Bauverbot auf erschlossenem Land innerhalb einer gültigen Bauzone	290
	G. Dauer des Eingriffs	290
	6.2.5 Beizug ausschliesslich ökonomischer Gesichtspunkte?	293
6.3	Lastengleichheit	295
	6.3.1 Allgemeines – Bedeutung in Rechtsprechung und Lehre	295
	6.3.2 Lastengleichheit als Teil eines einheitlichen Tatbestands	299
	6.3.3 Die Forderung nach Lastengleichheit als Abgrenzungskriterium	302

6.4	Zielrichtung des Eingriffs	308
	6.4.1 Allgemeines – Bedeutung in Rechtsprechung und Lehre	308
	6.4.2 Das Gemeinwesen als Gestalter der Eigentumsordnung und als Unternehmer	310
	6.4.3 Polizeiwidrige Eigentumsnutzungen	320
6.5	Vertrauensschutz?	326
	6.5.1 Die vertrauensbegründende Wirkung der Eigentumsgarantie	326
	6.5.2 Gesichtspunkte des Vertrauensschutzes in der Rechtsprechung zur materiellen Enteignung	329
	A. Bestandesschutz	329
	B. Voraussehbarkeit des Eingriffs	331
	C. Vertrauensbegründendes Verhalten von Behörden	333
	6.5.3 Berücksichtigen oder nicht berücksichtigen? Ein Vorschlag zur Differenzierung	336
6.6	Verhalten des Eigentümers	343
	6.6.1 Allgemeines – Bedeutung in Rechtsprechung und Lehre	343
	6.6.2 Anwendungsfälle	343
6.7	Rechtspolitische Würdigung des Eingriffs	346
	6.7.1 Allgemeines – Bedeutung in Rechtsprechung und Lehre	346
	6.7.2 Anwendungsfälle	347
	6.7.3 Würdigung	349
6.8	Die Abgrenzungskriterien in ihrer Gesamtheit	351
	6.8.1 Konstanz der Kriterien im Wandel der Eigentumsordnung	351
	6.8.2 Das Zusammenspiel der Abgrenzungskriterien	353
	A. Unterschiedliche Tragweite bei unterschiedlicher Ausgangslage	353
	B. Bejahung der Entschädigungspflicht als Ausnahme	355
	C. Offenheit der Kriterien als Hindernis für eine normative Festlegung ihres Zusammenwirkens	357

Urteilsregister 361

Sachregister 381

Literatur

Zur Zitierweise

- Die zitierten Entscheide und Literaturstellen werden in der Regel chronologisch angeführt.
- Die unten aufgeführten Autoren werden mit ihrem Namen und mit der Seitenzahl der Fundstelle zitiert.
 Wo ein Bedürfnis dafür besteht, ist die Fundstelle zusätzlich durch ein Stichwort ergänzt. In der nachfolgenden Liste der Titel sind die Stichworte durch *Kursivschrift* gekennzeichnet.
- Zahlenangaben ohne nähere Bezeichnung verweisen auf die entsprechenden Seiten des zitierten Werkes.
- Die Zitierweise für amerikanische Quellen folgt grundsätzlich den Anweisungen von «A Uniform System of Citation», 1986 Cambridge, Massachusetts (14. Auflage). Eine der Fundstelle vorangestellte Zahl bezeichnet dabei die Bandnummer, die daran anschliessende Zahl die Seite.

ACKERMAN Bruce A.	Private Property and the Constitution 1977 New Haven (Conn./USA) und London
ACKERMANN Josef	Entschädigungsfolgen der Raumplanung In: Festgabe Hans Erzer 1983 Solothurn, S. 357–65
AEMISEGGER Heinz	Raumplanung und Entschädigungspflicht 1983 Bern (Schriftenfolge Nr. 36 der Schweiz. Vereinigung für Landesplanung)
AESCHLIMANN Arthur	Enteignungsbann und Verzicht auf die Enteignung – Aspekte zur Enteignungsentschädigung SJZ Bd. 84/1988, S. 313–16
AFFOLTER Albert	Die individuellen Rechte nach der bundesgerichtlichen Praxis 1915 Zürich, 2. Auflage

AICHER Josef	Grundfragen der Staatshaftung bei rechtmässigen hoheitlichen Eigentumsbeeinträchtigungen 1978 Berlin
ANTOGNINI Fulvio	Espropriazione materiale: Pianificazione e indennità espropriativa RDAT 1977, S. 239–45
ATTIGER Peter	Der enteignungsähnliche Tatbestand dargestellt auf Grund der bundesgerichtlichen Rechtsprechung 1959 Basel
AUBERT Jean François	Quelques mots sur la garantie de la propriété foncière ZBGR Bd. 43/1962, S. 1–21
–	Le prix de l'urbanisme et la propriété privée Zbl Bd. 63/1962, S. 545–63
–	Du renchérissement foncier et de certaines questions qu'il pose au juriste ZSR Bd. 83 II/1964, S. 1–132
–	Traité de droit constitutionnel suisse 1967 Neuchâtel und Paris, 1982 Neuchâtel (Supplément)
AYER Nicolas	Expropriation matérielle d'objets culturels mobiliers Baurecht 1988, S. 82–85
BAGI Louis	La garantie constitutionnelle de la propriété 1956 Lausanne
BASCHUNG Marius	Die Ordnung der Nutzung von Grund und Boden im Lichte der Grundsätze über die materielle Enteignung Zbl Bd. 75/1974, S. 159–67
BÉGUIN Georges	Questions juridiques concernant le plan d'aménagement national et régional ZSR Bd. 66/1947, S. 349a–431a

BLOCHER Christoph	Die Funktion der Landwirtschaftszone und ihre Vereinbarkeit mit der schweizerischen Eigentumsgarantie 1972 Zürich
BONNARD Claude	La jurisprudence du Tribunal fédéral concernant l'expropriation matérielle JdT Bd. 114/1966, S. 66–79
BOSSELMAN Fred / CALLIES David / BANTA John	The Taking Issue 1973 Washington DC
BOSSHARDT Oskar	Buchbesprechung von MÜLLER Peter Hansjakob, Die Eigentumsgarantie und die Enteignung Zbl Bd. 69/1968, S. 246–48
BRUHIN Urs Peter	Planänderung im Raumplanungsrecht 1975 Zürich
(Schweiz. Bundesrat)	Botschaft des Bundesrates an die Bundesversammlung über die Ergänzung der Bundesverfassung durch die Art. 22ter und 22^{quater} (Verfassungsrechtliche Ordnung des Bodenrechts) (vom 15. August 1967) BBl 1967 II, S. 133–48
BÜHLER Theodor	Zur Geschichte der Eigentumsgarantie und der Enteignung Zbl Bd. 75/1974, S. 378–91
BURCKHARDT Walther	*Kommentar* der schweizerischen Bundesverfassung vom 29. Mai 1874 1931 Bern, 3. Auflage
BUSER Gustav	Eigentum und öffentlich-rechtliche Eigentumsbeschränkungen Zbl Bd. 57/1956, S. 225–43 und 257–65
CATENAZZI Emilio	Ancora sull'espropriazione materiale RDAT 1980, S. 301–11
CENSI Adriano	Problemi giuridici relativi al decreto esecutivo

sull'ordinamento provvisorio in materia di pianificazione del territorio del 29 gennaio 1980
RDAT 1981, S. 241-62

COSTONIS John J.   «Fair» Compensation and the Accomodation Power: Antidotes for the Taking Impasse in Land Use Controversies
75 Columbia Law Review 1021-82 (1975)

–   Presumptive and per se Takings: A Decisional Model for the Taking Issue
58 New York University Law Review 465-552 (1983)

DICKE Detlev   Die materielle Enteignung
In: Baurechtstagung 1983, Tagungsunterlagen Band 2
1983 Freiburg, S. 49-83

DILGER Peter   Raumplanungsrecht der Schweiz
1982 Dietikon

DUBACH Werner   Die wohlerworbenen Rechte im Wasserrecht
1980 Bern

EJPD/Bundesamt für Raumplanung   Erläuterungen zum Bundesgesetz über die Raumplanung
1981 Bern

EPSTEIN Richard A.   Takings – Private Property and the Power of Eminent Domain
1985 Cambridge (Mass./USA) und London

ESTERMANN Alois   Die Baufreiheit und ihre Schranken. Eine vergleichende Darstellung des Bau- und Siedlungsplanungsrechtes der Schweiz und der Bundesrepublik Deutschland im Spannungsfeld von Rechtsstaat und Sozialstaat
1965 Winterthur

FAHRLÄNDER Karl Ludwig   Zur Abgeltung von Immissionen aus dem Betrieb öffentlicher Werke, unter Berücksichtigung des

	Bundesgesetzes über den Umweltschutz erörtert am Beispiel der Nationalstrassen 1985 Bern
FAJNOR Michael	Staatliche Haftung für rechtmässig verursachten Schaden 1987 Zürich
FISCHER J.	Die Haftbarkeit des Staates und der Gemeinden für Schädigungen Privater durch legislatorische und administrative Erlasse Zbl Bd. 1/1901, S. 177–80, 185–88, 193–96
FLEINER Fritz	Institutionen des deutschen Verwaltungsrechts 1939 Zürich (Neudruck der 8. Auflage von 1928)
FLEINER-GERSTER Thomas	Grundzüge des allgemeinen und schweizerischen Verwaltunsgrechts 1980 Zürich, 2. Auflage
FRICK Rolf J.	Faktische Interessen, Chancen und Hoffnungen als Schutzobjekte der Eigentumsgarantie 1985 Zürich
FRIEDRICH Hans-Peter	*Eigentumsgarantie* und landwirtschaftliches Bodenrecht Zbl Bd. 69/1968, S. 57–76
–	*Grundeigentum*, land- und forstwirtschaftliche Nutzung und Raumplanung Blätter für Agrarrecht 1977, S. 64–72
GEISSBÜHLER Hermann	Raumplanungsrecht, Eigentumsordnung und Verfassungsrevision 1981 Bern
GEISSBÜHLER Hermann / STÜDELI Rudolf	Was ist unter materieller Enteignung zu verstehen? Schriftenfolge Nr. 16 der Schweizerischen Vereinigung für Landesplanung 1974 Bern
GIACOMETTI Zaccaria	Allgemeine Lehren des rechtsstaatlichen Verwaltungsrechts 1960 Zürich

GRISEL André	Des *restrictions* de droit public à la propriété privée Zbl Bd. 56/1955, S. 89–98 und 113–20
–	*Droit administratif* suisse 1970 Neuchâtel
–	*Juridiction constitutionnelle* de demain Zbl Bd. 72/1971, S. 209–25
–	*Traité* de droit administratif 1984 Neuchâtel
–	*Expropriation matérielle* In: Aktuelle Probleme des Staats- und Verwaltungsrechts – Festschrift für Otto K. Kaufmann zum 75. Geburtstag 1989 Bern und Stuttgart, S. 97–108
GRISEL Etienne	La définition de la police In: Erhaltung und Entfaltung des Rechts in der Rechtsprechung des Schweizerischen Bundesgerichts 1975 Basel, S. 91–113
GUENG Urs	Die allgemeine rechtsstaatliche *Entschädigungspflicht* 1967 Zürich und St. Gallen
–	Zum *Stand* und den Entwicklungstendenzen im öffentlichen Entschädigungsrecht Zbl Bd. 69/1968, S. 351–61 und 375–84
GUT Pius	Die materielle Enteignung 1969 Zürich
GYGI Fritz	Über die *Eigentumsgarantie* MBVR Bd. 55/1957, S. 257–74
–	Buchbesprechung von MEIER-HAYOZ/ROSENSTOCK, Zum Problem der Grünzonen ZBJV Bd. 104/1968, S. 113–18

–	*Staatshaftung* und Verwaltungsrechtspflege In: Mélanges Marcel Bridel 1968 Lausanne, S. 221–36
–	*Expropriation*, materielle Enteignung und Lastenausgleich In: Rechtliche Probleme des Bauens 1969 Bern, S. 81–105
–	Die *Widerrechtlichkeit* in der Staatshaftung In: Mélanges André Grisel 1983 Neuchâtel, S. 417–31
HAAB Hans	Privateigentum und materielle Enteignung 1947 Bern
HAAB Robert et alii	Zürcher *Kommentar*. Das Sachenrecht – Erste Abteilung – Das Eigentum 1929–1977 Zürich
HÄBERLE Peter	Vielfalt der Property Rights und der verfassungsrechtliche Eigentumsbegriff Archiv des öffentlichen Rechts Bd. 109/1984, S. 36–76
HANGARTNER Yvo	Grundsätzliche Probleme der Eigentumsgarantie und der Entschädigungspflicht in der *Denkmalpflege* In: Rechtsfragen der Denkmalpflege 1981 St.Gallen, S. 57–69
–	Grundzüge des schweizerischen *Staatsrecht*s – Bd. 2: Grundrechte 1982 Zürich
HESS Heinz / WEIBEL Heinrich	Das Enteignungsrecht des Bundes 1986 Bern (2 Bände)
HINTERMANN Andreas	Die Freihaltungszone im Rahmen der Bauzonenplanung (mit besonderer Berücksichtigung des zürcherischen Rechts) 1963 Zürich

His Eduard	Das Problem der staatlichen *Entschädigungspflicht* bei Ausübung öffentlich-rechtlicher Funktionen ZSR Bd. 42/1923, S. 22–52
Hodel Max Ernst	Zur Wertentwicklung altüberbauter Grundstücke mit Erneuerungsinvestitionen in Zürcher Ortschaften unter Schutzverordnungen Zbl Bd. 76/1975, S. 49–65
Hofmann Markus	Die Pflicht zur Nutzung des Bodens 1974 Zürich
Hofstetter Max	Geltendes und werdendes Baurecht Zbl Bd. 57/1956, S. 521–35 und S. 553–62
Holzach Robert	Öffentlich-rechtliche Eigentumsbeschränkungen und expropriationsähnlicher Tatbestand 1951 Zürich
Huber Hans	*Nutzungsplan* und Eigentumsgarantie SJZ Bd. 41/1945, S. 313–16
–	Diskussionsvotum am Juristentag 1947 ZSR Bd. 66/1947, S. 507a–13a
–	Öffentlichrechtliche *Gewährleistung*, Beschränkung und Inanspruchnahme privaten Eigentums in der Schweiz In: – Staat und Privateigentum; Beiträge zum ausländischen öffentlichen Recht und Völkerrecht, Band 34/1960, S. 49–112 – Rechtstheorie, Verfassungsrecht, Völkerrecht, 1971 Bern, S. 197–270 (zitiert wird nach dieser Fundstelle)
–	Zur Verfassungsmässigkeit der *Landwirtschaftszone* (Rechtsgutachten vom November 1964) DISP (Dokumente und Informationen zur Schweizerischen Orts-, Regional- und Landesplanung) Nr. 82 1985 Zürich, S. 5–19

HUBER Rudolf	Baugesetzgebung und Privateigentum MBVR Bd. 54/1956, S. 161–76
IMBODEN Max	Die *Tragweite* der verfassungsrechtlichen Garantie des Privateigentums SJZ Bd. 40/1944, S. 269–73 und 292–98
–	Der Schutz der *Eigentumsgarantie* In: Fragen des Verfahrens- und Kollisionsrechtes; Festschrift zum 70. Geburtstag von Prof. Dr. Hans Fritzsche 1952 Zürich, S. 43–58
–	Diskussionsvotum am Juristentag 1953 zum Thema Staatshaftung ZSR Bd. 72/1953, S. 553a–57a
–	Der *Beitrag* des Bundesgerichts zur Fortbildung des schweizerischen Verwaltungsrechts ZSR Bd. 78 I/1959, S. 59–87
–	Der *Plan* als verwaltungsrechtliches Institut Veröffentlichungen der Vereinigung der Deutschen Staatsrechtslehrer, Band 18 1960 Berlin, S. 113–43
IMBODEN Max / RHINOW René	Schweizerische Verwaltungsrechtsprechung 1976 Basel und Stuttgart (5. Auflage)
IMHOLZ Robert	Der Gestaltungsplan – ein neues Instrument im kantonalzürcherischen Planungs- und Baugesetz Zbl Bd. 78/1977, S. 481–503
JOST Arthur	Landesplanung und Eigentumsgarantie Zbl Bd. 51/1950, S. 1–13
JOLLER Christoph	Denkmalpflegerische Massnahmen nach schweizerischem Recht 1987 Entlebuch
KÄMPFER Walter	Zur Gesetzesbeständigkeit «wohlerworbener Rechte» In: Mélanges Henri Zwahlen 1977 Lausanne, S. 339–61

KAUFMANN Otto Konstantin	*Haftung* des Staates für rechtswidriges Verhalten seiner Organe – Schweiz In: Haftung des Staates für rechtswidriges Verhalten seiner Organe (Beiträge zum ausländischen öffentlichen Recht und Völkerrecht, Band 44) 1967 Köln und Berlin, S. 555–84
–	Die öffentlich-rechtliche *Entschädigungspflicht* des Bundes unter besonderer Berücksichtigung des Verantwortlichkeitsgesetzes und der Rechtsprechung über die formelle und materielle Enteignung In: Verwaltungsrechtliches Kolloquium 1972 (18.–20. April), S. 61–76
KILCHENMANN Fritz	Grundwasserschutzzonen nach eidgenössischem und bernischem Recht BVR 1982, S. 355–84
KIRCHHOFER Emil	Eigentumsgarantie, Eigentumsbeschränkung und Enteignung ZSR Bd. 58/1939, S. 139–77
KLETT Kathrin	Verfassungsrechtlicher Schutz «wohlerworbener Rechte» bei Rechtsänderungen 1984 Bern
KNAPP Blaise	*Restrictions de droit public* à la propriété privée In: 10ᵉ journée juridique 1970 Genève, S. 49–100
–	La garantie de la propriété – l'*expropriation matérielle* In: Le droit suisse en évolution 1978 Lausanne
–	*Précis* de droit administratif 1982 Basel und Frankfurt a.M. (2. Auflage); 1988 (3. Auflage; wo nichts angegeben ist, wird diese Auflage zitiert)

Kölz Alfred — Das wohlerworbene Recht – immer noch aktuelles Grundrecht?
SJZ Bd. 74/1978, S. 65–71 und 89–94

— Intertemporales Verwaltungsrecht
ZSR Bd. 102 II/1983, S. 101–249

Kopp Christoph H. — Die temporäre Verweigerung der Baubewilligung
1981 Basel

Kuttler Alfred — *Ortsplanung* und Eigentumsschutz
In: Festgabe zum schweizerischen Juristentag 1963
1963 Basel, S. 179–200

— Die *Bodenverteuerung* als Rechtsproblem
ZSR Bd. 83 II/1964, S. 133–294

— Welcher *Zeitpunkt* ist für die Beurteilung der Frage, ob eine materielle Enteignung vorliegt, massgebend?
Zbl Bd. 76/1975, S. 497–515

— Der *Beitrag* des Bundesgerichtes an die Entwicklung des Raumplanungsrechts
In: Erhaltung und Entfaltung des Rechts in der Rechtsprechung des Schweizerischen Bundesgerichts
1975 Basel, S. 177–96

— *Eigentumsbeschränkungen*, die einer Enteignung gleichkommen
In: Staatsorganisation und Staatsfunktionen im Wandel
1982 Basel und Frankfurt, S. 645–55

— *Materielle Enteignung* aus der Sicht des Bundesgerichts
Zbl Bd. 88/1987, S. 185–202

Kuttler Alfred / Saladin Peter — Gutachten über die Durchführung der Raumplanung im Hinblick auf die materielle Enteignung: Steuerung der Entschädigungsfolgen beim Vollzug der Raumplanung
1977 Bern

LEISNER Walter   Sozialbindung des Eigentums
                              1972 Berlin

LENDI Martin   *Planungsrecht* und Eigentum
                              ZSR Bd. 95 II/1976, S. 1–224

–   Der *Funktionswandel* des Eigentums – Rechtliche
                              Aspekte
                              In: Martin Lendi, Recht und Politik der Raum-
                                  planung
                              Schriftenreihe ORL Bd. 31/1984, S. 157–170

–   *Redimensionierung* der Bauzonen – Rechtsgrund-
                              lagen und Vollzug
                              Zbl Bd. 86/1985, S. 377–91

–   *Aspekte* des Raumplanungsrechts
                              Recht 1985, S. 41–53

–   *Entwicklungstendenzen* im schweizerischen Boden-
                              recht
                              Wirtschaft und Recht Bd. 38/1986, S. 301–18

–   Die *Bedeutung* der Rechtsprechung für die Raum-
                              planung
                              In: Aktuelle Probleme des Staats- und Verwal-
                                  tungsrechts – Festschrift für Otto K. Kauf-
                                  mann zum 75. Geburtstag
                              1989 Bern und Stuttgart, S. 295–310

LIVER Peter   Die nachbarrechtliche Haftung des Gemeinwe-
                              sens
                              ZBJV Bd. 99/1963, S. 241–67

LUDWIG Peter   Der Lastenausgleich nach Art. 51f Baugesetz
                              BVR 1977, S. 314–36

–   Materielle Enteignung
                              Bulletin der Kantonalen Planungsgruppe Bern,
                              1985, Heft 3, S. 22–28

MACHERET Augustin   Droit et politique de la propriété foncière en
                              Suisse

	In: Recht als Prozess und Gefüge, Festschrift für Hans Huber zum 80. Geburtstag 1981 Bern, S. 403–15
Mandelker Daniel R.	Land Use Law 1982 Charlottesville (Virginia)
Massey Stephen J.	Justice Rehnquist's Theory of Property 93 Yale Law Journal 541–60 (1984)
Mayer Otto	Deutsches *Verwaltungsrecht* (2 Bände) 1895–96 Leipzig (1. Auflage), 1924 München und Leipzig (3. Auflage)
–	Die *Entschädigungspflicht* des Staates nach Billigkeitsrecht 1904 Dresden
Meier-Hayoz Arthur	Schweizerisches Zivilgesetzbuch – Das Sachenrecht – 1. Abteilung Das Eigentum – 1. Teilband Systematischer Teil und Allgemeine Bestimmungen (Berner Kommentar) 1981 Bern (5. Auflage)
Meier-Hayoz Arthur / Rosenstock Peter	Zum Problem der Grünzonen 1967 Bern
Merker Rudolf	Der Grundsatz der «vollen Entschädigung» im Enteignungsrecht 1975 Zürich
Merz Hans	Schweizerisches Zivilgesetzbuch – Einleitung (Berner Kommentar), Kommentierung von Art. 2 ZGB 1962 Bern
Meyer Ludwig	Die materielle Enteignung im neuen bernischen Baugesetz ZBJV Bd. 108/1972, S. 187–222
Michelman Frank I.	Property, Utility, and Fairness: Comments on the Ethical Foundations of «Just Compensation» Law 80 Harvard Law Review 1165–1258 (1967)

–	Property as a Constitutional Right 38 Washington and Lee Law Review 1097–114 (1981)
–	Process and Property in Constitutional Theory 30 Cleveland State Law Review 577–93 (1982)
MONTEIL Victor	Bauvorschriften im Interesse des Heimatschutzes und materielle Enteignung Zbl Bd. 64/1963, S. 457–63
MOOR Pierre	*Aménagement* du territoire et propriété privée ZSR Bd. 95 II/1976, S. 365–479
–	La *responsabilité* de l'Etat pour actes licites de ses agents RDAF Bd. 33/1977, S. 145–61 und 217–25
–	Aménagement du territoire et expropriation matérielle: L'*évolution* de la jurisprudence du Tribunal fédéral Rep Bd. 115/1982, S. 270–86
MÜLLER Georg	*Privateigentum* heute – Vom Sinn des Eigentums und seiner verfassungsrechtlichen Gewährleistung ZSR Bd. 100 II/1981, S. 1–116
–	Vom *Einfluss* dogmatischer Erkenntnisse auf bundesgerichtliche Entscheidungen In: Mélanges André Grisel 1983 Neuchâtel, S. 757–766
–	*Kommentar* zu Art. 22ter BV In: Kommentar zur Bundesverfassung der Schweizerischen Eidgenossenschaft vom 29. Mai 1874 1987 (1. Lieferung), Basel, Zürich, Bern
MÜLLER Jörg Paul	*Elemente* einer schweizerischen Grundrechtstheorie 1982 Bern

–	*Einleitung* zu den Grundrechten In: Kommentar zur Bundesverfassung der Schweizerischen Eidgenossenschaft vom 29. Mai 1874 1987 (1. Lieferung), Basel, Zürich, Bern
MÜLLER Jörg Paul / MÜLLER Stefan	Grundrechte – Besonderer Teil 1985 Bern
MÜLLER Peter Hansjakob	Die Eigentumsgarantie und die Enteignung 1966 Zürich
NEF Robert	Die Kategorie der Sache – Das Privateigentum im Spannungsfeld zwischen Sachherrschaft und Personenherrschaft – 20 Thesen In: Eigentum und seine Gründe 1983 Bern und Stuttgart, S. 199–226
NICHOLS P.	The Law of Eminent Domain 1973 New York («Revised third edition», mit jährlichen Nachträgen)
NIEDERHÄUSER Peter	Die Planungszone nach Art. 27 des Bundesgesetzes über die Raumplanung vom 22. Juni 1979 unter besonderer Berücksichtigung des bernischen Bau- und Planungsrechts BVR 1980, S. 321–36
NOWAK John E. / ROTUNDA Ronald D. / YOUNG J. Nelson	Constitutional Law 1986 St. Paul, Minn. (USA) (3. Auflage)
NÜSSGENS Karl / BOUJONG Karlheinz	Eigentum, Sozialbindung, Enteignung 1987 München
OSSENBÜHL Fritz	Staatshaftungsrecht 1983 München (3. Auflage)
PAPIER Hans-Jürgen	Kommentar zu Art. 14 GG In: Grundgesetz – Kommentar (von Theodor MAUNZ, Günter DÜRIG et al.) (1983) München (Lieferung 22)

PETITPIERRE Edouard	Restrictions légales de droit public à la propriété et expropriation 1939 Lausanne
PEUKERT Wolfgang	*Kommentar zu Art. 1 des 1. Zusatzprotokolls zur Europäischen Menschenrechtskonvention* In: J. A. FROWEIN, W. PEUKERT, Europäische Menschenrechtskonvention – EMRK-Kommentar 1985 Kehl, Strassburg, Arlington
PFISTERER Martin	Die Anwendung neuer Bauvorschriften auf bestehende Bauten und Anlagen, insbesondere die Besitzstandsgarantie 1979 Diessenhofen
PFISTERER Thomas	Entwicklung und Perspektiven der bundesgerichtlichen Rechtsprechung zur materiellen Enteignung Zbl Bd. 89/1988, S. 469–89 und 517–38
RAMSAUER Ulrich	Die faktischen Beeinträchtigungen des Eigentums 1980 Berlin
REICHLIN Paul	Rechtsfragen der Landesplanung ZSR Bd. 66/1947, S. 171a–347a
REY Heinz	Schweizerisches Zivilgesetzbuch – Das Sachenrecht – 2. Abteilung Die beschränkten dinglichen Rechte – Die Dienstbarkeiten und Grundlasten – 1. Teilband: Die Grunddienstbarkeiten (Berner Kommentar) 1981 Bern (Erste Lieferung)
RHINOW René A.	Wohlerworbene und vertragliche Rechte im öffentlichen Recht Zbl Bd. 80/1979, S. 1–23
RIEDEL Eibe	Entschädigung für Eigentumsentzug nach Artikel 1 des Ersten Zusatzprotokolls zur Europäischen Menschenrechtskonvention – Zur Herausbildung eines gemeineuropäischen Standards EuGRZ 1988, S. 333–39

Riva Enrico	Regulatory Takings in American Law and «Material Expropriation» in Swiss Law – A Comparison of the Applicable Standards 16 The Urban Lawyer 425–58 (1984)
Rosenstock Peter	Die *Haftung* des Staates als Unternehmer im Bereiche der Hoheitsverwaltung 1966 Zürich
–	Aktuelle *Aspekte* der Fortbildung des schweizerischen Planungsrechtes ZSR Bd. 90 I/1971, S. 172–92
Rouiller Claude	Considérations sur la garantie de la propriété et sur l'expropriation matérielle, faites à partir de la jurisprudence du Tribunal fédéral ZBJV Bd. 121/1985, S. 1–30
Ruch Alexander	Materielle Enteignung – Eingriff oder Schaden? Zbl Bd. 84/1983, S. 535–40
Ruck Erwin	Das *Eigentum* im Schweizerischen Verwaltungsrecht In: Festgabe Paul Speiser 1926 Basel, S. 16–38
–	*Eigentumsgarantie* und Volkswirtschaft In: «Schweizerische Wirtschaftsfragen», Festgabe für Fritz Mangold 1941 Basel, S. 217–33
Saladin Peter	*Bemerkungen* zur schweizerischen Rechtsprechung des Jahres 1965 ZSR Bd. 86 I/1966, S. 419, 425–29
–	*Grundrechte* im Wandel 1982 Bern (3. Auflage)
Sax Joseph L.	Takings and the Police Power 74 Yale Law Journal 36–76 (1964)
–	Takings, Private Property and Public Rights 81 Yale Law Journal 149–86 (1971)

–	Some Thoughts on the Decline of Private Property 58 Washington Law Review 481–96 (1983)
SAXER Urs	Die Grundrechte und die Benutzung öffentlicher Strassen 1988 Zürich
SCHAUMANN Wilfried	Die *Landesplanung* im schweizerischen, englischen und französischen Recht 1950 Zürich
–	*Enteignung* und Enteignungsentschädigung unter besonderer Berücksichtigung der Rechtsprechung des Schweizerischen Bundesgerichts Deutsche Juristenzeitung Bd. 15/1960, S. 142–50
SCHÖBI Felix	Zur Unterscheidung von formeller und materieller Enteignung am Beispiel von Immissionsstreitigkeiten Recht 1985, S. 126–30
SCHÜRMANN Leo	Bau- und Planungsrecht 1984 Bern (2. Auflage)
SCHWARZ Walter	Die Landwirtschaftszone unter besonderer Berücksichtigung des bernischen Rechtes 1961 Langnau BE
SIEGRIST Markus	Die Bausperre unter besonderer Berücksichtigung des aargauischen Rechts 1988 Aarau
SIGG Hans	Die *Rechtsgrundlagen* der Orts- und Regionalplanung im Kanton Zürich Zbl Bd. 48/1947, S. 145–52
–	*Planung* und Eigentumsgarantie Zbl Bd. 50/1949, S. 430–34
SPRECHER VON BERNEGG Andreas	Über die Entschädigungspflicht des Staates bei Ausübung der öffentlichen Gewalt 1921 Borna-Leipzig

Spühler Karl	Der Rechtsschutz von Privaten und Gemeinden im Raumplanungsrecht Zbl Bd. 90/1989, S. 97–119
Steinauer Paul-Henri	La propriété privée aujourd'hui ZSR Bd. 100 II/1981, S. 117–246
Stieger Armin	Landesplanungsrecht in den Vereinigten Staaten Zbl Bd. 70/1969, S. 385–98
Stoebuck William B.	Police Power, Takings, and Due Process 37 Washington and Lee Law Review 1057–99 (1980)
Sudre Frédéric	La protection du droit de propriété par la Cour européenne des droits de l'homme Recueil Dalloz Sirey 1988, Chronique, S. 71–78.
Thürer Daniel	Das Störerprinzip im Polizeirecht ZSR Bd. 102 I/1983, S. 463–86
Tribe Laurence H.	American Constitutional Law 1988 Mineola (New York) (2. Auflage)
v. Tscharner Raymond	Probleme der Eigentumsgarantie und der Entschädigungspflicht in der Praxis der Denkmalpflege In: Rechtsfragen der Denkmalpflege 1981 St. Gallen, S. 71–84
Vogt Erich	Rechtmässige Eingriffe des Staates in subjektive Privatrechte 1910 Aarau
Venanzoni Reto	Konkurrenz von Grundrechten ZSR Bd. 98 I/1979, S. 267–92
Wagner Beatrice	Das Verursacherprinzip im schweizerischen Umweltschutzrecht ZSR Bd. 108 II/1989, S. 321–428
Walter Roland	Die Entschädigung bei Baugebietsreduktion Plan Bd. 34/1977, No. 4, S. 7–9

WEBER-DÜRLER Beatrice	*Vertrauensschutz* im öffentlichen Recht 1983 Basel und Frankfurt a. M.
–	Der Grundsatz des entschädigungslosen *Polizeieingriffs* Zbl Bd. 85/1984, S. 289–302
–	Zur *Entschädigungspflicht* des Staates für rechtmässige Akte In: Aktuelle Probleme des Staats- und Verwaltungsrechts – Festschrift für Otto K. Kaufmann zum 75. Geburtstag 1989 Bern und Stuttgart, S. 339–53
WIEDERKEHR Peter	Die Expropriationsentschädigung, dargestellt nach schweizerischem und zürcherischem Recht 1966 Zürich
WINZELER Christoph	Grundfragen des neuen baselstädtischen Denkmalschutzrechtes BJM 1982, S. 169
WOLF Robert	Entschädigungsprobleme bei der Übernahme von Grundstücken durch das Gemeinwesen Schriftenfolge Nr. 49 der Schweizerischen Vereinigung für Landesplanung 1989 Bern
ZAUGG Aldo	*Kommentar* zum *Baugesetz* des Kantons Bern vom 7. Juni *1970* 1971 Bern
–	*Kommentar* zum *Baugesetz* des Kantons Bern vom 9. Juni *1985* 1987 Bern
ZIMMERLI Ulrich	Die *Rechtsprechung* des Bundesgerichts zur materiellen Enteignung Zbl Bd. 75/1974, S. 137–58
–	Die *Praxis* des Bundesgerichts und des bernischen Verwaltungsgerichts zur materiellen Enteignung Bulletin der kantonalen Planungsgruppe Bern, 1979 Heft 4, S. 23–54

–	*Raumplanungsgesetz* und Enteignung In: Das Bundesgesetz über die Raumplanung 1980 Bern, S. 51–65
–	*Enteignungsentschädigung* für negative Immissionen? Baurecht 1981, S. 9–11
–	Zur Übernahme von *Freiflächen* durch das Gemeinwesen Baurecht 1985, S. 30–32
ZIMMERLIN Erich	Die *materielle Enteignung* im aargauischen Verwaltungsrecht In: Aargauische Rechtspflege im Gang der Zeit 1969 Aarau, S. 153–81
–	Baugesetz des Kantons Aargau (*Kommentar*) 1985 Aarau (2. Auflage)

Abkürzungen

Es werden nur gängige Abkürzungen verwendet. Verwiesen sei auf das Abkürzungsverzeichnis in: Kommentar zur Bundesverfassung der Schweizerischen Eidgenossenschaft vom 28. Mai 1874 (1987 ff Basel, Zürich, Bern).

Einleitung
Fragestellung und Methode

0.1. Gegenstand dieser Untersuchung

Der Gegenstand dieser Untersuchung ist durch die Bundesverfassung vorgegeben und begrenzt.

Gemäss Art. 22ter Abs. 3 BV ist «[b]ei Enteignung und bei Eigentumsbeschränkungen, die einer Enteignung gleichkommen, ... volle Entschädigung zu leisten»[1]. Uns beschäftigen in der vorliegenden Arbeit die «Eigentumsbeschränkungen, die einer Enteignung gleichkommen». Dafür hat sich in der schweizerischen Rechtssprache der Begriff der «materiellen Enteignung» eingebürgert[2].

---

[1] Art. 22ter BV lautet:
  [1] Das Eigentum ist gewährleistet.
  [2] Bund und Kantone können im Rahmen ihrer verfassungsmässigen Befugnisse auf dem Wege der Gesetzgebung im öffentlichen Interesse die Enteignung und Eigentumsbeschränkungen vorsehen.
  [3] Bei Enteignung und bei Eigentumsbeschränkungen, die einer Enteignung gleichkommen, ist volle Entschädigung zu leisten.
Diese Vorschrift hat erst 1969 zusammen mit dem Bodenrechtsartikel Art. 22^{quater} Aufnahme in die Verfassung gefunden. Die Eigentumsgarantie – und damit auch die Entschädigungspflicht des Gemeinwesens für bestimmte Eingriffe in das Eigentum – war zuvor nur in den kantonalen Verfassungen förmlich anerkannt, galt aber seit langem auch als ungeschriebenes Verfassungsrecht des Bundes (Übersicht bei HUBER, Gewährleistung, 202–05; BGE *Keller* (1960), Zbl 1961, S. 69, 72).

[2] Der Begriff wird vom Bundesgericht erstmals im Urteil *Meyenberg*, 48 I 601 (1922), im heute gebräuchlichen Sinn verwendet; dazu hinten S. 45, FN 7.
Die materielle Enteignung ist nicht nur ein Begriff des Bundesverfassungsrechts. Für verschiedene Sachbereiche gehört sie auch dem einfachen Gesetzesrecht des Bundes an; siehe BG über die Raumplanung vom 22. Juni 1979 (SR 700), Art. 5 Abs. 2; BG über die Nationalstrassen vom 8. März 1960 (SR 725.11), Art. 18 Abs. 1; Eisenbahngesetz vom 20. Dezember 1957 (SR 742.101), Art. 18i Abs. 1; BG über die Luftfahrt vom 21. Dezember 1948 (SR 748.0), Art. 44 Abs. 1. – Von herausragender praktischer Bedeutung hat sich die Regelung des Raumplanungsgesetzes erwiesen; in den davon erfassten Bereichen bleibt kein Raum mehr für abweichendes kantonales Entschädigungsrecht; BGE *Staat Zürich*, 109 Ib 115 (1983); *Estavayer-le-Lac* (1983), Zbl 1984, S. 324.

0.1. Gegenstand dieser Untersuchung

Ziel der Untersuchung ist es, die materielle Enteignung als einen eigenständigen Tatbestand zu erfassen und dessen Merkmale zu bestimmen. Dabei wird uns namentlich die Abgrenzung der entschädigungsbedürftigen von den entschädigungslos zu duldenden Eingriffen in das Eigentum beschäftigen.

Grundsätzlich ausserhalb der Untersuchung stehen die *Entschädigung* als die Folge des Vorliegens einer materiellen Enteignung und die *Verfahrensregeln* zur Geltendmachung des Entschädigungsanspruches. Auf diese Aspekte des Problems wird hier nur soweit eingegangen, als die Untersuchung unseres Gegenstandes es erfordert.

Ausgeklammert bleibt auch die Frage nach der Gerechtigkeit und Zweckmässigkeit der heute gültigen Entschädigungsregelung. Diese erscheint bisweilen stossend wegen ihres «Alles-oder-nichts»-Charakters: Erreicht ein Eingriff die Schwelle der materiellen Enteignung, so hat der betroffene Eigentümer Anspruch auf vollen Ausgleich; alle andern Eingriffe jedoch bleiben entschädigungslos[3]. Die Undifferenziertheit dieser Lösung hat immer wieder zur Forderung nach einem abgestuften Ausgleichssystem geführt. Ein solches ist aber bis heute nicht verwirklicht worden[4]. Die Aufgabe, den Tatbestand der materiellen Enteignung zu bestimmen, bleibt daher unverändert gestellt.

---

[3] Diese Eigenheit wirkt ihrerseits auf die Art zurück, wie die Gerichte das Institut der materiellen Enteignung interpretieren. Die Gewissheit, mit der Bejahung der Enteignungsähnlichkeit die Rechtsfolge der vollen Entschädigung auszulösen, beeinflusst zweifellos das Urteil. Vgl. dazu hinten S. 153 und 347 ff.

[4] Unerfüllt geblieben ist bis heute namentlich der den Kantonen in Art. 5 Abs. 1 RPG erteilte Auftrag, für die durch Planungen herbeigeführten erheblichen Vor- und Nachteile einen Ausgleich zu schaffen.

Die Frage einer differenzierten Entschädigungsregelung könnte sich erneut stellen, falls die Schweiz das *Erste Zusatzprotokoll zur Europäischen Menschenrechtskonvention* ratifiziert. Dieses gewährleistet in Art. 1 das Eigentum (dazu hinten S. 8). Art. 1 statuiert zwar seinem Wortlaut nach keine Entschädigungspflicht des Gemeinwesens für den Entzug von Eigentum. Eine Entschädigungspflicht kann aber gemäss der Rechtsprechung der Konventionsorgane aus dem Verhältnismässigkeitsgebot folgen, dem Eingriffe in das Eigentum unterliegen. Volle Entschädigung ist dabei allerdings – im Unterschied zum schweizerischen Verfassungsrecht – nicht gefordert; hinten S. 9.

Es wäre nun denkbar, dass ein bestimmter Eigentumseingriff zwar nach schweizerischem Recht die Intensität einer materiellen Enteignung nicht erreicht (und vom Eigentümer also entschädigungslos hingenommen werden muss), unter dem Blickwinkel des Konventionsrechtes aber als unverhältnismässig erscheint, sofern er nicht wenigstens von einer Teilentschädigung begleitet ist. Die heute de constitutione lata geltende Alternative volle/keine Entschädigung müsste dann einer differenzierteren Regelung Platz machen.

0.2. Zur Methode

A) Das Verfassungsgebot des Art. 22ter Abs. 3 BV ist von lapidarer Kürze. Es verpflichtet den Staat zu voller Entschädigung für alle «Eigentumsbeschränkungen, die einer Enteignung gleichkommen». Die Konkretisierung dieses Begriffes bleibt den rechtsanwendenden Behörden und der Wissenschaft aufgegeben [5].

Die vorliegende Arbeit versucht, diese Aufgabe gewissermassen induktiv anzugehen. Sie macht zur Grundlage ihrer Untersuchung die reiche, in das letzte Jahrhundert zurückgehende bundesgerichtliche Rechtsprechung zur Entschädigungsfrage und bemüht sich, daraus schrittweise die leitenden Gesichtspunkte und wenn möglich ein Gesamtbild zu entwickeln [6]. Verzichtet wird demnach auf ein Vorgehen, das darin bestehen würde, an erster Stelle ein allgemeines, abstraktes Entschädigungsmodell zu entwerfen und dieses anschliessend am Einzelfall zu verifizieren.

Für die gewählte Methode sprechen im Fall der materiellen Enteignung mehrere Gründe:

a) Das Recht der entschädigungspflichtigen Eigentumseingriffe ist in ausgeprägtem Masse ein Fallrecht. Es erscheint als bezeichnend, dass eine gesetzliche Fixierung zumindest auf Bundesebene bis heute unterblieben ist [7].

b) Das Rechtsinstitut der materiellen Enteignung selber ist eine Schöpfung der bundesgerichtlichen Rechtsprechung [8].

Zwar hatte sich das Gericht zu Beginn noch jeder Entschädigungspflicht des Gemeinwesens für blosse Eigentumsbeschränkungen widersetzt [9]. In den Jahren vor und nach dem 1. Weltkrieg rückte es dann aber Stück um Stück von seiner ablehnenden Haltung ab. 1929

---

[5] MOOR versteht das Verfassungsgebot als Generalklausel und damit als Ermächtigungsnorm; Résponsabilité, RDAF 1977, S. 220–21; Evolution, Rep. 1982, S. 271. Siehe auch MERZ, Kommentar, N. 29–33 zu Art. 2 ZGB. PFISTERER betont demgegenüber den Sachnormcharakter von Art. 22ter Abs. 3 BV; Zbl 1988, S. 521.

[6] Dazu MERZ, Kommentar, N. 42 und 46 zu Art. 2 ZGB; LEISNER, 192–94.

[7] Den bisher einzigen Versuch einer gesetzlichen Umschreibung der materiellen Enteignung enthielt Art. 48 des in der Volksabstimmung verworfenen BG über die Raumplanung vom 4. Oktober 1974 (BBl 1974 II, S. 830).

[8] Zu den prozessualen Voraussetzungen dieser Rechtsprechung siehe hinten die Vorbemerkung vor Kapitel 1, S. 14 ff.

[9] Dazu hinten Kapitel 1, S. 18 ff.

anerkannte es in grundsätzlicher Weise die Möglichkeit von Entschädigungsfolgen für staatliche Eingriffe in das Eigentum[10], und 1941 prägte es erstmals eine eigentliche Formel für die materielle Enteignung[11]. 1965 schliesslich legte es im Urteil *Barret* die noch heute als gültig angesehene Konzeption nieder[12]. In die Verfassung hat also 1969 ein von der Rechtsprechung ausgebildetes und geformtes Institut Eingang gefunden[13].

c) Das Bundesgericht hat zwar immer wieder auch von der Theorie – und damit von einer eher an Modellen und allgemeinen Prinzipien orientierten Art der Auseinandersetzung mit dem Entschädigungsproblem – Impulse empfangen[14]. Der Beitrag der Lehre hat sich in der Hauptsache aber auf die Erörterung grundsätzlicher Fragen beschränkt[15]. Für die Lösung vieler in der Praxis wichtiger Probleme – insbesondere für die zentrale Aufgabe, die entschädigungspflichtigen von den entschädigungslosen Eigentumseingriffen abzugrenzen – ist das Gericht weitgehend auf sich selber gestellt geblieben[16]. Hier hat es auch seine bedeutendste Leistung erbracht.

d) Entsprechend ihrer überragenden Bedeutung ist heute die bundesgerichtliche Judikatur letztlich dem geltenden Recht der materiellen Enteignung gleichzusetzen.

[10] BGE *Zinggeler*, 55 I 397; dazu hinten 2.4.D, S. 49 ff.
[11] BGE *Wettstein*, vom 18. Juli 1941; dazu hinten 3.2., S. 69 ff.
[12] BGE 91 I 329, 338–39; dazu hinten 4.1., S. 105 ff.
[13] Siehe dazu die Botschaft des Bundesrates, BBl 1967 II, S. 146.
[14] Als Beispiele lassen sich etwa Otto MAYERS Sonderopferlehre (hinten S. 37), REICHLINS Kritik an der alten Formel (hinten S. 103) und MEIER-HAYOZ' und ROSENSTOCKS Beitrag zur Definition des Baulandes (hinten S. 131, FN 46 und S. 132, FN 53) anführen.
[15] Zum selben Befund ist 1977 KÄMPFER, 351, für die Figur der wohlerworbenen Rechte gekommen; seine damaligen Ausführungen liessen sich heute unverändert auf das Recht der materiellen Enteignung übertragen.
Als Ausnahme wäre etwa die Studie von MEIER-HAYOZ/ROSENSTOCK, Zum Problem der Grünzonen (1967), zu nennen. Diese scharfsinnige, hart an den konkreten Problemen haftende und detailreiche Analyse war geeignet, dem Bundesgericht wesentliche Impulse für die Bewältigung der Entschädigungsfolgen der Raumplanung zu vermitteln.
[16] Diese Situation hat sich seit Ausbildung der Formel *Barret* zugespitzt. Man gewinnt den Eindruck, die Doktrin habe dem Bundesgericht das Feld weitgehend überlassen. Die entscheidenden Neuerungen der letzten Jahre sind alle von der Praxis ausgegangen, und sie sind kaum mehr von einer ernsthaften Kritik von Seiten der Wissenschaft begleitet worden. Die Rechtslehre begnügt sich heute grösstenteils damit, die Ergebnisse der bundesgerichtlichen Rechtsprechung vorzutragen und zu kommentieren.

Die für die Wahl der Methode angeführten Gründe lassen sich als Ausdruck der inneren Beschaffenheit unseres Untersuchungsgegenstandes deuten. Die Entschädigungspflicht des Gemeinwesens für bestimmte von ihm ausgehende schwere Eingriffe in private Eigentumspositionen beruht zwar auf einer in unserer Gesellschaft allgemein geteilten Gerechtigkeitsüberzeugung. Diese Überzeugung ist indessen höchst differenziert. Sie schliesst beispielsweise ebenso die Zulässigkeit staatlich angeordneter Umverteilungen von Vermögenswerten ein. Hinzu kommt, dass das Eigentum selber eine Schöpfung des Rechts darstellt und als solche der Bestimmung und damit notwendig der Begrenzung bedarf. Die sich daraus ergebenden Schwierigkeiten des Entschädigungsgebotes gehen einher mit einer kaum überblickbaren Vielfalt von Lebenssachverhalten, bei denen sich die Frage der Entschädigung stellt. Die Gesichtspunkte, von denen im konkreten Fall das Urteil über die Entschädigungspflicht abhängt, sind dementsprechend zahlreich und in ihren gegenseitigen Beziehungen schwer zu durchdringen. Lösungen, welche deduktiv aus einem theoretischen Modell gewonnen werden, sind der Gefahr ausgesetzt, entweder bei Plattitüden stehen zu bleiben oder aber den Problemen Gewalt anzutun. Demgegenüber trägt eine von Fall zu Fall voranschreitende Methode zwar das Risiko des Abgleitens in ein Billigkeitsrecht in sich; dieser Gefahr lässt sich aber, wie gerade das Beispiel der materiellen Enteignung zeigt, begegnen. Der starke Realitätsbezug, die Flexibilität und die Anpassungsfähigkeit einer am konkreten Fall ansetzenden Methode verspricht, dass sich im Laufe der Zeit ein einigermassen geschlossenes und zugleich praktikables System von Lösungen ausbildet.

B) Nun hat sich allerdings auch das Bundesgericht selber nie in einem theoriefreien Raum bewegt. Von Beginn weg stellt es seine Entscheide in einen übergreifenden Zusammenhang. Dieser ist anfänglich von den Rechtsanschauungen des ausgehenden 19. Jahrhunderts geprägt, welche eine staatliche Entschädigungspflicht ausserhalb der förmlichen Enteignung überwiegend ablehnen. Als dann das Bundesgericht beginnt, davon punktuell abzuweichen, rufen diese Abweichungen nach neuen Erklärungsmustern theoretischer Natur. Das Bundesgericht formuliert schliesslich zweimal eigentliche Konzeptionen für den Tatbestand der entschädigungspflichtigen Eigentumsbeschränkung, eine erste im Entscheid *Wettstein*, die zweite – heute noch gültige – im Urteil *Barret*[17].

[17] Vorne FN 11 und 12.

0.2. Zur Methode

In der bundesgerichtlichen Rechtsprechung müssen deshalb zwei Ebenen auseinandergehalten werden. Auf einer ersten geht es um die konzeptionelle oder theoretische Seite des Entschädigungsproblems. Daneben existiert die Ebene der einzelnen Fälle mit ihren konkreten Sachverhalten und den zugehörigen Urteilsdispositiven.

Dem Anspruch nach sollten sich die beiden Ebenen decken: Das Urteil ist das Ergebnis der richtigen Anwendung des Modells im Einzelfall; die Urteilserwägungen dienen dazu, diese Kongruenz nachzuweisen. Tatsächlich verhält es sich aber nicht immer so. Die im Urteilsmotiv hergestellte Übereinstimmung von Modell und Dispositiv kann bisweilen eine bloss scheinbare sein. Sie hat dann mehr Legitimations- als Erklärungswert. Das Urteil als solches muss deswegen nicht falsch sein. Möglich ist ebenso, dass auf der Ebene der Konzeption Unzulänglichkeiten bestehen. Dies zeigt sich deutlich in Übergangsphasen, wo ein Urteil, das bereits zu einer neuen Rechtsprechungsstufe gehört, in einer Weise begründet wird, die an ein Weiterbestehen des alten Modells glauben lässt[18]. Die Aufgabe liegt hier darin, die Kongruenz der beiden Ebenen durch eine Anpassung des Modells wieder herzustellen[19].

Im folgenden soll in einem *ersten Teil* dieser Arbeit die bundesgerichtliche Rechtsprechung sowohl von ihrer konzeptionellen Seite wie auch von ihren konkreten Ergebnissen her chronologisch nachgezeichnet werden. Es geht darum, mit den Augen eines kritischen Aussenstehenden das Recht der materiellen Enteignung aus der Perspektive des Bundesgerichtes als seines Hauptschöpfers zu begreifen. Von besonderem Interesse sind dabei die Problemstellungen und Entwicklungsstufen, die zum heutigen Stand des Rechts geführt haben und die dieses Recht überhaupt erst verständlich machen. Der *zweite Teil* der Arbeit stellt den Versuch dar, aus dem vorgefundenen Mate-

---

[18] Hinten S. 53 und 203. Zu diesem Phänomen IMBODEN, Beitrag, ZSR 1959 I, S. 74.

[19] Ein Vergleich ist möglicherweise geeignet, das Gemeinte zu veranschaulichen: Die einzelnen Urteile können als Stücke eines Puzzlespieles angesehen werden. Das Gericht behauptet von ihnen, sie ergäben zusammengesetzt eine bestimmte, mitgelieferte Bildvorlage (nämlich die Konzeption). Setzt man dann aber das Puzzle Stück um Stück zusammen, ergibt sich ein Bild, welches bei aller Ähnlichkeit mit der behaupteten Vorlage von dieser doch deutlich abweicht.
Offen bleibt, wie weit sich die materielle Enteignung und namentlich die Frage ihrer Abgrenzung zu den entschädigungslosen Eigentumsbeschränkungen überhaupt in einer geschlossenen Konzeption erfassen lässt. Dazu hinten 6.8., S. 357–59.

rial in einer Gesamtschau den Tatbestand des enteignungsgleichen Eigentumseingriffs zu bestimmen.

0.3. Rechtsvergleichende Hinweise

A) Alle Rechtsordnungen, welche das private Eigentum gewährleisten, kennen – als Gegenstück und zugleich als Bestätigung dieser Gewährleistung – auch das Institut der Enteignung, also des Entzugs privaten Eigentums gegen Entschädigung für öffentliche Zwecke. In der selben Weise wie für die Schweiz stellt sich ihnen die Frage, wie weit der Kreis des Enteignungstatbestandes und damit der Entschädigungspflicht des Gemeinwesens zu ziehen sei. Das Problem der Polarität von Inhaltsbestimmung des Eigentums und Enteignung und damit das Problem ihrer Abgrenzung besteht grundsätzlich für alle Staaten des westlichen Kulturkreises.

Der Gemeinsamkeit des Problems entsprechen Übereinstimmungen hinsichtlich der Methodik seiner Bewältigung und hinsichtlich der gefundenen Lösungen. So hat offenbar in den meisten Ländern das Entschädigungsrecht prätorischen Charakter. Erhebliche Gemeinsamkeiten bestehen aber auch hinsichtlich der Kriterien, welche für die Abgrenzung der entschädigungslosen von den entschädigungspflichtigen Eigentumseingriffen als bedeutsam erachtet werden[20].

Rechtsvergleichung soll jedoch grundsätzlich ausserhalb des Themas dieser Arbeit bleiben. Wir werden uns damit begnügen, gelegentlich auf die Regelungen anderer Rechtsordnungen hinzuweisen, wo dafür ein Interesse besteht. Nachfolgend sollen allein einige einführende Hinweise auf die Europäische Menschenrechtskonvention

---

[20] Wie der Verfasser an anderer Stelle nachzuweisen versucht hat, zeigen sich beispielsweise zwischen den USA und der Schweiz auffällige Übereinstimmungen methodischer und inhaltlicher Art in der Behandlung des Problems, dies trotz der Tatsache, dass die entsprechenden Rechtsordnungen sich nicht beeinflusst haben (RIVA, Regulatory Takings in American Law and «Material Expropriation» in Swiss Law – A Comparison of the Applicable Standards, 16 The Urban Lawyer 425–58 [1984]).

sowie auf das amerikanische und das deutsche Recht gegeben werden [21].

B) *Europäische Menschenrechtskonvention*

Das – von der Schweiz bisher nicht ratifizierte – Erste Zusatzprotokoll zur Europäischen Menschenrechtskonvention vom 20. März 1952 enthält in seinem Art. 1 eine Gewährleistung des Eigentums:

> «Jede natürliche oder juristische Person hat ein Recht auf Achtung ihres Eigentums. Niemandem darf sein Eigentum entzogen werden, es sei denn, dass das öffentliche Interesse es verlangt, und nur unter den durch Gesetz und durch die allgemeinen Grundsätze des Völkerrechts vorgesehen Bedingungen.
> Die vorstehenden Bestimmungen beeinträchtigen jedoch in keiner Weise das Recht des Staates, diejenigen Gesetze anzuwenden, die er für die Regelung der Benutzung des Eigentums in Übereinstimmung mit dem Allgemeininteresse oder zur Sicherung der Zahlung der Steuern, sonstiger Abgaben oder von Geldstrafen für erforderlich hält.»

Das Protokoll unterscheidet demnach zwischen Eigentumsentziehungen (Abs. 1 Satz 2) und Regelungen über die Benutzung des Eigentums (Abs. 2) [22]. Obwohl es dem Wortlaut nach keine Entschädi-

---

[21] Hinzuweisen ist ferner auf die folgenden rechtsvergleichenden Darstellungen:
– «Staat und Privateigentum – Öffentlichrechtliche Gewährleistung, Beschränkung und Inanspruchnahme privaten Eigentums in sechs Staaten rechtsvergleichend dargestellt», Band 34 der Beiträge zum ausländischen öffentlichen Recht und Völkerrecht, 1960 Köln und Berlin (behandelt die Bundesrepublik Deutschland, die Schweiz [Referent: Hans HUBER], Frankreich, Grossbritannien, die USA und Australien);
– «Windfalls for Wipeouts – Land Value Capture and Compensation», herausgegeben von Donald D. HAGMAN und Dean J. MISCZYNSKI, 1978 Washington D.C. und Chicago (USA) (behandelt den Problemkreis des Ausgleichs von Planungsmehr- und -minderwerten für Kanada, Australien, Neuseeland, England und die USA).

[22] Der Europäische Gerichtshof hat in seiner Rechtsprechung noch eine dritte Kategorie von Eigentumsbeeinträchtigungen ausgebildet. Diese lassen sich weder als Eigentumsentziehung noch als Nutzungsregelung charakterisieren; sie verletzen jedoch die Substanz des Eigentums und damit Art. 1 Abs. 1 Satz 1 des Ersten Zusatzprotokolls; *Sporrong und Lönnroth v. Schweden* vom 23. September 1982, abgedruckt in deutscher Übersetzung in EuGRZ 1983, S. 523–31, Ziffern 62–73; *Erkner und Hofauer v. Österreich* (Ziffern 73–74) und *Poiss v. Österreich* (Ziffern 63–64), beide vom 23. April 1987, Publications de la Cour européenne des droits de l'homme, Série A, Band 117. Dazu PEUKERT, Kommentar, N. 28–29; SUDRE, 72–75.

gungspflicht statuiert[23], bejaht der Europäische Gerichtshof grundsätzlich eine solche für Fälle der Eigentumsentziehung[24]. Die allenfalls geschuldete Entschädigung muss allerdings nicht unter allen Umständen «voll» im Sinne von Art. 22ter Abs. 3 BV sein[25].

Angesichts dieser Regelung stellt sich auch für die Konventionsorgane das Grundproblem, jene Beeinträchtigungen des Eigentums zu bestimmen, die nur bei Ausrichtung einer Entschädigung mit der Gewährleistung vereinbar sind. Die Entscheide *Sporrong und Lönnroth* (1982) sowie *Erkner und Hofauer* und *Poiss* (1987) haben dafür erste Anhaltspunkte geliefert[26].

---

[23] Gegenüber Ausländern ergibt sich die Entschädigungspflicht allerdings schon aus den namentlich genannten Grundsätzen des Völkerrechts; PEUKERT, Kommentar, N. 48; RIEDEL, EuGRZ 1988, S. 335–37.

[24] Die Entschädigungspflicht kann nach Auffassung der Konventionsorgane einmal aus dem Verhältnismässigkeitsprinzip folgen, das die Gewährleistung des Eigentums beherrscht; *Sporrong und Lönnroth v. Schweden* (FN 22), Ziffern 69 und 73; PEUKERT, Kommentar, N. 37 und 49. In den Entscheiden *James v. United Kingdom* vom 21. Februar 1986, deutsche Übersetzung in EuGRZ 1988, S. 341–50, und *Lithgow v. United Kingdom* vom 8. Juli 1986, deutsche Übersetzung in EuGRZ 1988, S. 350–66, argumentiert der Gerichtshof überdies, die Entschädigungspflicht ergebe sich aus Art. 1 als Ganzem; ohne sie sei die Gewährleistung des Eigentums weitgehend illusorisch (*James*, Ziffer 54; *Lithgow*, Ziffer 120).

[25] *James*, Ziffer 54; *Lithgow*, Ziffer 121. Zu den möglichen Auswirkungen, die diese Entschädigungsregelung im Falle einer Ratifizierung des Ersten Zusatzprotokolls durch die Schweiz auf unser Recht haben könnte, siehe vorne S. 2, FN 4.

[26] In *Sporrong und Lönnroth v. Schweden*, oben FN 22, erachtete der Gerichtshof die Kombination einer Enteignungsoption zugunsten des Gemeinwesens mit einer Bausperre, die beide zusammen im einen Fall 23 und im andern 8 Jahre gedauert hatten, ohne dass die Eigentümer in dieser Zeit eine Entschädigung oder die Aufhebung der Beschränkung hätten verlangen können, als eine Verletzung des Verhältnismässigkeitsprinzips und damit des Art. 1 des 1. Zusatzprotokolls. – In Ziffer 63 dieses Entscheides führte der Gerichtshof im übrigen aus, dass unter den Begriff der «Eigentumsentziehung» im Sinne von Art. 1 Abs. 1 Satz 2 nicht nur die «formelle», sondern auch eine bloss «tatsächliche» Enteignung fallen könnte. Er verneinte in casu aber das Vorliegen einer solchen und nahm einen Spezialfall als gegeben an; oben FN 22.
In gleicher Weise entschied der Gerichtshof die Fälle *Erkner und Hofauer v. Österreich* und *Poiss v. Österreich,* oben FN 22. Hier war in einem landwirtschaftlichen Umlegungsverfahren den Landeigentümern provisorisch das ihnen ursprünglich gehörende Land weggenommen und neues Land zugewiesen worden; die definitive Zuteilung neuen Eigentums stand aber 16 bzw. 24 Jahre nach Einleitung des Verfahrens noch immer aus. Auch hier hatten die Eigentümer keine Möglichkeit, eine Aufhebung des Eingriffs oder eine Entschädigung zu erwirken.

C) USA[27]

Die massgebende verfassungsrechtliche Bestimmung ist im 5. Amendment der amerikanischen Verfassung enthalten und lautet: «nor shall private property be taken for public use, without just compensation»[28]. Stellung und Inhalt des zentralen Begriffs «Taking» sind umstritten. Der Begriff war ursprünglich ganz jenem Rechtsbereich zugeordnet, den wir als formelle Enteignung bezeichnen. Taking bezeichnete gewissermassen den Vorgang, mit welchem das Gemeinwesen in Ausübung seines «Eminent Domain» (also seines Enteignungsrechtes) private Güter an sich zieht. Mit dem zunehmenden Interventionismus des Staates nach der Jahrhundertwende erhob sich aber die Frage, ob nicht unter bestimmten Umständen auch blosse *einschränkende Regelungen des Eigentums* als Taking, also als entschädigungspflichtige Ausübung der Staatsgewalt, angesehen werden müssten. Diese Frage wurde vom Supreme Court 1922 im grundlegenden Entscheid *Pennsylvania Coal Co. v. Mahon* bejaht[29].

Im Anschluss an dieses Urteil hat sich der Supreme Court während mehrerer Jahrzehnte mit der staatlichen Entschädigungspflicht für Beeinträchtigungen des Eigentums kaum mehr befasst und damit eine erhebliche Ungewissheit über ihre Abgrenzung entstehen lassen. Erst seit den siebziger Jahren ergehen nun zunehmend wieder Urteile, welche diese Frage zum Gegenstand haben[30]. Möglicherweise wegen des langen Abseitsstehens des höchsten Gerichtes in einer Zeit, wo Raumplanung und Umweltschutz dem Problem der Entschädigungspflicht hohe Aktualität verschaffen, führt die amerikanische Rechtswissenschaft seit längerem eine ausserordentlich lebhafte De-

---

[27] Zusammenfassende Übersichten finden sich bei TRIBE, 587–613, und bei NOWAK/ROTUNDA/YOUNG, 398–420. Das Standardwerk für alle Enteignungsfragen des amerikanischen Rechts ist P. NICHOLS, The Law of Eminent Domain (zahlreiche Bände in Loseblattform, die regelmässig nachgeführt werden). Vgl. im übrigen die im Literaturverzeichnis angeführten, aus schweizerischer Perspektive verfassten Aufsätze von STIEGER und RIVA.

[28] Diese Bestimmung verpflichtete ursprünglich nur den Bund. Sie bindet nun aber über das 14. Amendment auch die Einzelstaaten; *Chicago, Burlington & Quincy Railroad Co. v. Chicago,* 166 U.S. 226, 235–41 (1897).

[29] 260 U.S. 393.

[30] Die wesentlichen dieser Urteile sind bei TRIBE und NOWAK/ROTUNDA/YOUNG (oben FN 27) angeführt. Vgl. auch RIVA, 441–55.
Zur Grundposition des Supreme Court in dieser Frage hinten S. 358, FN 21.

batte zu diesem Thema und entwickelt dabei überlegenswerte Vorschläge[31].

D) Bundesrepublik Deutschland

Das Grundgesetz der Bundesrepublik Deutschland garantiert das private Eigentum in Artikel 14. Absatz 3 dieser Bestimmung erklärt Enteignungen zum Wohle der Allgemeinheit für zulässig. Eine Enteignung «darf nur durch Gesetz oder auf Grund eines Gesetzes erfolgen, das Art und Ausmass der Entschädigung regelt»[32].

Anders als das schweizerische unterscheidet das deutsche Recht nicht zwischen formeller und materieller Enteignung. Bereits unter der Weimarer Verfassung hat eine Erweiterung des Enteignungsbegriffes stattgefunden, welche die Merkmale der sogenannten klassischen Enteignung sprengte[33]. Der geltende Enteignungsbegriff umfasst also – in schweizerischer Terminologie – sowohl die formelle wie die materielle Enteignung[34].

Die Abgrenzungsaufgabe bleibt dabei aber unverändert gestellt. Für jeden Eingriff in das Eigentum muss die Frage beantwortet werden, ob (entschädigungslose) Sozialbindung oder aber (entschädigungsbedürftige) Enteignung vorliegt. Der Bundesgerichtshof folgt dabei grundsätzlich einer Sonderopfer-, das Bundesverwaltungsgericht einer Schweretheorie[35]. Die Analyse der Rechtsprechung ergibt indessen – ähnlich wie für die Schweiz –, dass sich hinter den Formeln eine

---

[31] Vgl. dazu die im Literaturverzeichnis angeführten Beiträge von ACKERMAN, BOSSELMAN/CALLIES/BANTA, COSTONIS, MANDELKER, MICHELMAN, SAX, STOEBUCK. Mit seinem umstrittenen Buch «Takings – Private Property and the Power of Eminent Domain» hat 1985 Richard A. EPSTEIN die Diskussion aus einer konservativen Perspektive heraus neu entfacht. Siehe dazu die Berichte eines Symposiums über Epsteins Buch in: University of Miami Law Review 1986, S. 1–275.

[32] Die Entschädigung ist also – im Gegensatz zum geltenden schweizerischen Recht – Gültigkeitsvoraussetzung des Eingriffs (sogenanntes Junktim); dazu OSSENBÜHL, 136–38. Zum Problem auch hinten 3.4.3., S.99–100 und 249, FN 14.

[33] LEISNER, 17–26; OSSENBÜHL, 91–94.

[34] Die im deutschen Recht verwendeten Begriffe des «enteignungsgleichen Eingriffs» und des «enteignenden Eingriffs» entsprechen in keiner Weise dem Institut der materiellen Enteignung im schweizerischen Recht. Zu ihrer Bedeutung OSSENBÜHL, 133–35 und 144–60.

[35] LEISNER, 132–35; OSSENBÜHL, 117–18; PAPIER, N. 298–99 und 303 zu Art. 14 GG.

0.3. Rechtsvergleichende Hinweise

viel differenziertere, in einem einzigen Kriterium nicht erfassbare Argumentation verbirgt[36].

---

[36] LEISNER, 145; OSSENBÜHL, 118–21; PAPIER, N. 304–06 zu Art. 14 GG. Eine eingehende Übersicht über die Rechtsprechung im zentralen Bereich des Grundeigentums gibt PAPIER, N. 318–425. Eine aus der Sicht der Praxis verfasste, detailreiche Darstellung findet sich in NÜSSGENS/BOUJONG, Eigentum, Sozialbindung, Enteignung (1987).

Erster Teil

Die Ausbildung der materiellen Enteignung in der Rechtsprechung des Schweizerischen Bundesgerichts

*«Die Ausdehnung der staatlichen
Entschädigungspflicht auf enteignungsähnliche
Eingriffe ist die bedeutsamste judikatorische
Leistung des Bundesgerichts im Wirkungsbereich
der Eigentumsgarantie; sie entspringt einer
schöpferischen Rechtsprechung.»*
    (SALADIN, *Grundrechte im Wandel, 174*)

Vorbemerkung:
Der prozessuale Rahmen

A) 1875 nimmt das aus der Verfassungsrevision von 1874 neu hervorgegangene ständige Bundesgericht seine Tätigkeit auf[1]. Von seinem Aufgabenkreis erweisen sich für die uns beschäftigende Frage zwei Kompetenzen als bedeutsam: die Beurteilung «zivilrechtlicher Streitigkeiten» im Sinne von Art. 110 BV und die Behandlung von «Beschwerden betreffend Verletzung verfassungsmässiger Rechte der Bürger» gemäss Art. 113 Abs. 1 Ziffer 3 BV.

Ab Mitte der siebziger Jahre dieses Jahrhunderts übernimmt dann mit dem Ausbau der Verwaltungsgerichtsbarkeit auf Bundesebene und der Zuweisung raumplanerischer Kompetenzen an den Bund das Rechtsmittel der Verwaltungsgerichtsbeschwerde einen wesentlichen Teil jener Funktionen, die bis dahin der staatsrechtlichen Beschwerde zugefallen waren.

B) Seine Kompetenz, *zivilrechtliche Streitigkeiten* zwischen dem Bund und den Kantonen einerseits und Privaten anderseits zu beurteilen[2], hat das Bundesgericht von Beginn weg weit ausgelegt. Im Bestreben, dem Bürger einen möglichst weitgehenden Schutz zu gewähren, hat es alle Streitigkeiten als «zivilrechtliche» anerkannt, die – obwohl nach heutigem Verständnis dem öffentlichen Recht zugehörig – einen vermögensrechtlichen Einschlag aufweisen[3].

Den Privaten wurde es dadurch möglich, den Bund oder einen Kanton vor dem Bundesgericht klageweise auf Entschädigung für behauptete hoheitliche Eingriffe in ihr Eigentum zu belangen[4]. Im

---

[1] Dazu Fritz FLEINER, Schweizerisches Bundesstaatsrecht, 1923 Tübingen, 225–26, mit zahlreichen Hinweisen.

[2] Art. 110 Abs. 1 Ziffern 2 und 4 BV; BG über die Organisation der Bundesrechtspflege (nachfolgend abgekürzt: OG) vom 27. Brachmonat 1874 (AS 1875, S. 136–56), Art. 27; OG vom 22. März 1893 (AS 1894, S. 455–518), Art. 48; OG vom 16. Dezember 1943, SR 173.110, Art. 41 Abs. 1 lit.b und Art. 42 Abs. 1.

[3] Dazu Wilhelm BIRCHMEIER, Handbuch des Bundesgesetzes über die Organisation der Bundesrechtspflege, 1950 Zürich, N. 2 zu Art. 41 und N. 2 zu Art. 42 OG.

[4] Unter Ausschluss von Streitigkeiten aus formeller Expropriation: Art. 28 OG 1874; Art. 48 Abs. 2 und Art. 55 OG 1893; Art. 42 Abs. 2 des geltenden OG.

Rahmen eines derartigen Forderungsprozesses musste dann gleichsam vorfrageweise entschieden werden, ob überhaupt eine Haftung des Gemeinwesens für derartige Eingriffs bejaht werden konnte. Bis in die dreissiger Jahre dieses Jahrhunderts machten die in diesem Verfahren beurteilten Fälle einen wesentlichen Teil der Rechtsprechung zur Frage der Entschädigungspflicht aus [5].

1955 verschloss dann das Bundesgericht diesen Weg. Bereits das Organisationsgesetz von 1893 hatte Expropriationsstreitigkeiten ausdrücklich aus den «zivilrechtlichen Streitigkeiten» ausgeklammert [6], und das geltende Gesetz von 1943 übernahm diesen Vorbehalt [7]. Das Gericht bezog ihn aber lange allein auf die in einem kantonalen Enteignungsgesetz geregelten Fälle, also im wesentlichen auf formelle Enteignungen [8]. Im Urteil *Büchel* änderte es seine Rechtsprechung. Es erklärte nun, der Ausdruck «Expropriationsstreitigkeiten» umfasse sämtliche Enteignungsansprüche mit Einschluss jener aus materieller Enteignung [9]. Ein Entschädigungsanspruch wegen materieller Enteignung kann daher als solcher beim Bundesgericht heute nicht mehr anhängig gemacht werden.

C) In seiner Eigenschaft als Verfassungsgericht beurteilt das Bundesgericht *Beschwerden wegen behaupteter Verletzung verfassungsmässiger Rechte der Bürger*[10]. Zu diesen Rechten gehören nicht nur die von der Bundes-, sondern auch die von kantonalen Verfassungen gewährleisteten Grundrechte[11]. Die Eigentumsgarantie, welche in den kantonalen Verfassungen seit jeher gewährleistet war[12], auf Bundesebene aber erst 1960 als ungeschriebenes Grundrecht anerkannt wurde und

---

[5] Beispiele:
- Klage gegen die Eidgenossenschaft: BGE *Meyer und Keller,* 22 616 (1896), dazu hinten S. 32;
- Klage gegen einen Kanton: BGE *Imhof,* 5 388 (1879), dazu hinten S. 25; *Betschart,* 26 II 491 (1900), dazu hinten S. 27; *Koch-Zeller,* 31 II 543 (1905), dazu hinten S. 38–39.

[6] Art. 48 Abs. 2.
[7] Art. 42 Abs. 2.
[8] Dazu BGE *Koch-Zeller,* 31 II 543, 552–53 (1905), und *Büchel,* 81 I 274, 279–82 (mit weiteren Nachweisen) (1955).
[9] BGE 81 I 274.
[10] Art. 113 Abs. 1 Ziffer 3 BV. Dazu Art. 59 OG 1874; Art. 175 OG 1893; Art. 84 OG 1943.
[11] So noch ausdrücklich Art. 59 OG 1874. Dazu Walter KÄLIN, Das Verfahren der staatsrechtlichen Beschwerde, 1984 Bern, 77–79.
[12] Vgl. die Übersicht (Stand 1960) bei HUBER, Gewährleistung, 202–05.

1969 in die Bundesverfassung formell Aufnahme fand[13], gehört damit seit 1874 in den Bereich der bundesgerichtlichen Staatsrechtspflege.

Die staatsrechtliche Beschwerde ist ein kassatorisches Rechtsmittel; sie vermag dem betroffenen Eigentümer nicht unmittelbar zu einer Entschädigung zu verhelfen. Zum Prozessgegenstand wird die Entschädigungsproblematik in Form der Rüge, die Eigentumsgarantie sei verletzt worden, weil ohne Entschädigung ein Eingriff in das Eigentum des Beschwerdeführers erfolgt sei bzw. weil das Gemeinwesen eine Entschädigungspflicht für den Eingriff in verbindlicher Weise verneint habe[14].

D) Die Zuweisung von Gesetzgebungskompetenzen auf dem Gebiet des Gewässerschutzes und der Raumplanung an den Bund[15] hat – in Verbindung mit der Ausweitung der Verwaltungsgerichtsbarkeit durch die Revision des Organisationsgesetzes von 1968[16] – zur Folge gehabt, dass heute für die materielle Enteignung zunehmend die *Verwaltungsgerichtsbeschwerde* jene prozessuale Aufgabe erfüllt, die bisher der staatsrechtlichen Beschwerde übertragen war.

Wie das Bundesgericht erstmals in den Urteilen *Département fédéral de justice et police v. Dutoit* (1975)[17] und *Einwohnergemeinde Bern v. Ruckstuhl* (1977)[18] festhielt, macht der Umstand, dass für die Frage der Entschädigungspflicht bundesrechtliche Vorschriften zu berücksichtigen sind, welche sich enteignend auswirken könnten, den entsprechenden Entscheid zu einer Verfügung im Sinne von Art. 5 VwVG. Diese kann mit Verwaltungsgerichtsbeschwerde an das Bundesgericht weitergezogen werden.

Der Bundesgesetzgeber selber hat – diese Rechtsprechung aufnehmend – in Art. 34 des Raumplanungsgesetzes vom 22. Juni 1979[19] Entscheide letzter kantonaler Instanzen über Entschädigungen als Folge von Eigentumsbeschränkungen der Verwaltungsgerichtsbeschwerde unterstellt. Aufgrund der weiten Auslegung, die das Bundes-

---

[13] Dazu vorne S. 1.

[14] Zur Frage, ob die Entschädigung Gültigkeitsvoraussetzung oder aber Folge des Eingriffs ist, siehe S. 99–100.

[15] Gewässerschutz: Art. 24^{quater} BV in der Fassung vom 6. Dezember 1953, AS 1954, S. 481 (heute geregelt in Art. 24bis BV); Raumplanung: Art. 22^{quater} BV.

[16] BG vom 20. Dezember 1968, AS 1969, S. 767.

[17] BGE 101 Ib 53–55.

[18] BGE 103 Ib 213–16 («Eymatt»); dazu hinten 4.4.B, S. 148–49.

[19] SR 700. Dazu EJPD/BRP, Erläuterungen, N. 8–11 zu Art. 34.

gericht Art. 34 RPG gibt[20], fallen heute die meisten Eigentumsbeschränkungen von Grund und Boden unter dieses Rechtsmittel.

Inhaltlich unterscheidet sich die Art, wie die Frage der materiellen Enteignung im Verwaltungsgerichtsbeschwerdeverfahren behandelt wird, nicht von jener der staatsrechtlichen Beschwerde; das Gericht entscheidet in beiden Fällen mit grundsätzlich freier Kognition[21]. Der wichtige praktische Unterschied liegt darin, dass das betroffene Gemeinwesen zwar bei der Verwaltungsgerichts-, nicht aber bei der staatsrechtlichen Beschwerde beschwerdebefugt ist[22]. Diese Erweiterung der Beschwerdebefugnis hat das Bundesgericht aus einer bisher bestehenden Einseitigkeit seiner Stellung befreit. Solange nur die privaten Eigentümer Beschwerde führen konnten, hatte es allein dafür zu sorgen, dass niemandem eine Entschädigung zu Unrecht verweigert wurde. Mit der Öffnung der Verwaltungsgerichtsbeschwerde kann sich das Gericht jetzt auch – über die von Kantonen und Gemeinden erhobenen Beschwerden – zu den Grenzen der Entschädigungspflicht äussern[23]. Seine Rechtsprechung zur materiellen Enteignung ist dadurch wesentlich erweitert worden.

---

[20] Siehe z. B. BGE *Messner,* 107 Ib 229 (1981); *Kocher,* 107 Ib 382–83, E.1 (1981); *Neeff und Heusler v. Basel-Stadt,* 111 Ib 259–61, E.1 (1985). Eine Übersicht gibt SPÜHLER, Zbl 1989, S. 112–14.
[21] BGE Einwohnergemeinde Bern v. Ruckstuhl, 103 Ib 216–18, E.2 (1977).
[22] Für die staatsrechtlichen Beschwerde BGE *Etat de Neuchâtel v. Barret,* 99 Ia 110 (1973). Für die Verwaltungsgerichtbeschwerde Art. 103 lit.a OG; BGE *Einwohnergemeinde Bern v. Ruckstuhl,* 103 Ib 216, E.1f (1977).
Für den Bereich des Raumplanung ergibt sich die Beschwerdebefugnis der Kantone und Gemeinden unmittelbar aus Art. 34 Abs. 2 RPG.
[23] In diesem Zusammenhang ist natürlich auch die Tatsache bedeutsam, dass der Bundesgesetzgeber über Art. 5 und Art. 34 RPG die materielle Enteignung weitgehend zu einem *Rechtsbegriff des einfachen Bundesrechts* gemacht hat. Den Kantonen ist es seither für den – in der Praxis vorherrschenden – Bereich der Raumplanung verwehrt, die Entschädigungspflicht des Gemeinwesens weiter zu fassen, als das Bundesrecht es tut; BGE *Staat Zürich v. Hofstetter,* 109 Ib 114 (1983). Welches der bundesrechtliche Inhalt der materiellen Enteignung ist, bestimmt im Ergebnis ausschliesslich die bundesgerichtliche Rechtsprechung.

1. Erste Phase: Inhaltsbestimmung oder Enteignung

Vom Entscheid *Huber* (1876) zum Entscheid *Fröbel* (1904)[1]

1.1. Das Ausgangsmodell

A) An die Frage nach den möglichen Entschädigungsfolgen von Eigentumsbeschränkungen tritt das Gericht mit einer von Beginn weg festgefügten Konzeption heran. Ihre Hauptelemente – nämlich das Legalitätsprinzip und der Dualismus von Inhaltsbestimmung und Enteignung – sollen hier vorweg skizziert werden, bevor wir im einzelnen auf die Rechtsprechung eintreten.

Das *Legalitätsprinzip* besagt, dass das Gemeinwesen für die von ihm gegenüber Privaten verursachten Schädigungen nur dann einzustehen hat, wenn ein Satz des positiven Rechts dies vorschreibt[2]. Das Bestehen einer *allgemeinen* staatlichen Entschädigungspflicht ausserhalb des Gesetzes wird verneint. Das Erfordernis einer besonderen Rechtsgrundlage für die Haftung des Staates gilt durchgehend sowohl für rechtswidrig wie für rechtmässig zugefügte Schädigungen[3].

Für den spezifischen Bereich der vom Staat ausgehenden rechtmässigen Beeinträchtigungen des Eigentums äussert sich der Grundsatz so, dass diese entschädigungslos zu dulden sind, sofern nicht ein Fall der Enteignung – also eines von allen kantonalen

---

[1] Eine andere Periodisierung der bundesgerichtlichen Rechtsprechung als die hier vorgeschlagene und eine teilweise andere Interpretation nimmt PFISTERER vor; Zbl 1988, S. 470–89.

[2] Siehe für eine zeitgenössische Darstellung FISCHER, passim, besonders Zbl 1901, S. 178, 186, 194–95; später VOGT, 77–81; HIS, Entschädigungspflicht, ZSR 1923, S. 36; FLEINER, 289–306, besonders 294–96; ROSENSTOCK, Haftung, 39–164 (mit zahlreichen Hinweisen); SALADIN, Grundrechte, 196–97.

[3] ROSENSTOCK, Haftung, 39. Für rechtswidrige Akte differenziert FISCHER, Zbl 1901, 194–95.

Rechtsordnungen als entschädigungspflichtig anerkannten Tatbestandes – vorliegt[4]. In den Vordergrund rückt damit die Frage nach der Unterscheidung zwischen Enteignung und «Nichtenteignung», eine Unterscheidung, die für die zeitgenössische Jurisprudenz mit dem *Gegensatzpaar Inhaltsbestimmung und Enteignung* zusammenfällt.

Mit diesem Gegensatzpaar richtet sich der Blick nun allerdings mehr auf Probleme institutioneller Art als auf die Entschädigungsfrage. Der Grundgedanke besagt, dass die (zulässigen) staatlichen Einwirkungen auf das Eigentum in zwei sich ausschliessende Kategorien zerfallen, von denen die eine sich als Bestimmung des Eigentumsinhaltes, die andere als staatliche Güterbeschaffung charakterisiert. Der Inhaltsbestimmung ist das Gesetz, der Güterbeschaffung die Enteignung zugeordnet.

Im einzelnen verknüpfen sich hier mehrere Ansatzpunkte zu einem Ganzen:
- Als erstes ist auszugehen von der *Unterscheidung zwischen objektivem Recht* als einer Sphaere, wo der Staat eine weitgehende Gestaltungsfreiheit besitzt, einerseits, *und den subjektiven Rechten* – und damit den einzelnen Eigentumsrechten – als einer Schranke staatlichen Eingreifens anderseits. Das Gemeinwesen bestimmt grundsätzlich frei, was es als Eigentum anerkennen will und was als dessen Inhalt gelten soll; verwehrt ist es ihm dagegen, einzelne Eigentumsrechte zu vernichten.
- Dieser Unterscheidung überlagert sich eine zweite, jene zwischen *Gesetzgebung und Enteignung*[5]. Gefragt wird hier nach der adaequaten F o r m des staatlichen Handelns. Wenn der Staat den Eigentumsinhalt festlegt, so hat er sich des Gesetzes zu bedienen, also jener Form, in welcher das politisch repräsentative Organ eine unbeschränkte Zahl von Fällen gleich regelt. Die Charakteristiken des Gesetzes – Interessenneutralität des Gesetzgebers als des Vertreters aller Bürger, Allgemeinheit der Regelung und unbeschränkter Kreis von Betroffenen – gewährleisten, zumindest dem Anspruch nach, Richtigkeit und Ausgewogenheit der getroffenen Lösung. Das Insti-

---

[4] AFFOLTER, 24–25; FLEINER, 292–95; ROSENSTOCK, Haftung, 52–69; SALADIN, Grundrechte, 116–18.
Gemeint ist in heutiger Terminologie die *formelle* Enteignung; dieser Begriff existiert aber für den diskutierten Zeitraum eben noch nicht; siehe dazu hinten S. 28–30.
[5] Dazu VOGT, 82–84; ROSENSTOCK, Haftung, 62, 66, 125–35, 141–42.

1.1. Das Ausgangsmodell

tut der Enteignung anderseits will dem Staat die Möglichkeit verschaffen, unter Wahrung bestimmter Kautelen im Bedarfsfall einzelne Eigentumsrechte in Anspruch zu nehmen. Individualität der Massnahme und Anordnung durch eine Verwaltungsbehörde charakterisieren dieses Institut.

– Damit einher geht nun die dritte Unterscheidung: während die Festlegung des Eigentumsinhaltes im Gesetz keine *Entschädigungspflicht* des Gemeinwesens auslöst, setzt der Entzug von Eigentumsrechten auf dem Enteignungsweg volle Entschädigung voraus.

Für unser Problem entscheidend ist nun, dass *Beschränkungen des Eigentums nichts anderes sind als die negative Art der Inhaltsbestimmung*. Ordnungsgemäss in die Gesetzesform gekleidet, müssen sie entschädigungslos hingenommen werden. Dass eine allgemein formulierte Eigentumsbeschränkung im Ergebnis nur wenige einzelne Eigentümer belasten kann, bleibt grundsätzlich unbeachtlich[6]. Die Konkretisierung des Gesetzes im Einzelfall wird nicht als eigene Kategorie neben jener des Gesetzes und der Enteignung begriffen[7].

B) Das Bundesgericht formuliert diese Konzeption sehr früh im Fall *Huber* (1876)[8], wo ihm erstmals die Frage der Entschädigung für eine staatliche Eigentumsbeschränkung vorgelegt wird. Die Gemeinde Fluntern hat ein von Huber gestelltes Baugesuch abgewiesen, weil das Projekt eine – auf gesetzlicher Grundlage beruhende – Baulinie verletzt; die daraufhin angegangenen kantonalen Behörden weigern sich, das Expropriationsverfahren für das betroffene Grundstück einzuleiten. Das Gericht sieht darin keine Verletzung der Eigentumsgarantie:

> «Zu den wohlerworbenen Privatrechten gehören nun aber bekanntlich diejenigen Befugnisse, welche kraft gesetzlicher Bestimmungen den Inhalt eines Rechtsverhältnisses bilden, nicht und ist somit klar, dass diese *gesetzlichen* Rechte auf dem Wege der Gesetzgebung modifizirt resp. beschränkt werden können, ohne dass hiedurch die Verfassung verletzt, oder eine Entschädigungspflicht des Staates begründet wird.

---

[6] Das Bundesgericht behält sich ein Einschreiten für den Fall, wo die Allgemeinheit des Gesetzes bloss noch Farce ist, immerhin vor. Siehe etwa BGE *Lussy,* 22 1012, 1022 (1896).

[7] Exemplarisch BGE *Imhof,* 5 388, 396–97 (1879), wo das Bundesgericht das Problem der Belastung Weniger ausdrücklich anerkennt, und Fischer, Zbl 1901, 193. – Den Anwendungsakt als eigene Kategorie zu verstehen, ist Voraussetzung für eine Rechtsfigur wie die materielle Enteignung.

[8] BGE 2 91.

1.1. Das Ausgangsmodell

> ... Nun fällt das Eigenthum im subjektiven Sinne, als Recht an einer Sache, allerdings unter die wohlerworbenen Privatrechte. Dagegen sind die den Inhalt des Eigenthumes im objektiven Sinne bildenden Befugnisse lediglich gesetzliche Rechte und daher durch die Staatsverfassung nicht garantirt.»[9]

Bei der dem Rekurrenten entgegengehaltenen Baulinie handelt es sich um eine zulässige, auf Gesetz beruhende «Modifizierung» seiner Befugnis zu bauen, nicht um einen Entzug des Eigentumsrechts. Ein Entschädigungsanspruch kann ihm daher nicht zustehen.

Eine ausführlichere Formulierung seiner Auffassung gibt das Bundesgericht einige Jahre später im Entscheid *Stadtgemeinde St.Gallen*[10]:

> «[Die Eigentumsgarantie] garantirt die Substanz des Eigenthums, die Zuständigkeit der rechtlichen Herrschaft über die Sache; dagegen bestimmt [sie] den Inhalt dieser rechtlichen Herrschaft nicht und gewährleistet nicht etwa deren Schrankenlosigkeit. Vielmehr richtet sich der Inhalt des Eigenthums, das Mass der rechtlichen Herrschaft, welche dasselbe gewährt, nach dem jeweilen geltenden objektiven Rechte und wandelt sich mit diesem. Die Verfassung gewährleistet das Eigenthum in seiner jeweiligen positiv-rechtlichen Gestaltung, nicht dagegen als ein unbeschränktes, der nähern Normirung und Begrenzung durch die Gesetzgebung entzogenes Recht. Der Bürger ist gegen willkürliche Entziehung oder Schmälerung der rechtlichen Herrschaft gesichert, welche im Eigenthumsrechte nach der jeweilen geltenden Rechtsordnung enthalten ist. Dagegen hindert die verfassungsmässige Eigenthumsgarantie nicht, dass der Inhalt des Eigenthums, der ja stets nicht durch den Parteiwillen sondern durch die Rechtsordnung bestimmt war, durch das objektive Recht durch Einführung neuer nachbarrechtlicher oder öffentlich-rechtlicher Eigenthumsbeschränkungen geändert werde. Dies ist vom Bundesgerichte schon häufig ausgesprochen worden und es ist denn auch in der That die verfassungsmässige Eigenthumsgarantie nirgends dahin aufgefasst worden, dass neue Rechtssätze, welche die im Eigenthumsrechte enthaltenen Befugnisse beschränken, nicht oder nur gegen Entschädigung eingeführt werden können.»

C) Die geschilderte Konzeption erweist sich als so tragfähig, dass das Bundesgericht während dreier Jahrzehnte ohne sichtbare Anfechtungen daran festhalten kann[11]; erst nach der Jahrhundertwende

---

[9] Id., 96-97 (Hervorhebung im Original).
[10] BGE 16 693, 705-06 (1890).
[11] Hier wird der Entscheid *Fröbel*, 30 I 59, 65-66 (1904) (Einführung der offenen Bauweise für gewisse Gebiete der Stadt Zürich und damit Reduktion der vorher zulässigen maximalen Nutzung) als letzter Vertreter dieser Rechtsprechungsperiode und damit des diskussionslos angewendeten Ausgangsmodells betrachtet.

wird es sich genötigt sehen, sie gegen Kritik zu verteidigen, und erst 1929 wird es sie verlassen [12]. Immerhin gibt die Vielzahl der herangetragenen Fälle dem Gericht bereits während dieser ersten Phase ausreichend Gelegenheit, sein Modell zu präzisieren und zu verfeinern. Einerseits müssen die Grenzen zulässiger Inhaltsbestimmung, anderseits die Tragweite des Enteignungsbegriffes festgelegt werden. Zudem hat das Gericht klarzustellen, was überhaupt als «Eigentum», also als Objekt des durch die Eigentumsgarantie gewährleisteten Schutzes anzusehen ist. Diesen Fragen wenden wir uns nun zu.

1.2. Inhaltsbestimmung

A) Die *grundsätzlichen Aussagen* des Bundesgerichts zu den Grenzen zulässiger Inhaltsbestimmung des Eigentums – anders ausgedrückt: zur Bindung des Gesetzgebers an die Eigentumsgarantie – sind widersprüchlich. Solche Grenzen werden bisweilen bejaht, bei anderer Gelegenheit verneint; manchmal bleiben die Äusserungen auch unbestimmt [1]. Im Ergebnis zeigt sich, dass das Bundesgericht dem Gesetzgeber zwar weitestgehende Freiheiten einräumt, dennoch aber gewisse Bindungen anerkennt. Am klarsten drückt wohl der Entscheid *Lussy* aus dem Jahr 1896 seine Auffassung aus:

> «Dagegen bildet [die Eigentumsgarantie] für den Gesetzgeber kein Hindernis, um den Inhalt des Eigentumes und der Rechtsamen nach den jeweilen bestehenden Bedürfnissen des Staates und der Bürger zu bestimmen, sofern nur dadurch die Begriffe nicht zu leeren Formeln herabsinken, und sofern nur weiterhin mit den neuen Normen eine allgemein verbindliche Abänderung der objektiven

---

[12] Siehe dazu das nächste Kapitel und besonders BGE *Zinggeler*, 55 I 397 (1929).

[1] Bejahend: BGE *Huber*, 2 91, 96 (1876); *Einwohnergemeinde Hüningen*, 3 512, 516 (1877); *Lussy*, 22 1012, 1022 (1896); *Hasenfratz*, 26 I 72, 77 (1900). Unbestimmt: BGE *Schindler*, 6 98, 111–12 (1880). Verneinend: BGE *Betschart*, 26 II 491, 509 (1900). – Im BGE *Helvetia*, 37 I 503, 518, wo die Bindung des Gesetzgebers an die Eigentumsgarantie in grundsätzlicher Weise anerkannt wird, räumt das Gericht selber ein, seine Praxis habe «einiges Schwanken» gezeigt.

Wir beschäftigen uns hier einzig mit jenen Schranken, welche die Eigentumsgarantie dem Gesetzgeber auferlegt; die durch andere Grundrechte gezogenen Grenzen bleiben unberücksichtigt.

Rechtsordnung und nicht etwa ein willkürlicher Eingriff in einzelne subjektive Rechte bezweckt wird»[2].

B) Ein frühes, vereinzeltes Beispiel, wo das Bundesgericht einen Akt des Gesetzgebers wegen Verletzung der Eigentumsgarantie aufhebt, findet sich im Entscheid *Einwohnergemeinde Hüningen*[3]. 1877 beschweren sich die Eigentümer von Ufergrundstücken längs des Flüsschens Wiese im Kanton Baselstadt gegen einen Grossratsbeschluss, der für die Korrektion des Gewässers die unentgeltliche Abtretung der benötigten Grundstücke an den Staat – im Sinne eines Vorteilsausgleiches – anordnet. Das Bundesgericht hebt den Beschluss auf, da die Abtretungspflicht die Eigentümer ganz unterschiedlich trifft und da die dekretierte Art, Nachteile mit Vorteilen zu verrechnen, zu willkürlichen Ergebnissen führt[4].

C) Neben diesem frühen Einzelbeispiel sind als gesamthafte Kategorie von Fällen, wo das Bundesgericht den Gesetzgeber als gebunden ansieht, die sogenannten *wohlerworbenen Rechte* zu nennen. Da diesen die Beständigkeit gegenüber dem Gesetzgeber aber begriffswesentlich ist, verlagert sich hier die Problematik auf die ganz andere Frage, ob eine bestimmte von einem Privaten innegehaltene Position auch wirklich wohlerworben ist oder nicht. Dies wird an anderer Stelle zu diskutieren sein[5].

D) Die Bestimmung des Eigentumsinhaltes ist an die *Einhaltung der Gesetzesform* gebunden; Inhaltsbestimmung im Wege des Verwaltungsaktes ist ungültig. In der Praxis des Bundesgerichts verknüpft sich dieses Erfordernis bisweilen in merkwürdiger Weise mit der Entschädigungsfrage. Beginnend mit dem Entscheid *Verdan* (1880) hebt das Gericht in einer Reihe von Fällen Eigentumsbeschränkungen bauplanerischer Art mangels gesetzlicher Grundlage auf, doch betont es im

---

[2] BGE 22 1012, 1022 (Neuregelung der Gülten im Kanton Nidwalden).
[3] BGE 3 512.
[4] Aufhebungsgrund ist also eine zweifache Verletzung des Rechtsgleichheitsgebotes, welches hier aber, weil auf Vermögenswerte bezogen, als Teil der Eigentumsgarantie verstanden wird. Bemerkenswert an diesem Urteil ist, dass das Bundesgericht die Ausgleichung des für die Landabtretung grundsätzlich bestehenden Entschädigungsanspruches durch Aufrechnung der aus der Korrektion erwachsenden Vorteile als zulässig ansieht, sofern sie nur rechtsstaatlichen Grundsätzen folgt. Id., 517.
[5] Siehe hinten Kapitel 1.4.B und allgemein 5.4.2.C.

1.2. Inhaltsbestimmung

Dispositiv meistens ausdrücklich, dass die aufgehobene Beschränkung bei Entrichtung einer Entschädigung aufrechterhalten werden könne[6]. Aus anderen Entscheiden[7] wissen wir aber, dass Beschränkungen dieser Art als eine zulässige Art der Inhaltsbestimmung anerkannt sind, sofern sie sich auf ein Gesetz stützen. Es kann also unter Umständen einzig von der Einhaltung der Gesetzesform abhängen, ob eine Massnahme als entschädigungslose Inhaltsbestimmung oder aber als entschädigungspflichtige Enteignung gewertet wird[8].

E) Die Beschränkung gesetzgeberischer Freiheit bleibt eine Ausnahme. In aller Regel lässt das Bundesgericht dem Gesetzgeber freie Hand. Auch einschneidende, entschädigungslose Eigentumsbeschränkungen werden als zulässige Ausgestaltung des Eigentumsinhaltes geschützt. Einige typischen Fallgruppen treten in der Judikatur hervor.

– Als Inhaltsbestimmung par excellence wertet das Bundesgericht einmal die *polizeilichen Massnahmen,* also jene Beschränkungen des Eigentums, die dazu dienen, Gefahren für Leib und Leben, Gesundheit und die öffentliche Ordnung abzuwehren. Sie gehören zu den selbstverständlichen Schranken des Eigentums, und von einem Entschädigungsanspruch kann, in den Worten des Bundesgerichts, «keine Rede» sein[9].

---

[6] BGE *Verdan,* 6 586 (1880) (Baulinie); *Nordmann,* 7 709 (1881) (Baulinie); *Tobler,* 13 281 (1887) (Gebäude- und Grenzabstand); *Hungerbühler,* 16 521 (1890) (Baulinie); *Röthlin,* 23 II 1514 (1897) (Gebäudeabstand). In allen diesen Fällen stützen sich die Baubeschränkungen auf kommunales Recht, welches ohne Ermächtigung in einem kantonalen Gesetz erlassen worden ist; das Bundesgericht verneint in dieser Phase eine Autonomie der Gemeinden zur Rechtsetzung im Bereich des Baurechts; siehe BGE *Tobler,* 13 289; *Hungerbühler,* 16 527; ferner SALADIN, Grundrechte, 158.

[7] Hinten S. 26, Text zu FN 15.

[8] Dieser Umstand schliesst es aus, die in FN 6 angeführten Entscheide als frühe Fälle materieller Enteignung zu qualifizieren, wie dies MEIER-HAYOZ/ROSENSTOCK, 29, tun.

[9] BGE *Imhof,* 5 388, 396 (1879). – Die polizeilichen Eigentumsbeschränkungen können allerdings kaum immer als «Inhaltsbestimmung» in dem vom Bundesgericht sonst verwendeten Sinne einer gesetzlichen Fixierung des Eigentums verstanden werden. Bezeichnenderweise besteht für sie das Erfordernis der gesetzlichen Grundlage nicht, wenn es gilt, einer unmittelbar drohenden Gefahr zu begegnen; siehe BGE *Wasserfallen,* 20 790, 796–97 (1894). Es lassen sich in der bundesgerichtlichen Rechtsprechung Belegstellen anführen, denen eher die Vorstellung zugrundeliegt, das Eigentum unterstehe ganz allgemein dem Vorbehalt gefahrabwehrender Massnahmen; siehe neben dem angeführten Entscheid *Wasserfallen* auch BGE *Schaffner,* 4 464, 471 (1878). Dazu allgemein auch AFFOLTER, Die individuellen Rechte, 23–24.

Beispielhaft erscheint bereits ein sehr früher Fall, der Entscheid *Imhof* aus dem Jahr 1879[10]. Aus Gründen des Immissionsschutzes verbieten die Baselstädter Behörden den Eigentümern einer seit Jahrhunderten bestehenden Gerberei in der Steinenvorstadt die Erweiterung des Betriebes am bisherigen Standort. Das Verbot stützt sich auf das kantonale Sanitätsgesetz. Die Eigentümer belangen daraufhin den Kanton im direkten Prozess vor dem Bundesgericht; sie verlangen Übernahme ihres Grundstückes auf dem Expropriationswege, allenfalls Entschädigung für den aus dem Verbot der Erweiterung erwachsenen Schaden. Das Bundesgericht weist die Klage ab. Indem die Behörden ihre Zustimmung zur vorgesehenen Erweiterung versagten, hätten sie «nur eine gesetzlich bestehende Eigentumsbeschränkung konstatirt»[11]; für eine solche bestehe kein Ersatzanspruch. Es liege auch kein Expropriationsfall vor: «Der Staat beansprucht nicht, wie Kläger unrichtig behaupten, die Benutzung ihres Eigenthums; es ist nichts aus ihrem Vermögen in dasjenige des Staates übergegangen, sondern der Staat verbietet lediglich den Klägern eine Benutzung ihrer Liegenschaft, welche das Gesetz aus öffentlichen, polizeilichen Rücksichten allgemein nicht mehr gestattet»[12]. An dieser Rechtsprechung wird das Bundesgericht künftig unbeirrt festhalten[13].

– Zu einer zweiten Gruppe von Fällen gehören Eigentumsbeschränkungen, denen nicht mehr das Motiv der Gefahrenabwehr zugrundeliegt, sondern die Absicht, eine künftige, als wünschbar erachtete Ordnung herbeizuführen. Es handelt sich um jene *bauplanerischen Massnahmen der Gründerzeit*, welche den Rahmen der Baupolizei im engen Sinne bereits gesprengt haben. Hauptbeispiel bilden die Bau- und Strassenlinien zur Freihaltung und Sicherstellung künftiger Verkehrs- und Erschliessungsanlagen. In ihrer Wirkung laufen sie regel-

---

[10] BGE 5 388.
[11] Id., 396–97.
[12] Id., 399.
[13] Siehe für diese erste Rechtsprechungsphase: BGE *Schaffner,* 4 464, 471 (1878) (Obiter Dictum bei Beurteilung einer Entschädigungsklage wegen amtlicher Schlachtung erkrankter Pferde); *Seeli & Cie.,* 4 476, 486–87 (1878) (Amtliche Vernichtung verfälschten Weines); *D.,* 8 134 (1882) (Schliessung einer mit einem ehehaften Tavernenrecht versehenen Wirtschaft wegen Prostitution); *Tirozzi,* 11 112, 121 (1885) (Zwangsweiser Abbruch gefährlicher Bauten; Obiter Dictum); *Hasenfratz,* 26 I 72, 78 (1900) (Verfügung, den Landstreifen innerhalb des Hochwasserbereichs der Thur freizuhalten).

1.2. Inhaltsbestimmung

mässig auf ein entschädigungsloses Bauverbot unbestimmter Dauer hinaus, da die zugehörigen Ausführungsbestimmungen den betroffenen Grundeigentümern einen Ersatzanspruch jeweils erst für die spätere Übernahme des Bodens durch das Gemeinwesen einräumen. Beginnend mit dem bereits erwähnten Entscheid *Huber*[14] beschäftigen derartige Eigentumsbeschränkungen das Bundesgericht während der ganzen ersten Rechtsprechungsphase. Sofern sie auf einer einwandfreien gesetzlichen Grundlage beruhen, wertet das Gericht sie als zulässige Bestimmung des Eigentumsinhaltes, welche entschädigungslos geduldet werden muss[15]. Mit derselben Begründung weist das Gericht 1904 auch die staatsrechtliche Beschwerde mehrerer Landeigentümer in Zürich ab, die sich gegen die Einführung der – nur noch eine reduzierte Nutzung zulassenden – offenen Bauweise für Teile der Stadt wehren[16].

- Im Unterschied zu den beiden ersten Fallgruppen, bei denen die gesetzliche Regelung zumindest den Anspruch der Interessenneutralität erhebt, charakterisiert sich die dritte dadurch, dass der Gesetzgeber offen einen Entscheid zugunsten bestimmter, mit anderer kollidierender Interessen getroffen hat. Es liegt eine entschädigungslose *Umverteilung von Gütern* vor. Das Bundesgericht hält auch derartige Regelungen aufrecht, wiederum mit der Begründung, der Gesetzgeber habe in erlaubter Weise den Inhalt des Eigentums umschrieben. Zwei Beispiele sind zu erwähnen.

Der *erste* Entscheid beendet eine ganze Reihe von Rechtsstreiten, die das Bundesgericht zwischen 1887 und 1890 in derselben Sache beschäftigen[17]. Anlass dazu gibt der Kauf einer Alp in Appenzell Innerrhoden durch die Gemeinde St.Gallen zum Zwecke, die darauf befindlichen Quellen zu fassen und für die Trinkwasserversorgung der Stadt abzuleiten. Appenzell Innerrhoden widersetzt sich diesem Vorhaben mit allen Mitteln, zuletzt mit einem Gesetz, das die Ableitung von Wasser an eine Bewilligung der Regierung knüpft und bestimmt, dass die Bewilligung zu versagen ist, wenn öffentliche Interessen der Ableitung entgegenstehen. Als dann die Innerrhoder Regierung der Stadt St.Gallen die nachgesuchte Bewilligung zur Ableitung des Wassers erwartungsgemäss verweigert, führt die Stadt staatsrechtliche Beschwerde wegen Verletzung der Eigentumsgarantie. Sie wird

---

[14] BGE 2 91 (1876); dazu vorne S. 20–21.
[15] BGE *Renggli*, 5 536 (1879); *Weitnauer*, 17 52 (1891); *Koch-Zeller*, 31 II 543 (1905).
[16] BGE *Fröbel*, 30 I 59.
[17] BGE *Stadtgemeinde St.Gallen*, 16 693 (1890). Voraus gehen diesem Urteil die folgenden Entscheide: *Broger*, 13 447 (1887); *Appenzell Innerrhoden*, 14 413 (1888); *Stadtgemeinde St.Gallen*, 15 20 (1889).

vom Bundesgericht belehrt, dass die angefochtene Verfügung ihr Eigentum nicht verletzt habe.

> «Dem Eigenthümer wird nicht die rechtliche Herrschaft über seine Sache entzogen, sondern es wird nur ausgesprochen, dass das Eigenthum an der Quelle nicht ohne weiters die Befugnis, dieselbe abzuleiten, in sich begreife ... [Es] handelt ... sich nicht um einen Entzug der Substanz des Eigenthums, sondern um eine gesetzliche Bestimmung des Eigenthumsinhaltes»[18].

Der *zweite* Fall betrifft die Neuregelung der Gülten in der Verfassung und einem zugehörigen Ausführungsgesetz des Kantons Nidwalden. Die Revision will die Schuldner mittels neuer Höchstzinssätze und Ablösemöglichkeiten entlasten. 1896 lehnt das Bundesgericht vorerst eine staatsrechtliche Beschwerde betroffener Gültgläubiger ab mit der Begründung, mehr noch als der Gesetzgeber sei der *Verfassungs*geber in der Gestaltung des Eigentums frei; die Eigentumsgarantie, welche ja auch bloss Verfassungsrang habe, könne ihn nicht beschränken[19]. Vier Jahre später hat sich das Gericht, nun als Zivilrichter im direkten Prozess, mit einer Klage von Gültbesitzern zu befassen, welche sich durch die neu geregelte Art der Umrechnung von Gülten alter Währung in solche neuer Währung geschädigt wähnen und dafür vom Kanton Nidwalden Ersatz verlangen[20]. Das Bundesgericht weist auch die Klage ab, in erster Linie deshalb, weil der Wert der alten Titel in Wahrheit gar nicht herabgesetzt worden sei. In einem ausgedehnten Obiter Dictum hält es aber fest, dass sogar bei Zutreffen der klägerischen Behauptung eine Verletzung der Eigentumsgarantie nicht vorläge:

> «[D]ie verfassungsmässige Gewährleistung des Eigentums ... [hindert] den Gesetzgeber nicht, den Inhalt des Eigentums und der Privatrechte zu bestimmen und dieselben im allgemeinen Interesse Beschränkungen zu unterwerfen. *Dieses Recht kann aber natürlich nicht dadurch illusorisch gemacht werden, dass an seine Ausübung die Verpflichtung des Staates geknüpft würde, für den durch die Änderung entstandenen Schaden aufzukommen*»[21].

---

[18] BGE 16 706–07.
[19] BGE *Lussy,* 22 1012 (1896), besonders Erwägung 5, 1020–23.
[20] BGE *Betschart,* 26 II 491 (1900).
[21] Id., 510 (Hervorhebung durch den Verfasser).

1.3. Enteignung oder Eigentumsbeschränkung?

A) Den Gegensatz zur Inhaltsbestimmung – als der zulässigen, ja notwendigen Ausgestaltung dessen, was das Eigentum ausmacht und begrenzt – bildet der *Eingriff in die Substanz*[1]. Wenn der Einzelne auch keinen Anspruch auf den Bestand der Rechtsordnung – und damit auf die einmal bestehende Gestaltung der Eigentumsordnung – geltend machen kann, so sind doch Eingriffe in die Substanz eines Eigentumsrechtes nur gegen Entschädigung zulässig. Ohne Entschädigung verletzen sie die Eigentumsgarantie.

Der Begriff der Substanz hat für das Bundesgericht beinahe apriorischen Charakter; jedenfalls verwendet es ihn wie eine Selbstverständlichkeit, ohne je eine Definition zu geben. Die genauesten Äusserungen finden sich im bereits angeführten Urteil *Stadtgemeinde St. Gallen*, wo ein aus öffentlichen Interessen erlassenes Verbot der Ableitung von Quellen aus dem Kantonsgebiet zur Debatte steht. «Substanz» wird hier mit «Zuständigkeit der rechtlichen Herrschaft über die Sache» umschrieben[2], und als Beispiel für einen Eingriff wird die Verwendung privaten Quellwassers zu öffentlichen Zwecken angegeben[3].

Hinter dem Begriff der Substanz steckt, zumindest dem Anspruch nach, die Idee eines erst noch zu entwickelnden, umfassenden Tatbestandes für alle entschädigungspflichtigen Eingriffe in das Eigentum[4]. Während des hier besprochenen Zeitabschnitts stellt die (eng verstandene) Enteignung aber den einzigen praktisch bedeutsamen Fall dar.

B) Das *Institut der Enteignung* ermöglicht es dem Staat, für die Verwirklichung bestimmter Zwecke die benötigten Güter von Privaten in einem geregelten Verfahren und unter voller Entschädigung zwangsweise in Anspruch zu nehmen. Die Eigentumsgarantie entfaltet

---

[1] Der Begriff wird vom Bundesgericht nur selten ausdrücklich verwendet, nämlich erstmals im BGE *Renggli,* 5 536, 539 (1879), allerdings ohne jede Erläuterung; sodann im BGE *Stadtgemeinde St.Gallen,* 16 693, 705, 706, 707, 709 (1890) (auszugsweise zitiert vorne S. 21); schliesslich im Zusammenhang mit einer formellen Enteignung im BGE *Centralbahn,* 21 1027, 1032 (1895). Für Entscheide aus der nachfolgenden Rechtsprechungsperiode siehe hinten S. 59–60.
[2] BGE 16 693, 705 (1890).
[3] Id., 709.
[4] Dazu hinten S. 59–60. Siehe auch AFFOLTER, 25; BAGI, 200–07; ROSENSTOCK, 77.

hier ihre stärkste Wirkung: sie schützt den Eigentümer vor ungesetzlichen Enteignungen[5]. Als solche erscheinen sowohl Fälle, wo eine Enteignung ohne Vorliegen eines gesetzlich zulässigen Zweckes oder ohne Beachtung des vorgeschriebenen Verfahrens durchgeführt wurde, wie auch staatliche Akte – und einzig diese interessieren in unserem Zusammenhang –, wo, obwohl de facto der Tatbestand der Enteignung erfüllt wäre, eine Enteignung nicht vorgenommen und voller Ersatz nicht bezahlt worden ist. Das Bundesgericht sieht sich von Beginn weg mit Beschwerden und Zivilklagen konfrontiert, in denen Eigentümer geltend machen, de facto expropriert worden zu sein und Anspruch auf Entschädigung zu besitzen. Da es aber während dieser ganzen ersten Phase an einem engen, formellen Enteignungsbegriff festhält, ist diesen Vorbringen nur in ganz besonders gelagerten Fällen Erfolg beschieden.

C)   In den Augen des Bundesgerichts kennzeichnen drei *Merkmale* die Enteignung: ihr Charakter als Einzelakt, die Zugehörigkeit zum Bereich der Verwaltung und die Tatsache des Rechtsübergangs.

– Die Enteignung ist notwendig ein *individueller Eingriff*; sie trifft immer bloss einzelne, definierte Eigentümer[6]. Darin unterscheidet sie sich sowohl von der gesetzlichen Eigentumsbeschränkung, welche generelle Geltung beansprucht[7], wie auch von der Aufhebung ganzer Klassen von Rechten, gemäss dem Bundesgericht ein Tatbestand sui generis[8].

– Die Enteignung ist ferner *Akt der Verwaltung*, nicht der Gesetzgebung[9]. Zwar legt der Gesetzgeber die zulässigen Enteignungszwecke und das zu beachtende Verfahren fest, der Anstoss zur Vornahme einer Enteignung und die Auswahl der Betroffenen liegt aber bei der Verwaltung. Wie wir bereits gesehen haben, legt das Bundesgericht – gewissermassen im Sinne eines Umkehrschlusses – diesem Umstand Bedeutung bei, wenn eine nichtpolizeiliche Eigentumsbe-

---

[5] Sie erschöpft sich geradezu in diesem Schutz, wenn man eine Bindung des Gesetzgebers durch die Eigentumsgarantie verneint und das Willkürverbot als Ausfluss der Rechtsgleichheit auffasst. Siehe etwa BGE *Alpgenossenschaft Redeten*, 3 256, 259–60 (1877).

[6] BGE *Schindler*, 6 98, 112 (1880).

[7] BGE *Imhof*, 5 388, 395 (1879); *Lussy*, 22 1012, 1022 (1896); *Hasenfratz*, 26 I 72, 77–78 (1900).

[8] BGE *Schindler*, 6 98, 112–13 (1880).

[9] Siehe etwa BGE *Schindler*, 6 98, 112 (1880); *Verdan*, 6 586, 598 (1880); *Röthlin*, 23 II 1514, 1521 (1897).

schränkung ihren Ursprung in einem Akt der Verwaltung und nicht im Gesetz findet: sie kann dann nur in Verbindung mit einer förmlichen Enteignung vor der Eigentumsgarantie bestehen [10].

– Praktisch am wichtigsten ist aber das dritte Element: der *Entzug eines Rechtes*. Wie das Bundesgericht immer wieder betont, liegt nur dann eine Enteignung vor, wenn der Staat in die Rechtsträgerschaft eingreift, also einen Rechtstitel zwangsweise auf sich selber oder einen ermächtigten Dritten überträgt. Die blosse Beschränkung der Befugnisse und Möglichkeiten, die einem privaten Eigentumsrecht innewohnen, ist nicht Enteignung [11].

An einem so verstandenen Enteignungsbegriff müssen zwangsläufig alle Beschwerden und Klagen scheitern, mit denen geltend gemacht wird, eine staatliche Massnahme habe sich wie eine Enteignung ausgewirkt, ohne dass aber damit auch die Rechtstitel des Eigentümers beschnitten worden wären.

D)   Immerhin ist aus dieser ersten Rechtsprechungsphase eine Gruppe von Fällen zu erwähnen, wo das Bundesgericht, ohne dass dies ohne weiteres auf der Hand läge, das Vorliegen eines Enteignungsfalles bejaht. Als gemeinsames Merkmal weisen alle Fälle einen Bezug zum Nachbarrecht auf: es liegt jeweils eine aus der Erfüllung bestimmter Staatsaufgaben herrührende Überschreitung des Eigentums durch das Gemeinwesen vor.

Wiederholt liefert der militärische und ausserdienstliche Schiessbetrieb den Anlass, indem private Liegenschaften von Geschossen überflogen oder getroffen werden, ohne dass zuvor ein entsprechendes Recht begründet worden wäre. Einige dieser Fälle gelangen als staatsrechtliche Beschwerden vor das Bundesgericht, nachdem kantonale Behörden den betroffenen Grundeigentümern eine Duldungspflicht auferlegt haben. Das Gericht erblickt darin eine Verletzung der Eigentumsgarantie, da die öffentliche Hand de facto eine

---

[10] BGE *Verdan,* 6 586 (1880); *Nordmann,* 7 709 (1881); *Tobler,* 13 281 (1887); *Hungerbühler,* 16 521 (1890); dazu vorne S. 23–24. Die angeführten Entscheide zeigen, dass in den Augen des Bundesgerichts der Enteignung – wegen der Individualität des Aktes und seinem Ursprung bei der Verwaltung – ein gewisses Willkürmoment innewohnt, das bei der gesetzlichen Eigentumsbeschränkung fehlt. Dieses zu neutralisieren ist zweifellos einer der Zwecke, der mit dem Erfordernis der Entschädigung mitverfolgt wird.

[11] Am prägnantesten in diesem Sinn BGE *Imhof,* 5 388, 399 (1879) (zitiert vorne S. 25); *Spiess,* 11 480, 483 (1885); *Stadtgemeinde St.Gallen,* 16 693, 705–07 (1890) (zitiert vorne S. 21); *Meyer und Keller,* 22 616, 626 (1896; hier in Abgrenzung von bloss faktischen Interessen); *Dreyer,* 24 II 509, 517 (1898).

Dienstbarkeit usurpiert habe, ohne das verfassungsmässig gebotene Enteignungsverfahren durchzuführen[12].

In zwei Fällen hat das Bundesgericht Entschädigungsansprüche zu beurteilen, die im Wege des direkten Zivilprozesses gegen den Bund erhoben werden. Das eine Mal liegt die Ursache im Schiessbetrieb des Waffenplatzes Colombier[13], das andere Mal in der von einer Munitionsfabrik ausgehenden Gefahr, welche den Wert eines nahegelegenen Restaurants herabsetzt[14]. Beide Klagen werden gutgeheissen. Das Gericht bejaht die Verletzung von Nachbarrechten und spricht Schadenersatz als Ausgleich dafür zu, dass der grundsätzlich gegebene Abwehranspruch der privaten Eigentümer wegen der Unvermeidlichkeit der staatlichen Einwirkungen nicht zum Tragen kommen kann[15]. – Erwähnt zu werden verdient, dass das Bundesgericht noch diese Art von Tatbeständen im Auge hat, als es 1921 erstmals den Begriff der materiellen Enteignung verwendet[16].

1.4. Eigentum

A) Trotz ihrer grundlegenden Bedeutung scheint die Frage, welche vermögenswerten Positionen überhaupt als Eigentum anerkannt und damit im Schutz der Eigentumsgarantie eingeschlossen werden sollen, das Bundesgericht immer nur als Nebenthema beschäftigt zu haben. Während sonst aber die Entschädigungsrechtsprechung der ersten Phase keine unmittelbare Gültigkeit mehr für die Gegenwart beanspruchen kann, sind die frühen Antworten des Bundesgerichts auf die Frage nach dem Objekt der Eigentumsgarantie bis heute zum grossen Teil verbindlich geblieben. Es lassen sich hier auch kaum Entwicklungsstufen unterscheiden, wie sie für die Ausbildung der materiellen

---

[12] BGE *Klingler,* 15 735 (1889); *Kummer,* 16 709 (1890); *Blättler,* 20 321 (1894). In den Fällen *Klingler* und *Blättler* hatten die kantonalen Behörden immerhin die Wahrung *nachträglicher* Entschädigungsansprüche vorbehalten.

[13] BGE *Hoirie Terrisse,* 17 544 (1891).

[14] BGE *Sutter,* 24 II 257 (1898).

[15] Siehe in diesem Zusammenhang auch BGE *Société pour l'exploitation des hôtels et eaux de Lavey-les-Bains,* 29 II 428 (1903) (Schadenersatzklage wegen Überschiessens des Kurareals durch Festungsartillerie), wo aber die materielle Frage nicht behandelt wird.

[16] BGE *Lombardi,* 47 I 71, 80 (1921), unter Verweis auf die 1910 erschienene Dissertation von Erich VOGT, Rechtmässige Eingriffe des Staates in subjektive Privatrechte, 82–83.

1.4. Eigentum

Enteignung zu beobachten sind. Wir werden das Thema Eigentum später gesamthaft behandeln[1], so dass hier wenige Bemerkungen genügen.

B) Was zuvor von der bundesgerichtlichen Konzeption als Ganzes gesagt wurde, gilt hier in ausgeprägtem Mass: das Gericht baut auf bereits entwickelte Vorstellungen auf. Zum «Eigentum» gehören in erster Linie die verschiedenen vermögenswerten Rechte des Privatrechts, ferner bestimmte, durch einen besonderen Bezug zum Staat qualifizierte Positionen, die im Sammelbegriff der «wohlerworbenen Rechte» zusammengefasst sind.

Die *erstgenannte Kategorie* wirft kaum einmal Probleme auf. Dass die Eigentumsgarantie nicht bloss das sachenrechtliche Eigentum, sondern grundsätzlich den ganzen Kreis vermögenswerter Privatrechte schützt, erscheint von Beginn weg fraglos und wird vom Bundesgericht 1890 im Entscheid *Kummer* ausdrücklich bestätigt[2]. Keinen Schutz geniessen im Gegensatz zu den Privatrechten die bloss *faktischen Interessen*. Dies erfahren 1896 die Verleger von zwei privaten Kartenwerken, welche während Jahrzehnten in allen Schweizer Schulen Verwendung fanden. Als die eidgenössischen Räte beschliessen, durch den Bund eine eigene Schulwandkarte erstellen und gratis an alle Schulen abgeben zu lassen, erheben die Verleger gegen die Eidgenossenschaft Klage auf Ersatz des ihnen aus diesem Beschluss erwachsenen Schadens. Das Bundesgericht weist sie indessen ab mit der Begründung, ein Recht auf Beibehaltung ihrer früheren, monopolähnlichen Stellung auf dem Markt hätten die Kläger nie besessen[3].

Eine gewichtige Einschränkung indirekter Art erwächst dem Schutzobjekt dadurch, dass die einem Eigentümer auferlegten *persönlichen Leistungen* – also neben Abgaben jeder Art auch etwa die Pflicht, Immobilien bei der staatlichen Gebäudeversicherung zu versichern oder Miethäuser an die öffentliche Wasserversorgung anzuschliessen

---

[1] Hinten 5.4., S. 230 ff.

[2] BGE 16 709, 717. – Allerdings werden Entschädigungsforderungen, zumindest ausserhalb des Bereichs der formellen Enteignung, durchwegs nur für die Verletzung dinglicher Rechte geltend gemacht. Erst im BGE *Helvetia*, 37 I 503 (1911) (Entschädigungslose Aufhebung bestehender Versicherungsverträge bei Einführung des staatlichen Gebäudeversicherungsmonopols) wird sich das Bundesgericht erstmals mit der Frage der Verletzung der Eigentumsgarantie wegen Vernichtung obligatorischer Rechte zu befassen haben.

[3] BGE *Meyer und Keller*, 22 616 (1896).

– nach Auffassung des Bundesgerichts die Eigentumsgarantie nicht berühren [4].

Umstrittener ist die Bestimmung des Schutzobjektes bei der *anderen Kategorie*. Wenn es um Vermögenswerte geht, die ihren Ursprung beim Staat haben, stellt sich regelmässig die Frage, ob nun ein wohlerworbenes Recht und damit eine geschützte Position oder aber ein bloss tatsächlicher, prekaristischer Vorteil vorliegt. Die Rechtsprechung des Bundesgerichts während dieser ersten Phase erscheint tastend und nicht frei von Widersprüchen [5]. Bestimmte Kategorien wohlerworbener Rechte schälen sich heraus: die historischen, «ehehaften» Rechte [6]; Steuervorteile und Gehaltsansprüche, die auf Zusicherungen des Staates zurückgehen [7]; Positionen, die grundsätzlich nicht geschützt wären, für welche jedoch bereits Investitionen getätigt wurden [8]. Als Grundsatz scheint aber doch zu gelten, dass die vom Gemeinwesen eingeräumten Privilegien im Zweifelsfall widerruflich sind [9]. Klar ist die Rechtsprechung von Beginn weg hinsichtlich des Gemeingebrauchs: bei Fehlen entgegenstehender Zusicherungen ist dieser prekaristischer Natur und kann ohne Verletzung der Eigentumsgarantie entzogen und beschränkt werden [10].

---

[4] Abgaben: BGE *Finsterhennen*, 4 380, 394 (1878) (Grundeigentümerbeiträge an die Kosten der Juragewässerkorrektion); *Aunant*, 9 133, 136 (1883) (Steuern). – Andere Leistungen: BGE *Bucher und Durrer*, 3 683, 686 (1877) (Verpflichtung, die im Eigentum der Hotelbesitzer auf dem Bürgenstock liegende private Zugangsstrasse für alle Gäste offenzuhalten); *Versicherungskasse Trub*, 8 249, 253 (1882) (Obligatorium, Gebäude bei der staatlichen Feuerversicherug zu versichern); *Charrière-Vuagnat*, 29 I 390, 395–96 (1903) (Verpflichtung, Mietshäuser an die öffentliche Wasserversorgung anzuschliessen).

[5] Vergleiche etwa zur Frage der Wohlerworbenheit von Gehaltsansprüchen gegenüber dem Staat BGE *Borelli*, 6 156 (1880); *Ladame*, 12 697 (1886); *Laskowski*, 16 435 (1890); *Riva*, 20 686 (1894).

[6] BGE *Schindler*, 6 98 (1880) (Aufhebung der Tavernenrechte im Kanton Bern); *Haldimann*, 9 105 (1883) (Tavernenrecht); *Spiess*, 15 179 (1889) (Aufhebung der Tavernenrechte im Kanton Zürich); *Spiess*, 17 187 (1891) (Tavernenrecht); *Clavel*, 24 II 946 (1898) (Tavernenrecht).

[7] BGE *Banca Cantonale Ticinese*, 11 90 (1885) (Steuerbefreiung); *Laskowski*, 16 435 (1890) (Anspruch von Professoren auf zugesicherte Kollegiengelder); *Bund*, 17 789 (1891) (Steuerprivileg für die Gotthardbahngesellschaft).

[8] BGE *Imhof-Hotze*, 4 598 (1878), und *Decroux*, 28 I 355 (1902) (Widerruf einer Baubewilligung); *Fröbel*, 30 I 59, 66 (1904) (Entzug einer bereits ausgeübten baurechtlichen Befugnis verletzt Eigentumsgarantie (Dictum)). Siehe auch ROSENSTOCK, Haftung, 81.

[9] BGE *Caisse Hypothécaire du Canton de Fribourg*, 19 959, 978 (1893).

[10] BGE *Wild*, 14 429 (1888); *Gaudy*, 20 63 (1894).

1.5. Der Formalismus der frühen Rechtsprechung

Auffallend an der dargestellten Konzeption der staatlichen Entschädigungspflicht für Eingriffe in das Eigentum ist ein formalistischer Grundzug: die Anknüpfungen und Unterscheidungen werden von äusserlichen, formalen Momenten bestimmt; inhaltliche Erwägungen bleiben von der Argumentation weitgehend ausgeschlossen[1].

Der zu Beginn auszugsweise zitierte wegweisende Entscheid *Huber*[2] zeigt dies ganz prägnant: mit der blossen Feststellung, dass die angefochtene Eigentumsbeschränkung sich als Konkretisierung des objektiven Rechts erweist, ist die Entschädigungsfrage erledigt. Weitergehende Erwägungen, etwa hinsichtlich der Intensität des Eingriffs oder hinsichtlich besonderer Auswirkungen auf einige wenige Eigentümer, erübrigen sich. Sie sind buchstäblich «kein Thema» in einem Modell, das einzig die Alternative entschädigungslose Eigentumsbeschränkung oder Expropriation kennt[3].

Noch schlagenderer Ausdruck dieser formalistischen Haltung ist das vorne beschriebene Phaenomen, dass ein und dieselbe Eigentumsbeschränkung sowohl als entschädigungslose wie auch als enteignende Eigentumsbeschränkung qualifiziert werden kann[4]. Hier ist Form – nämlich die bestehende oder fehlende Einkleidung in ein Gesetz – völlig über den Inhalt gestellt.

In einem derartigen Modell fehlt der Platz für eine Figur wie die materielle Enteignung. Diese ist ja eben dadurch gekennzeichnet, dass sie zwischen den beiden sich ausschliessenden Typen der gesetzlichen Eigentumsbeschränkung und der Enteignung steht. Der Entscheid über ihr Vorliegen wird von inhaltlichen, nicht formalen Kriterien bestimmt. Es ist wichtig, sich diese Ausgangslage vor Augen zu halten, um ermessen zu können, welchen Weg das Bundesgericht bis zur Bejahung eines solchen Institutes zu gehen hatte.

---

[1] Vgl. VOGT, 84; ROSENSTOCK, 68.
[2] BGE 2 91 (1876), vorne S. 20.
[3] Dazu vorne S. 20, FN 7.
[4] Vorne S. 23–24.

2. Zweite Phase: Zweifel

Vom Urteil *Koch-Zeller* (1905)
zum Urteil *Zinggeler* (1929)

2.1. Entgegengesetzte Entwicklungen

Im Rückblick erscheint die nach der Jahrhundertwende einsetzende zweite Rechtsprechungsphase als die am wenigsten einheitliche, zweifellos aber interessanteste der vier. Das während der ersten Phase weitgehend unangefochten gebliebene Ausgangsmodell wird zunehmend in Frage gestellt; seine Überzeugungskraft schwindet angesichts neuer Entwicklungen. Es behauptet sich aber dennoch lange gegen die entgegengesetzten Tendenzen, so dass in der Judikatur dieser Jahre widersprüchliche Elemente nebeneinander herlaufen. Das Bundesgericht wird das Modell am Ende verlassen, ohne aber bereits zu einer geschlossenen neuen Lösung der Entschädigungsfrage zu gelangen. Dies bleibt der dritten Phase vorbehalten, in welcher die zuvor entwickelten Ansatzpunkte zu einer ersten Formel vereinigt werden.

Die Anfechtungen, denen sich die bundesgerichtliche Entschädigungsrechtsprechung ausgesetzt sieht, widerspiegeln tiefgreifende Veränderungen der Realien. «Die Welt der Sicherheit» (Stephan Zweig [1]) mit ihren scheinbar gleichbleibenden Verhältnissen in Gesellschaft und Wirtschaft stürzt. Der Staat tritt zunehmend stärker selber handelnd und gestaltend auf. Zum Teil zwingen es ihm äussere Umstände auf, besonders während der Kriegs- und Nachkriegszeit [2]. Zum andern Teil führen veränderte Vorstellungen über die Rolle des Ge-

---

[1] Überschrift des ersten Kapitels aus «Die Welt von gestern – Erinnerungen eines Europäers» (erste Ausgabe 1944, Stockholm).
[2] Besonders eindrücklich spiegelt sich dies in Band 47 II (1921) der bundesgerichtlichen Entscheide (Urteile *Lombardi*, 71; *Bernhard*, 144; *Grünzweig*, 176 und 554; *Hunziker*, 497; *Ramseyer*, 522).

2.1. Entgegengesetzte Entwicklungen

meinwesens dazu, dass dieses Güter und Märkte an sich zieht, die bisher der privaten Aneignung und Betätigung offen gestanden waren[3]. Diese Eingriffe legen einzelnen Bürgern bedeutende Lasten und Opfer zum Wohle des Ganzen auf und lassen den Ruf nach einem Ausgleich immer drängender werden.

Drei in ihrem Wesen und Anspruch ganz unterschiedliche *Ansatzpunkte für eine andere Lösung der Entschädigungsfrage* sind es, die das Bundesgericht während dieses Vierteljahrhunderts immer wieder beschäftigen: die Sonderopfertheorie, der Schutz getätigter Investitionen und die Enteignungsanalogie. Die grösste Herausforderung liegt wohl in dem vom deutschen Verwaltungsrechtler Otto MAYER im Anschluss an ältere Lehren erhobenen Postulat, dass der Staat die Privaten für *besondere Opfer* entschädigen muss, welche sie zugunsten der Allgemeinheit zu erbringen gezwungen sind. Es handelt sich dabei um einen umfassenden, Schädigungen sowohl des Eigentums wie anderer Rechte einschliessenden und entsprechend schwer zu kontrollierenden Anspruch[4]. Von engerem Zuschnitt, in der vorangegangenen Rechtsprechungsphase zumindest theoretisch aber bereits anerkannt ist der zweite Ansatzpunkt: *Investitionen, die gestützt auf das geltende Recht getätigt worden sind*, sollen gegenüber nachfolgenden Änderungen der Rechtslage geschützt sein[5]. Wiederum anderer Art ist der dritte Ansatzpunkt: er knüpft an jenen Tatbestand an, bei dem die Ausrichtung einer Entschädigung diskussionslose Selbstverständlichkeit darstellt, nämlich an die Enteignung. Eine Entschädigung soll immer dann geschuldet sein, wenn ein *enteignungsähnlicher Sachverhalt* vorliegt[6].

Die hier einzeln vorgestellten Elemente bleiben für das Bundesgericht allerdings noch während längerer Zeit nicht klar geschieden. In einem durch die Zufälligkeiten der herangetragenen Fälle bestimmten Prozess nimmt es nach und nach die Argumente für eine Neuausrichtung des Entschädigungsrechts auf und diskutiert sie ohne strenge Abgrenzung in wechselnden Konstellationen. Dabei schälen sich die

---

[3] Vgl. etwa die Entscheide *Kraftwerke Beznau-Löntsch AG,* 35 I 725 (1909) und 38 I 341 (1912) (Versuch des Kantons Glarus, eine de facto-Exportsteuer auf der Wasserkraft zu erheben); *Helvetia,* 37 I 503 (1911) (Verstaatlichung des Gebäudeversicherungswesens); *Weinmann,* 44 I 158 (1918) (Einführung des Bergregals); *Meyenberg,* 48 I 580 (1922) (Regalisierung der Wasserkraft); *Zinggeler,* 55 I 397 (1929) (Öffentlicherklärung des Grundwassers).

[4] Dazu hinten 2.2.
[5] Dazu hinten 2.3.
[6] Dazu hinten 2.4.

drei erwähnten Ansatzpunkte langsam als selbständige Tatbestände heraus. Deutlich wahrnehmbar bleibt das Bemühen des Gerichts, die Kontinuität seiner Rechtsprechung zu wahren und Neuerungen höchstens als kontrollierte Ausnahmen zuzulassen. Dennoch erhalten die gegenläufigen Argumentationen mit der Zeit – und sei es nur durch ihre ausführliche Behandlung in den Urteilsbegründungen – ein solches Gewicht, dass trotz Beschwörung des alten in Tat und Wahrheit bereits neues Recht entstanden ist.

Im folgenden sollen zuerst die Ansatzpunkte für eine neue Lösung der Entschädigungsfrage einzeln dargestellt werden. Daraufhin gehen wir der Frage nach, worin die Kontinuität der Rechtsprechung zwischen dieser zweiten und der ersten Phase zum Ausdruck kommt.

2.2. Ausgleich von Sonderopfern?

A) Der Gedanke, dass der Einzelne einen Ausgleichsanspruch für jene Opfer haben soll, die er zum Wohle der Allgemeinheit erbringt, entspricht einer im westlichen Kulturkreis allgemein geteilten Rechts- und Gerechtigkeitsauffassung. Er wird schon in der vorkonstitutionellen Zeit von der Rechtswissenschaft erörtert und findet beispielsweise Eingang in das Allgemeine Preussische Landrecht[1]. Später verdrängt ihn jedoch das Legalitätsprinzip mit seiner Beschränkung der Staatshaftung auf die gesetzlich verbrieften Tatbestände. Otto MAYER gewinnt den Sonderopfergedanken zu Ende des 19. Jahrhunderts für das Recht zurück. In seinem «Deutschen Verwaltungsrecht» postuliert er eine Entschädigungspflicht des Gemeinwesens für bestimmte nachteilige Auswirkungen seines hoheitlichen Handelns als allgemeinen Rechtsgrundsatz[2]. Das ausgleichsbedürftige «besondere Opfer» ist dadurch gekennzeichnet, dass der Belastete den Eingriff nicht selber veranlasst und dass die Belastung nicht gleichmässig erfolgt[3].

---

[1] Dazu OSSENBÜHL, 73–75, mit weiteren Nachweisen.

[2] Deutsches Verwaltungsrecht, Band 2 der 1. Auflage von 1896, S. 345–57; Die Entschädigungspflicht des Staates nach Billigkeitsrecht, 1904. MAYER knüpft für seine Forderung unmittelbar an den Gedanken der Gerechtigkeit bzw. der Billigkeit an; Verwaltungsrecht, 346; Entschädigungspflicht, 5–6.

[3] Verwaltungsrecht (1. Aufl.), 346 und 351. Geschützt ist nicht nur das Eigentum, sondern alles, was «in den unmittelbaren rechtlichen Machtkreis des Individuums» gehört, also auch die körperliche Unversehrtheit und die persönliche Freiheit; id., 353.

2.2. Ausgleich von Sonderopfern?

B) Der Entscheid *Koch-Zeller*[4], der die zweite Rechtsprechungsphase einleitet, bringt die erste Auseinandersetzung des Bundesgerichts mit der Sonderopferlehre. Anlass dazu gibt eine Strassenbaulinie, also eine Eigentumsbeschränkung herkömmlicher Art.

Koch-Zeller kauft 1895 in Basel ein Grundstück, das seit 1893 mit einer Strassenbaulinie belegt ist. Er bemüht sich in der Folge vergeblich um deren Aufhebung. 1903 beschliesst der Kanton den Bau der geplanten Strasse und enteignet das benötigte Land. Bei der Festsetzung der Enteignungsentschädigung treten die zuständigen Instanzen auf Koch-Zellers Begehren, ihm auch für das jahrelange Brachliegen des von der Baulinie erfassten Landes eine Entschädigung zu gewähren, nicht ein. Koch-Zeller klagt daraufhin den Kanton Basel-Stadt vor dem Bundesgericht auf Ersatz des ihm aus dem temporären Bauverbot erwachsenen Schadens ein.

Nach einem Tour d'horizon über das gesamte Recht der staatlichen Ersatzpflicht für rechtmässiges Handeln weist das Bundesgericht die Entschädigungsklage ab. Grundlage seiner Erwägungen bildet das erneuerte Bekenntnis, dass die staatliche Ersatzpflicht auf einen Rechtssatz abgestützt werden muss. Dabei kann «ein *allgemein* gültiger Rechtssatz des Inhalts, dass Staat oder Gemeinwesen für jeden aus der rechtmässigen Tätigkeit ihrer Organe, und speziell der Verwaltung, entstandenen Nachteil dem Eigentümer Ersatz schulden, nicht anerkennt werden ... Vielmehr muss sich der Anspruch auf Schadensausgleich im einzelnen auf eine *besondere* Rechtsnorm, die für mehr oder weniger umfassende Tatbestände bestehen mag, stützen können»[5]. Bei der Prüfung der in Frage kommenden besonderen Normen lässt das Gericht vorerst offen, ob allenfalls die baslerischen Enteignungsvorschriften den Anspruch Koch-Zellers hätten stützen können; diese in das Enteignungsverfahren gehörende Frage wäre mit einer staatsrechtlicher Beschwerde aufzuwerfen gewesen[6]. Das Bundesgericht stellt dann fest, dass andere geschriebene oder gewohnheitsrechtliche Normen, auf welche die Klage sich stützen liesse, im baslerischen Recht fehlen. Nicht nachweisbar sei insbesondere ein allgemein anerkannter Rechtssatz, wonach für Eigentumsbeschränkungen dieser Art ein Ersatzanspruch bestehe. Sowohl nach schweizerischer wie besonders nach deutscher Rechtsauffassung riefen Baulinien nicht nach einer Entschädigung, da die betroffenen Eigentümer in der Regel aus den später

---

[4] BGE 31 II 543 (1905).
[5] Id., 554 (Hervorhebungen durch den Verfasser).
[6] Id., 555.

verwirklichten Strassen Vorteile zögen, welche die vorangegangenen Belastungen mehr als ausglichen. Eine Entschädigungspflicht des Gemeinwesens könne höchstens dort in Frage kommen, wo dem Eigentümer ein besonderes Opfer auferlegt werde. Ein solches liege aber nicht vor bei einer bloss zeitlich beschränkten Belastung, mit der jeder Grundeigentümer rechnen müsse und die nur einen künftigen, unsicheren Gewinn ausschliesse [7].

Mehreres ist an diesem Urteil vermerkenswert. *Erstens* scheint die Abweisung der Klage – auch aus heutiger Sicht – sachlich gerechtfertigt: mit dem Kauf einer bereits mit einer Baulinie belasteten Liegenschaft hat Koch-Zeller auf eigenes Risiko gehandelt; sein Schaden steht in keiner Weise fest; er muss sich schliesslich den Vorwurf gefallen lassen, das richtige Rechtsmittel nicht ergriffen zu haben. Diese Umstände erlauben es dem Bundesgericht, gewissermassen gefahrlos zentrale Fragen des öffentlichen Entschädigungsrechts anzugehen und sie, teilweise in Form von Obiter Dicta, zu behandeln – ein Vorgehen, das es auch später wieder eingeschlagen wird [8]. *Zum zweiten* ist diese erste zugleich auch die ausführlichste Auseinandersetzung des Gerichts mit Otto MAYERS Sonderopferlehre. Es lehnt die Theorie nicht etwa kategorisch ab, sondern erwägt, unter welchen Umständen sie allenfalls von Bedeutung werden könnte. *Drittens* enthalten eben diese kurzen Überlegungen des Bundesgerichts bereits wesentliche Elemente der späteren materiellen Enteignung: Üblichkeit und Voraussehbarkeit der Belastung; Unterscheidung zwischen Entzug einer bereits ausgeübten Nutzung und Entzug eines künftigen Gewinns.

C) 1910 äussert sich das Bundesgericht im Urteil *St.Niklausen Bruderschaft* ein zweites Mal zum Sonderopfer [9]. Für den Vierwaldstättersee sind neue, einschränkende Fangvorschriften erlassen worden, und die Inhaber eines alten Fischereirechts, die sich dadurch geschmälert fühlen, klagen den Kanton Nidwalden auf Übernahme ihrer Rechtsame, allenfalls Ersatz des Minderwertes ein. Das Bundesgericht weist die Klage aus mehreren Gründen ab, wobei es in dem uns interessierenden Teil seiner Erwägungen dem gleichen Gedankengang wie

---

[7] Id., 556–59. Das Bundesgericht behält sich seinen Entscheid immerhin vor für Fälle, wo der Bau der Strasse, für welche Baulinien gelegt worden sind, nachträglich unterbleibt oder ungebührlich verzögert wird; 559.

[8] Prominentestes Beispiel ist der Entscheid *Barret*, 91 I 329, 338–39 (1965). Vgl. aber auch etwa BGE *Werren*, 94 I 286, 297–303, bes. E.5 (1968).

[9] BGE 36 II 307.

2.2. Ausgleich von Sonderopfern?

im Entscheid *Koch-Zeller* folgt: Es fehle im eidgenössischen oder kantonalen Recht an einer Bestimmung, welche eine Grundlage für die Entschädigung abgäbe. Insbesondere lasse sich ein Ersatzanspruch nicht auf die Lehre vom besonderen Opfer stützen. Abgesehen davon, dass auch ein derartiger Anspruch im Gesetz seinen Niederschlag finden müsste [10], liege hier ein allfälliges Opfer im Interesse der Kläger selber. Die neuen Fangvorschriften dienten der Schonung der Fischbestände und verbesserten so auf längere Frist den Ertrag. Der Wert des Fischereirechts werde damit nicht geschmälert, sondern eher vermehrt [11].

D) Ein Jahr später kommt das Sonderopfer im berühmt gewordenen Urteil *Helvetia* erneut zur Sprache [12]. Der Kanton Graubünden hat im Gesetzesweg das Gebäudeversicherungswesen verstaatlicht. Er schafft eine eigene Versicherungsanstalt und macht den Beitritt zu ihr für alle Hauseigentümer obligatorisch. Die bestehenden, mit privaten Gesellschaften abgeschlossenen Verträge werden auf den Tag der Betriebsaufnahme der staatlichen Versicherungsanstalt als entschädigungslos aufgehoben erklärt. Verschiedene private Versicherer und eine Reihe von Hauseigentümern fechten das Gesetz mit staatsrechtlicher Beschwerde an. Das Bundesgericht weist sie ab.

Die Frage nach dem Bestehen eines Sonderopfers behandelt das Gericht unter dem Gesichtspunkt des Rechtsgleichheitsgebotes, wobei es sie getrennt nach Versicherten und Versicherern prüft [13]. «Auf Seiten der Versicherten handelt es sich von vornherein nicht um die Verletzung irgendwie vitaler Interessen» [14]. Empfindlicher seien demgegenüber die Versicherungsgesellschaften getroffen, doch bedeute die vorzeitige Liquidierung der bestehenden Verträge keine Erschütterung ihrer technischen Grundlagen. Mit einer Verstaatlichung hätten sie von Anfang an rechnen müssen. Die Einführung des neuen Gesetzes mit

---

[10] Id., 314-15. Diese Überlegung scheint allerdings widersprüchlich: sofern auch der Sonderopferanspruch auf einem Gesetz beruhen muss, ist jede weitere Frage nach seiner Existenz als eines ausser- bzw. übergesetzlichen Entschädigungsgrundes überflüssig. Etwas von diesem Widerspruch scheint bereits im BGE *Koch-Zeller*, 31 II 543, 556-57, auf.

[11] BGE 36 II 315.

[12] BGE 37 I 503 (1911).

[13] In den anderen Entscheiden, wo das Bundesgericht sich zum Sonderopfer äussert, wird die Zuordnungsfrage nie ausdrücklich berührt; der Zusammenhang lässt jeweils eher auf eine Einreihung unter die Eigentumsgarantie schliessen; siehe BGE *Koch-Zeller*, 31 II 543, und *St. Niklausen Bruderschaft*, 36 II 307.

[14] BGE 37 I 533.

einer faktischen Übergangsfrist von fünf Jahren sei schonend erfolgt; wenn die Gesellschaften eben im Hinblick auf das neue Gesetz die vorher übliche Vertragsdauer in den meisten Fällen verdoppelt hätten, müssten sie sich die Folgen aus diesem Verhalten selber zuschreiben [15].

Abgesehen von der Tatsache, dass in diesem Urteil der Sonderopfertatbestand beinahe schon wie eine geltender Rechtsgrundsatz behandelt wird, fallen zwei Punkte auf. *Erstens* tritt deutlich die eine Komponente dessen hervor, was in den Augen des Bundesgerichts das Sonderopfer ausmacht: die *Eingriffsintensität*. Offenbar würde nur eine «Verletzung vitaler Interessen» beziehungsweise «eine Erschütterung der technischen Grundlagen» die Schwelle erreichen. *Zweitens* erstaunt, dass die sich aufdrängende Frage nach der anderen Komponente – nämlich nach der *«Besonderheit» des Opfers* – gänzlich übergangen wird. Bei der Masse der Hauseigentümer, die alle in gleicher Weise von der Verstaatlichungsmassnahme betroffen sind, dürfte sie zwar vorweg verneint werden. Bezüglich der Versicherungsgesellschaften jedoch wäre die Frage näherer Erörterung wert; denn es wird ein einzelner Wirtschaftszweig, dieser aber mit allen seinen Vertretern zur Aufgabe der Tätigkeit gezwungen.

E) Nach einer zehnjährigen Pause [16] kommt das Bundesgericht 1921 – dem für das öffentliche Entschädigungsrecht wohl entscheidungsreichsten Jahr – zum letzten Mal auf die Sonderopfertheorie als selbständige Anspruchsgrundlage bei Beeinträchtigungen von Eigentum zurück. Es hat über eine gegen die Eidgenossenschaft gerichtete Klage zu befinden, mit welcher der Eigentümer des Hotels auf der Gotthardpasshöhe, *Lombardi*, Ersatz für die Ertragsausfälle verlangt, die ihm während des ersten Weltkrieges aus der Sperrung des Passes für den zivilen Verkehr erwachsen sind [17]. Der Gesichtspunkt der Scha-

---

[15] Id., 534–35.
[16] Wir übergehen dabei den Entscheid *Speck*, 38 II 384 (1912), weil das Bundesgericht hier nicht ausdrücklich auf die Sonderopfertheorie Bezug nimmt, sondern bloss ähnliche Gesichtspunkte in Erwägung zieht. Ein Berufsfischer und Inhaber einer Fischenz klagt den Kanton Zug vor dem Bundesgericht auf Schadenersatz wegen Beeinträchtigung seiner Rechte durch das neue Fischereikonkordat für den Zugersee ein. Er macht geltend, er sei durch das Konkordat stärker geschädigt worden als andere Fischer. Das Bundesgericht verneint das Vorhandensein eines rechtserheblichen Unterschiedes. Die Tatsache, dass der Kläger die Fischerei im Zugersee am intensivsten betreibe, genügt nicht; es müsste «zum mindesten ein *qualitativer* Unterschied zwischen der Schädigung des Klägers und derjenigen der andern Fischer dargetan sein» (id., 392).
[17] BGE *Lombardi*, 47 II 71.

2.2. Ausgleich von Sonderopfern?

densintensität, der im Fall *Helvetia* allein ausschlaggebend war, kommt diesmal überhaupt nicht zur Sprache. Das Gericht befasst sich einzig mit der behaupteten Besonderheit des Opfers. Es entgegnet dem Kläger, nicht nur ihm allein seien Opfer auferlegt worden, sondern einer ganzen Klasse von Restaurateuren überall in der Schweiz, wo ähnliche Bedingungen herrschten. Im übrigen seien weite Kreise der Bevölkerung durch kriegsbedingte Massnahmen des Staates geschädigt worden. Dass das Mass des Schadens die Einzelnen unterschiedlich getroffen habe, sei unvermeidlich; eine Ungleichbehandlung im Sinne von Art. 4 BV liege nicht vor. «In questi casi ... ‹il danno deve essere considerato come una pubblica calamità e sopportato da quelli che ne furono colpiti›»[18].

F) Überblickt man die eben dargestellten Fälle im Zusammenhang, gewinnt man den Eindruck, dass die Sonderopfertheorie, ohne vom Bundesgericht je förmlich anerkannt zu werden, zunehmend in den Rang einer möglichen Anspruchsgrundlage emporwächst. Die Behandlung, die ihr das Gericht zuteil werden lässt, ist für eine blosse Gedankenspielerei zu eingehend und zu ernsthaft. Tatsächlich wird das Sonderopfer später als ein Teilelement in das Institut der materiellen Enteignung einfliessen[19].

Das Gesagte gilt allerdings nur für staatliche Schädigungen von Eigentum. Nicht vergessen werden darf, dass das Bundesgericht 1921 in einer dramatischen Reihe von Urteilen dem Sonderopfer den Boden für den grössten Teil seines potentiellen Anwendungsgebietes endgültig entzieht. In den Entscheiden *Hunziker*[20], *Grünzweig*[21] und *Ramseyer*[22] verneint es eine Ersatzpflicht des Staates in Fällen, wo im Zusammenhang mit dem Aktivdienst und besonders beim Einsatz der Armee zu Ordnungszwecken Personen getötet oder verletzt worden sind. Als mögliche Grundlage für eine *allgemeine* staatliche Entschädigungspflicht fällt die Sonderopferlehre damit aus.

---

[18] Id., 82, unter Verweis auf BGE *Schaffner*, 4 471 (1878).
[19] Dazu hinten S. 72–73 und 90 ff.
[20] BGE 47 II 497.
[21] BGE 47 II 176 und 554.
[22] BGE 47 II 522.

2.3. Schutz des ausgeübten Eigentumsinhaltes

A) Der zweite Ansatzpunkt für eine Durchbrechung des Grundsatzes der Entschädigungslosigkeit blosser Eigentumsbeschränkungen liegt im Postulat, dass rechtmässig vorgenommene Investitionen einen besonderen Schutz gegen das Risiko nachfolgender Rechtsänderungen beanspruchen können. Änderungen des Eigentumsinhaltes sollen jedenfalls auf diejenigen Eigentümer nicht ohne weiteres Anwendung finden, welche die im bisherigen Recht enthaltenen Nutzungsmöglichkeiten tatsächlich verwertet haben [1].

Dieser Gedanke lässt sich bereits in der ersten Rechtsprechungsphase nachweisen [2], ohne dass aber das Bundesgericht konkrete Fälle zu entscheiden gehabt hätte. Aktuelle Bedeutung erlangt er erst, als während und nach dem ersten Weltkrieg die Kantone bestimmte Güter in den Staatsbesitz überzuführen beginnen, die bisher von der Rechtsordnung als privates Eigentum behandelt wurden (beispielsweise das Grundwasser) oder der privaten Aneignung überlassen waren (etwa die Wasserkraft oder Mineralien). Einige dieser Fälle gelangen vor das Bundesgericht.

B) Den Auftakt bildet das Luzerner Gesetz betreffend das Bergregal von 1918 [3]. Dem Staat wird darin das Regal an allen Mineralien und damit die Befugnis zugesprochen, das Ausbeutungsrecht gegen Gebühr an Dritte zu verleihen. Gemäss ausdrücklicher Bestimmung findet das Gesetz auch auf schon *bestehende* Bergwerke Anwendung. Als die Luzerner Behörden den Bergwerksbesitzer Weinmann auffordern, für seine im Betrieb stehenden Braunkohlewerke um eine Konzession nachzusuchen, erhebt dieser staatsrechtliche Beschwerde wegen Verletzung der Eigentumsgarantie. Das Bundesgericht gibt ihm insoweit Recht, als das neue Gesetz bestehende Werke erfasst:

---

[1] Dazu KIRCHHOFER, ZSR 1939, S. 164–66; BAGI, 198–200, 211; ROSENSTOCK, Haftung, 80–82, 91.

[2] Einerseits bildet er eine der Facetten des wohlerworbenen Rechts, vgl. vorne S. 33, FN 8, sowie BAGI, 199–200, ROSENSTOCK, Haftung, 81, und BONNARD, JdT 1966, S. 67. Anderseits findet er sich in einem sehr klaren Obiter Dictum im BGE *Fröbel*, 30 I 59, 66 (1904), auf welches das Bundesgericht im Urteil *Weinmann*, 44 I 172 (1918), verweisen wird.

[3] BGE *Weinmann*, 44 I 158 (1918).

2.3. Schutz des ausgeübten Eigentumsinhaltes

> «Hiebei fällt in Betracht, dass die Eigentumsgarantie nach feststehender Praxis zwar durch eine formell einwandfreie Änderung der objektiven Rechtsordnung an sich nicht berührt wird, dass sie jedoch auch dem kantonalen Gesetzgeber insofern entgegensteht, als der abstrakte Inhalt des Eigentums in der Anwendung durch den Eigentümer konkrete Gestalt gewonnen hat, wenn und soweit, m.a.W., ein neuer Akt der Gesetzgebung in vom Eigentümer gemäss der bisherigen Rechtsordnung tatsächlich bereits ausgeübte Befugnisse eingreift und dem Eigentümer insofern den Genuss seines Rechtes schmälert oder entzieht»[4].

C) Dieselbe Fragestellung kehrt 1922 im Entscheid *Meyenberg*[5] wieder. Der Kanton Zug erklärt die Wasserkraft öffentlicher Gewässer zum staatlichen Regal und hebt damit die im bisherigen Recht enthaltene Befugnis der Uferanstösser zur freien Aneignung der Triebenergie auf. Verschiedene Inhaber von bestehenden Wasserwerken und von Sonderrechten an zugerischen Gewässern machen beim Bundesgericht mittels staatsrechtlicher Beschwerde geltend, ihr Eigentum sei verletzt worden. In einem ausführlich begründeten Entscheid weist das Gericht die Beschwerde zwar ab, doch schützt es den Standpunkt der Rekurrenten ausnahmslos dort, wo der Kanton sein Regal auch auf bereits bestehende Anlagen ausgedehnt sehen möchte. Soweit sich die Aufhebung der bisher gegebenen Befugnis zur freien Aneignung der Wasserkraft einzig auf die Zukunft bezieht (in den Worten des Bundesgerichts: soweit die «abstrakte Befugnis» aufgehoben wird), liegt darin «nicht eine Entziehung des Eigentums selbst..., sondern lediglich eine gesetzliche Neuordnung des Eigentumsinhalts»[6]. Diese Neuordnung ist entschädigungslos zulässig. Anders verhält es sich für die bereits ausgenützten Eigentumsbefugnisse:

> «Wenn schon bestritten ist, inwiefern die Eigentumsgarantie gegen die allgemeine Aufhebung gewisser Kategorien dinglicher oder dinglich radizierter Rechte durch Gesetz an sich Schutz gewähren würde, so steht doch fest, dass sie einen solchen Eingriff jedenfalls da nur gegen Entschädigung zulässt, wo die ‹Aufhebung› in Wirklichkeit die Entziehung einer Anzahl konkreter Berechtigungen der betreffenden Art zu Gunsten der Verfügungsmacht des Gemeinwesens über den Gegenstand des Rechts zum Zweck hat, also wenn

---

[4] Id., 171–72.
[5] BGE 48 I 580.
[6] Id., 600–01.

nicht der Form nach so doch materiell auf eine Expropriation dieser Rechte hinausläuft» [7, 8].

D) Die sehr bestimmte Art, mit welcher das Bundesgericht in den Urteilen *Weinmann* und *Meyenberg* einen verstärkten Schutz für bereits ausgeübte Eigentumsbefugnisse durchsetzt, rührt zum Teil sicher davon her, dass hinter der Verstaatlichung dieser Güter beide Male ein Motiv fiskalischer Natur liegt. Dieser Schutz spielt aber auch bei anders begründeten Eigentumsbeschränkungen [9], wie zwei auf den ersten Blick abweichende Entscheide zeigen.

- Im bereits behandelten Fall *Helvetia* [10] werden mit der Verstaatlichung der Gebäudeversicherung die *bestehenden* Verträge zwischen privaten Versicherungsgesellschaften und Hauseigentümern aufgehoben. Dass das Bundesgericht dagegen nicht einschreitet, hat seinen besonderen Grund: in der vermeintlich sicheren Erwartung staatlicher Entschädigungszahlungen war die bisher übliche Vertragsdauer von den Versicherungsgesellschaften auf die bevorstehende Verstaatlichung hin massiv erhöht worden. Die vom Staat verfügte Übergangsfrist hätte bestehende Verträge mit normaler Laufzeit geschont [11].
- Aufschlussreich ist auch der zweite Fall. Es geht hier um eine, auf neu erlassene kantonale Heimatschutzvorschriften gestützte, Verfügung der Zürcher Behörden, wonach mehrere auf einem privaten Grundstück in der Nähe des Bahnhofes Sihlbrugg aufgestellte Reklametafeln wegen Verunstaltung des Landschaftsbildes entfernt

---

[7] Id., 601. Nur beiläufig sei vermerkt, dass dieses Zitat die *zweite Erwähnung des Begriffes «materielle Enteignung»* durch das Bundesgericht enthält (erste Erwähnung, allerdings in einem anderen Sinne, im BGE *Lombardi*, 47 I 80 (1921); dazu vorne S. 31, FN 16.

[8] 1929 bestätigt das Bundesgericht im BGE *Zinggeler,* 55 I 397, diese Rechtsprechung im Zusammenhang mit der Öffentlicherklärung des Grundwassers durch den Kanton Zürich. In einem Obiter Dictum erklärt es dort, man hätte es bei Anwendung des neuen Rechts auf schon erstellte Wasserfassungsanlagen «ohne Frage mit Expropriation zu tun» (id., 401).

[9] Eine Ausnahme gilt wohl einzig für polizeiliche Massnahmen, doch ist für diese Rechtsprechungsphase kein Beispiel greifbar. Siehe aber etwa das unveröffentlichte Urteil *Cherbulliez v. Vaud* vom 23. Oktober 1931 (Räumungsverfügung für rechtmässig erstellte Pferdestallungen, die sich mit dem Quartiercharakter nicht länger vertragen, ohne Entschädigung geschützt).

[10] BGE 37 I 503 (1911). Dazu vorne S. 40–41.

[11] Id., 534–35.

werden müssen[12]. Mit der Begründung, es handle sich hier um eine bereits im Gesetz angeordnete allgemeine Beschränkung des Eigentums, bejaht zwar das Bundesgericht grundsätzlich die Entschädigungslosigkeit dieser Massnahme. Es behält aber die «intertemporalrechtliche Frage»[13] ausdrücklich vor, ob der Entzug einer bestehenden, bisher rechtmässigen Nutzung nicht ein wohlerworbenes Recht des Eigentümers verletzt habe.

E) Mit der Unterscheidung danach, ob eine staatliche Massnahme *bereits ausgeübte* Eigentumsbefugnisse entzieht oder nur das Eigentums*potential* – also den in einem gegebenen Zeitpunkt von der Rechtsordnung anerkannten, aber vom Eigentümer nicht verwerteten Teil des Eigentumsinhaltes – schmälert, ist der Grundsatz der Entschädigungslosigkeit von Eigentumsbeschränkungen erstmals durchbrochen. In ständiger Rechtsprechung und mit der einzigen Ausnahme der polizeilichen Massnahmen wird das hier gewonnene Kriterium dem Bundesgericht hinfort zur Abgrenzung der nach Ersatz rufenden von den entschädigungslosen Eingriffen dienen.

2.4. Enteignungsanalogie

A) Den dritten Ansatzpunkt für die Durchbrechung des alten Entschädigungsmodells liefert das Institut der Enteignung: staatliche Beschränkungen des Eigentums, welche zwar äusserlich den Rechtstitel unangetastet lassen, in ihrer Wirkung das Eigentum aber ähnlich entwerten wie eine förmliche Enteignung, sollen nur gegen Entschädigung zulässig sein.

Wir haben gesehen, wie bereits während der ersten Rechtsprechungsphase gewisse Eigentümer ihre Entschädigungsforderungen mit dem Argument begründeten, enteignungsähnlich getroffen worden zu sein, damit beim Bundesgericht aber keinen Erfolg hatten[1].

---

[12] BGE *Kanton Zürich,* 45 I 255 (1919). Siehe dazu auch hinten S. 55–57.
[13] Id., 262. Dies übersieht BAGI, 211, bei der Kritik dieses Entscheides.
[1] Vorne S. 29 f.

Dies ändert sich in der zweiten Phase. Das Gericht rückt von seiner ablehnenden Haltung nach und nach ab, und es wird schliesslich für bestimmte Fälle eine Entschädigungspflicht des Gemeinwesens bejahen. Allerdings dringt es noch nicht zu einem durchgestalteten Begriff des enteignungsähnlichen Tatbestandes vor; dies wird der folgenden Phase vorbehalten bleiben.

B) Anstoss zu einer veränderten Betrachtungsweise gibt die bereits mehrfach erwähnte Verstaatlichung des Gebäudeversicherungswesens im Kanton Graubünden[2]. Neben den Aspekten des Sonderopfers und des Entzugs bestehender Rechte stellt sich hier – und dies mit einer gewissen Schärfe – auch die Frage nach dem Vorliegen eines enteignungsähnlichen Tatbestandes. Als blosse Inhaltsbestimmung lässt sich nämlich die Aufhebung der zwischen den privaten Versicherern und den Hauseigentümern abgeschlossenen Verträge schwerlich qualifizieren. Die Beschwerdeführer machen denn auch geltend, es liege ein Fall entschädigungsloser und damit verfassungswidriger Enteignung vor, und das Bundesgericht räumt ein, dass der Sachverhalt einer Enteignung gleichkommt[3]:

> «Der Entziehung eines Rechtes zum Zwecke der Übereignung ist aber offenbar gleichzusetzen der Fall, da ein Recht zu dem Zwecke aufgehoben wird, damit eine andere Person (z. B. der Staat) die Möglichkeit erhalte, dieses oder ein ähnliches Recht zu erwerben. In der Tat macht es praktisch keinen Unterschied, ob der Staat ein bestimmtes Privatrecht an sich zieht, oder ob er es aufhebt, um sich selbst oder einen Dritten an die Stelle des Berechtigten zu setzen. Ein Fall dieser letztern Art liegt hier vor»[4].

Den Beschwerdeführern selber trägt diese Feststellung allerdings nichts ein: das Gericht findet, dass die Bündner Verfassung eine ausnahmslose Entschädigungspflicht nicht statuiere und dass im konkreten Fall die entschädigungslose Aufhebung der Versicherungsverträge zulässig gewesen sei[5]. Für die Zukunft jedoch hat die hier ausgesprochene Anerkennung eines enteignungsgleichen Tatbestandes Folgen. Eine direkte Linie führt von ihr zum ersten Entscheid, in wel-

---

[2] BGE *Helvetia*, 37 I 503 (1911); dazu bereits vorne S. 40 und 45.
[3] Vorweg zu beantworten ist natürlich die Frage, ob *Verträge* unter dem Schutz der Eigentumsgarantie stehen. Das Bundesgericht bejaht sie ausdrücklich; id., 516.
[4] Id., 517–18.
[5] Id., 518–26.

2.4. Enteignungsanalogie

chem das Bundesgericht sowohl das Vorliegen eines enteignungsgleichen Sachverhaltes wie auch eine Entschädigungspflicht bejaht[6].

C)   Es ist dies der Fall der Regalisierung der Wasserkraft im Kanton Zug[7]. Wie wir gesehen haben, erklärt das Bundesgericht dort, eine Anwendung des neuen Rechts auf bereits errichtete Wasserkraftanlagen und auf verselbständigte Nutzungsrechte sei «wenn nicht der Form nach so doch materiell ... eine Expropriation» und damit nur gegen Entschädigung zulässig[8]. Dabei bezieht es sich ausdrücklich auf die eben zitierte Stelle im Urteil *Helvetia*[9].

Indessen ist nicht zu verkennen, dass der Entscheid *Meyenberg* nur einen Zwischenschritt darstellt. Die Enteignungsanalogie wird hier nämlich auf einen Sachverhalt angewendet, für den das Bundesgericht vier Jahre zuvor bereits eine eigenständige Lösung gefunden hatte: gemäss dem Urteil *Weinmann* ist der entschädigungslose Entzug verwerteter Eigentumsbefugnisse Verletzung der Eigentumsgarantie *per se*; auf die Enteignung wird dort in keiner Weise Bezug genommen[10]. Die Argumentation mit dem enteignungsähnlichen Tatbestand in *Meyenberg* hat also mehr rhetorische Funktion; sie trägt das Dispositiv nur beschränkt.

---

[6] Wir übergehen dabei auch hier – wie bereits bei der Behandlung der Sonderopfertheorie (vorne 2.2) – den isoliert dastehenden Entscheid *Speck,* 38 II 384 (1912) (Entschädigungsklage des Inhabers eines Fischereirechtes wegen einschränkender Fangvorschriften; vorne S. 41, FN 16). Das Bundesgericht verneint das Vorliegen eines expropriationsähnlichen Falles. «Der Kläger wird nicht genötigt, das ihm zustehende Recht ... an den Staat oder an irgend jemand anders abzutreten oder darauf im Interesse der Allgemeinheit zu verzichten» (id., 390). Soweit ersichtlich ist dies der einzige Entscheid, wo sich das Bundesgericht ausdrücklich auf das Argument einlässt, es liege ein expropriationsähnlicher Sachverhalt vor; offen bleibt dabei, ob und wie weit es ihn als Entschädigungstatbestand überhaupt anerkennt.

[7] BGE *Meyenberg,* 48 I 580 (1922); dazu bereits vorne S. 44.

[8] Id., 601.

[9] Id. Dieser Verweis erscheint materiell allerdings kaum zulässig. Das Urteil *Meyenberg* lässt sich in keiner Weise durch den Entscheid *Helvetia* legitimieren. Gerade im entscheidenden Punkt unterscheiden sich die beiden Urteile: während das erste aus der Anerkennung eines enteignungsgleichen Tatbestandes überhaupt keinen Schluss auf die Entschädigungspflicht zieht (sie wird in casu ja verneint), scheint das zweite eine notwendige Verbindung zwischen diesen beiden Grössen herstellen zu wollen. In Tat und Wahrheit liegt im Entscheid *Meyenberg* ein Fall des Entzugs verwerteter Eigentumsbefugnisse vor (dazu vorne S. 44), und dies allein erklärt die Selbstverständlichkeit, mit der hier die Entschädigungspflicht bejaht wird (vgl. dazu den nachfolgenden Text).

[10] BGE 44 I 158, 171–72 (1918); dazu vorne S. 43. Auch der BGE *Fröbel,* 30 I 59, 66, argumentiert nicht mit der Enteignungsanalogie.

D) Den entscheidenden Schritt auf dem Weg zur Anerkennung des enteignungsähnlichen Tatbestandes als eines *eigenständigen* Entschädigungsgrundes tut das Bundesgericht 1929 im Urteil *Zinggeler*[11].

Anlass zu diesem Fall gibt die 1919 in Form einer Ergänzung des EGzZGB erfolgte Öffentlicherklärung der Grundwasserströme und -becken im Kanton Zürich. Aufgehoben wird damit – unter dem Vorbehalt der Entnahme beschränkter Wassermengen für den Eigenbedarf – die den Eigentümern vom ZGB eingeräumte Befugnis zur Aneignung des unter ihren Grundstücken liegenden Grundwassers. Einige Jahre nach Inkrafttreten der Gesetzesnovelle ersuchen die Gemeinden Wädenswil und Richterswil den Regierungsrat um eine Konzession zur Entnahme und Ableitung von Grundwasser für eine kommunale Wasserversorgungsanlage. Zulasten des Grundstückes, auf welchem die Wasserentnahme vorgesehen ist, besteht eine vor 1919 begründete, jedoch nie ausgenützte Wasserservitut. Der daran berechtigte Zinggeler wehrt sich für sein Recht und erhebt gegen das Gesuch der beiden Gemeinden Einsprache. Mit der Begründung, seine Servitut sei mit der Novelle zum EGzZGB soweit aufgehoben worden, als sie sich auf die freie Aneignung des Grundwassers beziehe, weist der Regierungsrat sie jedoch ab und erteilt die Konzession. Eine staatsrechtliche Beschwerde Zinggelers wegen Verletzung der Eigentumsgarantie bringt den Fall vor das Bundesgericht.

Entscheidend Neues kündet sich bereits in der Fragestellung an, die das Gericht seiner Analyse zugrunde legt:

> «Man hat es also mit einer durch den Gesetzgeber allgemein vorgenommenen Einengung der Befugnisse des Eigentümers oder Servitutsberechtigten inbezug auf das Grundwasser zu tun.
> *Auf dem Boden der Eigentumsgarantie fragt es sich, ob und wieweit die Bestimmung nur den Inhalt des Eigentums oder der Servitut beschränkt oder in ihrer Anwendung auf den einzelnen Berechtigten sich – wenn auch nicht der Form, so der Sache nach – als eine Enteignung darstellt»*[12].

Wer so fragt, hat das alte Modell mit seiner Alternative entschädigungslose Inhaltsbestimmung / entschädigungspflichtige (formelle) Enteignung verlassen. Anerkannt wird nämlich, dass eine allgemein vorgenommene Eigentumsbeschränkung – zweifellos auch eine Erscheinungsweise der Inhaltsbestimmung – im konkreten Fall («in ihrer Anwendung auf den einzelnen Berechtigten») in eine «wenn auch nicht der Form, so doch der Sache nach» bestehende Enteignung umschlagen kann. *Anerkannt ist damit jenes Tertium, welches das alte Modell eben ausschloss: ein Gebilde, das äusserlich in Form einer allgemeinen Bestim-*

---

[11] BGE 55 I 397.
[12] Id., 400 (Hervorhebung durch den Verfasser).

2.4. Enteignungsanalogie

mung auftritt, seinem Gehalt nach aber Enteignung ist. Die Selbstverständlichkeit, mit der das Bundesgericht diese Möglichkeit nun unvermittelt bejaht, ja zu einem Angelpunkt der Untersuchung macht, verblüfft.

Die gestellte Frage ruft notwendig der nächsten: Wann verwirklicht sich der Fall einer derartigen «Enteignung»? Das Bundesgericht zieht sich für die Beantwortung zunächst wieder auf gesicherten Boden zurück. Es führt aus, dass die Überführung der grösseren Grundwasservorkommen in das öffentliche Gut nicht bereits an sich eine Enteignung darstelle. Soweit die Grundeigentümer Anlagen zur Wasserfassung noch nicht errichtet hätten, liege eine blosse Eigentumsbeschränkung vor. Ohne Frage mit Expropriation hätte man es aber zu tun, wenn die Befugnis zur Fassung des Grundwassers ausgenützt worden wäre[13]. Diese Bestätigung der früheren Rechtsprechung führt hier jedoch nicht weiter, da sie der besonderen Lage des Beschwerdeführers nicht Rechnung trägt. Zum einen ist er nicht einfach Eigentümer, sondern ein speziell am Grundwasser Berechtigter, zum andern hat er dieses Recht nie verwertet. Das Bundesgericht muss einen Schritt weitergehen: «Es kann sich also nur fragen ..., ob die Loslösung des Wasserrechtes vom Grundeigentum, seine Verselbständigung in einer Servitut, der tatsächlichen Ausübung gleichzuachten sei»[14].

In dieser Allgemeinheit gestellt, wird die Frage verneint. Nicht anders als dem Grundeigentümer entzieht die Öffentlicherklärung des Grundwassers auch dem Servitutsberechtigten nicht alle Befugnisse. Es bleibt ihm das Recht, eigentliche Quellen zu fassen und zu nutzen sowie sich Grundwasser in beschränkten Mengen für den Eigengebrauch anzueignen. Ein Unterschied zwischen Grundeigentum und Servitut ist insofern «nur dem Grade, aber nicht dem Wesen nach» vorhanden[15]. Es bleibt aber die nicht zu übersehende Tatsache, dass der Servitutsberechtigte weit stärker belastet wird als ein Grundeigentümer. Sie gibt dem Bundesgericht Anlass, einen gänzlich neuen Entschädigungsgrund ins Auge zu fassen:

---

[13] Id., 401, mit Verweis auf BGE *Meyenberg,* 48 I 599–600 (1922).
[14] Id., 402.
[15] Id., 403. Der Verbleib gewisser Rechte unterscheidet in den Augen des Bundesgerichts den Fall *Zinggeler* vom Entscheid *Meyenberg,* BGE 48 I 580 (1922); hier wurden die verselbständigten Wassernutzungsrechte durch den Staat vollständig aufgehoben und nicht bloss inhaltlich beschränkt.

«Auch ist es nicht ausgeschlossen, dass bei einer sehr weitgehenden gesetzlichen Beschränkung des Inhalts eines Rechts, die nach den Umständen des einzelnen Falles einem Rechte seine wesentlichen Befugnisse nimmt, die Entschädigung sich als ein dringendes Gebot der Billigkeit darstellt und dass es sich daher rechtfertigen kann, eine solche intensive Beschränkung der Aufhebung des Rechts gleichzuachten ...»[16]

Mit einem Schlag wird hier der enteignungsähnliche Tatbestand verallgemeinert und so mit eigenem Gehalt ausgestattet. Von einem eng umgrenzten und bereits anderweitig herleitbaren Sonderfall – dem Entzug verwerteter Eigentumsbefugnisse – stösst das Bundesgericht zu einer generalklauselartigen Umschreibung vor. Die Idee einer umfassend verstandenen «materiellen» Enteignung hat Gestalt angenommen[17].

Im gleichen Zug tritt auch die Kehrseite dieser Errungenschaft an den Tag: das Gericht sieht sich vor die Aufgabe gestellt, Kriterien zu nennen, nach denen das Vorhandensein eines entschädigungspflichtigen Sachverhaltes festgestellt werden kann. Im Entscheid *Zinggeler* entwickelt es dazu vier Ansätze. Eine Entschädigungspflicht bestehe, führt es aus,

«namentlich dann, [1] wenn der Beschränkung ein Zuwachs beim öffentlichen Gut gegenübersteht. Es wird dabei in Betracht kommen, [2] welche besonders wichtige Rolle die entzogene Befugnis für den Inhaber des Rechts spielt, [3] ob er eine Ausnutzung bereits ins Auge gefasst und dahingehende Anstalten etwa schon getroffen hat. Und es wird ferner nicht ohne Bedeutung sein, [4] wie das Rechtsbewusstsein die fragliche Befugnis wertet»[18].

Zwei dieser Kriterien erinnern an Bekanntes. Die Frage nach einem Zuwachs beim öffentlichen Gut bildet einen Pfeiler des Enteig-

---

[16] Id., 403.
[17] Der Begriff «materielle Enteignung» erscheint im BGE *Zinggeler* selber nicht. Ein Jahr später jedoch verwendet ihn das Bundesgericht im BGE *Thurgauische Vereinigung für Wahrung der Interessen der Grundbesitzer am Bodensee,* 56 I 256, 277 (1930) ausdrücklich, um damit das im BGE *Zinggeler* begründete Phaenomen einer entschädigungspflichtigen Eigentumsbeschränkung zu bezeichnen. Diese Zitierung sowie die in *Zinggeler* von ihm selbst formulierte Fragestellung bringen am deutlichsten zum Ausdruck, dass sich das Bundesgericht tatsächlich von der Idee der Enteignungsanalogie leiten liess. – Hinter der eben zitierten Stelle, wo von der sachlichen Übereinstimmung zwischen bestimmten intensiven Eigentumsbeschränkungen und der «Aufhebung des Rechts» die Rede ist, steckt allerdings eher die Idee der «Substanz» (dazu vorne S. 28 und hinten S. 59–60).
[18] Id., 403 (Zahlen durch den Verfasser beigefügt).

2.4. Enteignungsanalogie

nungsrechts schlechthin[19]; wir begegnen ihr aber auch in anderem Zusammenhang, etwa im Entscheid *Helvetia*[20]. Als eine Erweiterung der Idee des Schutzes getätigter Investitionen erscheint es, wenn die ins Auge gefasste Ausnützung und allenfalls schon getroffene Anstalten berücksichtigt werden[21]. Neue Elemente bringt demgegenüber das Abstellen auf die subjektive Bedeutung der entzogenen Befugnis für den Rechtsinhaber einerseits und auf das allgemeine Rechtsbewusstsein anderseits.

In dem zur Beurteilung stehenden Fall liegt der Zuwachs beim öffentlichen Gut auf der Hand: die Öffentlicherklärung des Grundwassers bezweckt ja eben dessen Überführung auf den Staat. Das Bundesgericht erachtet diesen Umstand aber nicht als ausschlaggebend. In seinen Augen überwiegen die anderen Kriterien. Während annähernd 50 Jahren hat Zinggeler sein Wasserrecht nicht verwertet, und er hat auch jetzt nicht die Absicht, dies zu tun[22]. Hinzu kommt, dass das vom ZGB eingeräumte Recht auf unbeschränkte Ausbeutung des Grundwassers vom Rechtsbewusstsein nicht mehr getragen wird, seit die Existenz mächtiger Grundwasservorkommen bekannt geworden ist[23]. «Es fehlen daher die in den Umständen des einzelnen Falles liegenden besondern Gründe, die nötig wären, um die inhaltliche Beschränkung des Rechts auf dem Boden der Eigentumsgarantie einer Aufhebung des Rechts gleichzustellen»[24].

E) Eine in ihren Verbindungsstellen etwas erzwungen anmutende Linie von Urteilen[25] führt also das Bundesgericht 1929 im Urteil *Zinggeler* unversehens dazu, in Analogie zur förmlichen Enteignung einen *generalklauselartigen Entschädigungstatbestand für bestimmte einschneidende Eigentumsbeschränkungen anzuerkennen*. Dieser Schritt bringt eine Zäsur. Er hebt das alte Entschädigungsmodell aus den Angeln.

---

[19] Dazu hinten 6.4.2., S. 310 ff.

[20] BGE 37 I 524–26 (1911). Vgl. auch etwa BGE *Hotel Bucher-Durrer AG*, 34 I 90 (1908).

[21] Vorne Abschnitt 2.3. Dass aber immerhin eine Absicht und erste Vorkehren zur Ausnützung der entzogenen Befugnis verlangt werden, schlägt eine Brücke zum Erfordernis der Realisierungswahrscheinlichkeit in der Konzeption *Barret*, hinten 4.3.4.

[22] BGE 55 I 404.

[23] Id., 404–05.

[24] Id., 405–06.

[25] Nochmals sei daran erinnert, dass der Entscheid *Meyenberg* (BGE 48 I 601; Kritik dazu vorne S. 48, FN 9) ausdrücklich auf das Urteil *Helvetia* und der Entscheid *Zinggeler* (BGE 55 I 401 und 403) auf *Meyenberg* verweisen.

Im Bereich der staatlichen Eingriffe in das Eigentum sind nun nicht mehr nur der Entzug einzelner Rechte und ihre Übertragung auf das Gemeinwesen, sondern unter Umständen auch bestimmte Erscheinungweisen der Inhaltsbestimmung entschädigungspflichtig.

Seine Neuschöpfung stellt das Bundesgericht vor eine anspruchsvolle Aufgabe. Der Mangel an fassbarem Gehalt des neuen Rechtsinstituts zwingt zur Erarbeitung praktikabler Kriterien für die Abgrenzung der entschädigungslosen von den entschädigungspflichtigen Eigentumsbeschränkungen. Zu beantworten bleibt daneben die Frage nach dem Verhältnis dieser neuartigen Enteignungsform zur traditionellen Expropriation.

2.5. Das Weiterwirken des Ausgangsmodells

In diesem Kapitel über die zweite Phase der bundesgerichtlichen Rechtsprechung haben wir uns bisher ausschliesslich den Ansätzen zu einer Überwindung des überlieferten Entschädigungsmodells zugewandt. Wie aber in der Einleitung hervorgehoben, kennzeichnet diese Periode ein faszinierendes Nebeneinander von traditionellen Vorstellungen und neuen Strömungen. Das Bundesgericht kann sich einerseits der Tatsache nicht verschliessen, dass das von ihm noch immer vertretene Grundmodell den Gegebenheiten der Zeit nicht mehr gerecht wird; anderseits fürchtet es die Unsicherheit, welche der Übergang zu einem noch ungeprüften neuen Modell nach sich zöge. Wir beobachten hier ein für die Entwicklung von Richterrecht typisches Phänomen: während äusserlich die in der bisherigen Rechtsprechung herrschende Konzeption noch lange hochgehalten wird, bahnt sich hinter dem Schirm dieser Bekenntnisse in kleinen, bisweilen Versuchscharakter tragenden und korrigierbaren Schritten die Abkehr davon an [1].

---

[1] Dasselbe Phänomen zeigt sich in der Rechtsprechung zur materiellen Enteignung seit Ende der siebziger Jahre: die regelmässige Zitierung der *Barret*-Formel durch das Bundesgericht verdeckt, dass das Gericht neue Wege geht, die mit dem Ausschliesslichkeitsanspruch der Formel kaum in Einklang zu bringen sind. Dazu hinten S. 203; IMBODEN, Beitrag, ZSR 1959 I, S. 74.

2.5. Das Weiterwirken des Ausgangsmodells

Für jedermann erkennbar wird die Abkehr von der traditionellen Entschädigungsidee im Urteil *Zinggeler*. Doch ohne die zahlreichen noch unter ihrer Herrschaft vollzogenen Zwischenschritte wäre dieser Entscheid nicht erklärbar. Die Betonung der Kontinuität bildet einen wesentlichen Bestandteil der zweiten Rechtsprechungsphase. Es ist daher notwendig, sich auch mit dem Weiterwirken des Ausgangsmodells eingehender zu beschäftigen.

2.5.1. Inhaltsbestimmung

A) Bis zum Entscheid *Zinggeler* bleibt das Ausgangsmodell insoweit unangefochten, als das Bundesgericht am Standpunkt festhält, dass die Bestimmung des Eigentumsinhaltes durch den Gesetzgeber dem Grundsatz nach keine Entschädigungsfolgen auslöst. Damit verbindet sich die fortdauernde, erst gegen Schluss dieses Zeitabschnittes schwindende Überzeugung, dass der Anwendungsakt sich nicht kategorial vom Gesetz – als der äusseren Form der Inhaltsbestimmung – unterscheidet und daher hinsichtlich der Entschädigungsfrage nicht anders zu behandeln ist als diese selbst.

Dieses «*Denken in der Kategorie der Inhaltsbestimmung*» muss hervorgehoben werden, da es den zweiten Rechtsprechungsabschnitt von den nachfolgenden abhebt. Zum Ausdruck gebracht wird damit, dass die rechtliche Analyse noch ganz im Banne der abstrakten Festlegung des Eigentumsinhaltes steht; die konkreten Auswirkungen dieser Inhaltsbestimmung im Einzelfall bleiben – bewusst – vernachlässigt. Im Gegensatz dazu wird man für die späteren Phasen von einem «Denken in der Kategorie der Eigentumsbeschränkung» sprechen müssen. Als Folge der stark gestiegenen Bedeutung des Bau- und Planungsrechts mit seinem individualisierenden Charakter dominiert nun der Anwendungsfall. Ausgangspunkt der Analyse bilden die konkreten Auswirkungen der gesetzlichen Regelung. Der Ansatz über die Inhaltsbestimmung geht verloren und muss vom Bundesgericht in den siebziger Jahren mühsam wieder zurückgewonnen werden[2].

B) Gerade die zuvor auf ihre abweichenden Aussagen untersuchten Urteile belegen diese Haltung des Bundesgerichts. In den meisten dieser Sachverhalte sieht das Bundesgericht ausdrücklich Fälle

---

[2] Siehe etwa die BGE *Zwyssig*, 96 I 123, 126-27 (1970), und *Meier v. Zizers*, 105 Ia 330, 336-38 (1979); dazu hinten 4.4.D, S. 152 ff.

2.5. Das Weiterwirken des Ausgangsmodells

der Inhaltsbestimmung des Eigentums verwirklicht. Als Beispiele sind zu nennen: Fischfangvorschriften, welche die Ausübung historischer Fischereirechte einschränken [3]; das Verbot des Abschlusses privater Feuerversicherungsverträge infolge Monopolisierung dieses Wirtschaftszweiges durch den Staat [4]; der Entzug des mit dem Grundeigentum verbundenen Rechtes zur Ausbeutung von Mineralien [5]; die Aufhebung der Befugnis zur freien Verwertung der Wasserkraft für Eigentümer von Ufergrundstücken [6]; die Loslösung des Grundwassers vom Grundeigentum infolge Öffentlicherklärung [7]. Nie lässt das Bundesgericht einen Zweifel daran, dass derartige Regelungen grundsätzlich ohne Entschädigung zulässig sind. Es sind einzig besondere Situationen – in der Regel die Frage der Anwendung der neuen Regelung auf bereits verwertete alte Rechte –, welche eine Untersuchung der Entschädigungsproblematik nötig machen.

Nun darf nicht übersehen werden, dass die erwähnten Fälle einen ganz eigenen Typus von Inhaltsbestimmung repräsentieren: aufgehoben werden jeweils besondere, genau abgegrenzte, für das Eigentum aber kaum zentrale Einzelbefugnisse; zudem sind Gesetz und Anwendungsakt praktisch eins. Dieser Typus tritt während des hier untersuchten Zeitabschnittes gehäuft auf, während man ihm später in der bundesgerichtlichen Rechtsprechung lange kaum mehr begegnet [8]. Unzutreffend wäre es aber, damit das Beharren des Bundesgerichts auf dem Argument der Inhaltsbestimmung zu erklären. Das Gericht arbeitet damit auch in Fällen, welche die erwähnte Besonderheit nicht aufweisen und den heute üblichen Sachverhalten weit mehr gleichen.

C) Dies zeigt sich eindrücklich im Entscheid *Kanton Zürich* aus dem Jahr 1919 [9]. Gestützt auf die Heimatschutzbestimmungen des

---

[3] BGE *St. Niklausen Bruderschaft,* 36 II 307 (1910), dazu vorne S. 39; *Speck,* 38 II 384, 390–91 (1912), dazu vorne S. 41, FN 16, und S. 48, FN 6.

[4] BGE *Helvetia,* 37 I 503 (1911), vorne S. 40–41. Die Inhaltsbestimmung betrifft hier allerdings die Handels- und Gewerbefreiheit, nicht die Eigentumsgarantie (vgl. die Rechtsbegehren der Rekurrenten, id., 512–13).

[5] BGE *Weinmann,* 44 I 158, 172 (1918), dazu vorne S. 43.

[6] BGE *Meyenberg,* 48 I 580, 600 (1922), dazu vorne S. 44.

[7] BGE *Zinggeler,* 55 I 397, 401 (1929), dazu vorne S. 49 ff.

[8] Man begegnet ihm in einer vergleichbaren Weise erst wieder im Entzug der Bauchance für Land ausserhalb des generellen Kanalisationsprojektes (Art. 20 des BG über den Schutz der Gewässer gegen Verunreinigung vom 8. Oktober 1971, AS 1972, S. 956) beziehungsweise ausserhalb der Bauzone (Art. 24 RPG, SR 700); dazu hinten 4.4 und 4.5.

[9] BGE 45 I 255; dazu bereits vorne S. 45–46.

2.5. Das Weiterwirken des Ausgangsmodells

EGzZGB und eine zugehörige Ausführungsverordnung verfügt der Kanton Zürich 1913 die Entfernung von Reklametafeln, die ein Grundeigentümer auf seinem Land beim Bahnhof Sihlbrugg aufgestellt hatte, wegen Verunstaltung des Landschaftsbildes. Vom Adressaten vorerst erfolglos angefochten [10] und dann unbeachtet gelassen, wird die Verfügung schliesslich zwangweise vollstreckt. Der betroffene Eigentümer klagt den Staat Zürich auf Ersatz des Schadens ein, der ihm aus dem Verbot der Benützung seines Grundstückes zu Reklamezwecken erwachsen ist. Während Bezirks- und Obergericht die Klage abweisen, spricht das zürcherische Kassationsgericht sie in letzter Instanz zu, weil es in der Entfernungsverfügung ein «spezielles, an eine einzelne Person gerichtetes Verbot» erblickt, das nur im Wege der Enteignung erlassen werden könne [11]. Dieser Auffassung tritt das Bundesgericht [12] mit Nachdruck entgegen: Die Vorschriften des kantonalen Heimatschutzrechts enthielten eine «allgemeine Beschränkung der Verfügungsfreiheit des Grundeigentümers, ähnlich etwa einer baupolizeilichen Grundeigentumsbeschränkung» [13]. Zwar seien nicht alle Grundstücke schlechthin davon betroffen, wohl aber alle diejenigen, welche für den Heimatschutz in Betracht fielen. An der Allgemeinheit dieser Vorschriften ändere der Umstand nichts, dass die Verwaltung sie unter Umständen im Einzelfall erst konkretisieren müsse:

> «Eine solche Verfügung der Verwaltungsbehörden hat nicht konstitutive, sondern bloss deklaratorische Bedeutung: sie bewirkt nicht die Aufhebung oder Beschränkung des privaten Grundeigentums zu Gunsten der Öffentlichkeit, wie der Expropriationseingriff, sondern stellt fest, dass der Grundeigentümer mit der fraglichen Vorkehr sein Recht in Missachtung einer allgemeinen öffentlichrechtlichen Beschränkung seiner Verfügungsfreiheit überschritten hat. Es wird dadurch nicht eine an sich im Grundeigentum liegende Befugnis in einem bestimmten Falle dem Eigentümer entzogen, sondern vielmehr eine der öffentlichen Rechtsordnung widersprechende und deshalb allgemein unzulässige Benutzung des Grund und Bodens im betreffenden Falle verhindert» [14].

---

[10] BGE *Widmer,* 39 I 549 (1913).

[11] BGE 45 I 256–57.

[12] Es wird vom Kanton Zürich mittels staatsrechtlicher Beschwerde angerufen. Die fraglose Selbstverständlichkeit, mit welcher es darauf eintritt und die Beschwerdebefugnis des Kantons bejaht, ist wohl aus dessen besonderer Stellung als betroffener Fiskus zu erklären. – Anfechtungsgrund ist die willkürliche Anwendung der kantonalen Heimatschutzvorschriften.

[13] BGE 45 I 260.

[14] Id, 260–61.

Ohne dass der Begriff ausdrücklich verwendet würde, kommt hier der Gedanke der Inhaltsbestimmung zum Zug. Dass eine bestimmte Art der Festlegung des Eigentumsinhaltes im Ergebnis nur einige wenige Eigentümer einschränkend treffen kann, vermag in den Augen des Bundesgerichts eine andere Lösung nicht zu rechtfertigen. Mit dem gewählten dogmatischen Ansatz ist aber auch – und zwar in negativem Sinne – über den geltend gemachten Entschädigungsanspruch entschieden[15].

2.5.2. Enteignung

A) Wir haben zuvor die Ausbildung der Enteignungsanalogie zu einem eigenständigen Entschädigungstatbestand verfolgt und damit jenes Phaenomen vorweggenommen, wo sich im engeren Bereiche der Enteignung eine neue Entwicklung abzeichnet. Zu untersuchen bleibt das Verhältnis zwischen dieser Erscheinung und der Enteignung im traditionellen Sinn. Obwohl während des untersuchten Zeitabschnittes vieles noch unklar bleibt, zeichnet sich die *Verselbständigung der beiden Institute* bereits ab, die wir in den späteren Rechtsprechungsphasen beobachten werden. Zum Ausdruck kommt sie einmal in der Wortwahl des Bundesgerichts, so wenn es 1922 im Entscheid *Meyenberg* von einer «wenn nicht der Form nach, so doch materiell» gegebenen Expropriation spricht[16] und 1930 in einem Obiter Dictum die im Urteil *Zinggeler* eingeführte Neuerung im Begriff der «materiellen Enteignung» zusammenfasst[17]. Noch deutlicher zeigt sie sich, wie wir eben sehen werden, im Beharren des Bundesgerichts auf einem engen Begriff der herkömmlichen Enteignung. Wenn sich auch der enteignungsähnliche Tatbestand in seinem Ursprung und in seiner Rechtfertigung durchaus an die Enteignung anlehnt, so scheint es doch falsch, ihn einfach als Erscheinungsweise eines einheitlichen Enteignungsbe-

---

[15] Offen lässt das Bundesgericht ausdrücklich die Frage, ob dem Eigentümer allenfalls eine Entschädigung deswegen zustehen würde, weil er die Reklametafeln *vor* Erlass der Heimatschutzvorschriften rechtmässig aufgestellt hat; id., 262. Dazu vorne S. 46.
[16] BGE 48 I 601 (1922); dazu vorne S. 44–45.
[17] BGE *Thurgauische Vereinigung,* 56 I 256, 277; dazu vorne S. 51, FN 17.

griffes zu verstehen[18]. Die neuartige materielle und die traditionelle formelle Enteignung sind zwei verschiedene Institute[19].

B) An den Elementen der formellen Enteignung, die es in der vorangegangenen Rechtsprechungsphase entwickelt hatte[20], hält das Bundesgericht fest. Im Vordergrund steht das Merkmal der *Übertragung eines Rechts* von einem Privaten auf das Gemeinwesen oder einen von ihm ermächtigten Träger[21]. Als zweites wesentliches Element erscheint der Umstand, dass jeweils ein *Einzeleingriff* vorliegt[22]. Aus der Aufmerksamkeit entschwindet dagegen das früher hervorgehobene institutionelle Element, nämlich die Zuordnung der Enteignung zur Verwaltung[23]. Seine Vorstellungen fasst das Gericht am prägnantesten im Urteil *Lombardi* zusammen:

> «Criterio essenziale dell'espropriazione è quindi, da un lato, che la misura sia d'ordine speciale, vale a dire non concerna che uno o più singoli, dall'altro, che il diritto sottratto alla disposizione privata venga devoluto allo Stato od all'ente autorizzato»[24].

C) Eine Bestätigung und Vertiefung erfährt die schon während der ersten Phase vorgenommene Ausweitung der (formellen) Enteignung auf den Entzug nachbarrechtlicher Abwehransprüche. Grundlegend ist das Urteil *SBB v. Hibbert*[25]. Das Bundesgericht hat hier über

---

[18] In diesem – m.E. unzutreffenden – Sinne SCHAUMANN, Landesplanung, 225; BAGI, 98–100; BUSER, Zbl 1956, S. 238; GUENG, Stand, Zbl 1968, S. 357 (der von einer «Aufblähung des Enteignungsbegriffes» spricht). Die Verselbständigung betont demgegenüber ROSENSTOCK, Haftung, 84, 87–88.

[19] Den anderen Weg ist Deutschland gegangen. Ohne dass es auch zu einer terminologischen Unterscheidung gekommen wäre, wurde dort der Enteignungsbegriff in der Zeit der Weimarer Republik auf alle Tatbestände ausgedehnt, die in der Schweiz unter die materielle Enteignung fallen. LEISNER, 17–26; OSSENBÜHL, 91–94.

[20] Siehe vorne S. 29.

[21] BGE *Koch-Zeller*, 31 II 555–56 E.4 (1905); *Helvetia*, 37 I 517 (1911); *Speck*, 38 II 390–91 E.4 (1912); *Lombardi*, 47 II 78 (1921). Gegensatz dazu bildet die blosse Regelung des Inhalts bzw. der Ausübung der privaten Rechte; siehe dazu die eben angeführten Fälle *Koch-Zeller*, *Helvetia*, *Speck*.

[22] BGE *Kanton Zürich*, 45 I 260 (1919); *Lombardi*, 47 II 78 (1921). Im BGE *Helvetia*, 37 I 517 (1911), bezeichnet das Bundesgericht es als «streitig, ob und inwieweit die Eigentumsgarantie gegen eine *allgemeine Aufhebung* bestimmter Kategorien dinglicher oder dinglich radizierter Rechte ... Schutz gewähren würde» (Hervorhebung durch das Gericht); es bestätigt diese Ansicht im BGE *Meyenberg*, 48 I 601 (1922).

[23] Siehe vorne S. 29.

[24] BGE 47 II 78 (1921).

[25] BGE 40 I 447 (1914).

den Entschädigungsanspruch einiger Grundeigentümer zu befinden, die sich durch eine – ohne Inanspruchnahme ihres Bodens erfolgte – Erweiterung der Bahnanlagen in Richtung ihrer Häuser und die daraus folgende Verstärkung negativer Immissionen verletzt wähnen. Dem Grundsatze nach bejaht das Bundesgericht eine Entschädigungspflicht des Staates in derartigen Fällen:

> «Die ... Ersatzpflicht ist demnach keineswegs auf den Fall der eigentlichen Rechtsabtretung beschränkt, sondern erstreckt sich darüber hinaus auch auf jeden andern Eingriff in das Eigentum oder andere dingliche Rechte, der nicht auf willkürlichen, deliktischen Handlungen des Unternehmers beruht, sondern die notwendige oder doch nicht leicht vermeidliche Folge des planmässigen Baus oder Betriebes des mit dem Enteignungsrecht ausgerüsteten Werkes ist»[26].

Wenn einem privaten Grundeigentümer die Ausübung seiner nachbarrechtlichen Abwehransprüche verwehrt wird, weil die damit verbundene Einstellung des Baus oder Betriebes des Werkes sich aus übergeordneten Interessen verbietet, so liegt ein derartiger Eingriff vor[27].

D) Nachzutragen bleiben einige Bemerkungen zum Begriff der «Substanz». Wir erinnern uns, dass er in der vorangehenden Rechtsprechungsperiode dem Bundesgericht bisweilen dazu dient, die Tragweite der Eigentumsgarantie zu charakterisieren: nur «Eingriffe in die Substanz» stellen gemäss dieser Terminologie eine Verletzung der Garantie dar, während Regelungen des Eigentumsinhaltes mit ihr vereinbar sind. Unklar bleibt dabei allerdings der Gehalt des Begriffes; Eingriff in die Substanz und Enteignung erscheinen im Ergebnis synonym[28]. Der Entscheid *Helvetia* bringt nun insofern eine Klärung, als hier das Bundesgericht verdeutlicht, dass die formelle Enteignung nur eine der möglichen Arten des Eingriffs in die Substanz des Eigentums darstellt; ein derartiger Eingriff liegt beispielsweise auch dann vor,

---

[26] Id., 451–52 (Hervorhebungen im Original weggelassen).
[27] Im Fall *SBB v. Hibbert* verneint das Bundesgericht allerdings das Vorliegen übermässiger und durch Lage und Beschaffenheit des Grundstückes nicht gerechtfertigter Immissionen; id., 455–56. Es bejaht sie dagegen in einem Entscheid *Lugon-Moulin* aus dem Jahr 1925, wo es um die erzwungene Betriebseinstellung eines Hotels wegen der mit dem Bau des Kraftwerkes Barberine verbundenen Nebenwirkungen geht; Zbl 1925, S. 492. – Zur Bestätigung dieser Rechtsprechung nach Inkrafttreten des BG über die Enteignung von 1930 (SR 711) siehe BGE *Konkursmasse der Bau- und Handelsgenossenschaft Neuenhof,* 62 I 9 (1936).
[28] Siehe vorne S. 28 und die dort zitierten Urteile, besonders BGE *Stadtgemeinde St. Gallen,* 16 693, 705–07, 709 (1890).

wenn der Staat bestimmte Rechte – in casu handelt es sich um Versicherungsverträge – aufhebt, um sich selber an die Stelle der privaten Vertragspartner zu stellen[29]. Indessen verfolgt das Bundesgericht diesen von ihm entwickelten Ansatz nicht weiter; es verzichtet auf die Erarbeitung eines übergreifenden, sowohl die formelle wie die materielle Enteignung und allenfalls noch dritte Tatbestände umfassenden Begriffes für alle jene Einschränkungen des Eigentums, die ohne Entschädigung mit der Eigentumsgarantie nicht vereinbar sind. Zwar wird es noch einige Male das Wort Substanz verwenden, doch geschieht dies ohne jedes System[30]. Gegen Ende des Rechtsprechungsabschnittes gibt das Gericht den Begriff auf[31].

2.6. Auf der Suche nach einem neuen Modell

A) Oberflächlich betrachtet lässt die Rechtsprechung des Vierteljahrhunderts von 1905 bis 1930 eine verbindende Linie vermissen.

---

[29] BGE 37 I 516–18 (1911); zum Entscheid *Helvetia* bereits vorne S. 40–41 und 45.

[30] Zweimal *bejaht* das Bundesgericht einen Eingriff in die Substanz ausdrücklich: einmal im BGE *Meyenberg,* 48 I 609 (1922), wo unter anderem auch die rückwirkende Erhebung einer Abgabe auf bereits erworbene (private) Wassernutzungsrechte zur Debatte steht, und das zweite Mal im BGE *Kanton Unterwalden ob dem Wald,* 49 I 585 (1923), wo es um die nachträgliche Herabsetzung der Konzessionsdauer für ein Wassernutzungsrecht geht.
Verneint wird ein Eingriff in die Substanz in den Entscheiden *St. Niklausen Bruderschaft,* 36 II 314 (1910) (Beeinträchtigung eines Fischereirechtes durch neu erlassene Fangvorschriften) und *Brack,* 39 I 77–78 (1913) (zeitlich beschränkte Schliessung eines auf einem ehehaften Tavernenrecht beruhenden Gastwirtschaftsbetriebes wegen sittenpolizeilicher Verfehlungen des Wirts).
In allen vier Fällen fehlt eine Auseinandersetzung mit dem Begriff.

[31] Hans HAAB, 79–82, BAGI, 200–07, ROSENSTOCK, Haftung, 76–80 und 91, GUENG, Stand, Zbl 1968, S. 357, sehen im Substanzbegriff ein Hauptelement der bundesgerichtlichen Entschädigungsrechtsprechung vor der Anerkennung der materiellen Enteignung. Die spärlichen und wenig klaren Äusserungen des Gerichts legen m.E. eher nahe, darin eine rhetorische Figur zu erblicken. Jedenfalls haben die Zeitgenossen BURCKHARDT, Kommentar, 783, und Robert HAAB, Kommentar, N. 61 zu Art. 641 ZBG, die Unterscheidung von Inhaltsbeschränkung und Substanzeingriff als unhaltbar abgelehnt. Zum Ganzen auch hinten 6.2.3.A, S. 270.

Alte Konzeptionen und neue Ideen stossen hart aufeinander. Die Unsicherheiten und Zweifel, welche die gegensätzlichen Strömungen hervorrufen, spiegeln sich in den bundesgerichtlichen Entscheiden. Das Gericht ist während dieses bewegten Zeitabschnittes nicht in der Lage, die disparaten Elemente zu einer Synthese zu vereinigen. Deutlich weiss es einzig, dass das hergebrachte Modell nicht mehr länger trägt; wohin der Weg führen soll, bleibt ihm dagegen lange unklar.

Aus dem Blickwinkel der nachfolgenden Entwicklungen erhält diese zweite Phase jedoch ein ganz anderes Gesicht. Sie erweist sich als die *Periode der grundlegenden Entscheide im öffentlichen Entschädigungsrecht*. Auf 50 Jahre hinaus wird sich daran nichts Wesentliches mehr ändern[1]. Die zwischen 1905 und 1930 erarbeiteten Antworten und Lösungsansätze präjudizieren die Rechtsprechung der späteren Phasen[2]; deren eigene Aussagen bleiben ohne Kenntnis des Vorangegangenen nicht richtig verständlich.

B) Im einzelnen charakterisieren zwei Hauptergebnisse diesen Abschnitt. Einerseits entscheidet sich das Bundesgericht endgültig *gegen eine allgemeine*, also nicht auf besonderen Rechtssätzen beruhende, *Entschädigungspflicht des Staates* für bestimmte, den Privaten rechtmässig zugefügte Schädigungen[3]. Die Grundhaltung des Entschädigungspositivismus, zu welcher in der ersten Periode immerhin Gegentendenzen sichtbar geworden waren[4], verfestigt sich. Anderseits verlässt das Bundesgericht im Eigentumsbereich seine bisherige Konzeption mit ihrem Gegensatzpaar Inhaltsbestimmung / (formelle) Enteignung; es *anerkennt nun eine Entschädigungspflicht für gewisse Fälle allgemein angeordneter Eigentumsbeschränkungen*.

---

[1] Erst seit dem Ende der siebziger Jahre zeichnen sich wieder grundlegend neue Tendenzen ab. Die Idee einer *allgemeinen* Entschädigungspflicht des Gemeinwesens für bestimmte rechtmässige Eingriffe ist von der Doktrin (GUENG, Entschädigungspflicht, passim; SALADIN, Grundrechte, 198–99; MOOR, Responsabilité; GRISEL, Traité, 788–92; FAJNOR, 157–64) neu in die Diskussion geworfen worden. Das Bundesgericht hat in mehreren Fällen die Möglichkeit einer Entschädigungspflicht *ausserhalb* der materiellen Enteignung bejaht (dazu BGE *Wohlen*, 108 Ib 357–58 [1976]). Eine Übersicht über diese Entwicklung gibt Frau WEBER-DÜRLER, Entschädigungspflicht, 340–47.

[2] Das eindrücklichste Beispiel liefert die materielle Enteignung selber, die in ihrer ersten Formel nichts anderes als eine Synthese der drei in den Jahren 1905 bis 1929 entwickelten Entschädigungsansätze darstellt. Siehe hinten 3.2.C, S. 72–73.

[3] Dazu vorne 2.2.F, S. 42.

[4] Etwa in BGE *Hoirie Terrisse*, 17 544, 553 (1891); *Dreyer*, 24 II 509, 517 (1898).

Es hält schwer, angesichts des offenbaren Widerspruchs zwischen diesen beiden Grundentscheiden nicht nach Gründen zu fragen. Rechtliche Argumente vermögen ihn im Ernst nicht zu stützen [5]. Die Vermutung ist nicht von der Hand zu weisen, dass eben die Zurückweisung einer *allgemeinen* rechtsstaatlichen Entschädigungspflicht erst das Tor zur Anerkennung dieser Pflicht *im spezifischen Bereich des Eigentums* öffnete; was dem Bundesgericht als allgemeiner Grundsatz zu gewagt schien, glaubte es auf diesem engeren Gebiet verantworten zu können [6]. Allerdings darf nicht übersehen werden, dass im Institut der formellen Enteignung für das Eigentum von Beginn weg ein analoger Entschädigungstatbestand bereit lag, während ein vergleichbarer Anknüpfungspunkt für den weiteren Bereich des schädigenden rechtmässigen Staatshandelns fehlte [7].

C) Das Urteil *Zinggeler* stellt klar, dass Inhaltsbestimmung nicht länger zwingend Entschädigungslosigkeit bedeutet. Eine in allgemeiner Form gehaltene staatliche Regelung des Eigentumsinhaltes kann *im Einzelfall* so einschränkend wirken, dass sie ohne Entschädigung die Eigentumsgarantie verletzt. Mit dieser Erkenntnis bricht das alte Modell zusammen.

Das Thema der nächsten Phase steht damit fest. Nach den Umwälzungen der zweiten Rechtsprechungsperiode muss es nun darum gehen, die getroffenen Entscheide zu sichten, zu verfeinern und zu einem Ganzen zu formen. Das Bundesgericht sieht sich vor die Aufgabe gestellt, ein neues Modell zu entwerfen.

---

[5] Wenn die Eigentumsgarantie einen Ausgleich für schwere Eingriffe in das Eigentum fordert, so ist nicht einzusehen, warum die Garantie der persönlichen Freiheit ihn nicht auch für Schädigungen an Leib und Leben gebietet. Siehe IMBODEN, Diskussionsvotum am Juristentag 1953, ZSR 1953, S. 555a; MOOR, Résponsabilité, RDAF 1977, S. 223. Auch das nur im Bereich der Eigentumsgarantie gültige Argument, dass ein enteignungsgleicher Sachverhalt nicht anders als eine Enteignung behandelt werden sollte, vermag meines Erachtens diesen Widerspruch nicht zu überbrücken.

[6] Welche Rückschlüsse eine derartige Bevorzugung des Eigentums vor anderen Werten auf das Wertsystem einer Rechtsordnung zulässt, hat für das amerikanische Recht ein vorzügliche Aufsatz von MASSEY, Justice Rehnquist's Theory of Property, 93 Yale L.J. 541 (1984), untersucht.

[7] Vgl. dazu SCHAUMANN, Enteignung, JZ 1960, S. 146; HUBER, Gewährleistung, 225–26; ROSENSTOCK, Haftung, 89–90, 99; MÜLLER/MÜLLER, 298–99 FN 56.

3. Dritte Phase: Die alte Formel

Vom Urteil *Müller-Haiber* (1943)
zum Urteil *Chappuis* (1963)

3.1. Vorläufer in der unveröffentlichten Rechtsprechung der Jahre 1932 bis 1937

A) Im Anschluss an das 1929 gefällte Urteil *Zinggeler*[1] taucht die bundesgerichtliche Entschädigungsrechtsprechung ins Dunkle. Für beinahe eineinhalb Jahrzehnte veröffentlicht das Gericht keinen einzigen Entscheid mehr, der die Frage der Entschädigungspflicht wegen Beeinträchtigung des Eigentums zum Gegenstand hätte. Indessen trügt der Schein. Das Bundesgericht beschäftigt sich mit dem Thema intensiv und fällt mehrere bedeutsame Urteile. Dies wird im Kriegsjahr 1943 an den Tag treten, als in der amtlichen Sammlung der Entscheid *Gemeinschaft der Erben Müller-Haiber* erscheint, zu dessen Untermauerung das Gericht eine Reihe unpublizierter Präjudizien anführt[2]. Zum ersten Mal wird hier in einem veröffentlichten Urteil[3] das Vorliegen einer materiellen Enteignung im heutigen Sinne bejaht. Der Entscheid *Müller-Haiber* bringt zudem die lange erwartete Antwort auf die im Urteil *Zinggeler* offen gebliebene Frage nach dem gedanklichen Konzept, das dem Tatbestand der entschädigungspflichtigen Eigentumsbeschränkung zugrundeliegen soll.

Bevor wir uns diesem Konzept zuwenden, muss auf die erwähnte unveröffentlichte Judikatur der Jahre 1932 bis 1943 - es han-

---

[1] BGE 55 I 397. Dazu vorne S. 49 ff.
[2] BGE 69 I 234, 242; im folgenden abgekürzt zitiert als BGE *Müller-Haiber*.
[3] Der erste Fall überhaupt, wo das Bundesgericht auf materielle Enteignung erkennt, ist soweit ersichtlich das am 7. Juli 1933 gefällte unpublizierte Urteil *Götschi v. Obwalden;* dazu hinten S. 65.

3.1. Vorläufer in der unveröffentlichten Rechtssprechung

delt sich um sechs Fälle[4] – näher eingegangen werden. Dies rechtfertigt sich nicht bloss wegen ihres eigenen Interesses, sondern mehr noch wegen des Umstandes, dass hier die Brücke geschlagen wird zwischen den noch unfertigen Vorstellungen der zweiten Phase und der ausgearbeiteten Konzeption des Urteiles *Müller-Haiber*. Die Untersuchung wird zeigen, dass das Gericht zu Recht den Anspruch erhebt, die in *Müller-Haiber* erstmals vorgelegte umfassende Formel für den Tatbestand der materiellen Enteignung baue kontinuierlich auf Erkenntnissen der bisherigen Rechtsprechung auf[5].

B) Der erste vom Bundesgericht angerufene unpublizierte Entscheid, *Gadola v. Einwohnergemeinde Bern* (1932)[6], hat eine traditionelle Form der Eigentumsbeschränkung zum Gegenstand; es geht um einen Baulinienplan, der ein – teilweise bereits bebautes – Grundstück in seinen weiteren Überbauungsmöglichkeiten stark beschneidet. Ein in der Folge vom Eigentümer gestelltes Begehren um Übernahme des Bodens durch das Gemeinwesen oder Entschädigung wird von den kantonalen Instanzen abgewiesen. Das Bundesgericht schützt diesen Entscheid, wobei es hinsichtlich der uns interessierenden Frage folgendes ausführt:

> «Unmittelbar aus der Eigentumsgarantie könnte ein Anspruch auf Entschädigung höchstens dann hergeleitet werden, wenn durch die

---

[4] Die Rede ist hier einzig von jenen Entscheiden, die das Bundesgericht selber in der Urteilsbegründung *Müller-Haiber,* BGE 69 I 234, 242, als «Legitimationskette» anführt:
- *Gadola v. Einwohnergemeinde Bern* vom 19. Februar 1932;
- *Götschi v. Obwalden* vom 7. Juli 1933;
- *Fankhauser v. Bern* vom 11. Juli 1935;
- *Stebler v. Appellationshof des Kts. Bern* und *Stebler v. Regierungsrat des Kts. Bern,* beide vom 11. Dezember 1936;
- *Einwohnergemeinde Beinwil v. Aargau* vom 15. Juli 1937;
- *Wettstein und Suter v. Zürich* vom 18. Juli 1941. Der letzte Entscheid (*Wettstein*) steht sachlich in so engem Zusammenhang zum Urteil *Müller-Haiber,* dass wir ihn mit diesem behandeln werden (hinten 3.2.).

Nicht weiter erörtert wird hier der vom Bundesgericht ebenfalls zitierte Entscheid *Boden- und Effekten AG v. Regierungsrat des Kantons Zürich* vom 12. März 1943, wo es um die Verweigerung einer Rodungsbewilligung geht. Das Gericht lässt die Frage der materiellen Enteignung offen, da die Beschwerdeführerin keine diesbezüglichen Vorbringen hören lässt (E.6, S. 9).

[5] Die Ausführlichkeit, mit welcher die unveröffentlichten Entscheide der Zeitspanne 1932 bis 1937 hier behandelt werden, verfolgt nicht zuletzt den Zweck, dem Leser einen Teil des Primärmaterials zugänglich zu machen.

[6] Urteil vom 19. Februar (staatsrechtliche Beschwerde).

3.1. Vorläufer in der unveröffentlichten Rechtsprechung

Ziehung von Baulinien die *Überbauung eines dazu bestimmten Grundstückes gänzlich verunmöglicht* würde, ohne dass es sonstwie verwertet werden könnte, derart, dass es gänzlich wertlos würde, oder wenn *in bestehende Nutzungsverhältnisse hemmend eingegriffen* würde» [7].

Eine solche Situation liegt nach Auffassung des Gerichts in dem zur Beurteilung stehenden Fall nicht vor. Es ist aber für sich allein bemerkenswert, dass eine «unmittelbar aus der Eigentumgarantie» hergeleitete Entschädigungspflicht nun ohne weiteres anerkannt und in ersten Ansätzen konkretisiert ist. Die Weiterentwicklung gegenüber dem Entscheid *Zinggeler*[8] liegt auf der Hand.

C) 1933 beschäftigt das Bundesgericht im Fall *Götschi*[9] ein aus Gründen des Heimatschutzes erlassenes vollständiges Bauverbot für das Vorgelände des Sarner Landsgemeindeplatzes auf dem Landenberg. Zu diesem Bauverbot kommt es, nachdem Götschi dort Land gekauft und seine Absicht bekundet hat, ein Wohnhaus zu erstellen. Der Regierungsrat Obwalden trifft vorerst Schritte zur Einleitung einer formellen Enteignung, verfolgt diese dann aber nicht weiter, sondern stellt sich auf den Standpunkt, es liege eine entschädigungslos zu duldende Eigentumsbeschränkung vor. Das Bundesgericht widerspricht. *Es bejaht zum ersten Mal in seiner Rechtsprechung das Vorliegen einer materiellen Enteignung*:

> «Der Regierungsrat ist bei seiner frühern Stellungnahme [= Angebot zur Übernahme des Grundstückes im Wege der formellen Enteignung] umsomehr zu behaften, als die Entschädigung im Falle des Rekurrenten ein Postulat der Eigentumsgarantie ist. Es handelt sich um ein gänzliches Bauverbot, das auf eine kleine Zone von Liegenschaften gelegt wird, nicht weil diese Liegenschaften nach ihrer Gestalt oder Lage für die Überbauung sich nicht eignen würden – sie haben durchaus Baulandcharakter –, sondern im Interesse des Gemeinwesens und der Allgemeinheit, um eine landschaftlich schöne und historisch bedeutsame Stätte, den Landenberg, von störenden Bauten im Vorgelände freizuhalten. Dieses Bauverbot bedeutet eine ganz erhebliche Verminderung, man kann sagen eine *Aushöhlung*, des Wertes der betroffenen Liegenschaften. Das Bauverbot ist sachlich nichts anderes als die Auflage einer die Bebauung ausschliessenden Servitut. Es stützt sich allerdings auf allgemeine Erlasse, die Gemeindebauordnung und die Heimatschutz-

---

[7] Id., E. 4, S. 15 (Hervorhebungen durch den Verfasser).
[8] BGE 55 I 397 (1929).
[9] Urteil vom 7. Juli (staatsrechtliche Beschwerde gegen die im Anschluss an das Bauverbot ergangene Abweisung des Baugesuches des Rekurrenten).

3.1. Vorläufer in der unveröffentlichten Rechtssprechung

verordnung, ist aber mit Rücksicht auf seine Intensität, das beschränkte in Betracht kommende Wirkungsgebiet und den der Allgemeinheit erwachsenden besondern Vorteil, materiell doch mehr als eine bloss öffentlich-rechtliche Beschränkung des Eigentumsinhalts im Sinne von Art. 702 ZGB, die im allgemeinen zu keiner Entschädigung Anlass gibt. Es ist *materiell* Expropriation» [10].

Auf die Fülle der hier ausgebreiteten Gesichtspunkte – das Bundesgericht legt eine beinahe vollständige Lehre der materiellen Enteignung vor – wird später zurückzukommen sein. Ausdrückliche Erwähnung verdient das Dispositiv des Entscheids: die Beschwerde wird «im Sinne der Erwägungen» abgewiesen; das Bauverbot bleibt also in Kraft, doch wird dem Rekurrenten ein Entschädigungsanspruch zugesichert [11].

D) Nur in Form eines Obiter Dictum äussert sich das Bundesgericht zur Entschädigungsfrage in dem von ihm als nächstem angerufenen Entscheid *Fankhauser* (1935) [12]. Angefochten ist ein vom Regierungsrat des Kantons Bern verfügter Bauabschlag für ein Haus am Bielersee. Der Entscheid stützt sich – zu Unrecht, wie die Beschwerde ergeben wird [13] – auf die kantonale Landschaftsschutzverordnung. Dazu bemerkt das Gericht:

> «Sie [= die Verordnung] bedeutet an sich eine generelle Beschränkung öffentlichrechtlicher Natur der im Eigentum liegenden Befugnisse, wie sie mit der Garantie des Eigentums grundsätzlich nicht unvereinbar ist. Dabei ist freilich der Vorbehalt zu machen, dass im einzelnen Fall ein gänzliches Bauverbot *je nach den Umständen* einen so intensiven Eingriff in den Bestand des Grundeigentums darstellen kann, dass [er], wenn er auch mit Rücksicht auf die zu schützenden öffentlichen Interessen nicht als unzulässig erscheint, im Sinne der Eigentumsgarantie doch nur gegen Entschädigung vorgenommen werden darf» [14].

---

[10] Id., E. 4, S. 16–17 (Hervorhebungen durch das Gericht).
[11] Id., S. 17–18.
[12] Urteil vom 11. Juli (staatsrechtliche Beschwerde).
[13] Das Bundesgericht hebt die Verweigerung der Baubewilligung als willkürlich auf, da die vom Regierungsrat ins Feld geführte Verunstaltung sich nicht stützen lässt, sondern als Vorwand erscheint, um das von Anhängern der Nacktkulturbewegung geplante Bauvorhaben zu verhindern.
[14] Id., E. 1, S. 8 (Hervorhebung durch das Gericht).

E) Im 1936 entschiedenen Fall *Stebler*[15] ist die Entschädigungsfrage materiell zwar gestellt, doch erweisen sich für unsere Fragestellung weniger die fallbezogenen als die allgemein gehaltenen Äusserungen des Bundesgerichts als interessant. Ausgangspunkt des Streites bildet eine seit 40 Jahren bestehende Strassenbaulinie in Thun. Sie berührt unter anderem eine grössere Liegenschaft mit einem darauf befindlichen Haus, das von der Linie durchschnitten wird. Stebler erwirbt das Grundstück mit der Belastung aus einem Konkurs und bemüht sich wenig später, die Gemeinde zur Aufhebung der Beschränkung oder zur Übernahme des Grundstückes beziehungsweise zu einer Entschädigungszahlung zu veranlassen. Erfolglos geblieben, strengt er schliesslich ein Administrativ- und ein Zivilverfahren an, doch wird er in letzter Instanz sowohl vom Obergericht wie vom Regierungsrat abgewiesen. Das Bundesgericht bestätigt die kantonalen Entscheide, wobei es unter anderem auf seine konstante Praxis hinweist, nach welcher Baulinien grundsätzlich keinen Entschädigungsanspruch verleihen[16]. In einem Obiter Dictum fasst es den Stand der Entschädigungsrechtsprechung folgendermassen zusammen:

> Die Eigentumsgarantie «steht ... der Einführung allgemeiner gesetzlicher oder auf gesetzlicher Grundlage beruhender Beschränkungen des Eigentumsinhalts im öffentlichen Interesse nicht entgegen. Und zwar auch dann nicht, wenn für die Vermögenseinbusse, die daraus dem einzelnen Eigentümer gegenüber der bisherigen Eigentumsordnung erwachsen mag, keine Entschädigung gewährt wird. Die Praxis hat dabei immerhin in letzterer Hinsicht gewisse Ausnahmefälle vorbehalten, so wenn die formell allgemeine Beschränkung tatsächlich nur eine begrenzte, kleine Zahl von Grundstücken trifft und durch ihre Intensität wirtschaftlich einer völligen Vernichtung des Eigentums, des durch dieses dargestellten Vermögenswertes, gleich- oder nahekommt»[17].

Das Bemühen des Bundesgerichts, den Tatbestand der entschädigungspflichtigen Eigentumsbeeinträchtigung in allgemeingülti-

---

[15] Es handelt sich um zwei Bundesgerichtsentscheide vom gleichen Tag (11. Dezember 1936), beide auf staatsrechtliche Beschwerden hin gefällt. In *Stebler v. Einwohnergemeinde Thun und Regierungsrat des Kts. Bern* sind die Aufhebung der Baulinie bzw. der Verzicht auf den Mehrwertrevers Streitpunkte des Verfahrens, in *Stebler v. Einwohnergemeinde Thun und Appellationshof des Kts. Bern* die Pflicht der Gemeinde zur Übernahme des Grundstücks bzw. zur Schadloshaltung des Eigentümers.
[16] *Stebler v. Thun und Appellationshof des Kts. Bern*, E. 2, S. 13-15. Das Bundesgericht verweist insbesondere auf die BGE *Weitnauer*, 17 52, 59-60 (1891) (dazu vorne S. 26) und *Koch-Zeller*, 31 II 543 (1905) (dazu vorne S. 38).
[17] *Stebler v. Thun und Regierungsrat des Kts. Bern*, E. 1, S. 13

ger Weise festzulegen, kommt hier deutlich zum Ausdruck. Es liesse sich von einer Art «Protoformel» sprechen. Tatsächlich wird die zitierte Textstelle ein Jahr später im Urteil *Einwohnergemeinde Beinwil v. Regierungsrat des Kts. Aargau* beinahe wörtlich wieder aufgenommen[18]. Davon aber offensichtlich noch nicht befriedigt, wird das Bundesgericht nochmals zu einer neuen Formulierung ansetzen, wenn es sich in den Entscheiden *Wettstein*[19] und *Müller-Haiber*[20] endgültig festlegt.

F)   Überblickt man diese fünf – vom Bundesgericht selber als Präjudizien angeführten – Fälle im Zusammenhang, schälen sich *zwei Hauptmerkmale* heraus, die in seinen Augen den entschädigungspflichtigen Tatbestand charakterisieren. Das erste liegt in der *Intensität der Beeinträchtigung*. Der Ausnahmefall, dass der Staat für eine blosse Eigentumsbeschränkung entschädigungspflichtig wird, kann nur dann eintreten, wenn Eigentum infolge staatlicher Massnahmen «gänzlich wertlos» wird[21], wenn eine «Aushöhlung» seines Wertes eintritt[22], wenn es wirtschaftlich zur «völligen Vernichtung des Eigentums» kommt[23]. Schadensintensität allein genügt jedoch nicht. Erforderlich ist zudem als zweites Merkmal eine *geringe Zahl von Betroffenen*. Das Bundesgericht spricht im Fall *Götschi* vom «beschränkten in Betracht kommenden Wirkungsgebiet»[24], im Fall *Stebler* von der «begrenzten, kleinen Zahl von Grundstücken»[25].

In diesen Elementen lassen sich unschwer Ideen erkennen, welche bereits in der früheren Rechtsprechung des Bundesgerichts aufscheinen; erinnert sei an die Enteignungsanalogie und die Sonderopfertheorie[26]. Insofern besteht der Anspruch der Kontinuität zu Recht; neu ist die ausdrückliche Verknüpfung der früher isoliert beigezogenen Elemente in *einem* Tatbestand.

---

[18] Urteil vom 15. Juli 1937 (staatsrechtliche Beschwerde), E.4, S.19. Zu überprüfen ist hier, im Verfahren der abstrakten Normenkontrolle, eine 1935 neu erlassene Verordnung zum Schutze des Hallwilersees. Mit der Entschädigungsfrage hat sich das Bundesgericht dabei nicht weiter zu befassen, da die Verordnung diesen Punkt offenlässt und den betroffenen Eigentümern den Rechtsweg vorbehält; id., S.19–20.
[19] Urteil vom 18. Juli 1941; dazu sogleich hinten 3.2.
[20] BGE 69 I 234 (1943).
[21] *Gadola* (1932), E.4, S.15.
[22] *Götschi* (1933), E.4, S.16.
[23] *Stebler v. Thun und Regierungsrat des Kts. Bern* (1936), E.1, S.13.
[24] E.4, S.16.
[25] E.1, S.13.
[26] Vorne 2.4 und 2.2.

3.2. Die Prägung der alten Formel in den Urteilen Wettstein und Müller-Haiber

A) Aus der Rückschau können wir heute erkennen, dass Ende der dreissiger Jahre die einzelnen Elemente der materiellen Enteignung ausgebildet vorliegen[1]. Ihre Formung zu einem umfassenden Tatbestand der enteignungsgleichen Eigentumsbeschränkung vollzieht sich aber erst in den beiden Entscheiden *Wettstein und Suter v. Regierungsrat des Kts. Zürich* (1941)[2] und *Gemeinschaft der Erben Müller-Haiber v. Solothurn* (1943)[3].

Diese beiden Urteile hängen eng zusammen. In den entscheidenden Passagen, wo sich das Bundesgericht grundsätzlich zur Entschädigungsfrage äussert, stimmen ihre Begründungen beinahe wörtlich überein. Weil zudem im ersten das Vorliegen einer materiellen Enteignung verneint, im zweiten aber bejaht wird, erscheint jedes wie das notwendige Gegenstück zum andern; der volle Inhalt erschliesst sich erst im Zusammenspiel beider.

Ausgangssachverhalt bildet in beiden Fälle ein Bauverbot:
- Den Rekurrenten *Wettstein und Suter* wird vom Regierungsrat des Kantons Zürich untersagt, am Ufer des Greifensees eine Gruppe von Weekendhäusern zu erstellen. Die Abweisung des Baugesuches stützt sich auf die kantonale Heimatschutzverordnung, wobei die Zürcher Regierung in der erklärten Absicht handelt, jede Erstellung derartiger Bauten am Seeufer zu verhindern. Die Betroffenen führen beim Bundesgericht staatrechtliche Beschwerde wegen Verletzung der Eigentumsgarantie. Sie machen unter anderem geltend, die Ent-

---

[1] Siehe für eine zeitgenössische Darstellung den 1939 veröffentlichten Aufsatz von Bundesrichter KIRCHHOFER, Eigentumsgarantie, Eigentumsbeschränkung und Enteignung, ZSR Band 58, S. 139–77 – nach wie vor einer der besten Beiträge, der je zum Problem der entschädigungspflichtigen Eigentumsbeschränkungen verfasst wurde.

[2] Urteil vom 18. Juli (staatsrechtliche Beschwerde). Auch dieses Urteil gehört noch in die Reihe der unpublizierten Entscheide, die das Bundesgericht im BGE *Müller-Haiber*, 69 I 234, 242 (1943) anführen wird. Sein Text ist allerdings – ohne Namensnennung und offenbar mit geringfügigen, nicht kenntlich gemachten Kürzungen – wiedergegeben im Jahrgang 1942 (Band 11) der Zeitschrift «Strasse und Verkehr», Beilage «Landes-, Regional- & Ortsplanung», S. 41–46. Zitiert wird im folgenden unter Verweis auf diese Quelle.

[3] BGE 69 I 234.

3.2. Die Prägung der alten Formel

wertung ihres Landes infolge des Entzugs der Baumöglichkeit erreiche ein solches Ausmass, dass von einer Enteignung gesprochen werden müsse [4].

– Im Fall *Müller-Haiber* geht es um ein Bauverbot anderer Art. Die Stadt Solothurn erlässt 1943 einen «speziellen Bebauungsplan», der zur Sicherung einer geplanten Sportanlage auf einem Areal von ca. eineinhalb Hektaren jedes Bauen verbietet. Betroffen sind lediglich zwei Grundstücke, wobei jenes der Erbengemeinschaft Müller-Haiber zu zwei Dritteln in die vom Plan erfasste Zone fällt. Gemäss dem solothurnischen Baugesetz müssen die durch einen «speziellen Bebauungsplan» angeordneten Eigentumsbeschränkungen entschädigungslos hingenommen werden; erst wenn das Gemeinwesen die vorgesehenen Anlagen während zehn Jahren nicht realisiert, erwächst dem betroffenen Eigentümer ein Übernahmeanspruch für die zur Bebauung nicht mehr geeigneten Teile seines Grundstücks. In ihrer staatrechtlichen Beschwerde rügen die Rekurrenten, das Instrument des «speziellen Bebauungsplanes» dürfe einzig der Festlegung von Verkehrsanlagen dienen; es sei hier in einer die Eigentumsgarantie verletzenden Weise eingesetzt worden, um ohne Kostenfolgen für das Gemeinwesen einen ihm fremden Zweck zu erreichen [5].

B) Das Bundesgericht eröffnet seine Analyse der Entschädigungsfrage in beiden Fällen mit einer Gegenüberstellung von Eigentumsbeschränkung und Enteignung. Es hält fest, dass die Eigentumsgarantie der Einführung auf Gesetz beruhender und im öffentlichen Interesse erlassener Eigentumsbeschränkungen nicht entgegenstehe, dies auch dann nicht, wenn sie mit Vermögenseinbussen verbunden seien [6]. Anders verhalte es sich bei der Enteignung; hier verlange die Eigentumsgarantie volle Entschädigung.

---

[4] *Wettstein,* «Strasse und Verkehr» 1942, S. 44. Die vom Bundesgericht als erwiesen erachtete Entwertung des Landpreises beträgt 80% (Quadratmeterpreis für überbaubaren Boden 5 Franken, für landwirtschaftlich genutztes Land 1 Franken); id., S. 42, 44, 46.

[5] BGE 69 I 237–38.

[6] *Wettstein,* E.1, «Strasse und Verkehr» 1942, S. 45; *Müller-Haiber,* 69 I 241. Es handelt sich dabei um Übernahmen eines Teils der «Protoformel» aus den Urteilen *Stebler* (1936) und *Einwohnergemeinde Beinwil* (1937), vorne S. 67–68.

«[U]nter den Begriff der Enteignung können auch blosse verwaltungsrechtliche oder polizeiliche Gebote oder Verbote fallen, wodurch der Eigentümer einer Sache in der Verfügung darüber oder in deren Benutzung gehindert oder beschränkt wird. Freilich handelt es sich bei solchen Verfügungen, wenn sie auf gesetzlicher Grundlage ergehen, in der Regel um blosse Anwendung allgemeiner gesetzlicher Eigentumsbeschränkungen. Ausnahmsweise kann aber ihre Wirkung in einzelnen Fällen derart sein, dass sie als eigentlicher Eingriff in das durch die objektive Rechtsordnung umschriebene Eigentumsrecht anzusehen sind, materiell, wenn auch nicht der Form nach, als Enteignung erscheinen.»[7]

Ob ein derartiger Fall materieller Enteignung vorliege, sei «auf Grund der Würdigung aller Umstände zu beurteilen. Ein scharfes, allgemein gültiges Merkmal hiefür gibt es nicht»[8]. Enteignung müsse «in der Regel»[9] angenommen werden:

«wenn dem Eigentümer ein bisher rechtmässig ausgeübter oder wirtschaftlich verwerteter Gebrauch der Sache untersagt wird oder wenn das Verbot die Benützung der Sache in ausserordentlich hohem und empfindlichem Masse einschränkt und dabei ausnahmsweise ein einziger oder nur einzelne wenige Eigentümer so getroffen werden, dass diese ein allzu grosses Opfer zu Gunsten des Gemeinwesens bringen müssten, sofern sie keine Entschädigung erhielten»[10].

C) Dies nun ist die Formulierung, in welcher der Tatbestand der materiellen Enteignung für die beiden nächsten Jahrzehnte – d.h. bis zur Prägung einer neuen Formel im Entscheid *Barret* (1965)[11] – festge-

---

[7] *Wettstein*, E.1, «Strasse und Verkehr» 1942, S. 45. Gleichlautend *Müller-Haiber*, 69 I 241.

[8] *Wettstein*, E.3, «Strasse und Verkehr» 1942, S. 46. Zu dieser Stelle fehlt eine Entsprechung im BGE *Müller-Haiber*.

[9] *Wettstein*, E.3, «Strasse und Verkehr» 1942, S. 46; *Müller-Haiber*, 69 I 241. Diese ausdrückliche Relativierung der Formel wird sich in der Praxis als bedeutungslos erweisen: zumindest von der theoretischen Konzeption her macht das Bundesgericht bis zum Urteil *Barret*, BGE 91 I 329, 338–39 (1965), von seinem Vorbehalt keinen Gebrauch.

[10] *Müller-Haiber*, 69 I 241–42. Die Formulierung im Urteil *Wettstein* stimmt damit im wesentlichen überein, doch ist dort bloss vom «bereits ausgeübten» und nicht vom «bisher *rechtmässig* ausgeübten» Gebrauch die Rede; E.3, «Strasse und Verkehr» 1942, S. 46.

[11] BGE 91 I 329, 338–39; dazu hinten S. 105 ff.

3.2. Die Prägung der alten Formel

legt sein wird[12]. Warum hat gerade diese Formel die Verbindlichkeit eines geschriebenen Rechtssatzes erlangt? Welche Überlegungen stekken hinter ihr? Wir wollen diesen Fragen vorweg nachgehen, bevor wir am Schlusse zur Lösung der Fälle *Wettstein* und *Müller-Haiber* zurückkehren.

Die Analyse der Formel ergibt als erstes, dass *zwei Tatbestandsvarianten* der materiellen Enteignung unterschieden werden, nämlich einerseits die «Untersagung eines bisher rechtmässig ausgeübten oder wirtschaftlich verwerteten Gebrauchs der Sache», anderseits das «Verbot der Benützung der Sache». Die erste Variante hat die Form eines *per se*-Tatbestandes: ein Verbot des bisherigen rechtmässigen Gebrauchs ist schlechtweg materielle Enteignung. Anders verhält es sich bei der zweiten Variante: Benützungsverbote wirken nur dann enteignungsgleich, wenn sie eine ausserordentliche Intensität aufweisen und einigen wenigen Betroffenen ein übermässiges Opfer auferlegen.

Augenfällig wird als zweites die klare Verwurzelung der Formel in der früheren bundesgerichtlichen Rechtsprechung. Wir erkennen alle Elemente wieder, die das Bundesgericht während der vorangegangenen Phase zum Anlass genommen hatte, um seine Entschädigungspraxis zu überprüfen und teilweise auch zu ändern. Die erste Tatbestandsvariante der Formel – der Entzug einer bereits verwerteten Eigentumsbefugnis – steht auch historisch am Anfang der Überwindung des Entschädigungspositivismus; erinnert sei an die Entscheide *Weinmann* (1918) und *Meyenberg* (1922)[13]. Mit der zweiten Tatbestandsvariante knüpft das Gericht an den Entscheid *Zinggeler* (1929) an, wo es zum ersten Mal anerkannte, dass auch die Beschränkung des Eigentumsinhaltes an sich, losgelöst von seiner zufällig gerade gegebenen Verwertung, eine Entschädigungspflicht auslösen kann[14]. Nur sind jetzt die Voraussetzungen, unter denen sich dieser Fall verwirklicht, weit präziser gefasst: Die Einschränkung muss ein «ausserordentlich hohes und empfindliches Mass» erreichen, und es ist erforderlich, dass eine Ausnahmesituation vorliegt, die einige wenige Eigentümer trifft. Auch bei diesen Voraussetzungen handelt es sich indessen um Bekanntes: die Elemente der Schadensintensität und der geringen Zahl

---

[12] Die Formel findet sich letztmals wiedergegeben in BGE *SI Rue du Puits-St-Pierre 2*, 89 I 460, 461–62 (1963). Siehe aber hinten, S. 114, Text zu FN 6.
[13] Vorne 2.3.
[14] BGE 55 I 397, 403 (1929).

von Betroffenen kehren hier in jener Kombination wieder, die in den unveröffentlichten Urteilen der dreissiger Jahre ausgebildet worden war[15]. Von allen Rückgriffen auf die Vergangenheit verblüfft am meisten aber doch die ausdrücklich erwähnte weitere Präzisierung, dass die Entschädigungslosigkeit der staatlichen Massnahme den Eigentümern ein allzu grosses Opfer auferlegen muss. Das Bundesgericht nimmt damit ausdrücklich den Sonderopfergedanken wieder auf, mit dem es sich 1921 im Urteil *Lombardi*[16] zum letzten Mal auseinandergesetzt hatte.

    Die Formel erweist sich damit im Ganzen als kunstvolle Verknüpfung der in der zweiten Rechtsprechungsphase entwickelten Ansatzpunkte für eine Überwindung des Entschädigungspositivismus. Die lange bloss Versuchscharakter tragenden und isoliert gesehenen Elemente sind hier nun gesamthaft erfasst und in Beziehung zueinander gesetzt. Es sind also nicht umwälzende Neuerungen, welche die Urteile *Wettstein* und *Müller-Haiber* zum Ausgangspunkt des dritten Rechtsprechungsabschnittes werden lassen. Ihre Bedeutung liegt anderswo. Indem hier die verschiedenen sich anbietenden Ideen in einer, wie die Erfahrung lehren wird, tauglichen Synthese vereinigt werden, ist das seit dem Entscheid *Zinggeler* offen gebliebene Problem einer theoretischen Konzeption zur Bewältigung der Entschädigungsfrage, zumindest für den Bereich des Eigentums, in zufriedenstellender Weise gelöst. Damit ändert sich die Aufgabe des Bundesgerichts. Es geht nicht länger mehr darum, aus einer Vielfalt von theoretischen Möglichkeiten eine überzeugende Lösung zu gewinnen. Der Auftrag besteht nun darin, eine vorgegebene Konzeption zu konkretisieren und sie auf ihre innere Folgerichtigkeit und ihre Übereinstimmung mit der Rechtsordnung als Ganzes zu überprüfen.

D)   Führt man die Analyse weiter, gerät man allerdings bald auf unsicheren Grund. Die Schwierigkeiten beginnen bei der Frage, *wo genau* die Trennlinie zwischen den beiden Tatbestandsvarianten der materiellen Enteignung in der Formel *Müller-Haiber* verläuft. Die Formel arbeitet nämlich mit zwei möglichen Gegensatzpaaren, ohne dass sie erkennen lässt, von welchem sie ausgeht. – Das eine Paar orientiert sich am Begriff «Verbot der Benützung» und versteht diesen als Beeinträchtigung geringfügigerer Art verglichen mit dem *vollständigen* Ent-

---

[15] Vorne 3.1, bes. S. 68.
[16] BGE 47 II 71, vorne S. 41–42.

zug einer bestimmten Eigentumsbefugnis. So aufgefasst, fällt einzig und allein das totale Verbot des bisherigen Gebrauchs unter die erste Variante, während alle anderen Eigentumsbeschränkungen (also insbesondere auch ein wenig intensiver Eingriff in eine bereits verwertete Eigentumsbefugnis) zum Anwendungsbereich der zweiten Kategorie gehören[17]. – Das andere in Frage kommende Gegensatzpaar orientiert sich demgegenüber am Wort «bisher» in der ersten Tatbestandsvariante. Nach diesem Verständnis verläuft die Trennungslinie zwischen dem (vollständigen oder teilweisen) Entzug bereits ausgeübter Eigentumsbefugnisse – also des «*gegenwärtigen Gebrauchs*» – einerseits und dem (vollständigen oder teilweisen), durch die Erfordernisse der Eingriffsintensität und des Sonderopfers qualifizierten, Entzug der noch nicht verwerteten Eigentumsbefugnisse – also des «*zukünftigen Gebrauchs*» – anderseits.[18]

Mag die eben untersuchte Frage in der Praxis auch von untergeordneter Bedeutung sein, so handelt es sich doch nicht bloss um eine theoretische Spitzfindigkeit. In der bundesgerichtlichen Rechtsprechung finden sich für beide Auslegungen Belege. Die erste Denkweise ist allerdings nur durch ein einziges Beispiel vertreten[19]. Wie wir sehen werden, liegt den Entscheiden in der Regel unausgesprochen die zweite Auslegung zugrunde. Diese hat den Vorzug der Einfachheit. Sie widerspiegelt zudem die Verhältnisse der Praxis, wo die Schmälerung des noch nicht ausgenützten Eigentumspotentials – man denke an die vielen Arten von Bauverboten – weitaus im Vordergrund steht und

---

[17] Der Leser möge sich durch den scheinbaren Widerspruch nicht stören lassen, der darin liegt, dass eine *wenig intensive Einschränkung* (des gegenwärtigen Gebrauchs) in den Anwendungsbereich der zweiten Tatbestandsvariante fällt, für welche ausdrücklich *ein intensiver Eingriff* gefordert ist. Die Bedeutung dieser Konstruktion liegt in ihrem Ausschlussvermögen. Sie erlaubt, geringfügige Beschränkungen einer bisher ausgeübten Eigentumsbefugnis von der ersten Variante mit ihrer zwingenden Entschädigungsfolge auszunehmen und sie in den Bereich der zweiten zu weisen, wo dann aber eine materielle Enteignung – wegen der fehlenden Eingriffsintensität – ebenfalls verneint wird. Genau dies tut das Bundesgericht im Entscheid *Meier* (1959), Zbl 1960, S. 161, 167; dazu hinten S. 82.

[18] Eine andere Deutung der beiden Tatbestandsvarianten hat 1957 GYGI, Über die Eigentumsgarantie, MBVR Bd.55, S. 273, vorgeschlagen. Die erste Variante hätte demgemäss den *einzelfallmässigen* Entzug konkreter Rechte, die zweite die *generellen*, enteignend wirkenden Eigentumsbeschränkungen zum Gegenstand. In der bundesgerichtlichen Rechtsprechung finden sich indessen keine Belege, welche diese Interpretation stützen könnten; zudem vernachlässigt sie das bereits angeführte, unverkennbar vorhandene Element der Kontinuität dieser Rechtsprechung.

[19] BGE *Meier* (1959), Zbl 1960, S. 161, 167; dazu hinten S. 82.

wirklich als eine eigene Kategorie erscheint. Bezeichnenderweise wird sich das Bundesgericht gegen Ende der hier untersuchten Rechtsprechungsphase ausdrücklich zur zweiten Konstruktion bekennen[20].

Weitere Schwierigkeiten ergeben sich, wenn wir uns den beiden Tatbestandsvarianten der materiellen Enteignung gesondert zuwenden. Wie bereits hervorgehoben, genügt bei der ersten der *Entzug bereits verwerteter Eigentumsbefugnisse* für sich allein, um eine materielle Enteignung herbeizuführen. Die Formel verlangt aber, dass sich der Eigentümer bei der Ausübung seines Eigentums in einer rechtmässigen Position befunden habe. Die genaue Bedeutung dieses Erfordernisses bleibt – auch in der nachfolgenden Rechtsprechung – unklar. Soweit sich darin bloss die Aussage verbirgt, dass eine rechtswidrige Ausübung von Eigentumsrechten keinen Schutz beanspruchen kann – eben auch nicht unter Berufung auf eine wie immer geartete normative Kraft des Faktischen –, erscheint es entbehrlich. Wenn das Erfordernis hingegen zum Ausdruck bringen soll, dass eine anfänglich rechtmässige, durch eine nachfolgende Änderung der Rechtsordnung oder der Verhältnisse aber *rechtswidrig gewordene* Nutzung des Eigentums a priori schutzlos dasteht, ist es in seiner Allgemeinheit problematisch. Darauf wird zurückzukommen sein[21].

Die Erklärung für jene weitere Differenzierung, welche das Bundesgericht in der ersten Tatbestandsvariante zwischen Entzug eines «bisher ausgeübten» und Entzug eines «wirtschaftlich verwerteten» Gebrauchs vornimmt, muss wohl in der früheren Rechtsprechung gesucht werden. Mit dem «wirtschaftlich verwerteten Gebrauch» wird auf Fälle angespielt, wo Eigentumsrechte verselbständigt und auf Dritte übertragen, dabei aber nicht notwendig auch tatsächlich genutzt worden sind; diese «wirtschaftliche» Form der Verwertung soll gleicherweise Schutz gegen eine entschädigungslose Aufhebung beanspruchen können wie die tatsächliche «Ausübung» des Eigentums[22].

Bei der zweiten Tatbestandsvariante sind die Schwierigkeiten anderer Art. Abgesehen von der bereits erörterten Unsicherheit, den

---

[20] BGE *Chappuis,* 89 I 381, 385 (1963).
[21] Hinten 6.2.4.B, S. 279, und 6.4.3, S. 320 ff.
[22] Ein derartiger Fall liegt dem Urteil *Meyenberg,* BGE 48 I 580 (1922) zugrunde: es geht darin nicht bloss um den Entzug der von den Uferanstössern bereits ausgenützten, sondern auch der von ihnen durch Abtretung der Nutzungsbefugnisse an Dritte verselbständigten Wasserrechte; siehe id., 585 und 603, sowie die nachträgliche Erläuterung des Bundesgerichts im BGE *Zinggeler,* 55 I 397, 403 (1929).

3.2. Die Prägung der alten Formel

Begriff der «Benützung» richtig auszulegen, bestehen kaum Verständnisprobleme. Schwierig ist hier die Anwendung. Der Entscheid, wann eine Eigentumsbeschränkung ein «ausserordentlich hohes und empfindliches Mass» erreicht und einige wenige Eigentümer so trifft, «dass diese ein allzu grosses Opfer zu Gunsten des Gemeinwesens bringen müssten, sofern sie keine Entschädigung erhielten», appelliert an das Gerechtigkeitsgefühl des Rechtsanwenders und öffnet ihm einen weiten Beurteilungsspielraum. Die Entwicklung tragfähiger Kriterien ist hier kaum anders möglich als durch die Beurteilung einer ganzen Reihe konkreter Streitfälle.

E) In den Fällen *Wettstein* und *Müller-Haiber* sieht sich das Bundesgericht dieser Konkretisierungsaufgabe zum erstenmal gegenübergestellt. Es handelt sich beide Male um für die materielle Enteignung typische Sachverhalte: ein Bauverbot, erlassen im einen Fall aus Gründen des Natur- und Heimatschutzes, im andern zur Sicherstellung eines Terrains für eine geplante öffentliche Sportanlage[23]. Auf der Hand liegt bei beiden – und auch dies ist für die materielle Enteignung typisch –, dass nur die zweite Hauptvariante des Tatbestandes zum Spielen kommen kann: für keines der Grundstücke wird der bisherige (landwirtschaftliche) Gebrauch eingeschränkt. Das Bauverbot trifft vielmehr die «Benützung» im Sinne der bundesgerichtlichen Terminologie; es untersagt die Verwertung einer bisher noch nicht genutzten Eigentumsbefugnis. Es müssen daher kumulativ die Voraussetzungen der Eingriffsintensität und des Sonderopfers gegeben sein, damit eine materielle Enteignung angenommen werden kann.

Das Bundesgericht scheint in beiden Fällen davon auszugehen, dass die erforderliche *Eingriffsintensität* erreicht ist. Klar bejaht es sie für das Grundstück der *Erbengemeinschaft Müller-Haiber*: es handle sich um eine ausserordentlich starke Einschränkung, welche in einem ganz offensichtlichen Missverhältnis zu jenen stehe, die üblicherweise aus Bau- und Strassenlinien resultierten[24]. – Nicht ganz eindeutig äussert sich das Gericht im Fall *Wettstein*. Es betont, dass die Eigentümer durch das Bauverbot eine «empfindliche Vermögenseinbusse» erlitten hätten und dass diese Einbusse nicht deswegen unbeachtet gelassen werden könne, weil eine besondere Nachfrage nach derartigen Uferparzellen den Landpreis in die Höhe getrieben habe; zu berücksichti-

---

[23] Vorne A, S. 69–70.
[24] BGE 69 I 242.

gen sei aber, dass das Bauverbot nur für Weekendhäuser gelte, also nicht jedes Bauen verunmögliche, und dass es sich um eine rein landwirtschaftliche Gegend handle[25].

In der Frage des *Sonderopfers* fällt die Beurteilung dagegen verschieden aus. Das Gericht verneint ein Sonderopfer für die Grundeigentümer am Greifensee. Entscheidend ist, dass diese «nicht schlechter gestellt [werden] als eine sehr grosse Zahl anderer Grundeigentümer, nämlich alle diejenigen, die um den Greifensee herum überbaubares Land besitzen. Von einem nur wenige treffenden Opfer kann danach keine Rede sein»[26]. Hinzu kommt, dass dem Gemeinwesen aus dem Verbot kein wirtschaftlicher Vorteil erwächst; angestrebt ist ein idealer Zweck. Wenn der Staat in derartigen Fällen Entschädigung leisten müsste, liessen sich solche Aufgaben nicht erfüllen. Der Verzicht, der den Eigentümern auferlegt wird, erscheint umso mehr zumutbar, als der entzogene Vorteil seine Ursache in der Schönheit der Landschaft, also einem Gut der Allgemeinheit findet[27]. – Nichts davon im andern Fall: Die von der Stadt Solothurn angeordnete Beschränkung des Eigentums ist «eine Ausnahme vom gewöhnlichen Inhalt des Bebauungsplanes, die allein dasteht und auschliesslich zwei Grundstücke, hauptsächlich dasjenige der Rekurrenten trifft, ohne dass dieses aus der geplanten Anlage einen besonderen Vorteil ziehen würde. Damit würde den Rekurrenten ein allzu grosses Opfer zu Gunsten der Allgemeinheit zugemutet, sofern sie dafür keine Entschädigung erhielten»[28].

Der unterschiedliche Ausgang dieser beiden ersten unter der alten Formel beurteilten Fälle deckt das Dilemma auf, welches schliesslich Anlass geben wird, die Formel zu verlassen: Im Erfordernis des Sonderopfers ist ein entscheidendes Gewicht auf die Zahl der von einer Eigentumsbeschränkung Betroffenen gelegt. Dieser Umstand macht es möglich, dass Massnahmen vergleichbarer Eingriffsintensität unterschiedliche Entschädigungsfolgen auslösen, ein Ergebnis, welches das Bundesgericht vom Entscheid *Barret*[29] an nicht mehr hinnehmen wird.

---

[25] *Wettstein*, «Strasse und Verkehr» 1942, E.3, S. 46. Das Gericht antwortet damit auf die Erwägung des Zürcher Regierungsrates, eine «Mode der Weekendhäuser» habe dem Boden einen eigentlichen Liebhaberpreis verschafft; auf derartige aussergewöhnliche Konjunkturerscheinungen dürfe nicht abgestellt werden; id., S. 42–43.
[26] Id.
[27] Id.
[28] BGE 69 I 242.
[29] BGE 91 I 329, 338–39 (1965). Dazu hinten 4.1, S. 105 ff.

3.3. Die Konkretisierung der alten Formel zwischen 1943 und 1965

3.3.1. Zahlen und Sachverhalte

Bevor wir uns im Folgenden der Anwendung der Formel *Wettstein* und *Müller-Haiber* im bundesgerichtlichen Alltag zuwenden, mag es sich rechtfertigen, einen Überblick über Umfang und Beschaffenheit des vorhandenen Fallmaterials zu gewinnen.

Soweit dies überhaupt feststellbar ist, sieht sich das Bundesgericht in den zwei Jahrzehnten zwischen den Urteilen *Müller-Haiber* und *Barret* recht selten *materiell* mit der Frage des enteignungsgleichen Sachverhaltes konfrontiert. Die Amtliche Sammlung führt ganze drei Fälle an, in denen über das Vorliegen einer materiellen Enteignung tatsächlich ein Entscheid fällt [1]. Etwas mehr Urteile verzeichnen die inoffiziellen Quellen, namentlich das Schweizerische Zentralblatt für Staats- und Gemeindeverwaltung; hier finden sich – wenn auch nicht immer im Wortlaut – acht weitere Entscheide [2]. Schliesslich erfährt man aus Zitaten in veröffentlichten Urteilen von der Existenz einiger unpublizierter Fälle [3]. Alles in allem scheint es, als ob in dieser ganzen Zeitspanne kaum mehr als 20 Entscheide in der Sache selbst ergangen seien [4].

Fragt man nach den diesen Rechtsstreiten zugrundeliegenden Sachverhalten, treten zwei typische Gruppen deutlich hervor. Bei der ersten handelt es sich um Einschränkungen der traditionellen Baupoli-

---

[1] BGE *Egger*, 82 I 157 (1956); *Chappuis*, 89 I 381 (1963); *SI Rue du Puits-St-Pierre 2*, 89 I 460 (1963).
Ausgeklammert sind hier jene Fälle, in denen sich bloss Obiter Dicta oder Ausführungen zu Verfahrensfragen finden; allerdings sind auch diese sehr spärlich vertreten.
[2] BGE *Le Fort* (1946), ZSR 1947, S. 408a; *Teilkirchgemeinde Möriken* (1947), Aargauische Gerichts- und Verwaltungsentscheide 1948, S. 422; *Buser* (1948), Zbl 1949, S. 117; *Scotoni-Gassmann AG* (1950), Zbl 1950, S. 229; *Bässler* (1950), Zbl 1950, S. 541; *Pfirter* (1952), Zbl 1952, S. 185; *Scheuber* (1955), Zbl 1955, S. 360; *Meier* (1959), Zbl 1960, S. 161; *Grogg* (1961), Zbl 1961, S. 521.
[3] BGE *Kunz v. Commune d'Ollon* vom 29. April 1948; *Weber und Toggenburger v. Regierungsrat des Kts. Zürich* vom 14. September 1949; *Krieger und Mozzatti v. Regierungsrat des Kts. Luzern* vom 21. Februar 1951; *Bäggli v. Regierungsrat des Kts. Zürich* vom 18. Juni 1952.
[4] Eine Stütze findet diese Schätzung in BONNARDS 1966 veröffentlichtem Aufsatz «La jurisprudence du Tribunal fédéral concernant l'expropriation matérielle»; der Autor verzeichnet gesamthaft – also für einen längeren Zeitraum – etwa dreissig zu diesem Thema bisher ergangene Entscheide; JdT 1966, S. 71.

3.3. Die Konkretisierung der alten Formel

zeigesetzgebung, in der Regel um Teilbauverbote, wie sie aus Strassen- und Baulinien resultieren[5]. Die zweite Gruppe umfasst Massnahmen – fast ausnahmslos Bauverbote – im Interesse des Heimat- und Landschaftsschutzes[6]. Daneben findet sich eine Reihe vereinzelter Fälle, die diesen Gruppen nicht zugeordnet werden können. Auch hier ist in der Regel Grundeigentum betroffen[7], doch sind zwei Urteile hervorzuheben, wo die einschränkende Massnahme Fahrnis trifft[8].

Noch nicht in Erscheinung tritt *das* grosse Thema der Nachkriegszeit für das Eigentum: die Raumplanung und mit ihr das Problem der Aufteilung des gesamten Bodens in Bauland und Nichtbauland. Zwar muss sich das Bundesgericht in dieser Phase bereits intensiv mit raumplanerisch begründeten Eigentumsbeschränkungen befassen. Die Diskussion dreht sich aber ganz um die Frage der gesetzlichen Grundlage; bis zur Entschädigungsproblematik stösst das Gericht nicht vor[9].

---

[5] BGE *Le Fort* (1946), ZSR 1947, S. 408a; *Kunz v. Commune d'Ollon* vom 29. April 1948 (unveröffentlicht); *Buser* (1948), Zbl 1948, S. 117; *Krieger und Mozzatti v. Regierungsrat des Kts. Luzern* vom 21. Februar 1951 (unveröffentlicht); *Pfirter* (1952), Zbl 1952, S. 185.

[6] BGE *Reformierte Teilkirchgemeinde Möriken* (1947), AGVE 1948, S. 422; *Scotoni-Gassmann AG* (1950), Zbl 1950, S. 229; *Egger*, 82 I 157 (1956); *Chappuis*, 89 I 381 (1963). Eine Reihe weiterer Fälle hat Natur- und Heimatschutzmassnahmen zum Gegenstand, doch lässt das Bundesgericht die Frage der materiellen Enteignung jeweils offen, da vorerst der Rechtsweg zur Geltendmachung der Entschädigung eingeschlagen werden muss: BGE *Messikommer* (1950), Zbl 1950, S. 308, 317; *Bäggli v. Regierungsrat des Kts. Zürich* vom 18. Juni 1952 (unveröffentlicht); *Spiess*, 81 I 340 (1955); *Schiess* (1955), Zbl 1956, S. 278; *Ries*, 84 I 167 (1958).

[7] BGE *Weber und Toggenburger v. Regierungsrat des Kts. Zürich* vom 14. September 1949 (unveröffentlicht; Verbot der Anlegung einer Kiesgrube); *Bässler* (1950), Zbl 1950, S. 451 (Schädigung eines Landwirtschaftsbetriebes durch Absenkung des Grundwasserspiegels); *Grogg* (1961), Zbl 1961, S. 521 (Verbot industriell genutzter Bauten); *Rohrer J.F. AG* (1963), Zbl 1963, S. 404 (Grünzone mit Bauverbot zur Sicherstellung künftiger öffentlicher Anlagen); *SI Rue du Puits-St-Pierre 2*, 89 I 460 (1963) (Abbruchverbot für Wohnbauten).

[8] BGE *Scheuber* (1955), Zbl 1955, S. 360 (Behördliche Anordnung, einen in das Strassenprofil hineinragenden Baum zu fällen); *Meier* (1959), Zbl 1960, S. 161 (Einführung des Gemeindemonopols zur Bekämpfung der Kirschenfliege mit der Folge, dass die Motorspritze eines privaten Berufsbaumpflegers teilweise wertlos wird).

[9] Siehe etwa BGE *Lips-Meier*, 74 I 147, 156 (1948); *Rüesch*, 76 I 329, 337 (1950); *Rosenberger*, 77 I 211, 225 (1951); *Keller* (1960), Zbl 1961, S. 69, 80. – Ein einziges Mal befasst sich das Bundesgericht materiell mit den allfälligen Entschädigungsfolgen einer modernen Raumplanungsmassnahme, dies aber in eher beiläufiger Weise: BGE *Grogg* (1961), Zbl 1961, S. 521, 523 (Zuweisung eines Grundstückes zur Landwirtschaftszone gemäss dem bernischen Bauvorschriftengesetz von 1958, welches für diese Zone zwar nicht jegliche Überbauung, wohl aber die Erstellung von Industriebauten ausschliesst; materielle Enteignung verneint).

Was schliesslich den Ausgang der beurteilten Fälle betrifft, erweisen sich jene, wo eine materielle Enteignung bejaht wird, als die Ausnahme. In der Regel sieht das Gericht die Voraussetzungen des enteignungsgleichen Tatbestandes nicht als erfüllt an. Bloss in drei Fällen dringen während das untersuchten Zeitraumes die Eigentümer mit ihren Ansprüchen durch[10]; in den übrigen bleiben sie erfolglos. Wir werden diesen Befund in der darauffolgenden vierten Rechtsprechungsphase bestätigt finden. Bei einer Würdigung derartiger Zahlen darf allerdings nie aus den Augen verloren werden, dass allein die Existenz des Tatbestandes «materielle Enteignung» bereits eine starke Wirkung entfaltet, indem die staatlichen Behörden entweder vor Massnahmen zurückschrecken, die eine Entschädigungspflicht auslösen könnten, oder Entschädigungsansprüche der betroffenen Eigentümer ohne Einlassung auf einen Rechtsstreit vorweg anerkennen.

3.3.2. Entzug des gegenwärtigen Gebrauchs

Wie wir vorne bei der Erörterung der Formel *Müller-Haiber* gesehen haben, unterscheidet das Bundesgericht zwei Arten von materieller Enteignung. Ein Fall der ersten Art liegt vor, «wenn dem Eigentümer ein bisher rechtmässig ausgeübter oder wirtschaftlich verwerteter Gebrauch der Sache untersagt wird»[11]. Alle andern Eingriffe in das Eigentum fallen in die zweite Kategorie; dazu gehören insbesondere alle Einschränkungen des «zukünftigen Gebrauchs», also des vom Eigentümer bisher nicht ausgenützten Inhalts seines Rechts. Während sich bei der ersten Variante die materielle Enteignung mit dem Entzugsakt ohne weiteres verwirklicht, erfüllen in der zweiten nur bestimmte, qualifizierte Beschränkungen den Tatbestand.

Das Gewicht der beiden Varianten in der Rechtsprechung ist höchst unterschiedlich. Das Feld wird beinahe ganz von der zweiten

---

[10] In den Fällen *Scheuber* (1955), Zbl 1955, S. 360, und *Chappuis*, BGE 89 I 381 (1963) vollständig, im Fall *Le Fort* (1946), ZSR 1947, S. 408a, bloss teilweise. Grundsätzlich bejaht wird eine materielle Enteignung ferner in den Urteilen *Reformierte Teilkirchgemeinde Möriken* (1947), AGVE 1948, S. 422, 431–32 (Unterschutzstellung einer Kirche, welche wegen fehlenden Raumes abgebrochen und durch einen Neubau ersetzt werden soll), und *Rohrer J.F.AG* (1963), Zbl 1963, S. 404, 408 (Grünzone mit Bauverbot auf Bauland), doch werden die Rekurrenten zur Geltendmachung ihrer Ansprüche vor den kantonalen Behörden angehalten.
[11] BGE *Müller-Haiber*, 69 I 241–42.

beherrscht; Fälle des Entzugs des gegenwärtigen Gebrauchs sind äusserst selten. Immerhin weist die hier untersuchte dritte Rechtsprechungsphase einige der wenigen in der bundesgerichtlichen Rechtsprechung überhaupt auffindbaren Beispiele auf.

Der Entscheid *Scheuber* (1955)[12] ist der einzige bekanntgewordene Fall, wo das Bundesgericht die erste Variante verwirklicht sieht und seine Formel auch anwendet. Es handelt sich um einen eher ungewöhnlichen Sachverhalt. Die Nidwaldner Behörden haben der Eigentümerin eines Nussbaumes unter Verweigerung jeder Entschädigung befohlen, ihren Baum zu fällen, da einer seiner Äste in das Profil der Kantonsstrasse Stans-Stansstad hineinragt. Das Bundesgericht heisst die staatsrechtliche Beschwerde der Eigentümerin gut. Der Kanton habe seinerzeit die Strasse gegen den Baum hin verbreitert trotz der erklärten Absicht, ihn zu erhalten, und müsse sich die nun entstandene gefährliche Situation selber zuschreiben; auch sei die Anordnung, den ganzen Baum zu fällen, unverhältnismässig. In einer zusätzlichen Erwägung bejaht das Gericht ausdrücklich auch das Vorliegen einer materiellen Enteignung: indem der Beschwerdeführerin der weitere Fruchtgenuss entzogen werde, sei ihr offensichtlich ein bisher rechtmässig ausgeübter Gebrauch der Sache verunmöglicht; auf den Umstand, dass ihr die Bewirtschaftung des Grundstücks im übrigen nicht verwehrt werde, könne es nicht ankommen[13].

In zwei anderen Fällen übergeht das Bundesgericht die Frage des Entzugs eines bereits ausgeübten Gebrauchs, obwohl sie vom Sachverhalt her aufgeworfen wäre. Beide Male wird das Vorliegen einer Entschädigungspflicht verneint, wobei sich die Begründung jeweils an den Elementen der zweiten Tatbestandsvariante orientiert.

– In *Pfirter* (1952)[14] dreht sich der Streit um die mit einer Baubewilligung verbundene Auflage, spätestens bei Bezug der neuen Gebäude seien die auf dem gleichen Grundstück bereits stehenden und genutzten, v o r der geltenden Baulinie liegenden Altbauten abzubrechen. Dabei lehnen die kantonalen Behörden eine vorzeitige Übernahme des mit der Baulinie belegten Landstreifens bzw. eine Entschädigung ab. Das Bundesgericht schützt ihren Standpunkt, indem es auf die in ständiger Rechtsprechung vertretene Entschädigungslo-

---

[12] Zbl 1955, S. 360.
[13] Id., 363–64.
[14] Zbl 1952, S. 185 (nicht im Originalwortlaut).

3.3. Die Konkretisierung der alten Formel

sigkeit der auf Baulinien beruhenden Eigentumsbeschränkungen hinweist[15].

– Der zweite Fall, *Meier* (1959)[16], konfrontiert das Bundesgericht mit dem Entschädigungsanspruch eines Berufsbaumpflegers, welcher geltend macht, der Beschluss seiner Gemeinde, die Bekämpfung der Kirschenfliege obligatorisch zu erklären und die Bespritzung der Bäume in Regie durch die landwirtschaftliche Genossenschaft durchführen zu lassen, treffe ihn als Eigentümer einer Motorspritze enteignungsgleich. Das Gericht teilt diese Auffassung nicht: die Einschränkung sei nicht besonders empfindlich; es verblieben ausreichende Möglichkeiten, die angeschaffte Motorspritze für andere Baumsorten und für Baumbesitzer in Gemeinden ohne ein derartiges Monopol weiterhin einzusetzen[17].

Die Urteile *Pfirter* und *Meier* veranschaulichen jene Schwierigkeit, die wir vorne bei der Abgrenzung der beiden Tatbestandsvarianten der materiellen Enteignung in der alten Formel angetroffen hatten[18]. Zählt man zur ersten Variante schlechtweg jedes – auch geringfügige – Verbot einer bereits verwerteten Eigentumsbefugnis, so geht die Formel in der apodiktischen Festlegung ihrer Rechtsfolge zu weit. Wie die beiden Beispiele zeigen, können die Umstände des Falles so gelagert sein, dass sich die Anerkennung einer Entschädigungs-

---

[15] Id., 187 (ohne Bezugnahme auf die Formel *Müller-Haiber*). Vom Ergebnis her ist dieser Entscheid zweifellos gerechtfertigt, da der Baulinienplan für den *hinter* der Linie liegenden Grundstücksteil eine deutlich höhere Nutzung zulässt als die vorher geltende baurechtliche Ordnung, nach welcher die abzubrechenden Altbauten erstellt worden waren; id., 185. Der Eigentümer profitiert also von der staatlichen Massnahme; dazu hinten S. 287.

[16] Zbl 1960, S. 161.

[17] Id., 167. Ein deutliches Indiz spricht dafür, dass das Bundesgericht die Problematik des Falles erkannt hat. Es zitiert nämlich die Formel *Müller-Haiber,* doch *unter Auslassung eben jener Passage, die sich auf die erste Tatbestandsvariante bezieht;* id.,167. Der Sachverhalt wird ohne jede weitere Bemerkung unter die zweite Variante subsumiert. Das Gericht klammert also die sich aufdrängende Frage, ob hier nicht ein Anwendungsfall des Entzugs einer bisher ausgeübten Nutzung vorliege, ganz bewusst aus – und mit ihr auch das Problem, dass bejahendenfalls auf materielle Enteignung zu erkennen wäre. – Völlig übergangen wird auch die andere Problematik des Falles: der Beschwerdeführer ist durch die Monopolisierung der Fliegenbekämpfung, soweit es nicht um seine eigenen Kirschbäume, sondern jene Dritter geht, *nur indirekt,* in seinen *faktischen* Interessen betroffen. Bei derartigen Einschränkungen wird in der Regel bereits das Vorliegen einer geschützten Eigentumsposition verneint, siehe etwa BGE *Meyer und Keller,* 22 616 (1896), vorne S. 32. Allgemein dazu hinten S. 223 ff.

[18] Vorne S. 73–74.

pflicht nicht rechtfertigt. Unbesehen um die noch zu diskutierende Frage, ob die Unterscheidung nach gegenwärtigem und zukünftigem Gebrauch tatsächlich eine taugliche Kategorisierung darstellt, erscheint die Aufstellung eines *per se*-Tatbestandes nach Art der Formel *Müller-Haiber* verfehlt [19].

Geschützt gegen einen entschädigungslosen Entzug ist gemäss der Formel einzig die *rechtmässige* Ausübung der Eigentumsbefugnisse, und eben um dieses zentrale Erfordernis dreht sich dann meistens der Streit, wenn Verbote einer bereits ausgeübten Nutzung vor die Gerichte gelangen. Zwischen 1943 und 1965 ist dies allerdings nur ein einziges Mal der Fall [20]. Dem Schweinemäster *Staub* wird die Weiterführung seines Mastbetriebes in Wetzikon verboten, da die davon ausgehenden Immissionen für die Benützer der in unmittelbarer Nähe gelegenen Wohnbauten und Schulhäuser unerträglich geworden sind. Vergeblich rügt Staub beim Bundesgericht eine Verletzung der Eigentumsgarantie. «[D]er angefochtene Entscheid [hindert] den Beschwerdeführer nicht an der rechtmässigen Ausübung seines Eigentums ..., sondern [untersagt] lediglich eine Überschreitung des Eigentums... Es ist deshalb nicht einzusehen, inwiefern der Beschwerdeführer einen Anspruch auf Entschädigung haben sollte» [21].

3.3.3. Entzug des zukünftigen Gebrauchs – Eingriffsintensität und Sonderopfer

A) Allgemeines

Neben dem Entzug tatsächlich bereits genutzter Eigentumsbefugnisse kann eine materielle Enteignung gemäss der Formel *Müller-Haiber* auch in bestimmten, qualifizierten «Benützungsverboten»

---

[19] So bereits REICHLIN, Rechtsfragen der Landesplanung, ZSR 1947, S. 320a, und, an ihn anschliessend, SCHAUMANN, Landesplanung, 218 und 219.

[20] BGE *Staub*, 87 I 362 (1961) (Auszug); Zbl 1961, S. 562 (ausführliche Fassung).

[21] Zbl 1961, S. 565; es handelt sich, wie das Bundesgericht betont, um ein Obiter Dictum. – Aus dem abgedruckten Teil des Sachverhaltes wird nicht ersichtlich, ob die Mästerei bereits bestand, als in ihrer Umgebung die Überbauung einsetzte. Träfe dies zu, stellt sich die Frage, ob es wirklich gerecht ist, die Folgen einer solchen Veränderung in den äusseren Verhältnissen allein den Eigentümer der immittierenden Anlage tragen zu lassen. Kritisch DICKE, Materielle Enteignung, 72–73. Zum Ganzen hinten 6.4.3, S. 320 ff.

3.3. Die Konkretisierung der alten Formel

liegen. Wir haben gesehen, dass darunter Beschränkungen des noch nicht unmittelbar verwerteten Potentials an Eigentumsrechten – mit anderen Worten: des *zukünftigen* Gebrauchs – zu verstehen sind[22]. Unter den strittigen Fällen beherrscht diese zweite Erscheinungsweise der materiellen Enteignung das Feld klar, wobei der Ausgangssachverhalt beinahe immer in einer Einschränkung der Baufreiheit liegt.

Enteignend wirkt ein staatlicher Eingriff in das Eigentum nur dann, wenn er «die Benützung der Sache in ausserordentlich hohem und empfindlichem Masse einschränkt und dabei ausnahmsweise ein einziger oder nur einzelne wenige Eigentümer so getroffen werden, dass diese ein allzu grosses Opfer zu Gunsten des Gemeinwesens bringen müssten, sofern sie keine Entschädigung erhielten»[23].

Es müssen also zwei Erfordernisse erfüllt sein, damit es zu einer materiellen Enteignung kommt. Die Formel verlangt als erstes eine besondere *Schwere des Eingriffs*: die Beeinträchtigung muss «ausserordentlich hoch», «empfindlich» sein. Wir werden dieses Erfordernis mit dem Begriff der «Eingriffsintensität» umschreiben. – Verlangt ist als zweites, dass der Eingriff auf einen *sehr engen Kreis von Eigentümern* beschränkt bleibt. Dabei genügt das äussere Merkmal weniger Betroffener für sich allein aber nicht: die Belastung muss, wenn sie durch eine Entschädigung nicht ausgeglichen wird, zu einem *übermässigen Opfer* der Wenigen zugunsten der Allgemeinheit führen[24]. Für dieses Erfordernis verwenden wir hier den Begriff des «Sonderopfers».

Die beiden Tatbestandselemente gelten *kumulativ*. Es genügt im konkreten Fall, das Fehlen des einen festzustellen, um die Frage nach der enteignenden Wirkung einer Eigentumsbeschränkung abschliessend verneinen zu können.

Wenn wir im folgenden die Rechtsprechung zur zweiten Tatbestandsvariante der materiellen Enteignung detailliert untersuchen, soll uns in erster Linie die Frage leiten, wie das Bundesgericht Eingriffsintensität und Sonderopfer versteht.

---

[22] Vorne 3.2.D, S. 74.
[23] BGE *Müller-Haiber*, 69 I 242.
[24] Nach der hier vertretenen Ansicht kommt in der Formel dem Wort «ausnahmsweise» keine eigenständige Bedeutung zu. Das Bundesgericht nimmt damit, wie sich aus dem Zusammenhang ergibt, auf die Tatsache Bezug, dass beim enteignenden Eingriff eine *allgemeine* gesetzliche Eigentumsbeschränkung sich ausnahmsweise nur auf *isolierte* Eigentümer (und nicht, wie im Normalfall, auf die Allgemeinheit der Eigentümer) auswirkt. Siehe BGE *Müller-Haiber*, 69 I 241–42.

3.3. Die Konkretisierung der alten Formel

B) Eingriffsintensität

Das *Erfordernis einer ausserordentlich empfindlichen Schwere des Eingriffs* steht im Vordergrund der bundesgerichtlichen Aufmerksamkeit. Wenn das Gericht eine materielle Enteignung verneint, geschieht dies meist allein aufgrund der – negativ verlaufenen – Überprüfung dieses Merkmals. Äusserungen zur Eingriffsintensität finden sich daher weit häufiger als zum Sonderopfer.

Unter den Eigentumsbeschränkungen, welche die Intensität einer materiellen Enteignung in der Regel *nicht* erreichen, ragen als typische Gruppe die *herkömmlichen Baupolizeimassnahmen* hervor. Aufbauend auf seine frühere Rechtsprechung bestätigt das Bundesgericht die grundsätzliche Entschädigungslosigkeit von Bau- und Strassenlinien[25], von Maximalmassen für Gebäude[26], von zeitlich befristeten Bausperren[27] und von Auflagen in Verbindung mit der Erteilung von Baubewilligungen[28]. Vorausgesetzt ist allerdings immer, dass dem Eigentümer eine Überbauungsmöglichkeit verbleibt[29]. Die entschädigungslos zu duldenden Beschränkungen baupolizeilicher Art können dennoch recht weit gehen, wie die folgenden Beispiele zeigen:

- Strassenlinien (also Bauverbotsstreifen) von 18 Metern Breite[30];
- Zur Sicherung einer Autobahnausfahrt gezogene Strassenbaulinien, welche ungefähr einen Sechstel des belasteten Grundstückes mit einem Bauverbot belegen[31];

---

[25] BGE *Le Fort* (1946), ZSR 1947, S. 408a, 415a-417a; *Kunz v. Ollon* vom 23. April 1948, E.5, S. 14-15 (unveröffentlicht); *Krieger & Co. AG und Mozzatti v. Regierungsrat des Kantons Luzern* vom 21. Februar 1951, E.5, S. 14-15 (unveröffentlicht); *Pfirter* (1952), Zbl 1952, S. 185, 187.

[26] *Kunz v. Ollon* vom 23. April 1948, E.6, S. 17-19 (unveröffentlicht) (maximale Gebäudeabmessungen im Interesse der Einheitlichkeit des Dorfbildes von Villars; Höhenbeschränkungen zur Gewährleistung der Aussicht auf die Alpenkette).

[27] BGE *Buser* (1948), Zbl 1949, S. 117 (auf höchstens zwei Jahre befristete Bausperre zur Sicherung eines Strassenprojektes).

[28] Id., S. 119 (Obiter Dictum); *Pfirter* (1952), Zbl 1952, S. 185 (mit einer Baubewilligung verbundene Auflage, die vor der Baulinie stehenden Altbauten bei Bezug der neuen Gebäude abzubrechen); dazu vorne S. 81.

[29] Diese Verallgemeinerung des Gedankens, dass dem Eigentümer eine wirtschaftlich sinnvolle Nutzung verbleiben muss (dazu hinten 6.2.4.C), drückt sich unter anderem im spezifischen Erfordernis aus, dass ein Grundstück durch Baulinien nicht bis zur Unüberbaubarkeit zerschnitten werden darf (siehe etwa BGE *Genossenschaft Zentralschweizer Metzgermeister,* 95 I 461 [1969]).

[30] BGE *Le Fort* (1946), ZSR 1947, S. 409a.

[31] *Krieger & Co. AG und Mozzatti v. Regierungsrat des Kantons Luzern* vom 21. Februar 1951 (unveröffentlicht).

- Bauverbotsstreifen von durchschnittlich 25 Metern Breite längs eines Seeufers [32];
- Höhenbeschränkung für Neubauten auf das Niveau der bergseitig gelegenen Hauptstrasse von Villars zwecks Erhaltung der freien Aussicht auf die Alpenkette; verunmöglicht die Erstellung von Ladengeschäften [33].

Der umgekehrte Sachverhalt, bei welchem das Erfordernis des schweren Eingriffs gewissermassen fraglos erfüllt ist, scheint demgegenüber bei einem *dauernden und vollständigen Bauverbot auf einem ganzen, zur Überbauung geeigneten Grundstück* vorzuliegen [34]. Neben dem bereits besprochenen Urteil *Müller-Haiber* [35] belegen dies für den hier untersuchten Zeitabschnitt jene beiden Fälle, wo das Bundesgericht eine materielle Enteignung bejaht. Zufälligerweise haben beide ihren Ursprung in einem Plan d'extension cantonal des Waadtländer Baurechts.

- Im Entscheid *Le Fort* (1946) [36] hat der Kanton für die Gemeinde Perroy einen Alignementsplan erlassen, welcher längs der Staatsstrasse Lausanne-Genf und der lokalen Verbindungsstrassen abgestufte Baulinien sowie längs des Ufers des Genfersees einen Bauverbotsstreifen von durchschnittlich 25 Metern Breite festlegt. An einer bestimmten Stelle, wo Staatsstrasse und Seeufer so eng zusammenrücken, dass ausserhalb der Baulinien nur noch ein 15 Meter schmales Landstück freibleibt, ist aus Gründen des Landschaftsschutzes auch dieses Stück mit einem Bauverbot belegt worden. Während das Bundesgericht die aus den Baulinien folgenden Eigentumsbeschränkungen für entschädigungslos zulässig erklärt, bejaht es eine materielle Enteignung für diese zusätzliche Belastung. «En effet, la mesure ne frappe qu'un seul propriétaire et le prive de la possibilité de vendre les parcelles en question comme terrains à bâtir» [37]. Anschau-

---

[32] BGE *Le Fort* (1946), ZSR 1947, S. 409a.
[33] BGE *Kunz v. Ollon* vom 23. April 1948 (unveröffentlicht).
[34] Vgl. BONNARD, JdT 1966, S. 72.
[35] Dazu vorne S. 76–77. Hinzuweisen ist ferner auf ein ausdrückliches Obiter Dictum im Urteil *Rohrer J.F. AG* (1963), Zbl 1963, S. 404, 408: «Die Parzellen der Beschwerdeführer sind Bauland. Dieses wird durch die Zuteilung zur Grünzone praktisch mit einem Bauverbot belegt (...). Eine derart einschneidende Beschränkung der Eigentumsrechte stellt nach der Rechtsprechung des Bundesgerichts (...) eine materielle Enteignung dar».
[36] ZSR 1947, S. 408a.
[37] Id., 418a.

lich wird hier sichtbar, wie erst der vollständige Entzug der Überbauungschance jene Intensitätsschwelle erreicht, welche die materielle Enteignung voraussetzt.

— Im Fall *Chappuis* (1963)[38] wird ein kantonaler Plan d'extension erst erlassen, nachdem ein Landwirt eine idyllisch ob dem Lac de Bret gelegene Parzelle bauwilligen Interessenten zum Kauf angeboten hat. Der Plan belegt den dem See zugewandten Teil von Chappuis' Boden mit einem vollständigen Bauverbot, während er für den Rest eine beschränkte Überbauung zulässt. Das Bundesgericht führt vorerst aus, dass einzig das seeseitige Teilstück und nicht das Grundstück als Ganzes für die Beurteilung des Falles in Betracht zu ziehen sei, da einzig für jenes eine Baulandnachfrage auch wirklich bestehe[39]. Das Gericht fährt dann fort:

> «[L'] interdiction de construire décrétée par le Conseil d'Etat a mis les projets du recourant à néant. D'une parcelle à bâtir spécialement bien située, elle a fait un simple fonds agricole. ... Ainsi, le recourant, qui ne s'est pas livré au moindre acte de spéculation, est empêché d'utiliser rationellement une surface de quelque 13 000 m², qui, sur le plan agricole, ne représente pour son domaine qu'un maigre avantage. Il est privé de la sorte d'un profit très important et voit son terrain subir une moins-value considérable. Il est dès lors atteint d'une manière particulièrement sensible»[40].

Zwischen den beiden Polen der einfachen Baupolizeiregelung und des totalen Bauverbotes liegt die Masse der *Sachverhalte, bei denen der Grad der Eingriffsintensität fallweise beurteilt werden muss.* Den bundesgerichtlichen Entscheiden zu diesen Fällen lassen sich aufschlussreiche zusätzliche Elemente entnehmen:

Erstens: Ziffernmässige Ermittlungen über Ausmass und Wert der erlittenen Einbusse fehlen in den Urteilsbegründungen so vollständig[41], dass dahinter Methode stecken muss. Entweder erachtet das Gericht derartige Angaben als untauglich für die Beurteilung der Eingriffsintensität, oder es will sich – und dies scheint wahrscheinlicher – auf

---

[38] BGE 89 I 381.
[39] Id., 386; dazu auch hinten S. 268–69.
[40] Id., 386–87.
[41] Einige seltene Ausnahmen: BGE *Wettstein* (1941), «Strasse und Verkehr» 1942, S. 41, 46 (Bauverbot senkt Landpreis um 80%); *Bässler* (1950), Zbl 1950, S. 451, 455–56 (ausführliche, allerdings nicht zu Ende geführte Erörterung der durch eine Absenkung des Grundwasserspiegels hervorgerufenen Ertragseinbusse eines Landwirtschaftsgutes).

3.3. Die Konkretisierung der alten Formel

Zahlen und Relationen nicht festlegen lassen, die als verbindliche Grenzwerte gedeutet werden könnten.

Zweitens: Unter den fassbaren Kriterien zur Bestimmung der Eingriffsschwere tritt als wichtigstes die *Erörterung der dem Eigentümer noch verbliebenen wirtschaftlichen Nutzungsmöglichkeiten* hervor. Mehrmals ist die Tatsache, dass eine oekonomisch sinnvolle und rentable Verwertung des Eigentumsobjektes trotz der angefochtenen Eigentumsbeschränkung möglich bleibt, für die Verneinung der zu einer materiellen Enteignung notwendigen Eingriffsintensität ausschlaggebend[42].

Als Beispiel möge der Fall *Egger* (1956)[43] dienen: Die Gemeinde Winterthur erlässt für den Gallispitz, eine Erhebung in unmittelbarer Nähe des alten Dorfkerns von Veltheim, eine Schutzverordnung, welche den unteren Teil des erfassten Gebietes als Zone für zweigeschossige Wohnbauten ausscheidet und den oberen Teil mit einem Bauverbot belegt. Egger ist Eigentümer dreier Grundstücke innerhalb des Schutzgebietes; etwa 700 m² der Gesamtfläche von 2400 m² liegen in der Bauverbotszone.

Abklärungen ergeben, dass aufgrund der für die untere Zone geltenden, unangefochten gebliebenen Vorschriften mit oder ohne Bauverbot ungefähr dasselbe Bauvolumen verwirklicht werden kann; eingeschränkt ist nur die Möglichkeit, die Bauten an den attraktivsten Standort zu stellen. Das Bundesgericht verneint unter diesen Umständen ein ausserordentlich hohes und empfindliches Mass der Einschränkung. Auch der unüberbaubare Boden behält einen beachtlichen, den landwirtschaftlichen Ertragswert übersteigenden Wert, da er als Umschwung für die zu erstellenden Bauten Verwendung finden wird[44].

Drittens: Wo er sich verwirklicht, hat manchmal entscheidendes Gewicht der Umstand, dass die mit der Eigentumsbeschränkung verbundenen *Einbussen letzten Endes auch dem Eigentümer selber zugute kommen*. Das Bundesgericht betont diesen Gesichtspunkt etwa im Entscheid *Kunz v. Ollon*:

---

[42] Neben dem nachstehend geschilderten Fall *Egger* ist diese Erwägung in folgenden Entscheiden ausdrücklich präsent: *Kunz v. Ollon* vom 23. April 1948, E.6 S. 19 (unveröffentlicht) (Höhenbeschränkung für Neubauten verunmöglicht die Errichtung von Ladengeschäften an der Strasse, verhindert aber nicht eine normale bauliche Ausnützung der Grundstücke); *Krieger & Co. AG und Mozzatti v. Regierungsrat des Kantons Luzern* vom 21. Februar 1951, E.5 S. 15 (unveröffentlicht) (Grundstück kann trotz der Baulinien «in zweckmässiger Weise» überbaut werden); *Meier* (1959), Zbl 1960, S. 161, 167 (Trotz Monopolisierung der Kirschenfliegenbekämpfung durch eine Gemeinde verbleiben genügend Einsatzmöglichkeiten für die im Eigentum eines Baumpflegers stehende Motorspritze). Zum Ganzen hinten 6.2.4.C, S. 283.

[43] BGE 82 I 157.

[44] Id., 165–66.

3.3. Die Konkretisierung der alten Formel

«[U]n aménagement rationnel de la station de Villars, destiné à sauvegarder l'aspect des lieux et la beauté du paysage, est en définitive dans l'intérêt des recourants qui, s'ils doivent souffrir certaines restrictions à leurs droits, bénéficieront du développement de la station, non seulement en tant que commerçants mais aussi en qualité de propriétaires dont les terrains sont susceptibles d'acquérir une plus-value» [45], [46]

Viertens: Selbständige Bedeutung beansprucht auch die Umkehrung der eben genannten Regel. *Dient eine Eigentumsbeschränkung allein den Interessen der Allgemeinheit oder bringt sie dem Gemeinwesen gar einen finanziellen Vorteil*, liegt ein Indiz für die besondere Schwere des Eingriffs vor. Entscheidend wirkt sich dieses Kriterium allerdings in keinem Urteil aus; es wird höchstens hilfsweise in die Erwägungen einbezogen [47].

Fünftens: In einigen wenigen Fällen verzichtet das Bundesgericht auf jegliche Begründung und begnügt sich damit, seine Beurteilung autoritativ festzuhalten [48].

---

[45] BGE *Kunz v. Ollon* vom 23. April 1948, E.6 S. 19 (unveröffentlicht).
[46] Im Urteil *K. v. Gemeinde G.* (1954), Zbl 1955, S. 120, kehrt dieses Argument wieder: Mit einer Bewilligung zur Erstellung dreier im Boden versenkter Tanks für petrochemische Produkte sind besondere Vorkehren zum Schutze des Grundwassers verbunden worden. Auf den Einwand der betroffenen Firma, diese zusätzliche Belastung sei nur gegen Entschädigung zulässig, erwidert das Bundesgericht in einem Obiter Dictum: «[Es ist] fraglich, ob der Eingriff sehr schwer ist, da der Beschwerdeführerin kein Verbot auferlegt wird, sondern lediglich die Pflicht zu Schutzmassnahmen, die *in gewissem Masse auch für sie selbst von Vorteil sind* ...» (id., 124). – Zum Ganzen hinten 6.2.4.E, S. 287.
[47] Eine Andeutung in dieser Richtung enthält BGE *Müller-Haiber,* 69 I 234, 242 (1943) (Grundstück der Rekurrenten zieht keinen Vorteil aus dem Bebauungsplan). Deutlich ausgesprochen findet sich der Gedanke in einer theoretischen Erwägung, die das Bundesgericht im unveröffentlichten Entscheid *Bäggli* vom 18. Juni 1952, E.5 S. 12–13, anstellt: «Der Entscheid wird auch anders ausfallen, je nachdem eine Übereignung oder Überführung stattfindet, d.h. der Einbusse des Eigentümers auf der Seite des Gemeinwesens ein Wertzuwachs, eine öffentlich rechtliche Kompetenz mit vermögensrechtlicher Wirkung gegenübersteht oder nicht (...). Es ist auch nicht gleichgültig, ob eine Beschränkung ausschliesslich dem Interesse des Gemeinwesens, der Allgemeinheit dienen soll, also auferlegt wird, um eine landschaftlich schöne oder historisch bedeutsame Stätte von störenden Bauten im Umgelände frei zu halten (Urteil vom 7.7.33 i.S. *Götschi* ... [dazu vorne S. 65]) oder ob sie auch dem betroffenen Eigentümer selbst in gewissem Masse zugute kommt.»
Zum Ganzen hinten 6.4.2, S. 310 ff.
[48] BGE *Buser* (1948), Zbl 1949, S. 117, 118 (Zur Sicherung einer Strassenplanung angeordnete, auf höchstens drei Jahre befristete Bausperre; Belastung wirkt «nicht sehr

3.3. Die Konkretisierung der alten Formel

C) Sonderopfer

Das *Erfordernis des Sonderopfers* als zweites Element der bundesgerichtlichen Formel konkretisiert das Postulat, dass die vom Gemeinwesen verursachten Lasten von Allen zu tragen sind und nicht einseitig wenigen Bürgern auferlegt werden [49]. Der Grundsatz ist hier allerdings abgeschwächt: das Sonderopfererfordernis zielt nur auf die Beseitigung schwerwiegender Ungleichheiten. Dies ergibt sich einmal aus dem Begriff des «Opfers» selber und dann besonders aus der ausdrücklichen Beifügung, dass einzig «allzu grosse» Opfer entschädigt werden müssen [50].

So einleuchtend der Gedanke, so schwierig ist seine Durchführung. Die Qualifizierung eines Eingriffs als Sonderopfer ergibt sich ja nicht einfach aus einer schematischen Operation. Bereits die Formel *Müller-Haiber* belegt es: sie begnügt sich nicht mit dem objektiven Element der Zahl betroffener Eigentümer, sondern verbindet es mit einem weiteren Element – jenem des «allzu grossen Opfers» –, das allein subjektiver Bewertung zugänglich ist. Verlangt ist ein anspruchsvolles Werturteil, das auf einem Vergleich mit Betroffenen in ähnlicher Lage beruht und dazu tauglicher Massstäbe und einer adäquaten Bezugsgruppe bedarf. Die bundesgerichtliche Rechtsprechung veranschaulicht die dabei entstehenden Probleme.

Wir wollen zuerst danach fragen, welche Eigentumsbeschränkungen mit Sicherheit als Sonderopfer ausgeschlossen werden können. Es sind jene, bei denen eine *grössere Zahl von Eigentümern ähnlich schwer betroffen* werden. Die grössere Zahl genügt als Ausschlusskriterium. Auch Einschränkungen, die im Sinne des zuvor unter Littera B Ausgeführten die für eine materielle Enteignung nötige Intensitätsschwelle erreichen, bedeuten kein Sonderopfer und damit auch keinen enteignungsgleichen Tatbestand, wenn sie gleicherweise für zahlreiche Eigentümer gelten. Dies ist eine zentrale Aussage der alten Formel [51].

---

tiefgehend»); *Grogg* (1961), Zbl 1961, S. 521, 523 (Einweisung eines Grundstückes, das an eine Industriezone grenzt, in die Landwirtschaftszone; beschränkte Überbauung mit Wohnhäusern möglich. «Das Verbot der Erstellung industrieller Bauten ... stellt indessen für bisher landwirtschaftlich benutzte Grundstücke keinen sehr empfindlichen Eingriff dar.»).

[49] Grundsatz der Lastengleichheit; dazu hinten 6.3.
[50] BGE *Müller-Haiber*, 69 I 242.
[51] Zur Kritik der Doktrin siehe hinten 3.5, S. 103.

3.3. Die Konkretisierung der alten Formel

Sie wird am anschaulichsten illustriert durch jenen Fall, der zu ihrer Prägung Anlass gab, den Entscheid *Wettstein*: zwar wiegt das den Grundeigentümern am Greifensee auferlegte Bauverbot anerkanntermassen schwer, doch stellt es kein Sonderopfer dar, da es auch allen andern Eigentümern von Uferparzellen zugemutet wird [52].

Aufschlussreich ist unter dem eben erörterten Gesichtspunkt das Urteil *Le Fort* [53], in dem es um die enteignende Wirkung des vom Kanton Waadt für das Gemeindegebiet von Perroy erlassenen Plan d'extension geht. Der Plan legt zur Hauptsache uniforme Strassenbaulinien und einen gleichmässigen Bauverbotsstreifen längs des Genferseeufers fest. Das Bundesgericht verneint dafür sowohl die Schwere des Eingriffs wie auch ein Sonderopfer; «la restriction de bâtir frappe de la même manière tous les propriétaires riverains de la route» [54]. Anders entscheidet es dagegen hinsichtlich jenes zusätzlichen Bauverbotes, das der Plan für einen einzelnen Eigentümer neben den Baulinien anordnet: dies ist materielle Enteignung [55].

Ein Sachverhalt wie dieser, wo in ein und demselben Hoheitsakt zahlreiche konkrete Einschränkungen ähnlicher Intensität mit einer deutlich überschiessenden Belastung für einige wenige Eigentümer zusammentreffen, bildet allerdings die Ausnahme [56]. Weit häufiger sind jene Fälle, bei denen die umstrittene Eigentumsbeschränkung gewissermassen «von Beginn weg» ausschliesslich auf einen kleinen Kreis von Eigentümern beschränkt bleibt. Ein Extrembeispiel würde die aus denkmalpflegerischen Gründen angeordnete Unterschutzstellung eines einzelnen Gebäudes darstellen. Liegt darin ohne weiteres ein Sonderopfer? Oder ist der Kreis doch weiter zu schlagen, etwa in dem Sinne, dass in solchen Fällen vorerst nach anderen, von der Massnahme nicht betroffenen Eigentümern in einer vergleichbaren Lage gefragt und dann untersucht wird, ob der Anspracher in Bezug auf diese ein allzu grosses Opfer erleidet?

---

[52] «Strasse und Verkehr» 1942, S. 46.
[53] ZSR 1947, S. 408a. Dazu vorne S. 86.
[54] Id., 416a.
[55] Id., 418a.
[56] Eine derartige Sachlage hat wohl das Bundesgericht im BGE *SI Rue du Puits-St-Pierre 2*, 89 I 460, 463 (1963), im Auge, wenn es für ein generell angeordnetes Abbruchverbot für Wohnhäuser eine materielle Enteignung einstweilen verneint, jene Fälle aber vorbehält, bei denen das Verbot einzelnen Eigentümern ein besonderes Opfer auferlegt. Vgl. aus der vierten Rechtsprechungsphase BGE *Kocher*, 107 Ib 380 (1981), dazu hinten S. 162.

3.3. Die Konkretisierung der alten Formel

Die bundesgerichtliche Rechtsprechung bietet Beispiele für beide Vorgehensweisen. Die erste wird im Fall des Bauverbotes für den Lac de Bret eingeschlagen (Urteil *Chappuis* (1963)[57]), wo das Gericht bezüglich der Lage des Beschwerdeführers folgendes ausführt:

> «Si quelques parcelles voisines de la sienne et se trouvant dans une situation analogue sont peut-être touchées de même façon, il est en tout cas certain qu'un nombre très restreint de propriétaires est lésé aussi gravement que le recourant. Supposé que ce dernier ne soit pas dédommagé sous une forme ou sous une autre, il subirait un sacrifice par trop considérable en faveur de la collectivité»[58].

Ausschlaggebend ist, dass nur sehr wenige Eigentümer durch dieses Bauverbot ähnlich eingeschränkt werden wie der Rekurrent. Die blosse Feststellung, dass der Kreis der von der Massnahme Betroffenen eng limitiert ist, bedeutet also bereits auch Bejahung des Sonderopfers. So argumentieren heisst aber letztlich den Zufall entscheiden lassen; denn der Adressatenkreis einer Eigentumsbeschränkung wird von Faktoren bestimmt, die mit der Frage des Sonderopfers nichts zu tun haben. Entsprechend muss das Ergebnis ausfallen. Der Entscheid *Chappuis* steht in unaufhebbarem Widerspruch zum Entscheid *Wettstein*: für ein und dieselbe Art von Eigentumsbeschränkung – ein Bauverbot auf einem noch landwirtschaftlich genutzten Grundstück am Ufer eines reizvollen kleineren Sees, der sich in unmittelbarer Nähe einer städtischen Agglomeration befindet – bejaht nun das Bundesgericht, was es 1941 verneint hatte[59].

Die zweite Vorgehensweise, bei der losgelöst vom gerade betroffenen Kreis von Eigentümern auf Fälle in vergleichbaren Verhältnissen Bezug genommen wird, findet sich im Urteil *Buser* (1948)[60]. Zugrunde liegt ihm eine zeitlich beschränkte Bausperre, die nach Einreichung eines Baugesuches verhängt wird, weil das Vorhaben die Ausführung einer projektierten Strasse gefährdet. Der Eigentümer verlangt vom Kanton Ersatz für den ihm aus den nutzlosen Aufwendungen erwachsenen Schaden, dringt mit seinem Begehren aber nicht

---

[57] BGE 89 I 381; dazu bereits vorne S. 87.
[58] Id., 387.
[59] Der Entscheid *Chappuis* kann nur im Blick auf die nachfolgende Rechtsprechung richtig verstanden werden. Verbal folgt er mit seiner Begründung zwar noch der alten Formel, de facto stellt er aber bereits einen Vorgriff auf die mit dem Entscheid *Barret*, 91 I 329, 339 (1965) einsetzende Neuausrichtung der Konzeption dar, in welcher das Bundesgericht auf das Sonderopfer als notwendiges Tatbestandsmerkmal der materiellen Enteignung verzichten wird. Dazu hinten 4.1, S. 107.
[60] Zbl 1949, S. 117.

durch. Eine staatsrechtliche Beschwerde weist das Bundesgericht ab. Obwohl die Bausperre nur für einen einzigen Eigentümer angeordnet wurde und nur diesen geschädigt hat, erblickt es in der Massnahme kein Sonderopfer. Zur Begründung verweist es auf ihre «relative Allgemeinheit», also doch wohl auf den Umstand, dass die Bausperre ein regelmässig verwendetes Instrument des Baupolizeirechtes darstellt und daher nie isoliert betrachtet werden darf[61].

Gesamthaft gesehen kommt man zum Schluss, dass die Rechtsprechung der Jahre 1943 bis 1963 die mit dem Kriterium des Sonderopfers verbundenen Schwierigkeiten nicht zu lösen gewusst hat[62]. Es verbleiben Unklarheiten und Widersprüche. Tatsächlich liegt denn auch hier der Anlass für die mit dem Entscheid *Barret* (1965)[63] einsetzende Neuausrichtung: das Erfordernis des Sonderopfers wird im wesentlichen aufgegeben und die Eingriffsintensität zum alles entscheidenden Kriterium erhoben. Indessen wird die Erfahrung mit der neuen Formel lehren, dass diese Korrektur ihrerseits wieder über das Ziel hinausschiesst. Im Sonderopfergedanken steckt ein Stück Wahrheit, das zur materiellen Enteignung notwendig gehört[64].

3.4. Materiellrechtliche und prozessuale Einzelfragen

Die vorausgegangenen Ausführungen waren darauf gerichtet, die Entwicklung und anschliessende Konkretisierung der Konzeption einer materiellen Enteignung durch das schweizerische Bundesgericht aufzuzeigen. Einige bisher ausgeklammerte Punkte sollen nun nachgetragen werden, da sie geeignet sind, das Bild abzurunden. Sie sind teils materiellrechtlicher, teils prozessualer Natur.

[61] Id., 118.
[62] Vgl. für eine differenzierte zeitgenössische Kritik SCHAUMANN, Landesplanung, 220–21. Zum Einwand REICHLINS gegen die bundesgerichtliche Rechtsprechung hinten S. 103.
[63] BGE 91 I 329, 339.
[64] Dazu hinten 6.3.2, S. 299 ff.

3.4.1. Beanspruchung privater Strassen durch das Gemeinwesen

Eine isolierte, in ihren entscheidenden Etappen auf diese dritte Phase konzentrierte Linie der bundesgerichtlichen Rechtsprechung hat die einseitig und entschädigungslos vorgenommene Inanspruchnahme einer privaten Strasse durch das Gemeinwesen zum Thema. Es handelt sich um einen der materiellen Expropriation nahestehenden Tatbestand, welcher von ihr aber stets getrennt gehalten wird.

Das Gericht nähert sich der uns interessierenden Frage über einen langen Zeitraum hinweg. Der Zufall will, dass immer wieder die von den Hotelpionieren Bucher und Durrer mit privaten Mitteln und grösstenteils auf privatem Grund erbauten Zugangsstrassen zum Bürgenstock Anlass zu den entsprechenden Rechtsstreiten geben [1]. Ein Vorgefecht liefern sich der Kanton Nidwalden und die Eigentümer der Strasse im Jahr 1877, als der Kanton an die Erteilung der Bewilligung zum Führen des Gastwirtschaftsbetriebes auf dem Bürgenstock die Auflage knüpft, dass jedermann ungehindert das dortige Gasthaus besuchen und sich dabei auch auf der von Stansstad kommenden Privatstrasse eigener oder gemieteter Fuhrwerke bedienen darf. Das Bundesgericht schützt diese Auflage, da sie sich als allgemeine, auf das Nidwaldner Wirtschaftsgesetz stützende Eigentumsbeschränkung darstellt [2].

Als der Nidwaldner Regierungsrat 1907 aber beschliesst, die Hoteleigentümerin müsse auf der östlichen, von Ennetbürgen auf den Bürgenstock führenden und ebenfalls in ihrem privaten Eigentum stehenden Strasse *jedermann* – also nicht bloss die Gäste des Etablissements – mit Wagen fahren lassen, schreitet das Bundesgericht ein [3]. Ein so weitgehender Eingriff, der mit Fug «als eine Art Expropriation ohne Entschädigung» bezeichnet werden könne, lasse sich auf das Wirtschaftsgesetz schlechterdings nicht abstellen [4].

Drei Jahrzehnte später kommt es in derselben Sache erneut zur Kraftprobe [5]. Nachdem in der Zwischenzeit auf Teilen der Ennetbürger Strasse der allgemeine Verkehr dennoch zugelassen worden ist, erklärt der Nidwaldner Landrat 1938 das letzte noch gesperrte Stück als dem Automobilverkehr «geöffnet». Das Bundesgericht hebt auch diese Verfügung auf. Es prä-

---

[1] Neben den im folgenden diskutierten Entscheiden verzeichnet die Amtliche Sammlung noch zwei weitere Urteile zu den Bürgenstock-Strassen: *Hotels Bucher-Durrer AG v. Barmettler*, 35 I 439 (1909); *Bezirksgemeinde Ennetbürgen*, 70 II 31 (1944).
[2] BGE *Bucher und Durrer*, 3 683 (1877).
[3] BGE *Hotel Bucher-Durrer AG*, 34 I 90, 93.
[4] Id., 97.
[5] Unveröffentliches Urteil vom 16. Juni 1939 i. S. *Bürgenstock-Hotels-AG v. Landrat Nidwalden*.

zisiert, dass die einem privaten Eigentümer auferlegte Verpflichtung, auf seinem Grundstück einen öffentlichen Weg zu dulden, eine Grundlage in einem besonderen (privat- oder öffentlichrechtlichen) Titel oder aber in einem allgemein verbindlichen Rechtssatz finden muss. Keine dieser Möglichkeiten ist im vorliegenden Fall erfüllt[6].

Nach diesen Urteilen hätte sich meinen lassen, die Öffnung einer Privatstrasse für den allgemeinen Verkehr sei bloss eine Frage der ausreichenden gesetzlichen Grundlage und berühre die Eigentumsgarantie im übrigen nicht. Im Fall *Cretegny* (1945)[7] wird diese Auffassung schliesslich selber zum Streitthema. Das Genfer Strassengesetz von 1895 bestimmt, dass ein Weg, welcher der Öffentlichkeit während mindestens fünf Jahren zugänglich gewesen ist, ohne Einwilligung des Staatsrates nicht mehr geschlossen werden kann. Als Cretegny seinen Landwirtschaftsbetrieb nach einem Brand neu aufbaut und dabei einen von altersher auf seinem Gut verlaufenden, öffentlich benützten Privatweg verlegt, verlangen die Behörden des Kantons Genf gestützt auf die erwähnte Vorschrift die Wiederherstellung des alten Zustandes. Das Bundesgericht erblickt in dieser Verfügung eine Verletzung der Eigentumsgarantie. Anders als im *Bürgenstock-Hotels*-Entscheid lässt es nun einen allgemein verbindlichen Rechtssatz als Grundlage für die Öffnung des Weges nicht mehr genügen. Zulässig wäre ein solches Vorgehen nur, wenn es sich dabei wirklich um eine allgemeine Eigentumsbeschränkung handelte, wie man sie etwa für den Reckweg kennt. Dies ist beim Genfer Strassengesetz indessen nicht der Fall: «Il s'agit bien plutôt de la constitution d'une sorte de *servitude* en faveur de la collectivité»[8]. Ebensowenig kann das Gesetz als ein gültiger Rechtstitel für die Widmung des Weges aufgefasst werden, denn es würde sonst auf eine mit der Eigentumsgarantie unvereinbare «expropriation sans indemnité» hinauslaufen[9].

Diese Fälle, besonders der Entscheid *Cretegny*, verdeutlichen zwei Elemente, die in der Rechtsprechung zur materiellen Enteignung nicht immer ebenso klar hervortreten. Zum einen veranschaulichen sie die *Grenzen zulässiger Inhaltsbestimmung*. Zum andern belegen sie, dass in der *Verschaffung von Vorteilen für die Allgemeinheit zulasten einzelner Privater* ein Indiz für die Entschädigungspflicht zu erblicken ist[10].

[6] Id., E.6 S. 24–25 und E.9 S. 32–35. Die unmittelbare Fortsetzung dieses Rechtsstreites bringt BGE *Bezirksgemeinde Ennetbürgen,* 70 II 31 (1944), wo auch das Bestehen eines privatrechtlichen Titels für die Zulassung des allgemeinen Verkehrs verneint wird.
[7] BGE 71 I 433.
[8] Id., 440 (Hervorhebung durch das Gericht).
[9] Id., 441. – Als öffentlichrechtliche *Ersitzungsregel* aufgefasst, verletzt das Gesetz die derogatorische Kraft des Bundesrechts, id., 441–42. Das Bundesgericht behält die Möglichkeit vor, dass unter dem vor Inkrafttreten des ZGB geltenden kantonalen Recht ein Rechtstitel zugunsten der Öffentlichkeit begründet worden wäre; id., 442–43. – Ein Beispiel für einen derartigen Fall liefert das Urteil *v.Schulthess,* BGE 74 I 41 (1948).
[10] Vorne 3.3.3.B, S. 89, und hinten 6.4.2, S. 310 ff.

3.4.2. Im öffentlichen Recht begründete Eigentumspositionen

Mit der Frage, welche der im öffentlichen Recht begründeten vermögenswerten Interessen gegen einen entschädigungslosen Entzug geschützt sind, werden wir uns an anderer Stelle auseinandersetzen[11]. Hier soll allein auf den Umstand aufmerksam gemacht werden, dass das Bundesgericht Gedankenmuster und Lösungsansätze, die es in den Urteilen *Wettstein* und *Müller-Haiber* im Zusammenhang mit der Beeinträchtigung privaten Eigentums entwickelt, bis zu einem gewissen Grad auch auf solche Positionen anwendet.

So findet sich das Argumentationsmuster der beiden Urteile im Fall *Société romande d'électricité* (1948) wieder[12]. Angefochten ist ein Gesetz des Waadtländer Grossen Rates, das im Hinblick auf eine geplante Neugestaltung des gesamten Wassernutzungsrechts die vorzeitige Aufhebung von Elektrizitätsverteilungskonzessionen erlaubt. Derartige Konzessionen sind wohlerworbene Rechte. Sie werden hier nicht einfach aufgehoben (was klarerweise eine Verletzung der Eigentumsgarantie bedeuten würde), sondern bloss der *Möglichkeit* einer Beendigung vor Ende ihrer Laufzeit unterworfen. Wie in *Wettstein* und *Müller-Haiber* nimmt das Bundesgericht die Unterscheidung zwischen Eigentumsbeschränkung und Enteignung zum Ausgangspunkt und argumentiert dann, der Eingriff gehe über ersteres hinaus und *komme einer Enteignung gleich*[13].

Lösungsansätze aus seiner Rechtsprechung zur materiellen Enteignung verwendet das Bundesgericht in den beiden Entscheiden *Bässler* (1950)[14] und *Werlen* (1953)[15]. Beide Rekurrenten bemühen sich um Ersatz von Schaden, den sie aus einer ungerechtfertigten Schmälerung des Gemeingebrauchs herleiten. Im ersten Fall handelt es sich um eine Absenkung des Grundwasserspiegels, welche den Ertrag eines landwirtschaftlichen Gutes verschlechtert, im zweiten um die Sperrung einer Skitourenroute wegen militärischer Schiessübungen mit der Folge, dass ein Hotel Umsatzeinbussen erleidet. In beiden Fällen lässt das Bundesgericht die heikle Frage, ob die Beschwerdeführer

---

[11] Hinten 5.4.2.C, S. 236–41.
[12] BGE 74 I 465.
[13] Id., E.3 e) bb), S. 475; vgl. auch ROSENSTOCK, 92–93.
[14] Zbl 1950, S. 451.
[15] BGE 79 I 199. Der Entscheid ergeht im Rahmen eines eidgenössischen Enteignungsverfahrens.

tatsächlich in ihrem *Eigentum* geschädigt wurden, offen, da es die für das Entstehen einer staatlichen Entschädigungspflicht erforderliche *Intensität des Eingriffs* verneint[16]. Damit anerkennt es aber stillschweigend, dass die Anwendung eines für die materielle Enteignung entwickelten Kriteriums auch in diesem Zusammenhang zulässig und sinnvoll ist.

Die materielle Enteignung sprengt, wie die aufgeführten Beispiele zeigen, den Rahmen des privaten Eigentums. Sie verkörpert ein Prinzip von umfassender Geltung.

3.4.3. Die Geltendmachung des Anspruchs aus materieller Enteignung

Die Anerkennung der materiellen Enteignung als eines anspruchsbegründenden Tatbestandes zieht notwendig die Frage nach sich, wie und mit welchen Folgen dieser von einem betroffenen Eigentümer geltend gemacht werden kann. Die Frage hat über den verfahrensrechtlichen Bereich hinaus erhebliche materiellrechtliche Bedeutung. Das Bundesgericht findet darauf eine eigenständige, pragmatische Lösung.

Die ersten Entscheide weisen allerdings noch nicht in die schliesslich eingeschlagene Richtung. In den Urteilen *Müller-Haiber* und *Le Fort*, wo eine materielle Enteignung bejaht wird, *hebt* das Bundesgericht die betreffenden Eigentumsbeschränkungen *auf*[17]. Diese Sanktion liesse sich grundsätzlich nicht anders interpretieren, als dass in den Augen des Gerichtes das Fehlen einer Entschädigung den enteignungsgleichen Eingriff ungültig ab initio macht; die Möglichkeit einer nachträglichen Ausgleichsleistung heilt den Mangel nicht[18].

Beginnend mit einer Reihe nicht veröffentlichter Entscheide ändert das Bundesgericht dann aber seine Haltung. Es nimmt nun an, dass die Eigentumsgarantie so lange nicht verletzt ist, als der von einer

---

[16] BGE *Bässler*, Zbl 1950, S. 455; *Werlen*, 79 I 207.
[17] BGE *Müller-Haiber*, 69 I 243; *Le Fort*, ZSR 1947, S. 418a.
[18] Dies zeigt sich besonders deutlich im Entscheid *Le Fort*, wo das Bundesgericht das als enteignungsgleich gewertete Bauverbot kassiert, obwohl das Waadtländer Baugesetz eine ausdrückliche Grundlage für nachträgliche Entschädigungen enthält (aus dem abgedruckten Teil des Urteils geht allerdings nicht hervor, ob die Behörde die Anwendung dieser Bestimmung bereits verbindlich abgelehnt hatte; diesfalls wäre dann allerdings nur noch die Aufhebung offen geblieben); ZSR 1947, S. 418a.

3.4. Materiellrechtliche und prozessuale Einzelfragen

materiellen Enteignung getroffene Private seinen Entschädigungsanspruch vor einer kantonalen Instanz noch geltend machen kann. Nur wo eine Entschädigung definitiv ausgeschlossen ist, kommt die Garantie ins Spiel[19]. Dieser Fall kann sich auf verschiedene Weisen verwirklichen. Einmal kann bereits das der Eigentumsbeschränkung zugrundeliegende Gesetz die Entschädigungspflicht verneinen[20]. Sodann wäre denkbar, dass ausnahmsweise ein Verfahren zur Geltendmachung des Entschädigungsanspruchs nicht offensteht[21]. Schliesslich liegt ein endgültiger Ausschluss der Entschädigung dann vor, wenn eine solche von den zuständigen kantonalen Instanzen rechtskräftig verweigert wurde[22].

Das Gericht knüpft mit seiner Lösung an eine besondere Linie seiner früheren Rechtsprechung an. Lange vor Ausbildung der materiellen Enteignung hatte es entschieden, dass die blosse «Negierung des vom Betroffenen behaupteten Privatrechtes» durch eine Verwaltungsbehörde keinen Verstoss gegen die Eigentumsgarantie darstellt, solange dem Eigentümer die Möglichkeit noch offensteht, sein Recht vor dem Zivilrichter feststellen zu lassen[23]. Dieser Gedanke wird nun auf die materielle Enteignung übertragen[24].

In den meisten Kantonen ist der Verfahrensweg zur Überprüfung der Rechtmässigkeit einer Eigentumsbeschränkung von jenem

---

[19] *Reformierte Teilkirchgemeinde Möriken* (1947), AGVE 1948, S. 432–33; *Kunz v. Ollon* vom 29. April 1948, E. 5 S. 17; *Messikommer* (1950), Zbl 1950, S. 317; *Bäggli v. Regierungsrat des Kts. Zürich* vom 18. Juni 1952, E. 6 S. 13–17; *K. v. Gemeinde G.* (1954), Zbl 1955, S. 125; *Spiess*, BGE 81 I 347–50 (1955) (erster zu dieser Frage in der amtlichen Sammlung veröffentlichter Entscheid).

[20] So im Fall *Müller-Haiber:* das Gesetz, auf welches sich die angefochtene Bausperre stützt, schliesst jede Entschädigung vor dem Ablauf von 10 Jahren aus; BGE 69 I 235.

[21] BGE *Spiess*, 81 I 340 (1955): Ein Gesuch um Einleitung des Enteignungsverfahrens wegen materieller Enteignung ist abgelehnt worden, und der Rekurrent befürchtet nun, seinen Entschädigungsanspruch überhaupt nicht mehr anbringen zu können.

[22] Ein Beispiel: BGE *Chappuis*, 89 I 383–84.

[23] BGE *Schuhfabrik AG Buochs*, 43 I 204, 206–07 (mit Nachweis früherer gleichlautender Urteile) (1917); *Bürgisser*, 61 I 225, 232 (1935); *Sernf-Niederenbach AG,* 68 I 153, 157–58 (1942). Ein Eingriff in «feststehende» Privatrechte (im Gegensatz zu den bloss behaupteten) verletzt demgegenüber die Garantie unmittelbar; id.. Bezeichnenderweise handelt es sich bei allen angeführten Fällen um behördliche Eingriffe in Positionen, die einen starken öffentlichrechtlichen Einschlag aufweisen.

[24] Ausdrückliche Verweise finden sich beispielsweise in den Entscheiden *Reformierte Teilkirchgemeinde Möriken* (1947), AGVE 1948, S. 432; *Messikommer* (1950), Zbl 1950, S. 317; *Spiess*, BGE 81 I 348 (1955).

zur Geltendmachung einer Entschädigung getrennt[25]. Ausgehend von dieser Zweiteilung verschliesst nun das Bundesgericht dem Eigentümer die Möglichkeit, die Entschädigungsfrage bereits im Rahmen einer staatsrechtlichen Beschwerde aufzuwerfen, welche die Gültigkeit des Eingriffs zum Gegenstand hat. Der Eigentümer wird dafür auf das kantonale Entschädigungsverfahren verwiesen. Erst wenn in diesem das Vorliegen einer materiellen Enteignung verneint wird, kann er die Entschädigungsfrage – mittels einer zweiten staatrechtlichen Beschwerde – vor das Bundesgericht bringen.

Hinter diesen verfahrensrechtlichen Besonderheiten verbirgt sich indessen die viel bedeutendere materiellrechtliche Seite des Problems. Erachtet man mit dem Bundesgericht die Möglichkeit einer nachträglichen Entschädigungsleistung als ausreichend, dann ist die Entschädigung für materielle Enteignung *Folge* und *nicht Gültigkeitsvoraussetzung* des Eingriffs[26]. Die Sanktion für das Fehlen einer Entschädigung in Fällen, wo eine solche geschuldet wäre, besteht daher nicht in der Aufhebung der betreffenden Eigentumsbeschränkung, sondern in der nachträglichen Verpflichtung des Gemeinwesens zur Zahlung. Darin unterscheidet sich die materielle wesentlich von der formellen Enteignung, wo erst die Bezahlung der Entschädigung das enteignete Recht auf den Enteigner übergehen lässt[27]. Der Eigentumsgarantie fehlt nach schweizerischer Auffassung eine Junktimklausel, wie sie das deutsche Recht kennt[28]. Das Bundesgericht bestätigt dies zum ersten Mal klar im Entscheid *Schlemmer* (1958):

[25] Für den hier untersuchten Zeitabschnitt wird die Rechtmässigkeit regelmässig in einem verwaltungsbehördlichen, die Entschädigungsfrage in einem richterlichen Verfahren untersucht. Siehe etwa IMBODEN, Schutz der Eigentumsgarantie, 57; HUBER, Gewährleistung, 234 i.V.m. 252; ferner die BGE *Reformierte Teilkirchgemeinde Möriken* (1947), AGVE 1948, S. 432–33, und *Keller* (1960), Zbl 1961, S. 80 (beide für den Kt. Aargau); *K. v. Gem. G.* (1954), Zbl 1955, S. 124–25, und *Schiess* (1955), Zbl 1956, S. 282–83 (beide für den Kt. St.Gallen); *Spiess*, 81 I 347–50 (1955) (Kt. Zürich); *Schlemmer* (1958), BJM 1959, S. 152–53 (Kt. Baselstadt); *Ries*, 84 I 176–77 (1958) (Kt. Waadt).

[26] Darüber wird in der zeitgenössischen Literatur eine ausgedehnte Debatte geführt: IMBODEN, Schutz der Eigentumsgarantie, 52–58 (1952; Folge); GRISEL, Restrictions de droit public, Zbl 1955, 118–20 (Gültigkeitserfordernis); BUSER, Eigentum, Zbl 1956, 242–43 (Folge); BAGI, Garantie constitutionnelle, 111–17 (1956; Folge); HUBER, Gewährleistung, 233–34 (1960; Folge); SCHAUMANN, Enteignung, JZ 1960, S. 148 und 149 (Folge, aber mit dem Einwand, dass die bundesgerichtliche Rechtsprechung das Erfordernis der *vorgängigen* Entschädigung stillschweigend beseitigt hat).

[27] Siehe beispielsweise das BG über die Enteignung vom 20. Juni 1930 (SR 711), Art. 91.

[28] Art. 14 Abs. 3 Satz 2 GG. Dazu OSSENBÜHL, Staatshaftungsrecht, 136–38; PAPIER, Kommentar, N. 485–94 zu Art. 14 GG.

> «Aus der Eigentumsgarantie ergibt sich somit nach der bundesgerichtlichen Praxis wohl der Grundsatz, dass keine materielle Enteignung ohne Entschädigung erfolgen darf, nicht aber unmittelbar eine Entschädigungspflicht des Staates und ein Anspruch des Betroffenen auf Entschädigung. Diese müssen vielmehr sonstwie nach dem kantonalen Rechte gegeben sein, damit eine materielle Enteignung vor der Eigentumsgarantie standhält. Doch genügt dafür, dass der Entschädigungsanspruch für den Fall materieller Enteignung grundsätzlich anerkannt ist und dem Betroffenen zu seiner Geltendmachung – mit Einschluss der Vorfrage, ob im konkreten Falle eine materielle Enteignung vorliegt – der Rechtsweg offensteht» [29].

3.5. Die Bedeutung der alten Formel und ihr Widerhall in der Wissenschaft

A) Wir erinnern uns der Aufgabe, der sich das Bundesgericht zu Ende der zwanziger Jahre gegenübergestellt sieht: es geht darum, die bisher ausgebildeten, aber isoliert gebliebenen Ansätze zur Überwindung des Entschädigungspositivismus aufeinander abzustimmen und in einer Synthese zu vereinigen [1]. Um die Lösung dieser Aufgabe bemüht sich das Gericht während mehr als eines Jahrzehnts: zwischen 1929 und 1941 erprobt und verwirft es in einer längeren Reihe von Entscheiden mehrere Formeln [2]. Bezeichnend für den Experimentiercharakter dieses Abschnittes ist die Tatsache, dass die Öffentlichkeit von keinem der gefällten Urteile Kenntnis erhält.

Die Suche nach einer tauglichen Konzeption kommt im Entscheid *Wettstein* (1941) [3] zum Abschluss; das Bundesgericht findet die ihm überzeugend scheinende Formel. Diese wird 1943 im Urteil *Müller-Haiber*, leicht modifiziert, in der amtlichen Sammlung veröffent-

---

[29] BJM 1959, S. 143, 152. Zwei Jahre später wird das Gericht ausdrücklich sagen, dass das Gebot der vorherigen Entschädigung nur bei der formellen Enteignung Platz greift; BGE *Keller* (1960), Zbl 1961, S. 80. Die ausdrückliche Anerkennung des Folgecharakters der Entschädigung findet sich in BGE *Gerber und Wimmer*, 97 I 814 (1971).
[1] Vorne 2.6.C, S. 62.
[2] Vorne 3.1, S. 63 ff.
[3] Urteil vom 18. Juli 1941; dazu vorne 3.2, S. 69 ff.

3.5. Die Bedeutung der alten Formel und ihr Widerhall in der Wissenschaft

licht[4] und bestimmt fortan während zwanzig Jahren die Rechtsprechung zur materiellen Enteignung.

B) Welches sind die Charakteristiken dieser Rechtsprechung? Einige ihrer Eigenheiten treten im Vergleich mit der vorangegangenen zweiten Phase hervor. Verschieden ist einmal die Aufgabe des Richters. Ging es zuvor darum, überhaupt Wege und Möglichkeiten für einen Ausgleich staatlicher Eingriffe in privates Eigentum zu erkennen, so stellt sich jetzt, da die Entschädigungspflicht grundsätzlich bejaht und in ihren entscheidenden Voraussetzungen festgelegt ist, die Aufgabe, dieses generalklauselartige Prinzip zu konkretisieren. Durch die Beschränkung auf *eine* Formel gewinnt das Institut des entschädigungspflichtigen Eigentumseingriffs mit dem Fortschreiten der Rechtsprechung an Berechenbarkeit. Dieser Vorteil hat aber seinen Preis: mit ihm einher geht eine gewisse Verengung des Gesichtsfeldes. Unbesehen um ihre Eignung müssen sämtliche Lebenssachverhalte unter den einzigen in Frage kommenden Tatbestand subsumiert werden. Das volle Spektrum der theoretischen Lösungsmöglichkeiten, von dem die zweite Phase eine Ahnung gab, kann nicht mehr ausgenützt werden.

Ein zweiter Unterschied liegt in der Art der dem Bundesgericht unterbreiteten Eigentumseingriffe. Wir haben gesehen, dass während der zweiten Phase die Eingriffe auffallend oft unmittelbar in gesetzlichen Erlassen selber begründet waren; erinnert sei etwa an die Regalisierung der Wasserkraft und die Öffentlicherklärung der Grundwasserströme[5]. Kaum ein derartiger Fall beschäftigt das Gericht im hier untersuchten Zeitabschnitt[6]. Im Mittelpunkt stehen einzelfallweise Eigentumsbeschränkungen in Form von Verfügungen oder Plänen. Damit ändert sich auch die Betrachtungsweise: der Übergang vom «Denken in der Kategorie der Inhaltsbestimmung» zum «Denken in der Kategorie der Eigentumsbeschränkung»[7] kommt zum Abschluss.

Ein weiteres Charakteristikum der dritten Rechtsprechungsphase zeigt sich im Blick auf die nachfolgende Judikatur: die Anwendung der alten Formel bleibt auf eher traditionelle Formen von Eigen-

---

[4] BGE 69 I 241–42.
[5] Vorne 2.3.C, S. 44, und 2.4.D, S. 49.
[6] Wohl die einzige Ausnahme stellt das vom Genfer Gesetzgeber erlassene Verbot des Abbruchs von Wohnraum dar: BGE *SI Rue du Puits-St-Pierre 2*, 89 I 460 (1963).
[7] Vorne S. 54.

tumsbeschränkungen – im wesentlichen baupolizeiliche und heimatschützerische Massnahmen – beschränkt. Zur entscheidenden Bewährungsprobe, nämlich zur Anwendung auf raumplanerische Eingriffe, insbesondere auf die Aufteilung des gesamten Bodens in Bau- und Nichtbauland, kommt es nicht, weil die Formel vom Bundesgericht aufgegeben wird, bevor solche Fälle spruchreif werden [8].

Als letztes bleibt festzuhalten, dass das Institut der materiellen Enteignung mit der Formel *Müller-Haiber* zwar deutliche Konturen erhalten hat, dass aber die prospektive Beurteilung konkreter Fälle auf ihre Entschädigungsfolgen weiterhin mit Schwierigkeiten verbunden ist. Die in der Formel verwendeten unbestimmten Begriffe, die unklare Abgrenzung zwischen der ersten und der zweiten Tatbestandsvariante und schliesslich die kleine Zahl materiell entschiedener Fälle, welche Anschauungsbeispiele liefern, stehen der gewünschten Berechenbarkeit der materiellen Enteignung entgegen.

C) Die Rechtswissenschaft hat die in den Urteilen *Wettstein* und *Müller-Haiber* niedergelegte Konzeption der materiellen Enteignung teils zustimmend, teils ablehnend aufgenommen.

Die Tatsache selber, dass das Gericht ohne gesetzliche Grundlage einen Entschädigungtatbestand geschaffen hat, wird – wenn überhaupt – nur zustimmend vermerkt [9]. Was in den vorausgegangenen Jahrzehnten noch ein Hauptproblem dargestellt hatte, nämlich die Überwindung des Entschädigungspositivismus durch Zulassung rein prätorischer Entschädigungsansprüche, hat nun zumindest im Bereich

---

[8] Die zeitgenössische Literatur ist sich der überragenden Bedeutung des Entschädigungspunktes für die Verwirklichung der Nutzungsplanung bewusst: HUBER, Nutzungsplan, SJZ 1945, S. 315; REICHLIN, Rechtsfragen der Landesplanung, ZSR 1947, S. 318a; BÉGUIN, Questions juridiques, ZSR 1947, S. 380a; Diskussionsvoten anlässlich des Juristentages 1947 (Rechtsfragen der Landesplanung), ZSR 1947, S. 507a-25a; HOFSTETTER, Geltendes und werdendes Baurecht, Zbl 1956, S. 527; AUBERT, Le prix de l'urbanisme, Zbl 1962, S. 545–46 (erörtert Mittel und Wege, um die Kosten der Raumplanung in Grenzen zu halten).
Gemäss der alten Formel wäre die Entschädigungsfrage für raumplanerische Massnahmen allerdings präjudiziert gewesen. Die mit der Trennung von Bau- und Nichtbauzonen verbundenen Bauverbote auf noch unüberbautem Land treffen unweigerlich zahlreiche Eigentümer. Damit entfällt die Möglichkeit, ein Sonderopfer anzunehmen. Auf diese Folgerung hat SIGG bereits 1947 hingewiesen; Rechtsgrundlagen, Zbl 1947, S. 151.

[9] So von GRISEL, Restrictions de droit public, Zbl 1955, S. 115; SCHAUMANN, Enteignung und Enteignungsentschädigung, Deutsche Juristenzeitung Bd. 15/1960, S. 149.

des Eigentums mit dem Institut der materiellen Enteignung selbstverständliche Geltung und Anerkennung erlangt.

Die Hauptkritik am bundesgerichtlichen Verständnis des Instituts ist bereits 1947 anlässlich des Juristentages zum Thema «Rechtfragen der Landesplanung» vorgebracht worden. In seinem Referat[10] hat sich Paul REICHLIN mit Entschiedenheit gegen die Bedeutung gewendet, welche der Rechtsgleichheit in der Formel *Müller-Haiber* zukommt. Entscheidendes Kriterium bei der Beurteilung der Entschädigungspflicht müsse die Intensität des Eingriffs sein. Die in der Formel vorgenommene Kombination des Intensitäts- mit dem Rechtsgleichheitselement beraube die Eigentumsgarantie ihrer Funktion:

> «Es bestände kein Hindernis, das Eigentum allgemein – unter Wahrung der Rechtsgleichheit – abzuschaffen, *ohne* Verletzung der Eigentumsgarantie.
> Das kann unmöglich richtig sein. ...
> Ist der Eingriff so tief, dass er bei einem einzelnen oder bei wenigen Eigentümern als enteignungsähnlich anerkannt werden muss, so muss er es auch, wenn 100 oder 1000 Eigentümer betroffen werden. Der grössere oder kleinere Kreis der Betroffenen kann nicht entscheiden»[11].

Andere Autoren haben sich dieser Kritik angeschlossen[12]. Wie wir bereits sahen, kann ihr eine sachliche Berechtigung nicht abgesprochen werden: Das Bundesgericht hat bei der Anwendung seiner Konzeption nicht vermeiden können, dass vergleichbare Eigentumsbeschränkungen allein wegen der verschiedenen Zahl von Betroffenen unterschiedliche Entschädigungsfolgen auslösten[13]. Auf der andern Seite ist nicht zu verkennen, dass sich der Gesichtspunkt der Lastengleichheit – und damit der Rechtsgleichheit – von der Konzeption des entschädigungspflichtigen Eingriffs in das Eigentum kaum trennen

---

[10] ZSR 1947, S. 171a–347a.

[11] Id., 321a–322a. Konsequenterweise hat dann REICHLIN auch die Entschädigungslosigkeit von Bauverboten, die einer grossen Zahl von Eigentümern aus Gründen der Raumplanung auferlegt würden, abgelehnt; id., S. 321a, Anm. 37.

[12] HOLZACH, 117–18, 121–22, 131; JOST, Zbl 1950, S. 9; IMBODEN, Votum am Juristentag 1953, ZSR 1953, S. 557a (im Zusammenhang mit der Frage der Staatshaftung für rechtmässiges Handeln); GYGI, Über die Eigentumsgarantie, MBVR 1957, S. 273; GIACOMETTI, Allgemeine Lehren, 519, 530; SCHWARZ, 35–36; KUTTLER, Ortsplanung, 191.

[13] Vorne S. 77 und 90 ff.

lässt. Verschiedene Autoren haben dies hervorgehoben und sich insofern zu Verteidigern der bundesgerichtlichen Formel gemacht [14].

Beinahe zwanzig Jahre nach der erstmaligen Formulierung der gegen seine Formel erhobenen Einwände wird das Bundesgericht seinen Kritikern schliesslich folgen: Mit dem Entscheid *Barret* leitet es eine neue, die vierte Rechtsprechungsphase ein.

---

[14] SIGG, Rechtsgrundlagen, Zbl 1947, S. 151; SCHAUMANN, Landesplanung, 217, 220-21, 265-66 (differnziert); GRISEL, Restrictions de droit public, Zbl 1955, S. 116-18 (GRISEL sieht Intensität, Rechtsgleichheit und öffentliches Interesse als Faktoren, die je für sich allein die Frage der Entschädigungspflicht entscheiden können, 117); BUSER, Zbl 1956, S. 239; AUBERT, Quelques mots, ZBGR 1962, S. 17-18 (im Sinne der alten Formel). – REICHLIN selber lehnt im übrigen die Berücksichtigung der Rechtsgleichheit nicht vollständig ab; bei wenig intensiven Eigentumsbeschränkungen kann sie für die Entschädigungsfrage den Ausschlag geben; Mündliches Votum am Juristentag 1947, ZSR 1947, S. 497a.

4. Vierte Phase: Die neue Formel

Die Rechtsprechung seit dem Urteil *Barret* (1965)

4.1. Das Urteil Barret

A) Am 14. Mai 1965 erlässt der Staatsrat des Kantons Neuenburg für die im Gebiete der Gemeinde Bevaix am Neuenburgersee gelegenen Ufer und Anhöhen eine Schutzverordnung, welche für weite Teile des erfassten Gebietes das Bauen verbietet. Vierzig der betroffenen Eigentümer fechten die Verordnung mit staatsrechtlicher Beschwerde an; sie machen unter anderem eine Verletzung der Eigentumsgarantie geltend.

Das Bundesgericht urteilt über den Fall am 13. Oktober 1965[1]. Die Erfordernisse der gesetzlichen Grundlage, des öffentlichen Interesses und der Verhältnismässigkeit sieht es für die angefochtene Verordnung als erfüllt an. Hinsichtlich der Frage nach dem Vorliegen einer materiellen Enteignung verweist es auf seine ständige Rechtsprechung, gemäss welcher die Eigentumsgarantie so lange nicht verletzt ist, als dem durch eine Eigentumsbeschränkung betroffenen Eigentümer der Rechtsweg zur Geltendmachung seiner Entschädigungsansprüche offensteht[2]. Da diese Möglichkeit im Neuenburger Recht gegeben ist, hat sich das Gericht mit der Frage materiell nicht zu befassen[3]. Die Beschwerde Pierre Barrets und der andern 39 Rekurrenten wird abgewiesen.

Das Bundesgericht sieht sich indessen veranlasst, in einem ausführlichen Obiter Dictum auf seine Rechtsprechung zur materiellen Enteignung zurückzukommen und diese zu präzisieren. Der entsprechende Passus lautet folgendermassen:

«Tout au plus convient-il de préciser la notion d'expropriation ma-

---
[1] BGE 91 I 329; eine deutsche Übersetzung findet sich in Zbl 1967, S. 69–77.
[2] Dazu vorne S. 97 ff.
[3] BGE 91 I 338.

4.1. Das Urteil Barret

térielle posée par la jurisprudence du Tribunal fédéral ... [es folgt das Zitat der alten Formel [4]]. Les principes ainsi posés appellent deux observations.

Tout d'abord, l'arrêt RO 89 I 385 [5] opère entre les deux éventualités envisagées par la jurisprudence une distinction qui n'est pas nécessaire. En réalité, dans l'un et l'autre cas, il s'impose de protéger non seulement l'utilisation actuelle du fonds, mais également son utilisation possible à l'avenir. Toutes les utilisations possibles dans le futur ne sauraient cependant être retenues. Seules méritent protection celles qui, au regard des circonstances, apparaissent comme très probables dans un proche avenir.

Ensuite, pour éclairer la définition que la jurisprudence donne de l'expropriation matérielle d'une façon peut-être trop schématique, il convient de rappeler les principes qui l'inspirent. Le Tribunal fédéral entend traiter de manière différente d'une part les atteintes les plus graves au droit de propriété, d'autre part les atteintes qui, tout en étant lourdes, n'ont pas le caractère extrême de celles-là. Le premier cas est ordinairement réalisé lorsque le propriétaire est entièrement privé de l'une des facultés essentielles découlant de son droit de propriété. Une indemnité est alors toujours due. Point n'est besoin de rechercher si l'intéressé est touché de la même manière que d'autres. Le sacrifice qu'il doit faire est réputé excessif. Le second cas survient quand le propriétaire, sans être privé de l'une des facultés essentielles découlant de son droit, est cependant restreint dans l'exercice de ce droit d'une manière considérable. En pareille hypothèse, une indemnité n'est due que s'il y a une inégalité de traitement et afin de rétablir un équilibre rompu par les mesures prises. La pratique révèle quantité d'éventualités qui sont plus ou moins à mi-chemin entre les deux exemples donnés par la jurisprudence. L'autorité doit les examiner en partant du principe que plus le propriétaire fait un sacrifice élevé, moins il importe de savoir comment il est traité par rapport à des tiers» [6].

B) Fragt man sich, warum das Bundesgericht gerade den Fall der Schutzverordnung von Bevaix zum Anlass genommen hat, seine Rechtsprechung zu «verdeutlichen» (wir werden noch sehen, dass es sich dabei um eine eigentliche *Änderung* handelt), muss die Anwort primär im Sachverhalt gesucht werden. Die angefochtene Verordnung

---

[4] Wiedergegeben vorne S. 71.

[5] BGE *Chappuis* (1963), wo das Bundesgericht ausführte, in der Formel *Müller-Haiber* beziehe sich die erste Eventualität auf den Entzug der gegenwärtigen Nutzung, die zweite auf den Entzug des zukünftigen Gebrauchs. Dazu vorne S. 74–75.

[6] BGE 91 I 338–39. Deutsche Übersetzung Zbl 1967, S. 75–76.

trifft eine verhältnismässig grosse Zahl von Grundeigentümern[7]. Gemäss der Konzeption der materiellen Enteignung, wie sie der alten Formel zugrundeliegt, wäre damit das Vorliegen eines entschädigungspflichtigen Eingriffs vorweg verneint. Denn weder ist den Eigentümern eine bereits ausgeübte Nutzung entzogen worden (erste Eventualität der Formel *Müller-Haiber*), noch liegt ein wie ein Sonderopfer wirkender Entzug des zukünftigen Gebrauchs (nämlich der Überbauungsmöglichkeit) vor (zweite Eventualität), da eben zahlreiche und nicht bloss «ein einzelner oder einzelne wenige» Eigentümer getroffen sind.

Das Dilemma der alten Konzeption tritt hier einmal mehr unausweichlich zutage: ähnlich einschneidende Eigentumsbeschränkungen wirken sich hinsichtlich der Entschädigungspflicht völlig verschieden aus, je nachdem ob nur wenige oder aber viele Eigentümer von ihnen betroffen sind[8]. Während das Bundesgericht zwei Jahre früher im Fall *Chappuis*[9], wo die Ufergrundstücke eines einzelnen Landeigentümers am Lac de Bret mit einem Bauverbot belegt worden waren, eine materielle Enteignung bejahte, müsste es diese nun im Fall *Barret* mit seinem vergleichbaren Sachverhalt allein wegen der grossen Zahl Betroffener verneinen.

C)   Der Ausweg, den das Bundesgericht aus diesem Dilemma wählt, ergibt sich aus der wiedergegebenen Textstelle.

In seiner ersten «observation» zu der bisherigen Rechtsprechung befasst sich das Gericht mit dem Unterschied zwischen den beiden in der Formel *Müller-Haiber* enthaltenen Tatbestandsvarianten. Es verwirft die im Urteil *Chappuis* gegebene Interpretation, wonach die erste Variante den Entzug bereits ausgeübter Eigentumsbefugnisse, die zweite den Entzug der noch nicht verwerteten Nutzungsmöglichkeiten erfassen. «En réalité, dans l'un et l'autre cas, il s'impose de protéger non seulement l'utilisation actuelle du fonds, mais également son utilisation possible à l'avenir»[10]. Diese Gegenposition beinhaltet nun aber bereits eine Abkehr von der alten Formel. Unter der ersten ihrer beiden Tatbestandsvarianten wäre es nie möglich gewesen, auch den Ent-

---

[7] Es handelt sich um ungefähr 50 Eigentümer, wie aus dem 1977 in derselben Sache, nun aber zur Frage der Entschädigungspflicht gefällten Urteil *Etat de Neuchâtel v. Borioli und Konsorten*, S.3, hervorgeht (unveröffentlichtes Urteil vom 21.Oktober 1977).
[8] Dazu vorne S.77 und 92.
[9] BGE 89 I 381 (1963).
[10] BGE 91 I 339.

4.1. Das Urteil Barret

zug zukünftiger Nutzungsbefugnisse zu subsumieren; weder der klare Wortlaut noch die Umstände der Entstehung der Formel erlaubten eine solche Deutung[11]. Der zitierte Satz gewinnt nur dann einen Sinn, wenn man ihm bereits das neue Verständnis der materiellen Enteignung zugrunde legt. Gemäss diesem Verständnis liegt, wie wir sogleich sehen werden, der Unterschied zwischen den beiden Varianten nicht in den Kategorien «gegenwärtiger» bzw. «zukünftiger» Gebrauch, sondern in der mehr oder weniger grossen Intensität des Eingriffs[12].

Ungleich wichtiger ist die Einschränkung, welche das Bundesgericht – immer noch unter der ersten seiner beiden «observations» – beifügt. Nicht alle im Eigentum enthaltenen, aber noch nicht verwerteten Befugnisse sind für die Beurteilung der Entschädigungsfrage relevant. «Seules méritent protection celles qui, au regard des circonstances, apparaissent comme très probables dans un proche avenir»[13]. *Nur wo eine hohe Wahrscheinlichkeit besteht, dass die entzogene Befugnis in naher Zukunft tatsächlich auch ausgenützt worden wäre, kann eine materielle Enteignung vorliegen.* Es ist eben diese Einschränkung, welche sich für die nachfolgende Rechtsprechung als zukunftsweisend zeigen wird[14].

In seiner zweiten Klarstellung führt das Bundesgericht aus, es unterscheide zwischen *besonders schweren Beeinträchtigungen* des Eigentums einerseits («les atteintes les plus graves») und immer noch *schweren, aber weniger weit gehenden Beeinträchtigungen* anderseits («les atteintes qui, tout en étant lourdes, n'ont pas le caractère extrême de celles-là»). Im ersten Fall wird eine der «wesentlichen» aus dem Eigentum fliessenden Befugnisse entzogen. Trifft dies zu, liegt ohne weiteres eine materielle Enteignung vor. Beim zweiten Fall, wo nicht eine wesentliche Eigentumsbefugnis entzogen wird, muss zur Beeinträchtigung eine Rechtsungleichheit hinzutreten, damit von materieller Enteignung ge-

---

[11] Es handelt sich dabei ja um eine in der zweiten Rechtsprechungsphase entwickelte und unverändert in die Formel übernommene Sonderkategorie der Entschädigungspflicht. Vorne S. 72–73.
[12] Eine Folge dieses Verständnisses liegt darin, dass nun nicht mehr (wie noch unter der alten Formel) *jedes* Verbot eines gegenwärtigen Gebrauchs ohne weiteres enteignungsgleich wirkt; auch in einem solchen Fall muss die Intensität des Eingriffs entscheiden. Das Bundesgericht reagiert damit auf einen Einwand von REICHLIN, ZSR 1947, S. 320a; vgl. hinten S. 111.
[13] BGE 91 I 339.
[14] Hinten S. 128 ff, 164 ff und 279 ff.

sprochen werden kann; die Entschädigung dient hier dazu, ein zerstörtes Gleichgewicht wiederherzustellen. Die beiden Fälle sind in den Augen des Bundesgerichts offenbar nicht streng geschieden; sie korrelieren vielmehr in der Weise, dass bei zunehmender Intensität des Eingriffs die Frage der Gleichbehandlung an Gewicht verliert[15].

Auch diese zweite Bemerkung stellt das Bundesgericht ausdrücklich als blosse Klarstellung der bisherigen Rechtsprechung und ihrer Definition der materiellen Enteignung hin. Es greift auch wieder auf den Begriff des «Opfers» zurück, und zwar für den ersten der beiden unterschiedenen Fälle; der Entzug einer wesentlichen Eigentumsbefugnis qualifiziert sich per se als übermässiges Opfer. Indessen wird trotz diesen Wendungen klar, dass sich das Gericht von der alten Formel weitgehend abgewendet hat. Gemäss der bisherigen Rechtsprechung stellte nur der Entzug des ausgenützten, verwerteten Eigentumsinhaltes *unabhängig von der Zahl der Betroffenen* eine materielle Enteignung dar. Wir haben die geringe Bedeutung dieses Falles für die Gerichtspraxis gesehen[16]. Das Gericht weitet ihn nun in der Weise aus, dass es schlechtweg den Entzug einer «wesentlichen Eigentumsbefugnis» – *sei diese bereits ausgenützt oder nicht* – als entschädigungspflichtig erklärt[17]. Damit hat es die Fesseln, die ihm die alte Formel anlegte, abgestreift: wo wesentliche Eigentumsbefugnisse auf dem Spiele stehen, hat die Zahl der betroffenen Eigentümer keine Bedeutung mehr. Für diese schwersten Eingriffe in das Eigentum ist das Dilemma der bisherigen Konzeption überwunden. Es ist nicht länger mehr möglich, dass eine bestimmte Eigentumsbeschränkung entgegengesetzte Entschädigungsfolgen auslöst, je nachdem ob bloss wenige oder aber viele Eigentümer davon getroffen sind. Auch zahlreiche Personen können jetzt – zumindest dem Anspruch nach – auf einmal zusammen materiell enteignet sein. Die Zahl der Betroffenen hat nur noch für die zweite Tatbestandsvariante Bedeutung: liegt eine schwere, aber nicht «extreme» Eigentumsbeschränkung vor, besteht ein Entschädigungsanspruch nur dann, wenn zugleich eine rechtsungleiche Behandlung nachgewiesen ist. An einer solchen fehlt es dort, wo zahlreiche Eigen-

---

[15] «plus le propriétaire fait un sacrifice élevé, moins il importe de savoir comment il est traité par rapport à des tiers»; BGE 91 I 339.
[16] Vorne S. 80–83.
[17] Wobei nun allerdings der bereits erwähnte neue Vorbehalt gilt, dass im Rückblick die Verwertung der entzogenen Befugnis «comme très probable dans un proche avenir» erscheinen muss (BGE 91 I 339).

tümer gleicherweise in der Ausübung ihrer Eigentumsrechte eingeschränkt sind.

Die Erwägungen des Urteils *Barret* stellen ein weitgehend neues Modell der materiellen Enteignung zur Diskussion[18]. Entscheidender Anknüpfungspunkt ist nicht mehr die Unterscheidung zwischen dem bereits ausgeübten, gegenwärtigen und dem bloss potentiellen, künftigen Gebrauch des Eigentums, sondern die *Intensität des Eingriffs*. Das neue Modell operiert dabei mit drei Intensitätsstufen:
- Entzug einer wesentlichen Eigentumsbefugnis: Es liegt in jedem Fall eine materielle Enteignung vor (*Erste Tatbestandsvariante*).
- Schwere Eigentumsbeschränkung, ohne dass eine wesentliche Eigentumsbefugnis entzogen wäre: Eine materielle Enteignung liegt nur vor, wenn sich die Eigentumsbeschränkung zugleich rechtsungleich auswirkt (*Zweite Tatbestandsvariante*).
- Eigentumsbeschränkung, die sich nicht als schwer qualifiziert: Eine materielle Enteignung liegt in keinem Fall vor (*Dritte Tatbestandsvariante*).

Grundsätzlich unbeachtlich bleibt nach dem Modell, ob die Eigentumsbeschränkung den gegenwärtigen oder aber einen künftigen Gebrauch trifft. Kein Schutz besteht indessen für jene noch nicht ausgeübten Eigentumsbefugnisse, deren baldige Verwirklichung unwahrscheinlich ist.

Welche konkreten Vorstellungen hinter diesen Neuerungen stehen, bleibt im Urteil *Barret* dunkel, da nähere Äusserungen zur Ab-

---

[18] Darüber dürfen allerdings die klar erkennbaren *Elemente der Kontinuität* nicht vergessen werden.
- Die *Intensität des Eingriffs* stellte schon gemäss der alten Formel ein Hauptkriterium dar, besonders in der zweiten Variante, dem Sonderopfer (in der ersten Variante – Entzug des bisherigen Gebrauchs – war sie gewissermassen vermutet).
- Die Bedeutung der *Rechtsgleichheit* wird in *Barret* zwar zurückgestuft, doch bleibt dieser Gesichtspunkt ein wesentliches Element. Sowohl gemäss der alten wie gemäss der neuen Konzeption stellt das Vorliegen einer materiellen Enteignung einen Ausnahmefall dar (worauf BONNARD in der ersten, noch vor Veröffentlichung des Urteils *Barret* abgegebenen Stellungnahme nachdrücklich hinweist, JdT 1966, S. 71 und 79).
- Schliesslich muss auch in der Charakterisierung der bundesgerichtlichen Äusserungen als blosse «Präzisierung der Rechtsprechung» (Regest; BGE 91 I 330) eine bewusste Betonung der Kontinuität gesehen werden. Die unmittelbar auf *Barret* folgenden Urteile lassen erkennen, dass das Gericht noch längere Zeit seine frühere Judikatur nicht als obsolet ansieht; vgl. hinten S. 114.

grenzung der einzelnen Intensitätsstufen fehlen. Insbesondere wird nicht klar, ob das Bundesgericht bestimmten Arten der Eigentumsnutzung – namentlich der Bauchance – die Eigenschaft einer wesentlichen Eigentumsbefugnis gleichsam abstrakt zuerkennt, oder ob es diese Qualifikation vielmehr von den konkreten Umständen des einzelnen Falles abhangen lassen will[19].

D) Das Bundesgericht zitiert in dem die materielle Enteignung betreffenden Teil des Urteils *Barret* keine Literaturstelle. Dennoch kann kaum bezweifelt werden, dass der Anstoss zur Überprüfung der bisherigen Rechtsprechung – abgesehen vom bereits erwähnten praktischen Dilemma bei der Anwendung der alten Formel – von der Rechtswissenschaft ausgegangen ist. Wenn das Gericht jetzt die Eingriffsintensität zum entscheidenden Kriterium erhebt, folgt es der Kritik und den Anregungen REICHLINS am Juristentag 1947[20]. Auch für die differenzierte Berücksichtigung des Gleichheitsgedankens und für gewisse vom Gericht verwendete Formulierungen finden sich in der Doktrin Belegstellen[21].

Der Einfluss der Rechtswissenschaft lässt sich allerdings nur für die zweite der beiden im Urteil *Barret* enthaltenen «observations» mit Sicherheit feststellen. Die bedeutsamen Ausführungen des Gerichts zum Entzug noch nicht ausgeübter Eigentumsbefugnisse – geschützt sind nur jene, die mit hoher Wahrscheinlichkeit in naher Zukunft verwertet worden wären – sind eigenständig. Immerhin

---

[19] Als ganzer legt der Entscheid eher die erste Interpretation nahe. Für diese Annahme spricht in erster Linie, dass das Gericht die neue Kategorie des sehr schweren, unbesehen um die Zahl der Betroffenen enteignend wirkenden Eingriffes aus Anlass eines konkret angeordneten Bauverbotes entwickelt. Zweites Indiz ist die Ausdrucksweise des Gerichtes, welche die Vorstellung bestimmter wesentlicher im Eigentum enthaltener Befugnisse voraussetzt («lorsque le propriétaire est entièrement privé de *l'une* des facultés essentielles découlant de son droit de propriété»; S. 339).
Die nachfolgende Rechtsprechung geht dann aber in Richtung einer Verneinung abstrakt zu benennender wesentlicher Eigentumsbefugnisse. Dies gilt namentlich für die Bauchance. Dazu hinten S. 127 FN 36.
[20] Vorne S. 103. Die Übernahme REICHLINS durch das Bundesgericht geht sehr weit; die Unterscheidung dreier Intensitätsstufen ist in REICHLINS mündlichem Votum am Juristentag bereits vorweggenommen, ZSR 1947, S. 497a. Vgl. auch die Bemerkung in FN 12 vorne.
[21] Zur Berücksichtigung der Rechtsgleichheit die vorne erwähnten Autoren, S. 103. Für die Formulierung könnte das Bundesgericht von GRISEL, Restrictions de droit public, Zbl 1955, 117–18, inspiriert worden sein.

wird man auch hier Anregungen der Lehre mitzuberücksichtigen haben[22].

E) Die Rechtswissenschaft hat die Bedeutung des Urteils *Barret* sogleich erkannt. Die ersten Kommentare begrüssen die Abkehr vom Sonderopfer gemäss Formel *Müller-Haiber* und die Hinwendung zu einer neuen Konzeption mit stärkerer Betonung des Intensitätskriteriums[23]. Zugleich wird darauf hingewiesen, dass die Folgen der Neuausrichtung im Einzelnen davon abhängen werden, wie das Bundesgericht die drei Intensitätsstufen einerseits und den Vorbehalt hinsichtlich der Wahrscheinlichkeit der entzogenen Nutzung anderseits konkretisieren wird[24]. Einigkeit herrscht darüber, dass als typischer Fall des Entzugs einer wesentlichen Eigentumsbefugnis, der ohne weiteres zu einer materiellen Enteignung führt, ein Verbot des Bauens auf dazu geeignetem Land anzusehen sei[25].

F) Das Bundesgericht selber hat sich zwölf Jahre nach *Barret* mit den durch die Schutzverordnung für Bevaix aufgeworfenen Entschädigungsfragen nochmals – nun aber materiell – zu befassen gehabt. Im Urteil *Etat de Neuchâtel v. Borioli*[26] bejaht es für dreizehn Eigentümer, welche gegen den Staat Neuenburg Entschädigungsansprüche geltend gemacht hatten, eine materielle Enteignung. In der Begründung führt es aus, die Erschliessung des betroffenen Gebietes wäre wirtschaftlich vernünftig gewesen und hätte sich unschwer verwirklichen lassen; die unmittelbar bevorstehende Überbauung sei allein wegen des Erlasses der Schutzverordnung verhindert worden.

[22] Die vom Bundesgericht vorgenommene Einschränkung des Schutzes zukünftiger Eigentumsbefugnisse findet eine Parallele in der von einigen Autoren geäusserten Überlegung, dass der Entzug der Überbauungsmöglichkeit jedenfalls dort keine Werteinbussen verursacht (und damit keine Entschädigungspflicht auslöst), wo eine Überbauung innerhalb absehbarer Zukunft nicht wahrscheinlich gewesen wäre; SCHAUMANN, Landesplanung, 264–65; AUBERT, Renchérissement, ZSR 1964 II, S. 131; KUTTLER, Bodenverteuerung, ZSR 1964 II, S. 162. Siehe auch hinten S. 132–33.

[23] BONNARD, JdT 1966, 70–71; SALADIN, Bemerkungen, ZSR 1966 I, S. 425–27 (der allerdings als einziger – trotz grundsätzlicher Zustimmung zum Urteil – die völlige Ausschaltung des Gleichheitsaspektes aus der ersten Tatbestandsvariante ablehnt); MEIER-HAYOZ/ROSENSTOCK, 36, 41–42, 48; AUBERT, Traité, N. 2195–99; FRIEDRICH, Eigentumsgarantie, Zbl 1968, S. 64–65.

[24] BONNARD, JdT 1966, S. 71; MEIER-HAYOZ/ROSENSTOCK, 36, 42; AUBERT, Traité, N. 2198; FRIEDRICH, Eigentumsgarantie, Zbl 1968, S. 65.

[25] BONNARD, JdT 1966, S. 72; MEIER-HAYOZ/ROSENSTOCK, 42; AUBERT, Traité, N. 2197; FRIEDRICH, Eigentumsgarantie, Zbl 1968, S. 65–66.

[26] Unveröffentlichtes Urteil vom 21. Oktober 1977.

4.2. Die Ausbildung der neuen Formel

A) Im Unterschied zur Konzeption *Müller-Haiber* sind bei der Konzeption *Barret* Urteil und Formel nicht eines. Was wir heute als «Formel *Barret*» verstehen, ist das Ergebnis eines mehrjährigen Formulierungsprozesses. Er kommt in den siebziger Jahren zum Abschluss, als das Bundesgericht die ihm richtig scheinende Version findet und – jeweils bis auf wenige Worte unverändert – zu zitieren beginnt.

Die Formel hat folgenden Wortlaut:

> «Nach der Rechtsprechung des Bundesgerichts liegt ein enteignungsähnlicher Eingriff vor, wenn einem Eigentümer der bisherige oder ein voraussehbarer künftiger Gebrauch seiner Sache untersagt oder in einer Weise eingeschränkt wird, die besonders schwer wiegt, weil dem Eigentümer eine wesentliche, aus dem Eigentum fliessende Befugnis entzogen wird. Geht der Eingriff weniger weit, so wird gleichwohl eine materielle Enteignung angenommen, falls ein einziger oder einzelne Grundeigentümer so betroffen werden, dass ihr Opfer gegenüber der Allgemeinheit unzumutbar erschiene und mit der Rechtsgleichheit nicht vereinbar wäre, wenn hiefür keine Entschädigung geleistet würde (sogenanntes Sonderopfer...).
> In beiden Fällen ist die Möglichkeit einer zukünftigen besseren Nutzung des Bodens indessen nur zu berücksichtigen, wenn im massgebenden Zeitpunkt anzunehmen war, diese lasse sich mit hoher Wahrscheinlichkeit in naher Zukunft verwirklichen»[1].

B) Wie die sich über mehrere Etappen hinziehenden Umformungen zeigen, haben anfänglich wohl zwei Gründe das Bundesgericht veranlasst, nicht unmittelbar die Aussagen des Urteils *Barret* sel-

---

[1] Hier zitiert nach BGE *Meier*, 105 Ia 339 (1979). Seit BGE *EG Bern*, 109 Ib 15 (1983), wird im deutschen Text eine Verkürzung verwendet, die meines Erachtens den richtigen Sinn entstellt («eine materielle Enteignung [liegt] dann vor..., wenn einem Eigentümer der bisherige oder ein voraussehbarer künftiger Gebrauch seiner Sache *untersagt oder besonders stark eingeschränkt wird, weil* dem Eigentümer eine wesentliche, aus dem Eigentum fliessende Befugnis entzogen wird» [Hervorhebung durch den Verfasser]). Korrekt demgegenüber weiterhin die französische Fassung, z.B. in BGE *Rothuizen v. Commugny*, BGE 112 Ib 108 E.2a (1986).
Seit dem Urteil *Baumberger*, 106 Ia 373 (1980), ergänzt das Bundesgericht die Formel bisweilen mit dem Zusatz: «Unter besserer Nutzung eines Grundstücks ist in der Regel die Möglichkeit seiner Überbauung zu verstehen».
In den achtziger Jahren nimmt zunehmend auch die Umschreibung des Erfordernisses der Realisierungswahrscheinlichkeit eine formelmässige Gestalt an. Insofern erscheint die «Formel Barret» heute um diesen Teil erweitert; siehe hinten das Zitat S. 164–165.

4.2. Die Ausbildung der neuen Formel

ber zur Formel zu erheben. Den einen wird man in der klärungsbedürftigen Urteilsstelle zum Verhältnis zwischen gegenwärtigem und zukünftigem (entzogenem) Gebrauch vermuten dürfen[2]. Der andere liegt im Bestreben des Gerichts, die Kontinuität der neuen mit seiner bisherigen Rechtsprechung hervorzuheben. Der erste und, wie sich herausstellen wird, wegweisende Formulierungsversuch im Urteil *Fricker* (1967) erscheint in dieser Hinsicht aufschlussreich:

> «Nach der neuern Rechtsprechung wird eine materielle Enteignung angenommen, wenn der bisherige oder ein voraussichtlicher künftiger Gebrauch der Sache verboten oder in besonders schwerer Weise eingeschränkt wird oder wenn ein weniger schwerer Eingriff lediglich einen oder wenige Eigentümer trifft, so dass ihr Opfer gegenüber der Allgemeinheit nicht zumutbar erscheint»[3].

Auffallend sind hier einerseits die plakative Vereinfachung der differenzierten Überlegungen des Urteils *Barret*, andererseits die starke Anlehnung an die alte Formel. Der Entzug einer wesentlichen Eigentumsbefugnis wird kurzerhand auf ein Verbot oder eine schwere Einschränkung des bereits verwerteten oder eines voraussichtlichen künftigen Gebrauchs reduziert – eine Vergröberung gegenüber dem Urteil *Barret*, das den Fall des Verbotes nicht ohne weiteres als materielle Enteignung wertet[4]. Die zweite Variante wird an die – aus der alten Formel übernommene – Voraussetzung geknüpft, dass «lediglich ein oder wenige Eigentümer» betroffen sein dürfen, und erfährt dadurch ebenfalls eine Änderung gegenüber den viel flexibleren Aussagen in *Barret*.[5]

Dass das Bundesgericht alte und neue Konzeption noch längere Zeit als weitgehend kongruent ansieht, zeigt sich 1969 im Urteil *Genossenschaft Zentralschweizer Metzgermeister*: das Gericht zitiert hier in voller Länge die Formel *Müller-Haiber* und schliesst daran eine Zusammenfassung der *Barret*-Grundsätze an, wobei beides als Ausdruck desselben Gedankens hingestellt wird[6]. – Ein Jahr später finden wir im Urteil *Zwyssig* eine Kette von Urteilszitaten, welche ebenfalls die Auf-

---

[2] BGE 91 I 339: «dans l'un et l'autre cas, il s'impose de protéger non seulement l'utilisation actuelle du fonds, mais également son utilisation possible à l'avenir». Dazu vorne S. 107–08.

[3] BGE 93 I 342 (1967).

[4] Vorne S. 108, FN 12.

[5] Das im gleichen Jahr gefällte Urteil *Société suisse des maîtres imprimeurs*, BGE 93 I 708, bringt eine Umschreibung, die den Sinn der *Barret*-Grundsätze wesentlich besser wiedergibt als der Entscheid *Fricker* (S. 711 i.f.); diese Umschreibung hat sich indessen nicht durchgesetzt.

[6] BGE 95 I 460–61 (1969).

fassung einer bis zum Urteil *Müller-Haiber* zurückgehenden kontinuierlichen Rechtsprechung nahelegen[7].

Erst zwischen 1970 und 1972 beginnt das Bundesgericht, sich vermehrt auf die eigenständigen Aussagen des leading case *Barret* zu besinnen. In den Entscheiden *Frei* und *Mühlematter* zitiert es eingangs jeweils die im Urteil *Fricker* verwendete Formel, ergänzt sie dann aber mit Erläuterungen zu ihrem richtigen Verständnis. Diese Präzisierungen betreffen im Urteil *Frei* die Unterscheidung der beiden Tatbestandsvarianten[8], im Urteil *Mühlematter* die Flexibilität der Abgrenzung sowie die Entschädigungslosigkeit jener Eingriffe, die sich weder als Entzug einer wesentlichen Eigentumsbefugnis noch als schwere und zugleich rechtsungleich wirkende Einschränkung qualifizieren[9].

Im Fall *Sigg* (1972) nuanciert das Bundesgericht schliesslich seine Protoformel von 1967 und entwickelt den ersten Teil der heute gültigen Version[10]. Das Gericht hebt zugleich hervor, dass die in *Barret* aufgestellten, seither aber nicht mehr erwähnten Voraussetzungen für einen Schutz der noch nicht ausgeübten Verwendungsmöglichkeiten ihre Gültigkeit nicht verloren haben: Nur wo nach den Umständen anzunehmen ist, die künftige Nutzung hätte sich sehr wahrscheinlich in naher Zukunft verwirklichen lassen, wird die Entschädigungsfrage überhaupt relevant[11]. Diese Verdeutlichung findet ihrerseits – als zweiter Teil der Formel – ihre verbindliche Fixierung im Urteil *Meier* (1979)[12].

Ein Vergleich der endgültigen Fassung der Formel mit dem Urteil *Barret* selbst lässt erkennen, dass im Umsetzungsprozess - bei aller Treue zum Vorbild – einige wesentliche Elemente verloren gegangen sind. Die in *Barret* fliessend verstandene Unterscheidung zwischen den sehr schweren Eingriffen einerseits und den weniger schweren, aber rechtsungleich wirkenden Einschränkungen anderseits hat in der Formel einer absoluten Trennung Platz gemacht; zum Satz «plus le propriétaire fait un sacrifice élevé, moins il importe de savoir comment

---

[7] BGE 96 I 126 (1970).
[8] BGE 96 I 357 (1970).
[9] BGE 97 I 635 (1971): «Il n'y a pas cependant de limite précise entre les deux situations .... A contrario, les autres limitations apportées aux facultés du propriétaire n'appellent pas une indemnité».
[10] BGE 98 Ia 384 (1972).
[11] Id., 385.
[12] BGE 105 Ia 339 (1979); gleich bereits im nicht amtlich veröffentlichten BGE *Köchli AG* (1978), Zbl 1979, S. 538.

4.2. Die Ausbildung der neuen Formel

il est traité par rapport à des tiers» [13] fehlt nun jede Entsprechung. Im übrigen enthält auch die endgültige Fassung jene Rigiditäten, welche bereits bei der früheren Formulierung im Entscheid *Fricker* festzustellen waren [14]. Im Rückblick gesehen wird man bedauern, dass das Bundesgericht sich nicht enger an seine zwar schwieriger anzuwendenden, der Wirklichkeit aber besser entsprechenden Überlegungen im Urteil *Barret* angelehnt hat. Einige jener konzeptionellen Probleme, auf die wir bei der Untersuchung der Rechtsprechung stossen werden, hätten sich auf diese Weise vielleicht vermeiden lassen.

C)   Nachzutragen bleibt, dass der Geltungsbereich der Formel entgegen ihrem generalklauselartigen Wortlaut nicht unbegrenzt ist. Das Bundesgericht bringt im Verlaufe der Jahre mehrere Vorbehalte dazu an.

Der erste betrifft *Einschränkungen mit inhaltsbestimmendem Charakter*. Das Bundesgericht formuliert einen grundsätzlichen Vorbehalt im Entscheid *Zwyssig*, wo es die Entschädigungsfolgen einer neuen, unmittelbar auf Gesetz beruhenden Waldabstandsvorschrift zu beurteilen hat. Die Kriterien der Eingriffsintensität und der Anzahl Betroffener, bemerkt es dort,

> «erscheinen ... nicht als genügend, wenn Beschränkungen der Grundstücksbenützung in Frage stehen, die wie der streitige Waldabstand vom kantonalen Gesetzgeber ausgehen. Diese Beschränkungen nehmen insofern eine Sonderstellung ein, als der kantonale Gesetzgeber beim Erlass von öffentlichrechtlichen Eigentumsbeschränkungen, sofern er nur den Wesensgehalt des Eigentums unangetastet lässt, weitgehend frei ist...
> Die Abgrenzung zwischen entschädigungslosen und entschädigungspflichtigen Eigentumsbeschränkungen, die schon an sich erhebliche Schwierigkeiten bereitet (...), erscheint bei den unmittelbar auf Gesetz beruhenden Beschränkungen besonders heikel» [15].

Dieser letztere Aspekt wird dann aber nicht weiter verfolgt. Er wird in gewisser Weise auch offenbleiben, wenn die Frage im Zusammenhang mit der im Gewässerschutzgesetz von 1971 angeordneten planerischen Aufhebung der Baufreiheit praktische Bedeutung erlangt; das Bundesgericht leitet dort unmittelbar aus dem inhaltsbestimmenden Charakter dieser Bestimmungen die Entschädigungslosigkeit

---

[13] BGE 91 I 339. Dazu hinten S. 299–302.
[14] Vorne FN 3 und zugehöriger Text.
[15] BGE 96 I 126–27 (1970).

ab und behält die Formel *Barret* in globo für Ausnahmefälle vor. Wir werden uns damit im Kapitel 4.4. auseinandersetzen.

Im Urteil *Zwyssig* ruft das Bundesgericht auch den zweiten Vorbehalt in Erinnerung: *polizeilich begründete Eingriffe* in das Eigentum müssen vom Eigentümer ohne Entschädigung hingenommen werden[16]. Wir werden im Kapitel 4.6.1. sehen, dass diese bereits in der ältesten Rechtsprechung begründete Regel zwar einige Differenzierungen erfährt, grundsätzlich aber in Geltung bleibt.

Um den *Entzug bereits verwerteter, gegenwärtiger Eigentumsbefugnisse* geht es im dritten Vorbehalt. Im Urteil *Maurer* präzisiert das Gericht, dass ein Entschädigungsanspruch in einem solchen Fall nur dann überhaupt in Frage kommt, wenn die betreffende Eigentumsnutzung im Zeitpunkt des Entzugs rechtmässig war[17]. Es knüpft damit an eine bereits in der Formel *Müller-Haiber* ausdrücklich enthaltene Beschränkung an[18].

4.3. Die Konkretisierung der neuen Formel zwischen 1965 und 1979

Obwohl das Bundesgericht die im Urteil *Barret* entwickelte Konzeption der materiellen Enteignung bis heute als verbindlich ansieht und die danach geprägte Formel regelmässig zitiert, bildet seine Rechtsprechung nicht eine ungebrochene Linie. Einen Einschnitt bringt 1979 der Entscheid *Meier v. Zizers*[1]. Das Gericht erklärt hier, die in Erfüllung des Raumplanungsauftrages von Art. 22 ^{quater} BV vorgenommene Zuweisung von Land zur Nichtbauzone müsse als Inhaltsbestimmung des Eigentums gewertet und deshalb grundsätzlich entschädigungslos hingenommen werden. Der umfassende Geltungsanspruch der Konzeption *Barret* erscheint seither in Frage gestellt. Die vierte Rechtsprechungsphase soll daher in zwei durch das Urteil *Meier* geschiedenen Teilen behandelt werden. Wir wenden uns im folgenden der Rechtsprechung der Jahre 1965 bis 1979 zu.

---

[16] Id., 128–30.
[17] BGE 106 Ia 264 (1980). Dazu auch hinten S. 320 ff.
[18] BGE 69 I 241 (1943); dazu vorne S. 75.
[1] BGE 105 Ia 330. Dazu ausführlich hinten 4.4.

4.3. Die Konkretisierung der neuen Formel zwischen 1965 und 1979

4.3.1. Zahlen und Sachverhalte

Wie bereits für die vorangegangene Periode soll vor der Analyse der bundesgerichtlichen Rechtsprechung ein kurzer Überblick über Art und Grössenordnung der Judikatur gegeben werden.

Im Anschluss an das Urteil *Barret* hat sich das Bundesgericht zunehmend mehr – deutlich stärker als in der dritten Rechtsprechungsphase – mit Fragen der materiellen Enteignung abzugeben. Zwar lässt sich der tatsächliche Umfang an Fällen wegen der nicht bekannten Zahl unpublizierter Urteile nicht feststellen. Soweit man aber die in der Amtlichen Sammlung veröffentlichten Entscheide als Gradmesser ansehen darf, ist die Zunahme markant. Zwischen 1966 und 1979 finden sich hier 15 Urteile, bei denen die Abgrenzung zwischen entschädigungspflichtigen und entschädigungslosen Eingriffen diskutiert wird[2], und 9 Urteile, die besondere Fragen der Entschädigung oder des Verfahrens zum Gegenstand haben[3]. Verschiedene inoffizielle Quellen – es handelt sich meistens um das Schweizerische Zentralblatt für Staats- und Gemeindeverwaltung – enthalten acht weitere Urteile[4]. Zitate in veröffentlichten Entscheiden führen schliesslich auf die Spur von mindestens sieben unveröffentlichten Urteilen, die sich materiell mit der Entschädigungspflicht befassen[5]. Gesamthaft ist also für den Zeitraum von 1966 bis 1979 mit mindestens 40 Urteilen zu rechnen – eine Verdoppelung gegenüber der vorangegangenen Rechtsprechungsphase[6].

---

[2] BGE *Fricker*, 93 I 338 (1967); *Société suisse des maîtres imprimeurs*, 93 I 708 (1967); *Genossenschaft Zentralschweizer Metzgermeister*, 95 I 453 (1969); *Zwyssig*, 96 I 123 (1979); *Frei*, 96 I 350 (1979); *Mühlematter*, 97 I 632 (1971); *Reutemann*, 97 I 792 (1971); *Sigg*, 98 Ia 381 (1972); *Chapallaz*, 99 Ia 364 (1973); *Roulet*, 101 Ia 467 (1975); *FFS*, 101 Ib 277 (1975); *Würth*, 101 Ia 224 (1975); *Monneron*, 102 Ia 122 (1976); *Bern*, 103 Ib 210 (1977); *Meier*, 105 Ia 330 (1979).

[3] BGE *Dr.A.Wander AG*, 92 I 66 (1966); *Erben Schulthess*, 93 I 130 (1967); *Baumann*, 97 I 12 (1971); *Erben Bader*, 97 I 349 (1971); *Mangana AG*, 97 I 624 (1971); *Gerber und Wimmer*, 97 I 809 (1971); *Etat de Neuchâtel*, 99 Ia 110 (1973); *DFJP v. Dutoit*, 101 Ib 52 (1975); *Neef-Schäfer*, 102 Ia 243 (1976).

[4] BGE *Imhof* (1968), Zbl 1968, S. 446; *Burckhardt* (1968), Zbl 1969, S. 317; *Erben Rutsch* (1977), Zbl 1977, S. 553; *Zur Gilgen* (1977), Zbl 1978, S. 18; *Köchli AG* (1978), Zbl 1979, S. 534; *Stalder* (1979), BVR 1979, S. 380; *Haas* (1979), Zbl 1980, S. 354.

[5] BGE *Rudin v. Birsfelden* vom 26. Januar 1966; *DFJP v. Collomb* vom 30. Januar 1976; *Chollet + de Mestral v. Vaud* vom 23. Februar 1977; *Etat de Neuchâtel v. Borioli* vom 21. Oktober 1977; *Coderey v. Lutry* vom 21. März 1978; *Crot v. Lutry* vom 5. Dezember 1978; *Schmid v. Neuenegg* vom 11. Juli 1979.

[6] Vorne S. 78.

4.3. Die Konkretisierung der neuen Formel zwischen 1965 und 1979

Mit der zahlenmässigen Zunahme geht eine inhaltliche Erweiterung einher; die Sachverhalte sind vielfältiger als früher. Baupolizeiliche Einschränkungen im weiten Sinn[7] und Massnahmen des Landschaftsschutzes[8] beherrschen zu Beginn zwar weiterhin das Feld. Die bis zum Urteil *Barret* nie aktuell gewordene Frage nach den Entschädigungsfolgen der Raumplanung stellt sich dem Bundesgericht nun aber unausweichlich; sie wird im Urteil *Meier v. Zizers* ihre Antwort erhalten[9]. Schliesslich hat sich das Gericht auch mit Fällen zu befassen, die aus dem Rahmen des Üblichen herausfallen[10].

Hinsichtlich des Ausgangs der vom Bundesgericht beurteilten Fälle wiederholt sich der Befund der dritten Rechtsprechungsphase: die Bejahung der materiellen Enteignung bleibt Ausnahme. Bloss vier Fälle werden in diesem Sinne entschieden[11], 21mal wird eine materielle Enteignung verneint[12].

[7] Baulinien: BGE *Rudin, Fricker, Genossenschaft Zentralschweizer Metzgermeister, Chapallaz*; Waldabstand: BGE *Zwyssig*; Abstand von einem öffentlichen Gewässer: BGE *zur Gilgen*; Wechsel von einer Bauzone mit höherem zu einer solchen mit niedrigerem Ausnützungsgrad: BGE *Mühlematter*; Pflicht zum Erstellen von Autoabstellplätzen auf privaten Grund: BGE *Reutemann*. (Vgl. für die Fundstellen FN 2-5).

[8] BGE *Sigg; Roulet; Würth; DFJP v. Collomb; Chollet + de Mestral; EG Bern; Neuchâtel v. Borioli; Köchli AG*. (Vgl. für die Fundstellen FN 2-5).

[9] BGE 105 Ia 330 (1979). Um raumplanerisch motivierte Bauverbote geht es bereits in folgenden dem Urteil *Meier* vorausgehenden Entscheiden: *Erben Rutsch; Coderey v. Lutry; Crot v. Lutry; Stalder; Schmid v. Neuenegg*. (Vgl. für die Fundstellen FN 2-5).

[10] Pflicht zur Hinterlegung eines Freiexemplars jeden Druckerzeugnisses bei der Kantonsbibliothek: BGE *Société suisse des maîtres imprimeurs*; Kiesabbauverbot: BGE *Frei*; Verweigerung einer Plangenehmigung im eisenbahnrechtlichen Plangenehmigungsverfahren: BGE *FFS v. Plastex*; Verweigerung der kantonalen Zustimmung zur Überbauung einer aufgeschütteten Uferparzelle: BGE *Monneron*. (Vgl. für die Fundstellen FN 2-5).

[11] BGE *FFS v. Plastex*, 101 Ib 277 (1975); *Chollet + de Mestral* vom 23. Februar 1977 (unveröffentlicht); *Einwohnergemeinde Bern*, 103 Ib 210 (1977); *Etat de Neuchâtel v. Borioli* vom 21. Oktober 1977 (unveröffentlicht). Zu beachten bleibt allerdings, dass in jenen Urteilen, wo es um Entschädigungs- oder Verfahrensfragen geht (oben FN 3), die Entschädigungspflicht vorweg bejaht ist.

[12] BGE *Rudin v. Birsfelden* vom 26. Januar 1966 (unveröffentlicht); *Fricker*, 93 I 338 (1967); *Société suisse des maîtres imprimeurs*, 93 I 708 (1967); *Genossenschaft Zentralschweizer Metzgermeister*, 95 I 453 (1969); *Zwyssig*, 96 I 123 (1970); *Frei*, 96 I 350 (1979); *Mühlematter*, 97 I 632 (1971); *Sigg*, 98 Ia 381 (1972); *Chapallaz*, 99 Ia 364 (1973); *Roulet*, 101 Ia 467 (1975); *Würth*, 101 Ia 224 (1975); *DFJP v. Collomb* vom 30. Januar 1976 (unveröffentlicht); *Monneron*, 102 Ia 122 (1976); *Erben Rutsch* (1977), Zbl 1977, S. 553; *zur Gilgen* (1977), Zbl 1978, S. 18; *Coderey v. Lutry* vom 21. März 1978 (unveröffentlicht); *Köchli AG* (1978), Zbl 1979, S. 534; *Crot v. Lutry* vom 5. Dezember 1978 (unveröffentlicht); *Stalder* (1979), BVR 1979, S. 380; *Schmid v. Neuenegg* vom 11. Juli 1979 (unveröffentlicht); *Meier v. Zizers*, 105 Ia 330 (1979).

4.3.2. Zur Methode des Bundesgerichts

A) Die Formel *Barret* deckt nicht sämtliche Sachverhalte ab, bei denen sich die Entschädigungsfrage stellt. Es ist bereits gesagt worden, dass das Bundesgericht im Laufe der Zeit gewisse Vorbehalte angebracht hat, die den Anwendungsbereich der Formel einschränken; erinnert sei an die polizeilichen Eingriffe als bekanntestes Beispiel[13]. In den meisten Fällen trifft indessen keiner der Vorbehalte zu, so dass der für die Beurteilung einzuschlagende Weg durch die *Barret*-Grundsätze vorgegeben ist.

Gemäss der Formel wäre als erstes zu prüfen, ob dem Eigentümer ein gegenwärtiger, also im Zeitpunkt des Eingriffs bereits ausgenützter Gebrauch oder aber eine zukünftige, bis zur Anordnung des Eingriffs im Eigentumsrecht noch enthaltene, aber nicht verwertete Befugnis weggenommen worden ist. Tatsächlich pflegt das Bundesgericht in seinen Urteilserwägungen diese Untersuchung vorzunehmen. Es handelt sich dabei aber meist um eine blosse Formalität. In der schweizerischen Rechtsüberzeugung ist das Prinzip des Bestandesschutzes derart fest verwurzelt, dass der Entzug einer bereits verwerteten Eigentumsbefugnis kaum je vorkommt[14]. Die Entschädigungsfrage stellt sich in der Praxis beinahe ausnahmslos nur für Einschränkungen des zukünftigen Gebrauchs. Für diesen Regelfall – mit dem wir uns nachfolgend allein befassen – bieten sich zwei Vorgehensweisen.

B) Bei der ersten wird zu Beginn rückblickend geprüft, ob eine Verwirklichung der entzogenen Eigentumsbefugnis innert absehbarer Zeit zu erwarten gewesen wäre oder nicht. Fällt die Antwort auf diese Frage negativ aus, liegt keine materielle Enteignung vor, da nach den *Barret*-Grundsätzen nur eine sich sehr wahrscheinlich in naher Zukunft realisierende Nutzung innerhalb des Schutzbereiches liegt. Lautet die Antwort dagegen positiv, ist ein weiterer Schritt erforderlich: die urteilende Instanz muss nun entscheiden, unter welche der drei möglichen Intensitätsstufen der Eingriff fällt. Ein Entschädigungsanspruch besteht nur dann, wenn eine wesentliche Eigentumsbefugnis aufgeho-

---

[13] Vorne S. 117, hinten S. 182–86.
[14] Für den Zeitraum von 1965 bis 1985 lassen sich nur zwei Fälle anführen, welche aber bezeichnenderweise beide nicht unter die Formel Barret fallen, weil der betreffende Gebrauch im Zeitpunkt des Entzuges nicht rechtmässig war. Beide Male geht es um das Verbot eines Lagerplatzes für Abbruchautos bzw. reparaturbedürftige Fahrzeuge, BGE *Maurer,* 106 Ia 262 (1980); *Mallet* (1980), RDAF 1982, S. 137.

ben wurde oder wenn eine schwere Eigentumsbeschränkung vorliegt, die zugleich rechtsungleich wirkt. Alle anderen Eingriffe müssen vom Eigentümer entschädigungslos geduldet werden.

Bei der anderen möglichen Vorgehensweise wird an erster Stelle die Intensität des Eingriffs im eben geschilderten Sinne beurteilt. Für alle Eingriffe, die nicht zumindest als schwer zu qualifizieren sind, entfällt von vornherein jede Entschädigungspflicht des Gemeinwesens. Liegt indessen ein sehr schwerer oder ein schwerer und zugleich rechtsungleich wirkender Eingriff vor, muss wiederum untersucht werden, ob die entzogene Befugnis Aussicht auf baldige Verwirklichung hatte, da die materielle Enteignung nur dann bejaht werden kann.

Beide Methoden sind an sich gleichwertig. Praktisch gesehen kann es aber je nach den Umständen eines Falles leichter sein, die Frage nach der Eingriffsintensität oder aber jene nach den Verwirklichungsaussichten zu beantworten. Wenn eine der beiden Fragen vorweg liquide verneint werden kann, ist das Entschädigungsproblem erledigt.

C) Die bundesgerichtliche Rechtsprechung weist mit Ausnahme des vorzüglich begründeten Urteils *Mühlematter*[15] kaum Beispiele auf, wo die geschilderte Abfolge von Gedankenschritten vollständig sichtbar würde. In der Regel begnügen sich die Urteilserwägungen mit einem abgekürzten Verfahren. Dabei steht die Erörterung der Verwirklichungsaussichten für den nun untersagten Gebrauch im Vordergrund. Nicht immer entgeht das Gericht den Gefahren, welche sein summarisches Vorgehen einschliesst. So ist seit Ende der siebziger Jahre zu beobachten, wie die Fragestellungen der *Barret*-Formel nicht mehr klar auseinandergehalten werden. Das Gericht pflegt etwa zu sagen, ein bestimmtes Bauverbot habe dem Eigentümer keine in naher Zukunft realisierbare Bauchance entzogen und es liege «daher» kein sehr schwerer Eigentumseingriff vor[16]. Eine solche logische Verknüpfung scheint nicht zulässig, wenn die aus der Konzeption *Barret* folgenden Fragestellungen ihren Sinn behalten sollen.

Im folgenden soll die Judikatur der Jahre 1966 bis 1979 im Lichte der von der *Barret*-Formel aufgestellten Kriterien untersucht

---

[15] BGE 97 I 632 (1971); dazu ausführlich hinten S. 125–26.
[16] BGE *Stalder* (1979), BVR 1979, S. 383–85; *Schmid,* vom 11. Juli 1979, E.6b S. 18 (unveröffentlicht).

werden. Wir wenden uns zuerst der Frage der Eingriffsintensität und anschliessend jener der Realisierungswahrscheinlichkeit zu.

4.3.3. Eingriffsintensität

A)   Allgemeines

Wie das Urteil *Barret* lehrt, ist für die Beurteilung der Entschädigungsfrage in erster Linie auf die Intensität des Eingriffes abzustellen. Gewisse schwerwiegende Eingriffe, bei denen eine wesentliche Eigentumsbefugnis entzogen wird, verwirklichen von allein den Tatbestand der materiellen Enteignung. Andere schwere Eingriffe ziehen Entschädigungsfolgen nach sich, wenn zugleich eine Rechtsungleichheit vorliegt (Sonderopfer). Entschädigungslos zu dulden sind schliesslich alle Eingriffe, die nicht als schwer bezeichnet werden können.

Sowohl der Begriff der «Intensität» wie jener der «Schwere» des Eingriffs sind schillernd. Es kann ihnen nicht entnommen werden, ob sie ausschliesslich in einem ökonomischen Sinne zu verstehen sind (was sie dem Schaden gleichsetzen würde), oder ob sie auch ideelle Einbussen einschliessen (beispielsweise den Entzug der Freiheit, das Eigentum nach eigenem Gutdünken zu nutzen[17], oder den Entzug des Abwehrrechtes gegen jede tatsächliche Beeinträchtigung des Eigentums[18]). Das Bundesgericht hat sich darüber nie grundsätzlich ausgesprochen; die Annahme scheint aber zulässig, dass es den Begriff der Eingriffsintensität wirtschaftlich versteht[19].

---

[17] In diesem Sinne HUBER, Nutzungsplan, SJZ 1945, S. 316; REICHLIN, ZSR 1947, S. 335a.

[18] Wie dies etwa im Recht der Vereinigten Staaten angenommen wird, wo jede (rechtlich zulässige) physische Beanspruchung fremden Eigentums als «Taking» gilt. Vgl. *Loretto v. Teleprompter,* 458 U.S. 419 (1982): das Anbringen von Leitungen für das Kabelfernsehen an private Gebäude ist Enteignung ohne Rücksicht darauf, ob eine Wertminderung eintritt oder nicht.

[19] Die Belegstellen für diese Annahme fallen allerdings ausserhalb des Zeitabschnittes 1965 – 1979. Zu erwähnen sind jene Urteile, in denen das Gericht den Entzug der blossen *Gestaltungsfreiheit* ohne negative wirtschaftliche Folgen als unmassgeblich erklärt: BGE *Staat Wallis,* 110 Ib 362 (1984); gleich bereits der noch unter der Formel *Müller-Haiber* entschiedene BGE *Egger,* BGE 82 I 157 (1956). Indirekt spricht für die rein oekonomische Natur der Eingriffsintensität auch der Umstand, dass bei der materiellen – wie bei der formellen – Enteignung Entschädigung nur für echte Werteinbussen auf dem betroffenen Eigentumsobjekt gewährt wird; dazu hinten S. 252 ff.

Eher noch schwieriger zu verstehen sind die Begriffe des «Entzugs einer wesentlichen Eigentumsbefugnis» und des «schweren, aber weniger weit gehenden Eingriffs». Wie sich im folgenden zeigen wird, gelingt es dem Bundesgericht nicht, sie zu klären und ihr gegenseitiges Verhältnis zu bestimmen. Das Kriterium der Eingriffsintensität bleibt ganz allgemein blass und konturlos. Das Gericht lässt sich zwischen 1965 und 1979 eigentlich nur einmal – im Entscheid *Mühlematter*[20] – auf das Problem wirklich ein; alle seine weiteren Äusserungen sind nur indirekt zu erschliessen.

B) *Die Rechtsprechung zur Eingriffsintensität*

Zu den eben erwähnten indirekten Äusserungen über die Frage der Eingriffsintensität gehören drei gleichartige Entscheide, welche die Rechtsprechung im Anschluss an *Barret* einleiten. Zur Diskussion steht in jedem ein Entschädigungsanspruch wegen eines Teilbauverbotes, das in Form von Baulinien auf bereits überbaute Grundstücke gelegt worden ist. Im Fall *Rudin v. Birsfelden* (1966)[21] erfasst die Baulinie 40% des Grundstückes und durchschneidet ein rückwärtiges Gebäude, dessen Bestand allerdings gewährleistet bleibt. Im Fall *Fricker* (1967)[22] sind 34% eines Grundstückes von der Baulinie betroffen, wobei es sich um Gartenumschwung zu einem Einfamilienhaus handelt. Im Fall der Liegenschaft der *Genossenschaft Zentralschweizer Metzgermeister* (1969) schliesslich belegt die Baulinie 5% der Fläche[23]. Ohne im einzelnen danach zu fragen, wie die Konzeption *Barret* auf derartige Sachverhalte anzuwenden wäre, verneint das Bundesgericht für jeden der drei Fälle das Vorliegen einer materiellen Enteignung. Es führt in Bestätigung seiner bisherigen Rechtsprechung und unter Hinweis auf die den Eigentümern verbleibenden wirtschaftlichen Nutzungsmöglichkeiten[24] aus, dass Baulinien grundsätzlich entschädigungslos geduldet werden müssen. Eine Ausnahme gelte nur dort, wo ein Grundstück so zerschnitten wird, dass seine wirtschaftliche Überbauung nicht mehr möglich ist – eine Situation, die für keinen der Sachverhalte zutrifft. Gesamthaft lassen die Urteile den Schluss zu,

---

[20] BGE 97 I 632 (1971); dazu ausführlich hinten S. 125–26.
[21] Unveröffentlicher Entscheid vom 26. Januar 1966.
[22] BGE 93 I 338.
[23] BGE 95 I 453.
[24] Dazu vorne S. 85–88.

4.3. Die Konkretisierung der neuen Formel zwischen 1965 und 1979

dass auch unter der Konzeption *Barret* die herkömmlichen Baupolizeimassnahmen im Regelfall nicht jene Intensität erreichen, welche für eine materielle Enteignung gefordert wird [25].

Dass eine de minimis-Schwelle besteht, unterhalb deren eine materielle Enteignung ungeachtet der Art des Eingriffes schlechterdings nicht möglich ist, bestätigt das Urteil *Société suisse des maîtres imprimeurs, Section genevoise* (1967) [26]. Angefochten ist hier die den Genfer Verlegern und Druckern durch Gesetz auferlegte Verpflichtung, der Kantonsbibliothek von jedem im Kanton hergestellten oder verlegten Druckerzeugnis unentgeltlich ein Exemplar abzuliefern (dépôt légal). Ein Vorbehalt gilt einzig für Luxusausgaben und kleine Auflagen; die Verpflichtung beschränkt sich hier auf die Abgabe eines Exemplars zu den Selbstkosten [27]. Für die Beantwortung der aufgeworfenen Entschädigungsfrage entwickelt das Bundesgericht eine die *Barret*-Grundsätze ergänzende Begründung, die ihrer allgemeinen Bedeutung wegen hier zitiert sei:

«Les particuliers ne peuvent pas prétendre avoir droit à une indemnité chaque fois qu'un acte étatique restreint leurs droits. Ce serait

---

[25] In diesem Sinn äussert sich das Bundesgericht verschiedentlich auch in Obiter Dicta, so in BGE *Société suisse des maîtres imprimeurs*, 93 I 711 (1967), *Zwyssig*, 96 I 127 (1970), und *Reutemann*, 97 I 799 (1971; hier im Zusammenhang mit der Verpflichtung zur Erstellung privater Autoabstellplätze auf privatem Grund). – Vgl. für die nach 1980 entschiedenen Baulinienfälle, in denen diese Rechtsprechung fortgesetzt wird, hinten S. 159.

[26] BGE 93 I 708. Es handelt sich um ein in mehrerer Hinsicht allein dastehendes Urteil:
– Objekt des Eingriffs ist eine bewegliche Sache.
– Der Eingriff beinhaltet die *Verpflichtung, Eigentum im Rechtssinne auf den Staat zu übertragen*. Dieser Vorgang ähnelt eher einer formellen als der materiellen Enteignung (in casu ist die Anwendung des kantonalen Enteignungsgesetzes allerdings ausgeschlossen, da dieses nur unbewegliche Sachen erfasst; id., 711). Die Verpflichtung liesse sich auch als eine besondere Art von Abgabe deuten (dazu id., 714–16).

[27] Aufschlussreich ist die Auslegung, welche das Bundesgericht dem Vorbehalt für Luxusausgaben gibt. Es setzt die Grenze bei einem Wert von fünfzig Franken fest; id., 712–13. Dieses Vorgehen ist ungewöhnlich. Üblicherweise vermeidet es das Bundesgericht, auf die Grösse der Einbusse frankenmässig einzugehen. Noch ungewöhnlicher ist das Abstellen auf einen absoluten Wert. Wie etwa die zuvor erwähnten drei Baulinienurteile zeigen, berücksichtigt es sonst nur relative Grössen, bemisst also die Einbusse in Bruchteilen oder Prozenten des Gesamtwertes vor dem Eingriff. Tatsächlich veranschaulicht denn auch gerade der diskutierte Entscheid die Fragwürdigkeit einer absoluten Grösse. Das Dépôt légal trifft den Verleger eines in hoher Auflage hergestellten teuren Werkes zweifellos nicht schwer.
Die Erklärung muss wohl eher im Umstand gesucht werden, dass das Dépôt légal dem Gemeinwesen – und nur ihm, nicht auch dem Eigentümer – einen klar fassbaren Vorteil verschafft. Zu diesem Gedanken hinten S. 310 ff.

4.3. Die Konkretisierung der neuen Formel zwischen 1965 und 1979

méconnaître les devoirs des citoyens envers la collectivité, aggraver les charges financières de celle-ci et entraver le fonctionnement des services publics que de faire dépendre d'une prestation de l'Etat toutes les mesures qu'il peut être appelé à prendre au préjudice de certains particuliers. La fidélité à la conception de l'Etat de droit n'en demande pas autant... .

[U]n particulier ne saurait exiger de l'Etat une contre-prestation en échange des prestations qu'il est appelé à lui fournir, lorsque la valeur en est minime. Il en est ainsi du dépôt légal, du moins en principe» [28].

Eigentlich nur einmal – im Urteil *Mühlematter* (1971) [29] – äussert sich das Bundesgericht eingehend zum Verständnis der Eingriffsintensität im Sinne der *Barret*-Formel.

Der Streitfall wird durch eine Herabzonung ausgelöst. Zu Anfang der sechziger Jahre beschliesst die Stadt Lausanne auf Antrag einer Mehrheit der betroffenen Eigentümer, das einheitlich mit Einfamilienhäusern überbaute Quartier de Boissonnet von der Zone périphérique, in der es bisher lag, in die Zone de villas zu versetzen. Im Ergebnis läuft die neue Ordnung auf die Bewahrung des bestehenden Quartiercharakters hinaus; gegenüber dem bisherigen Rechtszustand wird die bauliche Nutzungsmöglichkeit um ungefähr zwei Drittel vermindert.

Zwei Eigentümer, die sich materiell enteignet wähnen, mit ihren Entschädigungsansprüchen von den kantonalen Instanzen aber abgewiesen werden, gelangen an das Bundesgericht. Dieses stellt fest, dass beide ihre (im einen Fall mit einer Villa, im anderen mit einem Zweifamilienhaus überbauten) Grundstücke Jahre zuvor zu Preisen erworben hatten, welche die zusätzlichen Nutzungsmöglichkeiten der alten Zonenordnung nicht widerspiegelten. Beide Eigentümer sind auch gemäss neuem Recht in der Lage, auf ihrem Boden ein weiteres Gebäude zu errichten. Die Werteinbusse überschreitet in keinem Fall zwanzig Prozent. Schliesslich hat auch keiner der Eigentümer je ernsthafte Absichten gezeigt, von den Nutzungsmöglichkeiten der Zone périphérique tatsächlich Gebrauch zu machen.

Die Frage, ob unter derartigen Umständen überhaupt vom Entzug einer sich in naher Zukunft aktualisierenden Bauchance gesprochen werden kann, lässt das Bundesgericht ausdrücklich offen. Es verneint nämlich die für eine materielle Enteignung erforderliche Intensität des Eingriffs. Dass es am Entzug einer wesentlichen Eigentumsbefugnis – erste Tatbestandsvariante gemäss Formel *Barret* – fehlt, ergibt sich nach Auffassung des Gerichtes aus zwei Gründen. Zum einen verbleibt den Eigentümern in Form der bestehenden Bauten und der

---

[28] Id., 711–12 (Hervorhebung durch den Verfasser).
[29] BGE 97 I 332.

4.3. Die Konkretisierung der neuen Formel zwischen 1965 und 1979

noch möglichen Überbauung ein ansehnlicher wirtschaftlicher Nutzen; der Umstand, dass die neue Zonenordnung die Einheitlichkeit des Quartiers sichert und das Risiko verunstaltender Grossbauten ausschliesst, wertet die Liegenschaften auf. Zum andern hat während zwanzig Jahren kaum ein Eigentümer des Quartiers die Möglichkeiten der früheren Zonenordnung ausgenützt; «on ne saurait raisonnablement qualifier d'essentiel une faculté dont il n'a pratiquement pas été fait usage pendant une aussi longue période»[30]. Aber auch die Prüfung der zweiten Tatbestandsvariante einer materiellen Enteignung – jene des schweren, rechtsungleich wirkenden Eingriffs – führt zu einem negativen Ergebnis. Es fehlt bereits an den formellen Voraussetzungen, da die Zonenänderung in ähnlicher Weise zweiunddreissig und nicht bloss «einen oder einige wenige» Eigentümer getroffen hat. Überdies wäre, wie das Bundesgericht eigens hervorhebt, auch unter diesem Gesichtspunkt der Eingriff nicht schwer genug[31].

Aussagen über die Eingriffsintensität, wenn auch nur solche mittelbarer Art, enthalten schliesslich die Urteile, in denen das Bundesgericht eine materielle Enteignung bejaht. Mit einer hier nicht weiter zu behandelnden Ausnahme[32] handelt es sich um Bauverbote, die aus Gründen des Landschaftsschutzes auf unüberbautes Land gelegt werden[33]. Den Ausschlag gibt jedesmal die Beurteilung der Frage, ob auf dem betroffenen Land in absehbarer Zukunft mit hoher Wahrscheinlichkeit eine Überbauung hätte erwartet werden können. Wird eine in dieser Weise qualifizierte Bauchance festgestellt, ist immer

[30] Id., 637.
[31] Die entsprechende Erwägung ist in der amtlichen Sammlung nicht abgedruckt. Wörtlich äussert sich das Bundesgericht folgendermassen: «Un tel sacrifice [gemeint ist die Werteinbusse der Liegenschaften von höchstens zwanzig Prozent] qui peut du reste n'être que passager, doit pouvoir être imposé au propriétaire, en considération des prestations positives de la collectivité publique en faveur de la propriété foncière, prestations qui ne donnent le plus souvent pas lieu au prélèvement de contributions de plus-value»; E.7b, S.15.
[32] BGE *FFS v. Plastex,* 101 Ib 277 (1975). Bejaht wird hier ein Entschädigungsanspruch für Aufwendungen und Projektierungskosten, die wegen eines im eisenbahnrechtlichen Plangenehmigungsverfahren angeordneten Teilbauverbotes nutzlos geworden sind. Das Bundesgericht sieht sowohl den Tatbestand des Entzugs einer wesentlichen Eigentumsbefugnis wie auch jenen des schweren, rechtsungleich wirkenden Eingriffes als erfüllt an (id., 290–91), doch weist der Fall so viele Merkmale des Vertrauensschutzes bzw. des Widerrufs einer Baubewilligung auf, dass seine Zuordnung zur materiellen Enteignung fraglich erscheint.
[33] BGE *Chollet + de Mestral v. Vaud* vom 23. Februar 1977 (unveröffentlicht); *Einwohnergemeinde Bern,* 103 Ib 210 (1977); *Etat de Neuchâtel v. Borioli,* vom 21. Oktober 1977 (unveröffentlicht).

auch bereits der entschädigungspflichtige Tatbestand bejaht. Der Umstand, dass das Bundesgericht auf die Voraussetzungen der zweiten Tatbestandsvariante jeweils überhaupt nicht eintritt, legt immerhin den Schluss nahe, dass es diese Bauverbote als sehr schweren Eingriff, also als Fall des Entzugs einer wesentlichen Eigentumsbefugnis ansieht. Einige Obiter Dicta in anderen Urteilen bestätigen diese Annahme[34].

C) *Würdigung*

Versucht man, die Rechtsprechung zur Eingriffsintensität als Gesamtes zu würdigen, bleiben wenige sichere Erkenntnisse. Augenfällig ist die Kontinuität gegenüber der vorangegangenen Periode. Im Bereich der Baubeschränkungen – nach wie vor der praktische Hauptfall – bestätigt sich, dass die traditionellen Baupolizeimassnahmen in der Regel nicht als schwerer Eingriff gewertet werden, wogegen bestimmte qualifizierte Bauverbote diese Schwelle erreichen können[35]. Bei Bauverboten liegt der springende Punkt aber kaum je bei der Frage der Eingriffsintensität, sondern bei jener der Realisierungsaussichten.[36]

Das bisweilen, besonders bei Teilbauverboten, herangezogene Kriterium des dem Eigentümer nach dem Eingriff noch verbleibenden wirtschaftlichen Nutzens ist ebenfalls bereits der älteren Rechtsprechung geläufig[37]. Seit jeher nicht zweifelhaft war schliesslich, dass alle jene Einschränkungen, die nicht irgendwie einschnei-

---

[34] BGE *Société suisse des maîtres imprimeurs*, 93 I 711-12 (1967); BGE *Chollet + de Mestral v. VD* vom 23. Februar 1977 (unveröffentlicht), E.3, S.8 (mit Verweisen auf A. GRISEL, AUBERT und IMBODEN-RHINOW); wörtlich bestätigt in BGE *Kocher*, 107 Ib 383 (1981).

[35] Vorne S. 123 und 126-27. Vgl. für die frühere Rechtsprechung vorne S. 85 ff.

[36] Dazu sogleich hinten S. 128 ff. – Der Umstand, dass bei den meisten Bauverboten eine materielle Enteignung – wegen der fehlenden Realisierungsaussichten – verneint wird, wirkt nach und nach allerdings auch auf die Einschätzung der Intensität dieses Eingriffs zurück: Eine Eigentumsbefugnis, die so oft entschädigungslos entzogen werden darf, kann kaum als wesentlich qualifiziert werden.
Die dem Urteil *Barret* wohl noch zugrundliegende Vorstellung, dass die Baufreiheit an sich eines der wesentlichen Eigentumsrechte darstellt (vorne S. 111 FN 19), relativiert sich auf diese Weise. Entscheidend werden die konkreten Umstände des einzelnen Falles. Endpunkt dieser Entwicklung ist das Urteil *Meier v. Zizers*, 105 Ia 338 (1979), wo das Bundesgericht sagen wird, dass der Bundesgesetzgeber mit Art. 20 GSchG dem Grundsatz nach keine wesentliche aus dem Eigentum fliessende Befugnis entzogen hat; hinten S. 151.

[37] Vorne S. 88.

dend wirken, vom Eigentümer ohne Anspruch auf Entschädigung hingenommen werden müssen. Bemerkenswert bleibt in diesem Zusammenhang einzig die Feststellung des Urteils *Mühlematter*, dass eine Werteinbusse von einem Fünftel nicht als schwer gelten kann[38].

Nie kommt das auf den ersten Blick so bestechend anmutende Dreikategorienmodell des Urteils *Barret* auch wirklich zum Tragen. Eine Abgrenzung zwischen den sehr schweren Eingriffen einerseits und den schweren und zugleich rechtsungleich wirkenden Eingriffen anderseits gelingt dem Bundesgericht nicht; das Problem als solches bleibt unerörtert[39]. Es muss auch auffallen, dass das Gericht nie jenem Sachverhalt gegenübergestellt wird, auf den die erste Tatbestandsvariante zugeschnitten ist, nämlich einer grossen Zahl von Entschädigungsansprüchen, die aus einem einzigen Eigentumseingriff hergeleitet werden; stets hat es sich bloss mit Forderungen einzelner Eigentümer oder einer begrenzten Gruppe von solchen auseinanderzusetzen[40]. Stellte die Konzeption *Barret* eine Antwort auf die Mängel des früheren Modells dar, so fragt sich nun angesichts dieses Befundes, wie weit die gefundene Lösung ihren umfassenden Geltungsanspruch tatsächlich zu Recht erhebt.

4.3.4. Mit hoher Wahrscheinlichkeit in naher Zukunft zu erwartende Verwirklichung

A) Bedeutung dieses Kriteriums

Rückblickend betrachtet erweist sich nicht das Modell der drei Intensitätsstufen als die entscheidende Neuerung des Urteils *Barret*. Zukunftsweisend ist vielmehr die Beschränkung des Schutzbereiches für die noch nicht ausgenützten künftigen Eigentumsbefugnisse: «seules méritent protection celles qui, au regard des circonstances, ap-

---

[38] BGE 97 I 638 (1971).

[39] Vor 1979 finden sich insbesondere kaum Urteile, in denen das Vorliegen eines Sonderopfers im Sinne der Formel *Barret* ernsthaft geprüft würde. Das Gericht bejaht zwar im Entscheid *FFS v. Plastex,* 101 Ib 291 (1975), ein Sonderopfer, doch anerkennt es zugleich auch das Bestehen eines sehr schweren Eigentumseingriffs, so dass daraus keine Schlüsse gezogen werden können.

[40] Dies trifft auch für den Fall *Barret* selber mit seinen ca. 50 betroffenen Eigentümern zu. Schliesslich verfolgen offenbar bloss etwa 15 von ihnen ihren Entschädigungsanspruch bis vor das Bundesgericht; BGE *Etat de Neuchâtel v. Borioli* vom 21. Oktober 1977 (unveröffentlicht), S. 3-4.

paraissent comme très probables dans un proche avenir»[41]. Das Bundesgericht macht also den Schutz – und mit ihm die Entschädigung – davon abhängig, dass der staatliche Eingriff dem Eigentümer Nutzungsmöglichkeiten entzogen hat, von denen anzunehmen war, sie hätten sich binnen kurzem verwirklichen lassen. *Vom Entschädigungsrichter wird ein retrospektives Urteil über die Verwirklichungschancen der entzogenen Nutzung verlangt, bezogen auf den Zeitpunkt, in welchem der Eingriff in Kraft getreten ist*[42].

«Grundvoraussetzung jeder materiellen Enteignung» wird das Bundesgericht dieses Erfordernis 1983 im Urteil *Zwieb* nennen[43]. Ob man so weit wirklich gehen kann, werden wir an anderer Stelle zu prüfen haben[44]. Man muss sich im klaren sein, dass die Voraussetzung einer nachgewiesenen Verwirklichungswahrscheinlichkeit – auf ihren Kern gebracht – nichts anderes bedeutet als die Beschränkung des Entschädigungsgebotes auf eine Art übergangsrechtlichen Entschädigungsvorbehalt bei grundsätzlicher Freiheit des Gesetzgebers und Rechtsanwenders, Eigentum entschädigungslos einschränken zu dürfen.

Tatsache ist, dass dieses zweite Element der Konzeption *Barret* seine überragende praktische Bedeutung bei jenem spezifischen Fragenkreis erlangt hat, auf den es wohl von Anfang an zugeschnitten war: dem Entzug der Baufreiheit auf noch nicht überbautem Boden. Die Entschädigungsfolgen eines derartigen Eingriffs hängen nun in erster Linie davon ab, ob nach den Umständen anzunehmen war, dass eine Überbauung sich mit hoher Wahrscheinlichkeit in naher Zukunft hätte verwirklichen lassen. Im Ergebnis fällt die Frage nach dem Vorliegen einer materiellen Enteignung mit der Beurteilung der Überbauungschance zusammen. Damit ist aber auch das Grundproblem der Raumplanung – die Frage nach den Entschädigungsfolgen einer Ausscheidung des gesamten Bodens in Bau- und Nichtbaugebiet – weitgehend präjudiziert: weil in einem absehbaren kurzen Zeitraum die Bau-

---

[41] BGE *Barret*, 91 I 339 (1965). Einschränkungen des *gegenwärtigen*, also bereits verwerteten Gebrauchs, haben in der Praxis der materiellen Enteignung kaum Bedeutung; vgl. vorne S. 120 FN 14.

[42] Für das Inkrafttreten der Eigentumsbeschränkung als massgebenden *Beurteilungszeitpunkt* hat sich das Bundesgericht im BGE *Erben Schulthess*, 93 I 144 (1967), im Anschluss an Vorschläge von AUBERT, KUTTLER und WIEDERKEHR allgemein entschieden. Vgl. ferner BGE *Sigg*, 98 Ia 386 (1972), wo dieser Zeitpunkt erstmals auch ausdrücklich für die Beurteilung der Realisierungschance als verbindlich erklärt wird. Dazu ausführlicher hinten S. 187–89.

[43] BGE 109 Ib 23.

[44] Hinten S. 173–76 und 279–82.

möglichkeiten wie auch die Nachfrage nach Neubauten begrenzt sind und also immer nur ein kleiner Teil des theoretisch überbaubaren Bodens tatsächlich auch überbaut wird, kann die Zuweisung von Boden zur Nichtbauzone nur wenigen Eigentümern eine *echte* Bauchance entziehen.

B) Das Urteil Sigg

Die Frage nach dem Vorhandensein einer nachweisbaren Überbauungschance kommt erstmals im Entscheid *Sigg* (1972)[45] zur Sprache.

1967 erlässt der Zürcher Regierungsrat für die Erhebungen des Bachtels und des Allmens samt den umliegenden Gebieten – gesamthaft über zwölf Quadratkilometer – eine Schutzverordnung. Sie scheidet unter anderem ein Kerngebiet aus, in welchem alle Bauten untersagt sind, die nicht land- oder forstwirtschaftlichen Zwecken dienen. Sigg hat 1961 zu Preisen, die leicht über dem landwirtschaftlichen Ertragswert lagen, 45'000 m² Wiesland gekauft, welches durch die Schutzverordnung in das Kerngebiet zu liegen kommt. Sein Anspruch auf Entschädigung wegen materieller Enteignung wird vom Verwaltungsgericht Zürich abgewiesen. Sigg erhebt daraufhin staatsrechtliche Beschwerde.

Das Bundesgericht beurteilt die von Sigg erhobene Beschwerde ausschliesslich unter dem Gesichtspunkt der Überbauungschance, wobei es sich einleitend in grundsätzlicher Weise zu den Kriterien äussert, die dabei zu beachten sind:

> «[Es] ist nicht erforderlich, dass das Grundstück am Stichtag bereits Baulandcharakter gehabt habe, d.h. nach den tatsächlichen und rechtlichen Gegebenheiten sofort hätte überbaut werden können .... Es genügt, wenn das Land an sich zur Überbauung geeignet war. Dabei sind alle Faktoren zu berücksichtigen, welche die tatsächliche Überbauungschance bestimmten, also die allgemeine Lage und Beschaffenheit des Grundstücks, die Bauplanung der Gemeinde, die bauliche Entwicklung in der Umgebung und die Erschliessungsverhältnisse. Das Grundstück braucht nicht zu einer eigentlichen Bauzone gehört zu haben, sondern es kann genügen, dass es im unmittelbaren Bereich der baulichen Entwicklung, anstossend an bestehende Siedlungsgebiete, lag. Es braucht auch nicht schon an das öffentliche Strassen-, Wasser- und Abwassernetz angeschlossen gewesen zu sein, sondern es genügt, dass es mit wirtschaftlichem Aufwand erschliessbar war. Dabei sind ausser tatsächlichen auch rechtliche Gegebenheiten zu berücksichtigen, da die öffentliche Erschliessungspolitik und das Baupolizeirecht die bauliche

---

[45] BGE 98 Ia 381; Zbl 1972, S. 485, 493 (unter Einschluss der in der amtlichen Sammlung weggelassenen Teile und des vorinstanzlichen Urteils).

4.3. Die Konkretisierung der neuen Formel zwischen 1965 und 1979

Nutzungschance mit bestimmen. Ergibt sich aus allen diesen Umständen, dass – rückblickend beurteilt – eine Überbauung sehr wahrscheinlich in naher Zukunft zu verwirklichen gewesen wäre, so brachte das Bauverbot eine materielle Enteignung. Hierbei darf mit Rücksicht auf den Zeitbedarf jeder baulichen Planung und Erschliessung der Begriff der nahen Zukunft nicht zu knapp bemessen werden»[46].

Die Untersuchung des Sachverhaltes anhand dieser Kriterien ergibt, dass eine Erschliessung des noch unerschlossenen und weitab von der nächsten Siedlung entfernten Grundstückes mit so grossen Schwierigkeiten wirtschaftlicher und rechtlicher Art[47] verbunden gewesen wäre, dass eine Überbauung trotz der attraktiven Aussichtslage nicht wahrscheinlich war[48]. Gestützt darauf verneint das Bundesgericht das Vorliegen einer materiellen Enteignung.

Dem Urteil *Sigg* kommt grundsätzliche Bedeutung nicht zuletzt deswegen zu, weil sich das Bundesgericht hier mit einem abweichenden, vom Verwaltungsgericht Zürich vertretenenen Lösungsansatz auseinandersetzt. Um zu beurteilen, ob ein Bauverbot dem Eigentümer eine realisierbare Überbauungschance entzogen hat, pflegte das Zürcher Verwaltungsgericht gemäss seiner damaligen Praxis auf den Marktpreis abzustellen; ein Bauverbot wirkte demgemäss enteignend, wenn es Land mit einem gefestigten Verkehrswert traf und einen gängigen Preis dauernd zerstörte. «Ob der Eingriff als materielle Enteignung zu würdigen ... sei, richtet sich daher nach der Differenz zwischen den Verkehrswerten vor und nach Erlass oder Anordnung der Schutzmassnahme»[49]. Nicht behördliches Ermessen soll über die Entschädigungsfrage entscheiden, sondern der objektive Massstab des Marktes, «der in der Preisbildung darauf Rücksicht nimmt, wie gross

---

[46] BGE 98 Ia 387. Weggelassen sind die zahlreichen Verweise auf Literaturstellen (GRISEL, Droit administratif; MEIER-HAYOZ, Kommentar; MEIER-HAYOZ/ROSENSTOCK, Grünzonen; GYGI, Expropriation; BONNARD, ZBJV 1965, S.140). Die Verweise zeigen, dass sich das Bundesgericht hier in einer für die materielle Enteignung aussergewöhnlichen Weise bemüht hat, die Übereinstimmung seiner Rechtsprechung mit der Doktrin nachzuweisen.

[47] Ungenügende Zufahrt, die nur unter Inanspruchnahme von Grundstücken Dritter verbessert werden kann; nicht gesicherte Frischwasserversorgung; ungelöste Beseitigung der Abwässer, besonders für eine grössere Ferienhaussiedlung.

[48] Zbl 1972, S.495–97.

[49] Zbl 1972, S.486. Bestätigt in einem Urteil vom 21. Februar 1975, Zbl 1975, S.469–70. Die abweichende Zürcher Praxis ist 1983 im BGE *Hofstetter,* 109 Ib 114–15, für den vom eidgenössischen Raumplanungsgesetz beherrschten Bereich als bundesrechtswidrig erklärt worden.

4.3. Die Konkretisierung der neuen Formel zwischen 1965 und 1979

die Aussichten eines Grundstückes sind, in näherer oder fernerer Zukunft als Bauland genutzt zu werden»[50].

Das Bundesgericht lehnt diesen Lösungsansatz ab. Es begründet seine Ablehnung im Urteil *Sigg* damit, dass die Methode jedenfalls dort versage, wo vergleichbare Marktpreise fehlten; denn in einem solchen Fall müsse für die Beurteilung der Marktverhältnisse ebenfalls auf die vom Bundesgericht verwendeten Elemente der Lage, der baulichen Entwicklung und der Erschliessungsverhältnisse abgestellt werden[51]. – Obwohl im Fall *Sigg* zutreffend, enthält diese Begründung doch nur die halbe Wahrheit. Unentkräftet bleibt nämlich der Vorwurf, das Bundesgericht nehme es in Kauf, «dass ein Bauverbot den Marktwert eines Grundstückes schmälert, ohne dass der Grundeigentümer für die darin liegende Vermögenseinbusse entschädigt wird, weil das Vorliegen einer entschädigungspflichtigen materiellen Enteignung aufgrund marktfremder theoretischer Überlegungen verneint worden ist»[52]. Anknüpfend an eine in der Doktrin geäusserte Überlegung[53] wäre darauf zu entgegnen, dass die beobachteten Bodenpreise eine Marksituation spiegeln, die für die hier interessierende Frage nicht massgebend sein kann. Die gesamte Nachfrage nach Bauland für ein gegebenenes Gebiet ist begrenzt und liegt (jedenfalls bei einem Rechtszustand, wie er noch vor der raumplanerischen Aufteilung des gesamten Bodens in Bau- und Nichtbaugebiet bestand) weit unter dem Umfang des dafür grundsätzlich in Frage kommenden Landes. Die im Bodenhandel erzielten Preise entstehen nun aber auf einem Markt, wo dieser gegebenen Nachfrage nur ein sehr kleiner Teil des geeigneten Bodens als Angebot gegenübersteht. Entsprechend hoch fallen die Preise aus[54]. Sie können für die Beurteilung der Überbau-

---

[50] Zbl 1972, S. 487–88.
[51] BGE 98 Ia 386.
[52] Verwaltungsgericht Zürich, Zbl 1972, S. 488.
[53] Für die Schweiz wohl erstmals von SCHAUMANN, Landesplanung, 264–65. Ferner AUBERT, Renchérissement, ZSR 1964 II, S. 131; KUTTLER, Bodenverteuerung, ZSR 1964 II, S. 162; ESTERMANN, 220; MEIER-HAYOZ/ROSENSTOCK, 38–39; GYGI, in der Besprechung des letztgenannten Werkes, ZBJV 1968, S. 117; BLOCHER, 136–39.
[54] Im Publikum besteht allerdings die Neigung, diese Preise zu verallgemeinern, d.h. sie für das ganze potentielle Bauland als verbindlich anzusehen. In England ist dafür der Begriff des «floating value» geprägt worden. Dieser bringt bildlich zum Ausdruck, dass zwar der Baulandwert allen Grundstücken zufliesst, die für eine Überbauung an sich geeignet wären, dass dieser Wert in Tat und Wahrheit aber nicht für alle zugleich realisiert werden könnte; SCHAUMANN, Landesplanung, 118. Siehe auch MOOR, Evolution, Rep. 1982, S. 286.

ungschance aber nicht herangezogen werden, da hier von der Situation auszugehen ist, dass nicht bloss das gerade näher untersuchte Grundstück, sondern der gesamte im betreffenden Gebiet liegende und für die Überbauung geeignete Boden zur Abdeckung des begrenzten Bauvolumens zur Verfügung steht. Der für diese hypothetische Situation anzunehmende Preis kann aber kaum anders ermittelt werden als auf jenem Wege, den das Bundesgericht im Urteil *Sigg* angibt, nämlich durch Evaluation der einzelnen, die Bauchance bestimmenden Faktoren.

Es geht letztlich um denselben Gedanken, der bereits dem Erfordernis der Überbauungswahrscheinlichkeit selber zugrunde liegt: Nutzungsmöglichkeiten, die zeitlich weit entfernt liegen und aufgrund der gesamten Umstände auch wenig Aussicht auf Verwirklichung haben, weisen zu wenig wirtschaftlich fassbaren Gehalt auf, um unter dem Gesichtspunkt der Enteignung als Wertbestandteil anerkannt zu werden [55]. Das Bundesgericht macht im Urteil *Sigg* zwar noch ein verbales Zugeständnis an die Massgeblichkeit des Marktpreises [56], doch wird es in der nachfolgenden Rechtsprechung nie auch nur einigermassen ernstlich auf diesen Faktor abstellen [57].

C) *Die Kriterien der Realisierungswahrscheinlichkeit im Einzelnen*

Mit den im Urteil *Sigg* entwickelten Kriterien als Leitschnur soll im folgenden die gesamte Rechtsprechung der Jahre 1965 bis 1979 zur Frage der Überbauungschance näher untersucht werden.

Marktverhältnisse
Wenn es das Bundesgericht auch ablehnt, für sein Urteil auf den Bodenpreis abzustellen, erachtet es die Marktverhältnisse doch in-

---

[55] BLOCHER, 137–38. Das Verwaltungsgericht Bern drückt diese Überlegung im Urteil *Erben Rutsch* (1976) so aus: «Die Baufreiheit, in die eingegriffen wurde, wies im Grunde genommen keine enteignungsrechtlich relevante Substanz auf. Weil den fraglichen Parzellen der Baulandcharakter abgeht, fehlt es an einem tauglichen Eingriffsobjekt», BVR 1977, S. 449.
Es besteht eine klare Parallele zum Recht der *formellen Enteignung:* eine Entschädigung für den Verlust zukünftigen Gewinnes wird nur dann bezahlt, wenn dessen Realisierung einigermassen gewiss erscheint. BGE *Aérodrome régional de Montreux SA,* 103 Ib 293–96 (1977); *R v. BLS,* 113 Ib 39, 45 (1987).
[56] BGE 98 Ia 386 und 388.
[57] Im Gegenteil wird es den Erwerb zu übersetzten Preisen – und das sind Baulandpreise! – als ein vom Eigentümer selber zu tragendes Risiko bezeichnen; BGE *Meikirch,* 107 Ib 227 (1981); hinten S. 344–45.

sofern als wesentlich, als es eine Überbauungswahrscheinlichkeit nur beim Nachweis einer vorhandenen *Nachfrage* bejahen will. «Selbst erschlossenes und nach der bestehenden Rechtsordnung an sich überbaubares Land kann unter Umständen ohne Nachfrage bleiben, wenn die Überbauung in der Gemeinde und deren Umgebung sich in einer anderen Richtung entwickelt; das kann besonders dort geschehen, wo zu grosse Bauzonen ausgeschieden wurden»[58]. «[I]l faut ... qu'un marché de terrains à bâtir existe dans la région, c'est-à-dire que de tels terrains y fassent l'objet de demandes de la part d'amateurs»[59]. In jedem der drei Fälle, wo das Bundesgericht eine materielle Enteignung verwirklicht sieht, ist eine Nachfrage nach Land der betreffenden Art und Lage ausgewiesen[60].

Lage und Beschaffenheit des Grundstücks

Gewissermassen ein objektives Indiz für das Bestehen einer Nachfrage liefern die Entfernung des fraglichen Landstückes vom nächsten Siedlungsgebiet und die Bauentwicklung. Land, das unmittelbar an eine bestehende Überbauung anschliesst, oder das sich im Soge einer feststellbaren Bauentwicklung befindet, hat mehr Aussicht auf baldige Überbauung als ein abseits gelegenes Grundstück[61]. Auch bei geringer Entfernung von der nächsten Siedlung oder von einem

---

[58] BGE *Einwohnergemeinde Bern,* 103 Ib 222-23 (1977).

[59] BGE *Etat de Neuchâtel v. Borioli* vom 21. Oktober 1977 (unveröffentlicht), E.4 S.15.

[60] BGE *Chollet +de Mestral,* vom 23. Februar 1977 (unveröffentlicht), E.4 S. 10-11; *Einwohnergemeinde Bern,* 103 Ib 222-23 (1977); *Etat de Neuchâtel v. Borioli,* vom 21. Oktober 1977 (unveröffentlicht), E.4d S. 18.

[61] Beispiele: Im Fall *Etat de Neuchâtel v. Borioli* vom 21. Oktober 1977 (unveröffentlicht) liegt das unter Schutz gestellte Gebiet unmittelbar neben einer Ansammlung kurz vorher erstellter Gebäude; das Übergreifen der Überbauung wird allein durch die Schutzverordnung verhindert. Die Eymatt im Fall *Einwohnergemeinde Bern,* BGE 103 Ib 210 (1977), bildet zwar eine vom Siedlungsgebiet der Stadt abgetrennte, selbständige Geländekammer, doch beweist das Entstehen einer Grossüberbauung auf der gegenüberliegenden Seite der Aare die Existenz eines klaren Bautrends. – Als abseitig beurteilt das Bundesgericht die Lage des fraglichen Grundstückes in folgenden Fällen, bei denen eine materielle Enteignung verneint wird: *Sigg* (1971), E.8, Zbl 1972, S. 497; *Würth,* BGE 101 Ia 227 (1975; Distanz zum nächsten Siedlungskern 1 km); *Erben Rutsch* (1977), Zbl 1977, S. 556 (Distanz 300 m); *Köchli AG* (1978), Zbl 1979, S. 535 (Distanz 500 m); *Stalder* (1979), BVR 1979, S. 367 und 384 (Entfernung zur nächsten Siedlung 400 m, zu den nächsten ausserhalb der Wohnzone gelegenen Wohnbauten 200 m); *Schmid,* vom 11. Juli 1979 (unveröffentlicht), E.6b, S. 17-18 (Entfernung zum nächsten Weiler 750 m, zur nächstgelegenen Gruppe von Bauernhäusern 400 m).

4.3. Die Konkretisierung der neuen Formel zwischen 1965 und 1979

Bauentwicklungsgebiet ist indessen eine erhebliche Überbauungschance dann nicht anzunehmen, wenn natürliche oder künstliche Hindernisse im Gelände das Grundstück vom Baugebiet abschneiden[62]. Negativ kann sich auch eine ungünstige bautechnische Beschaffenheit des Bodens auswirken[63].

Erschliessungsverhältnisse

Die Erschliessung schafft die Voraussetzungen, damit ein Grundstück überbaut und bestimmungsgemäss genutzt werden kann. Sie umfasst im wesentlichen die allenfalls notwendige Ordnung der Parzellenverhältnisse im Hinblick auf die vorgesehene Überbauung, die Sicherung einer ausreichenden Zufahrt, die Versorgung mit Wasser und Energie und die Entsorgung von Schmutzwasser und Abfällen. Im einzelnen ist die Festlegung der Erschliessungsanforderungen Sache des Baupolizeirechts.

Dass ein gegebener Erschliessungsstand die Bauchance eines Grundstückes nachhaltig beeinflusst, liegt auf der Hand. Es fällt aber nicht leicht, den Stellenwert dieses Kriteriums in der Rechtsprechung abzuschätzen, da die allgemein gehaltenen Äusserungen des Bundesgerichtes eher widersprüchlich sind. Wir haben bereits gesehen, dass das Gericht auch für erschlossenes Land die Überbauungschance nicht ohne weiteres als gegeben ansieht; es fordert überdies den Nachweis einer bestehenden Nachfrage[64]. Umgekehrt betont es im Urteil *Sigg*, dass das Fehlen der Erschliessung die Wahrscheinlichkeit einer baldigen Überbauung nicht ausschliesst; es genügt, dass die Erschliessung mit wirtschaftlichem Aufwand herbeigeführt werden kann[65]. Doch auch dazu ist wieder eine Einschränkung anzubringen:

> «Nicht jede technisch und wirtschaftlich mögliche künftige Verwendung eines Grundstückes bildet im Falle eines Bauverbotes die Grundlage für eine Entschädigungspflicht wegen materieller Enteignung. Gerade für die Überbauung mit Ferienhäusern kämen in unserem Lande noch sehr viele schön gelegene Parzellen in Frage.

---

[62] BGE *Roulet*, 101 Ia 472 (1975): Eisenbahnlinie verhindert die Bauentwicklung in Richtung des fraglichen Grundstücks.
[63] BGE *Würth*, 101 Ia 227-28 (1975): der potentielle Baugrund besteht aus feinem Schwemmsand.
[64] BGE *Einwohnergemeinde Bern*, 103 Ib 222-23 (1977), vorne FN 58 und zugehöriger Text.
[65] BGE 98 Ia 387 (1972).

4.3. Die Konkretisierung der neuen Formel zwischen 1965 und 1979

Dass die notwendige Erschliessung sich mit grösserem oder geringerem Aufwand technisch erreichen liesse, macht solche Grundstücke an sich noch nicht zu 'Bauland', welches im Rahmen der Raumplanung nur gegen Entschädigung mit einem Bauverbot belegt werden kann»[66].

Begeben wir uns auf die Ebene der konkreten Sachverhalte, stellen wir fest, dass in den drei eine materielle Enteignung bejahenden Entscheiden das mit Bauverbot belegte Land entweder bereits voll- oder teilerschlossen[67] oder, obwohl unerschlossen, mit geringem Aufwand erschliessbar war[68]. Anderseits verneinen mehrere Urteile das Vorliegen eines enteignungsgleichen Tatbestandes, obwohl für das fragliche Land bereits mehr oder weniger weitgehende Erschliessungsanlagen erstellt worden waren[69]. Günstige Erschliessungsverhältnisse bedeuten also nicht mehr als ein positives Indiz für das Bestehen einer Überbauungschance.

Fehlt die Erschliessung ganz oder teilweise, hängt das Urteil davon ab, ob sie mit wirtschaftlichem Aufwand zu verwirklichen gewesen wäre, und ob der Eigentümer allein, d. h. ohne Mitwirkung von Behörden und Nachbarn, sie auch hätte herbeiführen können. Verschiedene Male erachtet das Bundesgericht den erforderlichen Erschliessungsaufwand als unökonomisch[70], doch scheint dieser Umstand in keinem Fall für die negative Überbauungsprognose entscheidend gewesen zu sein. Weit mehr ins Gewicht fallen die rechtlichen Hindernisse, die es dem Eigentümer verwehren, die fehlende Erschliessung selber zu verwirklichen.

Meist verhält es sich ja so, dass die baurechtlich vorgeschriebene Erschliessung nur im Zusammenwirken mit dem Gemeinwesen herbeigeführt werden kann. Besonders deutlich zeigt sich dies bei der Abwasserbeseitigung, aber auch etwa beim baupolizeilichen Erforder-

---

[66] BGE *Würth*, 101 Ia 227 (1975).

[67] BGE *Chollet & de Mestral* vom 23. Februar 1977 (unveröffentlicht), E.3b S. 10; *Einwohnergemeinde Bern*, 103 Ib 222 (1977).

[68] BGE *Etat de Neuchâtel v. Borioli* vom 21. Oktober 1977 (unveröffentlicht), E.4b S. 18: Erschliessungskosten belaufen sich auf Fr.14.-/m^2.

[69] BGE *Würth*, 101 Ia 229 (1975) (Strassen und Leitungen vorhanden); *Erben Rutsch* (1977), Zbl 1977, S. 556–57 (Zufahrt und Frischwasserversorgung vorhanden); *Coderey v. Lutry* vom 21. März 1978 (unveröffentlicht), E.5 S. 21 (Zufahrt und Abwasserkanalisation vorhanden).

[70] BGE *Sigg* (1972), Zbl 1972, S. 496 (E.6); *Würth*, 101 Ia 227 (1975); *Schmid v. Neuenegg* vom 11. Juli 1979 (unveröffentlicht), E.6b S. 18 (Erschliessungsaufwand Fr.70.-/m^2).

4.3. Die Konkretisierung der neuen Formel zwischen 1965 und 1979

nis einer umfassenden Erschliessungsplanung. Wo ein unmittelbar durchsetzbarer Anspruch auf Mitwirkung des Gemeinwesens nicht gegeben ist, erscheint die Bauchance von vornherein als prekär. In diesem Sinn erblickt das Bundesgericht schwer überwindbare Erschliessungshindernisse dort, wo eine einwandfreie Abwasserbeseitigung nicht gewährleistet ist, weil die zuständige Behörde den Anschluss an die öffentliche Kanalisation zulässigerweise verweigern kann und eine Bewilligung für die private Unschädlichmachung nicht erteilen muss [71, 72].

Rechtliche Erschliessungsschwierigkeiten können aber auch davon herrühren, dass der Bauwillige auf die Mitwirkung benachbarter Grundeigentümer angewiesen ist. Eine solche Lage tritt etwa ein, wenn die zu erstellende Zufahrt notwendig Land Dritter beansprucht [73], oder wenn das fragliche Landstück vollständig von Privatland umgeben ist und daher ohne vorgängige Begründung entsprechender Benützungs- und Durchleitungsrechte nicht erschlossen werden kann [74].

Im gesamten gesehen legt die Rechtsprechung den Schluss nahe, dass die Erschliessungsverhältnisse in erster Linie als Ausschluss-

---

[71] BGE *Sigg* (1972), Zbl 1977, S. 491–92 und 497; *Köchli AG* (1978), Zbl 1979, S. 541–42. – In diesem Zusammenhang ist daran zu erinnern, dass das Bundesgericht bereits in den fünfziger Jahren die Verweigerung des Anschlusses an kommunale Versorgungs- und Entsorgungswerke geschützt hatte, wenn das Gebäude, für welches der Anschluss nachgesucht wurde, ausserhalb des Siedlungsgebietes zu liegen kommen sollte; BGE *Bremgartner* (1953), Zbl 1954, S. 124; *Richner* (1953), Zbl 1954, S. 361; *Sager*, 79 I 230 (1953). Diese Rechtsprechung erfährt 1966 eine Erweiterung in den Urteilen *Hell*, 92 I 503, und *Gemeinde Celerina*, 92 I 369, wo entschieden wird, die Eigentumsgarantie verschaffe keinen Anspruch auf positive Leistungen des Staates wie etwa die Dienste einer öffentlichen Anstalt; die Verweigerung eines Anschlusses sei allein unter dem Gesichtspunkt von Art. 4 BV zu beurteilen.

[72] In der Doktrin haben gewichtige Stimmen die Auffassung vertreten, der Umstand, dass der private Eigentümer für die Verwirklichung der Bauchance auf die Hilfe des Staates angewiesen sei, relativiere die Baufreiheit in einer Weise, die auch für die Entschädigungsfrage berücksichtigt werden müsse; MEIER-HAYOZ/ROSENSTOCK, 40–41; GYGI, Expropriation, 100–02; ROSENSTOCK, Aspekte, ZSR 1971 I, S. 188; BLOCHER, 138; BASCHUNG, Zbl 1974, S. 163. Der Verfasser kann sich dieser Argumentation nicht anschliessen: Die Beeinflussung der Bauchance durch fördernde und lenkende Massnahmen des Gemeinwesens gilt für das potentiell zur Überbauung in Frage kommende Land *insgesamt*. Die Crux der materiellen Enteignung besteht doch eben darin, dass die Nutzungsplanung die einen Eigentümer in den Genuss dieser staatlichen Förderung kommen lässt und die anderen nicht.

[73] BGE *Sigg* (1972), Zbl 1972, S. 490 und 496; *Schmid v. Neuenegg* vom 11. Juli 1979 (unveröffentlicht), E.6b S. 18.

[74] BGE *Roulet*, 101 Ia 472–73 (1975).

kriterium Bedeutung haben. Sind sie ungünstig, kann dieser Umstand allein die Überbauungswahrscheinlichkeit negativ präjudizieren. Umgekehrt stellt eine günstige Erschliessungslage – sei es in Form bereits vorhandener Anlagen oder in Form problemloser Erschliessbarkeit – bloss eine notwendige, nicht aber eine hinreichende Voraussetzung für die Bejahung der Überbauungschance dar.

Stand und Absichten der öffentlichen Planung

Neben der vom Markt ausgehenden Nachfrage und neben den Überbauungsabsichten der Eigentümer selber[75] anerkennt das Bundesgericht auch die Vorstellungen des Gemeinwesens über die wünschenswerte Bauentwicklung als ein Kriterium für die Beurteilung der Überbauungschance[76]. Gefragt wird danach, wie sich das zu untersuchende Bauverbot – in aller Regel ja selber eine planerische Massnahme – zur bisherigen Planung verhält: Vermittelte diese eine begründete Erwartung darauf, ein bestimmtes Grundstück lasse sich überbauen, oder kam in ihr vielmehr bereits die Absicht zur Freihaltung des betreffenden Gebietes zum Ausdruck?

Die Antwort auf diese Frage ist dort, wo eine eigentliche Zonenausscheidung bereits vorgenommen wurde, der bisherigen zonenmässigen Einteilung des nun mit einem Bauverbot belegten Grundstückes zu entnehmen. Lag dieses in einer eigentlichen Bauzone, erscheint die Überbauungsaussicht in einem anderen Lichte als dann, wenn es einem bloss beschränkt überbaubaren Gebiet[77] zugewiesen

---

[75] Dazu hinten S. 142.

[76] Dies versteht sich nicht von selbst. Zwar lässt sich nicht bestreiten, dass auch unter einem Rechtszustand, der die Bauchance grundsätzlich noch jedem Grundstück zuerkennt, die öffentliche Planung – hauptsächlich wegen der mit ihr gekoppelten Erschliessungstätigkeit des Gemeinwesens – die tatsächliche Überbauungschance mitbestimmt. Insoweit kann das Bundesgericht im Entscheid *Roulet* zu Recht sagen, dass «[o]bjectivement, les perspectives de construction sur une parcelle dépendent ..., en partie tout au moins, de la planification et de la réglementation communales» (BGE 101 Ia 471). Dem Gemeinwesen wird aber damit in gewissem Masse die Möglichkeit in die Hand gegeben, ohne Risiko die Frage der Entschädigungspflicht zu präjudizieren. Dazu MOOR, Evolution, Rep. 1982, S. 278-79; KNAPP, Précis, 396 N. 2263 (ablehnend).

[77] Gemeint sind die vor Einführung der eigentlichen Nichtbauzonen bestehenden «altrechtlichen» Landwirtschaftszonen bzw. das Übrige Gemeindegebiet. Hier darf zwar gebaut werden, doch gelten beispielsweise tiefe Ausnützungsziffern oder die Vorschrift, dass die Erschliessung ganz zu Lasten der Eigentümer geht.

4.3. Die Konkretisierung der neuen Formel zwischen 1965 und 1979

war[78]. In gleicher Weise vermittelt das im generellen Kanalisationsprojekt (GKP) abgegrenzte Einzugsgebiet der öffentlichen Kanalisation objektive Anhaltspunkte über die für ein Grundstück bestehenden Überbauungsaussichten[79]. Als ein Indiz für die planerische Absicht, die Bauchance zu erhalten, wertet das Bundesgericht in einem Fall die Tatsache, dass die Gemeinde die überdimensionierte Bauzone bereits einmal reduziert und dabei das fragliche Grundstück in der Bauzone belassen hatte[80].

Das Bundesgericht berücksichtigt nicht bloss eigentliche Zonenpläne. Es nimmt verschiedentlich auch Bezug auf Planungsvorstellungen, die von Gemeinden in anderer Form geäussert worden sind[81], sowie auf allgemeine Planungsgrundsätze[82]. – Unbeachtlich sind demgegenüber die Vorstellungen der Steuerbehörden. Das Gericht lehnt es ausnahmslos ab, amtlichen Werten, welchen Baulandpreise zugrundegelegt wurden, für die Beurteilung der Überbauungschance eine Bedeutung beizumessen[83].

---

[78] Am klarsten äussert sich das Bundesgericht in diesem Sinn im unveröffentlichten Urteil *Coderey v. Vaud* vom 21. März 1978, wo das mit Bauverbot belegte Land zuvor in der Zone viticole gelegen war: «Certes, on ne peut conclure de la réglementation entrée en vigueur en 1959 que les autorités de Lutry ont eu la volonté de soustraire la zone viticole à toute construction. Il faut néanmoins constater que la division du territoire en six zones, dont certaines étaient directement déstinées à la construction, témoignait d'un choix quant à l'orientation future du développement de la localité» (E.5b S. 22).
In den drei Fällen, wo eine materielle Enteignung bejaht wird, lagen die betreffenden Grundstücke zuvor in einer eigentlichen Bauzone (BGE *Chollet und de Mestral* vom 23. Februar 1977, E.3b S. 9-10; *Einwohnergemeinde Bern*, 103 Ib 212 (1977)) bzw. in einem zonenmässig nicht definierten Gebiet (*Etat de Neuchâtel v. Borioli* vom 21. Oktober 1977, E.4d S. 19-20). Umgekehrt betrifft keiner der Fälle, in denen das Vorliegen eines entschädigungspflichtigen Tatbestandes verneint wird, Land, das vorher einer Bauzone angehört hatte.

[79] Dass die betreffenden Grundstücke ausserhalb des GKP liegen, erwähnt das Bundesgericht ausdrücklich in folgenden, die materielle Enteignung verneinenden Fällen: *Erben Rutsch* (1977), BVR 1977, S. 556-57; *Köchli AG* (1978), Zbl 1979, S. 541; *Stalder* (1979), BVR 1979, S. 384.

[80] BGE *Chollet + de Mestral v. Vaud* vom 23. Februar 1977 (unpubliziert), E.3b S. 9-10.

[81] Beispielsweise BGE *Erben Rutsch* (1977), Zbl 1977, S. 557.

[82] BGE *Stalder* (1979), BVR 1979, S. 384: «die Parzellen des Beschwerdeführers [liegen] ausserhalb jedes nach vernünftigen Gesichtspunkten auszuscheidenden Bau- und Siedlungsgebietes».

[83] Erstmals im Urteil *Erben Rutsch* (1977), Zbl 1977, S. 557. Ferner BGE *Stalder* (1979), BVR 1979, S. 386-87 (wo die Einschätzung der Steuerbehörden als Aspekt des Sonderopfers behandelt wird) und *Schmid v. Neuenegg* vom 11. Juli 1979 (unveröffentlicht), E.8b, S. 21-22 (wo die Frage als Vertrauensschutzproblem erörtert ist).

4.3. Die Konkretisierung der neuen Formel zwischen 1965 und 1979

Rechtliche Gegebenheiten

Auch Boden, der grundsätzlich als überbaubar zu gelten hat, kann manchmal wegen besonderer rechtlicher Hindernisse nicht oder erst nach deren Überwindung überbaut werden. Je nach ihrem Gewicht lässt sich in solchen Fällen von vornherein nicht vom Bestehen einer echten Bauchance sprechen, so dass ein nachträgliches förmliches Bauverbot keine in naher Zukunft mit hoher Wahrscheinlichkeit zu verwirklichende Nutzung mehr entzieht. Ein offenkundiges Beispiel bietet das Rodungsverbot gemäss der eidgenössischen Forstgesetzgebung: Ist ein Grundstück mit Wald bedeckt, erscheint seine Überbaubarkeit rechtlich bereits derart unsicher, dass seine Zuweisung zu einer Zone mit Bauverbot keine schutzwürdige Bauchance entziehen kann[84].

Rechtliche Hindernisse, welche die Wahrscheinlichkeit einer baldigen Überbauung ungünstig beeinflussen, treten in den verschiedensten Zusammenhängen auf. Meist gehören sie dem *öffentlichen Recht* an. Bereits hingewiesen wurde auf die Anforderungen an eine genügende Erschliessung und die daraus herrührenden Schwierigkeiten. Gewichtige Hindernisse zeigen sich ferner immer dann, wenn der Eigentümer zur Realisierung seines Bauvorhabens auf eine staatliche Bewilligung oder Leistung angewiesen ist, auf die ihm ein Rechtsanspruch nicht zusteht. In diesem Sinn verneint das Bundesgericht das Bestehen einer Überbauungswahrscheinlichkeit in Fällen, wo der Eigentümer vorgängig eine Bewilligung zur Waldrodung[85], zur Überbauung eines aufgrund einer staatlichen Konzession aufgeschütteten Seeuferstreifens[86], zur Unterschreitung des Gewässerabstandes und zur Benützung öffentlichen Grundes[87] oder zum Abweichen von den für die betreffende Zone geltenden Bauvorschriften hätte einholen müssen[88]. – *Privatrechtliche Hindernisse* beschäftigen das Gericht seltener, doch sind sie grundsätzlich nicht weniger geeignet, die Überbauungswahrscheinlichkeit herabzusetzen. Praktisch am wichtigsten sind auch hier die im Zusammenhang mit der Erschliessung auftretenden Schwierigkeiten, wie sie etwa dann bestehen, wenn die Erstellung einer ausreichenden Zufahrt oder das Zuführen der Versorgungs- und

---

[84] Dazu auch hinten S. 255–56.
[85] BGE *DFJP v. Collomb* vom 30. Januar 1976 (unveröffentlicht).
[86] BGE *Erben Monneron*, 102 Ia 122 (1976).
[87] BGE *zur Gilgen* (1977), Zbl 1978, S. 22–23.
[88] BGE *Schmid v. Neuenegg* vom 11. Juli 1979 (unveröffentlicht): Ausnahmebewilligung für das Erstellen zweieinhalb-geschossiger anstelle der in der Landwirtschaftszone zugelassenen zweistöckigen Gebäude.

4.3. Die Konkretisierung der neuen Formel zwischen 1965 und 1979

Entsorgungsstränge die Inanspruchnahme nachbarlichen Bodens erfordert. In Frage kommen aber auch Baubeschränkungen in Form privatrechtlicher Dienstbarkeiten [89].

Die Bedeutung der rechtlichen Gegebenheiten als Kriterium für die Beurteilung der Überbauungswahrscheinlichkeit wächst im Laufe der Jahre. Teilweise mag dies einfach auf die Zunahme der das Bauen beeinflussenden Rechtsvorschriften zurückzuführen sein. Der Bedeutungswandel beruht aber ebenso auf einer bewussten Entscheidung des Bundesgerichtes. Im unveröffentlichten Urteil *Schmid v. Neuenegg* (1979) finden wir dafür eine ausdrückliche Bestätigung:

> «Bei der Beurteilung der Frage, ob ein Grundstück sehr wahrscheinlich in naher Zukunft besser hätte genutzt werden können, sind nach der Praxis alle rechtlichen und sachlichen Gegebenheiten zu berücksichtigen, welche die Überbauungschance beeinflussen können … . Diese verschiedenen Faktoren sind allerdings zu gewichten. *Richtigerweise ist in erster Linie auf die rechtlichen Gegebenheiten abzustellen* (vgl. KUTTLER/SALADIN, …). Nur wo vor Inkrafttreten [scil.: des betreffenden Eingriffs] raumplanerische Grundlagen überhaupt weitgehend fehlten oder wo das Bauen rein rechtlich zulässig gewesen wäre, kann die faktische Überbaubarkeit eine Rolle spielen» [90].

Die starke Betonung der rechtlichen Gegebenheiten erscheint nicht unproblematisch. Richtig ist zwar, dass die Überbauungschance massgeblich vom gesamten rechtlichen Regime bestimmt wird, welches auf das betreffende Grundstück Anwendung findet. Die Problematik liegt aber darin, dass in Form zeitlich aufeinanderfolgender, für sich allein genommen geringfügiger Eigentumsbeschränkungen eine schleichende Aushöhlung der Eigentumsbefugnisse möglich wird [91]. Der Eigentümer sieht sich vor die Tatsache gestellt, dass eben jene Nutzungsmöglichkeiten, die den oekonomischen Wert seines Eigen-

---

[89] BGE *Stalder* (1979), BVR 1979, S. 362 und 386: Der Eigentümer hatte beim Kauf des fraglichen Landes zugunsten des Kantons eine zwölfjährige Bauverbotsservitut begründet, um einer Einsprache gemäss dem BG über die Erhaltung des bäuerlichen Grundbesitzes vom 12. Juni 1951 zu entgehen. Während der Dauer dieser Servitut fiel das Grundstück in das nicht mehr überbaubare Übrige Gemeindegebiet.

[90] Urteil vom 11. Juli 1979, E. 6, S. 16–17 (Hervorhebung durch den Verfasser).

[91] Der hier geäusserte Einwand gilt dort nicht, wo eine zeitlich zurückliegende Eigentumsbeschränkung gewissermassen in einem Mal die in Frage stehende Nutzungsmöglichkeit bereits weitgehend aufgehoben hat. Dies trifft etwa auf das in der eidgenössischen Forstgesetzgebung verankerte Rodungsverbot zu: mit ihm ist die Bauchance auf den mit Wald bedeckten Grundstücken in vorentscheidender Weise geschmälert worden.

tums ausmachten, unversehens weggefallen sind, ohne dass er je eine Chance gehabt hätte, die Entschädigungsfrage ernsthaft zu stellen. Denn massgebend ist immer nur die Rechtslage unmittelbar vor und nach dem Eingriff, so dass Prozessthema bloss noch die «Differenz» zwischen den vorher bestehenden und nachher noch verbleibenden Eigentumsbefugnissen bildet[92]. Zum Urteil über die im Ablauf der Zeit akkumulierten Eigentumsbeschränkungen kommt es nie. Man gibt dem Eigentümer gewissermassen zu verstehen, seine Befugnis, das fragliche Grundstück zu überbauen, sei schon bisher so prekär gewesen, dass ihr endgültiger Entzug ihn kaum mehr zusätzlich belaste. Dabei steht aber fest, dass auch in der Vergangenheit ein allfälliger Versuch, für die nun als vorentscheidend erklärten früheren Eigentumsbeschränkungen eine Entschädigung zu verlangen, zum Scheitern verurteilt gewesen wäre[93].

Absichten des Eigentümers
Soll der Schutz der noch nicht ausgeübten Eigentumsbefugnisse von der Wahrscheinlichkeit abhängen, welche in Bezug auf deren Verwirklichung besteht, muss offensichtlich auch auf die Vorstellungen abgestellt werden, die der Eigentümer selbst über den Gebrauch seiner Sache hegt. Wenn dieser nachweisbar nicht die Absicht hatte, von der ihm nun entzogenen Eigentumsbefugnis tatsächlich auch Gebrauch zu machen, konnte es zu ihrer Verwirklichung gar nicht kommen[94]. Eine materielle Enteignung muss daher im Sinne der *Barret*-Grundsätze verneint werden.

Das Bundesgericht bezieht von Beginn weg Elemente, welche als Ausdruck der Eigentümerabsichten aufgefasst werden müssen, in die Beurteilung der Überbauungschance ein. Eine erste Fallgruppe wird durch die Urteile *Mühlematter*[95] und *Würth*[96] veranschaulicht. Objektive ökonomische Gegebenheiten sprechen hier in derart klarer Weise für die Beibehaltung der bisherigen Verwendungsart, dass der Eigentümer nicht mehr ernsthaft geltend machen kann, er habe die Verwertung der noch nicht ausgenützten Befugnisse beabsichtigt. Ent-

---

[92] Dazu IMHOLZ, Zbl 1977, S. 495.
[93] Dazu hinten S. 202-05.
[94] Vorzubehalten bleibt allerdings der Fall, wo der Eigentümer die entzogene Befugnis nicht unmittelbar selber benützen, ihren wirtschaftlichen Wert aber durch Verkauf des Eigentumsobjektes an einen Dritten realisieren wollte.
[95] BGE 97 I 632 (1971).
[96] BGE 101 Ia 224 (1975).

4.3. Die Konkretisierung der neuen Formel zwischen 1965 und 1979

sprechend unwahrscheinlich ist die Aussicht auf die Verwirklichung dieser Nutzungen.

Im Fall *Mühlematter* hat die Eigentümerin die bestehende Villa erst wenige Jahre früher umgestaltet und erneuert; die Tatsache, dass eine Realisierung der bisher zugelassenen baulichen Mehrnutzung einen Abbruch der Villa und damit den ersatzlosen Verlust der eben getätigten Investitionen vorausgesetzt hätte, macht diese Möglichkeit in hohem Masse unwahrscheinlich [97].

Im Fall *Würth* verwendet der Eigentümer seinen Grundbesitz im Mündungsgebiet des alten Rheins am Bodensee für den Betrieb eines Strandhotels und eines Campings. Als das Gebiet weitgehend unter Bauverbot gestellt wird, macht er eine Entschädigung geltend mit der Begründung, es sei ihm die Möglichkeit einer Überbauung des Areals mit Einfamilien- und Ferienhäusern entzogen worden. Eine derartige Verwendung und die mit ihr verbundene Veräusserung des Bodens stünde aber in offensichtlichem Widerspruch zur Fortführung des bestehenden Betriebes. Es handelt sich um eine lediglich theoretische Nutzungsmöglichkeit, deren Verwirklichung im Lichte der wirtschaftlichen Gegebenheiten nicht anzunehmen ist [98].

Das Bestehen einer echten Bauchance kann aber auch am Widerspruch zwischen Absichten und Möglichkeiten scheitern. Ein solcher Fall tritt ein, wenn die Absichten des Eigentümers auf ein anderes Projekt zielen als jenes, das aufgrund der tatsächlichen und rechtlichen Gegebenheiten verwirklicht werden kann.

Ein Beispiel bietet der Entscheid *Erben Rutsch* [99]. Hier lässt der Eigentümer sein ursprüngliches Vorhaben, auf dem in einer (altrechtlichen) Landwirtschaftszone gelegenen Grundstück ein Landhaus zu errichten, zugunsten eines mehrere Häuser umfassenden Überbauungsprojektes fallen. Während das ursprüngliche Vorhaben aller Voraussicht nach bewilligt worden wäre, stehen einer grösseren Überbauung so gewichtige Hindernisse entgegen, dass mit ihrer Verwirklichung von Anfang an nicht gerechnet werden kann. Als das Grundstück einer Landwirtschaftszone neuen Rechts zugewiesen wird und die noch verbliebene Baumöglichkeit auch wegfällt, verneint das Bundesgericht den Entzug einer echten Bauchance, da der Eigentümer seine Bemühungen ausschliesslich auf das aussichtslose Projekt konzentriert hatte [100].

---

[97] BGE 97 I 635–36; siehe auch vorne S. 125–26.
[98] BGE 101 Ia 227–30.
[99] Zbl 1977, S. 553 (1977).
[100] Zbl 1977, S. 557: «Hatte die Parzelle ... in der Zeit unmittelbar nach dem Erwerb in gewissem Sinne Baulandqualität für ein Einfamilienhaus, so ist diese Eigenschaft zufolge Zeitablaufs *und der Sinnesänderung des Eigentümers* dahingefallen, und eine Baulandqualität der beiden Parzellen ... für ein Projekt von mehreren Häusern, das heisst für eine Art Quartiersiedlung, hat angesichts des Widerstandes der Gemeindebehörden nie bestanden. *Das Projekt eines Einfamilienhauses hat R. nicht wieder aufgegriffen*» (Hervorhebungen durch den Verfasser).

4.3. Die Konkretisierung der neuen Formel zwischen 1965 und 1979

Eine dritte Fallgruppe umfasst jene Situationen, wo der Eigentümer eine Absicht zur Realisierung der besseren Verwendungsmöglichkeit nicht nachweisen kann oder wo er seine erwiesene Absicht zu wenig entschlossen verfolgte, so dass mit ihrer baldigen Verwirklichung nicht zu rechnen war.

Das unveröffentlichte Urteil *Schmid v. Neuenegg* bietet dafür ein beinahe auf die Spitze getriebenes Beispiel[101]. An der anfänglichen Absicht Schmids, einen Teil seines landwirtschaftlichen Betriebes der Überbauung zuzuführen, bestehen keine Zweifel: Er hat im Hinblick darauf die nötige Parzellierung vorgenommen, die Entlassung aus der Unterstellung unter das BG über die Entschuldung landwirtschaftlicher Heimwesen erwirkt, Architekten mit Überbauungsstudien beauftragt und – allerdings erfolglos – um Erteilung einer Ausnahmebewilligung bzw. eine Umzonung in das Baugebiet nachgesucht. Im Laufe der sich über Jahre erstreckenden Vorbereitungen häufen sich aber die – hauptsächlich finanziellen – Schwierigkeiten derart, dass Schmid resigniert. Er verzichtet auf die Einreichung eines eigentliche Baugesuches und schliesst zuletzt über das für die Überbauung in Aussicht genommene Land einen Kiesausbeutungsvertrag mit einem Dritten ab. Das Bundesgericht interpretiert dieses Verhalten als konkludente Aufgabe der Überbauungsabsichten und verneint auch aus diesem Grund die Wahrscheinlichkeit einer Überbauung[102].

Obwohl das Bundesgericht im hier untersuchten Zeitraum die Absichten der Eigentümer bei der Beurteilung der Überbauungschance berücksichtigt, geht es doch nie so weit, diesem Element eine entscheidende Bedeutung beizumessen[103, 104]. Ein solches Vorgehen müsste problematisch erscheinen, denn zum Eigentum gehört nicht zuletzt die Freiheit, die mit ihm vermittelten Befugnisse willentlich brachliegen zu lassen, ohne sie deswegen aufgeben zu müssen. Diese Problematik berührt sich indessen mit jener der Realisierungswahrscheinlichkeit im Sinne der *Barret*-Konzeption schlechthin. Sie wird an anderer Stelle zu diskutieren sein[105].

---

[101] Urteil vom 11. Juli 1979. Festzuhalten ist, dass das Element der Absicht hier vermutlich nur einen untergeordneten Einfluss auf die Verneinung der Überbauungswahrscheinlichkeit gehabt hat.

[102] Id., E.6c, S. 19–20.

[103] Diesen Schritt wird das Bundesgericht erst im Urteil *Meier v. Zizers*, 105 Ib 339 (1979) tun, allerdings unter neuen Vorzeichen, welche die Weitergeltung der *Barret*-Grundsätze allgemein in Frage stellen. Dazu hinten S. 155, FN 35.

[104] In einem isoliert dastehenden Obiter Dictum des unveröffentlichten Urteils *Coderey v. Lutry* vom 21. März 1978 geht das Bundesgericht so weit, den Absichten des Eigentümers jegliche Bedeutung abzusprechen; an einer aufgrund der anderen Kriterien gewonnenen *positiven* Prognose würde auch die fehlende Überbauungsabsicht des Eigentümers nichts ändern, während umgekehrt ernsthafte Überbauungsabsichten eine sonst negative Prognose nicht zu beeinflussen vermöchten; E.4c, S. 20.

[105] Hinten S. 171–76 und 279–82.

D) Das Zusammenspiel der Kriterien

Die hier gesondert vorgenommene Untersuchung der einzelnen Kriterien trennt Dinge, die zusammengehören und zusammen gewichtet sein wollen. Die entscheidende Frage nach ihrem Ineinanderspielen bei der Beurteilung der Wahrscheinlichkeit einer baldigen Verwirklichung der entzogenen Eigentumsbefugnis bleibt offen. Diese Frage stellt sich von Fall zu Fall anders; Verallgemeinerungen scheinen kaum sinnvoll[106].

Wir können der bundesgerichtlichen Rechtsprechung immerhin gewisse Anhaltspunkte darüber entnehmen, wie die einzelnen Kriterien zu gewichten sind. *In erster Linie* wird geprüft, ob, im Rückblick beurteilt, die Realisierung der entzogenen Nutzung friktionslos möglich gewesen wäre oder ob rechtliche oder faktische Hindernisse sie verhindert oder verzögert hätten. Die meisten Entschädigungsansprüche scheitern hier[107], wobei die rechtlichen Hindernisse stärker ins Gewicht fallen und eine sonst günstige Lage negativ zu präjudizieren vermögen[108]. – Wo eine Realisierung der entzogenen Nutzung möglich gewesen wäre, stellt das Bundesgericht *in zweiter Linie* darauf ab, ob eine Nachfrage ausgewiesen ist. Indizien dafür bilden die Lage des Grundstücks, ein feststellbarer Bautrend oder auch klare Überbauungsabsichten der Eigentümer. Fehlt es daran, kann wiederum nicht von einer sehr wahrscheinlich in naher Zukunft zu erwartenden Realisierung gesprochen werden[109].

---

[106] Ein konkretes Anwendungsbeispiel aus der ex ante-Sicht des Planers gibt WALTER, Die Entschädigungspflicht bei Baugebietsreduktion, Plan 1977, Heft 4 S. 7-9.

[107] Dies trifft für den untersuchten Zeitabschnitt auf folgende Fälle zu: *Sigg*, 98 Ia 381 (1972); *Roulet*, 101 Ia 467 (1975); *Würth*, 101 Ia 224 (1975); *DFJP v. Collomb* vom 30. Januar 1976 (unveröffentlicht); *Erben Monneron*, 102 Ia 122 (1976); *Erben Rutsch* (1977), Zbl 1977, S. 553; *zur Gilgen* (1977), Zbl 1978, S. 18; *Köchli AG* (1978), Zbl 1979, S. 534; *Stalder* (1979), BVR 1979, S. 380; *Schmid v. Neuenegg* vom 11. Juli 1979 (unveröffentlicht).

[108] BGE *Schmid v. Neuenegg* vom 11. Juli 1979 (unveröffentlicht), E.6 S. 17; siehe das Zitat vorne S. 141.

[109] Dafür bieten in der Berichtsperiode die beiden unveröffentlichten, weitgehend identischen Urteile *Coderey v. Lutry* vom 21. März 1978 und *Crot v. Lutry* vom 5. Dezember 1978 ein Beispiel. Die hier unter Bauverbot gestellten Grundstücke sind weitgehend erschlossen, und es stehen ihrer Überbauung keine rechtlichen Hindernisse entgehen. Dennoch verneint das Bundesgericht angesichts der fehlenden Bauentwicklung und des Fehlens jeglicher auf eine Überbauung hinzielenden Schritte von Seiten der Eigentümer das Bestehen einer Bauchance. Vergleiche für eine nachträgliche Interpretation dieses Urteils durch das Bundesgericht selber BGE *Baumberger*, 106 Ia 382 (1980).

Für eine günstige Prognose bedarf es also zweier Elemente: eines negativen, nämlich des Fehlens von Hindernissen, und eines positiven in Form eines feststellbaren Impulses, welcher die Wahrnehmung der Bauchance nahelegt. Sind diese beiden Elemente gegeben, bedeutet dies nicht bloss die Bejahung der Bauchance, sondern im Ergebnis auch die Bejahung eines enteignungsähnlichen Eingriffs.

4.4. Inhaltsbestimmung und Formel Barret: Das Urteil Meier v. Zizers (1979)

A) Im September 1969 – vier Jahre nach Ausfällung des Urteils *Barret* – beschliessen Volk und Stände die Aufnahme eines Raumplanungsartikels in die Bundesverfassung[1]. Der Bund erhält im neuen Art. 22^{quater} Abs. 1 den Auftrag, «Grundsätze für eine durch die Kantone zu schaffende, der zweckmässigen Nutzung des Bodens und der geordneten Besiedelung des Landes dienende Raumplanung» aufzustellen.

Während der Erlass eines eigentlichen Bundesgesetzes über die Raumplanung auf Schwierigkeiten stösst und sich verzögert[2], tut der Bund 1971 einen vorentscheidenden Schritt auf dem Weg zur Durchsetzung einer einheitlichen Raumordnung für die ganze Schweiz anlässlich der Revision des Gewässerschutzgesetzes von 1955. Die Forderung nach einer Zusammenfassung des Bauens in den dazu geeigneten Gebieten und nach Freihaltung des restlichen Bodens wird im revidierten Gesetz auf indirektem Wege zu einem Grundsatz des Bundesrechts erhoben.

---

[1] Volksabstimmung vom 14. September 1969. Zugleich mit Art. 22^{quater} wurde auch Art. 22ter (Eigentumsgarantie) neu in die Verfassung aufgenommen (dazu vorne S. 1, FN 1).

[2] Das Bundesgesetz über die Raumplanung vom 22. Juni 1979 (RPG; SR 700) ist am 1. Januar 1980 in Kraft getreten. Über die Etappen, die seinem Erlass vorangegangen sind – namentlich über die Verwerfung einer ersten Gesetzesvorlage in der Volksabstimmung vom 13. Juni 1976 – berichtet die Botschaft des Bundesrates vom 27. Februar 1978, BBl 1978 I, S. 1008.

Die vom neuen Gesetz³ angeordnete Reinigung der Abwässer in zentralen Anlagen ist technisch und wirtschaftlich nur zu bewerkstelligen, wenn die Schmutzwasserquellen räumlich konzentriert werden. Das Gesetz ordnet demgemäss an, dass – in Übereinstimmung mit der erwarteten baulichen Entwicklung – der Einzugsbereich der Kanalisation bzw. des generellen Kanalisationsprojektes (GKP) festgelegt wird (Art. 17 GSchG) und dass im so festgelegten Gebiet alle Abwässer der Kanalisation zugeführt werden (Art. 18 und 19 GSchG). Umgekehrt verlangt der Grundsatz der zentralen Reinigung eine Unterbindung neuer Schmutzwasserquellen ausserhalb des Einzugsbereichs der Kanalisation. Das Gesetz verbietet daher in Art. 20⁴, dass für Gebäude und Anlagen ausserhalb des Kanalisationsbereiches Baubewilligungen erteilt werden, sofern der Gesuchsteller nicht ein sachlich begründetes Bedürfnis nachzuweisen vermag⁵.

Das – neben den Gewässerschutzzwecken von Anfang an mit angestrebte⁶ – raumplanerische Ergebnis dieser Ordnung ist die Trennung zwischen dem Baugebiet einerseits und dem restlichen Gebiet, wo nur standortgebundene Bauten erstellt werden dürfen, anderseits. Einige Kantone hatten eine derartige Ausscheidung bereits vor Inkrafttreten des Gewässerschutzgesetzes gekannt⁷. Für alle anderen

---

³ Bundesgesetz über den Schutz der Gewässer gegen Verunreinigung vom 8. Oktober 1971 (GSchG) (als Ersatz für das gleichnamige Bundesgesetz vom 16. März 1955); in Kraft seit dem 1. Juli 1972. AS 1972, S. 950-966.

⁴ Die Regelung von Art. 20 GSchG in ihrer ursprünglichen Fassung (AS 1972, S. 956) ist bei Erlass des BG über die Raumplanung vom 22. Juni 1979 in das neue Gesetz übernommen (Art. 24 RPG) und Art. 20 GSchG entsprechend angepasst worden (Art. 38 RPG).

⁵ Die gesetzliche Regelung stellt für die Trennung der beiden Gebiete allerdings in sehr erheblichem Mass auf die bereits bestehenden Nutzungspläne ab (und insofern ist die hier gegebene, auf die Grundprinzipien beschränkte Darstellung vereinfacht). Massgebend für die Ausscheidung sind nämlich in erster Linie die bereits ausgeschiedenen Bauzonen; nur wo solche fehlen, bestimmt sich die Abgrenzung unmittelbar nach dem GKP. Siehe dazu Art. 19 und 20 GSchG in ihrer ursprünglichen Fassung sowie die Regelung der Art. 26-28 der Allgemeinen Gewässerschutzverordnung vom 19. Juni 1972 (AGSchV) in ihrer ursprünglichen Fassung (AS 1972, S. 974-75) und in der Fassung gemäss Verordnung vom 6. November 1974 (AS 1974, S. 1810); ferner aus der reichen bundesgerichtlichen Praxis die beiden Entscheide *Hoeffleur*, 101 Ib 64 (1975), und *EDI v. Marugg*, 101 Ib 189 (1975), in denen das Gericht festhält, dass bei einer Diskrepanz zwischen Bauzone und GKP für die Anwendung von Art. 19 und 20 GSchG erstere verbindlich ist. – Vgl. zum Ganzen auch FLEINER-GERSTER, 312; GEISSBÜHLER, 17-22, 93.

⁶ BGE *Schnellmann AG*, 104 Ib 375-76, mit weiteren Nachweisen.

⁷ Genf, Basel-Stadt, Basel-Landschaft, Aargau; Nachweise im BGE *Meier*, 105 Ia 335.

bedeutet sie die von Bundesrechts wegen angeordnete Aufhebung der bisher rechtlich gegebenen Möglichkeit, auf einem beliebigen Grundstück Bauten zu errichten.

Die klassische Frage der Raumplanung – jene nach den Entschädigungsfolgen eines Entzugs der Baumöglichkeit für die in eine Nichtbauzone eingewiesenen Grundstücke – ist damit erneut gestellt. Die Zeichen stehen nun allerdings anders, da nicht mehr eine kantonale Regelung zur Diskussion steht, sondern eine für das ganze Bundesgebiet verbindliche einheitliche Ordnung.

Das Gewässerschutzgesetz selber beantwortet die Frage nicht[8], sondern überlässt es den Gerichten, sie zu lösen. Zwar scheint die Antwort in jenen Fällen, wo das Gesetz eine Bauchance entzieht, mit deren baldiger Verwirklichung nicht zu rechnen war, aufgrund der Konzeption *Barret* negativ präjudiziert[9]. Offen bleibt die Frage aber für alle anderen Fälle. Für sie muss im Sinne der Konzeption *Barret* entschieden werden, ob die Baufreiheit eine wesentliche Eigentumsbefugnis darstellt oder nicht[10].

B) Es dauert einige Zeit, bis die möglichen Entschädigungsfolgen der neuen bundesrechtlichen Ordnung das Bundesgericht zu beschäftigen beginnen. In einer ersten Phase wirkt sich das Gewässerschutzgesetz nur auf den Rechtsmittelweg aus. Wenn eine Eigentumsbeschränkung nicht bloss auf kantonales Recht, sondern zugleich auf bundesrechtliche Vorschriften, welche selber enteignend wirken könnten, abgestützt wird, stellt ein kantonales Urteil zur Frage der materiellen Enteignung eine Verfügung im Sinne von Art. 5 VwVG dar und

---

[8] Und zwar weder positiv noch negativ. Insbesondere scheint es nicht, dass der Gesetzgeber die Entschädigungspflicht des Gemeinwesens in Form eines qualifizierten Schweigens ausgeschlossen hat, was für das Bundesgericht kraft Art. 113 Abs. 3 BV bindend wäre. Dieses Problem ist vom Bundesgericht indessen nur für das Gewässerschutzgesetz von 1955 (in BGE *Frei,* 96 I 355-56 (1970)), nie aber für jenes von 1971 grundsätzlich erörtert worden.

[9] Vorne S. 129-30. Man muss sich im Klaren sein, dass das Erfordernis der Realisierungswahrscheinlichkeit, sofern es nur strikt genug ausgelegt wird (und die bundesgerichtliche Rechtsprechung bietet dafür ein anschauliches Beispiel), das Entschädigungsproblem weitestgehend entschärft. – Wir wollen hier indessen von einer Auslegung ausgehen, welche den Gedanken der Realisierungswahrscheinlichkeit nicht überspannt. Wir stellen uns, mit anderen Worten, auf den Standpunkt, dass das Gewässerschutzgesetz tatsächlich *eine erhebliche Zahl von Eigentümern auf einen Schlag um eine – aus damaliger Sicht beurteilt – bestehende Bauchance gebracht hat.*

[10] Die Variante des Sonderopfers fällt als Möglichkeit weg, da von der Regelung des Gewässerschutzgesetzes ja nicht bloss «ein einzelner oder einzelne Grundeigentümer» betroffen sind. Vgl. BGE *Meier,* 105 Ia 343, E.5f.

kann mit Verwaltungsgerichtsbeschwerde angefochten werden[11]. Art. 20 GSchG fällt, wie das Bundesgericht festhält, unter diese bundesrechtlichen Vorschriften[12].

Die ersten Fälle, in denen die behauptete materielle Enteignung tatsächlich auch auf diese Gesetzesbestimmung zurückzuführen ist, gelangen erst 1979 vor das Bundesgericht. Vorläufer bilden zwei bernische Fälle, bei denen es um die Zuweisung von Grundstücken zum Übrigen Gemeindegebiet geht[13]. Gemäss dem kantonalen Baugesetz von 1970 ist diese Zone zwar grundsätzlich den standortgebundenen Bauten vorbehalten, doch können ausnahmsweise auch andere Bauten bewilligt werden. Diese Möglichkeit wird nun durch das Gewässerschutzgesetz beseitigt. Das Bundesgericht fragt sich ausdrücklich, ob die Anwendung von Art. 20 GSchG überhaupt eine materielle Enteignung auszulösen vermag. Es schliesst dies angesichts der teilweise planerischen Natur der Vorschrift nicht aus, lässt jedoch die Antwort offen, da in beiden Fällen eine baldige Verwirklichung der Überbauung nicht zu erwarten gewesen war und eine Entschädigungspflicht also schon aus diesem Grunde entfällt[14].

C) Das Bundesgericht stellt sich der offen gelassenen Entschädigungsfrage schliesslich im Urteil *Meier und Konsorten gegen Gemeinde Zizers und Verwaltungsgericht des Kantons Graubünden* vom 29. November 1979[15].

Streitig ist hier ein Entschädigungsanspruch wegen materieller Enteignung, der von den Eigentümern mehrerer ausserhalb der Ortschaft Zizers gelegener Grundstücke im Anschluss an die Verweigerung einer Baubewilligung erhoben wird. Die betreffen-

---

[11] Unveröffentliche Erwägung 1 von BGE *DFJP v. Dutoit*, 101 Ib 52 (1975). Mit dieser Regelung erhalten die öffentlichrechtlichen Körperschaften grundsätzlich die Beschwerdebefugnis und können Entscheide, die für sie negativ ausfallen, anfechten. Siehe auch vorne S. 16.

[12] BGE *Einwohnergemeinde Bern*, 103 Ib 215 (1977).

[13] BGE *Stalder* (1979), BVR 1979, S. 361, 380; *Schmid v. Neuenegg* vom 11. Juli 1979 (unveröffentlicht).

[14] *Stalder*, S. 382–83; *Schmid*, E.3b S. 15. In diesem zweiten Urteil hält das Bundesgericht fest, dass eine aus Art. 20 GSchG herrührende Entschädigungspflicht keinesfalls weiter gehen könnte, als es die Entschädigungsgrundsätze gemäss der *Barret*-Rechtsprechung vorsehen. Das Gericht äussert Zweifel daran, ob die vorwiegend an Eigentumsbeschränkungen aus Schutzverordnungen entwickelte Praxis vorbehaltlos auch auf generell-abstrakte Anordnungen wie Art. 20 GSchG anzuwenden ist; E.3a und b, S. 13–15.

[15] BGE 105 Ia 330–44.

4.4. Das Urteil Meier v. Zizers (1979)

den Parzellen gehören gemäss dem Zonenplan der Gemeinde zum Übrigen Gemeindegebiet, liegen aber innerhalb des Bereichs des Kanalisationsprojektes. Nach der Gemeindebauordnung dürfen hier unter bestimmten Voraussetzungen (Erschliessung zu Lasten der Eigentümer) auch nichtlandwirtschaftliche Bauten erstellt werden. 1974 reichen die Eigentümer ein Baugesuch für ein Einfamilienhaus ein. Das Gesuch wird von der Gemeinde abgewiesen mit der Begründung, das am 1. Juli 1972 in Kraft getretende Gewässerschutzgesetz habe die bisher gegebene Möglichkeit zur Errichtung nichtstandortgebundener Bauten im Übrigen Gemeindegebiet beseitigt [16]. Die Eigentümer verlangen daraufhin erfolglos Entschädigung wegen materieller Enteignung.

Anders als in den beiden eben angeführten Berner Fällen begnügt sich das Bundesgericht diesmal nicht damit, den Entschädigungsanspruch vorweg wegen des Fehlens einer echten Überbauungschance zu verneinen [17]. Es verwirft auch die Lösung des Verwaltungsgerichtes Graubünden, welches in der polizeilichen Natur des Eingriffes den Grund zur Ablehnung einer materiellen Enteignung gesehen hatte. Diese Auffassung scheint dem Bundesgericht deswegen nicht vertretbar, weil die vom Gewässerschutzgesetz angeordneten Beschränkungen der Überbaubarkeit des Bodens nur einer abstrakten, nicht einer konkreten Gefahr für das Wasser begegnen und neben polizeilichen auch planerische Zwecke verfolgen [18].

Das Gericht geht die Entschädigungsfrage vielmehr neu an. Es beginnt mit einer Bestimmung der für das Eigentum massgebenden verfassungsrechtlichen Lage.

> «Der Inhalt des Grundeigentums wird nicht nur durch die Privatrechtsordnung geprägt, sondern durch die verfassungsrechtliche Ordnung und das darauf gestützt erlassene öffentliche Recht als Ganzes» [19].

---

[16] Auch dieser Entscheid selbst hat das Bundesgericht bereits beschäftigt und zu einem Leading Case des Gewässerschutzrechtes geführt: BGE *EDI v. Marug* 101 Ib 189 (1975), vorne S. 147, FN 5.

[17] Obwohl es auch hier diese Chance nicht als gegeben ansieht; E.5, S. 340–43; vgl. hinten S. 155–56.

[18] E.3b, S. 335–36. In der Doktrin hatten dieselbe Auffassung wie das Verwaltungsgericht Graubünden KAUFMANN, Entschädigungspflicht, 75, GEISSBÜHLER/STÜDELI, 28, und KUTTLER, Zbl 1975, S. 500, 509, 511–12, 514, vertreten. Vgl. zur Entschädigungslosigkeit polizeilicher Eingriffe hinten S. 182 ff und 320 ff.

[19] BGE 105 Ia 336, E.3c, mit Verweisen auf R. HAAB und MEIER-HAYOZ.

4.4. Das Urteil Meier v. Zizers (1979)

Die Eigentumsgarantie gewährleistet das Eigentum nicht unbeschränkt, sondern nur in den Schranken der Rechtsordnung. Die gewichtigen öffentlichen Interessen, welche die Verfassungsgebote der Walderhaltung, des Gewässerschutzes, des Umweltschutzes und der Raumplanung wahren, sind der Gewährleistung des Eigentums grundsätzlich gleichgestellt. Der Gesetzgeber hat deshalb bei der Ausgestaltung der Eigentumsordnung eine Interessenabwägung vorzunehmen:

«Die Zulässigkeit eigentumsbeschränkender raumplanerischer und umweltschützender Massnahmen basiert somit auf einer Interessenabwägung mit der Eigentumsgarantie. *Den erhöhten Anforderungen an die Regelung eines menschenwürdigen Zusammenlebens in der Gesellschaft lässt sich dabei,* wie Arthur MEIER-HAYOZ feststellt (...), *durch die Zulassung entschädigungsloser Eingriffe auch ausserhalb der polizeilich motivierten Schranken gerecht werden»* [20].

Beim Erlass der gewässerschützerisch und raumplanerisch motivierten Art. 19 und 20 GSchG ging es um die *Erhaltung der natürlichen Lebensgrundlagen,* also um eine für die ganze Bevölkerung zentrale Aufgabe.

Ausgehend von diesen Überlegungen beurteilt nun das Bundesgericht den Entschädigungspunkt wie folgt:

«Der Bundesgesetzgeber durfte daher die nach dem Recht mehrerer Kantone gegebene Möglichkeit, unter bestimmten Voraussetzungen ausserhalb der Bauzone bzw. des Gebietes des GKP nicht nur landwirtschaftliche und sonst standortgebundene Bauten zu errichten, beseitigen, *ohne damit eine der wesentlichen aus dem Eigentum fliessenden Befugnisse zu entziehen.* Mit der in den Art. 19 und 20 GSchG getroffenen Regelung hat er auch nicht im Sinne des Regelfalls der Enteignung dingliche Rechte an Grundstücken zugunsten des Gemeinwesens entzogen oder beschränkt (Art. 5 EntG). Er hat vielmehr für das ganze Gebiet der Eidgenossenschaft einheitlich *den Inhalt des Grundeigentums ausserhalb der Bauzonen bzw. des Gebietes des GKP festgelegt,* ohne hiefür allgemein eine Entschädigungspflicht auszulösen, auch wenn der Eingriff keine im engeren Sinne polizeilich motivierte Eigentumsbeschränkung darstellt.

Dieses Ergebnis schliesst jedoch nicht aus, dass die durch die Planung vorzunehmende konkrete Festlegung der grundsätzlich entschädigungslos hinzunehmenden Begrenzung der Überbaubarkeit des Bodens *einzelne Grundeigentümer ausnahmsweise enteignungsähnlich treffen kann»* [21].

---

[20] Id., 336–37 (Hervorhebung durch den Verfasser). Der Grundtenor der Erwägung 3c als ganzer scheint stark vom Gutachten KUTTLER/SALADIN (1977), S. 9–11, inspiriert.
[21] E.3d, S. 338 (Hervorhebungen durch den Verfasser).

4.4. Das Urteil Meier v. Zizers (1979)

D) Es ist nicht leicht, die genaue Tragweite des Entscheides zu bestimmen. Bedingt durch den Sachverhalt sind sein Gegenstand nicht die Entschädigungsfolgen der raumplanerischen Ausscheidung von Bau- und Nichtbaugebieten schlechthin; das Gericht äussert sich vielmehr nur zu der durch den Bundesgesetzgeber vorgenommenen Aufhebung jener residualen Baumöglichkeiten, die in bereits ausgeschiedenen Nichtbauzonen gemäss kantonalem Recht[22] noch bestanden. Die Aussage, dass «hiefür *allgemein* eine Entschädigungspflicht» nicht ausgelöst worden ist, hat einzig für diesen Eingriff unmittelbare Geltung; ihre Übertragung auf andere raumplanerische Massnahmen bleibt grundsätzlich offen[23]. Dies betrifft insbesondere die Fälle erstmaliger Gebietsausscheidung in Gemeinden, die noch keine Nutzungsplanung kannten, oder eigentliche Auszonungen, wie sie etwa zur Verkleinerung übergrosser förmlicher Bauzonen nötig werden. Nur wenn man sich diese Tatsache vor Augen hält, wird die auf *Meier* folgende Rechtsprechung überhaupt verständlich[24].

Ungeachtet dieser Feststellung bleibt die Tatsache bestehen, dass *das Bundesgericht erstmals nach Jahrzehnten den Gedanken der Inhaltsbestimmung wieder zur Grundlage seiner Argumentation macht*[25]. Allerdings ist diesem Gedanken die Selbstverständlichkeit der frühen Rechtsprechung nicht mehr eigen. Das Gericht holt vielmehr weit aus, um die Entschädigungslosigkeit der durch das Gewässerschutzgesetz von 1971 eingeführten Beschränkungen zu begründen. Der Kern seiner Argumentation liegt in der Feststellung, dass der Eigentumsinhalt nicht nur durch die Eigentumsgarantie und die Privatrechtsordnung, sondern durch die Rechtsordnung als ganze festgelegt wird. Verfassungsauf-

---

[22] Z.B. im Übrigen Gemeindegebiet gemäss dem bernischen Baugesetz von 1970 (Art. 24). – Wo noch keine Bauzonen ausgeschieden waren, aber ein generelles Kanalisationsprojekt bestand, gilt das Gesagte für die ausserhalb des GKP liegenden Gebiete.

[23] Die auszugsweise zitierten grundsätzlichen Überlegungen in den Erwägungen 3c und 3d (S. 150–51) deuten allerdings darauf hin, dass das Bundesgericht seinen Entscheid von Anfang an in einem umfassenderen Sinn verstanden hat. – Auch der im Urteil unmittelbar anschliessend für gewisse qualifizierte Fälle der Nichteinzonung bzw. der Auszonung gemachte Vorbehalt (BGE 105 Ia 338; zitiert hinten S. 154) gewinnt nur dann einen Sinn, wenn man die raumplanerische Gebietsausscheidung *generell* als nicht entschädigungspflichtig wertet.

[24] Zu dieser Rechtsprechung hinten S. 176 ff.

[25] In den Urteilen *Zinggeler*, BGE 55 I 397, bes. 400–01 (1929), *Wettstein* (1941), «Strasse und Verkehr» 1942, Beilage «Landes-, Regional- & Ortsplanung», S. 41, 45, und *Müller-Haiber*, BGE 69 I 234, 241 (1943), hatte das Bundesgericht die Inhaltsbestimmung letztmals in diesem Sinne aufgefasst.

träge wie jene zur Walderhaltung, zum Gewässerschutz, zum Umweltschutz und zur Raumplanung sind der Eigentumsgarantie gleichgeordnet. Wenn der Gesetzgeber gestützt darauf zulässigerweise bestimmte durch das Eigentum bisher vermittelte Befugnisse einschränkt oder aufhebt, legt er den Inhalt des Eigentums fest. Dafür ist grundsätzlich keine Entschädigung geschuldet.

Unausgesprochen steckt in der Urteilsbegründung aber auch das *rechtspolitische Argument, dass die Wahrnehmung einer als vordringlich erkannten Staatsaufgabe nicht an den Entschädigungsfolgen scheitern darf und dass dem Bürger bestimmte Opfer zuzumuten sind*[26]. Auch das der Inhaltsbestimmung eigene Element der Allgemeinheit der Massnahme kommt ins Spiel. Das Bundesgericht hebt es in der zitierten Textstelle hervor, indem es die «für das ganze Gebiet der Eidgenossenschaft einheitlich» geltende Regelung des Gewässerschutzgesetzes dem Fall der Enteignung gegenüberstellt, bei welcher dingliche (Einzel-)Rechte zugunsten des Gemeinwesens entzogen oder beschränkt werden.

Offen bleibt, in welchem Verhältnis diese Erwägungen zur Konzeption Barret stehen. In den Urteilen *Zwyssig* und *Schmid* hatte das Bundesgericht ihre Anwendung in Fällen unmittelbar vom Gesetzgeber angeordneter, generell-abstrakter Eigentumsbeschränkungen bezweifelt[27]. Ein derartiger Vorbehalt findet sich nun nicht mehr. Vielmehr verwendet das Gericht in der entscheidenden Passage eben einen Begriff der Formel *Barret*, indem es sagt, dass Art. 20 GSchG keine «*wesentlichen aus dem Eigentum fliessenden Befugnisse*» entzogen hat. Um eine eigentliche Anwendung der Formel kann es sich dabei aber nicht handeln, denn in der noch zu erörternden Urteilserwägung 4a wird die Formel *als ganze* zur Richtschnur für die Beurteilung der vorbehaltenen Ausnahmefälle erklärt[28]. Der Schluss drängt sich auf, dass das

---

[26] Vgl. STEINAUER, ZSR 1981 II, S. 199; SALADIN, Grundrechte (Vorwort zur dritten Auflage), XXXVI; ROUILLER, ZBJV 1985, S. 9; FAJNOR, 168–69. Kritisch zu der bundesgerichtlichen Argumentation DICKE, 61; KNAPP, Précis, 390 N. 2225. Bereits vor dem Urteil *Meier* hatte ROSENSTOCK wegen des für den Richter beinahe unausweichlichen Zwangs, die Nutzungsplanung nicht an den Entschädigungsfolgen scheitern zu lassen, eine Entschädigungsregelung ausserhalb des Instituts der materiellen Enteignung gefordert; Aspekte, ZSR 1971 I, S. 189–90; vgl. auch BLOCHER, 148–49.
Es mag hier daran erinnert werden, dass das Bundesgericht im Urteil *Zinggeler* ausdrücklich auch die Art, «wie das Rechtsbewusstsein die fragliche Befugnis wertet», als Kriterium für die Beurteilung der Entschädigungsfrage genannt hatte; BGE 55 I 403, 405. Zum Ganzen auch hinten S. 346 ff.

[27] BGE *Zwyssig*, 96 I 126–27 (1970); *Schmid v. Neuenegg* vom 11. Juli 1979 (unveröffentlicht), E. 3b S. 14–15. Dazu vorne S. 116 und 149, FN 14.

[28] Dazu hinten S. 155.

4.4. Das Urteil Meier v. Zizers (1979)

Bundesgericht die Fälle der Inhaltsbestimmung als eigentlichen *Vorbehalt* zu den Entschädigungsgrundsätzen der Konzeption *Barret* versteht.

Trifft diese Deutung zu, dann stellt der Entscheid *Meier v. Zizers* eine begrüssenswerte Wiederanknüpfung an überzeugende Elemente der älteren Rechtsprechung dar. Wir erinnern uns, dass das Bundesgericht ursprünglich vom Grundsatz ausging, Eigentumsbeschränkungen stellten eine Form der Inhaltsbestimmung des Eigentums dar und müssten als solche entschädigungslos geduldet werden[29]. Eben in der Überwindung dieser absolut verstandenen Konzeption lag ja die Errungenschaft der zweiten Rechtsprechungsphase. Der Primat der Inhaltsbestimmung blieb dabei aber unangefochten; er wird vom Bundesgericht noch in den Leading Cases *Zinggeler*, *Wettstein* und *Müller-Haiber* hervorgehoben[30]. Erst in der dritten Phase beginnt das vornehmlich am konkreten Anwendungsakt orientierte «Denken in der Kategorie der Eigentumsbeschränkung» die ursprüngliche Blickrichtung zu verdrängen; erst in dieser Phase gelingt es aber auch, dem Institut der materiellen Enteignung feste Konturen zu geben[31]. Ohne an den Anfang zurückzukehren, eröffnet das Urteil *Meier* nun gewissermassen eine neue vermittelnde Position: Die Bestimmung des Eigentumsinhaltes zieht grundsätzlich keine Entschädigungsfolgen nach sich; eine Entschädigung kann sich aber im Einzelfall aufdrängen.

E) Zu untersuchen bleiben die *vorbehaltenen Ausnahmen*. Das Bundesgericht erläutert sie im Anschluss an die vorne wiedergegebene Urteilstelle folgendermassen:

> «Man denke etwa an die zur Schaffung einer Schutzzone erfolgende Auszonung baureifen oder im Sinne von Art. 4 Abs. 1 WEG grob erschlossenen Landes, für dessen Erschliessung und Überbauung der Eigentümer bereits erhebliche Kosten aufgewendet hat. Auch im Falle der Nichteinzonung entsprechenden Landes, das innerhalb des mit den Anforderungen der Gewässerschutzgesetzgebung übereinstimmenden GKP liegt, ist eine Entschädigungspflicht nicht von vornherein auszuschliessen. ...
>
> Es ergibt sich aus diesen Erwägungen, dass im Einzelfall zu prüfen ist, ob die von den Kantonen und Gemeinden vorzunehmende Begrenzung der überbaubaren Fläche ausnahmsweise einzelne Grundeigentümer enteignungsähnlich trifft. *Dabei ist von der bisherigen Praxis auszugehen, doch ist den dargelegten Erwägungen Rechnung zu tragen*»[32].

---

[29] Vorne S. 18–20.
[30] Vorne S. 152, FN 25 sowie ausführlich S. 54.
[31] Dazu allgemein Kapitel 3, bes. 3.5.B, S. 101.
[32] BGE 105 Ia 338, E.3d und e (Hervorhebung durch den Verfasser).

4.4. Das Urteil Meier v. Zizers (1979)

Das Bundesgericht lässt auf diesen Passus ein vollständiges Zitat der Formel *Barret* folgen[33]. Aus dem gesamten Zusammenhang ergibt sich indessen, dass von der bisherigen Praxis letztlich nur das Erfordernis der Realisierungswahrscheinlichkeit für die Beurteilung der vorbehaltenen Ausnahmefälle Bedeutung hat:

> «Da der Wegfall der nach dem Recht mehrerer Kantone in unterschiedlichem Ausmass gegebenen Möglichkeit, ein ausserhalb der Bauzone bzw. des GKP gelegenes Grundstück auf eigene Kosten zu erschliessen und zu überbauen, grundsätzlich entschädigungslos hinzunehmen ist, kann *von einer enteignungsähnlichen Wirkung von vornherein dann keine Rede sein, wenn am 1. Juli 1972*[34] *ein Grundstück nicht hätte überbaut werden können oder – wenn dies möglich gewesen wäre – nicht überbaut worden wäre, weil der Eigentümer keine Überbauungsabsichten hatte*»[35].

Der gesamte Ausnahmevorbehalt läuft damit im Ergebnis auf eine Art übergangsrechtliche Härteklausel hinaus: Ein Entschädigungsanspruch kann aus Art. 20 GSchG praktisch nur dann folgen, wenn der Eigentümer durch das Gesetz daran gehindert wurde, seine bereits weit fortgeschrittenen und aussichtsreichen Vorbereitungen für eine Überbauung zu Ende zu führen.

Die Anwendung der geschilderten Grundsätze im Fall *Zizers* zeigt, dass sich das Bundesgericht im Einzelnen von seiner bisherigen Rechtsprechung zur Beurteilung der Überbauungschance leiten lässt. Untersucht werden die Erschliessungsverhältnisse, die bisherige planerische Behandlung des fraglichen Grundstückes, die allgemeine Bauentwicklung in der Gemeinde und schliesslich die Umstände, aus denen sich die allfälligen Überbauungsabsichten der Eigentümer ergeben. Das Gericht stellt fest, dass die Grundstücke trotz Zuführung der Wasser- und Kanalisationsleitungen wegen ihrer für eine Überbauung noch ungeeigneten Form und wegen der fehlenden Zufahrt im massgebenden Zeitpunkt nur ungenügend erschlossen waren. Ihre Lage

---

[33] Id, S. 339, E.4a (im Wortlaut wiedergegeben vorne S. 113, FN 1). – Die kommentarlose Zitierung der Formel unmittelbar im Anschluss an die zentrale Aussage des Urteils *Meier*, Art. 20 GSchG habe *keine wesentlichen aus dem Eigentum fliessenden Befugnisse entzogen* (S. 338), bleibt für den Verfasser unerklärlich.

[34] Datum des Inkrafttretens des Gewässerschutzgesetzes.

[35] BGE 105 Ia 339 (Hervorhebung durch den Verfasser); vgl. auch E.4b in fine, S. 340. Das Erfordernis der Realisierungswahrscheinlichkeit ist insofern verschärft, als nun der Eigentümer auch seine Absichten zur Verwirklichung der entzogenen Nutzung nachweisen muss. Siehe nun aber hinten S. 171–73.

4.4. Das Urteil Meier v. Zizers (1979)

ausserhalb der ausgeschiedenen Bauzone, das Fehlen eines Bautrends und schliesslich die Tatsache, dass die Eigentümer am 1. Juli 1972 noch keine Anstalten für ein konkretes Baugesuch getroffen hatten, sprechen gegen den Entzug einer in naher Zukunft realisierbaren Bauchance. Ein Ausnahmefall liegt demnach nicht vor [36].

F) Die Hauptbedeutung des Urteils *Meier v. Zizers* liegt darin, auf ein drängendes und seit langem offengebliebenes Problem der materiellen Enteignung – nämlich die Entschädigungsfolgen der Raumplanung – eine *grundsätzliche Antwort gegeben zu haben*.

Dass der raumplanerisch begründete Entzug der Bauchance nicht notwendig Entschädigungsfolgen auslöst, stand zwar aufgrund der Konzeption *Barret* mit ihrer Beschränkung des Schutzes noch nicht verwerteter Eigentumsbefugnisse auf jene, die sich mit hoher Wahrscheinlichkeit in naher Zukunft verwirklicht hätten, schon vorher fest [37]. Vom praktischen Gesichtspunkt aus gesehen wären die Ergebnisse der Rechtsprechung nach 1979 auch ohne den Entscheid *Meier* kaum anders ausgefallen, als sie uns nun vorliegen [38].

Die neue Begründung dieser Ergebnisse bringt indessen in mehrfacher Hinsicht Gewinn. Das Entschädigungsrecht als ganzes ist wieder in seinen grundlegenden Zusammenhang gestellt: Weil Eigentum nur nach Massgabe der gesamten Rechtsordnung gewährleistet ist und ein Anspruch auf Beibehaltung des in einem bestimmten Zeitpunkt gegebenen Inhalts des Eigentumsrechts nicht besteht, müssen neue Festlegungen dieses Inhalts, mögen sie auch mit gewichtigen Einschränkungen verbunden sein, vom Eigentümer grundsätzlich ohne Anspruch auf Entschädigung hingenommen werden; vorbehalten bleibt der stossende Härtefall [39]. Erst auf der Grundlage dieser Konzeption wird es auch wieder möglich, dem in der Praxis überdehnten Kriterium der Realisierungswahrscheinlichkeit einen angemessen Stellenwert zu geben [40].

---

[36] E.5, S. 340–43.
[37] Vgl. vorne S. 129–30.
[38] In diesem Sinne auch STEINAUER, ZSR 1981 II, S. 146, FN 52 in fine.
[39] Gleich SALADIN, Grundrechte (Vorwort zur dritten Auflage), XXXV-VI; PFISTERER, Zbl 1988, S. 487–89. Wohl grundsätzlich anders A. GRISEL, Expropriation matérielle, 100 und 103, der unter dem Gesichtspunkt des Entschädigungsgebotes von Art. 22ter Abs. 3 BV eine Unterscheidung zwischen Inhaltsbestimmung und Einschränkung des Eigentums ablehnt.
[40] Dazu hinten S. 173–76, 180–81 und 279–82.

Die materielle Enteignung ist damit auch von der Konzeption her auf jenen Platz zurückgeführt, den ihr die Praxis – man denke an die Seltenheit, mit der eine materielle Enteignung bejaht wird – seit jeher zugewiesen hatte. Diese Annäherung der Ebenen der Theorie und der Praxis bedeutet einen Fortschritt. Bedauern muss man, dass das Bundesgericht den Mut nicht gefunden hat, die mit dem neu bestätigten Primat der Inhaltsbestimmung verbundene Relativierung der Konzeption *Barret* auch klar auszusprechen.

Nicht als gering einzuschätzen ist die Signalwirkung des Urteils *Meier*. Indem es die planerische Zonenausscheidung und den mit ihr verbundenen Entzug der rechtlich noch gegebenen Baufreiheit grundsätzlich entschädigungslos erklärt, lädt es die mit der Planung betrauten Behörden ein, ihren Auftrag kraftvoll und ohne Angst vor unbegründeten Entschädigungsfolgen wahrzunehmen.

4.5. Die Rechtsprechung seit 1980

4.5.1. Aufbruch und Beharren

Auf den ersten Blick vermittelt die an das Urteil *Meier v. Zizers* anschliessende Judikatur den Eindruck ungebrochener Kontinuität mit der vorausgegangenen Rechtsprechung. Als ob sie weiterhin die alleinige Grundlage des Entschädigungsrechts bilden würde, erscheint die Formel *Barret* regelmässig an der Spitze der Urteilserwägungen, und nach wie vor werden zahlreiche Urteile nach den Kriterien schwerer Eingriff / Sonderopfer gegliedert.

Angesichts dieser beinahe demonstrativ hervorgehobenen Kontinuität mag es gekünstelt erscheinen, die Rechtsprechung in einen vor und einen nach dem Urteil *Meier v. Zizers* liegenden Abschnitt aufzuteilen. Indessen wäre es ebenso verfehlt, den Einschnitt herunterzuspielen, den dieses Urteil darstellt. Mit dem dort erklärten Vorrang der Inhaltsbestimmung ist die umfassende Geltung der Konzeption *Barret* relativiert, und diese Zäsur findet in der bundesgerichtlichen

4.5. Die Rechtsprechung seit 1980

Rechtsprechung ihren Niederschlag. Jener Zwiespalt zwischen Aufbruch und Beharren, den wir im Urteil Zizers beobachteten, wird zum eigentlichen Kennzeichen der Judikatur nach 1980.

Im folgenden sollen drei Hauptpunkte dieser Rechtsprechung eingehender behandelt werden: das Problem der Eingriffsintensität bzw. der Abgrenzung zwischen den sehr schweren Eigentumsbeschränkungen und den Sonderopferfällen (4.5.2), sodann die Entwicklung des Kriteriums der Realisierungswahrscheinlichkeit (4.5.3) und schliesslich die Entschädigungsfolgen aus dem Vollzug der vom Bundesrecht verlangten Nutzungsplanung (4.5.4)[1].

4.5.2. Fortschreibung der Formel Barret

A)   *Entzug einer wesentlichen Eigentumsbefugnis*

Lässt man die grundsätzliche – mit dem Urteil *Meier v. Zizers* noch akzentuierte – Problematik beiseite, die dem Begriff des «Entzugs einer wesentlichen Eigentumsbefugnis» innewohnt[2], können der Judikatur seit 1980 einige neue Erkenntnisse zum Kriterium der Eingriffsintensität entnommen werden. Zugleich werden früher gewonnene Ergebnisse bestätigt.

– Zu einer wichtigen Regel von allgemeiner Tragweite gelangt das Bundesgericht im Urteil *Balli v. Ticino* (1987): *Hebt eine Eigentumsbeschränkung nahezu jeden wirtschaftlichen Nutzen aus dem betroffenen Objekt für den Eigentümer auf, liegt dem Grundsatz nach ein Fall des Entzugs einer wesentlichen Eigentumsbefugnis vor*[3].

Auslöser für den Entscheid Balli bildet die Aufnahme einer privaten Sammlung archäologischer Objekte in das Inventar der geschützten Denk-

---

[1] Angesichts dessen, dass diese Rechtsprechungsphase im Zeitpunkt der Niederschrift der vorliegenden Arbeit noch andauert, wird darauf verzichtet, eine ähnliche Übersicht über das Fallmaterial zu geben, wie dies für die Perioden 1942 – 1965 (vorne S. 78) und 1965 – 1979 (vorne S. 118) geschehen ist. Festhalten lässt sich immerhin, dass seit 1979 das Schwergewicht der veröffentlichten Entscheide raumplanerische Eingriffe beziehungsweise Fragen der Entschädigung und des Verfahrens betrifft.

[2] Dazu vorne S. 111 sowie 153–55 und hinten S. 270–71.

[3] BGE 113 Ia 368. Das Bundesgericht selber formuliert die Regel nicht so allgemein, wie dies hier getan wird. Sie ergibt sich aber zwanglos aus dem Urteil als ganzem, namentlich aus dem Zusammenspiel der Erwägungen 5c und d, S. 377–81.

mäler. Gemäss dem Tessiner Denkmalschutzrecht bedeutet diese Massnahme für den Eigentümer, dass er bezüglich der inventarisierten Gegenstände einer Unterhaltspflicht untersteht, ohne dass er dafür auch öffentliche Subventionen beanspruchen könnte, und dass es ihm verboten wird, die Objekte ausserhalb des Kantons zu verkaufen. Wie das Gericht feststellt, berauben diese Einschränkungen den Eigentümer beinahe aller Möglichkeiten einer wirtschaftlichen Nutzung des Sammlungsgutes. Da die in Frage stehenden Mobilien – im Gegensatz etwa zu einem Grundstück, auf dem ein unter Schutz gestelltes Gebäude steht – aus sich selber keinen Ertrag abwerfen, führt die Unterhaltspflicht dazu, dass der Eigentümer die erforderlichen Mittel seinem übrigen Vermögen entnehmen muss. Die Aussicht, diese Mittel wieder einmal freisetzen zu können, wird ihm aber durch das Verbot einer Veräusserung ausserhalb des Kantons praktisch genommen; denn dieses Verbot verwehrt ihm den Zugang zu jenem Markt, auf dem er allein die für Kunstobjekte üblichen hohen Preise erzielen könnte.

Das Bundesgericht grenzt den Sachverhalt des Urteils *Balli* vom Fall ab, wo eine staatliche Massnahme die Nutzung zwar einschränkt und namentlich die bestmögliche Verwendungsart verunmöglicht, aber eine für das betroffene Objekt bestimmungsgemässe, wirtschaftlich gute Nutzung weiterhin zulässt. Typisches Beispiel dafür bilden die üblichen denkmalpflegerischen Unterschutzstellungen wertvoller Gebäude. Hier verbleibt dem Eigentümer regelmässig die Möglichkeit der Erneuerung sowie der inneren Umgestaltung der Bauten und damit auch ein angemessener Ertrag [4].

– Das Bundesgericht bestätigt, dass die herkömmlichen baupolizeilichen Einschränkungen dem Eigentümer keine wesentliche Befugnis entziehen. Ausdrücklich festgehalten wird dies für Baulinien [5], für die Einführung von Ausnützungsziffern [6] und für Massnahmen zur Sicherstellung einer geordneten Erschliessung [7].

---

[4] BGE *Neeff und Heusler v. Basel Stadt,* 111 Ib 257 (1985; Angensteinerstrasse in Basel); *Schuchter v. St.Gallen,* 112 Ib 263 (1986; «Reburg»). In beiden Fällen verneint das Bundesgericht eine materielle Enteignung infolge Unterschutzstellung des Äusseren von kunsthistorisch wertvollen Gebäuden.

[5] BGE *Guler,* 109 Ib 116 (1983); *Staat Wallis,* 110 Ib 361–63, E.2 (1984). – Im zweiten Entscheid hält das Bundesgericht fest, dass «[i]n in einer blossen Einschränkung der Gestaltungsfreiheit ... keine materielle Enteignung liegen [kann], zumal wenn ... die vorhandene Nutzungsmöglichkeit noch voll ausgeschöpft werden und eine vernünftige, der Lage und Umgebung angepasste Überbauung verwirklicht werden kann»; a.a.O., S.362.

[6] BGE *Locarno v. Balli,* 112 Ib 496, 507 E.3a (1986), Obiter Dictum.

[7] BGE *Erben Dangel* (1982), E.3a, Zbl 1982, S.442; *Zwieb,* 109 Ib 20, 24–26 (1983), hier namentlich für den Zeitbedarf.

4.5. Die Rechtsprechung seit 1980

– Unklar bleibt, welcher Stellenwert dem Kriterium der wesentlichen Eigentumsbefugnis in der Nutzungsplanung verbleibt. Aufgrund der mit dem Urteil *Meier v. Zizers* eingeleiteten Rechtsprechung [8] steht fest, dass das Recht zu Bauen nicht zu jenen Befugnissen gehört, welche dem Grundeigentum ohne weiteres innewohnen. Damit kann es sich bei einem gänzlichen Bauverbot jedenfalls nicht schlechtweg um den Entzug einer wesentlichen Eigentumsbefugnis handeln. Von einer solchen darf höchstens noch bei Grundstücken gesprochen werden, die in einer Bauzone gemäss den bundesrechtlichen Raumplanungsgrundsätzen liegen [9].

In Bestätigung seiner bisherigen Rechtsprechung verneint das Bundesgericht bei *Abzonungen* und *teilweisen Bauverboten* eine Entschädigungspflicht, wenn dem Eigentümer eine angemessene wirtschaftliche Nutzung verbleibt. Im Fall *Felaria SA*, wo ein Grundstück zu einem Viertel mit einem Bauverbot belegt ist, schliesst das Gericht eine materielle Enteignung angesichts der Tatsache aus, dass ein stattliches Haus bereits steht und der Bau eines weiteren Gebäudes möglich erscheint [10]. Im Fall *Müller* begründet das Gericht die Entschädigungslosigkeit einer Abzonung, bei welcher die Ausnützung um drei Viertel herabgesetzt wird, unter anderem ebenfalls mit beträchtlichen noch verbleibenden Baumöglichkeiten [11]. Beide Male wird hervorgehoben, dass die Eigentumsbeschränkung den betroffenen Liegenschaften auch eine Aufwertung in Form der Sicherung ausgedehnter Garten- und Grünanlagen bringt [12].

---

[8] Dazu vorne 4.4.C bis E, S. 149 ff.

[9] «Gemäss gefestigter bundesgerichtlicher Rechtsprechung kann vom Entzug einer wesentlichen aus dem Eigentum fliessenden Befugnis in der Regel zum vornherein nur dann gesprochen werden, wenn im Zeitpunkt der geltend gemachten Eigentumsbeschränkung eine raumplanerische Grundordnung galt, welche die Berechtigung zum Bauen auf dem fraglichen Grundstück einschloss», BGE *EG Wohlen v. BKW*, E.3a, 114 Ib 303 (1988); erstmals in diesem Sinne BGE *Dulliken*, 112 Ib 398 (1986). Ins Spiel kommt hier die neuere Terminologie des Bundesgerichts mit dem Begriffspaar «Auszonung» und «Nichteinzonung»; dazu hinten S. 176 ff.

[10] Entscheid vom 14. Dezember 1983, Zbl 1984, S. 366.

[11] Entscheid vom 21. November 1984, E.5, Zbl 1985, S. 214–15.

[12] *Felaria SA*, S. 368; *Müller*, S. 215. Ähnlich der Fall *Hug v. Trimmis*, 114 Ib 120–22, E.6 (1988), wo die Ausnützungsziffer von 0,8 auf 0,6 herabgesetzt wurde. Es besteht eine weitgehende Übereinstimmung mit der Rechtsprechung zur Unterschutzstellung des Äusseren wertvoller Bauten. Siehe dazu namentlich BGE *Neeff und Heusler*, 111 Ib 267–68, E.4c. Zum Ganzen auch hinten S. 287–89.

4.5. Die Rechtsprechung seit 1980

- Für Land ausserhalb der Bauzone hält das Bundesgericht fest, dass Einschränkungen hinsichtlich bestimmter Arten der landwirtschaftlichen Bewirtschaftung – etwa ein Verbot von Intensivkulturen in Plastiktunnels[13] oder ein Jaucheverbot für ein in eine Grundwasserschutzzone einbezogenes Grundstück[14] – keinen schweren Eingriff in das Eigentum darstellen.

B) Sonderopfer

Eine eingehendere Behandlung als in der vorausgegangenen Periode erfährt nach 1980 die zweite Tatbestandsvariante der materiellen Enteignung gemäss der Formel *Barret*, das Sonderopfer.

Diskutiert werden einmal die *Grundlagen des Entschädigungsanspruches*. Im Anschluss an Überlegungen, die in der Doktrin angestellt werden, fragt sich auch das Bundesgericht, ob das Sonderopfer aus dem Tatbestand der entschädigungsbedürftigen Eigentumsbeschränkungen gemäss Art. 22ter Abs. 3 BV herausgelöst und ganz als Anwendungsfall des Rechtsgleichheitsgebotes (Art. 4 BV) behandelt werden müsste[15]. Das Gericht lässt die Frage ausdrücklich offen[16]. Wir werden uns damit später beschäftigen[17].

Anlass zu einer dogmatischen Präzisierung gibt der Versuch des bernischen Verwaltungsgerichtes, dem Sonderopfer einen neuen Gehalt zu geben. Das kantonale Gericht will bestimmte Verletzungen des Eigentümervertrauens (wie sie etwa bei einer überraschenden Planänderung oder bei widersprüchlichem Verhalten von Gemeindebehörden gegeben sind) unter das Sonderopfer subsumieren; es gewährt dementsprechend einen Entschädigungsanspruch für die in guten Treuen getätigten Aufwendungen[18]. Das Bundesgericht lehnt diesen Versuch, eine Art «kleiner» materieller Enteignung zu konstruieren, mit Entschiedenheit ab:

---

[13] BGE *Zürich v. Hofstetter* vom 16. März 1983 (unveröffentlicht), E.4b, S.15. Dazu auch FRIEDRICH, Grundeigentum, Blätter für Agrarrecht 1977, S.70 (verneint für den Regelfall eine Entschädigungspflicht).
[14] BGE *FFS v. Lugano* vom 12. Januar 1988 (unveröffentlicht), E.3, S.8.
[15] BGE *Oberstammheim*, 110 Ib 32–33, E.4 (1984).
[16] Id. Bestätigt im BGE *Balli v. Ticino*, 113 Ia 382, E.6a (1987).
[17] Hinten S.297–302.
[18] In diesem Sinne namentlich das unveröffentlichte Urteil *Staat Bern und Einwohnergemeinde Wohlen v. Bergmann* vom 2. Februar 1981 (No 16030), E.8 und 9, S.24–29.

4.5. Die Rechtsprechung seit 1980

> «Der Verfassungsgrundsatz von Art. 22ter Abs. 3 BV gebietet volle Entschädigung *nur* bei Enteignung und Eigentumsbeschränkungen, die einer Enteignung gleichkommen; er enthält somit kein verfassungsrechtliches Gebot zur Entschädigung in Fällen, in denen keine formelle oder materielle Enteignung vorliegt.
> ...An dieser Rechtsprechung ist festzuhalten. Die Sonderopferentschädigung dient zwar auch der Respektierung des Art. 4 BV, indem sie eine Rechtsungleichheit ausgleichen will. Doch ist diese Rechtsungleichheit darauf zurückzuführen, dass eine Eigentumsbeschränkung als solche einen oder einzelne wenige Eigentümer gegenüber andern Eigentümern in gleichen Verhältnissen in stossender Weise ungleich trifft»[19].

Die mittelbaren Folgen eines Eigentumseingriffes sollen also in die Beurteilung der Frage, *ob* eine materielle Enteignung vorliegt, nicht einfliessen. Entschädigungsansprüche für nutzlos gewordene Aufwendungen, die sonstwie im Vertrauen auf eine bestehende Rechtslage getätigt wurden, sind einzig auf Art. 4 BV abzustützen[20].

Durchgehend bemerkbar ist das Bemühen des Bundesgerichtes, dem Eindruck entgegenzutreten, es handle sich beim Sonderopfer um eine bloss auf dem Papier stehende Variante ohne Bedeutung für die Praxis:

– Im Fall *Kocher v. Orbe* (1981)[21] sieht das Gericht zum ersten Mal unter der Formel *Barret* die Möglichkeit eines Sonderopfers verwirklicht.

Ausgangspunkt des Rechtsstreites bildet ein Überbauungsplan der Gemeinde Orbe für einen Gebietsteil, der unter anderem den erhöhten Aussichtspunkt «Sous le signal» einschliesst. Der Plan bestimmt für alle Grundstücke des Perimeters die zulässigen Standorte für eine Überbauung, meist durch Festlegung bestimmter Grenz- und Strassenabstände. Einzig für jene zwei Grundstücke, die sich vom Aussichtspunkt zur Ebene hinabsenken, wo auch die übrigen Parzellen liegen, grenzt der Plan diesen Standort zusätzlich so ein, dass Bauten nur in der Ebene, nicht aber am Hang selber errichtet werden können. Für Kocher, Eigentümer des einen Grundstückes (das andere gehört der Gemeinde selber), fällt damit für einen Neubau der attraktivste Teil ausser Betracht. – Da der Überbauungsplan die bisher zugelassene Nutzungsintensität unverändert lässt, kann ein schwerer Eingriff nicht vorliegen. Dagegen bejaht das Bundesgericht die Möglichkeit eines Sonderopfers. Die neue Überbauungsordnung trifft Kocher ungleich stärker als die übrigen Eigentümer. Sie wirkt sich gleich aus wie eine förmli-

---

[19] BGE *Wohlen*, 108 Ib 357–58. Vgl. bereits BGE *Meikirch*, 107 Ib 227, E.3e (1981).

[20] BGE *Wohlen*, 108 Ib 358. Siehe auch hinten S. 330, FN 16 in fine.

[21] BGE 107 Ib 380.

che Bauverbotsservitut, welche zugunsten des Gemeinwesens auf die Anhöhe gelegt worden wäre, und schmälert den Marktwert des Grundstücks. Offen bleibt im Entscheid, ob der Eingriff die für ein Sonderopfer nötige Intensitätsschwelle erreicht; denn es steht nicht fest, dass in dieser Hanglage die Errichtung einer Baute technisch und mit vernünftigem Aufwand überhaupt möglich gewesen wäre[22].

- In einem Obiter Dictum des Entscheides *Wohlen v. Bergmann* erörtert das Bundesgericht die Möglichkeiten eines Sonderopfers infolge *denkmalpflegerischer Anordnungen.* «Denkbar wäre eine derartige Ungleichheit ... bei der Unterschutzstellung eines Gebäudes in einem Strassenzug, der nach der Zonenordnung mit einer grösseren Geschosszahl überbaut werden dürfte»[23]. Im Urteil *Schuchter v. St. Gallen* wird dann präzisiert, die verlangte stossende Rechtsungleichheit könne nur vorliegen, «wenn in einer Strasse, deren bestehende Häuser in gleicher Weise schutzwürdig sind, nur gerade *ein* Haus unter Schutz gestellt wurde»[24].

Zu einem Sonderopfer kann nach Auffassung des Bundesgerichtes auch die Situation führen, dass für ein Gebäude Schutzmassnahmen angeordnet werden, die über die Erhaltung der äusseren Bausubstanz hinausgehen, ohne dass dem betroffenen einzelnen Eigentümer staatliche Beiträge ausgerichtet würden[25].

- Im unveröffentlichen Entscheid *Hofstetter v. Zürich* bejaht das Bundesgericht die Möglichkeit eines entschädigungspflichtigen Sonderopfers im Zusammenhang mit einem *Landumlegungsverfahren*[26].

Auslöser für die Entschädigungsfrage bilden hier Bauverbote, die mit einer Schutzverordnung für die Ortschaft Kappel am Albis angeordnet worden sind. Alle betroffenen Grundstücke befinden sich im Zeitpunkt des Erlasses der Verordnung im Perimeter einer landwirtschaftlichen Güterzusammenlegung. Bei der Bonitierung werden die Auswirkungen der Schutzverordnung jedoch zu Unrecht nicht berücksichtigt. Eine Korrektur der Bonitierung ist im Zeitpunkt des bundesgerichtlichen Entscheides nicht mehr möglich, da die Neuzuteilung rechtskräftig abgeschlossen ist. Das Gericht weist die Sache zurück mit dem Auftrag zu prüfen, ob die fehlerhafte Bonitierung allenfalls zu einer wesentlichen Minderzuteilung für einzelne Eigentümer und damit zu einem Sonderopfer geführt hat[27].

[22] Siehe für eine Kritik des Entscheides *Kocher* hinten S. 306, FN 44.
[23] BGE 108 Ib 355–56 (1982).
[24] BGE 112 Ib 269 (1986; Hervorhebung im Original). Dazu hinten S. 303, FN 36.
[25] Id., S. 269; Obiter Dictum.
[26] Entscheid vom 16. März 1983 (unveröffentlicht).
[27] Id., E.4c, S. 15–17. – Siehe auch den Entscheid *Oberstammheim,* 110 Ib 35–36 (1984), wo das Bundesgericht die angeführte Problematik nochmals diskutiert.

Auch für die Tatbestandsvariante des Sonderopfers hält das Bundesgericht am *Erfordernis der Realisierungswahrscheinlichkeit* fest. Eine Entschädigungspflicht kann demnach nur in Frage kommen, wenn der Eigentümer die ihm entzogene Befugnis in naher Zukunft mit hoher Wahrscheinlichkeit ausgenützt hätte [28].

Rundweg bejaht wird ein entschädigungsbedürftiges Sonderopfer in keinem der zwischen 1980 und 1988 entschiedenen Fälle [29]. In den erwähnten Urteilen *Kocher* [30] und *Zürich v. Hofstetter* [31] sieht das Bundesgericht immerhin die Möglichkeit dieses Tatbestandes verwirklicht.

4.5.3. Das Erfordernis der Realisierungswahrscheinlichkeit

A) Formel

Gemäss der Formel *Barret* kann der Entzug einer bisher nicht ausgenützten Eigentumsbefugnis in jedem Fall nur dann materiell enteignend wirken, «wenn im massgebenden Zeitpunkt anzunehmen war, diese lasse sich mit hoher Wahrscheinlichkeit in naher Zukunft verwirklichen» [32].

Seit den achtziger Jahren werden nun auch die Kriterien, nach denen im konkreten Fall das Bestehen oder Nichtbestehen einer hohen Wahrscheinlichkeit für eine baldige Verwirklichung der entzogenen Befugnis zu beurteilen ist, in einer formelartigen Wendung zusammengefasst:

> «Bei der Beurteilung der Frage, ob ein Grundstück sehr wahrscheinlich in naher Zukunft besser hätte genutzt werden können, sind nach der Rechtsprechung alle rechtlichen und tatsächlichen

---

[28] BGE *Erbengemeinschaft Benoit*, 112 Ib 485, 492 E.8 (1986), mit weiteren Hinweisen.
[29] Ein Sonderopfer hat das Bundesgericht allerdings im Entscheid *Balli v. Ticino*, 113 Ia 382-83, E.6, anerkannt; es sieht dabei aber zugleich den Entzug einer wesentlichen Eigentumsbefugnis als verwirklicht an. Es handelt sich also um einen Spezialfall, wie er bereits im Entscheid *FFS v. Plastex*, 101 Ib 277, 291 (1975) vorliegt; dazu vorne S. 126, FN 32.
[30] BGE 107 Ib 380 (1981). Siehe dazu vorne S. 162-63.
[31] Unveröffentlichtes Urteil vom 16. März 1983. Siehe dazu vorne S. 163.
[32] BGE *Meier v. Zizers*, 105 Ia 339 (1979); vollständiges Zitat vorne S. 113.

4.5. Die Rechtsprechung seit 1980

Gegebenheiten zu berücksichtigen, welche die Überbauungschance beeinflussen können. Dazu gehören das im fraglichen Zeitpunkt geltende Bundesrecht sowie die kantonalen und kommunalen Bauvorschriften, der Stand der kantonalen und kommunalen Planung, die Lage und die Beschaffenheit des Grundstücks, die Erschliessungsverhältnisse und die bauliche Entwicklung in der Umgebung (...).

Diese verschiedenen Faktoren sind zu gewichten. Dabei ist in erster Linie auf die rechtlichen Gegebenheiten abzustellen. Nur wo das Bauen rein rechtlich zulässig, tatsächlich möglich sowie nach den Umständen mit hoher Wahrscheinlichkeit in naher Zukunft zu erwarten gewesen wäre (...), kann in der Eigentumsbeschränkung, welche die Überbauung ausschliesst, ein besonders schwerer Eingriff gesehen werden, der eine Entschädigungspflicht auslöst. Als Gründe, die gegen die Überbauung eines Grundstückes in naher Zukunft sprechen, nannte das Bundesgericht beispielsweise das Erfordernis einer Ausnahmebewilligung, einer Änderung in der Zonenplanung, eines Erschliessungs-, Überbauungs- oder Gestaltungsplans, einer Baulandumlegung oder weitgehender Erschliessungsarbeiten (...). Auch genügen die Erschliessbarkeit einer Parzelle und unter Umständen selbst deren Erschliessung nicht ohne weiteres, um die Überbaubarkeit in naher Zukunft zu bejahen (...)»[33].

Im Gegensatz zur allgemeinen Formulierung der Formel *Barret* bringt dieser Text deutlich zum Ausdruck, dass das *Kriterium der Realisierungswahrscheinlichkeit auf den besonderen Sachverhalt des Entzugs der Bauchance* gemünzt ist.

Im folgenden soll nun untersucht werden, wie die für die Beurteilung der Realisierungsaussichten massgebenden Faktoren in der bundesgerichtlichen Rechtsprechung konkretisiert werden.

B)   Rechtliche Gegebenheiten

Im unveröffentlichten Urteil *Schmid v. Neuenegg* (1979) bekannte sich das Bundesgericht erstmals zur Auffassung, dass für die

---

[33] BGE *Prosima Immobilien AG v. Tägerwilen,* 112 Ib 390 (1986; Rechtsprechungshinweise vom Verfasser weggelassen). Weitgehend derselbe Text findet sich bereits im BGE *EG Bern v. Schenk-Käser,* 109 Ib 16 (1983).
Die französischsprachigen Urteile enthalten eine teilweise abweichende Formel; siehe etwa BGE *Rothuizen v. Commugny,* 112 Ib 109–10, E.2b (1986). Verlangt wird hier zusätzlich: «qu'au moment du déclassement ou du refus de classement [du] bienfonds, celui-ci aurait été effectivement voué à la construction, selon le cours ordinaire des choses, dans un proche avenir» (S. 109).

4.5. Die Rechtsprechung seit 1980

Beurteilung der Realisierungswahrscheinlichkeit in erster Linie auf die rechtlichen Gegebenheiten abgestellt werden müsse[34]. Seit 1980 liegt denn auch das Schwergewicht der Überlegungen bei diesem Element. Das Bundesgericht macht seinen Entscheid vornehmlich davon abhängig, ob die im Zeitpunkt des Eingriffs bestehende Rechtslage es dem Eigentümer überhaupt ermöglicht hätte, von der nun entzogenen Befugnis binnen kurzem Gebrauch zu machen. Stellt sich heraus, dass rechtliche Hindernisse einer baldigen Realisierung entgegengestanden wären, erachtet das Gericht diese als unwahrscheinlich.

Als rechtliche Hindernisse in diesem Sinne kommen in Betracht:

– *Lage ausserhalb einer förmlichen Bauzone*
Lag das Grundstück vor dem Eingriff nicht in einer förmlichen Bauzone, so hätte es bereits damals erst nach einer vorgängigen Einzonung[35] oder allenfalls aufgrund einer Ausnahmebewilligung mit anderen als standortgebundenen Bauten überbaut werden können. Diese Erfordernisse machen die Realisierung unwahrscheinlich[36].

– *Ungenügende bzw. rechtlich nicht gesicherte Erschliessung*
Seit dem Inkrafttreten des BG über die Raumplanung (RPG; SR 700) am 1. Januar 1980 bildet eine ausreichende Erschliessung von Bundesrechts wegen Voraussetzung für die Erteilung einer Baubewilligung (Art. 22 Abs. 2 RPG). Zahlreiche Kantone kannten eine entsprechende Regelung aber schon vor dem Erlass des Raumplanungsgesetzes[37].

---

[34] Urteil vom 11. Juli 1979, E.6, S. 16–17. Im Urteil *EG Wohlen v. BKW* spricht das Bundesgericht vom «Vorrang der rechtlichen Gegebenheiten, auf die in erster Linie abzustellen ist» (E.3e; BGE 114 Ib 304).

[35] Sehr oft bedarf eine Einzonung der Zustimmung der Stimmberechtigten. In einem solchen Fall erachtet es das Bundesgericht als unzulässig anzunehmen, die Stimmberechtigten hätten einer entsprechenden Vorlage zugestimmt; dies wäre unvereinbar mit der demokratischen Grundordnung. BGE *Krönert*, 106 Ia 190, E.4d (1980); *Meikirch*, 107 Ib 226–27, E.3d (1981); *La Soliva Immobiliare SA*, 108 Ib 349, E.4c (1982).

[36] BGE *Krönert*, 106 Ia 184–90, bes. E.4d (1980); *Meikirch*, 107 Ib 224–25 (1981), E.3b + c; *Messner* (1981), E.4d, Zbl 1982, S. 88; *La Soliva Immobiliare SA*, 108 Ib 345 (1982); *Aesch* (1982), Zbl 1983, S. 77; *Prosima*, 112 Ib 388 (1986); *Müller und Koller v. Egnach*, vom 17. September 1987, E.3b (unveröffentlicht).

[37] So verlangte beispielsweise Art. 4 des bernischen Baugesetzes vom 7. Juni 1970, dass die Erschliessung des Baugrundes auf den Zeitpunkt der Fertigstellung des Gebäudes gesichert sei.

4.5. Die Rechtsprechung seit 1980

Die Erschliessung selber ist gemäss der geltenden bundesrechtlichen Ordnung[38] grundsätzlich Sache des Gemeinwesens (Art. 19 Abs. 2 RPG). Das kantonale Recht kann zwar vorsehen, dass die Grundeigentümer ihr Land selber erschliessen, doch muss dies jedenfalls «nach den vom Gemeinwesen genehmigten Plänen» erfolgen (Art. 19 Abs. 3 RPG).

Das Gemeinwesen hat die Pflicht, Bauzonen zeitgerecht zu erschliessen[39]. Diese Pflicht gilt aber nur bezüglich von Bauzonen, welche den bundesrechtlichen Anforderungen gemäss Art. 15 RPG genügen[40]. Entspricht eine formelle Bauzone dem Bundesrecht nicht – namentlich weil sie über den voraussichtlichen Bedarf der nächsten 15 Jahre hinausgeht –, muss sie nicht erschlossen werden. Insofern kann von vornherein auch kein Anspruch der Eigentümer auf Vorfinanzierung der Erschliessungsanlagen bestehen[41]. Neben der Planung liegt auch die Festlegung der angemessenen Zeitetappen für die Erschliessung im pflichtgemässen Ermessen des Gemeinwesens[42]. Die Erschliessungspflicht des Gemeinwesens wird durch diese gesamte Ordnung derart relativiert, dass ein Grundeigentümer in der Praxis kaum je imstande sein wird, einen allfälligen Anspruch auf Vornahme bestimmter Erschliessungsmassnahmen[43] mit Erfolg durchzusetzen.

---

[38] Diese wird durch die kantonalen Erschliessungsregelungen ergänzt. Siehe als Beispiel die Art. 7 und 8 sowie 106 bis 118 des bernischen Baugesetzes vom 9. Juni 1985; dazu ZAUGG, Kommentar BauG 85, S. 78–89 und 508–60.

[39] Art. 19 Abs. 2 RPG. Dazu BGE *Zwieb,* 109 Ib 25, E. 4c in fine (1983).

[40] EJPD/Bundesamt für Raumplanung, Erläuterungen; N. 21 zu Art. 19 RPG.

[41] BGE *De Giorgi* (1984), Zbl 1984, S. 510 (mit Hinweisen auf die bereits vor dem Inkrafttreten des RPG bestehende analoge kantonale Rechtslage); *Müller v. Davos* (1984), E. 4b, Zbl 1985, S. 213.

[42] BGE *Zwieb,* 109 Ib 25, E. 4c in fine (1983); *Erbengemeinschaft Candrian,* 109 Ia 191–92, E. 4 (1983); *Silberschmidt,* 112 Ia 160, E. 2f (1986).
Auch wo den Grundeigentümern die Möglichkeit der Vorfinanzierung der Erschliessungsanlagen eingeräumt wird, haben diese keinen Anspruch darauf, die Erschliessung vor der festgelegten Zeit vorzunehmen; EJPD/Bundesamt für Raumplanung, Erläuterungen, N. 43 zu Art. 19 RPG; ZAUGG, Kommentar BauG 85, N. 8 zu Art. 109/110.

[43] Die Frage, ob dem Grundeigentümer ein klagbarer Anspruch auf Erschliessung zusteht, ist in der Literatur umstritten. Vgl. die Übersicht in EJPD/Bundesamt für Raumplanung, Erläuterungen, S. 257 FN 478.

Wo demnach eine rechtlich gesicherte, ausführungsreife [44] Erschliessungsplanung noch fehlt, bedeutet die faktische Unerschlossenheit eines Grundstückes, dass einer baldigen Überbauung erhebliche rechtliche Hindernisse entgegenstehen. Die Realisierungswahrscheinlichkeit muss somit verneint werden [45, 46].
Dasselbe gilt auch für bereits teilerschlossenes Land. Kann das Gemeinwesen zureichende Gründe geltend machen, um die Vervollständigung der Erschliessung bzw. den Anschluss an schon erstellte Anlagen abzulehnen, läuft der noch fehlende Erschliessungsteil ebenfalls auf ein unüberwindbares rechtliches Hindernis hinaus [47].

- *Das Erfordernis einer Landumlegung bzw. einer Überbauungsordnung (Quartierplan)*
Weisen die zur Diskussion stehenden Grundstücke noch eine für die Überbauung ungeeignete Form auf, stellt die erforderliche Landumlegung in der Regel ein relevantes rechtliches Hindernis dar [48]. Gleich verhält es sich dort, wo erst ein Quartierplan mit Festlegung der Bau- und Strassenlinien und Detailerschliessungsanlagen sowie allenfalls mit Vorschriften zur Einordnung der Bauten die für eine sinnvolle und rationale Überbauung nötigen Voraussetzungen schaffen kann [49].

---

[44] Was unter anderem die Bewilligung der erforderlichen Kredite voraussetzt. Daran fehlte es im Fall *Balthasar v. EG Horw*, E.4b (unveröffentlichtes Urteil vom 21. Januar 1988, S. 10–11).

[45] Z.B. BGE *Baumberger*, 106 Ia 376–80, E.3d (1980); *Krönert*, 106 Ia 184 (1980); *Erben Dangel* (1982), E.3b-d, Zbl 1982, S. 442–44; *Wohlen* (1982), E.3, BVR 1983, S. 213–16; *Zwieb*, 109 Ib 20, 23–26 (1983), mit grundsätzlichen Erwägungen; *de Giorgi* (1984), E.3, Zbl 1984, S. 508–10; *Erben Benoit*, 112 Ib 488–89, E.4b (1986); *Ed. Badertscher AG v. Seuzach*, 113 Ib 135–36, E.4b + c (1987).

[46] Gegen die Tendenz, das Erschliessungserfordernis als Bremse zu verwenden, hat sich aus allgemeiner Warte LENDI gewandt: Die Funktion der Erschliessung in der Raumplanung und ihre rechtliche Bedeutung, in Mélanges André Grisel, 1983 Neuchâtel, S. 539–55.

[47] Ungenügende Zufahrt: BGE *Meier v. Zizers*, 105 Ia 341, E.5c (1979); *Müller v. Davos* (1984), E.4c, Zbl 1985, S. 213; *B. AG v. Tägerwilen* (1986), E.4d, Zbl 1987, S. 551.
Fehlen einer geeigneten Anschlussmöglichkeit an die Kanalisation: BGE *Oberstammheim*, 110 Ib 34 (1984); *Häuptle v. Scharans* (1986), E.4b, Zbl 1987, S. 73; *Dulliken*, 112 Ib 401–02, E.6b (1986).

[48] BGE *Meier v. Zizers*, 105 Ia 340–42, E.5b + d (1979); *Baumberger*, 106 Ia 376–80, E.3d (1980); *B.AG v. Tägerwilen* (1986), E.4d, Zbl 1987, S. 551–52.

[49] BGE *Wohlen* (1982), E.3a, BVR 1983, S. 213; *Oberstammheim*, 110 Ib 34 (1984); *Ed. Badertscher AG v. Seuzach*, 113 Ib 135–37, E.4b und c (1987).

- *Waldbestockung*[50]
- *Privatrechtliche Gründe, die einer sofortigen Überbauung entgegenstehen*[51]

Im gesamten ergibt sich aus der Rechtsprechung ein strenger Massstab. Seit 1980 beruht die Verneinung einer gegebenen Realisierungschance in den meisten Fällen auf der Feststellung, dass rechtliche Hindernisse einer baldigen Ausnützung der entzogenen Befugnis entgegengestanden wären. Auch wenn man dem Bundesgericht nicht vorwerfen dürfte, kleinlich zu sein, fällt doch auf, dass die jeweils angeführten rechtlichen Hindernisse kaum grundsätzlich von jenen abweichen, denen heute erfahrungsgemäss jedes realisierungsfähige grosse Bauvorhaben begegnet. Verschärfend tritt hinzu, dass das Bundesgericht seine Beurteilung mit einem erheblichen zeitlichen Abstand vornimmt, was beinahe unweigerlich dazu führt, die im massgebenden Zeitpunkt geltende Rechtslage im Lichte der seither eingetretenen Rechtsentwicklung zu werten[52,53].

Das Bundesgericht hat 1987 im Urteil *Ed.Badertscher AG v. Seuzach* den Vorwurf übertriebener Strenge ausdrücklich zurückgewiesen und an seiner Rechtsprechung, allerdings mit einer leichten Nüancierung, festgehalten:

«[D]er Eigentümer eines ausserhalb des bestehenden Baugebietes gelegenen unerschlossenen Areals [hatte] seit jeher die baurechtli-

---

[50] BGE *Gemeinde Domat/Ems v. Emser Werke*, vom 22. September 1982 (unveröffentlicht), E.2d, S. 5-6; *Sils* (1984), E.4, Zbl 1984, S. 556-57.
Als rechtliches Hindernis wurde im Fall *Wohlen* (1982) auch das Erfordernis einer Rodungsbewilligung für die Erstellung der notwendigen Zufahrtsstrassen gewertet; E.3c, BVR 1983, S. 215-16.
[51] Beispielsweise ein langdauerndes Pachtverhältnis; BGE *Erben Benoit*, 112 Ib 490, E.4d (1986).
[52] Nach Auffassung des Verfassers trägt beispielsweise das Gericht bei der Beurteilung der Erschliessungsverhältnisse dem Umstand zu wenig Rechnung, dass gemäss seiner eigenen Rechtsprechung der Eigentümer vor dem Inkrafttreten des eidgenössischen Raumplanungsgesetzes einen Anspruch auf Vorfinanzierung der Detailerschliessung hatte; BGE *Hoeffleur*, 101 Ib 64, 68-69 (1975). Diese Rechtsprechung ist erst 1984 - nota bene nur sinngemäss und nicht ausdrücklich - in den Entscheiden *de Giorgi*, Zbl 1984, S. 510, und *Müller v. Davos*, Zbl 1985, S. 213, aufgegeben worden.
[53] Bestehen bleibt schliesslich der bereits früher (vorne S. 141-42) gegen die Berücksichtigung der rechtlichen Gegebenheiten geäusserte grundsätzliche Einwand: möglich wird dadurch, dass mittels sich folgender, einzeln gesehen geringfügiger Verschärfungen der Rechtslage die Eigentumsbefugnisse entleert werden, ohne dass der Eigentümer je Gelegenheit erhielte, die Summe der Einschränkungen entschädigungsrechtlich überprüfen zu lassen.

che Voraussetzungen für eine Überbauung abzuwarten ..., sofern er sie nicht selbst schaffen konnte. *Dabei hatte er auch mit den nicht in seiner Macht stehenden Rechtsänderungen sowie den im kantonalen Recht regelmässig vorbehaltenen Genehmigungen für Erschliessungsanlagen zu rechnen. ...*

Von dieser Rechtsprechung abzuweichen, besteht kein Anlass. Doch schliesst die Feststellung, im massgebenden Zeitpunkt hätten die rechtlichen Möglichkeiten für die Schaffung der Baureife aus eigener Kraft nicht bestanden, nicht aus, alle weiteren Umstände des konkreten Falles zu berücksichtigen. Der Beschwerdeführerin ist darin beizupflichten, dass *es nicht anginge, einzig auf den fehlenden Antrag für die Einleitung eines privaten Quartierplanverfahrens abzustellen, wenn eine Baumlandumlegung ... an einer Sitzung vereinbart und ein Quartierplan nachgewiesenermassen in kürzester Zeit realisiert werden könnte*»[54].

C) Tatsächliche Gegebenheiten

Die Realisierungschancen für eine bestimmte, bisher nicht ausgenutzte Eigentumsbefugnis werden wesentlich durch tatsächliche Gegebenheiten wie Eignung, Nachfrage oder Lage bestimmt. In der Rechtsprechungperiode von 1965 bis 1979 bestimmen weitgehend diese Faktoren die Beurteilung[55]. Nach 1980 tritt die Frage nach den massgebenden rechtlichen Verhältnissen und ihren Auswirkungen in den Vordergrund; die tatsächlichen Gegebenheiten verlieren in den Urteilserwägungen an Gewicht. Nach wie vor stellen sie aber ein mitentscheidendes Kriterium dar.

Ausschlaggebend bleiben die tatsächlichen Gegebenheiten in einer ganz besonderen Konstellation: Wo der Betrieb einer Autobahn für das angrenzende noch unüberbaute, aber ordnungsgemäss eingezonte (Wohn-)Bauland die Nachfrage nachgewiesenermassen hat erlöschen lassen, wirkt sich eine spätere Zuweisung dieses Landes zu einer Nichtbauzone nicht als Entzug einer echten Überbauungschance aus[56].

Erhebliche Bedeutung hat sodann weiterhin die Lage des betroffenen Grundstückes. Befindet es sich am Rand oder gar deutlich ausserhalb des bestehenden Siedlungsgebietes und lässt sich auch keine

---

[54] BGE 113 Ib 136 (Hervorhebungen durch den Verfasser).
[55] Vorne S. 133–38.
[56] BGE *Erben Wegmüller* (1984), BVR 1985, S. 26, 31–36; *Renaud v. St.Légier* vom 20. Mai 1987 (unveröffentlicht), E. 4a, S. 13.

Bauentwicklung in seine Richtung hin beobachten, liegt darin ein Indiz, dass eine Überbauung nicht unmittelbar bevorstand[57].

Zu den tatsächlichen Gegebenheiten gehört an sich auch die bestehende Erschliessungssituation. Da aber das Fehlen oder Ungenügen auch nur einzelner Erschliessungselemente (Zufahrt; Versorgung mit Wasser, Elektrizität und Telefon; Kanalisation) sich in Hindernissen rechtlicher Art niederschlägt, geht die Frage nach der gegebenen Erschliessungssituation meist in der Würdigung der rechtlichen Gegebenheiten auf[58].

D) *Absichten des Eigentümers*

Unstreitig wirken die Absichten des Eigentümers hinsichtlich des künftigen Gebrauchs seines Eigentums entscheidend auf die Realisierungswahrscheinlichkeit zurück. Wo der Eigentümer die Ausnützung der ihm entzogenen Befugnis überhaupt nie oder nur für einen in der unbestimmten Ferne liegenden Zeitpunkt ins Auge gefasst hatte, war die Realisierung von vornherein unwahrscheinlich.

Wie wir gesehen haben, bleibt vor 1979 der Stellenwert der Eigentümerabsichten in der bundesgerichtlichen Rechtsprechung wenig klar; sie spielen auch praktisch eine geringe Rolle[59]. Dies ändert

---

[57] BGE *Meier v. Zizers*, 105 Ia 340, E.5a (1979) («eindeutig ausserhalb des Baugebiets»); *Aesch* (1982), Zbl 1983, S. 77 (Grundstück 1 km vom Dorfkern entfernt); *Wohlen* (1982), BVR 1983, S. 206 (abgeschlossene Geländekammer, von der nächsten Bauzone 600 m entfernt); *Gesellschaft Sonnenboden* (1982), Zbl 1983, S. 372 (Entfernung von der nächsten Bauzone 150 m, vom nächsten Ortsteil 500–700 m); *Oberstammheim*, 110 Ib 34 (1984) («deutlich ausserhalb des überbauten Gebiets des Dorfs»); *Dulliken*, 112 Ib 401 (1986) («an der Peripherie des Siedlungsgebietes gelegen»); *Ed. Badertscher AG v. Seuzach*, 113 Ib 137, E.4d (1987) (bauliche Entwicklung der Gemeinde vollzieht sich in die entgegengesetzte Richtung); BGE *B. v. Cully*, 114 Ib 107, E.4b (1988) (die fraglichen Grundstücke liegen inmitten eines geschlossen Rebgebietes, in 600 m Entfernung vom Zentrum von Cully; vom näher gelegenen Dorf Riex sind sie durch einen topographischen Einschnitt getrennt). Beachtung finden in diesem Zusammenhang auch die planerischen Absichten des Gemeinwesens: BGE *Meier v. Zizers*, 105 Ia 343, E.5e (1979); *Oberstammheim*, 110 Ib 35, E.4a in fine (1984).

[58] Dazu vorne S. 166–68. – Ausnahmsweise bleibt aber die rein tatsächliche Erschliessungssituation entscheidwesentlich. Ein Beispiel findet sich im BGE *Pagano v. EG Bern*, 114 Ib 290–91, E.3a und b (1988), wo die bestehende Zufahrt als genügend angesehen und in der Folge eine materielle Enteignung bejaht wird.
In jüngster Zeit pflegt das Bundesgericht die Erschliessungssituation zunehmend auch unter dem Gesichtspunkt der sogenannten *«besonderen Umstände»* zu prüfen; dazu hinten S. 180–81.

[59] Vorne S. 142–44.

sich mit dem Urteil *Meier v. Zizers*. Das Bundesgericht hält hier für den vorbehaltenen Ausnahmefall fest, dass von einer enteignungsähnlichen Wirkung dann keine Rede sein könne, wenn beim Inkrafttreten des revidierten Gewässerschutzgesetzes eine mögliche Überbauung nicht realisiert worden wäre, «weil der Eigentümer keine Überbauungsabsichten hatte»[60].

Die Realisierungs*absicht* wird damit zu einem ausschlaggebenden Kriterium der materiellen Enteignung. Fehlt sie, entfällt ohne weiteres ein Entschädigungsanspruch des betroffenen Eigentümers gegenüber dem Gemeinwesen. Zu Ende gedacht würde dies bedeuten, dass der blosse Nichtgebrauch der durch das Eigentum vermittelten Rechte diese entschädigungslos untergehen lassen kann – zweifellos eine dem Eigentum wesensfremde Folgerung.

Diese – in der Doktrin angetönte[61] – Problematik hat das Bundesgericht 1987 im Urteil *Küsnacht v. Blum-Rihs* zu einer zustimmenswerten Überprüfung seiner Rechtsprechung veranlasst. Die grundsätzlichen Überlegungen des Gerichtes lauten wie folgt:

> «Wer eingezontes baureifes Land besitzt, ist nur dann zu einer Überbauung innert Frist verpflichtet, wenn das geltende Recht eine eindeutige gesetzliche Grundlage hiefür enthält, wie dies zum Beispiel im Falle von Parzellarordnungsmassnahmen oder Sanierungen überbauter Gebiete vorkommt (...). Von solchen Fällen abgesehen, *besteht im geltenden Recht keine allgemeine Baupflicht.* Man kann daher einem Eigentümer nicht verwehren, Bauland unüberbaut zu behalten und entsprechend seinem Belieben erst zu einem späteren Zeitpunkt der Überbauung zuzuführen. ... [A]uch eine langjährige Nichtausübung der Bauberechtigung [hat] nicht zur Folge, dass baureifes Land, das einer dem Raumplanungsgesetz entsprechenden Bauzone zugewiesen ist, entschädigungslos in eine Freihaltezone eingewiesen werden darf»[62].

Im Lichte dieser Überlegungen können «[i]m Regelfall ... subjektive Kriterien allein nicht entscheidend sein, um eine nach objektiven Massstäben gegebene enteignungsgleiche Wirkung auszuschliessen»[63].

---

[60] BGE 105 Ia 339, E.4b. Bestätigt in *Aesch* (1982), E.3b, Zbl 1983, S. 80.
[61] GRISEL, Traité, 773; Georg MÜLLER, Kommentar, N.54 zu Art. 22ter BV.
[62] BGE 113 Ib 326.
[63] Id., E.3c) bb, S.325. Grundsätzlich in die gleiche Richtung weist auch die Erwägung 2a des BGE *Camenzind v. Ingenbohl,* 114 Ib S.308 (1988), wo das Bundesgericht ausführt, für die Beurteilung der Überbaubarkeit müsse nicht auf das vom Eigentümer vorgelegte konkrete Projekt, sondern auf die generell gegebenen Überbauungsmöglichkeiten abgestellt werden.

Das Bundesgericht hält zwar also – jedenfalls für den Entzug der Bauchance – an der Entschädigungsvoraussetzung fest, dass die entzogene Befugnis sich in naher Zukunft hätte verwirklichen lassen. Allein wegen des Fehlens einer Bauabsicht darf nun aber bei Auszonung einer baureifen Parzelle die materielle Enteignung nicht mehr verneint werden. Die Bauabsicht behält eine Bedeutung einzig noch für die Fälle der sogenannten Nichteinzonung[64].

E) *Der neue Stellenwert der Realisierungswahrscheinlichkeit*

Wir haben im Unterkapitel 4.3.4. für die Periode von 1965 bis 1979 die zunehmend in den Mittelpunkt tretende Bedeutung der Realisierungswahrscheinlichkeit für die Entschädigungsrechtsprechung aufgezeigt. Das Erfordernis der Realisierungswahrscheinlichkeit war in den Augen des Bundesgerichtes sicher von Anfang an besonders auf die Einschränkungen und den Entzug der Bauchance durch die moderne Nutzungsplanung zugeschnitten. Auf eben diesen Problemkreis trifft auch die grundlegende Überlegung zu, dass die grossräumige Nutzungsplanung mit ihrer Ausscheidung des Bau- und Nichtbaugebietes lange nicht allen noch unüberbauten Grundstücken eine *wirklich gegebene* Baumöglichkeit entzogen hat; eine echte Bauchance bestand immer nur für einen Teil dieser Grundstücke. Es war daher sachgerecht, die Entschädigungspflicht davon abhängig zu machen, dass anhand der gesamten Umstände eine beträchtliche Wahrscheinlichkeit für eine Überbauung innerhalb eines vernünftig kurzen Zeitraumes nachgewiesen werden konnte[65].

Das Bundesgericht hat zwischen 1965 und 1979 die Anforderungen an die Wahrscheinlichkeit einer baldigen Realisierung zunehmend gesteigert und gegen Ende der Periode allfällige rechtliche Hindernisse zum wichtigsten Beurteilungskriterium erhoben[66]. Diese Tendenz setzt sich nach 1979 verstärkt fort. Entscheidend wird, ob der betroffene Eigentümer im massgebenden Zeitpunkt[67] in der Lage gewesen wäre, die ihm entzogene Nutzung *aus eigener Kraft* zu verwirkli-

---

[64] BGE 113 Ib 325. M. E. unzutreffend daher E.4c im Auszonungsfall *Rothuizen v. Commugny*, 112 Ib 114–15 (1986). Zur Unterscheidung der «Auszonung» von der «Nichteinzonung» siehe hinten 4.5.4, S. 176 ff.
[65] Dazu vorne S. 132–33.
[66] Dazu vorne S. 140–41.
[67] D.h. im Zeitpunkt, in dem die angeblich enteignungsähnlich wirkende Massnahme in Kraft tritt. Dazu ausführlich hinten S. 187.

4.5. Die Rechtsprechung seit 1980

chen[68]. Wären dem Hindernisse entgegengestanden – sei es weil der Eigentümer auf die Mitwirkung des Staates angewiesen war, sei es weil tatsächliche Gegebenheiten die Ausführung hätten verzögern können –, fehlt die Wahrscheinlichkeit der baldigen Realisierung. Gleich verhält es sich ferner dann, wenn der Eigentümer gar nicht die Absicht hegte, von der betreffenden Befugnis binnen kurzem Gebrauch zu machen[69].

Mit der seit 1979 nochmals gesteigerten Betonung des Erfordernisses der Realisierungswahrscheinlichkeit hat sich nach Auffassung des Verfassers dessen dogmatischer Stellenwert verändert: Es dient nicht mehr dazu, für den Entzug bloss hypothetischer Wertkomponenten des Eigentums ohne ernsthafte Verwirklichungsaussichten die Entschädigungspflicht des Gemeinwesens auszuschliessen[70]; in zahlreichen der negativ beurteilten Fälle wäre die Bauchance mit Sicherheit in absehbarer Zeit wahrgenommen worden. *Die Realisierungswahrscheinlichkeit wird vielmehr zu einem Beurteilungskriterium bei der Anwendung einer übergangsrechtlichen Härteklausel.*

Als übergangsrechtliche Härteklausel muss dabei der Vorbehalt qualifiziert werden, den das Gericht bezüglich der grundsätzlichen Entschädigungslosigkeit inhaltsbestimmender Massnahmen macht. Gemäss der zutreffenden Erkenntnis des Urteils *Meier* hat die von der Verfassung vorgeschriebene und in der Bundesgesetzgebung konkretisierte Nutzungsplanung mit Trennung des Baugebietes vom Nichtbaugebiet den Inhalt des Grundeigentums neu festgelegt. *Die einzelnen planerischen Massnahmen sind Ausdruck der eingetretenen Rechtsänderung*; sie müssen vom Eigentümer grundsätzlich entschädigungslos hingenommen werden[71]. Eine Entschädigungspflicht kann aber ausnahmsweise

---

[68] Das Element der Realisierungsmöglichkeit aus eigener Kraft erscheint erstmals sinngemäss im Urteil *Baumberger v. Wettingen,* 106 Ia 369, 376–80, E.3d – e (1980). Ausgesprochen findet es sich dann in den Entscheiden *Wohlen v. Bergmann* (1982), E.3a, BVR 1983, S. 213, und besonders deutlich *Ed. Badertscher AG v. Seuzach,* 113 Ib 135–36, E.4b und c (1987). Als verwirklicht sah das Bundesgericht die Realisierungsmöglichkeit aus eigener Kraft im Entscheid *Rothuizen v. Commugny,* 112 Ib 113–17, E.4 (1986).

[69] Dabei ist nun allerdings die vom Bundesgericht 1987 im Urteil *Küsnacht,* 113 Ib 322–26, eingeleitete Neuausrichtung der Rechtsprechung hinsichtlich der Eigentümerabsichten zu beachten; vorne S. 172. Für die sog. Nichteinzonungsfälle behält das Element der Absicht seine Bedeutung.

[70] Zu dieser Begründung des Erfordernisses der Realisierungswahrscheinlichkeit vorne S. 132–33.

[71] BGE 105 Ia 338. Dazu ausführlich vorne 4.4.C bis E, S. 149 ff.

für Härtefälle in Frage kommen, wenn eine konkrete Anordnung der Nutzungsplanung den betroffenen Eigentümer daran gehindert hat, eine aufgrund aller objektiven Gegebenheiten aussichtsreiche und bis zu einem gewissen Grade bereits in die Wege geleitete bauliche Nutzung in die Tat umzusetzen[72]. Das Erfordernis der Realisierungswahrscheinlichkeit gibt gleichsam den Prüfstein zur Bestimmung dieser Fälle her[73].

Nun gelten die geschilderten Überlegungen aber nur soweit, als es wirklich um die Änderung der Eigentumsordnung geht[74]. Nur soweit lassen sich auch derart strenge Anforderungen an die Wahrscheinlichkeit einer baldigen Ausnützung der entzogenen Befugnis rechtfertigen, wie sie die heutige Rechtsprechung aufstellt. *Steht der Eigentumsinhalt dagegen grundsätzlich fest, so dass der zu untersuchende Eingriff einzig für ein bestimmtes Objekt eine bisher gegebene Eigentumsbefugnis aufhebt, erscheint ein Ausschluss der Entschädigung allein wegen der fehlenden Realisierungsaussichten fragwürdig.* Zeitablauf bringt Eigentumsrechte nicht zum Verwirken.

Es müsste daher differenziert werden. Das Kriterium der Realisierungswahrscheinlichkeit hat einmal dort seinen Platz, wo die Auswirkungen neuer Festlegungen des Eigentumsinhaltes zu berücksichtigen sind. Sachgerecht ist es ferner dort, wo es dazu dient, bloss hypothetische Arten der Eigentumsnutzung herauszufiltern, deren Entzug den Eigentümer nicht schwer treffen kann[75]. Allgemeine Geltung als Voraussetzung jeder materiellen Enteignung kann es aber entgegen der Konzeption *Barret*[76] nicht beanspruchen.

Die hier postulierte beschränkte Tragweite der Realisierungswahrscheinlichkeit findet in der bundesgerichtlichen Rechtsprechung

---

[72] BGE 105 Ia 338–40, E.3e und 4; *Aesch* (1982), Zbl 1983, S. 80–81.

[73] Dies zeigt sich besonders deutlich in der Rechtsprechung zu den «besonderen Umständen», die bei Nichteinzonungen für eine Entschädigungspflicht sprechen können (hinten S. 180–81). Auch mit den «besonderen Umständen» wird letztlich nichts anderes als die Realisierungswahrscheinlichkeit der entzogenen Befugnis zur Diskussion gestellt.

[74] Also – im Bereich der Raumplanung – nur für sogenannte «Nichteinzonungen in die Bauzone» im Sinne der bundesgerichtlichen Terminologie. Dazu hinten S. 178.

[75] Dazu hinten S. 280–81.

[76] Der allgemeine Geltungsanspruch ergibt sich unmittelbar aus der Formel *Barret*, dazu vorne S. 164, Text zu FN 32. Er kommt aber auch in anderen Äusserungen des Gerichts zum Ausdruck, am deutlichsten in einer Bemerkung des Entscheides *Zwieb*, wo das Gericht bezüglich der Realisierungswahrscheinlichkeit von einer «Grundvoraussetzung jeder materiellen Enteignung» spricht; BGE 109 Ib 23 (1983).

4.5. Die Rechtsprechung seit 1980

durchaus ihre Entsprechung, dies allerdings nur auf der praktischen Ebene. Sind beispielsweise Einschränkungen der Baunutzung zu beurteilen, welche Grundstücke in einer einwandfrei ausgeschiedenen Bauzone betreffen – etwa baupolizeilich motivierte Eingriffe oder denkmalpflegerische Schutzmassnahmen –, unterbleibt regelmässig die Frage nach den Realisierungsaussichten[77].

4.5.4. Raumplanerische Eingriffe; Auszonung – Nichteinzonung[78]

A) Ausgangslage

Wenn wir uns vergegenwärtigen, mit welchen Arten von raumplanerischen Massnahmen sich das Bundesgericht bis zum Urteil *Meier v. Zizers* zu befassen hatte, so zeigt sich, dass die meisten der untersuchten Bauverbote primär landschaftsschützerisch motiviert waren und insofern einen individuelleren Charakter trugen als die für ein ganzes Gemeindeterritorium angeordnete raumplanerische Gebietsausscheidung[79]. Nur wenige Fälle behandeln die Entschädigungsfolgen von Raumplanungsmassnahmen im Sinne einer modernen Bodennutzungsordnung, welche namentlich das Bau- vom Nichtbaugebiet trennt[80]. Bis 1979 gelangten zudem nur zwei Fälle von Auszonung aus einer förmlich ausgeschiedenen Bauzone vor das Bundesgericht[81].

Ungeachtet seiner allgemein gehaltenen Äusserungen ist auch der Leading Case *Meier v. Zizers* in seiner unmittelbaren Tragweite beschränkt. Die grundsätzliche Entschädigungslosigkeit wird hier einzig für die durch Art. 20 GSchG bewirkte Aufhebung jener re-

---

[77] Siehe etwa BGE *Guler*, 109 Ib 116 (1983); *Felaria SA* (1983), Zbl 1984, S. 366; *Schuchter*, 112 Ib 263 (1986). Dasselbe zeigt sich auch im Fall *Balli v. Ticino*, 113 Ia 368 (1987), wo ein Veräusserungsverbot für eine vom Kanton unter Schutz gestellte archäologische Sammlung zur Diskussion steht. Die Wahrscheinlichkeit einer künftigen Veräusserung der Sammlung durch die privaten Eigentümer wird nicht einmal gestreift.

[78] Dazu allgemein KUTTLER, Materielle Enteignung, Zbl 1987, S. 195–96, 199.

[79] Siehe für die Nachweise vorne S. 119, FN 8.

[80] Es handelt sich im wesentlichen nur um die Entscheide *Coderey v. Lutry* vom 21. März 1978 (unpubliziert); *Crot v. Lutry*, vom 5. Dezember 1978 (unpubliziert); *Stalder* (1979), BVR 1979, 380; *Schmid v. Neuenegg* vom 11. Juli 1979 (unpubliziert).

[81] BGE *Chollet und de Mestral v. Vaud* vom 23. Februar 1977 (unveröffentlicht) und *EG Bern v. Ruckstuhl*, 103 Ib 210 (1977). Dazu vorne S. 139, FN 78.

sidualen Baumöglichkeit für nichtstandortgebundene Bauten ausgesprochen, welche die Gesetzgebung gewisser Kantone für das in (ausgeschiedenen) Landwirtschaftszonen oder im (ausgeschiedenen) Übrigen Gemeindegebiet gelegene Land noch vorbehalten hatte [82].

Für einige wichtige Typen raumplanerischer Eingriffe steht daher zu Beginn des Jahres 1980 ein verbindliches Urteil über die Entschädigungsfolgen noch aus [83]. Die nötigen Entscheide bringt erst die an *Meier* anschliessende Rechtsprechung. Dabei bedient sich das Bundesgericht einer neuen Terminologie, indem es jeweils zwischen «Auszonungen» und «Nichteinzonungen» unterscheidet.

B) *Die Unterscheidung von Nichteinzonung und Auszonung*

Von Auszonung bzw. Nichteinzonung spricht das Bundesgericht erstmals im Urteil *Meier*. Es veranschaulicht damit mögliche Ausnahmefälle von der grundsätzlichen Entschädigungslosigkeit inhaltsbestimmender raumplanerischer Massnahmen [84]. Wie dies noch in mehreren nachfolgenden Urteilen zum Ausdruck kommt [85], bedeutet Auszonung hier – in Übereinstimmung mit dem allgemeinen Sprachgebrauch – die Herausnahme von Grundstücken aus einer förmlich ausgeschiedenen Bauzone und ihre Zuweisung zu einer Zone, in der das Bauen (mit Ausnahme standortgebundener Bauten) nicht erlaubt ist. Unter Nichteinzonung ist demgegenüber der Fall zu verstehen, wo ein bisher nicht in einer Bauzone gelegenes Grundstück anlässlich einer Neuplanung oder einer erstmaligen Zonenausscheidung nicht der (neuen) Bauzone zugewiesen wird.

In den beiden Entscheiden *Einwohnergemeinde Bern v. Schenk-Käser* [86] und *Müller v. Davos* [87] gibt das Bundesgericht den beiden Be-

---

[82] Vorne S. 152.

[83] Es handelt sich einmal um die erstmalige Ausscheidung des Bau- und Nichtbaugebietes in jenen Gemeinden, die bis zum Inkrafttreten des eidgenössischen Gewässerschutzgesetzes noch keine eigentliche Nutzungsplanung durchgeführt hatten. Zum zweiten geht es um die Verkleinerung zu gross bemessener förmlicher Bauzonen auf den voraussichtlichen Baulandbedarf der nächsten fünfzehn Jahre, entsprechend dem Verfassungsauftrag von Art. 22 ^{quater} und dem ihn konkretisierenden Bundesrecht, namentlich Art. 15 RPG.

[84] BGE 105 Ia 338 (1979).

[85] BGE *Wohlen v. Bergmann* (1982), BVR 1983, S. 209 und 212-13; *de Giorgi* (1984), Zbl. 1984, S. 509 und 511. Das Bundesgericht spricht in diesen Urteilen jeweils von Auszonung, obwohl es sich im Sinne des neueren Verständnisses um Nichteinzonungen handeln würde.

[86] BGE 109 Ib 17, E.4a (1983).

[87] Urteil vom 21. November 1984, E.5, Zbl 1985, S. 214.

griffen dann aber einen ganz besonderen, vom umgangssprachlichen Verständnis abweichenden Sinn. Unter einer «Auszonung» (déclassement, dézonage) will es nur jene Fälle verstanden wissen, wo ein Grundstück, das sich in einer mit den Grundsätzen des eidgenössischen Planungsrechts bereits übereinstimmenden (also im wesentlichen auf den Bedarf von 15 Jahren beschränkten) Bauzone befand, einer Nichtbauzone zugewiesen wird. In allen anderen Fällen einer Zuweisung zu einer Nichtbauzone liegt eine «Nichteinzonung» vor (refus de classement, non-classement). Dies trifft namentlich auch dann zu, wenn das Grundstück vor dem Eingriff zwar in einer (formellen) Bauzone lag, diese aber den bundesrechtlichen Planungsgrundsätzen nicht entsprach – ein Sachverhalt, wie er in den Fällen *EG Bern* und *Müller* vorgegeben ist.

Mit seiner Terminologie führt das Bundesgericht die im Urteil *Meier v. Zizers* niedergelegten Überlegungen folgerichtig weiter:

> «Es entspricht dem Verfassungsauftrag von Art. 22 ^{quater} Abs. 1 BV, das Baugebiet auf das mit der zweckmässigen Nutzung des Bodens und der geordneten Besiedlung des Landes vereinbare Mass zu begrenzen. Diese Begrenzung ist im Regelfall entschädigungslos zulässig; das ergibt sich aus der gefestigten Rechtsprechung des Bundesgerichts zu den von der eidgenössischen Gewässerschutzgesetzgebung angeordneten Voraussetzungen für die Erteilung von Baubewilligungen (...). Dieser Grundsatz kommt auch hier zum Zug. *Für die Beurteilung der Frage, ob die Begrenzung der Bauzonen auf das vom Bundesrecht gebotene Mass zu einem enteignungsähnlichen Eingriff führt, kann es nicht entscheidend darauf ankommen, ob eine Gemeinde über keine oder über eine diesem Mass nicht entsprechende Ortsplanung verfügt*» [88].

Nichteinzonungen sind also Anwendungsfälle der Inhaltsbestimmung des Grundeigentums[89]. Für die davon betroffenen Grundstücke wird eigentlich bloss festgestellt, dass zu den Befugnissen, die das Eigentum an ihnen vermittelt, die Baunutzung nicht gehört. Der Eigentümer muss diese negative Festlegung des Eigentumsinhaltes grundsätzlich entschädigungslos hinnehmen. Vorbehalten bleiben allein Sachlagen, wo aufgrund besonderer Umstände ausnahmsweise dennoch eine Entschädigung geschuldet ist.

Qualitativ anders verhält es sich dagegen bei den *Auszonungen*. Diese stellen einen gleichsam punktuellen Entzug der Bauchance

---

[88] BGE *Müller*, E.4a, Zbl 1985, S. 212 (Hervorhebung durch den Verfasser).
[89] So klar in BGE *EG Wohlen v. BKW*, BGE 114 Ib 303–04 (1988).

für Land dar, für welches die Nutzungsplanung eben diese Nutzungsart grundsätzlich beibehalten hat. Die Auszonung charakterisiert sich insofern als Abweichung vom üblichen Eigentumsinhalt; sie ist im wörtlichen Sinne *Eigentumsbeschränkung*. Die Entschädigungsfrage bleibt hier offen; es besteht keine «Vermutung der Entschädigungslosigkeit» wie bei der Nichteinzonung.

C) *Die Praxis bei den Nichteinzonungen*

Entsprechend der jeweils gegebenen planerischen Ausgangslage ergeben sich unterschiedliche Erscheinungsweisen der Nichteinzonung:

- Anlässlich der erstmaligen Ausscheidung von Nutzungszonen kommt ein Grundstück ausserhalb der Bauzone zu liegen[90].
- Ein bereits einer Landwirtschaftszone oder dem Übrigen Gemeindegebiet zugewiesenes Grundstück bleibt anlässlich einer Überarbeitung des Zonenplanes in einer Nichtbauzone[91].
- Ein bisher in einer «Bauzone zweiter Etappe» bzw. in einer «Reservebauzone» gelegenes Grundstück wird beim Erlass eines neuen Zonenplanes in eine Nichtbauzone gewiesen[92].
- Ein Grundstück, das in einer förmlichen, mit den Grundsätzen des Bundesrechts aber nicht übereinstimmenden (insbesondere überdimensionierten) Bauzone liegt, wird anlässlich einer Überarbeitung des Zonenplanes in eine Nichtbauzone gewiesen[93].

[90] BGE *Krönert v. Herisau*, 106 Ia 184 (1980); *Aesch* (1982), Zbl 1983, S. 77; *Gesellschaft Sonnenboden* (1982), Zbl 1983, S. 371; *Erben Rüeger v. Vaz* vom 9. März 1988 (unveröffentlicht).

[91] BGE *Meikirch*, 107 Ib 219 (1981); *Messner v. Hombrechtikon* (1981), Zbl 1983, S. 81; *Bütikofer v. Moosseedorf*, vom 15. April 1987 (unveröffentlicht) (Zuweisung eines bisher im Übrigen Gemeindegebiet gelegenen Grundstückes in eine Zone für öffentliche Bauten und Anlagen).

[92] BGE *La Soliva Immobiliare SA v. Celerina*, 108 Ib 345 (1982); *Prosima Immobilien AG v. Tägerwilen*, 112 Ib 388 (1986); *B.AG v. Tägerwilen* (1986), Zbl. 1987, S. 549.

[93] BGE *Erben Dangel* (1982), Zbl 1982, S. 441; *Wohlen v. Bergmann* (1982), BVR 1983, S. 203 (wobei das Gericht in diesem Urteil jeweils noch von «Auszonung» spricht; dazu oben FN 85); *EG Bern v. Schenk-Käser*, 109 Ib 13 (1983) (materielle Enteignung aufgrund besonderer Umstände für einen Teil des Grundstückes bejaht); *de Giorgi* (1984), Zbl 1984, S. 507; *Müller v. Davos* (1984), Zbl 1985, S. 211 (Verbleib einer beschränkten baulichen Nutzungsmöglichkeit); *Dulliken*, 112 Ib 398-400, E.5a und b (1986); *Erben Benoit v. Biel*, 112 Ib 485 (1986) (Zuweisung zu einer Zone für öffentliche Bauten und Anlagen und zu einer Freihaltefläche); *Ed. Badertscher AG v. Seuzach*, 113 Ib 133 (1987); *B. v. Cully*, 114 Ib 100 (1988); *Pagano v. EG Bern*, 114 Ib 286 (1988); *EG Wohlen v. BKW*, 114 Ib 301 (1988); *Camenzind v. Ingenbohl*, 114 Ib 305 (1988).

Ein Spezialfall von Nichteinzonung verwirklicht sich dort, wo ein derartiges Grundstück in eine Zone für öffentliche Bauten und Anlagen – also grundsätzlich in eine Bauzone! – eingewiesen wird[94].

Nichteinzonungen müssen vom Eigentümer im Regelfall entschädigungslos hingenommen werden[95]. Es können jedoch *besondere Umstände* vorliegen, die – mit den Worten des Bundesgerichts – eine Einzonung (beziehungsweise Belassung in der Bauzone) geboten hätten; in einem solchen Fall kann eine materielle Enteignung gegeben sein[96].

Festzuhalten ist vorerst, dass die Ausdrucksweise des Gerichts nicht wörtlich genommen werden darf. Sofern eine Einzonung wirklich geboten ist, kann sich der Eigentümer unmittelbar gegen die Nichteinzonung wehren; er ist nicht bloss auf den Entschädigungsanspruch verwiesen[97]. *Die «besonderen Umstände» sind rein entschädigungsrechtlich zu verstehen.* Sie beziehen sich gerade auch auf Fälle, wo in einem vorangegangenen Verfahren die Rechtmässigkeit der Nichteinzonung bejaht wurde[98].

Als besondere Umstände führt das Bundesgericht selber folgende Elemente an[99]:
– Vorhandene Erschliessung;

---

[94] BGE *Erben Benoit,* 112 Ib 485, 487–88, E.4a (1986); *Hug v. Trimmis,* 114 Ib 117–20, E.3–5 (1988); *Pagano v. EG Bern,* 114 Ib 286 (1988).
[95] Dazu namentlich die beiden Grundsatzurteile *Meier v. Zizers,* 105 Ia 338, E.3d (1979), und *Müller v. Davos* (1984), Zbl 1985, S. 212, E.4a. Ferner *Berta v. Cully,* 114 Ib 106, E.3b und c (1988); *EG Wohlen v. BKW,* E.3, 114 Ib 301 (1988).
[96] Der Keim zu dieser Rechtsprechung liegt im Urteil *Meier v. Zizers,* 105 Ia 338, E.3d in fine. Der Begriff der «besonderen Umstände» findet sich soweit ersichtlich erstmals in BGE *EG Bern v. Schenk-Käser,* 109 Ib 19, E.6 (1983).
[97] Vgl. als Beispiel BGE *Fischer v. Marthalen,* 107 Ib 334 (1981); ferner BGE *Elsau,* 110 Ia 51 (1984). Vgl. im übrigen die von KUTTLER, Materielle Enteignung, Zbl 1987, S. 189–90, angeführten Fälle.
[98] Vgl. als Beispiel BGE *de Giorgi* (1984); Zbl 1984, S. 509, E.3d. KUTTLER, Materielle Enteignung, Zbl 1987, S. 199; PFISTERER, Zbl 1988, S. 489.
[99] BGE *Meier v. Zizers,* 105 Ia 338; *EG Bern v. Schenk-Käser,* 109 Ib 17–20 (1983); *de Giorgi* (1984), Zbl 1984, S. 509–11; *Dulliken,* 112 Ib 401–04, E.6 (1986); *Berta v. Cully,* 114 Ib 106, E.4 (1988).
Erstmals im Urteil *EG Wohlen v. BKW,* E.3d, hebt das Bundesgericht hervor, dass diese Elemente *kumulativ* gegeben sein müssen. «Ausnahmsweise kann indessen die Nichteinzonung den Eigentümer enteignungsähnlich treffen. Dies ist etwa dann der Fall, wenn es um baureifes oder grob erschlossenes Land geht, das von einem gewässerschutzrechtskonformen generellen Kanalisationsprojekt (GKP) erfasst wird, *und* wenn der Eigentümer für die Erschliessung und Überbauung dieses Landes schon erhebliche Kosten aufgewendet hat» (BGE 114 Ib 304; Hervorhebung im Original).

– Lage innerhalb eines mit dem Gewässerschutzrecht übereinstimmenden generellen Kanalisationsprojektes;
– Erhebliche vom Eigentümer für die Erschliessung oder Überbauung bereits getätigte Aufwendungen.

Die Rechtsprechung zeigt indessen, dass das Gericht die «besonderen Umstände» als Sammelbegriff verwendet, unter dem es alle Aspekte prüft, welche im gegebenen Fall zugunsten eines Entschädigungsanspruches ins Feld geführt werden können. Die Frage geht letztlich dahin, ob der Eigentümer aufgrund der gesamten Situation mit der Belassung seines Grundstücks in der Bauzone beziehungsweise mit einer Einzonung hätte rechnen dürfen; berührt ist damit der Bereich des Vertrauensschutzes [100].

Der Stellenwert der besonderen Umstände ist klar: Sie charakterisieren den vorbehaltenen Ausnahmefall zur Inhaltsbestimmung, also jene Situation, wo ein Eigentümer in bereits weit gediehenen, in guten Treuen unternommenen Vorbereitungshandlungen zur Verwirklichung einer Überbauung durch die Planungsmassnahme überrascht wurde [101], oder wo alle objektiven Umstände auf eine Beibehaltung des Grundstückes innerhalb der Bauzone hindeuteten [102]. Der Bezug zum Erfordernis der Realisierungswahrscheinlichkeit ist augenscheinlich, und zwar in dessen Bedeutung als übergangsrechtlicher Härteklausel [103].

---

[100] z.B. BGE *Aesch* (1982), Zbl 1983, S. 81; *de Giorgi* (1984), Zbl 1984, S. 510; *Müller v. Davos* (1984), E.6, Zbl 1985, S. 215–16 (mit ausdrücklicher Verknüpfung von «besonderen Umständen» und Vertrauensschutz); *Prosima Immobilien AG*, 112 Ib 394, E.4f (1986); *Dulliken*, 112 Ib 403, E.6d (1986). KUTTLER, Materielle Enteignung, Zbl 1987, S. 199, und PFISTERER, Zbl 1988, S. 488–89, bringen die Entschädigungspflicht wegen «besonderer Umstände» ausdrücklich in Zusammenhang mit dem Gedanken des Vertrauensschutzes. Dazu kritisch hinten S. 336 ff.

[101] Als Beispiel mögen die Entscheide *Pagano v. EG Bern*, BGE 114 Ib 286 (1988), sowie *Camenzind v. Ingenbohl*, BGE 114 Ib 305 (1988), dienen.

[102] Eine derartige Sachlage liegt im Fall *Hug v. Trimmis*, 114 Ib 117–20, E.3 – 5 (1988), vor: die Nichteinzonung betrifft ein innerhalb des geschlossenen Siedlungsgebietes liegendes, erschlossenes Grundstück, welches der Zone für öffentliche Bauten und Anlagen zugewiesen wird.

[103] Dazu vorne S. 174. – Das Bundesgericht stellt die Verbindung zum Erfordernis der Realisierungswahrscheinlichkeit selber ausdrücklich her. Es pflegt zu sagen, dass beim Vorliegen besonderer Umstände die Frage, ob am massgebenden Stichtag mit hoher Wahrscheinlichkeit mit einer Überbauung des betreffenden Landes hätte gerechnet werden dürfen, bejaht werden müsse; BGE *EG Bern v. Schenk-Käser*, 109 Ib 18, E.4b (1983); *Erben Benoit v. Biel*, BGE 112 Ib 491, E.5 (1986); *B. v. Cully*, 114 Ib 107, E.4c (1988); *EG Wohlen v. BKW*, 114 Ib 304, E.3d (1988).

Das Vorliegen besonderer Umstände und damit einer entschädigungspflichtigen Nichteinzonung ist in mehreren Fällen bejaht worden[104].

D) *Auszonungen*

Eine Auszonung bedeutet das punktuelle Verbot des Bauens für ein Gebiet, in welchem diese Art der Nutzung grundsätzlich zum üblichen Eigentumsinhalt gehört. Die Entschädigungsfrage ist hier offenbar nach den Regeln zu beurteilen, die allgemein für die materielle Enteignung gelten, also vermutungsweise nach der Konzeption *Barret*[105]. Jedenfalls hat das Bundesgericht in den beiden einzigen bisher bekannt gewordenen Auszonungsfällen – *Rothuizen v. Commugny*[106] und *Gemeinde Küsnacht*[107] – am Erfordernis der Realisierungswahrscheinlichkeit festgehalten.

4.6. Sonderfragen

4.6.1. Die Entschädigungslosigkeit polizeilicher Eingriffe

In einer ungebrochenen, mit dem Urteil *Imhof* im Jahre 1879[1] einsetzenden Linie seiner Rechtsprechung verneint das Bundesgericht grundsätzlich jede Entschädigungspflicht des Staates für Eingriffe, mit denen eine Gefahr für Leib und Leben, Gesundheit, die öffentliche Ordnung und Sittlichkeit abgewendet werden sollen. Der Grundsatz ist so fest verankert, dass in der zweiten und dritten Recht-

---

[104] Zu erwähnen sind die folgenden Fälle: BGE *EG Bern v. Schenk-Käser*, 109 Ib 13 (1983); *Hug v. Trimmis*, 114 Ib 117–20 (1988); *Pagano v. EG Bern*, 114 Ib 286 (1988); *Camenzind v. Ingenbohl*, 114 Ib 305 (1988).

[105] Das Bundesgericht selber hat sich bis 1988 nie eindeutig über die rechtlichen Folgerungen der Unterscheidung zwischen Auszonung und Nichteinzonung ausgesprochen.
Gemäss KUTTLER, Materielle Enteignung, Zbl 1987, S. 196, gilt namentlich auch für Auszonungen das Erfordernis der Realisierungswahrscheinlichkeit. Gemäss PFISTERER sind auf Auszonungen die *Barret*-Grundsätze anwendbar; Zbl 1988, S. 478 und 519.

[106] BGE 112 Ib 113–17, E.4 (1986).
[107] BGE 113 Ib 320–26, E.3 (1987).
[1] BGE 5 388; dazu vorne S. 25.

sprechungsphase entsprechende Streitfälle kaum auftreten[2]. Dies ändert sich nach 1965. Die unklare Tragweite des Polizeibegriffs einerseits und kritische Äusserungen der Doktrin anderseits führen dazu, dass das Bundesgericht seine Rechtsprechung von Grund auf überprüft und – bei prinzipiellem Festhalten an ihr – verfeinert. Die hauptsächlichen Ergebnisse dieser Auseinandersetzung sollen hier kurz erörtert werden, da sie ein wesentliches Element der vierten Rechtsprechungsphase bilden.

Die Diskussion kommt 1970 mit den Entscheiden *Zwyssig* und *Frei* neu in Gang. Im ersten Fall wähnt sich ein Eigentümer materiell enteignet, weil der im Baugesetz von Obwalden für Bauten neu eingeführte Waldabstand von 20 Metern die Nutzungsmöglichkeiten seines Grundstückes empfindlich herabsetzt[3]. Das Bundesgericht wertet die Waldabstandsvorschrift als eine Massnahme, mit welcher konkrete Gefahren für den Wald (Brände) bzw. für nahe stehende Gebäude und deren Bewohner (fallende Bäume) abgewendet werden sollen[4]. Gestützt darauf verneint es, ohne der Intensität des Eingriffs weitere Beachtung zu schenken, eine Entschädigungspflicht des Kantons. In seinen Erwägungen setzt es sich mit der von HANS HUBER vertretenen Auffassung auseinander, dass der Polizeibegriff als Abgrenzungskriterium nicht tauge, weil Gründe der Polizei und Gründe des allgemeinen Wohls keinen Gegensatz bildeten. Das Gericht entgegnet darauf, dass bei gewissen Eingriffen das Element der Gefahrenabwehr eindeutig überwiege und dass jedenfalls dort, wo die Beschaffenheit des Grundstücks Anlass zum Eingriff gebe und dieser auf die Abwehr konkreter Gefahren gerichtet sei, eine Entschädigungspflicht des Gemeinwesens nicht anerkannt werden könne[5].

Im Fall *Frei*[6] steht ein Kiesabbauverbot zur Debatte, das zum Schutze des Wassers im Einzugsbereich einer Trinkwasserfassung angeordnet

---

[2] Als Ausnahmen wären zu nennen: BGE *Cherbulliez* vom 23. Oktober 1931 (Verbot von Pferdestallungen in einem Wohnquartier) (unveröffentlicht); *Daccord* vom 28. März 1941 (Abbruchgebot für baufälliges und unbewohnbar gewordenes Haus) (unveröffentlicht; Hinweis in Zbl 1941, S. 153); *Staub*, 87 I 362 = Zbl 1961, S. 562 (ausführlich) (Verbot einer Schweinemästerei).

[3] BGE 96 I 123.

[4] Kritisch zu dieser Rechtsprechung eine redaktionelle Notiz von H.P. MOSER in Zbl 1988, S. 256.
Im unveröffentlichten Entscheid *Müller und Koller v. Egnach* vom 17. September 1987 hat das Bundesgericht eine *Seeufer-Abstandslinie* für Bauten von 30 m als primär planerisch motiviert bezeichnet, entsprechend dem in Art. 3 Abs. 2 lit.c RPG niedergelegten Planungsgrundsatz der Freihaltung von Seeufern. In dem zu beurteilenden Fall sprach es dem Bauverbot aber dennoch polizeiliche Natur im engeren Sinne zu, da zur Gänze aufgeschüttetes Land innerhalb des mittleren Hochwasserstandes betroffen war; E.3, S. 6–8.

[5] BGE 96 I 128–29.

[6] BGE 96 I 350.

worden ist. Im Unterschied zum vorherigen Sachverhalt handelt es sich diesmal nicht um eine in allgemeiner Weise unmittelbar aus dem Gesetz hervorgehende Beschränkung, die ohne weiteres für jedes Grundstück mit Waldanstoss Wirkung entfaltet, sondern um die Konkretisierung einer vergleichsweise unbestimmten gesetzlichen Vorschrift[7] für einige wenige betroffene Grundstücke. Ungeachtet dieses Unterschiedes beharrt das Bundesgericht auf seiner im Urteil *Zwyssig* bestätigten Rechtsprechung und hält seinen Kritikern noch einmal die enge Natur des von ihm verwendeten Polizeibegriffs entgegen:

> «Von einer entschädigungslos zulässigen polizeilichen Eigentumsbeschränkung muss demnach jedenfalls dann gesprochen werden, wenn mit der gegen den Störer gerichteten Massnahme eine als Folge der beabsichtigten Grundstücksbenutzung zu erwartende konkrete, d.h. ernsthafte und unmittelbare Gefahr für die öffentliche Ordnung, Sicherheit und Gesundheit abgewendet werden soll (vgl. MEIER-HAYOZ, ... SALADIN ...) und wenn die zuständige Behörde zu diesem Zweck ein von Gesetzes wegen bestehendes Verbot konkretisiert und in bezug auf die in Frage stehende Grundstücksnutzung bloss die stets zu beachtenden polizeilichen Schranken der Eigentumsfreiheit festsetzt. Wie zu entscheiden wäre, wenn Massnahmen zur Abwehr einer abstrakten Gefährdung ergriffen werden, oder wenn nicht eine geplante, sondern eine bereits bestehende Nutzung untersagt wird, braucht im vorliegenden Fall nicht entschieden zu werden»[8].

Weil das angeordnete Kiesabbauverbot unmittelbar die Reinheit des Trinkwassers und damit die öffentliche Gesundheit schützt und weil es die Konkretisierung einer im Gesetz enthaltenen Eigentumsbeschränkung darstellt, kann im Sinne dieser Rechtsprechung ein Entschädigungsanspruch nicht gegeben sein[9].

Mit diesen Klärungen verliert das Thema der polizeilichen Eingriffe vorübergehend an Aktualität, und es vergeht ein Jahrzehnt, bis sich das Bundesgericht damit erneut zu beschäftigen beginnt[10]. Den Auftakt zu der in die Jahre 1979 und 1980 fallenden Serie von Entscheiden bildet der Fall

---

[7] Art. 4 des alten Gewässerschutzgesetzes vom 16. März 1955 (Verbot der Anlage von Kiesgruben in der Nähe von Grundwasserfassungen).

[8] BGE 96 I 359.

[9] Id., 361. Das Bundesgericht hebt in seiner Begründung zusätzlich hervor, dass auch das Zivilrecht mit Art. 707 Abs. 1 ZGB dem Nachbarn zum Schutze bestehender Wasserfassungen ähnliche entschädigungslos zu tragende Verpflichtungen auferlegt, wie dies hier von Seiten des Gemeinwesens geschehen ist; E.6, S. 361–62.

[10] Zu erwähnen ist einzig, dass das Bundesgericht im unveröffentlichten Entscheid *Etat de Neuchâtel v. Borioli* vom 21. Oktober 1977 den Massnahmen, die aufgrund des Bundesbeschlusses über dringliche Massnahmen auf dem Gebiete der Raumplanung vom 17. März 1972 (AS 1972, S. 644) angeordnet wurden, die polizeiliche Natur abgesprochen hat; E.3b S. 12.

Haas[11]: Die Gemeinde Knonau verweigert den Eigentümern eines in der Bauzone gelegenen Grundstückes die Bewilligung für eine zonenkonforme Überbauung mit der Begründung, die projektierte, in nächster Nähe vorbeiführende Nationalstrasse N4 würde nach ihrer Inbetriebnahme zu unzumutbaren Immissionen für die Bewohner des geplanten Hauses führen. Das Verwaltungsgericht Zürich verneint das Vorliegen einer materiellen Enteignung, und das Bundesgericht schützt auf staatsrechtliche Beschwerde hin diesen Entscheid. Zwar richtet sich der Eigentumseingriff hier nicht gegen den Störer. Die Tatsache bleibt aber bestehen, dass er *darauf gerichtet ist, den Eigentümer bzw. sein Eigentum und dessen allfällige Benützer vor objektiven Gefahren zu schützen*. Für eine solche Massnahme schuldet das Gemeinwesen keine Entschädigung[12].

Um Schutzmassnahmen zugunsten der Gewässer geht es in den übrigen Fällen. Im Urteil *Meier v. Zizers*[13] stellt das Bundesgericht vorerst klar, dass – entgegen einer von der Vorinstanz und einigen Autoren geäusserten Auffassung – mit der in Art. 20 GSchG angeordneten Begrenzung der Überbaubarkeit des Bodens einer allgemeinen, abstrakten Gefahr für das Wasser entgegengetreten werden soll. Um eine Polizeimassnahme im engen Sinne, welche die Entschädigungspflicht als solche ausschlösse, handelt es sich so wenig wie bei anderen planerischen Einschränkungen[14].

Nicht streitig ist dagegen die polizeiliche Natur des Eingriffs – im engen Sinne verstanden – in den beiden anderen hier zu besprechenden Fällen. Es geht beide Male um die zum Schutze einer bestehenden Trinkwasserfassung erfolgte Zuweisung von Grundstücken in die engere Schutzzone. Im Fall *Gebrüder Thomann und Co.*[15] beinhaltet diese Massnahme im Ergebnis nur Einschränkungen für die Art der landwirtschaftlichen Nutzung (Verbot des Ausbringens von Jauche; Begrenzung des Weidgangs), da das Land wegen seiner Lage für eine Überbauung von vornherein nicht in Frage kommt. Wesentlich einschneidender ist der Eingriff im Fall *Aarberg*[16]. Betroffen sind hier eingezonte, weitgehend erschlossene Bauparzellen, für welche sich die Schutzzone als eigentliches Bauverbot auswirkt. – Die beiden innerhalb einer Woche gefällten Urteile sind offensichtlich aufeinander abgestimmt; die Obiter Dicta des ersten bilden die Entscheidgrundlage des zweiten[17].

[11] Urteil vom 30. Mai 1979, Zbl 1980, S. 354.
[12] «Eine andere Frage ist es, ob der betroffene Eigentümer vom für die Gefahrensituation Verantwortlichen Schadenersatz verlangen könne», id., S. 357. Ein derartiger Ersatzanspruch scheint im betreffenden Fall grundsätzlich gegeben, da der Eigentümer nach dem Recht der formellen Enteignung für die Entwehrung seiner nachbarrechtlichen Abwehransprüche Entschädigung fordern kann; E. 7, S. 357-58.
[13] BGE 105 Ia 330; E. 3b, 335-36.
[14] Die Auffassung, dass die vom Gewässerschutzgesetz vorgeschriebene Trennung des Baugebietes vom Nichtbaugebiet eine entschädigungslos zu duldende polizeiliche Massnahme bedeute, hatten KAUFMANN, Entschädigungspflicht, 75, GEISSBÜHLER/STÜDELI, 28, und KUTTLER, Zeitpunkt, Zbl 1975, S. 500, 509, 511-12, 514, vertreten.
[15] BGE 106 Ib 330 (1980).
[16] BGE 106 Ib 336 (1980); vollständiger Abdruck in BVR 1981, S. 157.
[17] Wesentliche Teile der grundsätzlichen Ausführungen in den Entscheiden *Thomann* und *Aarberg* scheinen durch das Gutachten KUTTLER/SALADIN, 91-96, angeregt zu sein.

4.6. Sonderfragen

– Im Fall *Thomann* ist im Sinne der feststehenden Rechtsprechung mit der Bejahung der polizeilichen Natur des Eingriffes auch bereits die Entschädigungsfrage beantwortet: Die Eigentümerin hat keinen Anspruch auf Ersatz der Einbussen, die ihr durch die restriktiven Bewirtschaftungsvorschriften auferlegt werden [18]. Das Bundesgericht benützt indessen die Gelegenheit, um seine Rechtsprechung gegenüber den seit 1970 laut gewordenen Kritiken zu verteidigen und an ihr einige Retouchen anzubringen. Die grundsätzliche Entschädigungslosigkeit polizeilicher Eingriffe gilt, wie es hervorhebt, nur für die zur Abwendung ernsthafter und unmittelbarer Gefahren *notwendigen* Beschränkungen. Darüber hinaus gehende Massnahmen, welche weitere, etwa planerische Zielsetzungen verfolgen (also beispielsweise ein Bauverbot anstelle einer blossen Baubeschränkung), können Entschädigungsfolgen nach sich ziehen [19]. Vorbehalten bleiben ferner Sachlagen, wo entweder eine bereits *bestehende (gegenwärtige) Nutzung untersagt* wird oder wo die Massnahme eine *Auszonung baureifen oder grob erschlossenen Landes* bewirkt [20].

– Der zweite dieser Vorbehalte kommt im Fall *Aarberg* zum Zug, wobei das Gericht eine weitere Differenzierung anfügt: Dient die polizeiliche Beschränkung *unmittelbar dem Schutz des Grundeigentümers selber*, wie etwa bei einem Bauverbot in einem lawinengefährdeten Gebiet [21], liegt keine materielle Enteignung vor. Nicht ausgeschlossen ist jedoch eine Entschädigungspflicht des Gemeinwesens unter einem anderen Titel, beispielsweise jenem der formellen Enteignung eines Nachbarrechts [22] oder jenem der Amtshaftung [23]. Anders verhält es sich, wenn das Verbot den *Schutz eines öffentliches Werkes*, etwa einer Wasserversorgung bezweckt. «Es rechtfertigt sich in diesem Falle, die zugunsten des öffentlichen Werkes vorgenommene Korrektur einer Zonenplanung, auch wenn sie aus polizeilichen Gründen im engeren Sinne erfolgt und sich gegen den Störer richtet, gleich zu behandeln wie eine Auszonung, die aus sonstigen allgemeinen raumplanerischen Gründen erfolgt» [24]. Aufgrund dieser Überlegungen

---

[18] BGE 106 Ib 335, E.5 (Zusammenfassung); vgl. dazu die Ausführungen bei KILCHENMANN, Grundwasserschutzzonen, 379–80.

[19] BGE 106 Ib 335.

[20] Id., 335. Der Vorbehalt für bereits bestehende Nutzungen erscheint bereits im Urteil *Frei*, 96 I 359, vorne zitiert S. 184.

[21] Ein Beispiel dafür liefert BGE *Gemeinde Landschaft Davos* (1971), Zbl 1971, S. 473.

[22] Vgl. den Fall *Haas v. Knonau* (1979), vorne S. 185.

[23] Diese Möglichkeit erwägt das Bundesgericht ausgehend von der Annahme, dass die ursprüngliche Zuweisung des betreffenden Grundstückes zum Baugebiet einen Planungsfehler darstellen könnte; BGE *Aarberg*, 106 Ib 339–40. Es ist indessen zweifelhaft, ob es in einem solchen Fall nicht an der Grundvoraussetzung der Amtshaftung – nämlich an der Widerrechtlichkeit – fehlen würde.

[24] Id., 340.

kommt das Gericht dazu, im Fall *Aarberg* eine materielle Enteignung zu bejahen.[25]

Auf die in der bundesgerichtlichen Rechtsprechung vorgenommenen Differenzierungen und auf die ausgedehnte Debatte der Doktrin zum Grundsatz der Entschädigungslosigkeit polizeilicher Eingriffe wird später zurückzukommen sein[26].

4.6.2. Beurteilungszeitpunkt

A) Der Entscheid über das Vorliegen einer materiellen Enteignung hängt von der Würdigung zahlreicher tatsächlicher und rechtlicher Gegebenheiten ab. Da sich diese Gegebenheiten im Laufe der Zeit ändern – was wiederum den Entscheid über die Entschädigungsbedürftigkeit des zu prüfenden Eingriffs beeinflusst –, kommt der Festlegung des massgebenden Beurteilungszeitpunktes erhebliche Bedeutung zu.

Das Bundesgericht hat sich 1967 im Urteil *Erben Schulthess* in grundsätzlicher Weise für das *Inkrafttreten der Eigentumsbeschränkung* als massgebenden Zeitpunkt ausgesprochen[27]. An dieser Rechtsprechung ist seither festgehalten worden, mit einigen bedeutsamen Präzisierungen:
– Der genannte Zeitpunkt ist namentlich auch massgebend für die Beurteilung der zentralen Frage, ob eine hohe Wahrscheinlichkeit für eine baldige Verwirklichung der entzogenen Befugnis bestanden hätte[28].

---

[25] Seit dem Entscheid *Aarberg* hat sich das Bundesgericht noch einige Male mit polizeilich motivierten Eigentumsbeschränkungen befasst, ohne dabei aber grundsätzliche Fragen zu berühren: BGE *Erben Dangel* (1982), Zbl 1982, S. 443 (das in Art. 14 GSchG enthaltene Verbot, verunreinigende Stoffe in die Gewässer zu bringen, und das entsprechende Gebot von Art. 17 GSchG, Abwasser den zentralen Reinigungsanlagen zuzuführen, sind Polizeivorschriften im engen Sinn); *Bächtold* (1982), RDAT 1983, 132 (Grundwasserschutzzone um eine Trinkwasserfassung); *Neiger* (1984), BVR 1985, S. 80 (Beeinträchtigung eines Fischereirechtes durch wasserbaupolizeilich gebotene Bachverbauung; polizeiliche Natur des Eingriffs bejaht); *Müller und Koller v. Egnach* vom 17. September 1987 (unveröffentlicht) (Bauverbot für Aufschüttungsland innerhalb der mittleren Hochwasserlinie eines Sees; dazu vorne S. 183, FN 4).
[26] Hinten S. 308, FN 3 und S. 320-25.
[27] BGE 93 I 130, 144-45, im Anschluss an AUBERT, Renchérissement, ZSR 1964 II, S. 128; KUTTLER, Bodenverteuerung, ZSR 1964 II, S. 197-99; sowie WIEDERKEHR, 155 und 158.
[28] BGE *Sigg*, 98 Ia 386, E.3 (1972). Seither ständig bestätigt; vgl. etwa BGE *Ed. Badertscher AG,* 113 Ib 135, E.4a und b (1987).

4.6. Sonderfragen

- Geht einem definitiven Eingriff eine provisorische – eventuell gerade zur Sicherung des ersteren angeordnete – Massnahme voraus, ist auf den Zeitpunkt des Inkrafttretens des definitiven Eingriffs abzustellen. Mit der provisorischen Massnahme darf indessen nicht zum Nachteil des Betroffenen ein Ausschluss der Entschädigungspflicht begründet werden [29].
- Die bis zum Urteil eintretenden Änderungen der Rechtslage sind vom Richter zu berücksichtigen [30].

Das Abstellen auf den Zeitpunkt, in dem der angeblich enteignende Eingriff rechtskräftig wurde, verlangt vom Richter, dass er sich geistig in einen vergangenen Zustand zurückversetzt und aus diesem Blickwinkel das Vorliegen einer materiellen Enteignung würdigt. Oft gelingt der verlangte Perspektivenwechsel nur unvollkommen. Wegen des erheblichen zeitlichen Abstandes – namentlich für die in letzter Instanz urteilenden Gerichte – spielen die bis zur Gegenwart eingetretenen Entwicklungen zwangsläufig in das Urteil hinein, auch wenn dieses dem Anspruch nach davon unbeeinflusst bleiben sollte [31].

B) Der Zeitpunkt des Inkrafttretens der Eigentumsbeschränkung ist noch in anderer Hinsicht ausschlaggebend:
- Die *Verjährung* der Ansprüche aus materieller Enteignung [32] beginnt ab diesem Zeitpunkt zu laufen, sofern nicht eine gesetzliche Regelung etwas anderes bestimmt [33]. Dies gilt unabhängig davon, ob der betroffene Eigentümer die Eigentumsbeschränkung und die daraus

---

[29] BGE *Wohlen v. Bergmann* (1982), E.2c, BVR 1983, S. 212–13; *EG Bern*, 109 Ib 17, E.3 (1983); *Häuptle v. Scharans* (1986), E.4a, Zbl 1987, S. 72. Wie ROUILLER, ZBJV 1985, S. 18, mit Recht hervorhebt, muss für die Beurteilung der *rechtlichen* Umstände im Ergebnis also auf die Lage im Zeitpunkt abgestellt werden, in dem die provisorische Massnahme in Kraft trat.

[30] Dazu sogleich hinten 4.6.3.

[31] Dies zeigt sich nach Auffassung des Verfassers besonders bei der Beurteilung der Realisierungswahrscheinlichkeit. Das in den siebziger und achtziger Jahren zunehmend anspruchsvoller gewordene Klima für die Wahrnehmung der Bauchance wird – in Form rechtlicher und tatsächlicher Hindernisse – auf den Beurteilungszeitpunkt zurückprojiziert, obwohl aus damaliger Sicht ohne den Eingriff gute Aussichten auf eine Realisierung einer Überbauung bestanden hätten. Dazu auch vorne S. 169.

[32] Die Festlegung der Verjährungsfrist ist grundsätzlich Sache des kantonalen Rechts; BGE *Mangana SA*, 97 I 626, E.6 (1971); *Buess v. Wenslingen* (1980), E.2b, Zbl 1982, S. 132–33; *Sarnen*, 108 Ib 339, E.5a (1982). Bei Fehlen einer kantonalen Regelung gilt gemäss bundesgerichtlicher Rechtsprechung eine *zehnjährige Verjährungsfrist*; *Sarnen*, 108 Ib 339–40, E.5a und 5b.

[33] BGE *Mangana SA*, 97 I 624, 629 (1971); *Eggersriet*, 111 Ib 269, 274 (1985).

allenfalls folgende materielle Enteignung erkannte oder hätte erkennen können [34].

- Die *Entschädigung* für materielle Enteignung ist auf den Zeitpunkt des Inkrafttretens der enteignenden Massnahme zu bestimmen [35]. Der Dies aestimandi ist auch dann nicht hinauszuschieben, wenn der Eigentümer an der früheren Geltendmachung seines Anspruches gehindert wurde; ein Ausgleich muss hier über die Verzinsung der Entschädigung erfolgen [36].

4.6.3. Massgebende Rechtslage bei sich überlagernden Eigentumsbeschränkungen [37]

Die seit den sechziger Jahren verstärkten Bemühungen um eine Bewältigung der raumplanerischen Herausforderung führen innert kurzer Zeit zu einer Vielzahl gesetzlicher Erlasse und Planungen [38]. Im Brennpunkt dieses Geschehens stehen die Nahbereiche grösserer Siedlungen und landschaftlich bevorzugte Gegenden, also jene Teile des noch nicht überbauten Bodens, die dem Nachfragedruck am stärksten ausgesetzt sind. Der planerische Prozess führt hier oft zu ei-

---

[34] BGE *Eggersriet*, 111 Ib 274. Ist eine eigentumsbeschränkende Norm so unbestimmt gefasst, dass sie selber nicht erkennen lässt, für welche Eigentumsobjekte und in welcher Weise sie konkret wirkt, muss für die Festlegung des Beginns der Verjährungsfrist auf die Umstände des Einzelfalles abgestellt werden; id., S. 274-77.

[35] BGE *Erben Schulthess*, 93 I 142, 144-46; *Etat de Neuchâtel*, 111 Ib 82-83 (1985).

[36] BGE *Etat de Neuchâtel*, 111 Ib 83-84.
Im Entscheid *Schulthess*, S. 146, und pointierter noch in den BGE *Gerber und Wimmer*, 97 I 816 (1971), und *Einwohnergemeinde Bern*, 103 Ib 224-25 (1973), hatte das Bundesgericht den Fall vorbehalten, dass der Eigentümer nicht von Anfang an die Möglichkeit zur Geltendmachung seiner Ansprüche gehabt hätte oder dass er vom entschädigungspflichtigen Gemeinwesen gegen Treu und Glauben von der Einleitung eines Schätzverfahrens abgehalten worden wäre; hier könnte, so sagte das Gericht, auch ein späterer Bemessungszeitpunkt in Frage kommen. Dieser Vorbehalt ist im Urteil *Etat de Neuchâtel*, 111 Ib 82-83, nun ausdrücklich zurückgenommen worden.

[37] Dazu allgemein KUTTLER, Welcher Zeitpunkt ist für die Beurteilung der Frage, ob eine materielle Enteignung vorliegt, massgebend?, Zbl 1975, S. 497-515.

[38] Als Beispiel sei allein auf die Verhältnisse auf Bundesebene verwiesen, wo die entsprechenden - allerdings erst nach 1970 einsetzenden - Bemühungen sich in folgenden Erlassen niederschlagen: Gewässerschutzgesetz vom 8. Oktober 1971, AS 1972, S. 950; Allgemeine Gewässerschutzverordnung vom 19. Juni 1972, AS 1972, S. 967; Bundesbeschluss über dringliche Massnahmen auf dem Gebiete der Raumplanung vom 17. März 1972, AS 1972, S. 644; Wohnbau- und Eigentumsförderungsgesetz vom 4. Oktober 1974 (SR 843); Raumplanungsgesetz vom 22. Juni 1979 (SR 700); Raumplanungsverordnung vom 26. März 1986 (SR 700.1) (Fruchtfolgeflächen).

4.6. Sonderfragen

nem *mehrmaligen Wechsel der geltenden bau- und planungsrechtlichen Ordnung*, wobei sich die einzelnen Regelungen teils ablösen, teils überlagern. Ihr Gegenstand, ihre Tragweite und ihre Dauer variieren, und entsprechend unterschiedlich ist ihre Bedeutung unter dem Gesichtspunkt der materiellen Enteignung.

Dennoch ist die Frage nach der für die Beurteilung massgebenden Rechtslage in der Regel nicht weiter strittig. Dies hat seinen Grund darin, dass es am Eigentümer liegt, den staatlichen Akt zu bezeichnen, von dem er eine enteignungähnliche Wirkung ableitet[39]. Ganz von selbst wird er von mehreren in Frage kommenden Eigentumsbeschränkungen jene zur Grundlage seines Entschädigungsanspruches machen, die ihm am meisten Erfolg verspricht, also jene, bei der sich das Entschädigungsproblem am pointiertesten stellt[40]. Eigentumsbeschränkungen, die zeitlich *vor* dem Eingriff liegen, der zum Prozessthema gemacht wurde, bleiben aus der Betrachtung nicht ausgeklammert. Sie spielen als «rechtliche Gegebenheiten» bei der Beurteilung der Realisierungswahrscheinlichkeit eine zentrale Rolle[41].

Anders liegen die Verhältnisse dann, wenn die vom Eigentümer als enteignungsgleich bezeichnete staatliche Massnahme später (aber noch vor Abschluss des Rechtsstreites) durch eine Eigentumsbeschränkung abgelöst wird, die möglicherweise entschädigungslos geduldet werden muss. Auf welchen Akt ist hier abzustellen? Das Bundesgericht hat darauf im Entscheid *Einwohnergemeinde Bern v. Ruckstuhl* (1977) geantwortet, wo sich diese Problematik zugespitzt präsentierte[42].

Die auf dem Gebiet der Stadt Bern gelegene, als abgeschlossene Geländekammer an den Wohlensee angrenzende Eymatt befand sich gemäss Bauklassenplänen von 1928 und 1955 in der Bauzone. 1960 erliess die Gemeinde einen neuen Baulinienplan, der den grössten Teil des Gebietes zur Grünfläche erklärte; zugelassen waren hier allein öffentliche bzw. landwirtschaftliche Bauten und Anlagen. Entschädigungsforderungen, die daraufhin von den Eigentümern gestellt wurden, veranlassten die Gemeindeexekutive, eine Rückführung des Gebietes in die Bauzone an die Hand zu nehmen. 1970

---

[39] Dem Eigentümer steht es ja frei, ob er *überhaupt* einen Entschädigungsanspruch geltend machen will. Tut er es, so muss er notwendigerweise angeben, auf welchen staatlichen Akt er diesen Anspruch zurückführt.

[40] Die Frage, wie weit der kantonale Richter allenfalls von Amtes wegen den Streitgegenstand auf andere als die von den Parteien angeführten Eigentumseingriffe ausdehnen kann, wird im Urteil *Locarno*, 112 Ib 502-06, E.2 (1986) erörtert.

[41] Dazu vorne S. 140 ff und 165 ff.

[42] BGE 103 Ib 210.

wurde ein neuer «Baulinien- und Bebauungsplan Eymatt II» öffentlich aufgelegt, doch verhinderten die wiedereinsetzenden Bemühungen um eine Freihaltung des gesamten Gebietes eine Weiterführung dieser Planung. Während des Enteignungsprozesses wurde die Eymatt schliesslich aufgrund des Bundesbeschlusses über dringliche Massnahmen auf dem Gebiete der Raumplanung vom 17. März 1972 (BMR) einem provisorischen Schutzgebiet zugewiesen.

Im Verfahren vor dem Bundesgericht stellte sich die Stadt Bern auf den Standpunkt, Grundlage des Bauverbotes sei im Zeitpunkt des erstinstanzlichen Entscheides nicht der Baulinienplan 1960, sondern der BMR gewesen; die zeitlich beschränkte Dauer dieses Erlasses und der gestützt darauf angeordneten Massnahmen schlössen eine materielle Enteignung aus.

Einen von KUTTLER geäusserten Vorschlag[43] aufnehmend, nimmt das Bundesgericht zum Vorbringen der Beschwerdeführerin in folgender Weise Stellung:

«In der Lehre wird die Meinung vertreten, die zuständige Behörde müsse *die im Zeitpunkt ihres Entscheides bestehende Rechtslage berücksichtigen* (Alfred KUTTLER ...). *Dieser Auffassung ... ist beizupflichten.* Sie entspricht dem anerkannten Grundsatz, dass der Grundeigentümer stets mit Änderungen der Gesetzgebung über die Möglichkeiten der Nutzung der Grundstücke rechnen muss (BGE ...). Das heisst aber nicht, dass zurückliegende Eigentumsbeschränkungen unter allen Umständen ausser acht zu lassen sind; es kann sich im Gegenteil als unumgänglich erweisen, dass ihre Auswirkungen geprüft werden (...). Eine Planungsmassnahme, welche die Möglichkeiten künftiger Nutzung der von ihr erfassten Grundstücke wesentlich beschränkt hat, kann eine Entschädigungspflicht wegen materieller Enteignung unter Umständen auch dann begründen, wenn sie durch eine ohne Entschädigung hinzunehmende Eigentumsbeschränkung ersetzt worden ist. In einem solchen Fall können die Voraussetzungen der materiellen Enteignung erfüllt sein, wenn die frühere Beschränkung erst nach verhältnismässig langer Zeit dahingefallen ist, so dass der Grundeigentümer ohne diesen Eingriff die Möglichkeit gehabt hätte, sein Grundstück bestmöglich zu nutzen, bevor er von der nachfolgenden Beschränkung betroffen wurde»[44].

Im Eymatt-Fall führen diese Grundsätze dazu, die im Baulinienplan 1960 verfügte Zuweisung zur Grünzone für die Beurteilung einer materiellen Enteignung als eigenständigen Akt zu berücksichtigen. Das Bundesgericht kommt zum Schluss, dass ohne den Plan das

---

[43] KUTTLER, Zeitpunkt, Zbl 1975, S. 503–06.
[44] BGE 103 Ib 218–19 (Hervorhebungen durch den Verfasser). Vgl. die Überlegungen von ZIMMERLI hinsichtlich des Grundsatzes der vollen Entschädigung in derartigen Fällen, Bulletin der Kantonalen Planungsgruppe Bern 1979 Heft 4, S. 35–36.

fragliche Gebiet binnen kurzem der Überbauung hätte zugeführt werden können, und bejaht demgemäss eine materielle Enteignung.

An der Lösung des Urteils *Bern v. Ruckstuhl* hat das Bundesgericht seither festgehalten. Im Entscheid *Meier v. Zizers* hat es sie namentlich auf Fälle ausgeweitet, wo frühere Eigentumsbeschränkungen durch das eidgenössische Gewässerschutzgesetz überlagert oder abgelöst worden sind [45].

4.6.4. Das Verhältnis zwischen materieller und formeller Enteignung [46]

A) Wir haben bereits in der zweiten und noch deutlicher in der dritten Rechtsprechungsphase gesehen, wie die materielle Enteignung sich gegenüber der formellen Enteignung verselbständigt und zum eigenständigen Rechtsinstitut wird [47]. Diese Entwicklung setzt sich in der vierten Phase fort, wobei meist Fragen der Entschädigungsbemessung Anlass zu weiteren Abgrenzungen und Klärungen liefern.

Die grundlegende, für die gesamte nachfolgende Rechtsprechung vorentscheidende Auseinandersetzung enthält das Urteil *Erben Schulthess* (1967) [48]. Strittig ist hier, nachdem die enteignungsähnliche Wirkung eines aus Landschaftsschutzgründen angeordneten Bauverbotes von der Zürcher Regierung bereits anerkannt worden ist, die Bestimmung des massgebenden Zeitpunktes für die Festsetzung der Entschädigung. – Vor der Beantwortung dieser Frage analysiert das Bundesgericht den Unterschied zwischen formeller und materieller Enteignung in folgender Weise:

> «[A] Bei der formellen Enteignung wird ein privates Recht dem Enteigneten entzogen und auf den Enteigner übertragen. Handelt es sich, wie es die Regel ist, um Eigentum, so findet mit dessen Übertragung und der Entrichtung der dafür geschuldeten Entschädigung ein Leistungsaustausch statt, der sich mit demjenigen beim freihändigen Kauf vergleichen lässt. Ebenso ist die zwangsweise Begründung einer Dienstbarkeit (Bauverbot, Durchleitungsrecht,

---

[45] BGE 105 Ia 339–40 (1979). Ein gutes Beispiel dafür bietet der Entscheid *Messner* (1981), Zbl 1982, S. 81 (besonders E. 4, S. 87–88).
[46] Diese Frage wird hinten, S. 247 ff, nochmals angeschnitten.
[47] Vorne S. 57 und 97 ff.
[48] BGE 93 I 130.

Wegrecht usw.) mit der vertraglichen Bestellung einer entsprechenden Dienstbarkeit gegen Entgelt vergleichbar. Bei der materiellen Enteignung fehlt es an einer solchen Übertragung oder Einräumung von Rechten an einen Enteigner. Der Eingriff besteht darin, dass das Gemeinwesen die Benützung von Grundeigentum durch allgemein verbindliche Erlasse, Überbauungs- und Zonenpläne usw. beschränkt. [B] Dem Austauschcharakter der formellen Enteignung entspricht es, dass das Recht erst mit der Bezahlung der Entschädigung auf den Enteigner übergeht, die Entschädigung also Voraussetzung des Eingriffs ist (...). Die enteignungsähnlichen Eigentumsbeschränkungen werden dagegen gleich wie die gewöhnlichen Eigentumsbeschränkungen mit dem Inkrafttreten des betreffenden Erlasses oder Planes wirksam und haben die Entschädigungspflicht des Gemeinwesens zur Folge; Voraussetzung für ihre Zulässigkeit ist lediglich, dass den Betroffenen der Rechtsweg zur Durchsetzung ihrer Entschädigungsansprüche offen steht (...). [C] Die formelle Enteignung hat sodann immer in einem genau geregelten Verfahren zu erfolgen, in dem der Enteignete einerseits das Enteignungsrecht bestreiten, anderseits seine Entschädigungsansprüche geltend machen kann, und dieses Verfahren, dessen Gang und Dauer dem Einfluss der Parteien weitgehend entzogen ist, schliesst mit der Festsetzung der vom Enteigner zu bezahlenden Entschädigung ab. Die öffentlich-rechtlichen Eigentumsbeschränkungen dagegen werden vom Gemeinwesen im Rechtsetzungsverfahren angeordnet, in dem die Betroffenen im allgemeinen nicht oder nur in beschränktem Umfange zu Gehör kommen (...) und mit dem ein allfälliges Verfahren zur Abklärung der Entschädigungsfrage in keinem notwendigen Zusammenhang steht; vielmehr bleibt es den Betroffenen überlassen, ob und in welchem Zeitpunkt sie Entschädigungsansprüche geltend machen wollen für den Eingriff, dessen Natur, da die Grenze zwischen gewöhnlichen und enteignungsähnlichen Eigentumsbeschränkungen fliessend ist, häufig zweifelhaft ist»[49].

Der Übergang eines Rechts im Gegensatz zur Beschränkung der Nutzung bei gleichbleibender Rechtsträgerschaft, Entschädigung als Voraussetzung bzw. als Folge, und schliesslich unterschiedliche Verfahren heben also nach Auffassung des Bundesgerichts die formelle und materielle Enteignung voneinander ab[50]. Diese Unterschiede verbieten, fährt das Gericht fort, den bei der formellen Enteignung massgebenden Bemessungszeitpunkt für die materielle Enteignung zu

---

[49] Id., E.7a, 142–44 (Unterteilung A – C durch den Verfasser). Sinngemäss bestätigt in BGE *Gerber und Wimmer,* 97 I 814 (1971), und *Eberle,* 104 Ib 81 (1978; hier im Zusammenhang mit der Enteignung nachbarrechtlicher Abwehransprüche).

[50] Dazu auch hinten 5.5.2, S. 247–51.

übernehmen. Dem Wesen der letztern entspricht vielmehr, als Stichtag das Inkrafttreten der enteignungsähnlichen Eigentumsbeschränkung anzunehmen, also jenen Zeitpunkt, mit welchem die Entwertung des Eigentumsobjektes eintritt[51]. Für den praktisch wichtigsten Fall der materiellen Enteignung - jenen des Bauverbotes auf noch unüberbautem Land - bedeutet dies, dass die betreffende Parzelle ab Rechtskraft des Verbotes nicht mehr die Wertsteigerung als Bauland, sondern nur noch jene als Landwirtschaftsland mitmacht[52].

Die im Urteil *Erben Schulthess* entwickelten Grundsätze beanspruchen auch dann Geltung, wenn der enteignungsähnliche Eingriff nachträglich durch eine formelle Enteignung ergänzt wird. Zu einer derartigen Situation kommt es dann, wenn entweder der Eigentümer von einem ihm offenstehenden Heimschlagsrecht oder das Gemeinwesen von seinem Ausdehnungsrecht Gebrauch machen, oder wenn sich die beiden Parteien auf eine vollständige Übernahme einigen. Das Bundesgericht hat im Entscheid *Gerber und Wimmer* (1971) klargestellt, dass eine formelle Expropriation oder Übernahme die vorangegangene materielle Enteignung nicht ungeschehen macht[53]. Für die Entschädigungsbemessung bedeutet dies, dass in einem derartigen Fall getrennt zwei Komponenten zu ermitteln sind: einerseits die Differenz zwischen Verkehrs- und Restwert des enteignungsähnlich getroffenen Objektes im Zeitpunkt der Eigentumsbeschränkung (zuzüglich eines allfälligen Zinses), anderseits der Verkehrswert des - durch den Eingriff nun bereits in entscheidenden Qualitäten geschmälerten - Objektes im Zeitpunkt der Schätzung der Enteignungsbehörde[54].

Diese Zweiteilung gilt auch dann, wenn der materiell enteignende Akt später notwendig die Übernahme des Objektes durch das Gemeinwesen nach sich zieht, wie dies etwa für die Zuweisung von

---

[51] BGE *Erben Schulthess*, 93 I 142, 144-46. Allgemein zum Bemessungszeitpunkt vorne S.189.

[52] Mit der Festlegung des Stichtages auf das Inkrafttreten des enteignungsähnlichen Eingriffes will das Bundesgericht bewusst auch der Möglichkeit entgegentreten, dass der Eigentümer mit der Geltendmachung seiner Entschädigungsforderung in Erwartung weiterer Preissteigerungen spekulativ zuwartet; BGE *Erben Schulthess*, 93 I 146; *Sarnen*, 108 Ib 342 (1982).

[53] BGE 97 I 815.

[54] BGE *Gerber und Wimmer*, 97 I 815; *Sarnen*, 108 Ib 338-39 (mit der Ergänzung: «Nur wenn zwischen dem Zeitpunkt der materiellen und jenem der formellen Enteignung keine nennenswerte Preisentwicklung stattgefunden hat, kann davon abgesehen werden, die Schätzungstage auseinanderzuhalten», S.339); *Philipp*, 110 Ib 259 (1984); *Erben Benoit*, 112 Ib 494-96, E.10b (1986); *Commugny*, 114 Ib 108 (1988).

Land zu einer Zone für öffentliche Bauten und Anlagen zutrifft. Die vorausgegangene Beschränkung wird also aus der Sicht des Enteignungsrechtes nicht als – unbeachtlich bleibende – Vorwirkung der späteren Enteignung[55] aufgefasst[56].

Die geltende Praxis hat zur Folge, dass das Gemeinwesen mittels vorsorglicher planerischer Massnahmen nicht bloss künftige Landerwerbe sicherstellt, sondern dass es damit zugleich auch die allfällige spätere Übernahmeentschädigung tief hält. Trifft der planerische Eingriff Land, für welches das Bestehen einer echten Bauchance zu bejahen war, wird die Wertsteigerung unterbunden, die bis zum Zeitpunkt der Übernahme eingetreten wäre; der Eigentümer muss sich mit der – auf den Eingriffszeitpunkt bestimmten – Entschädigung für materielle Enteignung und für den verbliebenen landwirtschaftlichen Restwert begnügen[57]. Noch ausgeprägter erscheint die Begünstigung des Gemeinwesens in jenen Fällen, wo mit planerischen Massnahmen – namentlich mittels Zuweisung zur Zone für öffentliche Bauten und Anlagen – Land sichergestellt wird, das keine Baulandqualität aufwies. Eine materielle Enteignung liegt dann nicht vor, so dass der Eigentümer für den Eingriff nicht entschädigt wird. Während aber alle anderen in einer Nichtbauzone liegenden siedlungsnahen Grundstücke die Chance behalten, aufgrund der Bauentwicklung einmal eingezont zu werden, bleiben die für eine spätere Übernahme durch das Gemeinwesen reservierten Flächen von dieser Möglichkeit praktisch ausgeschlossen, weil eben eine derartige Entwicklung den Landbedarf des Gemeinwesens noch verstärkt haben wird. Kommt es schliesslich zur Übernahme, bleibt der Umstand, dass das betreffende Grundstück in

---

[55] Siehe etwa Art. 20 Abs. 3 des BG über die Enteignung, SR 711.
[56] BGE *Sarnen,* 108 Ib 342; *Stornetta,* 109 Ib 262, 264; *Locarno,* 112 Ib 509–10, E.3e (1986); *Erbengemeinschaft J. v. Stadt Schaffhausen,* 114 Ib 174 (1988).
Die Rechtsprechung ist allerdings nicht einheitlich. So hat das Gericht im Entscheid *L. v. Gemeinde Hölstein* (1985), Zbl 1987, S. 448–50, eine enteignungsvorbereitende Baulinie im Rahmen der dann vorgenommenen formellen Enteignung als werkbedingten Nachteil gewertet und damit verhindert, dass die Entschädigung nur nach dem Wert von Bauverbotsland bemessen wurde.
[57] ZIMMERLI, Zur Übernahme von Freiflächen durch das Gemeinwesen, Baurecht 1985, S. 31–32, sieht in der Zuweisung von privaten Grundstücken zur Zone für öffentliche Bauten und Anlagen einen enteignungsrechtlichen Spezialfall und verlangt dementsprechend, dass die Bemessung der Übernahmeentschädigung ganz nach den Regeln der formellen Enteignung erfolge. In diesem Sinne hat das bernische Verwaltungsgericht am 26. August 1985 den Fall *Arn v. Lyss,* BVR 1986, S. 183–85 (E.4b), entschieden.

4.6. Sonderfragen

das Baugebiet hineingewachsen ist, für die Entschädigung ohne Beachtung; abgegolten wird nur der Wert von Nichtbauland. Man steht vor dem doch stossend anmutenden Ergebnis, dass die öffentliche Hand das übernommene Grundstück zwar zu Bauzwecken verwendet und damit dessen Baulandcharakter anerkennt, dem früheren Eigentümer aber entgegenhalten darf, er habe nur Nichtbauland besessen und müsse allein dafür entschädigt werden [58].

B) Ungleich seltener als Äusserungen über die Unterschiede sind die bundesgerichtlichen Erwägungen, welche die im Begriff der Enteignung und in der Entstehungsgeschichte der materiellen Enteignung zum Ausdruck kommende *Analogie zwischen diesen beiden Arten von Eingriffen* in das Eigentum hervorheben. Eines der wenigen – und zugleich ein äusserst sprechendes – Beispiel findet sich im Entscheid *Meier v. Zizers.* Das Bundesgericht benützt hier die Figur der formellen Enteignung (verstanden offenbar als einzelfallweiser Entzug dinglicher Rechte zugunsten des Gemeinwesens), um den inhaltsbestimmenden Charakter der in Art. 20 GSchG getroffenen Regelung aufzuzeigen. Der herausgearbeitete Kontrast dient ihm dazu, die Entschädigungslosigkeit der durch das Gewässerschutzgesetz angeordneten Baubeschränkungen – nun aber unter dem Gesichtspunkt der materiellen Enteignung – zu begründen [59].

In ähnlicher Weise hat sich das Gericht auf die formelle Enteignung gestützt, um die Sonderopfervariante der Formel *Barret* – also wiederum einen Fall der materiellen Enteignung – zu kennzeichnen. Hier dient die Analogie zur zwangsweise begründeten Dienstbarkeit dazu, das Wesen des Sonderopfers zu vergegenwärtigen. Eigentumsbeschränkung einerseits und formelle Expropriation einer Servitut anderseits werden als bloss äusserlich verschiedene Vorgehensweisen zur Erreichung des inhaltlich gleichen und damit gleicherweise entschädigungsbedürftigen Erfolges hingestellt [60].

---

[58] Ein illustratives Beispiel bietet der unveröffentlichte Entscheid *Bütikofer v. EG Moosseedorf* vom 15. April 1987. Siehe auch BGE *Erben Benoit v. Biel,* 112 Ib 485, besonders 492–96, E.10 (1986), wo das Bundesgericht seine Rechtsprechung verteidigt. Siehe zum Ganzen WOLF, bes. 41–43, sowie hinten S. 310 ff.

[59] BGE 105 Ia 338.

[60] BGE *Kocher v. Orbe,* 107 Ib 385 (1981); *Wohlen,* 108 Ib 356 (1982). Kritisch dazu RUCH, Zbl 1983, S. 537, und daran anknüpfend KUTTLER, Materielle Enteignung, Zbl 1987, S. 193. Vgl. hinten S. 315.

Auf die Ähnlichkeit der Rechtwirkungen einer materiellen Enteignung und mit jenen einer vorzeitigen Besitzeinweisung bei der formellen Enteignung hat das Bundesgericht schliesslich bei der Frage der Verzinsung der Entschädigung verwiesen. Es stellt deshalb bloss geringe Anforderungen an die Geltendmachung des Entschädigungsanspruches, welche erst den Zinsenlauf auslöst[61].

4.6.5. Materielle Enteignung wohlerworbener Rechte?[62]

Bestimmte dem öffentlichen Recht angehörende vermögenswerte Positionen, die von privaten Rechtssubjekten innegehalten werden, stehen als wohlerworbene Rechte unter dem Schutz der Eigentumsgarantie. Sie können nur unter den Voraussetzungen der gesetzlichen Grundlage, des öffentlichen Interesses und der Entschädigung aufgehoben werden[63].

Die wohlerworbenen Rechte haben in der Rechtsprechung jahrzehntelang einen praktisch absoluten Schutz genossen, weil ihre blosse Schmälerung regelmässig bereits als Entzug gewertet wurde und damit Entschädigungsfolgen nach sich zog. Eine Analogie zu der für das (privatrechtliche) Eigentum anerkannten entschädigungslosen Eigentumsbeschränkung gab es bei diesen Rechten nicht. Weil jeder, auch geringfügige, Eingriff schon Enteignung war[64], bestand auch kein Bedürfnis für eine Rechtsfigur wie die materielle Enteignung. Die Starrheit dieses Schutzes hat dazu geführt, dass sich die Rechtsstreitigkeiten schliesslich beinahe ganz auf die Frage verlagerten, ob die an-

---

[61] BGE *Stornetta*, 109 Ib 265–66 (1983); *Locarno*, 112 Ib 512 (1986); *C. v. Etat de Neuchâtel*, 114 Ib 285, E.2a (1988).

[62] Dazu auch hinten S. 236 ff.

[63] BGE *Grossert*, 96 I 727 (1970); *Graf und Erni*, 106 Ia 168 (1980); *Geschwister Imhof v. Kirchgemeinde Attinghausen*, E.3c (1985), Zbl 1985, S. 502.
Wie weit die wohlerworbenen Rechte daneben auch unter dem Schutze des aus Art. 4 BV abgeleiteten Grundsatzes von Treu und Glauben stehen, kann im vorliegenden Zusammenhang offenbleiben.

[64] Ein vorzügliches Anschauungsbeispiel für diese Denkweise liefert BGE *Kanton Zürich*, 96 I 282 (1970): Der Bau der Nationalstrasse N 3 führt zeitweise zu starken Verschmutzungen des Horgener Dorfbaches. Die Ausübung eines daran bestehenden privaten Wasserbenützungsrechtes für die Bearbeitung von Textilien wird dadurch vorübergehend verunmöglicht. Das Bundesgericht erblickt darin ohne weiteres eine Enteignung (S. 290 und 292).

4.6. Sonderfragen

geblich verletzte vermögenswerte Position im konkreten Fall zu den geschützten wohlerworbenen Rechten gehörte oder nicht[65].

Eine erste Andeutung für ein Abrücken des Bundesgerichts von dieser Haltung haben wir in der dritten Rechtsprechungsphase festgestellt[66]. Zu einem möglichen Durchbruch in Richtung einer Argumentationsweise, wie sie sonst für die rechtliche Erfassung von Eigentumsbeschränkungen üblich ist, führen dann aber die durch den Kraftwerkbau in Ilanz ausgelösten Streitfälle[67].

Ausgangspunkt bildet die den Nordostschweizerischen Kraftwerken (NOK) anfangs der sechziger Jahre erteilte Konzession zur Nutzung des Vorderrheins für die Elektrizitätserzeugung. Die Konzession – unbestrittenerweise ein wohlerworbenes Recht – bleibt vorerst unbenützt; sie wird 1969 für 10 Jahre verlängert. In der Zwischenzeit tritt das Bundesgesetz über die Fischerei vom 14. Dezember 1973 in Kraft, welches der Erhaltung günstiger Lebensbedingungen für die Fische, insbesondere ausreichenden Mindestwassermengen, weit grösseres Gewicht beimisst als das Vorgängergesetz und daher das verfügbare Nutzungspotential der Gewässer für Energiezwecke schmälert. Als die NOK 1979 mit dem Bau des Kraftwerkes beginnen, erheben die Vertreter der Fischerei die Forderung, es müssten die von den Behörden seinerzeit vorbehaltenen, im Lichte des neuen Fischereigesetzes nun aber ungenügenden Restwassermengen heraufgesetzt werden. Der Streit, der in grundsätzlicher Weise die Frage nach der Anwendbarkeit neuer einschränkender Gesetzesvorschriften auf wohlerworbene Rechte aufwirft, erreicht zuletzt das Bundesgericht.

Das Gericht hebt zu Beginn seines Entscheides die Gesetzesbeständigkeit als das wesentliche Element des wohlerworbenen Rechtes hervor:

---

[65] Zahlreiche jüngere Beispiele für Ansprüche, denen die Wohlerworbenheit *abgesprochen* wurde, belegen dies:
– Modus des Teuerungsausgleiches: BGE *VPOD*, 101 Ia 448 (1975);
– Beamtenpension (teilweise): BGE *Graf*, 106 Ia 163 (1980);
– Jagdrecht beim System der Bewilligung: BGE *Suard*, 96 I 552 (1970) (im Gegensatz zum Reviersystem, wo die Wohlerworbenheit bejaht wurde: BGE *Grossert*, 96 I 727 (1970));
– Taxibewilligung: BGE *Meier-Engler*, 102 Ia 448, E.7a (1976), und *Hosig*, 108 Ia 139 (1982);
– Peculium des Gefangenen: BGE *Groupe Action Prison*, 106 Ia 362 (1980);
– Gestaltung eines bestimmten Ausbildungsprogramms: BGE *Aeppli*, 106 Ia 258–59, E.3b (1980);
– Bürgernutzen: BGE *Berner v. Gemeinde Rheinfelden* vom 13. Februar 1985 (unveröffentlicht).

[66] Vorne 3.4.2, S. 96–97.

[67] BGE *Kraftwerke Ilanz AG*, 107 Ib 140 (1981) = Zbl 1981, S. 537; *Kantonaler Fischereiverein Graubünden*, 110 Ib 160 (1984) = Zbl 1985, S. 35.

4.6. Sonderfragen

«Durch spätere Gesetze kann ein solches Recht grundsätzlich nicht aufgehoben oder eingeschränkt werden. Rechte, die durch Konzessionen verliehen wurden, können somit durch die künftige Gesetzgebung nicht entschädigungslos aufgehoben oder sonstwie in ihrer Substanz beeinträchtigt werden»[68].

Unmittelbar anschliessend erfährt diese Bestätigung des bisherigen Verständnisses indessen eine erhebliche Relativierung:

«Dagegen ist es nicht von vornherein ausgeschlossen, Gesetze anzuwenden, die nach der Verleihung in Kraft treten, sofern die neuen Normen keinen Eingriff in die Substanz des wohlerworbenen Rechts zur Folge haben»[69].

Das Gericht übernimmt damit eine Argumentationsweise, die es schon für die Kennzeichnung der materiellen Enteignung verwendet hatte. Mit «Eingriff in die Substanz» charakterisiert es in seiner frühesten Rechtsprechung[70] und erneut wieder in dieser vierten Rechtsprechungsphase[71] jene besonders schweren Eigentumsbeschränkungen, die nur gegen Entschädigung zulässig sind.

In den Urteilen *Geschwister Imhof v. Kirchgemeinde Attinghausen*[72] und *Gemeinde Sent*[73] ist das Bundesgericht noch weiter gegangen und hat die wohlerworbenen Rechte den privatrechtlichen Eigentumsrechten zumindest äusserlich vollständig angeglichen. Ausdrücklich festgehalten wird nun, dass die Eigentumsgarantie den wohlerworbenen Rechten keinen weitergehenden Schutz gewährt, als dies für private Rechte der Fall ist; beide Arten von Rechten können unter den

---

[68] BGE *Kraftwerke Ilanz AG*, 107 Ib 145.

[69] Id. – Dass sich das Bundesgericht der Tragweite seines Entscheides bewusst ist, zeigt die folgende Textstelle: *«Es liesse sich einwenden, auf diese Weise werde es möglich, dass zwar nur in engem Rahmen, aber doch grundsätzlich in wohlerworbene Rechte eingegriffen wird,* insbesondere durch eine Erhöhung der Restwassermenge. Da diese jedoch nur erfolgen darf, wenn und soweit die damit verbundenen Schwierigkeiten und die entstehende wirtschaftliche oder finanzielle Belastung nicht übermässig gross sind, wird man dabei kaum von einer Massnahme sprechen können, die geradezu in die Substanz oder den Wesensgehalt des wohlerworbenen Rechts eingreift»; id., S. 150.
Der Entscheid *Ilanz* ist in den Urteilen *Schweiz. Bund für Naturschutz v. Engadiner Kraftwerke AG* (1987), Zbl 1988, S. 273–82, besonders E.5e, 6c und 8, sowie *SBB v. Kantone Zürich, Zug und Schwyz* (1988), Zbl 1989, S. 82–92, E.4d, bestätigt worden.

[70] Vorne S. 28 und 59–60.

[71] Nachweise hinten S. 270.

[72] Urteil vom 10. April 1985, Zbl 1985, S. 498.

[73] BGE 112 Ia 275 (1986).

gleichen Voraussetzungen eingeschränkt werden[74]. Auch für Beeinträchtigungen wohlerworbener Rechte ist somit eine Entschädigung nur geschuldet, wenn der Eingriff einer Enteignung gleichkommt[75].

Von zwei ursprünglich entgegengesetzten Standpunkten herkommend – Verneinung jeglicher Entschädigungspflicht des Gemeinwesens für blosse Einschränkungen privater Eigentumsrechte einerseits, ausnahmslose Bindung jeder Abänderung eines wohlerworbenen Rechtes an eine Entschädigung anderseits – ist das Bundesgericht damit zu einer grundsätzlich übereinstimmenden Lösung gelangt. Zwar scheint die Entschädigungspflicht für die Beeinträchtigung wohlerworbener Rechte vorläufig noch ungleich strenger gefasst als beim privatrechtlichen Eigentum[76]. Entscheidend bleibt aber doch, dass die Argumentationsmuster, welche im Zusammenhang mit der materiellen Enteignung entwickelt worden sind, in Zukunft auch auf die wohlerworbenen Rechte Anwendung finden werden.

4.7. Würdigung der vierten Rechtsprechungsphase

4.7.1. Erfolgreiche Bewältigung des mit der Raumplanung gestellten Entschädigungsproblems

Bei einer Würdigung der vierten Rechtsprechungsphase muss an erster Stelle die Tatsache hervorgehoben werden, dass zwischen 1965 und 1980 die Eigentumsordnung eine entscheidende Änderung erfährt: die bislang prinzipiell bestehende Möglichkeit der baulichen Nutzung wird als Teilinhalt des Grundeigentums aufgehoben.

Zwar war die Bauchance schon vor den sechziger Jahren vielfältigen rechtlichen Beschränkungen unterworfen. Auch mag sie für

---

[74] BGE *Geschwister Imhof*, E.3c, Zbl 1985, S.502; *Sent*, 112 Ia 277; *Chur*, 113 Ia 362, E.6b (1987).

[75] BGE *Sent*, 112 Ia 277, E.5b (im Wortlaut wiedergegeben hinten S.241).

[76] Dies zeigt sich durchgängig im Entscheid *Kraftwerke Ilanz AG*, 107 Ib 140, und dann in den Erwägungen 7 und 8 des Urteils *Kantonaler Fischereiverein Graubünden*, Zbl 1985, S.37–41.

einen grossen Teil der Schweiz wegen mangelnder Nachfrage, fehlender Wirtschaftlichkeit oder technischer Hindernisse überhaupt nie aktuell geworden sein. Dennoch war sie als Teil des Eigentumsinhaltes sowohl im privaten wie auch im öffentlichen Recht anerkannt. Die vom Verfassungsgeber mit der Aufnahme von Art. 22 ^{quater} BV verlangte raumplanerische Scheidung von Baugebiet und Nichtbaugebiet ändert diese Rechtslage von Grund auf. Die moderne Nutzungsplanung beinhaltet nicht bloss eine punktuelle Aufhebung der öffentlichrechtlichen Baumöglichkeit für jenes Land, welches in das Nichtbaugebiet zu liegen kommt. Ihre Bedeutung geht erheblich weiter: *Das Grundeigentum verliert rechtlich und faktisch seinen einheitlichen Charakter*[1]; *die Bauchance erhält im öffentlichen Recht den Charakter eines vom Staate gewährten Rechts*[2].

Die Dimension der stattgefundenen Änderung ermisst sich jedoch erst aus der Tatsache, dass die *planerische Neuordnung im wesentlichen ohne finanzielle Abgeltung der betroffenen Eigentümer vollzogen worden ist*[3]. In einem Land wie der Schweiz, wo die Möglichkeit der baulichen Nutzung in der Regel den Hauptanteil des Bodenwertes ausmacht, bedeutet diese entschädigungslose Neuordnung einen ausserordentlich tiefen Eingriff. Der Eingriff ist allein einem Teil der Bevölkerung – nämlich den Eigentümern von potentiellem Bauland, das nicht in eine Bauzone eingewiesen wurde – für die Verwirklichung des übergeordneten allgemeinen Interesses an einer geordneten Besiedelung des Landes und an der Erhaltung von Landschaften in ihrem na-

---

[1] So schon MEIER-HAYOZ/ROSENSTOCK, 16; ROSENSTOCK, Aspekte, ZSR 1971 I, S. 190.
[2] Klar in diesem Sinne beispielsweise SALADIN, Grundrechte (Vorwort), S.XXXV, in seiner Besprechung des Urteils *Meier v. Zizers.* Vgl. bereits früher HUBER, Landwirtschaftszone, 15; LENDI, Planungsrecht, 164–66 (differenziert); CATENAZZI, RDAT 1980, 304; FLEINER-GERSTER, 309 N. 9–11.
Die stattgefundene Entwicklung spiegelt sich besonders deutlich in einer Textstelle aus dem Entscheid *Dulliken,* 112 Ib 398, E.5a (1986): «Vom Entzug einer wesentlichen, aus dem Eigentum fliessenden Befugnis kann zum vornherein nur dann gesprochen werden, wenn im Zeitpunkt der geltend gemachten Eigentumsbeschränkung eine raumplanerische Grundordnung galt, welche die Berechtigung zum Bauen auf dem fraglichen Grundstück einschloss.»
[3] Aufschlussreich erscheint in diesem Zusammenhang, dass noch in der Botschaft zu den Bodenrechtsartikeln die Auferlegung eines «Bauverbotes für alle Zeiten» grundsätzlich als Fall materieller Enteignung angeführt wird; BBl 1967 II, S.140.

4.7. Würdigung der vierten Rechtsprechungsphase

türlichen Zustande auferlegt worden[4]. Wohl keine andere Änderung der Eigentumsordnung seit Errichtung des Bundesstaates – man denke an die Verstaatlichung einzelner Versicherungszweige oder die Regalisierung der Wasserkräfte und der Bodenschätze[5] – kommt dieser an Intensität gleich.

Zu dieser Entwicklung steht die Entschädigungsrechtsprechung in einem dialektischen Verhältnis. Einerseits ist sie ganz vom Problem der Entschädigungsfolgen planerischer Bauverbote geprägt; anderseits wirkt sie mit ihren Ergebnissen auf die Art zurück, in welcher der Verfassungsauftrag von Art. 22 quater BV wahrgenommen wird.

Die eigentliche Leistung der vierten Rechtsprechungsphase liegt zweifellos darin, hier eine adäquate Antwort gegeben zu haben. Grundlage dieser Antwort ist der Gedanke, dass die Bestimmung des Eigentumsinhaltes keine Entschädigungsfolgen nach sich zieht. In den Urteilen *Meier v. Zizers*[6] und *Müller v. Davos*[7] bekennt sich das Bundesgericht zur Auffassung, dass die in Ausführung der Bodenrechtsartikel vorgenommene Nutzungsplanung den Inhalt des Grundeigentums festlegt und damit grundsätzlich entschädigungslos bleiben muss. Mit diesem Ansatz stellt das Gericht zugleich die abgebrochene Verbindung mit grundlegenden Erkenntnissen seiner älteren Rechtsprechung wieder her.

Der Weg zu der in den Entscheiden *Meier* und *Müller* schliesslich gefundenen Lösung ist allerdings nicht gradlinig verlaufen. Es lohnt sich, ihn gerafft nochmals zurückzuverfolgen.

Das Urteil *Barret* markiert den ambivalenten Neuanfang der bundesgerichtlichen Auseinandersetzung mit den Entschädigungsfolgen der modernen Raumplanung[8]. Aus der Erkenntnis heraus, dass weiträumige Bauverbote in einschneidender Weise zahlreiche Eigentümer zugleich treffen können, geht das Gericht hinter seine bisherige Konzeption zurück, welche allein

---

[4] Vgl. ROUILLER, ZBJV 1985, S. 9. – Rudolf HUBER hat bereits 1956 auf den Umstand hingewiesen, dass die Ausscheidung von Nichtbauzonen nicht bloss zu einer Verteuerung des Baulandes führen werde, sondern dass der den Eigentümern von Bauland zufliessende Wertzuwachs zum Teil auf dem Opfer beruhe, das den Eigentümern von Nichtbauland durch die Raumplanung auferlegt wird; MBVR 1956, S. 175–76.

[5] Vorne S. 40–41 und 43–45.

[6] BGE 105 Ia 330 (1979); dazu vorne Kapitel 4.4, S. 149 ff.

[7] Urteil vom 21. November 1984, Zbl 1985, S. 211; dazu vorne S. 177–78.

[8] BGE 91 I 329, 338 (1965); dazu vorne Kapitel 4.1, S. 105 ff.

4.7. Würdigung der vierten Rechtsprechungsphase

die Möglichkeit eines Schutzes vereinzelter Betroffener einschloss, und öffnet den Tatbestand der materiellen Enteignung auch für Fälle «kollektiver» schwerer Eingriffe. Auf der anderen Seite ist es bestrebt, die Entschädigungspflicht des Gemeinwesens von vornherein auf den Entzug echter, aussichtsreicher Bauchancen zu beschränken: Bauverbote auf Land, dessen Überbauung unwahrscheinlich schien, sollen keine materielle Enteignung darstellen.

Es ist kaum anzunehmen, dass dem Bundesgericht bereits im Zeitpunkt des Urteils *Barret* bewusst gewesen ist, dass eben der Vorbehalt bezüglich der Realisierungsaussichten der Bauchance sich zum eigentlichen Angelpunkt der gesamten nachfolgenden Entschädigungsrechtsprechung entwickeln würde. Der entscheidende Schritt geschieht Jahre später, unter Rückgriff auf zustimmende Äusserungen der Rechtslehre, im Urteil *Sigg*[9]: Das Gericht bekennt sich hier zu einer restriktiven Auslegung und lehnt insbesondere die Berücksichtigung der auf dem Bodenmarkt gebildeten Preise als Beurteilungskriterium ab. – In der Folge werden die Entschädigungsfolgen von Bauverboten nur noch unter dem Gesichtspunkt der Realisierungswahrscheinlichkeit beurteilt; die übrigen Elemente der Formel *Barret* treten in den Hintergrund. Dabei steigert die Rechtsprechung zunehmend die Anforderungen an den Nachweis der Wahrscheinlichkeit einer realisierbaren Überbauungschance. Die faktischen Elemente werden in ihrer Bedeutung als Beurteilungskriterien durch die rechtlichen Verhältnisse verdrängt. Ausschlaggebend wird zuletzt die Frage, ob die für das betreffende Grundstück bisher geltende rechtliche Ordnung die Bauchance bereits derart einschränkte und vom Handeln des Gemeinwesens abhängig machte, dass das Recht zu Bauen nur noch als prekäre Befugnis erschien, die durch das nachfolgende Bauverbot nicht mehr entscheidend geschmälert werden konnte[10].

Erst in den Urteilen *Meier v. Zizers* (1979) und *Müller v. Davos* (1984) verlässt das Bundesgericht diese Argumentationsweise[11]. Es erklärt nun die raumplanerischen Bauverbote als grundsätzlich entschädigungslos zu duldende Eingriffe und begründet diesen Entscheid mit dem inhaltsbestimmenden Charakter der bundesrechtlichen Bestimmungen, welche die Ausscheidung von Bau- und Nichtbaugebieten und die Verkleinerung zu grosser Bauzonen vorschreiben. Ein entscheidender *qualitativer Sprung* ist damit getan. Allerdings – und dies muss hervorgehoben werden – bedeutet er nur den *konzeptionellen Nachvollzug eines Rechtszustandes, den das Bundesgericht in der Praxis mit seiner regelmässigen Verneinung behaupteter Enteignungsfälle bereits seit langem herbeigeführt hatte*. Wir begegnen hier ein weiteres Mal dem für die richterliche Rechtsfortbildung typischen Phaenomen, dass eine neue Entwicklungsstufe vorerst hinter dem Schirm der herrschenden Konzeption auf der Ebene der praktischen Lösungen vorbereitet wird. Erst auf dem derart vorbereiteten Boden folgt dann als zweiter Schritt die konzeptionelle Neuausrichtung, welche die brüchig gewordenen alten Begründungsmuster durch tragfähigere neue ersetzt[12].

[9] BGE 98 Ia 381 (1972); dazu vorne S. 130 ff.
[10] Vorne S. 140–42 und 165–70.
[11] Dazu ausführlich vorne S. 149 ff und 177–79.
[12] Dazu bereits vorne S. 53.

4.7. Würdigung der vierten Rechtsprechungsphase

Nun hat sich ja auch das schweizerische Raumplanungsrecht als solches erst allmählich entwickelt; insbesondere ist die Bauchance als Teil des Eigentumsinhaltes nicht von einem Tag auf den anderen aufgehoben worden. Vielmehr sind die Forderungen der Raumplanung – oft wirkungsvoll unterstützt von Anliegen des Landschafts-, Agrar- und Gewässerschutzes – erst nach und nach in die Rechtsordnung eingedrungen. In einer ersten Phase nehmen kantonale Gesetzgeber sie auf durch Schaffung gesetzlicher Grundlagen für die Ausscheidung von Landwirtschaftsgebieten, Übrigen Gemeindegebieten, Zones de villas und durch Verschärfung der Erschliessungsanforderungen. Mit den siebziger Jahren tritt dann der Bund auf den Plan und erlässt in schneller Folge das Gewässerschutzgesetz (1971), den Bundesbeschluss über dringliche Massnahmen auf dem Gebiete der Raumplanung (1972), das Wohnbau- und Eigentumsförderungsgesetz (1974) und schliesslich, nach einem vom Volk verworfenen ersten Entwurf, das Raumplanungsgesetz (1979). Bedeutsam ist dabei, dass mit Ausnahme einiger weniger Kantone[13] vor Inkrafttreten von Art. 20 GSchG und Art. 15 RPG keine dieser sukzessive eingeführten Regelungen die Bauchance als solche aufhebt; sie schränken sie höchstens in bestimmten Richtungen ein[14]. Es sind aber doch die einzeln gesehen eher geringfügigen Einschränkungen, welche den Schritt zur endgültigen Aufhebung der Baumöglichkeit vorbereiten.

Mit dieser allmählichen Entwicklung des Raumplanungsrechts auch die Entschädigungslosigkeit des Entzuges der Bauchance zu begründen, wie dies das Bundesgericht über das Erfordernis der Realisierungswahrscheinlichkeit getan hat, lässt indessen Fragen offen. Wohl keiner der Zizerser Grundeigentümer hätte sich 1965 bei der Einweisung seines Landes in das beschränkt überbaubare Übrige Gemeindegebiet denken lassen, dass dieser planerische Akt am 1. Juli 1972 ipso iure die Unterstellung unter Art. 20 GSchG und damit die Unüberbaubarkeit nach sich ziehen würde[15], und dass diese Zonenzuweisung dem Bundesgericht 1979 als Begründung dienen könnte, um die Wahrscheinlichkeit einer Überbauung und damit einen Entschädigungsanspruch zu verneinen[16]. Ebensowenig vermochte ein Eigentümer, der bei Inkrafttreten des Gewässerschutzgesetzes über eingezontes Bauland verfügte und dem das Bundesgericht 1975 im Entscheid *Hoeffleur*[17] ausdrücklich den Anspruch auf eigene Erschliessung seines Terrains verbrieft hatte, zu ahnen, dass dasselbe Gericht wenige Jahre später, nach erfolgter Auszonung des Grundstückes in das Nichtbaugebiet, eben die Erschliessungsanforderungen

---

[13] Genf, Basel-Stadt, Basel-Land und Aargau; vgl. die Nachweise in BGE *Meier*, 105 Ia 335.

[14] In den sechziger Jahren wurde die Entschädigungslosigkeit planerischer Massnahmen denn auch oft mit ihrer scheinbaren Vorläufigkeit begründet; die Realisierung der Bauchance wurde nur als aufgeschoben, nicht als endgültig entzogen angesehen: BGE *Imhof* (1968), Zbl 1969, S. 452; MEIER-HAYOZ/ROSENSTOCK, 14 und 17–18; GYGI, Expropriation, 102–03.

[15] BGE *EDI v. Marugg*, 101 Ib 189 (1975).

[16] BGE *Meier*, 105 Ia 340–43.

[17] BGE 101 Ib 64, besonders 68–69 (1975).

von Art. 19 GSchG als Begründung verwenden würde, um das Bestehen einer Überbauungschance zu verneinen[18].

Die im Zeitraum von knapp 15 Jahren vollzogene Aufhebung der Bauchance ist auf diese Weise in Einzelschritte zerlegt worden, von denen zwar keiner die Intensität einer materiellen Enteignung erreichte, jeder dem Gericht aber dazu diente, das negative Ergebnis der rückblickend erfolgten Überbauungsprognose und damit die Entschädigungslosigkeit der Massnahme als ganzer zu begründen. In der Argumentation des Bundesgerichts liegt unausgesprochen der Vorwurf, die Eigentümer hätten es sich selber zuzuschreiben, dass sie den günstigen Zeitpunkt für eine Verwirklichung der Baumöglichkeit ungenutzt verstreichen liessen. Dabei steht aber fest, dass der Eintritt dieses günstigen Moments eben durch die zunehmenden rechtlichen Anforderungen verhindert wurde, so dass die Eigentümer für die Wahrnehmung der Bauchance notwendig nur noch «zu spät» kommen konnten.

Es geht hier nicht um eine Kritik des Ergebnisses. Niemand wird sich der Einsicht verschliessen, dass bei einer weitherzigen Bejahung der Entschädigungspflicht der Vollzug des Raumplanungsrechtes in der Schweiz wesentlich anders – zaghafter, mit Belassung viel zu grosser Gebietsteile in eigentlichen Bauzonen und noch weit ärgerlicherer Zersiedelung des Landes – von sich gegangen wäre. Im Rückblick mag man aber bedauern, dass sich das Bundesgericht erst so spät auf den Gedanken der Inhaltsbestimmung besonnen und das Problem der Entschädigungsfolgen der Raumplanung so lange mit dem Argument der Realisierungswahrscheinlichkeit zu bewältigen versucht hat.

4.7.2. Unergiebigkeit der Formel *Barret*

Wir haben bisher erst einen – allerdings den bedeutendsten – Teilaspekt der bundesgerichtlichen Rechtsprechung zur materiellen Enteignung seit 1965 erörtert. Zu diskutieren bleibt die Konzeption *Barret* selber, welche die gedankliche Grundlage dieser vierten Judikaturphase bildet und welche nach wie vor mit dem Anspruch umfassender Geltung vertreten wird.

Aufgrund der in den vorausgegangenen Abschnitten vorgenommenen Untersuchung der Rechtsprechung ergeben sich vier Punkte der Kritik:
– Eines der Kernstücke der Formel – nämlich das Modell der drei Intensitätsstufen und damit die eigentliche Neuerung des Urteils *Barret* gegenüber der früheren Konzeption – hat die Probe der praktischen Anwendung nicht bestanden. Es ist dem Bundesgericht nicht

---

[18] BGE *De Giorgi* (1984), Zbl 1984, S. 507.

gelungen, die drei Stufen in plausibler, überprüfbarer Weise voneinander abzugrenzen. Mit einer einzigen Ausnahme [19] lassen sich auch keine Urteile nennen, bei denen die Unterscheidung zwischen der Kategorie der sehr schweren und jener der schweren und zugleich rechtsungleich wirkenden Eingriffe entscheiderheblich gewesen wäre [20].

– Einwände erheben sich auch gegenüber dem zweiten Element der Konzeption *Barret*, nämlich gegenüber der Beschränkung des Schutzbereiches auf jene Eigentumsrechte, bei denen im Zeitpunkt des Entzugs eine hohe Wahrscheinlichkeit für eine baldige Verwirklichung bestand. Anlass zu Kritik gibt hier allerdings nicht die fehlende Praxistauglichkeit. Zu widersprechen ist vielmehr der Tendenz der Rechtsprechung, diesem Element umfassende Geltung zuzusprechen und es durch rigorose Anforderungen an den Nachweis der Wahrscheinlichkeit zu überspannen [21]. Es fragt sich prinzipiell, ob immer nur die unmittelbar vor der Verwirklichung stehenden Eigentumsbefugnisse Anspruch auf Schutz beanspruchen können. Nach der hier vertretenen Auffassung trifft dies nicht zu. Gewisse gewichtige Befugnisse müssen unabhängig von ihrer Realisierungswahrscheinlichkeit geschützt sein [22].

– Ein dritter Punkt der Kritik richtet sich gegen den in den bundesgerichtlichen Urteilen erhobenen ausschliesslichen Geltungsanspruch für die Konzeption *Barret*. Spätestens seit das Gericht den Grundsatz der Entschädigungslosigkeit von Festlegungen des Eigentumsinhaltes für seine Rechtsprechung wieder zurückgewonnen hat [23], lässt sich die Formel *Barret* nicht mehr als alleinige Richtschnur für die Beurteilung behaupteter materieller Enteignungen ausgeben. Sie kann allenfalls noch dort gelten, wo ein Eigentumseingriff bei grundsätzlich feststehendem Eigentumsinhalt zu beurteilen ist. Es ist daher verfehlt, wenn das Bundesgericht die Formel nach wie vor

---

[19] BGE *Kocher v. Orbe*, 107 Ib 380 (1981); dazu vorne S. 162–63.

[20] Dazu vorne S. 128 und 162–64; zu der vom Verfasser vertretenen Gegenposition hinten S. 299–302.

[21] Vorne S. 173–76 und 203–05.

[22] Dazu vorne S. 175–76 und hinten S. 279–82.

[23] In den Urteilen *Meier v. Zizers*, 105 Ia 330 (1979), dazu vorne S. 149–54, und *Müller v. Davos* (1984), Zbl 1985, S. 211, dazu vorne S. 177–79.

unbesehen an der Spitze seiner Urteilserwägungen zitiert[24], als ob sie noch alleinige Grundlage des Entschädigungsrechtes bilden würde.

– Ein letzter Einwand betrifft die Verständlichkeit des geltenden Entschädigungsrechtes. Die Behauptung erscheint zulässig, dass eben die Formel *Barret* heute einem richtigen Verständnis der materiellen Enteignung im Wege steht. Die Ursache dafür liegt einmal bei den bereits namhaft gemachten Unstimmigkeiten. Hinzu kommt, dass mit den in der Formel allein enthaltenen Kriterien der Eingriffsintensität und des Sonderopfers die aus der Rechtsprechung hervortretende Trennlinie zwischen entschädigungslosen und entschädigungspflichtigen Eigentumseingriffen nicht erklärt werden kann; es müssen noch weitere Kriterien hinzukommen. Insgesamt täuscht die Formel eine Einfachheit des Problems vor, die in Wirklichkeit nicht besteht[25].

Unübersehbare Anzeichen deuten darauf hin, dass heute beim Bundesgericht die Überzeugungskraft der Konzeption *Barret* im Schwinden begriffen ist[26]. Auch in der Lehre mehren sich die Stim-

---

[24] Als Beispiele seien zwei neuere publizierte Urteile angeführt, in denen das Bundesgericht sinngemäss auf Nichteinzonung – also auf einen Fall von Inhaltsbestimmung – schloss: *Prosima AG v. Tägerwilen,* 112 Ib 389–90, E.3 (1986); *Berta v. Cully,* 114 Ib 103, E.2 (1988).

[25] Die Verständnisprobleme werden noch dadurch verstärkt, dass sich der Konzeption *Barret* in Form von Ausnahmen oder Sondertatbeständen weitere Kategorisierungen überlagern, die ihrerseits oft nur schwer zu durchschauen sind. Zu erwähnen sind etwa die Begriffsbildungen «Auszonung» und «Nichteinzonung» (vorne S. 177 ff) oder die im Zusammenhang mit den polizeilich motivierten Eingriffen vorbehaltenen Fälle, in denen entgegen der Regel eine Entschädigungspflicht gegeben sein kann (vorne S. 186).

[26] Der klarste Ausdruck bestehender Zweifel findet sich im Urteil *Oberstammheim,* 110 Ib 29 (1984). Das Bundesgericht erwägt hier in Anlehnung an Äusserungen der Lehre, unter den Begriff der materiellen Enteignung im Sinne von Art. 22ter Abs. 3 BV nur noch den Entzug wesentlicher Eigentumsbefugnisse zu subsumieren und das Sonderopfer gemäss Formel *Barret* als Anwendungsfall von Art. 4 BV zu behandeln. Dazu eingehend hinten S. 297 ff.

Anzeichen einer beim Gericht verbreiteten Skepsis enthalten daneben private Äusserungen einzelner mit der Materie vertrauter Bundesrichter. Vgl. in diesem Sinne ANTOGNINI, Espropriazione materiale, RDAT 1977, S. 240, 243–44; ROUILLER, Considérations sur la garantie de la propriété, ZBJV 1985, S. 30; nicht ausdrücklich, aber sinngemäss auch PFISTERER, Zbl 1988, S. 532–36.

men, die nach einer Ablösung des geltenden Modells rufen[27]. In der Tat scheint die Zeit dafür reif. Die Lösung wird allerdings nicht darin liegen können, die obsolet gewordene durch eine neue Formel zu ersetzen. *Die Entschädigungsproblematik lässt sich nicht mit Formeln bändigen.* Voraussetzung jeden adaequaten Verständnisses ist der Mut, zu der Offenheit und Komplexität dieses Rechtsbereichs zu stehen. Die Entschädigungsfrage muss deswegen nicht der Beliebigkeit oder der Willkür anheimgegeben werden. Vorzugehen ist induktiv, durch behutsamen Aufbau einer Praxis, die in ihrer Gesamtheit Plausibilität aufweist und den legitimen Anforderungen an Voraussehbarkeit und Berechenbarkeit genügt. Dass dieses Ziel erreichbar ist, beweisen eben die konkreten Ergebnisse der bundesgerichtlichen Rechtsprechung.

4.7.3. Ausblick: Die konkreten Ergebnisse der Rechtsprechung als Grundlage eines besseren Verständnisses

Die bisher gemachten kritischen Äusserungen gelten wohlverstanden nicht der bundesgerichtlichen Rechtsprechung als ganzer; sie richten sich allein gegen die Formel *Barret* als deren scheinbares Erklärungsmuster. Davon zu unterscheiden sind die konkreten Ergebnisse der Rechtsprechung. Diese vermögen gerade auch für die vierte Rechtsprechungsperiode zu überzeugen.

Nach Auffassung des Verfassers hat das Bundesgericht es verstanden, in der Gesamtheit seiner Entschädigungsjudikatur den richtigen Ausgleich zwischen den Interessen der Gemeinschaft und jenen des einzelnen Eigentümers zu finden. Zustimmung verdient namentlich die Art, wie das Gericht die Wandlungen der Eigentumsordnung – etwa im Bereich des Grundeigentums – in seine Rechtsprechung integriert hat, ohne sie zu hemmen, aber auch ohne den Eigentümer schutzlos dem Handeln des Gemeinwesens preiszugeben.

Man wird der höchstrichterlichen Rechtsprechung auch zubilligen, dass sie jenes Mass an Berechenbarkeit aufweist, welches bei der Vielschichtigkeit der Materie vernünftigerweise erwartet werden

---

[27] BASCHUNG, Zbl 1974, S. 163–64; KNAPP, Expropriation matérielle, 16, und Précis (2.Auflage), 262 N. 1110 (gegen den Begriff der wesentlichen Eigentumsbefugnis); ZIMMERLI, Raumplanung, 65 (gegen Sonderopfer); GEISSBÜHLER, 152, 155; MOOR, Evolution, Rep. 1982, S. 284–85; LENDI, Aspekte, Recht 1985, S. 51; ders., Entwicklungstendenzen, WuR 1986, S. 311.

kann. Ein Element dieser Berechenbarkeit liegt in der Konstanz der Ergebnisse und ihrer Begründungen; das Bundesgericht hat in den untersuchten zwei Jahrzehnten eine zwar zu Beginn zunehmend strenger werdende, letzlich aber sehr gerade und einheitliche Linie verfolgt [28]. Berechenbarkeit ist ferner durch die Vereinigung typischer Sachverhalte in Fallgruppen erreicht worden. Wiederkehrende Fragestellungen und gesicherte Lösungen erlauben hier, bei der Entscheidfindung mit einem gewissen Schematismus vorzugehen. Als Beispiele derartiger Fallgruppen lassen sich die Regeln der Baupolizei für überbaubare Grundstücke [29], die Massnahmen der Nutzungsplanung [30] oder denkmalpflegerische Unterschutzstellungen [31] anführen.

Eine Bestätigung erfährt die bundesgerichtliche Rechtsprechung mittelbar im Umstand, dass sie seit Jahrzehnten weder von Seiten der politischen Entscheidträger noch von Seiten der Wissenschaft grundsätzlich in Frage gestellt worden ist. Was die politische Seite betrifft, erscheint bezeichnend, dass eine im verworfenen ersten Entwurf für ein Bundesgesetz über die Raumplanung enthaltene gesetzliche Begriffsumschreibung der materiellen Enteignung [32] in das geltende Bundesgesetz nicht Eingang gefunden hat. Mit dem Entschluss, die Konkretisierung des Entschädigungsgebotes von Art. 22ter Abs. 3 BV ganz dem Bundesgericht zu überlassen, hat der Gesetzgeber seine Zustimmung zur bisherigen Praxis und sein Vertrauen in die fortdauernde Urteilskraft des Gerichtes ausgedrückt. [33]

Aufgegeben bleibt, die gedanklichen Grundlagen des Entschädigungsrechtes wieder vermehrt zu reflektieren und mit den konkreten Rechtsprechungsergebnissen in Verbindung zu bringen. Die Gefahr besteht sonst, dass dieses Recht zu einer blossen Technik ver-

---

[28] LENDI, Redimensionierung, Zbl 1985, S. 385, sieht die Berechenbarkeit besonders durch den restriktiven Charakter der bundesgerichtlichen Rechtsprechung gegeben.

[29] Dazu vorne S. 123–24 und 159.

[30] Dazu vorne S. 179–82.

[31] BGE *Neeff und Heusler v. Baselstadt,* 111 Ib 257 (1985); *Schuchter v. St. Gallen,* 112 Ib 263 (1986); *Balli v. Ticino,* 113 Ia 368 (1987).

[32] Art. 48 des BG über die Raumplanung vom 4. Oktober 1974, BBl 1974 II, S. 816.

[33] Nicht zu verkennen ist allerdings eine deutliche – wenn auch nur selten offen geäusserte – Unzufriedenheit einiger Grundeigentümer mit der als zu streng empfundenen Bundesgerichtspraxis. Siehe als Beispiel den Bericht über eine Arbeitstagung des Redressement National in der Neuen Zürcher Zeitung vom 26. September 1985, S. 33.

4.7. Würdigung der vierten Rechtsprechungsphase

kümmert. Eine derartige Entwicklung könnte im Extremfall zur Folge haben, dass die materielle Enteignung sich in Einzeltatbestände auflöst, deren gemeinsame Basis nicht mehr erkennbar ist.

Nach Auffassung des Verfassers muss es ein Ziel bleiben, die «Eigentumsbeschränkungen, die einer Enteignung gleichkommen», weiterhin als einheitlichen Tatbestand zu begreifen. Die Ausführungen des nun folgenden zweiten Teils möchten dazu einen Beitrag leisten. Es soll versucht werden, aus dem vorhandenen Fallmaterial und aus den in der Doktrin angestellten Überlegungen ein Bild der materiellen Enteignung zu gewinnen, das wirklichkeitsgetreu ist und dennoch die dogmatische Seite des Problems nicht ausblendet.

Zweiter Teil

Die Dogmatik der materiellen Enteignung

«*Es hängt mit der Natur der Materie zusammen, dass schärfere Unterscheidungsmerkmale in den Grenzfällen, wo sie sich bewähren sollten, untauglich sind.*»
(KIRCHHOFER, ZSR 1939, S. 162)

«*Sozialbindung des Eigentums ist keine Materie für elegante 'Grossformeln'*».
(LEISNER, Sozialbindung des Eigentums, 191)

5. Die Tatbestandselemente der materiellen Enteignung

5.1. Erscheinungsweisen und Tatbestand

Gegenstand dieses Kapitels ist der Versuch einer begrifflichen Erfassung der materiellen Enteignung als eines einheitlichen Tatbestandes. Einleitend soll jedoch kurz die gleichsam phänomenologische Seite der materiellen Enteignung skizziert werden, zuerst aus der Sicht des betroffenen Privaten, anschliessend – in Form einer Zusammenstellung der verschiedenen in der Judikatur angetroffenen Erscheinungsweisen – aus jener des Gerichts.

5.1.1. Die materielle Enteignung aus der Sicht des betroffenen Eigentümers

Für den Privaten präsentiert sich die materielle Enteignung als eine staatliche Anordnung oder eine staatliche Aktivität mit der Wirkung, dass die Befugnisse und Möglichkeiten, die ihm eine bestimmte vermögenswerte Position bisher verschafft hatte, geschmälert werden.

Erstes Kennzeichen dieses Vorganges ist eine «*Vorher-Nachher-Situation*»: Es tritt eine Verkürzung des bisher bestehenden Eigentumspotentials – verstanden als Inbegriff der mit einer Eigentumsposition verbundenen Möglichkeiten – ein.

Ein zweites Kennzeichen liegt darin, dass eine *bloss teilweise Schmälerung* des Potentials eintritt. Dem Eigentümer wird nicht das ganze Eigentumsobjekt entzogen. Sein Rechtstitel bleibt grundsätzlich unangetastet, und ebenso verbleiben ihm in der Regel wesentliche Eigentumsbefugnisse. Im Extremfall kann der Eingriff immerhin so weit gehen, dass der Eigentümer nur noch über einen Rechtstitel ohne jeden praktischen Inhalt verfügt. Der Gedanke einer Aushöhlung des Eigentumsinhaltes hinter der Fassade des unverändert weiterbestehenden Eigentumstitels liegt dem Institut der materiellen Enteignung zugrunde.

Gegen den seine vermögenswerte Position beeinträchtigenden staatlichen Akt – dies ist ein drittes Kennzeichen – kann sich der Private nicht zur Wehr setzen. Ficht er den Akt an, wird ihm beschieden, der Staat habe in zulässiger Weise gehandelt; eine *Aufhebung der Beeinträchtigung* ist *ausgeschlossen*[1]. Dem Betroffenen verbleibt einzig ein Entschädigungsanspruch, den er gegen das Gemeinwesen geltend machen kann.

5.1.2. Erscheinungsweisen der materiellen Enteignung in der bundesgerichtlichen Rechtsprechung

Wenden wir uns nun den konkreten Ausprägungen dieses Vorgangs zu, zeigt sich – hier veranschaulicht am Beispiel der bundesgerichtlichen Rechtsprechung – ein äusserst vielfältiges Bild. Die Gemeinsamkeit der nachfolgend angeführten Fälle liegt darin, dass in allen die Entschädigungsfrage mehr oder weniger direkt angesprochen wurde[2].

Grundeigentum als Objekt der Beeinträchtigung

a) Nutzungsverbote oder -einschränkungen

– Vollständiges Bauverbot, dauernd[3] oder zeitlich beschränkt[4];
– Verbot, industrielle Bauten zu erstellen[5];

---

[1] Vorausgesetzt wird dabei, dass der Eingriff den von der Rechtsprechung aufgestellten Zulässigkeitserfordernissen (gesetzliche Grundlage, öffentliches Interesse und Verhältnismässigkeit) genügt. In der Praxis verhält es sich meist so, dass ein Eigentümer die ihn treffende Eigentumsbeschränkung vorerst als verfassungswidrig anficht und dann, sofern die Anfechtung erfolglos bleibt, Entschädigung wegen materieller Enteignung verlangt.
Die Entschädigung ist gemäss schweizerischer Auffassung Folge, nicht Voraussetzung des Eingriffs; dazu vorne S. 99–100 und hinten S. 229–30.

[2] Allerdings ist nur in den wenigsten dieser Fälle eine Entschädigungspflicht des Gemeinwesens auch bejaht worden.
Eine materialreiche, nach anderen Gesichtspunkten aufgebaute Übersicht über die verschiedenen Sachverhalte findet sich bei MEIER-HAYOZ, Kommentar, Systematischer Teil N. 666–86.

[3] BGE *Götschi v. Obwalden* vom 7. Juli 1933 (unveröffentlicht); dazu vorne S. 65–66.

[4] BGE *Zwieb,* 109 Ib 20 (1983, Bausperre).

[5] BGE *Grogg* (1961), Zbl 1961, S. 521.

5.1. Erscheinungsweisen und Tatbestand

- Verbot, Wohnbauten zu erstellen[6];
- Verbot, für andere als die ausdrücklich zugelassenen Zwecke (insbesondere Land- und Forstwirtschaft) Bauten zu erstellen[7];
- Verbot des Wiederaufbaus eines abgebrannten Gebäudes in einer Nichtbauzone[8];
- Einschränkungen hinsichtlich Lage und Abmessung der (zugelassenen) Neubauten[9];
- Verbot des Kiesabbaus[10];
- Verbot bestimmter Arten der landwirtschaftlichen Nutzung[11];
- Verbot, bestehende Pferdestallungen[12] bzw. eine Schweinemästerei[13] weiter zu betreiben;
- Verbot der Beibehaltung einer bestehenden Sammelstelle für Abbruchfahrzeuge[14];
- Abbruchverbot für bestehende Wohnliegenschaften zur Bekämpfung der Wohnungsnot[15];
- Abbruchverbot für Gebäude, die unter Denkmalschutz gestellt worden sind[16].

b) Positive Leistungspflichten

- Verpflichtung, in Mietshäusern Anlagen zur Verteilung des Trinkwassers zu erstellen[17];

---

[6] BGE *Haas* (1979), Zbl 1980, S. 354; dazu vorne S. 185.

[7] Dies ist gewissermassen das Standardproblem der materiellen Enteignung, das u.a. den Urteilen *Barret,* 91 I 329 (1965), bzw. – als dessen Fortsetzung – *Etat de Neuchâtel v. Boriolì* vom 21. Oktober 1977 (unveröffentlicht; dazu vorne S. 112), und *Meier v. Zizers,* 105 Ia 330 (1979), zugrundelag.

[8] BGE *Müller und Koller v. Egnach* vom 17. Sept. 1987 (unveröffentlicht); dazu vorne S. 183, FN 4.

[9] Es handelt sich hier um typische baupolizeiliche Einschränkungen; vgl. dazu vorne S. 25–26, 85, 123–24, 159 und die dort zitierten Urteile.

[10] BGE *Weber und Toggenburger v. Zürich* vom 14. September 1949 (unveröffentlicht); *Frei,* 96 I 350 (1970).

[11] BGE *Gebrüder Thomann,* 106 Ib 330 (1980; Verbot des Weidgangs); *Etat de Neuchâtel v. Zbinden,* 110 Ib 59 (1984; Verbot jeder landwirtschaftlichen Nutzung).

[12] BGE *Cherbulliez v. VD* vom 23. Oktober 1931 (unveröffentlicht).

[13] BGE *Staub* (1961), Zbl 1961, S. 562.

[14] BGE *Mallet* (1980), RDAF 1982, S. 137; *Maurer,* 106 Ia 262 (1980).

[15] BGE *S.I. Rue du Puits-St-Pierre,* 89 I 460 (1963).

[16] BGE *Neeff und Heusler,* 111 Ib 257 (1985); *Schuchter,* 112 Ib 263 (1986).

[17] BGE *Charrière-Vuagnat,* 29 I 390 (1903). Siehe auch den ähnlichen Sachverhalt in BGE *Schneiter,* 98 Ia 584 (1972): Verpflichtung, in Wohnbauten sowohl Gas wie Elektrizität zu Kochzwecken zuzuführen (Entschädigungsfrage nicht berührt).

- Verpflichtung, baufällige, unbewohnbare Gebäude abzureissen[18];
- Verpflichtung, bestehende, vor einer neu gezogenen Baulinie gelegene Gebäude anlässlich der Errichtung mit der Baulinie konformer Neubauten abzubrechen[19];
- Pflicht zu baulichen Schutzvorkehren im Zusammenhang mit der Erstellung unterirdischer Tankanlagen[20];
- Unterhaltspflicht für eine zum Denkmal erklärte Kirche[21];
- Pflicht zur Erstellung von Autoabstellplätzen[22];
- Pflicht zur Freihaltung eines Flussufers von Pflanzenwuchs im Bereiche des Hochwasserprofils[23];
- Anordnung, einen Baum zu fällen[24].

c) Varia

- Verminderung der Ertragsfähigkeit eines landwirtschaftlichen Gutes infolge Absenkung des Grundwasserspiegels durch das Gemeinwesen[25];
- Wertverminderung eines Grundstückes infolge der einem Dritten erteilten Konzession, in die vor dem Grundstück liegende öffentliche Strasse ein Industriegeleise einlegen zu können[26];
- Inanspruchnahme einer privaten Strasse für den öffentlichen Verkehr[27];
- Anmerkung eines Mehrwertreverses im Grundbuch[28].

Andere Objekte

- Verpflichtung, von jedem im Kanton hergestellten Druckerzeugnis ein Freiexemplar an die Kantonsbibliothek abzuliefern[29];

---

[18] BGE *Daccord* vom 28. März 1941 (unveröffentlicht); Hinweis in Zbl 1941, S. 153.
[19] BGE *Pfirter* (1952), Zbl 1952, S. 185.
[20] BGE *K.* (1954), Zbl 1955, S. 120, 124.
[21] BGE *Teilkirchgemeinde Möriken* (1947), Aargauische Gerichts- und Verwaltungsentscheide 1948, S. 422.
[22] BGE *Reutemann*, 97 I 792, 799 (1971).
[23] BGE *Hasenfratz*, 26 I 72 (1900).
[24] BGE *Scheuber* (1955), Zbl 1955, S. 360.
[25] BGE *Bässler* (1950), Zbl 1950, S. 451.
[26] BGE *Frei* (1952), Zbl 1953, S. 273.
[27] Siehe dazu vorne 3.4.1, S. 94–95, und die dort zitierten Urteile.
[28] BGE *Guler*, 109 Ib 116 (1983).
[29] BGE *Société suisse des maîtres imprimeurs*, 93 I 708 (1967).

5.1. Erscheinungsweisen und Tatbestand

- Aufnahme einer privaten archaeologischen Sammlung in ein kantonales Denkmalinventar mit der Folge, dass die inventarisierten Objekte vom Eigentümer unterhalten werden müssen und er sie nicht ausserhalb des Kantons veräussern kann [30];
- Beeinträchtigung der Verwendungsmöglichkeiten einer im Eigentum eines Berufsbaumpflegers stehenden Motorspritze infolge Monopolisierung der Kirschfliegenbekämpfung durch eine Gemeinde [31];
- Beeinträchtigung eines verliehenen Wassernutzungsrechtes infolge nachträglicher Erhöhung der Restwassermengen [32];
- Staatlich dekretierte Aufhebung von Schadenersatzansprüchen eines Privaten gegen Dritte [33];
- Beeinträchtigung eines Fischereirechtes durch wasserbaupolizeiliche Vorkehren [34];
- Verschlechterung der Steuerverhältnisse für einige Private, welche von einer zwischen den Kantonen Neuenburg und Bern vereinbarten Gebietsabtretung betroffen sind [35].

---

[30] BGE *Balli*, 113 Ia 368 (1987).

[31] BGE *Meier* (1959), Zbl 1960, S. 161, 167.

[32] BGE *Kraftwerke Ilanz AG*, 107 Ib 140 (1981), und *Kantonaler Fischereiverein Graubünden*, 110 Ib 160 (1980) = Zbl 1985, S. 35; dazu vorne S. 198–99 und hinten S. 239–40.

[33] Es handelt sich hier um den vom alten Bundesgericht beurteilten Fall *Wolfrath v. Eidgenossenschaft* vom 20. Dezember 1859, ZSR 1861 III, S. 22. Während des Royalistenaufstandes in Neuenburg 1855 wird der Drucker Wolfrath von den Aufständischen verpflichtet, Proklamationen zu vervielfältigen und in die von ihm vertriebene Feuille d'Avis aufzunehmen. Aus Rache verwüsten bei der Niederschlagung des Aufstandes die Republikaner seine Druckerei. Im Pariser Vertrag von 1858 räumt die Eidgenossenschaft den Aufständischen eine vollständige Amnestie für alle Zivil- und Strafansprüche ein. Sie verschliesst den Klageweg aber auch bezüglich von Schäden, die durch Republikaner verursacht worden sind. Der Staat Neuenburg wird unbelangbar gestellt. – Wolfrath verlangt daraufhin im Wege der Klage von der Eidgenossenschaft Entschädigung für den Entzug seiner Klageansprüche gegen die unmittelbar Verantwortlichen. Er wird vom Gericht indessen abgewiesen, im wesentlichen mit der Begründung, dass der Bund für die Ausübung verfassungsmässiger Befugnisse – hier also der Erteilung einer Amnestie – nicht belangt werden könne.

[34] BGE *Neiger* (1984), BVR 1985, S. 80.

[35] BGE *Dreyer*, 24 II 509 (1898).

5.1.3. Bestimmung des Tatbestandes

Der nachfolgenden rechtlichen Analyse der materiellen Enteignung legen wir folgende Tatbestandsumschreibung zugrunde:

> Materielle Enteignung ist die durch einen rechtmässigen Hoheitsakt ausgelöste, eine Vermögensminderung bewirkende Schmälerung bisher gegebener Eigentumsbefugnisse mit der Eigenheit, dass dem Eigentümer ein Anspruch auf Entschädigung zusteht.

Sechs in den folgenden Kapiteln näher zu untersuchende Merkmale kennzeichnen diesen Tatbestand:

1. Ein staatlicher Hoheitsakt (hinten 5.2);
2. Rechtmässigkeit des staatlichen Handelns (hinten 5.3);
3. Eigentum als Gegenstand der Beeinträchtigung (hinten 5.4);
4. Schmälerung der Befugnisse, die dem Eigentümer durch das Eigentum bisher vermittelt wurden (hinten 5.5);
5. Vermögensminderung (hinten 5.6);
6. Entschädigungsanspruch des Eigentümers (hinten 6).

Man wird der vorgeschlagenen Tatbestandsumschreibung entgegenhalten, dass sie den interessantesten und schwierigsten Punkt – nämlich die Bestimmung der Qualifikationsmerkmale, welche die Entschädigungspflicht begründen – offenlässt. Wie indessen bereits die Darstellung der bundesgerichtlichen Praxis gezeigt hat, können diese Merkmale nicht auf *eine* Formel verkürzt werden[36]. Die Abgrenzung der entschädigunglosen von den entschädigungsbedürftigen Eingriffen in das Eigentum beruht auf der relativen Bedeutung einer Mehrzahl verschiedener Faktoren. Von ihrem Gewicht und ihrer Kombination im konkreten Einzelfall hängt die Antwort auf die Entschädigungsfrage ab. Wir werden im letzten Abschnitt (Kapitel 6.1 bis 6.8) unserer Untersuchung versuchen, sie zu bestimmen. Im folgenden sollen vorerst die anderen Tatbestandsmerkmale der materiellen Enteignung analysiert werden. Sie geben die Eckpunkte an, innerhalb welcher das Problem der Entschädigungspflicht sich überhaupt erst stellen kann.

---

[36] Vorne S. 205–08 und hinten S. 357–58.

5.1. Erscheinungsweisen und Tatbestand

Diesem Unterfangen ist vorauszuschicken, dass wir uns auf ungesichertem Terrain bewegen. Zum einen haben die bundesgerichtliche Rechtsprechung und die schweizerische Lehre[37] bisher wenig Anlass gesehen, den Tatbestand der materiellen Enteignung genauer zu fassen[38]; im gegenwärtigen Zeitpunkt können daher bestenfalls vorläufige Antworten erwartet werden. Die Ehrlichkeit verlangt ferner zuzugeben, dass sich in diesem Bereich hinter scheinbarer Rationalität immer wieder *Wertentscheide* und damit subjektive Momente verbergen. Zu bedenken bleibt schliesslich, dass eine scharfe – und damit zwangsläufig einengende – Festlegung der einzelnen Tatbestandsmerkmale der materiellen Enteignung zwar klare Konturen gibt, schutzwürdig scheinende Anliegen aber in die Ungewissheit drängen kann. Umgekehrt läuft ein weitgefasstes Verständnis des Tatbestandes Gefahr, in einem blossen Billigkeitsrecht zu enden. Es bedarf daher auf der Ebene der Praxis und der Theorie einer fortgesetzten Diskussion und der Bereitschaft zur Korrektur, wenn brauchbare Lösungen gefunden werden sollen.

---

[37] Für den Tatbestand der allgemeinen rechtsstaatlichen Entschädigungspflicht (der auch für die materielle Enteignung bedeutsam ist, hinten 5.3) hat immerhin GUENG die massgebenden Elemente zu bestimmen versucht; Entschädigungspflicht, 188–223.

[38] Nachdem das Bundesgericht in den Urteilen *SI Perly-Soleil* (BGE 101 Ia 328, 331 [1975]) und *Neef-Schäfer* (BGE 102 Ia 243, 252-53 [1976]) erstmals Entschädigungstatbestände für rechtmässiges Handeln des Gemeinwesens ausserhalb der materiellen Enteignung anerkannt und damit das Tor für eine Erweiterung des öffentlichen Entschädigungsrechtes aufgestossen hat, wird eine genaue Festlegung des Anwendungsbereiches der materiellen Enteignung unausweichlich. Ein Beginn dazu ist in BGE *Wohlen*, 108 Ib 357-58 (1982), gemacht worden.

Von einer sorgfältigen Umschreibung des Tatbestandes darf auch eine Entlastung der heiklen Abgrenzung zu den entschädigungslos zu duldenden Eigentumsbeschränkungen erhofft werden; siehe dazu etwa hinten S. 253 ff.

5.2. Hoheitsakt

5.2.1. Allgemeines

Die materielle Enteignung ist ein Institut des öffentlichen Rechts. Nur wo das Gemeinwesen hoheitlich tätig wird, kann sie sich verwirklichen[1]. Tritt der Staat als Subjekt des Privatrechtes, also nicht hoheitlich auf, sind allfällige Entschädigungsfragen nach den Regeln dieses Rechts zu lösen[2].

Nicht um eine Frage der hoheitlichen Natur des Eingriffes, sondern um eine solche der Schuldnereigenschaft bzw. der Passivlegitimation geht es dort, wo der Staat zwar hoheitlich, aber im Interesse eines Privaten gehandelt hat. Solche Fälle ergeben sich beispielsweise im Zusammenhang mit der Schaffung von Grundwasserschutzzonen zugunsten privater Wasserversorgungsunternehmen. Das Bundesge-

---

[1] GIACOMETTI, 506 und 512; gleich für das Institut einer allgemeinen staatlichen Entschädigungspflicht GUENG, Entschädigungspflicht, 192-93. Siehe auch FAJNOR, 1-8.
Das Tatbestandselement des hoheitlichen Handelns des Gemeinwesens ergibt sich m.E. aus der Natur des Eigentumseingriffs. Dieser wird vom Gemeinwesen einseitig verfügt oder vollzogen; er muss, weil rechtmässig (dazu hinten 5.3), vom betroffenen Privaten hingenommen werden. Träte das Gemeinwesen als Privatrechtssubjekt auf, hätte der Private einen Abwehranspruch. GUENG, 192, erachtet demgegenüber den Grundrechtscharakter des dem Entschädigungsanspruch zugrundeliegenden Rechtssatzes als entscheidend.
Eine materielle Enteignung käme wohl auch dort in Frage, wo ein mit der Wahrnehmung hoheitlicher Aufgaben betrauter Privater gehandelt hat; vgl. auch GUT, 46. Soweit ersichtlich weist die Praxis dafür aber kein Beispiel auf. Vgl. für den Bereich der Staatshaftung aus *rechtswidrigem* Handeln Art. 19 des BG vom 14. März 1958 über die Verantwortlichkeit des Bundes, SR 170.32, und den Entscheid *Perles AG*, 94 I 628, 638 E.3 (1968).

[2] Zwar kennt das Privatrecht grundsätzlich keine Haftung für rechtmässiges Verhalten. Immerhin hat die Rechtsprechung im Nachbarrecht Fälle anerkannt, wo für rechtmässiges Handeln Schadensersatz zugesprochen wurde: BGE *Tanner*, 91 II 100 (1965) (Erschwerung des Zugangs zu einer Bäckerei infolge von Abschrankungen für Bauarbeiten auf einer Nachbarparzelle); dazu LIVER, ZBJV 1967, S. 1-5; zuletzt BGE *Alexandre SA*, 114 II 230 (1988).
1981 hatte das Berner Verwaltungsgericht den Fall zu beurteilen, wo eine Gemeinde ein Grundstück (als Teil des Finanzvermögens) gekauft hatte, um kraft ihrer *privaten* Eigentümerstellung die Realisierung einer Überbauung auf einer Nachbarparzelle zu verhindern. Das Gericht sah darin ein hoheitliches Handeln und bejahte aufgrund der gesamten Umstände eine materielle Enteignung; *Mathys v. EG Köniz*, BVR 1984, S. 451, besonders E.5, S. 457-59.

richt hat entschieden, dass ein allfälliger Entschädigungsanspruch wegen der damit verbundenen Bauverbote gegen den Begünstigten und nicht gegen das anordnende Gemeinwesen zu richten ist[3].

5.2.2. Nur förmliche Rechtsakte oder auch Realakte? – Finalität und Unmittelbarkeit

A)   *Förmliche Rechtsakte*

Die typischen Fälle behaupteter und gegebener materieller Enteignung lassen sich auf einen förmlichen Rechtsakt zurückführen, welcher an den Eigentümer gerichtet ist und dessen Rechtsstellung (negativ) verändert.

Weitaus am häufigsten handelt es sich um die konkretisierende Anwendung eines Gesetzes in Form einer Verfügung oder eines Planes.

Beispiele:
- Festlegung von Nutzungsbeschränkungen in Form des Erlasses eines Nutzungsplanes[4];
- Ziehung einer Baulinie[5];
- Denkmalpflegerische Unterschutzstellung eines Gebäudes[6];
- Verweigerung einer Bewilligung zur Kiesausbeutung[7];

---

[3] BGE *Wander AG*, 92 I 66 (1966); die entscheidende E.3 abgedruckt in Zbl 1966, S. 381. Die Frage ist heute gesetzlich geregelt in Art. 30 Abs. 2 GSchG: Entschädigungsschuldner ist der Eigentümer der Wasserfassung. Vgl. dazu BGE *Etat de Neuchâtel v. Zbinden,* 110 Ib 59 (1984).
Ähnlichkeiten mit dem hier diskutierten Problem weist auch das *Institut des Lastenausgleichs* gemäss dem bernischen Baurecht auf (Art. 26, 30 und 31 des Baugesetzes vom 9. Juni 1985). Erwachsen einem Eigentümer Sondervorteile, weil ihm für ein Bauvorhaben ein Abweichen von der baulichen Grundordnung gestattet wurde, so hat der dadurch beeinträchtigte Nachbar Anspruch auf Entschädigung. Dass hier keine materielle Enteignung vorliegt, ist meines Erachtens – entgegen LUDWIG, Lastenausgleich, BVR 1977, S. 316 – nicht der nicht hoheitlichen Art der Beeinträchtigung zuzuschreiben; denn die Erteilung der Ausnahmebewilligung ist zweifellos ein hoheitlicher Akt. Aufgrund der geltenden Rechtsprechung kann eine materielle Enteignung vielmehr deshalb nicht in Frage kommen, weil der Nachbar bloss ein faktisches, nicht aber ein rechtlich geschütztes Interesse an der Einhaltung der Grundordnung geltend machen kann. Vgl. dazu hinten, 5.4.2, S. 235–36.
[4] Beispielsweise BGE *Rothuizen,* 112 Ib 105 (1986).
[5] Beispielsweise BGE *Fricker,* 93 I 338 (1967).
[6] Beispielsweise BGE *Schuchter,* 112 Ib 263 (1986).
[7] BGE *Frei,* 96 I 350 (1970).

- Eintragung eines Mehrwertreverses im Grundbuch[8];
- Räumung eines Abstellplatzes für Abbruchautos als Ersatzvornahme bzw. Vollstreckung eines vom Verfügungsadressaten nicht befolgten Befehls[9].

Ungleich seltener sind jene Fälle, bei denen eine unmittelbar in einem generell-abstrakten Erlass enthaltene Eigentumsbeschränkung, die nicht weiter der Konkretisierung bedarf, die Entschädigungsfrage aufwirft.

Beispiele:
- Beschränkung des mit dem Grundeigentum verbundenen Rechts, Grundwasser zu verwenden, zufolge Öffentlicherklärung der grösseren Grundwasserströme- und becken[10];
- Einführung einer allgemeinen Waldabstandsvorschrift in einem kantonalen Baugesetz[11];
- Gesetzliche Verpflichtung für Drucker und Verleger, von jedem im Kanton hergestellten Druckerzeugnis ein Gratisexemplar an die Kantonsbibliothek abzuliefern[12].

Die schwierige, oft nicht klar vorzunehmende Abgrenzung dieser verschiedenen Modalitäten rechtlicher Eingriffe soll hier nicht vertieft werden; für die materielle Enteignung kommt ihr unmittelbare rechtliche Bedeutung nicht zu[13]. Zwar legt eine aus dem Gesetz direkt hervorgehende Eigentumsbeschränkung den Gedanken nahe, dass es sich hier um eine Ausgestaltung des Eigentumsinhaltes, also um einen grundsätzlich entschädigungslos zu duldenden Eingriff handelt. Ausschlaggebend sind aber die Auswirkungen des Gesetzes im Einzelfall; nicht die äussere Form, sondern materielle Kriterien entscheiden über die Entschädigungspflicht[14].

---

[8] BGE *Guler*, 109 Ib 116 (1983).
[9] BGE *Maurer*, 106 Ia 262 (1980).
[10] BGE *Zinggeler*, 55 I 397 (1929).
[11] BGE *Zwyssig*, 96 I 123 (1970).
[12] BGE *Société suisse des maîtres imprimeurs*, 93 I 708 (1967).
[13] Vgl. immerhin für die Frage des Verjährungsbeginns BGE *Eggersriet*, 111 Ib 274–75 (1985), und für die Frage des massgebenden Zeitpunktes BGE *Schuchter v. St.Gallen*, 112 Ib 265–66, E.2 (1986).
[14] BGE *Zinggeler*, 55 I 403 (1929); *Meier*, 105 Ia 338 (1979). – Die Unbeachtlichkeit der Gesetzesform für die Frage der Entschädigungspflicht wird auch von ZIMMERLI, Rechtsprechung, Zbl 1974, S. 154–55, MOOR, Aménagement, ZSR 1976 II, S. 411, und KNAPP, Précis, 390–91 N. 2231–32, hervorgehoben.

B) Realakte ?

Zu den noch offenen Fragen gehört, ob und allenfalls wie weit Realakte eine materielle Enteignung bewirken können. Unter Realakt wird hier ein (hoheitliches) Handeln des Staates verstanden, welches zwar rechtlich gebunden ist, aber nicht die Form eines an den betroffenen Eigentümer gerichteten Rechtsaktes (Gesetz, Verordnung, Verfügung, Plan) annimmt. Auch solches Handeln des Gemeinwesens kann sich negativ auf bestehende Eigentumspositionen auswirken. Dies zeigen die nachfolgenden Beispiele:

- Immissionen aus dem Betrieb eines öffentlichen Werkes. Dieser für die Praxis wichtigste Fall wird im schweizerischen Recht mit dem Institut der *formellen* Enteignung bewältigt, wobei die nachbarlichen Abwehrrechte das Enteignungsobjekt darstellen [15];
- Herstellung und Gratisvertrieb einer neuen Schulwandkarte durch die Eidgenossenschaft mit der Folge, dass zwei private Verleger, die bisher solche Karten produziert hatten, ihren Markt verlieren [16];
- Aus militärischen Gründen verfügte erhebliche Beschränkungen des Zivilverkehrs auf dem Gotthardpass mit der Folge, dass das auf der Passhöhe gelegene Hotel Frequenzeinbussen erleidet [17];
- Verhinderung eines Grundstückverkaufes durch eine faktische Bausperre, die infolge eines bekanntgewordenen (aber nicht öffentlich aufgelegten) Expropriationsplanes für das betreffende Grundstück eingetreten ist [18];
- Beeinträchtigung der Ertragsfähigkeit einer Liegenschaft, weil der Betrieb einer öffentlichen Wasserversorgungsanlage den Grundwasserspiegel abgesenkt hat [19].

---

[15] BGE *SBB v. Hibbert,* 40 I 447 (1914); Art. 5 Abs. 1 des BG über die Enteignung vom 20. Juni 1930 (SR 711); BGE *Werren,* 94 I 286 (1968). Dazu LIVER, Die nachbarrechtliche Haftung des Gemeinwesens, ZBJV 1963, S. 241; FAHRLÄNDER, Zur Abgeltung von Immissionen aus dem Betrieb öffentlicher Werke, 12–53; SCHÖBI, Zur Unterscheidung von formeller und materieller Enteignung am Beispiel von Immissionsstreitigkeiten, Recht 1985, S. 126–30 (dessen Schlussfolgerungen ich allerdings nicht beipflichte).

[16] BGE *Meyer und Keller,* 22 616 (1896).

[17] BGE *Lombardi,* 47 II 71 (1921).

[18] BGE *Bory frères,* 49 I 56 (1923). Ähnlich liegt der Fall bei der faktischen Bausperre, die durch das Expropriationsverfahren für den Bau eines neuen Rangierbahnhofes in Biel geschaffen wurde; dazu AESCHLIMANN, SJZ 1988, S. 314, der eine Entschädigung – allenfalls aus materieller Enteignung – befürwortet.

[19] BGE *Bässler* (1950), Zbl 1950, S. 451.

Kennzeichnend für diese Fälle ist, dass die *Rechts*stellung des Eigentümers nicht betroffen erscheint. Niemand hindert die Nachbarn einer lärmigen Autobahn daran, ihre Häuser weiter zu bewohnen oder zu vermieten; keine Vorschrift verbietet es den privaten Verlegern von Schulwandkarten, ihre Produkte auf dem Markt wie bis anhin anzubieten. Nicht das rechtliche Dürfen, sondern das tatsächliche Können wird durch die staatliche Massnahme eingeschränkt.

Die dogmatische Stellungnahme des Bundesgerichts zu diesen Fällen lässt sich kaum ausmachen. Festzuhalten ist einmal, dass – mit Ausnahme der über die formelle Enteignung erfassten Immissionsfälle – eine *Entschädigungspflicht des Gemeinwesens nie bejaht worden ist.* Dieser Ausgang wird aber kaum je mit der «tatsächlichen» Art des staatlichen Handelns begründet[20]. Zumindest in einem Fall hat das Bundesgericht auf einen schädigenden Realakt sogar unmittelbar die Konzeption der materiellen Enteignung angewendet[21]. In der Regel begründet das Gericht seinen negativen Entscheid damit, dass der Eigentümer nicht in einem rechtlich geschützten, sondern bloss in einem faktischen Interesse getroffen worden ist[22]; nicht die Art des Eingriffes, sondern das Fehlen eines Schutzobjektes gibt hier also den Aus-

---

[20] Am ehesten in diese Richtung geht das Urteil *Bory frères,* 49 I 56 (1923), wo bekanntgewordene, aber nicht aufgelegte Expropriationspläne die Verkaufsmöglichkeit für ein Grundstück zerschlugen. Das Bundesgericht argumentierte hier folgendermassen: «la renonciation à l'achat du terrain... n'est pas la conséquence d'une restriction apportée au droit de libre disposition en vertu de la loi fédérale de 1850 [= BG über die Enteignung], c'est la *conséquence d'une simple situation de fait*» (id., 69; Hervorhebung durch den Verfasser).
Wie aus dieser Textstelle und dem Entscheid als ganzem (bes. S. 69–70) hervorgeht, erachtete das Bundesgericht sich durch ein qualifiziertes Schweigen des Enteignungsgesetzes von 1850 gebunden, welches keine Entschädigung ausserhalb der ausdrücklich geregelten Fälle zuliess.
[21] BGE *Meier v. SO* (1959), Zbl 1960, S. 161, 167. Die Schädigung liegt hier im Beschluss einer Gemeinde, die Bekämpfung der Kirschfliege in eigener Regie, als Zwangsmonopol durchzuführen. Ein in der Gemeinde ansässiger Berufsbaumpfleger und Eigentümer einer Motorspritze macht beim Bundesgericht das Vorliegen eines entschädigungspflichtigen Tatbestandes geltend. Das Bundesgericht tritt auf dieses Vorbringen materiell ein! Es verneint dann aber die für eine materielle Enteignung erforderliche Intensität, da der Rekurrent seine Motorspritze für andere Bäume und in anderen Gemeinden weiterhin einsetzen kann.
[22] BGE *Meyer und Keller,* 22 616 (1896; Schulwandkartenfall); *Bässler* (1950), Zbl 1950, S. 451, und *Werlen,* 79 I 199 (1953), wo es beide Male um Entzug des Gemeingebrauchs geht (wobei das Bundesgericht aber in beiden Fällen auch die fehlende Intensität des Eingriffes hervorhebt).

5.2. Hoheitsakt

schlag[23]. Im Urteil *Hüsler,* wo die Entschädigungsfolgen eines Entzuges von Licht und Sonne durch einen Autobahnviadukt zur Diskussion standen, hat das Gericht immerhin beiläufig die Möglichkeit einer materiellen Enteignung – und damit auch eines Realaktes als auslösenden Eingriffs – bejaht[24]. Falls eine Schlussfolgerung zulässig ist, müsste sie wohl dahin gehen, dass das Bundesgericht Realakte als auslösendes Ereignis einer materiellen Enteignung nicht ausschliesst[25].

C) Mittelbare Eingriffe?

In einem engen Zusammenhang mit der Unterscheidung Rechtsakt/Realakt steht die Frage, ob nur die auf das Eigentum gerichteten (finalen) und unmittelbar wirkenden Beeinträchtigungen den Tatbestand der materiellen Enteignung erfüllen, oder ob dies auch bei ungewollten, mittelbar eintretenden Schädigungen der Fall sein kann[26].

Den Typus des finalen und unmittelbaren Eingriffs verkörpert die formelle Enteignung: Sie bezweckt die Übertragung von Eigentum auf das Gemeinwesen und wirkt unmittelbar auf das entzogene Recht[27]. Im Gegensatz dazu charakterisieren sich die Realakte regelmässig als nichtfinale und mittelbare Beeinträchtigungen; die

---

[23] Siehe aber hinten 5.4.2.B, S. 235–36.

[24] BGE 106 Ib 240 (1980); das Bundesgericht will allein aus prozessoekonomischen Gründen den mit negativen Immissionen beschwerten Nachbarn nicht auf das Verfahren der materiellen Enteignung verweisen. – In der Doktrin wird heute überwiegend die Meinung vertreten, die durch Immissionen aus dem Betrieb öffentlicher Werke herbeigeführte Schädigung privaten Eigentums lasse sich entschädigungsrechtlich nach der Konzeption der materiellen Enteignung beurteilen: ZIMMERLI, Enteignungsentschädigung für negative Immissionen?, Baurecht 1981, S. 11; SCHÖBI, Recht 1985, S. 128 (mit weiteren Nachweisen); FAHRLÄNDER, 99–100. – Anders BGE *Eheleute X. v. Verwaltungsgericht Aargau,* 113 Ia 356 (1987).

[25] In diesem Sinne auch LIVER, ZBJV 1963, S. 261; SALADIN, Grundrechte, 139 (allerdings in anderem Zusammenhang); DICKE, 74–75; FAHRLÄNDER, 86–87 (sinngemäss).

[26] Es geht auch hier um die Mittelbarkeit *des Eingriffs.* Der Schaden, den ein Eigentümer (mittelbar) erleidet, weil er im Vertrauen auf eine bestehende Eigentumsposition Auslagen tätigt, die sich dann wegen einer Eigentumsbeschränkung als nutzlos herausstellen, ist als solcher nicht unter dem Gesichtspunkt der materiellen Enteignung zu beurteilen; BGE *Wohlen,* 108 Ib 357–58 (1982). Wird eine materielle Enteignung bejaht, kann bei der Entschädigungsbemessung dann allerdings – unter dem Titel der Inkonvenienzen – auch mittelbarer Schaden berücksichtigt werden; vgl. etwa BGE *Einwohnergemeinde Bern,* 103 Ib 210, 225–26 (1977).

[27] Dazu LENDI, Planungsrecht, ZSR 1976 II, S. 206–07.

Schmälerung der privaten Eigentumsposition erscheint hier eher als zufällige Folge des staatlichen Handelns[28].

Die Forderung nach Finalität und Unmittelbarkeit des Eingriffs kann gewissermassen als dogmatisch-begrifflicher Versuch verstanden werden, die Enteignungsähnlichkeit der materiellen Enteignung zu wahren und einer Ausuferung des Begriffes entgegenzutreten. Im schweizerischen Recht hat dieser Ansatz indessen kaum Bedeutung erlangt[29]. Das Bundesgericht hat soweit ersichtlich die Begriffe der Finalität und der Unmittelbarkeit nie verwendet[30]. In der Doktrin ist die Frage diskutiert worden, ob in der Voraussetzung der gesetzlichen Grundlage für Eigentumseingriffe auch das Erfordernis der Finalität mitenthalten sei[31]. Sonst ist eine Auseinandersetzung mit diesem Pro-

---

[28] Das Gesagte lässt sich anhand der vorne S. 222, FN 16–18 gegebenen Beispiele nachprüfen. Ob Finalität und Unmittelbarkeit immer nur zugleich gegeben sind oder fehlen, scheint eher eine Frage der Definition dieser Begriffe zu sein. Fasst man etwa die Beeinträchtigung eines Grundstückes durch Autobahnimmissionen oder die Ertragsminderung eines Landwirtschaftsbetriebes infolge Absenkung des Grundwasserspiegels als unmittelbaren Eingriff auf, könnte man hier von Beispielen nichtfinaler, aber unmittelbarer Schädigung sprechen. Für die Identität von Finalität und Unmittelbarkeit hat sich ROSENSTOCK ausgesprochen (Haftung, 27–31); ihre Unabhängigkeit vertritt RAMSAUER, 30–31.

[29] Mehr Bedeutung hat diese Frage *im deutschen Recht,* wo der Begriff der Enteignung – in die schweizerische Terminologie übertragen – sowohl die formelle wie die materielle Enteignung umfasst. Die (deutsche) materielle Enteignung ist daher viel enger an den klassischen Enteignungsbegriff – und damit an seine Elemente der Finalität und Unmittelbarkeit – gebunden. Vgl. dazu OSSENBÜHL, 153–57; RAMSAUER, 60–61.

[30] ROSENSTOCK, Haftung, 29, erwähnt einige Passagen aus bundesgerichtlichen Urteilen, in denen immerhin der Gedanke der Zweckgerichtetheit des Eingriffes zum Ausdruck kommt.

[31] ROSENSTOCK, Haftung, 211 (bejahend); DICKE, 75 (sinngemäss verneinend); siehe auch die Botschaft des Bundesrates zu Art. 22ter und 22[quater] BV, BBl 1967 II, S. 146 (mit einer wohl irrtümlichen Interpretation der bundesgerichtlichen Rechtsprechung). Meines Erachtens ist es verfehlt, das zum Schutze des Bürgers aufgestellte Erfordernis der gesetzlichen Grundlage in einer Weise auszulegen, die sich zu dessen Nachteil auswirkt. Eben dies wäre aber der Fall, wenn man im Sinne von ROSENSTOCK argumentiert, jedenfalls solange als ein Entschädigungstatbestand, der an die Stelle der materiellen Enteignung treten könnte, nicht besteht. Grundsätzlich anders – meiner Auffassung nach überprüfenswert – die Argumentation von FAJNOR: Er sieht eine Widerrechtlichkeit mit der blossen Rechtsgüterverletzung als gegeben; vorbehalten bleiben die schädigenden Eingriffe, zu denen das Gemeinwesen objektiv berechtigt ist. Die objektive Berechtigung liegt vor, wenn die rechtsstaatlichen Anforderungen an Beeinträchtigungen von Grundrechten gegeben sind, also gesetzliche Grundlage, öffentliches Interesse und Verhältnismässigkeit; 44–46. An einer derartigen objektiven Berechtigung fehlt es bei den unbeabsichtigten, nichtfinalen Schädigungen; denn die Berechtigung kann sich nur auf den zielgerichteten Teil des staatlichen Handelns erstrekken; 50. *Nichtfinale Schädigungen wären im Ergebnis also immer widerrechtlich;* 50.

blem – mit Ausnahme der eindrücklichen Untersuchung von ROSENSTOCK – unterblieben[32].

D)   *Würdigung*

Förmlicher Rechtsakt, Finalität und Unmittelbarkeit des Eingriffs – wie weit sollen diese Kriterien jenes staatliche Handeln abgrenzen, das sich als materielle Enteignung auswirken kann?

Die formelle Enteignung als Leitbild des enteignungsgleichen Eingriffs vereinigt jede dieser Eigenschaften in sich, und gleich verhält es sich im Normalfall auch bei der materiellen Enteignung. Man wird einräumen dürfen, dass die Kriterien der Finalität und Unmittelbarkeit geeignet sind, einen prima facie-Nachweis für die Schutzwürdigkeit einer Eigentumsposition zu erbringen. Bei zufällig und indirekt eingetretenen Beeinträchtigungen wird demgegenüber sehr oft die entgegengesetzte Grundregel – «casum sentit dominus» – billig erscheinen[33]. Nur förmliche Rechtsakte beziehungsweise finales und unmittelbares Handeln des Staates für den Tatbestand der materiellen Enteignung in Betracht zu ziehen, hätte den Vorteil, diesem Institut klare Umrisse zu geben. Da es sich dabei um formale, leicht feststellbare Merkmale handelt, wäre auch der Praxis gedient.

Dogmatische Schärfe und Einfachheit der Handhabung dürfen indessen nicht die allein massgebenden Gesichtspunkte sein. Mit zu bedenken sind die Folgen einer solchen Eingrenzung. Nur wenn für die ausgeschlossenen Fälle – nämlich für den gesamten Bereich der durch Realakt bewirkten Eigentumsbeeinträchtigungen – eine andere Haftungsnorm bereitstände, liesse sich ein solcher Schritt rechtfertigen. Von einem wertenden Standpunkt aus lässt sich nämlich nicht sagen, dass allein finale und unmittelbare Eingriffe schutzwürdige Interessen verletzen; dies kann ebenso für die anderen Arten von Beeinträchtigungen zutreffen.

---

[32] In seiner Dissertation «Die Haftung des Staates als Unternehmer im Bereiche der Hoheitsverwaltung» (1966), untersucht ROSENSTOCK die indirekten, nicht finalen Schädigungen als eigenen Schadenstypus (besonders 16–38). ROSENSTOCK bekennt sich zur finalen Natur der materiellen Enteignung, 100 und 211. Allerdings räumt er ein, dass die Praxis das Merkmal der Finalität im Sinne der Voraussehbarkeit des Schädigungsausmasses nicht fordert, 214. Übereinstimmend mit ROSENSTOCK, allerdings ohne Begründung, WEBER-DÜRLER, Vertrauensschutz, 62. – Gegen ein Erfordernis der Finalität für die materielle Enteignung hat sich LENDI ausgesprochen; Planungsrecht, ZSR 1976 II, S. 206–07.

[33] Siehe dazu auch RAMSAUER, 174.

Der heutige Stand des Staatshaftungsrechtes in der Schweiz macht nun aber das Bestehen eines solchen Auffang-Haftungstatbestandes zweifelhaft. Neben der materiellen Enteignung ist einzig noch der Vertrauensschutz als Entschädigungsgrundlage anerkannt. Dieser kann aber nicht alle Fälle erfassen, die von einer eng definierten materiellen Enteignung nicht abgedeckt werden[34]. Eine allgemeine Entschädigungspflicht für rechtmässiges schädigendes Staatshandeln wird zwar allgemein postuliert[35], ihre Anerkennung im positivem Recht ist aber nach wie vor ungewiss.

Man wird daher der etwas hemdsärmlig anmutenden Vorgehensweise des Bundesgerichts, das sich um Finalität und Unmittelbarkeit wenig kümmert, die Zustimmung kaum versagen[36]. Nur ein solches Vorgehen lässt jene wertende Abgrenzung der Verantwortungsbereiche und Zurechnung von Schadensfolgen zu, die angesichts des heutigen Schädigungspotentials des Gemeinwesens allein adäquat erscheinen.

5.3. Rechtmässigkeit

A) Die Gesamtheit der Tatbestände, welche Ersatzleistungen des Gemeinwesens für dessen schädigendes Wirken zum Gegenstand haben, wird herkömmlicherweise in Haftung für rechtswidrige und Haftung für rechtmässige Schadensverursachungen unterteilt. Diese historisch zu erklärende Unterscheidung[1] ist heute Teil des positiven Rechts. So stellt namentlich auf Bundesebene die Widerrechtlichkeit

---

[34] So lässt sich beispielsweise kaum vorstellen, wie auf der Grundlage des Vertrauensschutzes der in BGE *Bässler* (1950), Zbl 1950, S. 451 (dazu vorne S. 222, Text zu FN 19), behandelte Sachverhalt erfasst werden könnte.

[35] GUENG, Entschädigungspflicht, 236; MOOR, Responsabilité, 218–25; GRISEL, Traité, 788–93; FAJNOR, passim, bes. 157–58 und 193–94; KNAPP, Précis, 382 N. 2177–78. Im gleichen Sinn hat sich das Bundesgericht 1986 in einem Urteil *Y. v. Kt. Basel-Landschaft,* 112 Ib 322, 325, geäussert, wobei in casu eine positive Haftungsnorm allerdings gegeben war.

[36] Siehe dazu auch die Überlegungen von GUENG, Entschädigungspflicht, 212 und 216–17, für den Tatbestand einer allgemeinen staatlichen Entschädigungspflicht.

[1] HUBER, Gewährleistung, 223–26; ROSENSTOCK, 1–2; KAUFMANN, Haftung des Staates, 557–61, und Entschädigungspflicht, 61–62.

gemäss dem BG vom 14. März 1958 über die Verantwortlichkeit des Bundes sowie seiner Behördemitglieder und Beamten das entscheidende Abgrenzungskriterium zu den vom Gesetz nicht erfassten Haftungsfällen dar[2].

Gemäss dieser Unterscheidung gehören die Tatbestände der formellen und materiellen Enteignung zur Haftung des Gemeinwesens für sein rechtmässiges Handeln, ja sie repräsentieren nach wie vor das Hauptbeispiel dieser Art der Staatshaftung[3].

Das Kriterium der Widerrechtlichkeit, auf welchem die geltende Unterteilung des Staatshaftungsrechtes beruht, ist heute allerdings stark umstritten[4].

Für die materielle Enteignung im Besonderen liesse sich die Qualifikation als rechtmässiger Staatsakt mit dem Argument anzweifeln, die einge-

---

[2] Art. 3. – Auch in zahlreichen kantonalen Rechten bildet dieses Kriterium noch eine entscheidende Trennlinie; siehe die Nachweise bei GRISEL, Traité, 823.

[3] Das Bundesgericht hat so weit ersichtlich nur einmal ausdrücklich, wenn auch beiläufig, die Rechtmässigkeit des eine materielle Enteignung auslösenden Staatshandelns erwähnt: BGE *Mangana AG,* 97 I 626 (1971). Zum Verhältnis zwischen (materieller und formeller) Enteignung und den übrigen Fällen der Haftung des Staates für rechtmässiges Handeln: BGE *Wohlen,* 108 Ib 357-58 (1982).
Einhellig ist die Doktrin in der Zuordnung der materiellen Enteignung zu den Fällen der Haftung des Staates für sein rechtmässiges Handeln: KIRCHHOFER, ZSR 1939, S. 152; RUCK, Eigentumsgarantie, 221-22 und 233; SCHAUMANN, Landesplanung, 224; IMBODEN, Diskussionsvotum am Juristentag 1953, ZSR 1953, S. 554a; BUSER, Zbl 1956, S. 235; GIACOMETTI, 530; HUBER, Gewährleistung, 225-26; ESTERMANN, 55; GUENG, 1; ROSENSTOCK, Haftung, 1 und 100; KAUFMANN, Entschädigungspflicht, 62, 69; MEIER-HAYOZ, Kommentar, Systematischer Teil N. 538, 544-47, 624; BLOCHER, 116; MOOR, Aménagement, ZSR 1976 II, S. 387, 406, 408; Responsabilité, RDAF 1977, S. 151, 221; Evolution, Rep 1982, S. 285; SCHÜRMANN, 246; KNAPP, Précis, 380-81 N. 2175; ROUILLER, ZBJV 1985, S. 11; LENDI, Aspekte, Recht 1985, S. 51; G. MÜLLER, Kommentar, N. 48 zu Art. 22ter BV; FAJNOR, 97, 99-100, 151-52.

[4] Das Bundesgericht stellt in konstanter Rechtsprechung ausschliesslich auf die Normwidrigkeit ab (dazu GRISEL, Traité, 797-99 mit zahlreichen Judikaturhinweisen; FAJNOR, 28). Demgegenüber postuliert ein Teil der Lehre, dass die Rechtswidrigkeit – in Übereinstimmung mit dem Privatrecht – auch unmittelbar in der Verletzung absolut geschützter Rechte (Leib, Leben, Ehre, Eigentum) bestehen kann, sofern nicht besondere Rechtfertigungsgründe gegeben sind (GUENG, Entschädigungspflicht, 115-16; GYGI, Staatshaftung und Verwaltungsrechtspflege, 228-29; Widerrechtlichkeit, 422; KAUFMANN, Entschädigungspflicht, 65; FAJNOR, 44-46 und 58).
Im Sinne dieser zweiten Lehrmeinung wäre also eine Widerrechtlichkeit wegen Verletzung von Eigentum denkbar. Wie weit allerdings das Eigentum gegenüber dem Staat als geschütztes Recht gelten kann, bleibt zu fragen. Aus öffentlichrechtlicher Sicht stellt es nämlich keine feste Grösse dar wie im Privatrecht; vielmehr wird es durch die Rechtsordnung überhaupt erst konstituiert. Siehe dazu hinten 5.4.1, S. 230-32, und 6.1.1, S. 259-60.

tretene Eigentumsbeeinträchtigung sei widerrechtlich, weil und solange es an einer Entschädigung fehle [5].

Nach der hier vertretenen Ansicht vermögen die bestehenden Streitpunkte die Berechtigung der Unterscheidung zwischen rechtswidrigem und rechtmässigem Staatshandeln und die Zuordnung der materiellen Enteignung zu letzterem nicht entscheidend in Frage zu stellen. Gerade für die materielle Enteignung erscheint diese Zuordnung aus dem nachstehend erörterten Grund als sinnvoll. [6]

B) In der Zuordnung der materiellen Enteignung zu den Fällen der Haftung des Staates für rechtmässiges Verhalten kommt zum Ausdruck, dass die Eigentumsbeschränkung unanfechtbar ist; «elle satisfait aux conditions générales de l'acitivité étatique» [7]. Der Eigentümer muss sie hinnehmen. Er kann keinen Anspruch darauf erheben, dass das anordnende Gemeinwesen sie zurücknimmt oder ungeschehen macht. Es bleibt ihm allein eine Entschädigungsforderung [8].

Diese Situation unterscheidet sich grundlegend von jener einer Eigentumsbeschränkung, bei der die Rechtmässigkeitsvoraussetzungen der gesetzlichen Grundlage, des öffentlichen Interesses oder der Verhältnismässigkeit fehlen. Hier braucht sich der Eigentümer nicht mit einer Entschädigung abzufinden; er kann die Aufhebung verlangen [9].

Allerdings entbindet das Bundesgericht in ständiger Rechtsprechung den Eigentümer davon, vor der Geltendmachung einer Entschädigung die Rechtmässigkeit des staatlichen Handelns auf dem Anfechtungsweg abklären zu lassen [10]. Im Rahmen eines

---

[5] In diesem Sinne GRISEL, Droit administratif, 422 (und gleich auch noch, allerdings bezogen auf Verletzungen des Grundsatzes der Lastengleichheit, Traité, 789). Anderer, meines Erachtens zutreffender Ansicht MOOR, Aménagement, ZSR 1976 II, S. 408; G. MÜLLER, Kommentar, N. 48 zu Art. 22ter BV; FAJNOR, 10–12 und 151–52.

[6] Auf einen weiteren Aspekt hat MOOR hingewiesen. In der Zuordnung der materiellen Enteignung zum Bereich des rechtmässigen Staatshandelns sieht er auch den Grund für ihren Ausnahmecharakter. Nach MOOR lässt sich als Regel für das rechtmässige Staatshandeln nur die Nichtentschädigung denken; Responsabilité, RDAF 1977, S. 218, 224; Evolution, Rep 1982, S. 285; siehe auch KNAPP, Précis, 380 N. 2170–71, und hinten S. 355–57.

[7] MOOR, Aménagement, ZSR 1976 II, S. 408.

[8] Zum Charakter der Entschädigung als Rechtsfolge – und nicht (wie etwa im deutschen Recht) als Voraussetzung – des Eingriffs vorne S. 99–100 sowie hinten S. 249 FN 14; BGE *Sent*, 112 Ia 280 (1986).

[9] Dazu MOOR, Responsabilité, 223–24, besonders FN 74; G. MÜLLER, Kommentar, N. 48 zu Art. 22ter BV.

[10] BGE *Frei*, 96 I 334 (1970); *Mangana SA*, 97 I 626 (1971); *Roulet*, 101 Ia 469 (1975); *FFS v. Plastex*, 101 Ib 288 (1975).

Verfahrens wegen materieller Enteignung wird die Rechtmässigkeit des Eingriffs als unumstössliche Gegebenheit fingiert; Prozessthemen sind allein die Enteignungsähnlichkeit und die Entschädigung als einzig mögliche Rechtsfolge. Die Gerichtspraxis nimmt damit in Kauf, dass eine in Tat und Wahrheit anfechtbare Eigentumsbeschränkung nicht aufgehoben, sondern abgegolten wird[11]. Es geht dabei aber immer nur um ein Entgegenkommen an den auf Entschädigung klagenden Eigentümer; diesem steht frei, sich vorerst auf die Widerrechtlichkeit des Eingriffs zu berufen und dessen Aufhebung zu verlangen[12].

5.4. Eigentum – Gegenstand der materiellen Enteignung

5.4.1. Das Problem

Ausgangspunkt jeder materiellen Enteignung ist eine Schmälerung der Möglichkeiten, die eine gegebene Eigentumsposition ihrem Träger verschafft. Vorausgesetzt wird dabei, dass eine zu schmälernde Position im Rechtssinne überhaupt besteht. Das, was der Entschädigung suchende Private als «Eigenes» anspricht, muss auch unter dem Gesichtspunkt der Verfassungsgarantie als Eigentum anerkannt sein. Fehlt es an dieser Voraussetzung, kann sich die Entschädigungsfrage gar nicht erst stellen. Der Richter wird einer Partei, die in einem solchen Fall eine materielle Enteignung geltend macht, bescheiden, nichts sei ihr weggenommen worden – nichts jedenfalls, worauf sie rechtlich gesehen einen Anspruch hätte erheben können.

Die Schwierigkeiten mit dem Tatbestandsmerkmal «Eigentum» rühren davon her, dass die Verfassung selber nicht sagt, was sie damit gewährleistet. Die Verfassung knüpft vielmehr an die von der

---

[11] Kritisch dazu GUENG, Entschädigungspflicht, 108 FN 50.
[12] Angesichts der Ungewissheit der meisten Entschädigungsprozesse wird der Eigentümer regelmässig danach trachten, den Eingriff als solchen zu Fall zu bringen. Die Gefahr, dass es zu Entschädigungsleistungen für Eingriffe kommt, die den verfassungsmässigen Gültigkeitserfordernissen nicht genügen, ist also gering.

5.4. Eigentum – Gegenstand der materiellen Enteignung

Rechtsordnung als ganzer vorgeformte Vorstellung des Eigentums an, in erster Linie also an das Eigentum des Privatrechts, dann aber auch an weitere rechtlich verfestigte Positionen des privaten und öffentlichen Rechts. Abschliessend festlegen kann und darf die Rechtsordnung unterhalb der Verfassungsstufe den Gegenstand der Garantie aber nicht; denn sonst stünde das verfassungsrechtlich geschützte Eigentum im Ergebnis unter dem Vorbehalt des Gesetzes und der Rechtsprechung. Die Verfassung muss der Festlegung des Begriffes «Eigentum» daher ihrerseits eigenen Inhalt geben, welcher der das Eigentum konkretisierenden Rechtsordnung Grenzen setzt [1].

Für die materielle Enteignung ergeben sich aus dieser Ambivalenz des verfassungsrechtlichen Eigentumsbegriffes im wesentlichen zwei Probleme:

Erstens: Ist eine Massnahme des Gemeinwesens als (verfassungsmässig zulässige) Bestimmung des Eigentumsinhaltes zu werten, so kann sie – auch wenn sie sich für den betroffenen Privaten als Einschränkung einer vermögenswerten Position auswirkt – keine materielle Enteignung sein. Inhaltsbestimmung zieht keine Entschädigungsfolgen nach sich [2].

Zweitens: Herkömmlicherweise werden als Objekt der Eigentumsgarantie im Sinne des eben Gesagten allein «rechtlich geschützte» Positionen anerkannt [3]. Ein nicht unerheblicher Teil der vermögenswerten Interessen, über welche ein Individuum verfügt, bleibt damit heute von vornherein ausserhalb der Reichweite des Grundrechts. Die Frage stellt sich, ob nicht über das überlieferte Verständnis des Schutzobjektes hinausgegangen werden müsste. Besinnt man sich auf den gleichsam «natürlichen», jenseits der Sphäre definierter Rechte bestehenden Anwendungsbereich der Garantie, wären wohl sämtliche einen wirtschaftlichen Wert darstellenden, individualisierten Positionen mit Einschluss der tatsächlich gegebenen Vorzugslagen und Gewinnaussichten dazu zu zählen. Die Bedeutung einer bestimmten Position hängt für ihren Träger nicht davon ab, ob sie rechtlich geschützt oder aber als bloss tatsächlich gegeben ist. Die gestellte Frage soll daher im

---

[1] Zum Ganzen Georg MÜLLER, Privateigentum heute, ZSR 1981 II, S. 48–51, und Kommentar, N. 1 zu Art. 22ter BV. Sehr eindrücklich hat sich aus der Sicht des amerikanischen Verfassungsrechts MICHELMAN zu diesem Dilemma geäussert: Property as a Constitutional Right, 38 Washington and Lee Law Review 1097–1114 (1981); Process and Property in Constitutional Theory, 30 Cleveland State Law Review 577–93 (1982); vgl. auch TRIBE, 607–09.

[2] Dazu hinten Kapitel 6.1, S. 261–62.

[3] Dazu sogleich 5.4.2.

Anschluss an die Darstellung der geltenden Rechtslage erörtert werden.

5.4.2. Das Objekt der materiellen Enteignung in der Rechtsprechung des Bundesgerichts [4]

A) Vorbemerkung

Im Sinne einer Vorbemerkung ist vorerst festzuhalten, dass die Rechtsprechung das Objekt der materiellen Enteignung nicht auf jene Gegenstände beschränkt hat, welche gemäss den eidgenössischen und kantonalen Enteignungsgesetzen formell enteignet werden können. Der formellen Enteignung unterliegen in der Regel nur private Rechte an Grundstücken, im wesentlichen die entsprechenden dinglichen Rechte und die Forderungsrechte von Mietern und Pächtern [5]. Nur ausnahmsweise können auch Rechte an Mobilien und Forderungen sowie im öffentlichen Recht begründete förmliche Rechtspositionen enteignet werden [6]. Diese Beschränkungen gelten für die materielle Enteignung nicht.

---

[4] Allgemein zum Schutzobjekt der Eigentumsgarantie: MÜLLER/MÜLLER, 288–89; G. MÜLLER, Kommentar, N. 2–8 zu Art. 22ter BV. Zum Schutzobjekt der Eigentumsgewährleistung gemäss Art. 1 des Ersten Zusatzprotokolls zur EMRK (im Wortlaut wiedergegeben vorne S. 8): PEUKERT, Kommentar, N. 4–17; RIEDEL, EuGRZ 1988, S. 334.

[5] Als Beispiel sei auf Art. 5 des Bundesgesetzes über die Enteignung vom 20. Juni 1930, SR 711, hingewiesen: «Gegenstand des Enteignungsrechtes können dingliche Rechte an Grundstücken sowie die aus dem Grundeigentum hervorgehenden Nachbarrechte, ferner die persönlichen Rechte von Mietern und Pächtern des von der Enteignung betroffenen Grundstückes sein.»
Hinzu kommen die obligatorischen Kaufs-, Vorkaufs- und Rückkaufsrechte an Grundstücken; BGE *Einwohnergemeinde Neuenhof,* 101 Ib 61 (1975). Zum Ganzen HESS/WEIBEL, Kommentierung zu Art. 5 EntG.

[6] Auf Bundesebene z. B. Erfindungspatente (Art. 32 Abs. 1 des Bundesgesetzes über die Erfindungspatente vom 2. Juni 1954, SR 232.14). – Zu der auf Bundesebene bestehenden Rechtslage BGE *Einwohnergemeinde Neuenhof,* 101 Ib 60–61 und 64 (1975). Gewisse kantonale Gesetze geben dem Gemeinwesen die Möglichkeit, bewegliche Gegenstände von historischem oder kunsthistorischem Wert zu enteignen (z. B. Bern, Art. 83 Abs. 3 EGzZGB). –Vgl. auch BGE *Société suisse des maîtres imprimeurs,* 93 I 711 (1967), wo das Bundesgericht die den Genfer Verlegern und Druckern auferlegte Pflicht, von jedem Druckerzeugnis ein Gratisexemplar an die Kantonsbibliothek abzuliefern, als Anwendungsfall einer formellen Enteignung ausschloss, weil das kantonale Enteignungsgesetz Mobilien nicht zu den der Enteignung unterliegenden Gegenständen zählte.

B) Im privaten Recht gründende Positionen

Für den Bereich der im Privatrecht begründeten vermögenswerten Positionen anerkennt das Bundesgericht alle in einem förmlichen Rechtstitel verfestigten Interessen als Eigentum im Sinne der Eigentumsgarantie und damit der materiellen Enteignung. Dazu gehören einerseits die dinglichen Rechte, also das Eigentum und die beschränkten dinglichen Rechte, und anderseits die Forderungsrechte[7].

Auf der praktischen Ebene dominiert erwartungsgemäss das Grundeigentum als weitaus häufigstes Objekt behaupteter materieller Enteignungen. Die Judikatur verzeichnet aber auch Fälle, bei denen eine Beeinträchtigung von Fahrniseigentum einen Entschädigungsstreit auslöste[8]. In seltenen Fällen hat sich die Praxis auch mit Eingriffen in beschränkte dingliche Rechte[9] und Forderungen[10] zu befassen gehabt.

Indessen genügt die Tatsache, dass jemand Träger eines privatrechtlichen *Rechtstitels* ist, noch nicht, um die Eigentumsgarantie an-

---

[7] So bereits BGE *Kummer*, 16 709, 717 E.2 in fine (1890); ferner *Société romande d'électricité*, 74 I 465, 470 E.3a (1948) («tous les *droits* privés composant la fortune de l'individu»); *Balli*, 113 Ia 376, E.4b (1987).
Siehe für die einzelnen Kategorien MEIER-HAYOZ, Kommentar, Systematischer Teil N. 441 (mit Nachweisen).

[8] BGE *Meier* (1959), Zbl 1960, S.161, besonders 167: Motorspritze eines Berufsbaumpflegers; BGE *Société suisse des maîtres imprimeurs*, 93 I 708 (1967): Druckerzeugnisse; *Balli*, 113 Ia 368, 376–77, E.4b und 5 (1987): bewegliche Kunstobjekte (dazu AYER, Baurecht 1988, 83–85, mit Hinweis auf die sich stellenden praktischen Fragen). Im Urteil *Balli* sind Mobilien grundsätzlich als Objekt einer möglichen materiellen Enteignung anerkannt worden, S. 376–77. Skeptisch GRISEL, Traité, 771; zustimmend JOLLER, 154–55.
Massnahmen des Umweltschutzes werden in Zukunft wohl vermehrt dazu führen, dass das Vorliegen einer materiellen Enteignung für bewegliche Gegenstände zu prüfen ist; man denke etwa an die Sanierung bestehender Anlagen. WAGNER, ZSR 1989 II, S. 405.

[9] BGE *Lussy*, 22 1012 (1896), und *Betschart*, 26 II 491 (1900): Neuregelung der Gülten im Kanton Nidwalden; BGE *Zinggeler*, 55 I 397 (1929): Beeinträchtigung eines als Servitut ausgestalteten Wasserbezugsrechtes (dazu ausführlich vorne, S. 49 ff); *Teno AG*, 85 I 32 (1959): Schädigung bestehender Grundpfandrechte infolge nachträglicher Begründung vorangehender gesetzlicher Grundpfandrechte durch das Gemeinwesen (dazu hinten S. 234, Text zu FN 12).

[10] BGE *Helvetia*, 37 I 503 (1911): Aufhebung bestehender Gebäudeversicherungsverträge; *Wohlen* (1982), BVR 1983, S.224: Vereitelung eines obligatorischen Kaufsrechtes an einem Grundstück infolge Verhängung eines Bauverbotes (Enteignungsfähigkeit des Kaufsrechtes offen gelassen, aber eher bejaht).

rufen zu können. «Die Eigentumsgarantie schützt solche Rechte nur mit dem Inhalt und Umfang, den sie nach der jeweiligen objektiven Rechtsordnung, auf der sie beruhen, haben» [11]. Erst der Blick auf den *Inhalt* des betreffenden Rechtes gibt darüber Auskunft, ob die gegen den Staat geltend gemachte Position auch wirklich zum geschützten Eigentumsbereich gehört.

Zwei Entscheide mögen diese Problematik illustrieren.

- Im Fall *Teno AG*[12] waren zwei private Grundpfandgläubiger bei der Pfandverwertung zu Schaden gekommen, weil die Stadt Zürich für eine Grundstückgewinnsteuer ein gesetzliches, den bestehenden Pfandrechten vorgehendes Grundpfand beanspruchte. Die Beschwerdeführer erachteten die Eigentumsgarantie durch den Umstand verletzt, dass das gesetzliche Pfand erst nach ihrem eigenen Pfandrecht begründet worden war und auf einem Gesetz beruhte, welches seinerseits erst nach Begründung ihrer privaten Pfandrechte in Kraft getreten war. Das Bundesgericht entgegnete den Rekurrenten, das Zivilgesetzbuch habe den Grundsatz der festen Pfandstelle allein für vertraglich begründete, nicht aber für gesetzliche Grundpfandrechte aufgestellt und den Kantonen das Recht vorbehalten, gesetzliche Grundpfandrechte aus öffentlichrechtlichen Verhältnissen auch noch nachträglich und mit Vorrang einzuführen; alle privaten Grundpfänder stünden unter diesem Vorbehalt. Den Rekurrentinnen war daher nichts entzogen worden, worauf sie rechtlich hätten Anspruch erheben dürfen.

- Im Entscheid *Erben Monneron*[13] ging es um den Einbezug einer am Zürichsee gelegenen Uferparzelle in eine Bauverbotszone. Das fragliche Grundstück bestand zum grössten Teil aus Land, welches früher aufgrund staatlicher Konzessionen auf ehemaligem Seegrund aufgeschüttet worden war[14]. Gemäss den Konzessionsbestimmungen musste für die Ausführung von Bauten auf der aufgeschütteten Landanlage die Bewilligung des Kantons eingeholt werden. Der Rechtsstreit drehte sich um die Bedeutung dieser Klausel. Das Bundesgericht interpretierte sie so, dass sich der Staat damit das Recht vorbehalten hatte, «über die Möglichkeit der Errichtung von Bauten auf Landanlagen unter Beachtung der öffentlichen Interessen im Einzelfall frei zu entscheiden»[15]. Der Umstand, dass der Kanton während langer Zeit seine Zustimmung zu Bauvorhaben ohne weiteres erteilt hatte, «konnte aber weder einen Anspruch jedes Landanlage-Eigentümers auf Bewilligung von Bauten noch irgendeine durch die Eigentumsgarantie ge-

---

[11] BGE *Teno AG*, 85 I 36–37 (1959).
[12] BGE 85 I 32 (1959).
[13] BGE 102 Ia 122 (1976).
[14] Dieser Umstand änderte nichts daran, dass am Grundstück *privatrechtliches* Eigentum bestand; vgl. auch die Sachverhaltsdarstellung, id., S. 123.
[15] Id., 129.

5.4. Eigentum – Gegenstand der materiellen Enteignung

schützte Bauerwartung begründen»[16]. Weil somit die planerische Massnahme keine rechtlich geschützte Position entzogen hatte, entfiel die Frage einer materiellen Enteignung a limine.[17]

Ausserhalb des Schutzes der Eigentumsgarantie stehen nach der ständigen Rechtsprechung des Bundesgerichts alle jene vermögenswerten Interessen, die sich nicht in einem Recht verdichtet haben[18]. Es handelt sich um Vorteile, wie sie sich aus einer günstigen (räumlichen, konjunkturellen, rechtlichen) Konstellation ergeben, und um bestehende, aber rechtlich ungesicherte Gewinnaussichten. Man bezeichnet sie als *faktische Interessen* und drückt damit den Gegensatz zu den rechtlich geschützten Positionen aus[19].

---

[16] Id.

[17] Aufschlussreich als Gegenbeispiel der Fall *Küsnacht*, BGE 113 Ib 318, 320–22, E.3a und b (1987): Hier war mit der Landaufschüttungskonzession (die ihrerseits ein Entgelt für die entschädigungslose Überlassung eines Landstückes an den Staat gebildet hatte) die ausdrückliche Zusicherung der Bewilligung einer kleinen Wohnbaute verbunden worden. Diese Zusicherung verschaffte dem Landeigentümer eine rechtlich geschützte Position.

[18] z.B. BGE *Werlen*, 79 I 205 (1953; mit weiteren Nachweisen); *Blaser*, 105 Ia 222 (1979).
Diese Rechtsprechung ist hauptsächlich in Fällen des Entzugs des Gemeingebrauchs (dazu im Einzelnen hinten S. 238, FN 36) und – teilweise damit zusammenhängend – in Fällen formeller Enteignung ausgebildet worden. Typisch für letztere ist etwa der Sachverhalt, wo das enteignete Objekt an einen Dritten vermietet oder verpachtet war. Der Verlust des Miet- oder Pachtgegenstandes wird nur bis zum Ablauf der vereinbarten Vertragsdauer entschädigt, denn nur so lange besteht eine rechtlich geschützte Position. Die (oft begründete) Aussicht auf eine spätere Erneuerung des Vertrages kommt – da bloss faktisches Interesse – als Enteignungsobjekt nicht in Betracht. Eindrücklich etwa BGE *Rossetti*, 95 I 308, bes. 311–12 (1969); vgl. auch BGE *Zimmermann*, 106 Ib 245–48 (1980); *Kieswerk Rothenbrunnen AG*, 109 Ib 41–42 (1983). Wird demgegenüber ein enteignungsfähiges Objekt expropriiert, so sind bei der Entschädigungsbemessung auch die faktischen Nachteile – etwa der Verlust des Strassenanstosses, der Verlust des Kundenstammes oder der entgangene Gewinn – zu vergüten; vgl. Art. 19 lit.c des BG über die Enteignung und den Kommentar HESS/WEIBEL, N. 195–200 zu Art. 19.

[19] Vgl. zu den faktischen Interessen allgemein MEIER-HAYOZ, Kommentar, Systematischer Teil N. 454–56; ferner die Dissertation von FRICK, Faktische Interessen, Chancen und Hoffnungen als Schutzobjekte der Eigentumsgarantie (1985); für das deutsche Recht RAMSAUER, Die faktischen Beeinträchtigungen des Eigentums (1980).
Bloss faktische, rechtliche ungeschützte Positionen bestehen auch im Verhältnis der Privatrechtssubjekte zueinander. Das Privatrecht schützt beispielsweise nicht eine errungene Marktstellung vor (lauterer) Konkurrenz. Ebensowenig kann sich ein Grundeigentümer aufgrund des Privatrechtes dagegen wehren, dass auf dem benachbarten Grundstück ein (baurechtskonformes) Gebäude errichtet wird, welches die bisherige Aussicht oder Sonneneinstrahlung beeinträchtigt.

5.4. Eigentum – Gegenstand der materiellen Enteignung

Gegen eine Beeinträchtigung faktischer Interessen durch das Gemeinwesen kann die Eigentumsgarantie nicht angerufen werden. Beispiele aus der bundesgerichtlichen Praxis liefern die beiden eben angeführten Urteile *Teno AG* und *Erben Monneron*. Dass hier die Träger der Pfand- bzw. Eigentumsrechte sehr erhebliche vermögenswerte Interessen ins Feld führen konnten, genügte nicht, um sie in den Schutzbereich der Garantie gelangen zu lassen; die Vorteile waren prekärer Natur und bestanden nur solange, als das Gemeinwesen von seinem Recht, die bestehende Lage zu ändern, nicht Gebrauch machte.

Ein Beispiel für die Beeinträchtigung einer ungesicherten Gewinnaussicht bietet der frühe Entscheid *Meyer und Keller*[20]. Hier hatte der Beschluss der Bundesversammlung, eine eidgenössische Schulwandkarte schaffen und gratis an alle Schulen verteilen zu lassen, den gesamten Absatzmarkt der beiden Verleger vernichtet, deren Kartenwerke bisher für den Schulgebrauch allein Verwendung gefunden hatten. Ihr gegen den Bund gerichteter Entschädigungsanspruch wurde vom Bundesgericht mit der Begründung abgewiesen, es stehe ihnen kein Anspruch auf Beibehaltung dieser Marktstellung zu.[21]

C) Im öffentlichen Recht gründende Positionen

Dass grundsätzlich auch vermögenswerte Positionen, die im öffentlichen Recht begründet sind, in den Schutzbereich der Eigentumsgarantie fallen können, hat das Bundesgericht früh anerkannt[22]. Allerdings ist es hier besonders schwierig, die geschützten von den ungeschützten Positionen abzugrenzen. Es fehlt eine dem Privatrecht mit seinem System definierter Rechte vergleichbare Ordnung, an welche angeknüpft werden könnte.

Traditionellerweise übernimmt im Bereich des öffentlichen Rechts das *Kriterium der Wohlerworbenheit* die Aufgabe der Abgren-

---

[20] BGE 22 616 (1896).

[21] Es erscheint kennzeichnend für die Beeinträchtigung faktischer Interessen durch das Gemeinwesen, dass das staatliche Handeln dabei in aller Regel als *nichtfinal* bzw. *mittelbar* zu qualifizieren ist; vgl. dazu vorne S. 224–26. Der Zusammenhang zwischen Eingriffsobjekt und Eingriffsmodus bildet einen Hauptgegenstand der aus der Sicht des deutschen Rechtes verfassten (und daher nur beschränkt auf die schweizerische Situation übertragbaren) Untersuchung von RAMSAUER, Die faktischen Beeinträchtigungen des Eigentums (1980).

[22] Siehe dazu die Übersicht bei SALADIN, Grundrechte 126–27.

5.4. Eigentum – Gegenstand der materiellen Enteignung

zung[23]. Der genaue Verlauf der Grenze zwischen wohlerworbenen und prekären Positionen soll hier nicht im einzelnen nachgezeichnet werden; dies liegt – ebenso wie eine vertiefte Auseinandersetzung mit dem Kriterium der Wohlerworbenheit selber – jenseits der Zielsetzungen dieser Arbeit[24]. Für den vorliegenden Zusammenhang genügt es, die Schwerpunkte der anerkannten wohlerworbenen Rechte festzuhalten. Es handelt sich um folgende Gruppen:

– Bestimmte historisch begründete Rechte, die sich in unsere Zeit hinübergerettet haben, wie ehehafte Tavernen-[25], Wasser-[26], Fischerei-[27], Kanalisationsrechte[28].

---

[23] Der Begriff des wohlerworbenen Rechtes wird von den Gerichten und von der Doktrin unterschiedlich verstanden.
– Gemäss einem älteren Verständnis ist er gleichbedeutend mit dem *gesamten Bereich der von der Eigentumsgarantie erfassten Schutzobjekte;* er umfasst dann auch die geschützten Positionen des Privatrechts; vgl. in diesem Sinne etwa BGE *Société romande d'électricité,* 74 I 470, E.3d erster Satz (1948); BAGI, 90.
– In der vorliegenden Untersuchung wird der Begriff im engeren Sinne der *ausschliesslich im öffentlichen Recht gründenden, von der Eigentumsgarantie geschützten Positionen* verwendet.
– Gemäss einem dritten Verständnis sind wohlerworbene Rechte die *gegenüber Gesetzesänderungen* in ihrem Bestand oder Wert *(absolut) geschützten Positionen.* Unterscheidendes Kennzeichen ist hier ihre «Gesetzesfestigkeit» (welche für «normales» Eigentum nicht gilt). Vgl. etwa DUBACH, 36–37; GRISEL, Traité 589; KLETT, 1.
Seit den siebziger Jahren hat das Bundesgericht seine Auffassung der wohlerworbenen Rechte präzisiert. Es stützt ihren Schutz nicht mehr allein auf die Eigentumsgarantie, sondern auch auf den in Art. 4 BV mitgewährleisteten Grundsatz von *Treu und Glauben;* BGE *VPOD,* 101 Ia 446 E.2a (1975); *Graf,* 106 Ia 163 E.1b (1980); *Geschwister Imhof,* E.2c (1985), Zbl 1985, S. 500–01.
[24] Begriff und Stellung der wohlerworbenen Rechte sind höchst umstritten, wie die in der Lehre geführte ausgedehnte Diskussion zeigt. Siehe dazu: KÄMPFER, Zur Gesetzesbeständigkeit wohlerworbener Rechte (1977); KÖLZ, Das wohlerworbene Recht – immer noch aktuelles Grundrecht? (1978); RHINOW, Wohlerworbene und vertragliche Rechte im öffentlichen Recht (1979); DUBACH, Die wohlerworbenen Rechte im Wasserrecht (1979); WEBER-DÜRLER, Vertrauensschutz (1983); KLETT, Verfassungsrechtlicher Schutz «wohlerworbener Rechte» bei Rechtsänderungen (1984).
Eine ins Einzelne gehende Darstellung der bundesgerichtlichen Rechtsprechung zu den Erscheinungsweisen wohlerworbener Rechte findet sich bei KLETT, 9–89.
[25] z.B. BGE *Immobiliengesellschaft Mühleplatz Luzern,* 98 Ia 659 (1972).
[26] z.B. BGE *Raduner & Cie. AG,* 93 I 638 (1967).
[27] z.B. BGE *Kanton Aargau,* 97 II 25 (1971).
[28] Vgl. z.B. die Befreiung der über Ehgräben an die Kanalisation angeschlossenen Liegenschaften von der Kanalisationseinkaufsgebühr in der Stadt Bern; Art. 42 Abs. 3 der städtischen Abwasserverordnung vom 18. Dezember 1974.

5.4. Eigentum – Gegenstand der materiellen Enteignung

– Berechtigungen, die auf Sondernutzungskonzessionen beruhen, wie Wassernutzungsrechte [29], verliehene Jagdreviere [30], Grabrechte [31].

– Gewisse auf Zusicherungen des Gesetzgebers oder der dazu ermächtigten Verwaltung beruhende Privilegien und Ansprüche, beispielweise zugesicherte Pensionsberechtigungen [32] oder Steuervergünstigungen [33].

Alle anderen im öffentlichen Recht begründeten, vermögenswerten Positionen liegen gemäss ständiger Rechtsprechung des Bundesgerichts ausserhalb des Schutzbereiches der Eigentumsgarantie [34]. Zwar befinden auch sie sich nicht in einem rechtsfreien Raum, weil das Gemeinwesen ihren Trägern gegenüber die aus dem Rechtsgleichheitsgebot folgenden Grundsätze rechtsstaatlichen Handelns beachten muss [35]. Doch können für sie die spezifischen Garantien, welche die Eigentumsgarantie aufstellt, nicht angerufen werden. Herausragendes Beispiel unter den ungeschützten Positionen ist der Gemeingebrauch; sein Entzug ist unter dem Gesichtspunkt der Eigentumsgarantie irrelevant [36].

---

[29] Art. 43 des Bundesgesetzes über die Nutzbarmachung der Wasserkräfte vom 22. Dezember 1916, SR 721.80.

[30] z. B. BGE *Grossert*, 96 I 727 (1970).

[31] z. B. BGE *Geschwister Imhof v. Kirchgemeinde Attinghausen* (1985), Zbl 1985, S. 499; *Gemeinde Sent*, 112 Ia 277, E.4a (1986); *Stadt Chur*, 113 Ia 360–62, E.6 (1987).

[32] z. B. BGE *X. v. Etat de Neuchâtel*, 107 Ia 193 (1981).

[33] z. B. BGE *Imperial Watch SA*, 94 I 446 (1968).

[34] Auch sie sind damit blosse *faktische Vorteile,* die ihre Wurzel nun aber nicht im privaten, sondern im öffentlichen Recht haben. Die ältere Lehre pflegte auch von *Reflexwirkungen des objektiven* (öffentlichen) *Rechts* zu sprechen; FLEINER, Institutionen, 172–76; RUCK, Eigentumsgarantie, 223.

[35] Siehe etwa BGE *VPOD*, 101 Ia 443, 446 E.2a in fine, 448–50 E.4 (1975); *Graf*, 106 Ia 163, 169 E.1c (1980).

[36] Der *Gemeingebrauch,* und namentlich der Zutritt zu einer im Gemeingebrauch stehenden öffentlichen Sache, wird vom Bundesgericht als blosses faktisches Interesse angesehen, das nicht unter dem Schutz der Eigentumsgarantie steht; sein Entzug wird nur unter dem Gesichtspunkt des Willkürverbotes überprüft: BGE *Bürgisser*, 61 I 225 (1935): Sperrung der Uetlibergstrasse für Motorfahrzeuge mit Einschluss des Zubringerdienstes; BGE *Frei* (1952), Zbl 1953, S. 273: Beeinträchtigung des Gemeingebrauches an einer Strasse infolge Einlegens eines Industriegeleises; BGE *Blaser*, 105 Ia 222 (1979): Verlust des Seeanstosses infolge Erstellung eines öffentlichen Strandweges. Das kantonale Recht kann allerdings eine andere Regelung vorsehen und insbesondere dem Strassenanstösser eine geschützte Position verleihen, wie dies etwa das bernische Gesetz über Bau und Unterhalt der Strassen vom 2. Februar 1964 in Art. 50 Abs. 5 tut. Ein einziges Mal, im Urteil *Bässler* (1950), Zbl 1950, S. 455, hat das Bundesgericht Zweifel angedeutet und die Möglichkeit erwogen, eine ausserordentlich empfindliche Beeinträchtigung eines Grundstückes infolge Entzugs oder Einschränkung des Gemeingebrauches als materielle Enteignung anzusehen. – Siehe auch SAXER, 186–87.

5.4. Eigentum – Gegenstand der materiellen Enteignung

Das besondere Attribut der wohlerworbenen Rechte liegt darin, dass das Bundesgericht ihnen – zumindest bis zum Urteil *Kraftwerke Ilanz AG* (1981)[37] – einen *nahezu absoluten Schutz* gewährte. Das Gericht widersetzte sich nicht nur einer entschädigungslosen Aufhebung wohlerworbener Rechte; es erblickte bereits in jeder zu einer finanziellen Einbusse führenden Beeinträchtigung eine Verletzung der Eigentumsgarantie und damit einen entschädigungspflichtigen Tatbestand[38]. Die wohlerworbenen Rechte unterschieden sich damit grundlegend von den privatrechtlichen Eigentumspositionen, für welche die Möglichkeit entschädigungsloser Einschränkungen nie fraglich war[39].

Dieser unbegrenzte Schutz hat zwei Auswirkungen gehabt, die hier von Interesse sind. Als erstes stellt man fest, dass die Praxis wohlerworbene Rechte nur zurückhaltend anerkannt hat[40]. Das Gericht hat damit – ob bewusst oder unbewusst, bleibe dahingestellt – ein gewisses Gegengewicht zu der Absolutheit des von ihm gewährten Schutzes hergestellt.

Die zweite Auswirkung zeigt sich darin, dass für die wohlerworbenen Rechte *das Problem der materiellen Enteignung* – verstanden als Eingriff, der den Rechtstitel unberührt lässt, die aus dem Titel herrührenden Befugnisse aber aushöhlt – bis in die achtziger Jahre *nicht existierte*. Wo schlechtweg jede Beeinträchtigung Entschädigungsfolgen auslöst, besteht für eine Rechtsfigur wie die materielle Enteignung kein Bedürfnis[41]. Soweit ersichtlich findet sich bis zum Urteil *Kraft-*

---

[37] BGE 107 Ib 140.

[38] Als sprechende Beispiele erscheinen BGE *Société romande d'électricité,* 74 I 465 (1948), wo jede Verkürzung der Dauer einer Elektrizitätsverteilungskonzession als enteignungsgleicher Eingriff bezeichnet wurde (474–76), und BGE *Kanton Zürich,* 96 I 282 (1970), wo das Bundesgericht in einer vorübergehenden Verunmöglichung der Ausübung eines Wassernutzungsrechtes ohne weiteres eine Enteignung erblickte (S. 290 und 292).

[39] Dazu DUBACH, 37–40, 54; GRISEL, Traité, 596–97.

[40] Das Bundesgericht betont dies im Urteil *Geschwister Imhof* (1985), Zbl 1985, S. 500: «Den wohlerworbenen Rechten kommt in der schweizerischen Rechtsordnung eine eigentliche Ausnahmestellung zu (...). Bei ihrer Anerkennung ist deshalb Zurückhaltung zu üben.»

[41] Ein weiterer Grund für die Inexistenz einer materiellen Enteignung bei wohlerworbenen Rechten mag im Umstand liegen, dass sehr oft eine Geldleistung Gegenstand der Berechtigung bildet. Dies trifft in der Regel für die ehehaften Rechte zu, wo sich die Berechtigung in der Abgabefreiheit ausdrückt, ferner etwa für Pensionsansprüche oder Steuervergünstigungen. Hier kann sich die Entschädigungsfrage praktisch gar nicht stellen – es würde ja Geld gegen Geld getauscht; in Frage kommt einzig eine Aufhebung der Beeinträchtigung. Siehe etwa BGE *Meyenberg,* 48 I 610 (1922); *Graf,* 106 Ia 169 (1980); *Geschwister Imhof* (1985), Zbl 1985, S. 502.

5.4. Eigentum – Gegenstand der materiellen Enteignung

werke Ilanz AG denn auch kein Entscheid, in dem das Bundesgericht die für einen enteignungsgleichen Eingriff typischen Fragen bei einem wohlerworbenen Recht diskutiert hätte. Etwas überspitzt liesse sich daher sagen, dass für den Bereich der öffentlichrechtlichen vermögenswerten Positionen die um die *Existenz* der geschützten Rechte geführten Rechtsstreite jenen Platz behaupten, den bezüglich der privatrechtlichen Positionen die Auseinandersetzungen um das Vorliegen einer materiellen Enteignung einnehmen.

Seit dem 1981 gefällten Urteil *Kraftwerke Ilanz AG*[42] zeigt die Rechtsprechung nun aber klare Anzeichen für eine Abkehr von dem den wohlerworbenen Rechten bislang gewährten absoluten Schutz. Im Entscheid *Ilanz* hat das Bundesgericht erstmals – wenn auch mit äusserster Zurückhaltung – eine nachträgliche, für den Träger des Rechts mit finanziellen Einbussen verbundene Beeinträchtigung eines wohlerworbenen Rechtes zugelassen, ohne das anordnende Gemeinwesen zu Entschädigungsleistungen zu verpflichten. Zur Begründung des Entscheides wird angeführt, es sei «nicht von vorneherein ausgeschlossen, Gesetze anzuwenden, die nach der Verleihung in Kraft treten, sofern die neuen Normen keinen Eingriff in die Substanz des wohlerworbenen Rechts zur Folge haben»[43]. Mit der Unterscheidung von Eingriffen, welche die Substanz berühren und deshalb Anrecht auf Entschädigung geben, und solchen, die dies nicht tun und also entschädigungslos hinzunehmen sind, ist in die Lehre der wohlerworbenen Rechte ein Element eingeführt worden, welches zur Gedankenwelt der materiellen Enteignung gehört[44].

---

[42] BGE 107 Ib 140 = Zbl 1981, S. 537. Zum Sachverhalt und weiteren Einzelheiten vorne 4.6.5, S. 198–99.

[43] BGE 107 Ib 145; siehe auch die vorne, S. 199, wiedergegebenen Urteilsstellen. Das Urteil scheint durch das Gutachten von DUBACH, Die wohlerworbenen Rechte im Wasserrecht (1979) (bes. S. 46–50 und 120–23), stark beeinflusst.
Die Tragweite des Entscheides ist insofern beschränkt, als ausdrücklich nur die Anwendung eines *erst nach der Verleihung in Kraft getretenen Gesetzes* zur Diskussion steht. Offen bleibt die im Rahmen der materiellen Enteignung ebenfalls bedeutsame Einschränkung bestehender Rechte aufgrund nachträglicher Anwendungsakte, die sich auf bereits bei Begründung des betreffenden Rechts in Kraft stehende Erlasse stützen.

[44] Der Topos der «Substanz» gehört zu den frühesten Argumentationsmustern, welche vom Bundesgericht verwendet worden sind, um die entschädigungspflichtigen Tatbestände zu charakterisieren; vgl. vorne S. 28 sowie S. 59–60, und hinten S. 270–71.
Im Gesamten ergibt sich aus dem Urteil *Ilanz* und der nachfolgenden Rechtsprechung, dass das Bundesgericht den Begriff der Substanz bei wohlerworbenen Rechten sehr weit fasst und dementsprechend nur vergleichsweise geringfügige Beeinträchtigungen als entschädigungslos zulässig erachtet.

In den Entscheiden *Geschwister Imhof v. Kirchgemeinde Attinghausen*[45] und *Gemeinde Sent*[46] ist das Bundesgericht noch einen Schritt weiter gegangen und hat die wohlerworbenen Rechte den im privaten Recht begründeten Eigentumsrechten unter dem Gesichtspunkt der Eigentumsgarantie förmlich gleichgestellt:

«[D]ie wohlerworbenen Rechte gehen in ihrer Tragweite nicht weiter als die Eigentumsgarantie»[47].

«Kann ein durch Sondernutzungskonzession erworbenes Recht nicht weiter gehen als das Eigentum, so muss es – abgesehen vom Erlöschen durch Fristablauf – auch unter denselben Voraussetzungen eingeschränkt oder aufgehoben werden können wie dieses (...). Eingriffe in solche Rechte sind somit in analoger Anwendung der zu Art. 22ter BV entwickelten Grundsätze zulässig, wenn sie auf einer gesetzlichen Grundlage beruhen, im öffentlichen Interesse liegen *und dafür volle Entschädigung geleistet wird, soweit der Eingriff einer Enteignung gleichkommt*»[48].

Die kommende Rechtsprechung wird weisen müssen, ob diese Angleichung des grundrechtlichen Schutzes wohlerworbener Rechte an den für privatrechtliche Eigentumsrechte geltenden Standard auch inhaltlich nachvollzogen wird. Die Tatsache, dass eine äusserliche Gleichstellung ausdrücklich festgeschrieben wurde, bedeutet für sich allein bereits einen wesentlichen Entwicklungsschritt.

5.4.3. Ausweitung des Schutzbereiches

Dass das Gemeinwesen nicht sämtliche Vermögensinteressen jedes privaten Rechtssubjektes respektieren und schützen kann, versteht sich von selbst. Nur schon die gegenseitige Abgrenzung dieser Interessen beinhaltet zwangsläufig Selektionen und Einschränkungen. Daneben verlangen übergeordnete öffentliche Anliegen zahlreiche Beschränkungen. Die Grundfrage, die sich unter dem Gesichtspunkt der Eigentumsgarantie stellt, lautet, ob – und wenn ja, wie weit – bereits

---

[45] Urteil vom 10. April 1985, Zbl 1985, S. 498–504.
[46] BGE 112 Ia 275 (1986).
[47] *Geschwister Imhof,* Zbl 1985, S. 502. Dies hatten in der Literatur bereits KÄMPFER, 355–57, und RHINOW, 18, postuliert.
[48] BGE *Sent,* 112 Ia 278, E.5b (Hervorhebung durch den Verfasser); bestätigt in BGE *Stadt Chur,* 113 Ia 357, 362, E.6b (1987).
Im Entscheid *Sent,* E.5d, S. 280, unterstellt das Bundesgericht die wohlerworbenen Rechte auch insofern dem Recht der materiellen Enteignung, als es die allfällig geschuldete Entschädigung als *Folge* – und nicht als Voraussetzung – *des Eingriffs* erklärt.

5.4. Eigentum – Gegenstand der materiellen Enteignung

hier die unausweichliche Selektion in Form einer Eingrenzung des Schutzobjektes getroffen werden soll.

Für das Bundesgericht von 1875 muss es fraglos klar gewesen sein, dass die in den kantonalen Verfassungen enthaltene Garantie des Eigentums nur «rechtlich geschützte» Positionen zum Gegenstand haben konnte[49]. Die in der Privatrechtsordnung und im überlieferten Begriff des wohlerworbenen Rechtes enthaltene Grenzziehung wurde also unmittelbar für die Bestimmung des Schutzbereiches der Garantie fruchtbar gemacht. Der gute Sinn eines solchen Vorgehens leuchtet noch heute ein: Weil die Scheidung der schutzwürdigen von den nicht schutzwürdigen Positionen in sehr hohem Masse auf Wertungen beruht, spricht einiges dafür, diesen Entscheid der Weisheit einer über Jahrhunderte entstandenen Rechtsordnung und nicht dem subjektiven, fallbezogenen Urteil des Richters zu überlassen. Was aber für eine Zeit, in der die im privaten Recht gründenden Vermögensinteressen dominierten und die Staatstätigkeit gering war, richtig gewesen sein mag, vermag heute nicht mehr gleicherweise zu überzeugen. Ungleich zahlreicher als früher sind heute die Berührungspunkte zwischen Staat und Privaten; entsprechend häufig kommt es dabei zu Beeinträchtigungen privater Vermögensinteressen. Die im öffentlichen Recht begründeten Vermögensinteressen Privater haben zudem eine ganz andere Dimension erhalten; sie sind nicht selten von vitaler Wichtigkeit für den Einzelnen[50]. Besonders das für den öffentlichrechtlichen Bereich ausschlaggebende Kriterium der Wohlerworbenheit trifft zwischen den geschützten und den ungeschützten Interessen eine Wahl, die nicht mehr einsichtig wird.

Die Frage ist daher heute neu zu stellen, ob das Schutzobjekt der Eigentumsgarantie (und damit der materiellen Enteignung) weiterhin ausschliesslich anhand von Normen bestimmt werden soll, die ausserhalb der Verfassung liegen und selber nicht Verfassungsrang be-

---

[49] Bereits das alte Bundesgericht hatte zwischen geschützten Rechten und blossen faktischen und damit ungeschützten Vorteilen unterschieden. Dies ergibt sich etwa aus folgenden Urteilen: *Kammermann* vom 10. Dezember 1856, ZSR 1860 III, S. 4 (keine Entschädigung für Verlust des Strassenanstosses, der infolge Verlegung einer öffentlichen Strasse eintritt); *Inhaber der Fährengerechtigkeit Koblenz v. Nordostbahn* vom 1. Juli 1862, ZSR 1864 III, S. 38 (kein Entschädigungsanspruch für Konkurrenzierung einer bestehenden Fährkonzession infolge Erstellung einer Brücke).

[50] Dazu SALADIN, Grundrechte, 401–02; MÜLLER/MÜLLER, 308–10. Für das amerikanische Recht hat dieses Phaenomen erstmals CHARLES REICH in seinem berühmten, zum Ausgangspunkt einer ausgedehnten Diskussion gewordenen Aufsatz «The New Property» (73 Yale Law Journal 733–87 [1964]) geschildert.

anspruchen. Ist «Eigentum» nicht ein autonomer Verfassungsbegriff, der zwar durchaus mit Blick auf jene Normen, die traditionellerweise das Eigentum regeln, jedoch ohne deren bindende Wirkung interpretiert werden sollte? In der neueren Lehre und ansatzweise auch in der bundesgerichtlichen Rechtsprechung lässt sich die Tendenz erkennen, diese Frage zu bejahen. In der Lehre ist der Ruf nach einer Ausweitung des Schutzobjektes unüberhörbar; gefordert wird der Einbezug öffentlichrechtlicher Positionen ausserhalb der wohlerworbenen Rechte[51] wie auch der Einbezug faktischer Vorteile[52]. Dass auch für das Bundesgericht eine derartige Ausweitung nicht ganz ausserhalb des Bereichs des Möglichen liegt, zeigen einige Entscheide, in denen es die Beeinträchtigung rechtlich nicht geschützter Interessen materiell daraufhin prüfte, ob eine Verletzung der Eigentumsgarantie vorlag[53, 54].

---

[51] RUCK, Eigentumsgarantie, 223; GIACOMETTI, 510–11; WIEDERKEHR, 89–90 (Schutz der Anliegerstellung); SALADIN, Grundrechte, 130–31, 401–02; G. MÜLLER, Privateigentum, 68; LENDI, Funktionswandel, 164; SAXER, 187–89 (Schutz der Anliegerstellung).

[52] RUCK, Eigentumsgarantie, 223–24; GUT, 183; SALADIN, Grundrechte, 139; FRICK, 24–25, 65–66, 81, 120–22; G. MÜLLER, Kommentar, N.6 zu Art. 22ter BV. Eher ablehnend WEBER-DÜRLER, Vertrauensschutz, 62–63.

[53] BGE *Bässler* (1950), Zbl 1950, S. 451, 455: Offengelassen, ob die – als Schmälerung des Gemeingebrauches gedeutete – Absenkung des Grundwasserspiegels und die aus ihr folgende Schädigung eines landwirtschaftlichen Gutes allenfalls eine Entschädigungspflicht wegen materieller Enteignung begründen könnte, da jedenfalls die nötige Schadensintensität nicht erreicht ist. BGE *Gebrüder Werlen,* 79 I 199, 207 (1953): Frage, ob die Verletzung eines (geschützten) Nachbarrechtes oder eines (ungeschützten) tatsächlichen Vorteils vorliegt, offengelassen, da jedenfalls die für die Begründung einer Entschädigungspflicht erforderliche Intensität des Eingriffes nicht erreicht ist. BGE *Meier* (1959), Zbl 1960, S. 161, 167: Materielle Enteignung mangels Intensität der Schädigung verneint für die Einschränkung der Verwendungsmöglichkeiten einer Motorspritze infolge Monopolisierung der Kirschfliegenbekämpfung durch eine Gemeinde (beeinträchtigt ist ein rein faktisches Interesse).
Eine Ausweitung signalisieren auch die Urteile *von Düring* (1984), Zbl 1986, S. 368, und *Erben Müller* (1986), BVR 1986, S. 247. In beiden liess das Bundesgericht zu, dass sich Eigentümer, die infolge staatlicher Anordnung den unmittelbaren Zugang von ihrem Grundstück zum See – einen rein faktischen Vorteil – verloren hatten, aufgrund besonderer (zumindest im Fall *von Düring* gesucht anmutender) Umstände auf die Eigentumsgarantie berufen konnten. Kritisch dazu G. MÜLLER, Kommentar, N.5 zu Art. 22ter BV, FN 17.

[54] Im Urteil *Hausbesitzer-Verein Basel,* BGE 105 Ia 134, hat das Bundesgericht 1979 anlässlich eines Falles möglicher konfiskatorischer Besteuerung das Vermögen unter den grundsätzlichen Schutz der Garantie gestellt. Zwar war hier die Eigentumsgarantie in ihrer Bedeutung als Institutsgarantie betroffen, id., 140. Dennoch lässt sich nicht

5.4. Eigentum – Gegenstand der materiellen Enteignung

Nach der hier vertretenen Auffassung lässt sich die heute noch immer herrschende Einschränkung des Schutzbereiches der Eigentumsgarantie auf «rechtlich geschützte» vermögenswerte Interessen nicht mehr rechtfertigen. Der Verlauf der geltenden Grenzlinie zwischen geschützten und ungeschützten Interessen weist willkürliche Züge auf[55]. Im Ergebnis geniessen bestimmte vermögenswerte Positionen dem Gemeinwesen gegenüber den zwar beschränkten, präventiv aber sehr wirkungsvollen Schutz von Art. 22ter Abs. 3 BV (Entschädigungspflicht), während andere Positionen, die ebenso schutzwürdig scheinen, nur gegen staatliche Willkür gesichert sind[56].

Ein möglicher Ausweg könnte darin liegen, bestimmte besonders wichtige Positionen in den Schutzbereich der Eigentumsgarantie einzubeziehen. Dieser Weg ist beispielsweise in Deutschland mit dem Recht am eingerichteten und ausgeübten Gewerbebetrieb und mit dem Anliegerrecht beschritten worden[57]. Gewonnen wären damit aber nur punktuelle Verbesserungen; die grundlegende Fragwürdigkeit der heutigen Regelung bliebe bestehen.

Die ungleich radikalere – hier befürwortete – Lösung besteht darin, gewissermassen an das «natürliche» Schutzobjekt der Eigentumsgarantie, nämlich an das Vermögen als die Gesamtheit der einem Individuum zustehenden vermögenswerten Interessen anzuknüpfen, und dieses als Ganzes unter den Schutz der Garantie zu stellen[58]. Die Unterscheidung zwischen rechtlich geschützten und faktischen Interes-

---

übersehen, dass über die Steuern – auch wenn sie wirtschaftlich gesehen das Vermögen global involvieren – letztlich doch Positionen betroffen sind, die unzweifelhaft zum Kern der rechtlich geschützten Objekte gehören (Forderungsrechte in Form von Bank- oder Postcheckguthaben, ev. Bargeld). Vgl. auch G. MÜLLER, Privateigentum, ZSR 1981 II, S. 94.

[55] J.P. MÜLLER, Elemente: «Jeder Versuch, den Schutzbereich eines Grundrechts begrifflich festzulegen, läuft Gefahr, neu auftauchende Sachverhalte und nicht voraussehbare Probleme vom Wirkungsbereich der Grundrechte auszuschliessen, ungeachtet neuer Schutzinteressen» (89).

[56] Diese Ungleichbehandlung könnte auf der praktischen Ebene hingenommen werden, wenn heute das Institut einer allgemeinen rechtsstaatlichen Entschädigungspflicht in gleicher Weise anerkannt und konkretisiert wäre, wie dies für die materielle Enteignung zutrifft. Davon sind wir aber noch weit entfernt; vorne S. 227.

[57] Dazu OSSENBÜHL, 105–08, 108–112; NÜSSGENS/BOUJONG, 39–55. Eine Übernahme des Rechts am eingerichteten und ausgeübten Gewerbebetrieb für die Schweiz hat DICKE, 65, postuliert.

[58] Gleich FRICK, 24–25 und 81, und wohl auch bereits GIACOMETTI, 509–11; ebenso (aus der Perspektive einer allgemeinen staatlichen Entschädigungspflicht) GUENG, Entschädigungspflicht, 211. Vgl. auch LEISNER, 196–97. Grundsätzlich entgegengesetzt (zugleich aber differnzierend) NEF, Kategorie der Sache, 209–12.

5.4. Eigentum – Gegenstand der materiellen Enteignung

sen, zwischen wohlerworbenen Rechten und bloss gegen das Willkürverbot geschützten öffentlichrechtlichen Positionen wird fallengelassen. So verstanden hätte das Schutzobjekt nur noch die Aufgabe, den Anwendungsbereich der Eigentumsgarantie von jenem der anderen Grundrechte – besonders der Handels- und Gewerbefreiheit und der persönlichen Freiheit – abzugrenzen [59].

Nicht jede vermögenswerte Position wäre damit tatsächlich auch geschützt. Die Eigentumsgarantie gewährt nicht einen absoluten Schutz. Erreichen liesse sich aber, dass sachlich Zusammengehöriges verfassungsrechtlich nach denselben Gesichtspunkten geprüft würde [60]. Insbesondere wäre die Entschädigungspflicht auf alle enteignungsähnlich wirkenden Eingriffe in vermögenswerte Interessen ausgedehnt.

---

[59] Die mittelbaren Beeinträchtigungen von Vermögensinteressen, die infolge einer staatlichen Verletzung der persönlichen Integrität eintreten, wären im Bereich der persönlichen Freiheit zu regeln. So haben etwa IMBODEN in einem Diskussionsvotum am Juristentag 1953, ZSR 1953, S. 555a, und MOOR, Résponsabilité, RDAF 1977, S. 223, die Auffassung vertreten, dass jedes Grundrecht eine Entschädigungsgrundlage für bestimmte extreme Fälle von Verletzungen seiner Schutzobjekte in sich trägt. Anders GIACOMETTI, 513.

[60] In eine ganz andere Richtung zielt der Vorschlag von Frau WEBER-DÜRLER. Ihrer Auffassung nach kann die Lösung des heutigen unbefriedigenden Zustandes nicht darin liegen, den Schutzbereich der Eigentumsgarantie auszudehnen; erforderlich ist vielmehr – wenn ich richtig verstehe – die Behandlung der nicht geschützten Positionen nach den Grundsätzen des Vertrauensschutzes (Vertrauensschutz, 69). Ähnlich argumentiert KÖLZ, der die wohlerworbenen Rechte und damit wohl alle im öffentlichen Recht angesiedelten Vermögenspositionen von der Eigentumsgarantie lösen möchte (Intertemporales Verwaltungsrecht, ZSR 1983 II, S. 179–91).
Ich kann mich diesen Meinungen nicht anschliessen. Der Vertrauensgrundsatz beschlägt ähnlich wie die Rechtsgleichheit ohnehin das gesamte Gebiet der staatlichen Aktivität. Es scheint mir verfehlt, ihn auch dort ausschliesslich zur Anwendung kommen zu lassen, wo sachliche Kriterien (im Falle der Eigentumsgarantie die Qualifizierung einer Position als «vermögenswert») die Zuordnung eines bestimmten Gegenstandes zu einem spezifischeren Grundrecht erlauben (vgl. die m.E. nach wie vor gültigen Ausführungen RHINOWS, 16–19). Die von Frau WEBER namhaft gemachte Schwierigkeit, bei einer Ausweitung des Schutzbereiches der Eigentumsgarantie neue Abgrenzungskriterien finden zu müssen, besteht bei der hier vertretenen Lösung nicht.

5.5. Schmälerung bisher gegebener Eigentumsbefugnisse

5.5.1. Allgemeines

Im vorangegangenen Kapitel haben wir mit dem Tatbestandselement «Eigentum» das Objekt der materiellen Enteignung erörtert. Der eine materielle Enteignung bewirkende Hoheitsakt führt nun für den betroffenen Privaten zu einer Verkürzung eines solcherart gegebenen Objektes. Der Private verfügt nach dem Eingriff über weniger Möglichkeiten, als sie ihm sein Eigentum bisher vermittelt hatte[1].

Der Begriff «Schmälerung bisher gegebener Eigentumsbefugnisse» soll den Umstand zum Ausdruck bringen, dass *der Eingriff den Eigentumstitel unangetastet lässt*; der Eigentümer steht nach dem Eingriff in der gleichen rechtlichen Beziehung zum Eigentumsobjekt wie zuvor[2].

In diesem Merkmal liegt der *grundlegende Unterschied zur formellen Enteignung*. Diese entzieht dem Enteigneten definierte Rechte (das Eigentum, eine Dienstbarkeit oder ein bestimmtes persönliches Recht) und greift damit in dessen Rechtstitel – und nicht bloss in die durch den Titel vermittelten Befugnisse – ein.

Der damit festgestellte Unterschied zwischen materieller und formeller Enteignung hat allerdings nur formalen Charakter. Eine Abgrenzung, die sich an inhaltlichen Kriterien ausrichtet, führt – wie der nachstehende Exkurs zeigen wird – zu weit weniger eindeutigen Er-

---

[1] Im nachfolgenden Abschnitt 5.6 wird zu präzisieren sein, dass nur jene Verkürzungen bisher gegebener Eigentumsbefugnisse, die sich in einer oekonomisch messbaren Einbusse niederschlagen, für eine materielle Enteignung relevant sind.

[2] Mit G. Müller könnte man auch sagen, die Trägerschaft des geschützten Rechts bleibe unverändert; Kommentar, N. 44 zu Art. 22ter BV. Siehe auch BGE *Le Fort* (1946), ZSR 1947, S. 416a.
Von «Eigentumstitel» lässt sich allerdings nur im Zusammenhang mit rechtlich verfestigten Positionen sinnvoll sprechen. Der Anwendungsbereich der materiellen Enteignung reicht – entsprechend dem im vorausgegangenen Kapitel befürworteten weiten Verständnis des Begriffs «Eigentum» – darüber hinaus. Führt eine besonders intensive Beeinträchtigung eines faktischen Interesses zu einer materiellen Enteignung, wird man nicht sagen können, der Rechtstitel sei intakt geblieben; denn ein solcher hat eben nie bestanden.
Im vorliegenden Zusammenhang bleibt dies jedoch bedeutungslos. Weil Gegenstand der formellen Enteignung ebenfalls nur rechtlich verfestigte Interessen sein können (vorne S. 232), stellt sich die Abgrenzungsfrage nur für diese.

gebnissen. Die verbindenden Elemente zwischen den beiden Instituten, wie sie allein schon im gemeinsamen Begriff, aber auch in der bundesgerichtlichen Herleitung einer «materiellen» aus der formellen Enteignung zum Ausdruck kommen, sind stärker als die trennenden. Dies muss bei der Abgrenzung der entschädigungsbedürftigen von den entschädigungslosen Eingriffen mitbedacht werden [3]. Im Hinblick auf diese Fragestellung – aber noch losgelöst von ihr – soll im folgenden versucht werden, das Verhältnis zwischen formeller und materieller Enteignung eingehender auszuleuchten.

5.5.2. Exkurs: Das Verhältnis zwischen materieller und formeller Enteignung [4]

A) Am greifbarsten treten die Wechselbeziehungen zwischen formeller und materieller Enteignung hervor, wenn man sich nacheinander in die Lage des betroffenen Eigentümers und des handelnden Gemeinwesens versetzt. Einleitend sollen die beiden Institute daher aus dieser besonderen Sichtweise skizziert werden.

Zwei gegensätzliche Elemente charakterisieren die Lage, in der sich der *betroffene Eigentümer* befindet:

Erstens: Art. 22ter Abs. 3 BV knüpft an beide Arten von Eigentumseingriffen dieselbe Sanktion, nämlich die Zahlung voller Entschädigung durch das Gemeinwesen. Die Modalitäten, unter denen es zu dieser Sanktion kommt, sind bei den beiden Instituten jedoch verschieden. Nach schweizerischer Rechtsprechung und Lehre stellt die Entschädigung bei der formellen Enteignung eine Gültigkeitsvoraussetzung, bei der materiellen Enteignung aber eine Folge des Eingriffs dar [5]. Die Stellung des Eigentümers ist damit eine grundlegend andere, je nachdem ob das Gemeinwesen auf dem Wege der formellen Enteignung oder auf jenem der (enteignungsgleichen) Eigentumsbeschränkung in sein Eigentum eingreift. Während er bei der formellen Enteignung die Dinge an sich herankommen lassen kann und die Gewissheit hat, (im voraus) entschädigt zu werden, werden ihm im Falle der Eigentumsbeschränkung sowohl die Initiative zur Geltendmachung seiner Ansprüche wie auch die Ungewissheit des Ausgangs eines entsprechenden Verfahrens zugeschoben.

---

[3] Hinten S. 263–65.
[4] Zur Rechtsprechung des Bundesgerichts zu dieser Frage vorne S. 28–30, 57–58 und 192–96. Hess/Weibel, Bd. 2, 42.
[5] Vorne S. 97–100. – Bei der formellen Enteignung geht das Eigentum grundsätzlich erst mit der Bezahlung der Entschädigung auf den Enteigner über; siehe z. B. Art. 91 des BG über die Enteignung vom 20. Juni 1930, SR 711.

5.5. Schmälerung bisher gegebener Eigentumsbefugnisse

Zu dieser verfahrensmässigen Schlechterstellung des (potentiell) materiell Enteigneten tritt eine inhaltliche hinzu: Die materielle Enteignung setzt eine intensive Beeinträchtigung der Eigentümerstellung voraus; Eingriffe, die nicht schwer sind, bleiben von vornherein unbeachtlich[6]. Demgegenüber gehört das Vorliegen einer intensiven Eigentumsbeeinträchtigung nicht zu den Tatbestandselementen der formellen Enteignung; auch geringfügige Einbussen werden entschädigt[7].

Zweitens: Gewisse Erscheinungsformen der formellen Enteignung lassen sich im praktischen Ergebnis von einer Eigentumsbeschränkung nicht unterscheiden. Im Falle der (formellen) rechtlichen Teilenteignung werden nur einzelne Eigentumsrechte enteignet, während das betroffene Objekt sonst ganz beim Enteigneten verbleibt[8]. Wenn man vom Eingriff in den Rechtstitel absieht, verhält es sich hier nicht anders als bei einer Eigentumsbeschränkung. Umgekehrt liesse sich das Ergebnis einer Eigentumsbeschränkung, die zu einer materiellen Enteignung führt, meist auch im Wege der Teilenteignung verwirklichen[9]. In ihren praktischen Auswirkungen decken sich die beiden Arten von Eingriffen somit weitgehend.

Wir stellen somit fest, dass zwar auf der einen Seite der Anspruch auf volle Entschädigung für den Eigentümer je nach der Vorgehensweise des Gemeinwesens einen unterschiedlichen Gehalt hat, dass aber auf der andern Seite gerade in jenem kritischen Bereich, wo sich eine materielle Enteignung verwirklichen kann, formelle (Teil-)Enteignung und Eigentumsbeschränkung in ihren praktischen Auswirkungen zusammenfallen.

Wenn wir uns dem *handelnden Gemeinwesen* zuwenden, erweisen sich formelle und materielle Enteignung als Institute unterschiedlicher Qualität. Die formelle Enteignung ist das Instrument, welches es dem Gemeinwesen erlaubt, zwangsweise private Güter zu beschaffen, deren es zur Verwirklichung bestimmter öffentlicher

---

[6] Hinten S. 276–77.

[7] Der paradoxe Schluss aus diesem Befund: Die «Eigentumsbeschränkungen, die einer Enteignung gleichkommen», treffen den Eigentümer oftmals schwerer als eine eigentliche Enteignung.

[8] Dazu GYGI, Expropriation, S. 88–89; MERKER, 54–81; SCHÜRMANN, 258.

[9] Nämlich im Wege der zwangsweisen Begründung einer Servitut, welche inhaltlich der dem Eigentümer auferlegten Eigentumsbeschränkung entspricht. Dabei ist vorausgesetzt, dass eine gesetzliche Grundlage für eine derartige Teilenteignung besteht.
Als Beispiel wären etwa Massnahmen des Heimat- und Naturschutzes anzuführen. Die kantonalen Einführungsgesetze zum ZGB enthalten in der Regel eine gesetzliche Grundlage, die die Sicherung schutzwürdiger Objekte im Expropriationswege zulässt (vgl. etwa Art. 82 Abs. 3 des bernischen EGzZGB). Derselbe Erfolg kann aber auch mit raumplanerischen Massnahmen erreicht werden.
Die Nähe der beiden Institute hat GYGI 1969 veranlasst, die materielle Enteignung als «Teilenteignung des Eigentumsrechts» zu deuten (Expropriation, 98–99).

5.5. Schmälerung bisher gegebener Eigentumsbefugnisse

Werke und Zwecke bedarf. Sie wird willentlich und in Kenntnis ihrer Wirkungen für den Eigentümer und das Gemeinwesen in die Wege geleitet[10]; das Verfahren ist dazu eigens festgelegt. Anders die materielle Enteignung: nie wird sie als solche «eingeleitet». Sie ist vielmehr Nebenfolge eines auf andere Ziele gerichteten staatlichen Handelns, meist eines regelnden Eingreifens in die Eigentumsordnung[11]. Dass es zu Beeinträchtigungen des Eigentums kommt, welche die mit Entschädigungsfolgen verbundene Intensitätsschwelle erreichen, lässt sich hier oft nicht voraussehen und ist nicht beabsichtigt.

Aus dieser Perspektive betrachtet wird nun eher verständlich, warum die formelle Enteignung in jedem Fall zu einer Entschädigung führt, während es dafür bei der materiellen Enteignung einer besonderen Intensität des Eingriffs bedarf. Wo das Gemeinwesen zur Verwirklichung eigener Zwecke private Güter erwirbt, soll es zahlen. Es soll aber (ausser in extremen Fällen) nicht dafür zahlen müssen, dass es als Gestalter der Eigentumsordnung – also gleichsam als desinteressierter Dritter – private Eigentumspositionen beeinträchtigt[12].

Gleichzeitig wird hier aber auch ein Konfliktpunkt – oder eher eine Interessenkollision auf Seiten des Gemeinwesens – sichtbar. Wie das Institut der rechtlichen Teilenteignung zeigt, sind die Fälle, bei denen im Wege der formellen Enteignung vorzugehen ist, nicht immer klar von jenen geschieden, wo das gleiche Ergebnis auch über eine Eigentumsbeschränkung erreicht werden kann. Das Gemeinwesen ist nun aber im Rahmen, den ihm die Enteignungsgesetze ziehen[13], *weitgehend frei, die Art seines Vorgehens selber zu bestimmen*[14]. Die Versu-

---

[10] Wenn wir vom singulären Fall der nachträglichen Enteignung absehen; siehe dazu auf eidgenössischer Ebene Art. 41 des BG über die Enteignung vom 20. Juni 1930 (SR 711) und die zugehörige Rechtsprechung. Vgl. auch vorne S. 224.

[11] Zu erwähnen sind daneben die Fälle, wo der Staat als Träger der Leistungsverwaltung handelt. Allfällige Beeinträchtigungen privaten Eigentums haben hier aber meist einen nichtfinalen bzw. mittelbaren Charakter (dazu vorne S. 224–26); bei ihnen stellt sich die Frage der Abgrenzung zur formellen Enteignung von vornherein nicht.

[12] Zu diesem Gedanken ausführlicher hinten 6.4.2, S. 310 ff.

[13] Vgl. vorne FN 9.

[14] Der Grund dafür liegt in der in der Schweiz herrschenden Auffassung, dass die Entschädigung bei materieller Enteignung Folge und nicht Gültigkeitsvoraussetzung des Eingriffs ist (dazu vorne S. 99–100). Damit wird vorweg darauf verzichtet zu überprüfen, ob der fragliche Eingriff korrekterweise nur im Wege der formellen Enteignung hätte vorgenommen werden dürfen. Sieht man demgegenüber in der Entschädigung eine Gültigkeitsvoraussetzung, wie dies das deutsche Recht tut («Junktimklausel», dazu vorne S. 99, FN 28), so liegt in der Feststellung, dass eine Eigentumsbeschränkung enteignend wirkt, zugleich die Rüge an das Gemeinwesen, es habe den korrekten Weg der vorgängigen Enteignung nicht eingeschlagen.

chung besteht, ein angestrebtes Ergebnis eher über eine Eigentumsbeschränkung zu verwirklichen; denn hier ist es möglich, ja wahrscheinlich, dass es zu einer Entschädigungsleistung an den Eigentümer gar nicht kommen wird. Verbirgt sich so hinter einer scheinbaren Regelung der Eigentumsordnung eine Güterbeschaffung, wird die Privilegierung des Gemeinwesens fragwürdig[15].

B) Jenseits der gewissermassen phänomenologischen Analyse lassen sich zwischen formeller und materieller Enteignung zwar Unterschiede begrifflicher Art feststellen. Diese beruhen letztlich aber ganz auf den Definitionen, welche die Enteignungsgesetze des Bundes und der Kantone der formellen Expropriation geben.

Diese Enteignungsgesetze gehen im wesentlichen noch vom sogenannten klassischen Enteignungsbegriff aus[16]. Sie definieren die Enteignung regelmässig als eine zwangsweise Übertragung (oder Aufhebung) privater Rechte an bestimmten Sachen (meist Grundstücken) zugunsten des Gemeinwesens oder eines von diesem ermächtigten Dritten, wobei diese Übertragung der Verwirklichung eines im öffentlichen Interesse stehenden Werkes oder Zweckes dient und in einem förmlichen Verfahren gegen vorgängige Entschädigung vorgenommen wird[17].

Die wesentlichen Merkmale der formellen Enteignung liegen demnach im Eingriff in die (private) Rechtssphäre des Eigentümers, in der Zielrichtung des Eingriffs, im Verfahren und allenfalls im Gegenstand. Alle diese Merkmale bestätigen aber nur die bereits gemachte Feststellung, dass bei einer an inhaltlichen und nicht bloss an formalen Gesichtspunkten orientierten Analyse zwischen formeller und materieller Enteignung kaum eigentliche Unterschiede bestehen:

– Der Eingriff in den Rechtstitel des Enteigneten stellt, wie eingangs erwähnt, das wesentliche Kennzeichen der formellen Enteignung dar. Er fehlt bei der materiellen Enteignung[18]. Im praktischen Ergebnis liegt darin aber kaum ein Unterschied. Der materiell Enteig-

---

[15] Darauf werden wir unter 6.4.2, S. 310 ff, wieder zurückkommen. Vgl. auch Ludwig MEYER, ZBJV 1972, S. 201–02.
[16] Dazu F. FLEINER, Institutionen, 307–14; KIRCHHOFER, ZSR 1939, S. 148; HUBER, Gewährleistung, 224–25; Peter Hansjakob MÜLLER, 83–85; LEISNER, 17–18; BÜHLER, Zbl 1974, S. 386–89; OSSENBÜHL, 92.
[17] Als Beispiel sei auf die Art. 1, 4 und 5 des Bundesgesetzes über die Enteignung vom 20. Juni 1930 (SR 711) verwiesen.
[18] Vorne 5.5.1, S. 246.

nete ist ebenfalls *rechtlich* eingeschränkt, mag auch sein Rechtstitel unversehrt bleiben; der Eingriff äussert sich als öffentlichrechtliches Verbot oder Gebot [19].
- Die formelle Enteignung dient dem Zweck, die erforderlichen Güter für die Verwirklichung eines im öffentlichen Interesse liegenden Werkes zu beschaffen. Indessen liegt hier nur der Tendenz nach ein Unterschied zur materiellen Enteignung. Auch bei dieser verhält es sich oft so, dass der Allgemeinheit aus dem Eingriff deutlich fassbare Vorteile zufliessen [20].
- Die verfahrensmässigen Besonderheiten der formellen Enteignung erklären sich aus dem Institut selber, welches darauf gerichtet ist, gezielt in Güter einzugreifen, die dem Grundsatz nach dem Staat gegenüber geschützt sind. Dieser Wesenzug fehlt bei jenen Eingriffen, die zu einer materiellen Enteignung führen; sie verfolgen primär andere Zwecke. Daraus erklärt sich, dass die enteignende Wirkung hier als (ungewollte) «Folge» verstanden und behandelt wird.
- Der Umstand, dass die Enteignungsgesetze das Objekt der formellen Expropriation bisweilen auf das Grundeigentum und die mit ihm zusammenhängenden Rechte beschränken, beruht auf geschichtlichen Gründen [21]. Um ein prägendes Merkmal handelt es sich dabei nicht [22].

C) Besondere Fragen stellen sich dann, wenn eine materielle später durch eine formelle Enteignung ergänzt wird. Dieser Problemkreis ist bereits an anderer Stelle erörtert worden; darauf sei hier verwiesen [23].

---

[19] Ein Unterschied könnte allenfalls darin gesehen werden, dass beim Wegfall des materiell enteignenden Eingriffes (z.B. bei Entlassung eines Objektes aus einem Denkmalinventar) die bisher entzogenen Eigentumsbefugnisse ohne weiteres wieder zugunsten des Eigentümers aufleben. Demgegenüber bedarf es nach einer formellen Enteignung einer förmlichen Rückübertragung, um den enteigneten Eigentümer wieder in den Genuss des ihm entzogenen Rechtes kommen zu lassen.
[20] Dazu ausführlicher hinten 6.4.2, S. 310 ff.
[21] Dazu LEISNER, 17–18.
[22] Eine derartige gesetzliche Beschränkung des Expropriationsobjektes hat im Urteil *Société suisse des maîtres imprimeurs*, 93 I 711, E.3 (erster Absatz) (1967; Dépôt légal), dazu geführt, dass der Eingriff nicht unter dem für die betroffenen Eigentümer günstigen Blickwinkel der formellen Enteignung, sondern nur unter jenem der materiellen Enteignung untersucht wurde.
[23] Vorne S. 194–96.

5.6. Vermögensminderung

5.6.1. Der Grundsatz

Die Frage nach den schädigenden Folgen eines bestimmten Eigentumseingriffes wird üblicherweise unter dem Gesichtspunkt der Eingriffsintensität erörtert. Das Ausmass der eingetretenen Vermögensminderung dient hier als ein Kriterium zur Feststellung, ob bloss eine entschädigungslos zu duldende oder aber eine enteignungsähnliche Beeinträchtigung vorliegt[1].

Im Tatbestand der materiellen Enteignung hat der Schaden aber noch eine zweite, von diesem Abgrenzungsproblem verschiedene Funktion. Weil als Rechtsfolge allein eine Entschädigung – und nicht auch die Aufhebung des Eingriffes – in Betracht kommt, kann sich die Frage der materiellen Enteignung nur für einen Teilbereich der Schmälerungen bisher gegebener Eigentumsbefugnisse (im Sinne des vorangegangenen Kapitels) stellen.

Für die Entschädigungsbemessung wird die materielle Enteignung wie eine formelle rechtliche Teilenteignung behandelt; die Entschädigung ermittelt sich nach der Differenz zwischen den Verkehrswerten der betroffenen Eigentumsposition vor und nach dem Eingriff[2]. *Entschädigung setzt aber notwendig eine auszugleichende Vermögenseinbusse – also einen Schaden im Rechtssinne – voraus*[3]. *Führt daher ein Eigentumseingriff nicht zu einer in Geld messbaren Wertverminderung der angegriffenen Eigentumsposition, entfällt von vornherein die Frage nach einer materiellen Enteignung*[4].

[1] Dazu hinten 6.2.

[2] BGE *Erben Schulthess,* 93 I 145 (1967); *Sigg,* 98 Ia 386, E.2 letzter Satz (1972). WIEDERKEHR, 77–79; GYGI, Expropriation, 98–100; MERKER, 82 und 84; MEIER-HAYOZ, Kommentar, Systematischer Teil, N.643–44; GRISEL, Traité, 778; SCHÜRMANN, 249, 262–63.

[3] Am deutlichsten hat dies das Bundesgericht in einem unveröffentlichten Urteil *Stadt Winterthur v. Bachmann* vom 16. März 1983 festgehalten, wo es für einen Fall materieller Enteignung einen tatsächlich eingetretenen Schaden und den Kausalzusammenhang zwischen diesem und dem Eingriff als Voraussetzung jeder Enteignungsentschädigung bezeichnete (E.3c in fine, S.12).

[4] SCHAUMANN, Landesplanung, 237 N.130, 264; AUBERT, Quelques mots, 18; MERKER, 84; BLOCHER, 123; KUTTLER, Zeitpunkt, Zbl 1975, S.504; IMHOLZ, Zbl 1977, S.496; SCHÜRMANN, 234. Vgl. auch GUENG, Entschädigungspflicht, 189–90; VPB 1985, Nr.69, S.445–46 (IV.2).

Die Rechtsprechung übersieht dies bisweilen und erörtert das Vorliegen einer materiellen Enteignung als ernsthafte Möglichkeit, obwohl ein Blick auf die Rechtsfolge zeigen müsste, dass eine Entschädigung wegen des Fehlens einer Vermögenseinbusse

Für die Beurteilung massgebend ist die betroffene Eigentumsposition, nicht die Situation des jeweiligen Eigentümers. Deshalb darf einen Entschädigungsanspruch grundsätzlich auch jener geltend machen, der das betreffende Objekt erst *nach* dem Eingriff zu einem die eingetretene Wertverminderung berücksichtigenden tieferen Preis erworben hat, sofern nur die Entschädigung nicht bereits einem früheren Eigentümer bezahlt wurde [5].

5.6.2. Folgerungen

A) Die Notwendigkeit einer Vermögenseinbusse hat zur Folge, dass bestimmte Kategorien von Eigentumseingriffen, die bisweilen unter dem Gesichtspunkt der materiellen Enteignung diskutiert werden, als Entschädigungsfälle ausser Betracht fallen:

– Eine *erste Gruppe* umfasst jene Eigentumsbeschränkungen, die allein zu *immateriellen Beeinträchtigungen* führen. Da das Enteignungsrecht eine Abgeltung des «tort moral» nicht kennt, bleiben solche Fälle zwangsläufig entschädigungslos [6]. Zu denken ist etwa an den Fall, wo Baulinien den Standort für ein künftiges Gebäude auf einen kleinen Teil eines Grundstückes begrenzen, ohne aber den Verkehrswert herabzusetzen, da schon bisher nur eine eingeschränkte Nutzungsintensität zugelassen war [7]. Ein anderes Beispiel bieten Nutzungsplanungen innerhalb der Bauzone, bei denen Wohn- oder Industriezonen ausgeschieden werden, in welchen andere als die namentlich bezeichneten Hauptnutzungen nicht zugelassen sind. Beeinträchtigt eine solche Planung die Grundstückswerte nicht, so kann sie auch dann nicht zu einer materiellen Enteignung führen, wenn ein Eigentümer davon besonders betroffen wird, weil er gerade die ihm nun entzogene Nutzungsart hätte verwirklichen wollen [8].

gar nicht in Frage kommen kann: BGE *Kresse,* 109 Ib 268, 275–76 (1983) (Entschädigung für ein vorübergehendes Bauverbot verneint unter dem Titel der formellen Enteignung wegen Fehlens eines nachgewiesenen Schadens, unter dem Titel der materiellen Enteignung aber wegen der zu kurzen Dauer des Bauverbotes); BGE *Guler,* 109 Ib 116 (1983), hinten S. 256.

[5] Unveröffentlichtes Urteil *Stadt Winterthur v. Bachmann* vom 16. März 1983, E.3, S. 8–12. Man wird also dem Kläger nicht entgegenhalten können, er selber habe – wegen des tiefen bezahlten Preises – gar keinen Schaden erlitten. Siehe aber hinten S. 344.

[6] WIEDERKEHR, 25; BONNARD, JdT 1966, S. 76 N. 19.

[7] BGE *Staat Wallis,* 110 Ib 359, 362 (1984). Eine derartige Einschränkung der Gestaltungsfreiheit kann allerdings sehr wohl den Grundstückswert negativ beeinflussen, vgl. etwa den Sachverhalt des Entscheids *Kocher,* 107 Ib 380, 385 (1981).

[8] BGE *Maurer,* 106 Ia 266–67 (1980). Vorzubehalten sind allerdings jene Fälle, wo der subjektive Schaden den Verkehrswert des entzogenen Rechts übersteigt. Siehe als Beispiel BGE *Kanton Zürich v. A. Bonomos Erben Immobilien AG,* 106 Ib 228–31 (1980).

5.6. Vermögensminderung

– Zu einer *zweiten Gruppe* gehören bestimmte Fälle von *positiven Leistungspflichten*, die einem Eigentümer auferlegt werden [9]. Bewirken die in Erfüllung dieser Pflicht vorgenommenen Massnahmen eine entsprechende Wert- und Ertragssteigerung des Eigentumsobjektes, fehlt es an einer Vermögenseinbusse, die ausgeglichen werden könnte. Als Hauptbeispiel erscheint die Pflicht zur Erstellung von Autoabstellplätzen auf privatem Grund; der Markt honoriert das Vorhandensein von Parkplätzen auf einer Liegenschaft erfahrungsgemäss in einem Ausmass, der den Betrag der investierten Mittel mindestens erreicht [10]. Dasselbe gilt offensichtlich für alle Vorschriften, welche den Eigentümer anhalten, bestehende Gebäude ordnungsgemäss instand zu halten. Auch Erschliessungsvorschriften sind hierher zu zählen.
Nicht für alle Leistungspflichten schlägt sich allerdings die Erfüllung in einer entsprechenden Werterhöhung nieder. So wird es etwa bei der mit der Unterschutzstellung eines Gebäudes als Denkmal verbundenen Pflicht, das Gebäude stehen zu lassen und zu erhalten, oder bei der denkmalpflegerischen Auflage, für einen Neubau bestimmte Materialien zu verwenden, auf die Verhältnisse des Einzelfalles ankommen [11]. Bei einer Unterhaltspflicht für Mobilien – etwa

---

[9] Dazu allgemein HOFMANN, Die Pflicht zur Nutzung des Bodens, bes. 90–92 und 119–124. HOFMANN erachtet den vom Bundesgericht für Nutzungsbeschränkungen entwickelten Begriff der materiellen Enteignung auf Nutzungsgebote nicht anwendbar (83–84) und verlangt daher eine besondere Entschädigungsnorm (88–89; 142–44).

[10] Vgl. die Überlegungen des Bundesgerichtes in BGE *Reutemann,* 97 I 799–800 (1971).

[11] Für eine differenzierte Beurteilung tritt auch JOLLER, 145–46, ein.
Immerhin darf in solchen Fällen eine Werteinbusse nicht einfach vermutet werden. Aufschlussreich sind diesbezüglich die von Max Ernst HODEL, Zur Wertentwicklung altüberbauter Grundstücke mit Erneuerungsinvestitionen in Zürcher Ortschaften unter Schutzverordnungen, Zbl 1975, S. 49–65, vorgestellten Ergebnisse einer Erhebung, die in drei unter einer Schutzverordnung stehenden Gemeinden geführt wurden. Die Studie zeigt, dass die innerhalb des Schutzperimeters gelegenen überbauten Liegenschaften ausnahmslos eine ähnliche Wertentwicklung aufwiesen wie vergleichbare, nicht unter Schutz gestellte Grundstücke. Die Erklärung für dieses Phänomen liegt in der Tatsache, dass ein Markt mit finanzkräftigen Interessenten besteht, welche die – ja erst durch die Schutzverordnungen herbeigeführte und gewährleistete – Exklusivität der Objekte zu bezahlen gewillt sind (besonders S. 64–65).
Siehe auch BGE *Neeff und Heusler v. Kt. Basel Stadt,* 111 Ib 257, bes. 267–68 (1985) (materielle Enteignung verneint), und den zugehörigen Vorentscheid des Verwaltungsgerichtes Basel-Stadt vom 13. Juni 1984, Zbl 1985, S. 14, 17–18 (Unterschutzstellung zweier Häuser an der Angensteinerstrasse in Basel).

einer Sammlung archaeologischer oder ethnologischer Objekte oder einer Kunstsammlung – ist zu beachten, dass diese keinen unmittelbaren Ertrag abwerfen; der Eigentümer muss den Unterhalt also aus seinem übrigen Vermögen bestreiten [12].

– Eine *dritte Gruppe* bilden *zeitlich beschränkte Eingriffe*, besonders vorübergehende Bausperren. Derartige Beeinträchtigungen lassen den gegenwärtigen Gebrauch – und damit auch den daraus fliessenden Ertrag – meist unberührt. Nach ihrem Ablauf wird das betroffene Objekt regelmässig den gleichen Wert aufweisen wie zuvor, oder sogar eine für Sachobjekte bestehende allgemeine Wertsteigerung mitgemacht haben. Auch hier fehlt es an einer Vermögensminderung, die ausgeglichen werden kann. Anders verhält es sich nur, wenn die vorübergehende Massnahme eine finanziell günstigere Art der Nutzung (Überbauung, Verkauf) verhindert oder verzögert hat [13].

– Zu einer *vierten Gruppe* gehören Fälle des Entzugs von Eigentumsbefugnissen, die so oder so nicht hätten verwirklicht werden können. Wo bereits die *fehlende Eignung* des betreffenden Objekts eine bestimmte Verwendungsart verunmöglicht, kann deren (rechtliches) Verbot keinen Schaden bewirken [14].

Das klarste in der Praxis anzutreffende Beispiel liefern Bauverbote auf Grundstücken, welche Waldqualität aufweisen. Da hier bereits die Forstgesetzgebung die kommerzielle Überbauung ausschliesst, entzieht ein förmliches Bauverbot keine realisierbare Eigentumsbefugnis [15]. Es handelt sich indessen um ein atypisches Beispiel, da hier die rechtliche, nicht die natürliche Beschaffenheit des Objektes die nachträglich verbotene Art der Nutzung verunmöglicht. Das Ro-

---

[12] BGE *Balli*, 113 Ia 377–79, E.5c (1987) (materielle Enteignung dem Grundsatz nach bejaht); dazu hinten S. 285.

[13] Die Überlegungen, welche das Bundesgericht im Urteil *Kresse*, 109 Ib 268 (1983), für die formelle Enteignung anstellt, müssten – entgegen E.4 (S. 275–76) – ohne weiteres auch für die materielle Enteignung gelten.
In einem dem Delegierten für Raumplanung 1974 erteilten Gutachten erwägt GYGI, auch die Verspätung der Bauausführung als möglichen Entschädigungsposten für ein vorübergehendes Bauverbot zu berücksichtigen; VPB 1974, Nr. 78 (S. 61). Zum Ganzen auch hinten S. 290–92.

[14] Übereinstimmend AUBERT, Quelques mots, ZBGR 1962, S. 18; BLOCHER, 136.

[15] BGE *DFJP v. Collomb* vom 30. Januar 1976 (unveröffentlicht), E.4 S. 13–17; *Gemeinde Domat/Ems* vom 22. September 1982 (unveröffentlicht), E.2d S. 5–6; *Gemeinde Sils* (1984), Zbl 1984, S. 556.

5.6. Vermögensminderung

dungsverbot der eidgenössischen Forstgesetzgebung[16] stellt mit seinem gleichsam ehernen Charakter eine Singularität dar. Andere rechtliche Hindernisse sind in der Regel nicht unumstösslich; der Markt berücksichtigt dies in Form einer Wertkomponente, welche die Möglichkeit einer Überwindung des Hindernisses einrechnet[17]. Nur ein Eingriff, der eine aufgrund der *natürlichen* Beschaffenheit des Objekts nicht realisierbare Befugnis entzieht, wird also in der Regel keine Vermögensminderung bewirken. Solche Fälle sind jedoch selten. Besonders die im Mittelpunkt des Interesses stehende bauliche Nutzung eines Grundstückes lässt sich technisch fast immer verwirklichen[18].

Eine bloss verminderte Eignung, welche eine Realisierung des entzogenen Gebrauchs als unwirtschaftlich (aber nicht unmöglich) erscheinen lässt, kann unter dem Gesichtspunkt der Eingriffsintensität Bedeutung haben[19].

- Eine letzte Gruppe umfasst *Einzelfälle*, bei denen das Fehlen einer Vermögensminderung auf eine besondere Konstellation konkreter Umstände zurückzuführen ist.

  Ein Beispiel bietet der Entscheid *Guler*[20]. Die Gemeinde Klosters verlangt anlässlich des Ausbaus eines bestehenden Hotels die Eintragung eines Mehrwertreverses, da das auszubauende Gebäude eine Baulinie verletzt. Die Hoteleigentümerin macht materielle Enteignung geltend und gelangt zuletzt an das Bundesgericht. Dieses legt mit eingehender Begründung dar, dass es an der für einen enteignungsgleichen Eingriff nötigen Intensität fehlt. Das Gericht lässt dabei aber ausser Betracht, dass ein Schaden zumindest im Zeitpunkt des Entscheides nicht vorliegt, so dass sich die Frage einer materiellen Enteignung gar nicht stellen kann. Der nötige Ausbau des Hotels ist ja nicht verhindert worden; eine Schädigung könnte erst bei ei-

---

[16] BG vom 11. Oktober 1902 betreffend die eidgenössische Oberaufsicht über die Forstpolizei, SR 921.0.

[17] Unzulässig erscheint daher, aus der fehlenden Erschliessung eines Grundstückes auch seine fehlende Eignung zur Überbauung abzuleiten, und daraus auf das Fehlen eines Schadens im Falle eines Bauverbotes zu schliessen. Eine solche Argumentation vertreten tendenziell beispielsweise Jost, Zbl 1950, S. 12 (Privaterschliessung in der Regel unwirtschaftlich); Gygi, Expropriation, 101.

[18] Die bundesgerichtliche Rechtsprechung weist denn auch kein Beispiel auf, wo sich die Überbauung als faktisch unmöglich erwiesen hätte. Am nächsten kommen die Sachverhalte der Urteile *Würth*, 101 Ia 227 (1975; schlechter Baugrund), und *Kocher*, 107 Ib 386 (1981; Hanglage, welche möglicherweise eine Überbauung ausschliesst).

[19] Hinten S. 285–87.

[20] BGE 109 Ib 116 (1983).

ner Geltendmachung des Reverses eintreten, doch ist es völlig ungewiss, ob es je dazu kommen wird.[21]

B) Das Tatbestandsmerkmal der Vermögenseinbusse als notwendige Voraussetzung für eine Entschädigung verlangt vom Richter nicht eine detaillierte Erhebung der finanziellen Auswirkungen des in Frage stehenden Eingriffs. Es geht eigentlich um eine blosse Vorfrage, für deren Beantwortung eine prima facie-Abklärung genügt[22].

Im Bewusstsein des Richters muss diese Vorfrage jedoch präsent sein. Ist er mit einem Fall behaupteter materieller Enteignung konfrontiert, kann sie ihn davor bewahren, ein Scheinproblem lösen zu wollen. Noch wichtiger erscheint der sichernde Blick nach vorn auf die mögliche Rechtsfolge in jenem früheren Stadium, wo der Richter über die *Rechtmässigkeit des Eingriffes* zu befinden hat. Das Bestehen oder Fehlen einer Möglichkeit, für den allenfalls als rechtmässig erkannten Eingriff noch eine Entschädigung verlangen zu können, muss auf diesen Entscheid vorauswirken. Ein Eingriff, der keine Vermögensminderung bewirkt und sich also mit einer Entschädigung nicht abgelten lässt, kann für den betroffenen Privaten dennoch eine grosse Härte bedeuten. Wo ein hohes Affektionsinteresse berührt ist, oder wo positive Leistungspflichten einen Eigentümer zur Aufgabe seines Eigentums zwingen, weil er deren Finanzierung nicht zu bewerkstelligen vermag, erscheint die Abwägung der entgegenstehenden Interessen des Gemeinwesens und des betroffenen Privaten in einem besonderen Licht[23]. Die von vornherein fehlende Möglichkeit einer Entschädigung muss den Richter unter Umständen veranlassen, einen Eingriff aufzuheben, den er bei vergleichbarer Intensität für den Betroffenen, aber gegebener Entschädigungsmöglichkeit geschützt hätte.

---

[21] Vgl. demgegenüber BGE *Hoirs Chapallaz,* 99 Ia 364, 369 (1973), wo das Bundesgericht bei einem vergleichbaren Sachverhalt (Ziehung einer Arkadenbaulinie, die ein bestehendes Gebäude anschneidet) das Vorhandensein eines Schadens und damit einer materiellen Enteignung sinngemäss verneinte.

[22] Eine ins Einzelne gehende Abklärung kann sich allenfalls später für die Beurteilung der Eingriffsintensität als nützlich erweisen. Ablehnend RUCH, Zbl 1983, S. 536–37.

[23] Mit Recht heben verschiedene Autoren hervor, dass das gegen das öffentliche Interesse abzuwägende private Interesse sich verschieden darbietet, je nachdem ob der Private entschädigt wird oder nicht: DICKE, 76; G. MÜLLER, Kommentar, N. 48 zu Art. 22ter BV; WEBER-DÜRLER, Vertrauensschutz, 141 (in anderem Zusammenhang); eher ablehnend: ROUILLER, ZBJV 1985, S. 5.
Für das amerikanische Recht TRIBE, 589 (Entschädigung Surrogat für die Überprüfung der Begründetheit des öffentlichen Interesses).

5.7. Entschädigungspflicht des Gemeinwesens

Orientiert man sich an der Terminologie der Verfassung, so hat uns unsere bisherige Analyse des Tatbestandes der materiellen Enteignung bis hin zur Bestimmung des Begriffs der (vermögensmindernden) «Eigentumsbeschränkung» geführt[1]. Die Verfassung unterscheidet in Art. 22ter Abs. 3 nun zwei Arten von Eigentumsbeschränkungen: den Eigentumsbeschränkungen, «die einer Enteignung gleichkommen» und daher entschädigt werden müssen, stellt sie jene gegenüber, die diese Rechtsfolge nicht auslösen.

Zu bestimmen bleiben somit jene qualifizierenden Elemente, welche im Sinne der eingangs gegebenen Tatbestandsumschreibung[2] den Entschädigungsanspruch des betroffenen Eigentümers begründen. Es geht um das Zentralproblem der materiellen Enteignung, nämlich um ihre Abgrenzung gegenüber den Eigentumsbeeinträchtigungen, die vom Eigentümer entschädigungslos hingenommen werden müssen.

Dass diesem Problem hier ein eigener – der nachfolgende sechste – Abschnitt gewidmet wird, hat seinen Grund allein im Umfang des Stoffes. Die Frage der Abgrenzung bleibt ungeachtet der aus praktischen Gründen gebotenen selbständigen Behandlung Teil des Tatbestandes der materiellen Enteignung.

---

[1] Das Wort «Eigentumsbeschränkung» ist in der Doktrin wegen der dahinter steckenden Vorstellung, dass ein Gegebenes nachträglich beschränkt wird, auf Widerstand gestossen. «Eigentum» muss von der Rechtsordnung erst geschaffen werden; Beschränkung ist damit immer auch Konkretisierung. Siehe etwa KIRCHHOFER, ZSR 1939, S. 140–41; G. MÜLLER, Privateigentum, ZSR 1981 II, S. 443–47; GEISSBÜHLER, 168; A. GRISEL, Expropriation matérielle, 100. Vgl. auch hinten 6.1.1.
Für die uns beschäftigende Fragestellung behält der Begriff – namentlich aus der Sicht des betroffenen Eigentümers – einen guten Sinn. Er bringt zum Ausdruck, dass ein staatlicher Akt das aus einer bestehenden Eigentumsposition fliessende Potential an Gebrauchs- und Nutzungsmöglichkeiten eingeschränkt hat. Siehe im übrigen hinten S. 353–54 sowie für die Grundrechtseinschränkungen allgemein J.P. MÜLLER, Elemente, 96–101; Einleitung, N. 113.
[2] Vorne 5.1.3, S. 217.

6. Die Abgrenzung der materiellen Enteignung von den entschädigungslosen Beeinträchtigungen des Eigentums

6.1. Die Grundlagen

6.1.1. Das Spannungsverhältnis zwischen Inhaltsbestimmung und Schutz des Eigentums

A) Auch wenn man – wie dies hier geschieht[1] – grundsätzlich alle vermögenswerten Positionen eines Individuums als Schutzobjekt der Eigentumsgarantie anerkennt, steht doch ausser Zweifel, dass die Verfassungsgarantie diese Interessen zur Gänze weder schützen will noch schützen kann. Dies ergibt sich ausdrücklich bereits aus Absatz 2 von Art. 22ter BV, der Eigentumsbeschränkungen unter bestimmten Voraussetzungen als zulässig erklärt. Aber auch ohne eine solche Verfassungsbestimmung könnte es sich nicht anders verhalten. Erst die von der Rechtsordnung vorgenommene Abgrenzung, Formung und Auswahl macht diese Interessen zu einer operationellen Grösse; ohne inhaltliche Festlegung und ohne Klärung ihrer gegenseitigen Beziehungen bleiben Vermögensinteressen amorph und gegenüber widerstreitenden Interessen schutzlos. Überdies darf und soll die Allgemeinheit dem Geltungsanspruch privater Vermögensinteressen unbestrittenerweise Grenzen setzen, um allgemeine Anliegen zu wahren. Schliesslich ist nicht zu übersehen, dass sogar jene Massnahmen, mit denen das Gemeinwesen die Voraussetzungen zur Ausübung von Eigentumsbefugnissen schafft, sich nach anderen Richtungen hin einschränkend auswirken können.

[1] Vorne 5.4.3, S. 244–45.

6.1. Die Grundlagen

In diesem Sinn konstituiert erst die Rechtsordnung das Eigentum. Eigentum kann nicht uneingeschränkt, sondern nur in den Schranken dieser Ordnung bestehen[2]. Unter diesem Blickwinkel erscheint es auch zutreffend, vom Eigentum als der Gesamtheit der «rechtlich geschützten» Positionen eines Individuums zu sprechen. Dabei liefert das von der Rechtsordnung über eine lange Zeit hinweg geformte Eigentum den Massstab zum Verständnis dessen, was von der Eigentumsgarantie geschützt werden soll.

Wie die Rechtsordnung allgemein ist auch das das Eigentum konstituierende und regelnde Recht nicht unabänderlich. Gerade im Zusammenhang mit vermögenswerten Positionen hat das Bundesgericht immer wieder festgehalten, dass «ein wohlerworbenes Recht auf Beibehaltung der Rechtsordnung» nicht besteht; kein Eigentümer kann prinzipiell verlangen, dass eine ihm günstige Rechtslage nicht zu seinem Nachteil verändert wird[3]. Hier nun tritt das in der Eigentumsgarantie steckende Dilemma hervor. Auf der einen Seite schützt die Garantie das Eigentum, und zwar nicht bloss die Institution, sondern grundsätzlich jedes bestehende konkrete Eigentumsinteresse. Eigentum (im weitesten Sinne verstanden) ist also dem Gemeinwesen gegenüber nicht einfach eine prekäre Position, in welche beliebig eingegriffen werden kann. Auf der andern Seite stellt sich die Frage, worin der Schutz bestehen und wie weit er gehen soll, wenn die Idee des zu Schützenden einer Rechtsordnung zu entnehmen ist, welche legitimerweise Änderungen unterliegt? Der Orientierungspunkt muss notwendig ausserhalb liegen, in den überdauernden Vorstellungen der politischen Gemeinschaft über den Stellenwert des privaten Eigentums. Nur darf dabei nicht vergessen werden, dass auch diese Vorstellungen selber sich wandeln, und dass eben die zu prüfende konkrete Änderung der Eigentumsordnung Ausdruck dieses Wandels sein kann[4].

---

[2] Botschaft zu Art. 22ter BV, Bundesblatt 1967 II, S. 138; Art. 641 Abs. 1 ZGB.

[3] BGE *Imhof*, 5 397 (1879); *Meier v. Zizers*, 105 Ia 337–38 (1979); *Chemische Fabrik Ütikon*, 107 Ia 36 (1981); *Aesch* (1982), Zbl 1983, S. 81; *Arbau AG*, 109 Ia 114 (1983).

[4] Siehe zum Ganzen aus unterschiedlichen Positionen HAAB, Kommentar, N. 3–4 zu Art. 641 ZGB; KIRCHHOFER, ZSR 1939, S. 140–41; RUCK, Eigentum, 18–19, 26–27; IMBODEN, Tragweite, SJZ 1944, S. 297; KNAPP, Expropriation matérielle, 2–4; G. MÜLLER, Privateigentum, ZSR 1981 II, S. 48–55; Kommentar, N. 22–24 zu Art. 22ter BV; GEISSBÜHLER, 166–69; HANGARTNER, Staatsrecht, 160–62; NEF, 205–07. Aus der Sicht des amerikanischen Rechts eindrücklich MICHELMAN, Property as a Constitutional Right, 38 Washington and Lee Law Review 1097–1014 (1981); Process and Property in Constitutional Theory, 30 Cleveland State Law Review 577–93 (1982).

B) Dem Gemeinwesen ist also die Doppelaufgabe übertragen, das Eigentum (positiv und negativ) zu formen und auszugestalten, und es als Institution und als je konkrete Vermögensposition zu schützen. Abgesichert wird die *Aufgabe des Eigentumsschutzes* von der Verfassung einmal dadurch, dass die Festlegung des Eigentumsinhaltes – insbesondere die negative Festlegung in Form von «Eigentumsbeschränkungen»[5] – an die Beachtung bestimmter rechtsstaatlicher Grundsätze gebunden wird; sie bedarf einer Grundlage im Gesetz und eines ausreichenden öffentlichen Interesses[6]. Die zweite Sicherung des Eigentumsschutzes liegt darin, dass die Verfassung der Bestimmung des Eigentumsinhaltes Grenzen setzt, indem sie ihr im Institut der Enteignung ein Gegenstück entgegenstellt. Was Enteignung ist, kann nicht Bestimmung des Eigentumsinhaltes sein. Zwar sind auch Enteignungen eine zulässige[7] Art des staatlichen Einwirkens auf das Eigentum; sie müssen dem betroffenen Eigentümer aber mittels Entschädigung abgegolten werden.

Hier entschädigungslose Inhaltsbestimmung, dort entschädigungsbedürftige Enteignung – der Schärfe des Unterschiedes im Entschädigungspunkt steht nun allerdings keine ebensolche Schärfe gegenüber, wenn nach Merkmalen gefragt wird, welche diese beiden Arten staatlichen Einwirkens auf das Eigentum sonst unterscheiden. Die im letzten Jahrhundert noch herrschende Gewissheit, dass sich Inhaltsbestimmung durch Zuordnung zur Gesetzesform und Enteignung durch Festhalten an den Elementen des klassischen Enteignungsbegriffes in befriedigender Weise auseinanderhalten liessen, ist um die Jahrhundertwende erschüttert worden[8]. Staatliche Massnahmen, die äusserlich in die Gestalt des Gesetzes oder eines gesetzesanwendenden Aktes gekleidet sind, können in ihren Auswirkungen durchaus enteignenden Charakter haben. Hier liegt der Ansatzpunkt zur Ausbildung einer «materiellen» Enteignung.

---

[5] Zur Problematik dieses Begriffes vorne 5.7, S. 258, FN 1.

[6] Art. 22ter Abs. 2 BV. Dieser Aspekt wird hier nicht vertieft. Vgl. immerhin vorne 5.3.B, S. 229.

[7] Unter Beachtung von rechtsstaatlichen Anforderungen, wie sie grundsätzlich gleich aber auch für die Inhaltsbestimmung gelten. G. MÜLLER, Kommentar, N. 48 zu Art. 22ter BV.

[8] Siehe dazu vorne die Kapitel 1 und 2, S. 18 ff. Der entscheidende Schritt für die Abkehr vom alten Modell vollzieht sich im Urteil *Zinggeler*, 55 I 397 (1929), dazu vorne 2.4.D, S. 49 ff.

6.1. Die Grundlagen

Die materielle Enteignung ist gewissermassen der zum Rechtsinstitut gewordene Ausdruck des Spannungsverhältnisses zwischen Inhaltsbestimmung und Schutz des Eigentums. Wie ihr Name andeutet, liegt ihr die Vorstellung eines unzulässigen Auseinanderklaffens von Schein und Wirklichkeit zugrunde: Es soll dem Gemeinwesen verwehrt sein, als Gestalter der Eigentumsordnung und damit frei von Entschädigungspflichten aufzutreten, wo allein der Weg der Enteignung und damit der finanziellen Abgeltung des Eigentümers legitim erscheint[9]. Im Institut der materiellen Enteignung wird diese Diskrepanz überbrückt: der Eingriff bleibt zulässig, doch hat der betroffene Private Anspruch auf Entschädigung, wie wenn er enteignet worden wäre[10].

Die Aufgabe, die entschädigungspflichtigen von den entschädigungslosen Beeinträchtigungen des Eigentums abzugrenzen, fällt damit mit der Aufgabe zusammen, die Grenzen zulässiger Inhaltsbestimmung abzustecken.

6.1.2. Die Leitbilder des entschädigungspflichtigen Eigentumseingriffs

A) Wie wir zu Beginn dieser Arbeit bemerkt haben, hat das Entschädigungsgebot von Art. 22ter Abs. 3 BV wenig normativen Gehalt; es ist in hohem Masse konkretisierungsbedürftig[11]. Um zu vermeiden, dass seine praktische Anwendung zu einer Kasuistik einzelner Billigkeitsentscheide gerät, muss das Gebot in Unterregeln umgebrochen werden, die – bei geringerer «Reichweite» – einen höheren Konkretisierungsgrad aufweisen.

---

[9] Vgl. dazu in der Doktrin RUCK, Eigentumsgarantie, 225 (unter der falschen Flagge der Eigentumsbegrenzung werden tatsächlich Enteignungen bewirkt); GYGI, Expropriation, 93–94 (materielle Enteignung ist eine in den Merkmalen der Eigentumsbeschränkung camouflierte Enteignung). Hinten 6.4.2, S. 310 ff.

[10] Dies ist die schweizerische Lösung, wie sie sich herausgebildet hat, seit der *Folgecharakter* der Entschädigung allgemein anerkannt worden ist (dazu vorne S. 99–100). Behandelt man dagegen die Entschädigung als *Gültigkeitsvoraussetzung* der Enteignung (wie dies das deutsche Recht tut; OSSENBÜHL, 136–37; PAPIER, N. 485–91, bes. N. 488 zu Art. 14 GG), so führt die geschilderte Diskrepanz zur Aufhebung des Eingriffs. In dieser Sanktion kommt bis zu einem gewissen Grad auch der Vorwurf an das Gemeinwesen zum Ausdruck, es habe seine Hoheitsstellung, die ihm sowohl den Weg der Inhaltsbestimmung wie der Enteignung öffnet, missbraucht. Dazu vorne S. 249 FN 14.

[11] Vorne 0.2.A, S. 3.

Für den ersten Schritt zu diesem Unternehmen weist die Verfassung selber den Weg. In Art. 22ter Abs. 3 BV bezeichnet sie die *Enteignungsähnlichkeit* einer Eigentumsbeeinträchtigung als massgebliches Kriterium dafür, ob ein entschädigungspflichtiger Tatbestand vorliegt. Wie bereits das Bundesgericht bei der Ausbildung der materiellen Enteignung, ist auch der Verfassunggeber von der formellen Enteignung als dem Entschädigungsfall par excellence ausgegangen. Es scheint daher angezeigt, im Hinblick auf die Beantwortung des Abgrenzungsproblems zunächst jene Merkmale zu bestimmen, welche die formelle Enteignung zum Gegenbild der Inhaltsbestimmung machen[12]. Hier liegen die Ansatzpunkte zur Bildung von ersten Unterregeln zum Entschädigungsgebot der Verfassung.

B) Drei Merkmale heben die (formelle) Enteignung von der Inhaltsbestimmung ab[13]:

– Erstens: Enteignung ist die Negation des in der Eigentumsgarantie verbrieften Schutzanspruches. Eine Vermögensposition, die von der Rechtsordnung als förmliches Recht anerkannt und geschützt ist, wird ihrem Träger entzogen. Im Extremfall der vollständigen Enteignung bleibt ihm davon nichts mehr. Die formelle Expropriation

---

[12] Einen von der formellen Enteignung ausgehenden Ansatz zur Bestimmung der entschädigungspflichtigen Eigentumsbeeinträchtigungen vertreten in der schweizerischen Doktrin KIRCHHOFER, 150–51, 175–76; RUCK, Eigentumsgarantie, 229 (welcher mit Recht hervorhebt, dass die Elemente der formellen Enteignung ihrerseits als Ausdruck eines allgemeineren Rechtsgedankens verstanden werden müssen); HOLZACH, 113–23; GYGI, Expropriation, 98–100; ANTOGNINI, passim, besonders 240; PFISTERER, Zbl 1988, S. 470–71, 526–29, 532–33. Für das deutsche Recht (das allerdings formelle und materielle Enteignung im einen Begriff der «Enteignung schlechthin» verbindet): LEISNER, 17, 26, 43, 200. Gegen diesen Ansatz MOOR, Aménagement, ZSR 1976 II, S. 407. Einen pointiert entgegengesetzten Standpunkt hat 1956 (also vor Aufnahme von Art. 22ter in die Verfassung) BAGI eingenommen. Seiner Auffassung nach besteht keine Analogie zur formellen Enteignung, da bei dieser auch geringfügige Eingriffe abgegolten werden (128, 212). Er lehnt daher den Begriff «materielle Enteignung» als «regrettable confusion de notions juridiques distinctes» ab (213) und postuliert ein Institut der entschädigungsbedürftigen Eigentumsbeschränkung, welches sich – ohne Anlehnung an die Enteignung – an der Unterscheidung zwischen wesentlichen und akzidentellen Eigentumsbefugnissen orientiert (98–103, 130–31, 162–63, 217).

[13] Zur allgemeinen Charakterisierung der formellen Enteignung siehe vorne 4.6.4, S. 192–94, und 5.5.2, S. 247–51. Im vorliegenden Zusammenhang, wo es um die Abgrenzung der formellen Enteignung von der blossen Eigentumsbeschränkung geht, steht die *vollständige* Enteignung als Typus im Vordergrund. Sollen hingegen formelle und materielle Enteignung unterschieden werden, muss die Aufmerksamkeit vornehmlich der (rechtlichen) *Teil*enteignung gelten; vorne 5.5.2.A, S. 248.

erscheint insofern als die *intensivste* aller denkbaren Beeinträchtigungen des Eigentums [14].

- Ein zweiter Wesenszug liegt in der *Wahllosigkeit, mit welcher ein beschränkter Kreis von Personen zur Aufgabe ihres Eigentums gezwungen wird, während alle anderen Eigentümer verschont bleiben.*
Der Grundsatz der Lastengleichheit kommt hier ins Spiel. Seine Bedeutung liegt nicht darin, absolute Gleichheit der Lasten für alle Bürger zu verlangen. Umverteilungen von Vermögenswerten gehören zu den mitanerkannten Zielen der schweizerischen Rechtsordnung, wie die progressiven Steuersätze oder die Art der Beitragserhebung für die Sozialwerke zeigen. Der Grundsatz fordert indessen eine sachlich begründete Verteilung der staatlichen Lasten. So betrachtet fehlen bei der Enteignung sachgerechte Gründe, welche die Belastung einiger weniger Privater rechtfertigen könnten. Zwar bestimmen durchaus rationale Kriterien, nämlich die Notwendigkeiten des Enteignungszweckes, den Kreis der Enteigneten. Der Enteignungszweck vermag aber nicht zureichend zu erklären, warum in einer Ordnung, welche Eigentumsrechte allgemein anerkennt, gerade die zufällig im Wirkbereich des geplanten Werkes liegenden Eigentümer schutzlos bleiben sollten. Die Entschädigung übernimmt hier die Aufgabe, eine willkürlich erscheinende Last auszugleichen.

- Ein drittes Kennzeichen der Enteignung liegt schliesslich in dem mit ihr *verfolgten Zweck* bzw. in der *Rolle, welche das Gemeinwesen einnimmt.* Der Staat tritt hier nicht als Gestalter der Eigentumsordnung auf. Er greift vielmehr auf das Eigentum als auf ein Mittel, um einen aussenstehenden Zweck zu erreichen. Die Eigentumsordnung selber bleibt unberührt. Der enteignende Staat bewegt sich in ihr beinahe wie ein Privater, der diese Ordnung als ein Gegebenes hinnimmt, nur dass ihm eben das Recht des zwangsweisen Entzugs privater Güter zusteht, für deren Erwerb einem Privaten nur der Weg des Kaufes offenstünde. Es findet ein Übergang von Rechten oder zumindest eine Aufhebung zugunsten des Gemeinwesens statt. *Bestünde keine Entschädigungspflicht, erschiene das Gemeinwesen bzw. der Enteigner als bereichert.*

---

[14] Unbedingt gegeben ist diese Intensität des Eingriffs allerdings nur dann, wenn der Blick ausschliesslich auf die angegriffene Vermögensposition bezogen bleibt. Eben dies ist bei der formellen Enteignung aber der Fall: Ob der Eigentümer reich oder arm ist, ob der Entzug des enteigneten Objektes ihn existenziell trifft oder kaum berührt, bleibt unbeachtlich.

6.1. Die Grundlagen

Vernichtung einer von der Rechtsordnung geschützten Vermögensposition, zufälliger Kreis weniger Belasteter und Erlangung eines Vorteils durch das Gemeinwesen: dies scheinen jene Wesenszüge zu sein, welche die formelle Enteignung zum Leitbild des entschädigungspflichtigen Eingriffs machen. An ihnen muss sich in erster Linie orientieren, wer über die Enteignungsähnlichkeit einer Eigentumsbeeinträchtigung zu befinden hat. Sie finden sich denn auch, allerdings nicht vollständig und teilweise in einer anderen Färbung, in der bundesgerichtlichen Konzeption der materiellen Enteignung.

C) Die angeführten drei Elemente bestimmen die Abgrenzung zwischen entschädigungslosen und entschädigungsbedürftigen Beeinträchtigungen des Eigentums jedoch nicht allein. Die Rechtsprechung lehrt, dass noch weitere Faktoren Bedeutung haben, so besonders der Vertrauensschutz und rechtspolitische Überlegungen. Darin[15] drückt sich aus, dass das Leitbild der Enteignungsähnlichkeit nicht alle Konstellationen abdeckt, die heute unter dem Stichwort der materiellen Enteignung abgehandelt werden. Bisweilen kommt eine Argumentation zum Zug, die man kaum anders als als «*übergangsrechtlich*» charakterisieren kann. Man trifft sie dort, wo die Folgen einer neuen Festlegung des Eigentumsinhalts zu beurteilen sind. Das Institut der materiellen Enteignung übernimmt hier die Aufgabe, eine ausnahmsweise Entschädigungspflicht für jene Fälle zu begründen, bei denen das Prinzip der Entschädigungslosigkeit der Inhaltsbestimmung zu einer unbilligen Härte führen würde[16].

D) Der restliche Teil dieser Untersuchung ist dem Versuch gewidmet, aus dem verfassungsrechtlichen Entschädigungsgebot Einzelregeln einer höheren Konkretisierungsstufe herauszuschälen.

Ausgangspunkt bilden dafür die folgenden sechs Hauptabgrenzungskriterien:
– Eingriffsintensität (hinten 6.2),
– Lastengleichheit (hinten 6.3),
– Zielrichtung des Eingriffs (hinten 6.4),
– Vertrauensschutz (hinten 6.5),
– Eigenes Verhalten des Eigentümers (hinten 6.6),
– Rechtspolitische Würdigung des Eingriffs (hinten 6.7).

---

[15] Aber deutlich auch im Erfordernis der Realisierungswahrscheinlichkeit; vorne 4.5.3, S. 173–76, und hinten 6.2.4.B, S. 279–82.
[16] Dazu hinten 6.5.3, S. 336–42, und 6.8.2.A, 353–55.

In der Überzeugung, dass eine zutreffende Abgrenzung am ehesten aus der über hundertjährigen Rechtsprechung des Bundesgerichtes hervortrete, baut dieser Versuch in erster Linie auf der Judikatur auf. Die Perspektive ist nun aber verschieden von jener des ersten Teils unserer Untersuchung. Im Vordergrund des Interesses stehen nicht länger die konzeptionellen Vorstellungen, welche das Gericht geleitet haben. Das Ziel liegt vielmehr darin, losgelöst von diesen Konzeptionen das vorhandene Fallmaterial unmittelbar auf seine Aussagen für die Lösung des Abgrenzungsproblems zu befragen und zu interpretieren.

6.2. Intensität des Eingriffs

6.2.1. Allgemeines – Bedeutung in Rechtsprechung und Lehre

A) Von allen Abgrenzungskriterien, welche das Bundesgericht bei der Ausbildung und Ausgestaltung des Instituts der materiellen Enteignung herangezogen hat, ist jenes der Eingriffsintensität das erste und wichtigste. Im Mittelpunkt steht es bereits im Entscheid *Zinggeler* (1929), wo das Gericht erstmals die Möglichkeit eines enteignungsähnlichen Tatbestandes bejahte:

> «[Es ist] nicht ausgeschlossen, dass bei einer sehr weitgehenden gesetzlichen Beschränkung des Inhalts eines Rechts, die nach den Umständen des einzelnen Falles einem Rechte seine wesentlichen Befugnisse nimmt, die Entschädigung sich als ein dringendes Gebot der Billigkeit darstellt und dass es sich daher rechtfertigen kann, eine solche intensive Beschränkung der Aufhebung des Rechts gleich zu achten»[1].

Die Vorstellung einer «Aushöhlung» des Eigentums[2], des Entzugs der dem Eigentümer zustehenden Gebrauchs- und Nutzungsbefugnisse drängt sich dem Betrachter offenbar als erstes auf, wenn

---

[1] BGE 55 I 403 (1929); zu diesem Entscheid ausführlich vorne S. 49–52.
[2] Diesen Ausdruck gebraucht das Bundesgericht im Urteil *Götschi* vom 7. Juli 1933, E.4 S.16, zitiert vorne S. 65.

nach einer Charakterisierung des entschädigungspflichtigen Eingriffs gefragt wird. Auf ihr beruht auch die unmittelbar einsichtige Analogie zur formellen Enteignung[3].

Das Bundesgericht bestätigt die zentrale Bedeutung der Eingriffsintensität in der Formel *Müller-Haiber* und der darauf aufbauenden Rechtsprechung[4]. Im Urteil *Barret* schliesslich erhebt es sie zum Angelpunkt und Hauptelement seiner gesamten Abgrenzungslehre: der Intensitätsgrad des Eingriffs kennzeichnet die drei hier unterschiedenen Tatbestände[5].

B) Wie die Rechtsprechung anerkennt auch die Lehre die Eingriffsintensität als ein entscheidendes Element der materiellen Enteignung. Einige Autoren sehen in ihr das einzig legitime[6] oder jedenfalls das wichtigste Abgrenzungselement[7], während andere sie gleichrangig neben weiteren Gesichtspunkten einstufen[8]. Einwände werden gegen sie kaum jemals laut[9].

6.2.2. Die betroffene Eigentumsposition als Ausgangspunkt

A) Der unmittelbar ansprechenden Suggestivkraft des Intensitätsbegriffes steht seine Vieldeutigkeit und Konturlosigkeit gegen-

---

[3] «[L]a garantie constitutionnelle sera méconnue chaque fois que, par l'ampleur de ses effets, la limitation légale équivaut, dans le fonds, à une expropriation»; BGE *Le Fort* (1946), ZSR 1947, S. 416a.

[4] Dazu vorne 3.2, S. 71 und 3.3.3.B, S. 85–90.

[5] BGE 91 I 339 (1965). Unterschieden werden besonders schwere Eingriffe, welche dem Eigentümer eine wesentliche Eigentumsbefugnis entziehen und deshalb ohne weiteres entschädigungspflichtig sind; sodann schwere, jedoch nicht extrem schwere Eingriffe, die einer Entschädigung rufen, sofern sie nur einen oder einige wenige Eigentümer treffen; schliesslich Eingriffe, die nicht schwer sind und entschädigungslos bleiben. Dazu ausführlich vorne 4.1.C, S. 107–11.

[6] REICHLIN, ZSR 1947, S. 320a–321a (vgl. aber die Abschwächung S. 497a); Peter Hansjakob MÜLLER, 120, 134, 149–50; prononciert LEISNER, passim, bes. 144, 147, 199–205.

[7] HOLZACH, 115–17, 131; JOST, Zbl 1950, S. 9; GIACOMETTI, 530; MEIER-HAYOZ/ ROSENSTOCK, 28; SALADIN, Grundrechte, 192; ZIMMERLIN, Kommentar, S. 536 (N. 2 zu § 212).

[8] KIRCHHOFER, ZSR 1939, S. 175; IMBODEN, Tragweite, SJZ 1944, S. 295; GRISEL, Restrictions, 117; MONTEIL, Zbl 1963, S. 460; FRIEDRICH, Eigentumsgarantie, 66; AEMISEGGER, 64.

[9] Klar abgelehnt hat die Eingriffsintensität als Bestimmungsmerkmal einzig BAGI, 212–14, 235–36, welcher in ihr eine Verkürzung des Rechtlichen auf das Quantitative rügt. Kritisch auch GYGI, Expropriation, 95–98.

6.2. Intensität des Eingriffs

über[10]. Intensität lässt sich auf verschiedene Weisen verstehen: in einem ausschliesslich ökonomischen wie auch in einem weiteren, subjektive Gesichtspunkte einschliessenden Sinn[11]; bezogen bloss auf das betroffene Eigentum oder auch auf die Situation des Eigentümers im Vergleich mit anderen Eigentümern. Der Begriff enthält in sich selber keinen Massstab, der ihm eigene Abgrenzungskraft gäbe.

Die Praxis hat sich daher gezwungen gesehen, den Gedanken der Eingriffsintensität in verschiedenen Einzelregeln fassbar zu machen[12]. Im Rahmen dieser Untersuchung sollen jene Regeln als Ausfluss des Intensitätskriteriums verstanden werden, bei denen der Blick ausschliesslich auf die betroffene Eigentumsposition (und allenfalls auf ihren Träger) gerichtet ist. Nicht dazugezählt werden demgegenüber jene Regeln, die um die Stellung des Eigentümers im Vergleich zu anderen Betroffenen oder um die Zielrichtung des staatlichen Handelns kreisen.

B) Trifft eine Eigentumsbeschränkung nur den Teil eines grösseren Ganzen, stellt sich die Frage, welches die betroffene Eigentumsposition ist, auf die für die Beurteilung der Eingriffsintensität Bezug genommen werden muss. Hauptanwendungsfall dieses Problems in der Praxis bildet das Bauverbot, welches nur auf einen Teil eines Grundstückes gelegt wird.

Das Bundesgericht hat dafür eine differenzierte Lösung entwickelt. Grundsätzlich ist vom Objekt als ganzem auszugehen[13]; besondere Umstände, die diese Betrachtungsweise als unbillig erscheinen lassen, bleiben aber vorbehalten[14]. Derartige Umstände liegen bei-

---

[10] Dazu bereits vorne 4.3.3.A, S. 122–23.
[11] Dazu ausführlicher hinten 6.2.5, S. 293.
[12] Dazu unten 6.2.4, S. 273 ff.
[13] BGE *Egger*, 82 I 164–65 E.3a (1956); gleich bereits die unveröffentlichten Entscheide *Gadola v. Einwohnergemeinde Bern* vom 19. Februar 1932, E.4 S. 15–16; *Stebler v. Einwohnergemeinde Thun und Appellationshof des Kantons Bern* vom 11. Dezember 1936, E.1 S. 10–11.
[14] BGE *Chappuis*, 89 I 385–86 (1963). Diese Rechtsprechung ist seither mehrmals bestätigt worden: BGE *FFS v. Plastex*, 101 Ib 290, E.9b (1975); *Bächtold* (1982), RDAT 1983, S. 135; *Felaria SA* (1983), Zbl 1984, S. 365. – Nicht immer wird die Frage allerdings angegangen, obwohl sie vom Sachverhalt her gestellt wäre: BGE *Hug v. Trimmis*, 114 Ib 112 (1988) (einheitliche Parzelle, von welcher ein Teil in die Zone für öffentliche Bauten und Anlagen gewiesen, der andere in der Bauzone belassen wird; die Frage, ob für die Beurteilung der Entschädigungspflicht von der Parzelle als ganzer oder von den beiden planerisch verschieden behandelten Teilen auszugehen ist, bleibt ungeprüft.)

spielsweise vor, wenn ein Bauverbot allein für jenen Teil eines Grundstückes gilt, der sich für eine Überbauung tatsächlich auch eignet[15].
In der Doktrin ist diese Rechtsprechung eher ablehnend aufgenommen worden. Im Anschluss an GYGI haben die meisten Autoren gefordert, dass jedenfalls die selbständig verwertbaren Teile des betroffenen Objektes bei der Beurteilung der Eingriffsintensität für sich allein betrachtet werden sollten, da andernfalls Eigentümer grosser Parzellen regelmässig benachteiligt würden[16].

Im Ergebnis liegen die Auffassungen des Bundesgerichtes und der Lehre wohl nicht weit auseinander. Eine Würdigung des Eingriffsobjektes und der Umstände in ihrer Gesamtheit ist auch dann unentbehrlich, wenn sich der von der Eigentumsbeschränkung betroffene Teil selbständig verwerten lässt. Fehlschlüsse wären sonst unvermeidlich[17]. Namentlich könnte nicht angehen, über das Argument der selbständigen Verwertbarkeit ein Eigentumsrecht in selbständige Befugnisse aufzulösen und dann den gänzlichen Entzug einer dieser Befugnisse als materielle Enteignung zu werten[18]. Dass umgekehrt eine ausschliesslich nur auf das Objekt als ganzes ausgerichtete Betrachtungsweise zu unbilligen Ergebnissen führen kann, hat das Bundesgericht erkannt und angemessen berücksichtigt[19].

---

[15] BGE *Chappuis*, 89 I 385–86 (1963).

[16] GIACOMETTI, 531 FN 49 in fine; GYGI, Expropriation, 102–03; L. MEYER, ZBJV 1972, S. 219–20; ZIMMERLI, Zbl 1974, S. 148–49 (mit detaillierten Vorschlägen); IMBODEN/RHINOW, 961–62.

[17] Es kann beispielsweise nicht unbeachtlich bleiben, ob eine Ausnützungsziffer für das Grundstück als ganzes (also mit Einschluss des mit einem Bauverbot belasteten Teils) gerechnet wird oder nicht.

[18] Aufschlussreich ist in diesem Zusammenhang die Diskussion, die zwischen der Mehrheit und der Minderheit des Supreme Court im Entscheid *Penn Central Transportation Co.*, 438 U.S. 104 (1978), geführt wurde. Die denkmalpflegerische Unterschutzstellung des Grand Central Terminal, des grössten Bahnhofes von New York City, hatte zur Folge gehabt, dass darüber kein Wolkenkratzer mehr errichtet werden konnte (obwohl seinerzeit beim Bau der Bahnhofgebäude die nötigen Fundamente bereits erstellt worden waren). Die Eigentümerin machte geltend, sie sei damit entschädigungslos um ein eigentliches, selbständiges Eigentumsrecht gebracht worden. Die Mehrheit des Gerichts verwarf dieses Argument: «'Taking' jurisprudence does not divide a single parcel into discrete segments and attempt to determine whether rights in a particular segment have been entirely abrogated» (130). Vgl. demgegenüber das Minderheitsvotum von Justice (heute Chief Justice) Rehnquist, 142–43.

[19] Ausser im erwähnten Entscheid *Chappuis* (vorne FN 14) wurde im Urteil *FFS v. Plastex*, 101 Ib 290 (1975), ausdrücklich zugunsten der Massgeblichkeit des Teils erkannt. – Zustimmend zur differenzierten Praxis des Bundesgerichts ZIMMERLIN, Kommentar, S. 539 (N. 7 zu § 212).

6.2.3. Untaugliche und auszuschliessende Unterkriterien der Eingriffsintensität

A) «*Eingriff in die Substanz*» – «*Entzug einer wesentlichen Eigentumsbefugnis*»

Das Bundesgericht hat in seiner Rechtsprechung jenen Grad an Intensität, welcher den Eingriff entschädigungspflichtig macht, bisweilen mit den Begriffen des «Substanzeingriffs» und des «Entzugs einer wesentlichen Eigentumsbefugnis» zu verdeutlichen versucht. Die Judikatur zeigt indessen, dass das Gericht keinen der beiden Begriffe mit konkretem Inhalt zu versehen gewusst hat.

Der ältere der beiden Begriffe ist jener der Substanz. Wir begegnen ihm, allerdings ohne dass er genaue Konturen gewinnen würde, schon in der ersten und zweiten Rechtsprechungsphase[20]. Er verschwindet dann – möglicherweise infolge seiner Ablehnung in der Wissenschaft[21] – während Jahrzehnten aus den bundesgerichtlichen Entscheiden, bis er 1981 im Urteil *Kocher v. Orbe*[22] unversehens wieder auftaucht und seither seinen Platz in den Urteilserwägungen behauptet[23].

Der «Entzug einer wesentlichen Eigentumsbefugnis» ist das Kennzeichen der ersten der drei Tatbestandsvarianten der materiellen Enteignung gemäss der Formel *Barret*; eine Entschädigung ist hier immer geschuldet[24]. Wie wir bei der Untersuchung der vierten Rechtsprechungsphase aber festgestellt haben, ist es dem Bundesgericht kaum gelungen, verallgemeinerungsfähige Aussagen über die Wesentlichkeit einer Eigentumsbefugnis zu machen[25].

---

[20] Dazu vorne 1.3.A, S. 28, und 2.5.2.D, S. 59–60.

[21] BURCKHARDT, Kommentar, 783 (Unterscheidung zwischen Substanz und Inhalt des Eigentums nicht haltbar); Robert HAAB, Kommentar, N. 61 zu Art. 641 ZGB; KIRCHHOFER, ZSR 1939, S. 161.

[22] BGE 107 Ib 383; das Wort Substanz wird dort unter Berufung auf MOOR, Aménagement, ZSR 1976 II, S. 404, verwendet.
Tatsächlich scheint MOOR der einzige moderne Autor zu sein, der den Substanzbegriff noch verwendet; vgl. ausser der angeführten Stelle noch Responsabilité, RDAF 1977, S. 223–24.

[23] Das Wort Substanz findet sich in folgenden veröffentlichten Entscheiden: *Oberstammheim*, 110 Ib 33 (1984); *Gem. Segl/Sils* (1984), Zbl 1984, S. 555; *Neeff und Heusler v. Kt.Basel-Stadt*, 111 Ib 265 (1985).

[24] BGE 91 I 339. Dazu ausführlich vorne 4.1.C, S. 110.

[25] Vorne S. 111, 128, 153 und 155 FN 33.

Der überwiegende Teil der Rechtslehre lehnt die Begriffe der Substanz und der wesentlichen Eigentumsbefugnis ab, und dies mit Recht[26]. «Die Formel des Substanzeingriffs umschreibt ... lediglich unsere Abgrenzungsfrage», hat KIRCHHOFER dem Bundesgericht bereits 1939 entgegengehalten[27]. Sein Einwand trifft ebensosehr auf den Begriff der «wesentlichen Eigentumsbefugnis» zu. Indessen macht nicht bloss ihr tautologischer Charakter die beiden Begriffe ungeeignet, den Gedanken der Eingriffsintensität zu erhellen. Sie sind überdies irreführend, weil sie den Eindruck vermitteln, es liessen sich in abstrakter Weise bestimmte Eigentumselemente im voraus nennen, deren Entzug oder Verletzung das Gemeinwesen ohne weiteres entschädigungspflichtig macht. Eben dies trifft aber nicht zu: wie die Rechtsprechung lehrt, kann jene Eingriffstiefe, welche die Grenze zur materiellen Enteignung überschreitet, nur *relativ* bestimmt werden, d.h. bezogen auf das konkrete betroffene Eigentumsobjekt[28]. Die Aufgabe der Begriffe der Substanz und der wesentlichen Eigentumsbefugnis wäre deshalb als Gewinn anzusehen.

B) «*Situationsgebundenheit*»

In der Doktrin ist gelegentlich die Auffassung vertreten worden, eine Entschädigungspflicht entfalle dann, wenn die besondere Beschaffenheit und die Lage des Objektes dieses für bestimmte Eigentumsbeschränkungen gleichsam prädestinieren. Die Intensität des Eingriffes wäre in derartigen Fällen nicht weiter zu beachten. Als Anwen-

---

[26] Den Begriff der *Substanz* haben abgelehnt: Robert HAAB, Kommentar, N. 61 zu Art. 641 ZGB; BURCKHARDT, Kommentar, 783; KIRCHHOFER, ZSR 1939, S. 161; IMBODEN, Tragweite, SJZ 1944, S. 295 FN 64; HUBER, Gewährleistung, 229; SALADIN, Grundrechte, 182. – Zustimmend demgegenüber Hans HAAB, 83–94; BAGI, 202–03, 206–07, 214, 233.
Kritisch zum Begriff der «*wesentlichen Eigentumsbefugnis*»: KNAPP, Expropriation matérielle, 15–16; GEISSBÜHLER, 148; MOOR, Evolution, Rep. 1982, S. 284.
In der Lehre hat einzig BAGI die Auffassung vertreten, die Abgrenzung zwischen entschädigungsbedürftigen und entschädigungslosen Eigentumsbeeinträchtigungen müsse anhand der Unterscheidung zwischen essentiellen (also wesentlichen) und akzidentellen Befugnissen vorgenommen werden (94, 102, 130–31, 162–63, 242). Es scheint indessen bezeichnend, dass BAGI es dann dem Richter überlässt, diese Trennlinie zu bestimmen (163 und 242–43).
[27] ZSR 1939, S. 161.
[28] Das hat FRIEDRICH 1968 bei der Erläuterung der durch das Urteil *Barret* eingeführten Neuerungen eindrücklich hervorgehoben (Eigentumsgarantie, Zbl 1968, S. 66); vgl. auch MOOR, Aménagement, ZSR 1976 II, S. 404.

dungsbereich für diese Ausschlussregel werden hauptsächlich Bau- und Veränderungsverbote für schutzwürdige Bauten und Landschaften genannt [29].

Diese an die deutsche Lehre der «Sozialpflichtigkeit» bzw. der «Situationsgebundenheit» [30] gemahnende Auffassung ist bei anderen Autoren auf starken Widerstand gestossen [31]. Am entschiedensten hat sich gegen sie SALADIN ausgesprochen:

> «Kein Grundstück trägt ... sein Schicksal ‹in sich›. Die spezifische ‹Sozialpflichtigkeit› ergibt sich nicht aus der ‹Natur der Sache›, sondern aus menschlichen Entscheiden über eine sinnvolle Nutzung. Nicht die ‹Tatsache› der landschaftlichen Schönheit, sondern das menschliche Verlangen nach Bewahrung landschaftlicher Schönheit ist der zureichende Grund für ein Bauverbot. Die Frage, ob das daraus resultierende Sonderopfer vom Betroffenen oder von der interessierten Allgemeinheit zu tragen sei, wird also durch die Theorie von der situationsbedingten Sozialpflichtigkeit nur verschleiert; die Antwort auf die Frage wird in die Sache hineingedeutet und nachher wieder extrahiert» [32].

Die Haltung des Bundesgerichtes ist nicht völlig einheitlich. Fest steht einerseits, dass es denkmal- oder landschaftsschützerische Eingriffe kaum je mit einer besonderen «Situationsgebundenheit» des betroffenen Objektes in Verbindung gebracht hat, sondern die Entschädigungsfrage nach den auch sonst gültigen Kriterien entschied [33]. Auf der anderen Seite zeigt sich, dass das Gericht der Suggestivkraft,

---

[29] SCHAUMANN, 218–19, 265, 266–67; MONTEIL, Zbl 1963, S. 462; HANGARTNER, Denkmalpflege, 67; WINZELER, BJM 1982, S. 186 (sinngemäss); ACKERMANN, 362 (spricht im Zusammenhang mit Schutzmassnahmen von «natürlichen Eigentumsbindungen» und «natürlicher Last»).

[30] Dazu OSSENBÜHL, 119–20; PAPIER, N. 324–35 und 337 zu Art. 14 GG.

[31] HUBER, SJZ 1945, S. 316 (gegen eine Auffassung der «bestimmungsgemässen Benutzung» des Bodens); HINTERMANN, 90–92; MEIER-HAYOZ/ROSENSTOCK, 34, 60–61; SALADIN, Bemerkungen, ZSR 1966 I, S. 427; Grundrechte, 191–92; MOOR, ZSR 1976 II, S. 406 FN 66 (vgl. aber auch S. 404 FN 63). Vgl. auch die Kritik von LEISNER an der These von den inhärenten Schranken des Eigentums, 163–68.

[32] SALADIN, Grundrechte, 191–92.

[33] Als Beispiel seien die beiden Denkmalschutzfälle *zur Gilgen* (1977), Zbl 1978, S. 18, und *Neeff und Heusler v. Kt. Basel-Stadt*, 111 Ib 257 (1985), genannt. Nicht frei vom Gedanken der Situationsgebundenheit scheint demgegenüber das Urteil *Schuchter v. St. Gallen*, 112 Ib 263 (1986). Das Gericht verneint hier eine materielle Enteignung für die Unterschutzstellung des Äusseren eines Gebäudes u.a. mit dem Argument, dem Eigentümer sei die historische und künstlerische Bedeutung des Baues bewusst gewesen und er habe mit der Unterschutzstellung rechnen müssen; E. 4, S. 267, und E. 5a, S. 268.

welche im Gedanken einer «bestimmungsgemässen Nutzung» liegt, nicht immer entgangen ist.

So hat es sich im unveröffentlichten Urteil *Coderey v. Lutry* vom 21. März 1978 dahingehend geäussert, dass ein Bauverbot auf einem «fonds à vocation essentiellement agricole» mehr den Inhalt des Eigentums festlege als das Eigentum beschränke[34]. Diese - in späteren Urteilen mehrmals wieder aufgenommene[35] - Äusserung ist im Entscheid *Rothuizen* nun allerdings zurückgenommen worden. Das Bundesgericht hält hier fest, dass die «vocation» eines Grundstückes für die landwirtschaftliche Nutzung durchaus ein öffentliches Interesse für eine planerische Massnahme begründet, welche diesen Zustand sichert, dass sie aber nicht die Entschädigungsfrage präjudizieren kann[36].

Die Lehre von einer «Situationsgebundenheit» oder «bestimmungsgemässen Nutzung» des Eigentums ist abzulehnen. Zwar haben die Beschaffenheit und Lage eines Objekts und seine Eignung für einen bestimmten Gebrauch erhebliche Bedeutung für die Beantwortung der Entschädigungsfrage. Sie geben Auskunft über die Intensität des Eingriffs, namentlich über die Wahrscheinlichkeit einer Realisierung des entzogenen Gebrauchs[37]. Es geht dabei aber immer um eine Würdigung der tatsächlichen Verhältnisse im Einzelfall. Unzulässig ist es dagegen, ein bestimmtes Objekt apodiktisch auf ein vorausbestimmtes Schicksal festzulegen und dann daraus den Schluss zu ziehen, mangels alternativer Verwendungsmöglichkeiten entfalle eine Entschädigungspflicht.

6.2.4. Die Konkretisierung des Intensitätskriteriums

Im folgenden soll nun versucht werden, die einzelnen Gesichtspunkte und Regeln zusammenzustellen, in denen die Rechtspre-

---

[34] E.4c, S. 19.

[35] BGE *Wohlen* (1982), BVR 1983, S. 211: «Auch ist die Lage des Grundstücks im Verhältnis zum überbauten Gebiet, seine bisherige bestimmungsgemässe Nutzung und seine Beschaffenheit, etwa auch im Blick auf seine Bedeutung für das Landschaftsbild, von wesentlicher Bedeutung» (im Anschluss an diesen Satz verweist das Gericht u.a. auf den Entscheid *Coderey*). Ferner BGE *Zürich v. Hofstetter* vom 16. März 1983 (unveröffentlicht), E.4b, S. 15.

[36] BGE 112 Ib 115-16, E.4d (1986). Diese begrüssenswerte Klarstellung geht indessen einher mit Äusserungen, welche weiterhin von «vocation» und «bestimmungsgemässer Nutzung» - nun aber im Zusammenhang mit der Baunutzung - sprechen: BGE *Rothuizen*, 112 Ib 115, E.4c; *Neeff und Heusler v. Kt. Basel-Stadt*, 111 Ib 265 und 266 (1985).

[37] Dazu unten 6.2.4.B, S. 279-82.

6.2. Intensität des Eingriffs

chung – teilweise unter dem Einfluss der Lehre – die Vieldeutigkeit und Unbestimmtheit des Intensitätskriteriums konkretisiert hat. Zum Teil liegen diese Regeln in den Urteilen ausformuliert vor, zum Teil handelt es sich um Verallgemeinerungen, die durch Auslegung aus den Entscheiden zu gewinnen sind. Ihre Tragweite und Abgrenzungskraft ist verschieden; sie sind unter sich auch nicht immer klar abgrenzbar. Einer Systematisierung sind damit Grenzen gesetzt.

A) Unterregel 1a: Es besteht keine feste Grenze, jenseits welcher die durch den Eingriff herbeigeführte Wertverminderung des betroffenen Objektes ohne weiteres ausgleichspflichtig wäre.

Entgegen einem in der Lehre vereinzelt geäusserten Postulat[38] hat es das Bundesgericht in seiner gesamten Rechtsprechung abgelehnt, von einer bestimmten anteilsmässigen Verminderung des Verkehrswertes weg eine materielle Enteignung ohne weiteres zu bejahen. In dem 1985 gefällten Urteil *Neeff und Heusler v. Basel-Stadt* wird diese Haltung in grundsätzlicher Weise bestätigt:

> «Es muss stets aufgrund einer umfassenden Würdigung der Verhältnisse – insbesondere durch Vergleich der dem Betroffenen vor und nach der Eigentumsbeschränkung zustehenden Nutzungsmöglichkeiten – abgeklärt werden, ob der Eingriff in die Befugnisse des Eigentümers derart schwer bzw. intensiv ist, dass er einer Enteignung gleichkommt. Die Beschwerdeführer meinen, es komme für die Beantwortung dieser Frage einzig darauf an, ob im konkreten Fall die durch den Eingriff entstandene Wertverminderung bzw. Nutzungseinbusse eine bestimmte Höhe (in Prozentzahlen ausgedrückt) erreiche. ... Für die Abgrenzung zwischen entschädigungslosen und entschädigungspflichtigen Eingriffen ist nach der bundesgerichtlichen Rechtsprechung nicht allein die prozentuale Wertverminderung massgebend, sondern es wird darauf abgestellt, ob auf der betroffenen Parzelle eine bestimmungsgemässe, wirtschaftlich gute Nutzung weiterhin möglich ist»[39].

Man kann mit Fug sagen, dass das Gericht es in aller Regel bewusst vermeidet, in seinen Urteilserwägungen *überhaupt* auf die

---

[38] Eine feste Grenze befürwortet LEISNER, hauptsächlich aus Gründen der Rechtsgleichheit; er schlägt dafür eine prozentuale Wertminderung von 25% vor; 234–35. Auf eine feste Grenze läuft auch der Vorschlag von Peter Hansjakob MÜLLER hinaus, jene Eingriffe als materielle Enteignung zu werten, welche die Rendite des Objektes auf weniger als 5,7% senken.

[39] BGE 111 Ib 264. Vgl. auch die Aussagen auf S. 265 und 266 dieses Urteils.

Frage der eingetretenen Werteinbusse einzutreten. Nur sehr wenige Urteile enthalten diesbezüglich Angaben. Zu ihnen gehören die folgenden Fälle, in denen das Gericht eine materielle Enteignung jeweils ablehnte:
- BGE *Wettstein*[40]: Bauverbot für Grundstücke am Greifensee; senkt den Quadratmeterpreis von fünf auf einen Franken (Werteinbusse 80%);
- BGE *Mühlematter*[41]: Umzonung in eine Bauzone mit niedrigeren Ausnützungmöglichkeiten; bewirkt Wertverminderung von 20%;
- BGE *Neeff und Heusler*[42]: Unterschutzstellung bestehender Wohnbauten als Denkmal (Fassadenschutz); bewirkt eine Wertverminderung des Grundstückes um 18,3%.

Etwas häufiger finden sich im Zusammenhang mit Baubeschränkungen Angaben über die *Reduktion der tatsächlichen Nutzungsmöglichkeiten*. Als entschädigungslos zulässig erklärte das Bundesgericht beispielsweise eine Herabsetzung der Ausnützungsziffer von 0,25 auf 0,07[43], ferner Teilbauverbote für 40%[44], 33⅓%[45] und 25%[46] des betroffenen Grundstücks. Derartige Herabsetzungen der Baunutzung dürfen allerdings nie mit einer entsprechenden Verkehrswertminderung gleichgesetzt werden[47].

---

[40] Urteil vom 18. Juli 1941, abgedruckt in «Strasse und Verkehr» 1942, Beilage «Landes-, Regional- & Ortsplanung», S. 42. Dazu ausführlich vorne 3.2, S. 69 ff.
[41] BGE 97 I 638 (1971).
[42] BGE 111 Ib 262 und 266 (1985).
[43] BGE *Müller v. Davos* (1984), Zbl 1985, S. 211, 214-15. Die Herabsetzung beträgt also beinahe drei Viertel.
[44] BGE *Rudin* vom 26. Januar1966 (unveröffentlicht), E.5a S. 9 (Baulinie).
[45] BGE *Egger*, 82 I 157 (1956) (landschaftsschützerisch motiviertes Bauverbot für einen Drittel einer Parzelle in Winterthur); BGE *Fricker*, 93 I 341-44 (1967) (vorübergehender Baubann für 300 m² eines 870 m² messenden Grundstückes).
Im Entscheid *Felaria SA* (1983) bestätigt das Bundesgericht die Entschädigungslosigkeit eines Teilbauverbotes für nicht mehr als einen Drittel eines Grundstücks als *allgemeine Regel*; Zbl 1984, S. 367, E.2b.
[46] BGE *Felaria SA* (1983), Zbl 1984, S. 366-68 (Zuweisung von 950 m² eines 4030 m² umfassenden Grundstückes in die Bauverbotszone).
[47] Die mit Bauverbot belegten Grundstücksteile bleiben dem überbaubaren Teil des Grundstückes als Umland oder Garten erhalten und tragen auf diese Weise zu dessen Wert bei. Zur Frage einer gesonderten Würdigung derartiger Teilbauverbote im Falle selbständiger Verwertbarkeit des entsprechenden Grundstücksteils vgl. vorne S. 268-69.

6.2. Intensität des Eingriffs

Unterregel 1b: Eine Werteinbusse von 20% erreicht unter gewöhnlichen Umständen die für eine materielle Enteignung geforderte Eingriffsintensität nicht.

Bereits aus der Verfassung selbst – nämlich aus dem Zusammenspiel der Absätze 2 und 3 von Art. 22ter – ergibt sich, dass ein gewisses Mass an Beeinträchtigungen des Eigentums entschädigungslos hingenommen werden muss. Dies gehörte aber schon vor der Aufnahme von Art. 22ter in die Verfassung zu den gesicherten und von der Literatur kaum je angefochtenen[48] Erkenntnissen der Rechtsprechung. Die Rechtfertigung dafür liegt zum einen in der Gestaltungsbedürftigkeit des Eigentums, welche ebensosehr begünstigende wie belastende Einflussnahmen des Gemeinwesens bedingt, zum andern in der praktischen Undurchführbarkeit eines Ausgleichs sämtlicher Vor- und Nachteile[49].

Die Formel *Barret* enthält den Grundsatz in mittelbarer Weise, indem sie einen Entschädigungsanspruch nur für sehr schwere oder jedenfalls schwere Eingriffe vorsieht[50]. Das Bundesgericht hat ihn später aber auch ausdrücklich festgehalten, so 1967 im Urteil *Société suisse des maîtres imprimeurs*[51] und 1971 im Urteil *Mühlematter*[52].

Schwieriger ist es, diesem «Bagatellprinzip» genaue Umrisse zu geben. Im Fall *Mühlematter,* wo die durch eine Herabzonung herbeigeführte Wertverminderung des betroffenen Grundstückes 20% nicht überschritt, entschied das Bundesgericht, die Frage des Sonderopfers stelle sich nicht; es erachtete den Eingriff also als «nicht schwer» im Sinne der Konzeption *Barret*[53]. Unter Berufung auf dieses Urteil hielt

---

[48] Kritisch hat sich GYGI, Expropriation, 96, geäussert.

[49] Es ist m.E. in zutreffender Weise darauf hingewiesen worden, dass ein gewisses Mass an entschädigungslosen Einschränkungen den Preis darstellt, welcher für das Leben in einer geordneten Gesellschaft gezahlt werden muss: BRANDEIS in seinem Minderheitsvotum in *Pennsylvania Coal Company v. Mahon,* 260 U.S. 393, 422 (1922) («advantage of living and doing business in a civilized community»); KNAPP, Précis, S. 380 N. 2170 und S. 389 N. 2225; PFISTERER, Zbl 1988, S. 528 und 535.

[50] BGE 91 I 339 (1965); dazu vorne S. 110.

[51] BGE 93 I 711–12 (1967): «Les particuliers ne peuvent pas prétendre avoir droit à une indemnité chaque fois qu'un acte étatique restreint leurs droits. ... Il résulte de la jurisprudence ... qu'un particulier ne saurait exiger de l'Etat une contre-prestation en échange des prestations qu'il est appelé à lui fournir, lorsque la valeur en est minime.»

[52] BGE 97 I 635: «A contrario, les autres limitations apportées aux facultés du propriétaire n'appellent pas une indemnité du point de vue de la garantie constitutionnelle de la propriété.»

[53] Id., 638; dazu vorne S. 125–26.

das Gericht im unveröffentlichten Entscheid *Zürich v. Hofstetter* fest, eine Wertverminderung von einem Fünftel überschreite den Rahmen der Schwankungen nicht, mit denen ein Eigentümer rechnen müsse[54].
Es erscheint zulässig, diese Aussagen zumindest im Sinne einer Faustregel zu verallgemeinern. Urteile, in denen das Gericht bei geringeren Werteinbussen eine materielle Enteignung bejaht hätte, sind nicht bekannt geworden. Allein schon Gründe der Rechtsgleichheit würden es damit verbieten, in vergleichbaren Fällen eine Entschädigung zuzusprechen. Vorzubehalten sind allerdings besondere Umstände, wie sie etwa dann vorliegen, wenn der Eigentumseingriff dem Gemeinwesen finanziell messbare Vorteile verschafft[55].

B) *Unterregel 2a: Der Entzug oder die Beschränkung von bereits rechtmässig ausgeübten Eigentumsbefugnissen führt zu einer materiellen Enteignung, sofern die sich daraus ergebende Einbusse für den Eigentümer nicht geringfügig ist.*

Unterregel 2b: Je unsicherer und je weiter zeitlich entfernt die Verwirklichung des entzogenen Gebrauchs erscheint, desto geringer ist die Intensität des Eingriffs.

Die Unterscheidung zwischen gegenwärtigem (bereits ausgeübtem) und zukünftigem (noch nicht benutztem, also bloss virtuellem) Gebrauch des Eigentums und die daran anknüpfende Bevorzugung des ersten vor dem zweiten unter dem Gesichtspunkt der Entschädigungspflicht gehören zu den Konstanten der bundesgerichtlichen Rechtsprechung. Wie erinnerlich hat das Gericht vorerst nur die bereits verwerteten Eigentumsbefugnisse geschützt; erst später hat es anerkannt, dass unter bestimmten Umständen auch die Einschränkung der virtuellen Eigentumsbefugnisse entschädigungspflichtig sein könnte[56]. Sowohl in der alten wie in der neuen Formel wird dann zwischen gegenwärtigem und zukünftigem Gebrauch eines Eigentumsobjektes unterschieden[57]. Im Urteil *Barret* findet sich überdies die ausdrückliche Aussa-

---

[54] Urteil vom 16. März 1983, E.4b S.14; vorne S.163. Die Wertverminderung ist hier Folge eines Ausschlusses von Intensivkulturen auf Land, das im übrigen weiterhin im üblichen Rahmen landwirtschaftlich bewirtschaftet werden kann.
[55] In diesem Sinn liesse sich erklären, dass das Bundesgericht im Urteil *Société suisse des maîtres imprimeurs*, 93 I 712-13 (1967), die Grenze für ein entschädigungslos zu duldendes Dépôt légal bei ungefähr fünfzig Franken ansetzt. Siehe auch hinten S.318.
[56] Dazu vorne S.43-53.
[57] Dazu vorne S.74 und 113.

ge, dass unter den künftigen Eigentumsbefugnissen einzig jene Schutz verdienten, deren Verwirklichung in naher Zukunft wahrscheinlich sei [58].

Von einer Konkretisierung des Intensitätskriteriums lässt sich hier deshalb sprechen, weil der Eigentümer sowohl von seinem subjektiven Empfinden her wie auch aus objektiv-wirtschaftlicher Sicht in aller Regel schwerer belastet wird, wenn der Eingriff ihm die bereits genutzten oder vor der Ausnutzung stehenden Eigentumsbefugnisse entzieht. Im übrigen spiegelt aber auch der Verkehrswert nur jene Komponenten des Eigentums, welche eine gewisse Aussicht auf Verwirklichung haben [59].

Die beiden angeführten Unterregeln sind überdies Ausdruck des Grundsatzes, dass die Rechtsordnung – und damit der Eigentumsinhalt – veränderbar ist. Auf die Beständigkeit einer gegebenen Rechtslage (und damit auf die Beständigkeit einer bestimmten Festlegung des Eigentumsinhaltes) darf umso weniger gebaut werden, je weiter der zeitliche Horizont der Erwartungen ausgedehnt wird. Die beiden Regeln stehen damit auch in einem starken *Bezug zum Vertrauensschutz* [60].

Zu Unterregel 2a: Die Entschädigungspflicht beim Entzug bereits genutzter Eigentumsbefugnisse lässt sich in gewisser Weise als Ergänzung zum – präventiv wirkenden – Grundsatz des Besitzstandsschutzes [61] verstehen. Dieser fliesst ebenfalls aus der Eigentumsgarantie [62]. Er richtet sich an den Gesetzgeber im Sinne eines Gebotes, die unter der bisherigen Ordnung geschaffenen Werte (namentlich Bauten), deren Rückgängigmachung nur unter erheblichen Verlusten möglich wäre, auch unter einer neuen rechtlichen Regelung zu achten, wel-

---

[58] BGE 91 I 339 (1965): «Seules méritent protection celles qui, au regard des circonstances, apparaissent comme très probables dans un proche avenir».

[59] Dazu vorne S. 132–33. Im Verkehrswert werden allerdings auch Nutzungsmöglichkeiten, die einen spekulativen Einschlag haben, recht stark gewichtet; die Landpreise für Nichtbauland in Siedlungsnähe belegen dies.
Es ist daran zu erinnern, dass auch bei der formellen Enteignung blosse Zukunftsaussichten und spekulative Erwartungen nicht abgegolten werden. Siehe BGE *Sticher*, 97 I 602 (1971); *Aérodrome régional de Montreux SA*, 103 Ib 293 (1977); *R. v. BLS*, 113 Ib 39, 45 (1987). ANTOGNINI, RDAT 1977, S. 242.

[60] Dazu hinten 6.5.

[61] Zum Bestandesschutz hinten S. 329, mit Literaturhinweisen in FN 12.

[62] BGE *G. et B. v. Genève*, 113 Ia 119, 122 (1987).

che diese Art der Eigentumsausübung nicht mehr zulassen würde. Kommt die Besitzstandsgarantie in einem konkreten Fall nicht zum Tragen – sei es weil der Gesetzgeber sie nicht durchgehend berücksichtigt hat, sei es weil die Anwendung des Gesetzes sonstwie zur Aufhebung einer bereits verwerteten Eigentumsbefugnis führt – schafft die Entschädigung den nötigen Ausgleich.

Dass nur eine *rechtmässige* Verwertung von Eigentumsbefugnissen entschädigungsrechtlich bevorzugt sein soll, erscheint selbstverständlich [63]. Schwierigkeiten ergeben sich dann, wenn eine bestimmte Eigentumsausübung anfänglich zulässig war, im Verlaufe der Zeit aber rechtswidrig wird. In derartigen Fällen eine gerechte Antwort auf das Entschädigungsproblem zu geben, erweist sich als heikel [64].

Wie unsere Untersuchung der Gerichtspraxis ergeben hat, sind Fälle des Entzuges einer bereits verwerteten Eigentumsbefugnis bisher sehr selten gewesen [65]. Darin zeigt sich, dass die Regel offenbar in wirkungsvoller Weise präventiv wirkt.

Zu Unterregel 2b: Gemäss der Formel *Barret* «ist die Möglichkeit einer zukünftigen besseren Nutzung der Sache... nur zu berücksichtigen, wenn im massgebenden Zeitpunkt anzunehmen war, sie lasse sich mit hoher Wahrscheinlichkeit in naher Zukunft verwirklichen» [66]. Im Entscheid *Zwieb* hat das Bundesgericht diese Einschränkung geradezu als «Grundvoraussetzung jeder materiellen Enteignung» bezeichnet [67]. Tatsächlich hat sich das Erfordernis der Realisierungswahrscheinlichkeit seit dem Entscheid *Barret* zum praktisch wohl bedeutsamsten Kriterium für die Abgrenzung der entschädigungspflichtigen von den entschädigungslosen Eigentumseingriffen entwickelt.

---

[63] Die alte Formel erwähnte dies ausdrücklich; vgl. vorne das Zitat S. 71. Für die Formel *Barret* (welche die Rechtmässigkeit als Voraussetzung nicht nennt) hat es das Bundesgericht im Urteil *Maurer*, 106 Ia 264 (1980), hervorgehoben.
Ein Beispiel für den Entzug einer bereits ausgeübten, aber von Beginn weg rechtswidrigen Nutzung enthält BGE *Mallet* (1980), RDAF 1982, S. 137–44 (Entfernungsverfügung für einen unrechtmässig in Betrieb genommenen Abstellplatz für beschädigte und ausser Verkehr gesetzte Autos).
[64] Mit dieser Frage werden wir uns bei der Erörterung der polizeilich motivierten Eigentumsbeschränkungen befassen; hinten 6.4.3, S. 320.
[65] Vorne 3.3.2, S. 80–83, und 4.3.2.A, S. 120. Derartige Fälle waren bisher beinahe nur bei formellen Enteignungen anzutreffen. Vermutlich werden in Zukunft Massnahmen zum Schutze der Umwelt aber vermehrt auch zur Beeinträchtigung bereits ausgeübter Eigentumsbefugnisse führen; GRISEL, Expropriation matérielle, 106; WAGNER, ZSR 1989 II, S. 405–08.
[66] Hier zitiert nach BGE *Baumberger*, 106 Ia 373 (1980).
[67] BGE 109 Ib 23 (1983).

6.2. Intensität des Eingriffs

Wir haben gesehen, dass das Bundesgericht im wesentlichen durch seine Anwendung dazu gelangt ist, die raumplanerische Trennung des Baugebietes vom Nichtbaugebiet grundsätzlich entschädigungslos zu erklären [68].

Nach der hier vertretenen Auffassung hat die Rechtsprechung dieses Element allerdings überdehnt, wobei ihr dabei eine merkwürdig unkritische Lehre entgegengekommen ist [69]. Der Rechtsprechung muss Grundsätzliches entgegengehalten werden: Eine der kennzeichnenden Eigenschaften des Eigentums besteht doch eben darin, dass es dem Eigentümer überlassen bleibt, ob er die damit vermittelten Befugnisse nutzen oder aber brachliegen lassen will [70]. Eigentum verjährt nicht und verwirkt nicht. Eben diese fundamentalen Eigenheiten des Eigentums werden ignoriert, wenn die Wahrscheinlichkeit einer baldigen Verwertung der bisher nicht aktivierten Eigentumsbefugnisse zum alles entscheidenden Gesichtspunkt erhoben wird.

In jener Absolutheit, mit der das Bundesgericht während vieler Jahre das Erfordernis der Realisierungswahrscheinlichkeit formuliert hat, lässt sich dieses nicht halten. Bezeichnend scheint denn auch, dass das Erfordernis beinahe ausnahmslos nur auf *einen* bestimmten Sachverhalt – nämlich auf den raumplanerischen Entzug der Bauchance – zur Anwendung gebracht wurde, während es in anderen Fällen ohne Beachtung geblieben ist.

Es gilt daher zu differenzieren:

- Der Umstand, dass eine Realisierung der entzogenen Befugnis binnen eines kurzen Zeitraumes nicht zu erwarten gewesen wäre, darf eine materielle Enteignung nicht ohne weiteres ausschliessen.

Die Unwahrscheinlichkeit oder Ungewissheit der Verwirklichung kann nicht mehr als ein Indiz für fehlende Eingriffsintensität (und fehlende Vertrauenslage) sein. Auch hier ist eine «umfassende Würdigung der Verhältnisse» [71] unumgänglich. *Zu fragen ist danach, ob aufgrund der gesamten Umstände und im Vergleich zu ähnlich gelagerten Eigentumspositionen die entzogene Befugnis zum üblichen – gleichsam fraglosen – Eigentumsinhalt gehörte, oder ob sie im Zeitpunkt des Eingriffes*

---

[68] Dazu vorne S. 202–05.

[69] Soweit ich sehe, hat einzig G. MÜLLER Einwände gegen diese Rechtsprechung erhoben; Kommentar, N. 54 zu Art. 22ter BV.

[70] Dies wird auch vom Bundesgericht anerkannt, ohne dass daraus allerdings die vollen Konsequenzen gezogen würden; BGE *Küsnacht,* 113 Ib 326 (1987), dazu vorne S. 172–73.

[71] BGE *Neeff und Heusler,* 111 Ib 264 (1985).

eher im Randbereich der durch das Eigentum vermittelten Befugnisse lag. Der «aleatorische Glücksfall»[72] soll zwar dem Eigentümer durchaus offenstehen, wenn dieser ihn nützen kann. Der Eigentümer wird aber nicht dafür Entschädigung beanspruchen können, dass man ihm eine solche unwahrscheinliche, zeitlich entfernte Möglichkeit entzieht[73]. Je stärker daher das spekulative, ungewisse Moment die in Frage stehende Eigentumsnutzung prägt, desto eher ist der bestehenden oder fehlenden Wahrscheinlichkeit ihrer baldigen Verwirklichung Gewicht beizumessen.

In diesem Lichte betrachtet wäre es beispielsweise verfehlt, bei einem inmitten des Stadtgebietes liegenden, noch unbebauten Grundstück im Falle eines Bauverbotes überhaupt danach zu fragen, ob es in naher Zukunft sehr wahrscheinlich überbaut worden wäre. Als legitim erscheint diese Frage aber für Land, welches im Übergangsbereich zwischen dem Siedlungs- und dem Landwirtschaftsgebiet liegt.

– Auch dort, wo die Realisierungswahrscheinlichkeit zulässigerweise Berücksichtigung findet, sollen an sie *realistische Massstäbe* angelegt werden. Auch insofern geht nach der hier vertretenen Auffassung die bundesgerichtliche Rechtsprechung zu weit[74]. Es darf nicht so sein, dass dem Eigentümer akribisch und theoretisch Hindernisse vorgehalten werden, die sich der Verwirklichung seiner Eigentumsbefugnis entgegengestellt hätten, wo nach dem üblichen Lauf der

---

[72] Diesen treffenden Ausdruck verwendet GYGI, Expropriation, 103.

[73] Von diesem m.E. zutreffenden Kern des Erfordernisses einer nachgewiesenen Realisierungswahrscheinlichkeit geht das Bundesgericht zu Beginn der vierten Rechtsprechungsphase aus; vgl. vorne S. 130 ff. Das Gericht will vermeiden, dass der Staat für den Entzug oder die Beschränkung rein fiktiver Nutzungsmöglichkeiten Entschädigungen zahlen muss. In prägnanter Weise findet sich der grundlegende Gedanke formuliert im Entscheid *Wohlen v. Bergmann* (1982): «Diese Rechtsprechung geht davon aus, dass eine Eigentumsbeschränkung nur dann einer Enteignung gleichkommen kann (Art. 22ter Abs. 3 BV), wenn sie dem Eigentümer *nicht bloss die Hoffnung* auf eine ertragsreichere Grundstücksnutzung nimmt, sondern wenn sie zufolge des Entzuges einer *realisierbaren* Nutzungsmöglichkeit zu einer enteignungsrechtlich erheblichen Wertminderung seines Eigentums führt» (E. 4a, BGE 108 Ib 355; Hervorhebung durch den Verfasser).
Die Rechtsprechung verschärft sich dann aber schnell und kommt zu dem Punkt, wo durchaus aussichtsreiche Nutzungen, die allein wegen der Intervention des Gemeinwesens nicht mehr zur Verwirklichung kommen, rückblickend als unwahrscheinlich erklärt werden; vorne S. 169.

[74] Dazu vorne S. 175–76 und S. 203–05.

6.2. Intensität des Eingriffs

Dinge diese Realisierung ohne die Intervention des Staates durchaus zu erwarten gewesen wäre. Zu bedenken bleibt auch, dass allzu hohe Anforderungen an die Wahrscheinlichkeit der Realisierung und an die Kürze des dazu aufzuwendenden Zeitraumes jene Eigentümer benachteiligen, welche – nicht zuletzt aus Verantwortungsgefühl und Esprit civique – behutsamer ans Werk gehen als jene, die jede sich bietende Gelegenheit sogleich zu nutzen wissen.

– Ein wichtiger *Vorbehalt* ist anzubringen: Bei einer Änderung der Eigentumsordnung kann das Erfordernis der Realisierungswahrscheinlichkeit die besondere Funktion übernehmen, den Normalfall – also Entschädigungslosigkeit der Inhaltsbestimmung[75] – von jenen Ausnahmefällen abzugrenzen, bei denen sich wegen ihrer Härte eine Entschädigung aufdrängt. Hier erscheint es sachgemäss, das Erfordernis streng auszulegen[76].

Das Hauptbeispiel für diese Art, die Realisierungswahrscheinlichkeit als Beurteilungskriterium zu verwenden, liefert die mit dem Urteil *Meier v. Zizers*[77] eingeleitete Rechtsprechung. Sie sieht die raumplanerische Gebietsausscheidung als Bestimmung des Eigentumsinhaltes an und erklärt folgerichtig die daraus hervorgehenden Einschränkungen als grundsätzlich entschädigungslos; Ausnahmefälle sind aber ausdrücklich vorgesehen. Bei dieser Fragestellung ist es angebracht, den Ausnahmefall darin zu erblicken, dass die zur Diskussion stehende planerische Anordnung den Eigentümer gleichsam überrumpelt und so gehindert hat, eine bereits beabsichtigte und ohne Schwierigkeiten ins Werk zu setzende neue Eigentumsnutzung zu verwirklichen.

– Im Sinne des oben dargelegten Grundsatzes, dass das Eigentum seinem Träger den Entscheid darüber frei lässt, ob und wann er seine Befugnisse wahrnehmen will, erscheint es (mit Ausnahme des eben vorbehaltenen Falles) fragwürdig, die Realisierungswahrscheinlichkeit von den subjektiven Absichten des Eigentümers abhängen zu lassen[78].

---

[75] Dazu vorne 6.1.1, S. 261.
[76] Dazu bereits vorne 4.5.3.E, S. 173–76; ferner hinten 6.5.2, S. 333.
[77] BGE 105 Ia 330 (1979); dazu vorne 4.4 und 4.5.4.
[78] So bereits BRUHIN, 119–20; G. MÜLLER, Kommentar, N. 54 zu Art. 22ter BV; wohl auch GRISEL, Traité, 773. Das Bundesgericht hat sich diesen Literaturstimmen im Urteil *Küsnacht*, 113 Ib 318, 322–26 (1987) angeschlossen und damit seine frühere unklare Rechtsprechung präzisiert; vorne S. 142–44 und 171–73.

C) Unterregel 3a: Auch erhebliche Verkürzungen bisher gegebener Eigentumsbefugnisse begründen keine materielle Enteignung, sofern eine wirtschaftlich sinnvolle Nutzung möglich bleibt.

In der Literatur nur wenig diskutiert[79], steht diese Regel – zusammen mit der eben dargestellten Unterregel 2b – im Mittelpunkt der bundesgerichtlichen Entschädigungsrechtsprechung[80]. Das Gericht wendet sie hauptsächlich dort an, wo es Verminderungen der baulichen Nutzung (nicht aber ihre vollständige Aufhebung) zu beurteilen hat. Die vorhandenen Entscheide lassen sich nach folgenden Fallgruppen unterteilen (wobei in allen nachfolgend angeführten Fällen eine materielle Enteignung verneint wurde):

Herabzonungen
- Umzonung in eine Zone mit tieferen Ausnutzungmöglichkeiten: BGE *Mühlematter* (Reduktion der Baumöglichkeiten um ⅔)[81]; *Müller v. Davos* (Reduktion der Ausnützungsziffer von 0,25 auf 0,07)[82].
- Zuweisung eines Grundstückes in eine altrechtliche Landwirtschaftszone (mit der Möglichkeit, 2½-geschossige Wohnbauten erstellen zu können), und nicht in die Industriezone: BGE *Grogg*[83].
- Zuweisung von ca. 150 000 m² Land im Mündungsdelta des alten Rheins zu einer Landschafts- und Naturschutzzone unter Belassung einer Bauzone von 8000 m² mit einer Ausnützungsziffer von 0,6: BGE *Würth*[84].

Teilbauverbote
Hier, nämlich bei den mittels Baulinien oder besonderen Zonenvorschriften angeordneten Baubeschränkungen, liegt das Schwer-

---

[79] Mit der Ausnahme von RUCH, welcher die dem Eigentümer noch verbleibende wirtschaftliche Nutzung in den Mittelpunkt der Abgrenzung zwischen entschädigungspflichtigen und entschädigungsbedürftigen Eigentumsbeschränkungen stellt (Zbl 1983, S. 536–37).
Auf die dem Eigentümer verbleibende Nutzung stellt auch Peter Hansjakob MÜLLER ab, der jedoch im Gegensatz zum Bundesgericht eine bestimmte Mindestrendite postuliert, unterhalb welcher ohne weiteres eine materielle Enteignung anzunehmen ist (114–25). Diese These scheint indessen nicht haltbar; vgl. die zutreffenden Einwände von O. BOSSHARDT, Zbl 1968, S. 248, und MOOR, Aménagement, ZSR 1976 II, S. 404 FN 63.
[80] Als allgemeine Regel formuliert findet sie sich in einem veröffentlichten Urteil erstmals in BGE *Felaria SA* (1983), Zbl 1984, S. 367 (E.2a).
[81] BGE 97 I 632 (1971).
[82] Urteil vom 21. November 1984, Zbl 1985, S. 211.
[83] Urteil vom 12. Juli 1961; Zbl 1961, S. 521.
[84] BGE 101 Ia 224 (1975).

6.2. Intensität des Eingriffs

gewicht der Fälle. Der dem Eigentümer verbleibende wirtschaftliche Nutzen besteht darin, dass das Grundstück bereits überbaut ist und insofern einen Ertrag abwirft [85], oder dass auf dem nicht mit Bauverbot belegten Teil noch ins Gewicht fallende Neubauten zulässig sind [86].

Einzelfälle
- Unterschutzstellung bestehender Gebäude als Denkmal; Veränderungen und Umbauten im Innern bleiben möglich [87].
- Verbot der Kiesausbeutung; belässt die hergebrachten Möglichkeiten der landwirtschaftlichen Nutzung [88].
- Verbot landwirtschaftlicher Bauten und Intensivkulturen; lässt die herkömmliche landwirtschaftliche Nutzung unangetastet [89].

Den Begründungen der angeführten Entscheide ist jeweils im einzelnen nicht zu entnehmen, worin die dem Eigentümer verbleibende wirtschaftlich sinnvolle Nutzung besteht. Es fehlen insbesondere alle konkreten Angaben über eine mögliche Rendite. Als «sinnvoll» erachtet das Gericht offenbar jene Nutzungen, welche sich im wesentlichen am bisherigen Zustand orientieren und allenfalls einen mässigen Ertragszuwachs zulassen [90]. Massstab ist also in keinem Fall eine Rendite, wie sie bei bestmöglicher Verwertung des Eigentums unter dem alten Rechtszustand möglich gewesen wäre.

---

[85] BGE *Fricker*, 93 I 338 (1967); *Bächtold* (1982), RDAT 1983, S. 135–36; *Felaria SA* (1983), Zbl 1984, S. 366.

[86] BGE *Egger*, 82 I 157 (1956); *Staat Wallis v. Erben Schwestermann*, 110 Ib 359 (1984). Gleich bereits die unveröffentlichten Urteile *Gadola v. EG Bern* vom 19. Februar 1932 (dazu vorne S. 64), *Kunz v. Ollon* vom 29. April 1948, *Krieger und Mozzatti v. Luzern* vom 21. Februar 1951, in denen es jeweils um die enteignende Wirkung von Baulinien ging.

[87] BGE *Neeff und Heusler v. Basel-Stadt*, 111 Ib 257 (1985); *Schuchter v. St. Gallen*, 112 Ib 263 (1986).

[88] BGE *Weber und Toggenburger v. Regierungsrat des Kantons Zürich* vom 14. September 1949 (unveröffentlicht).

[89] BGE *Staat Zürich v. Hofstetter* vom 16. März 1983 (unveröffentlicht), E.4b, S. 13–15.

[90] In einigen Urteilen pflegt das Bundesgericht nicht nur von «wirtschaftlich sinnvoller», sondern auch von «bestimmungsgemässer» Nutzung zu sprechen: BGE *Staat Zürich v. Hofstetter* vom 16. März 1983 (unveröffentlicht), E.4b S. 15; *Neeff und Heusler v. Basel-Stadt*, 111 Ib 264, 265, 266 (1985); *Schuchter v. St. Gallen*, 112 Ib 267 und 270 (1986). Darin kommt noch stärker der Gedanke zum Ausdruck, dass die «legitime» Nutzung sich nach dem aufgrund der gesamten bisherigen Umstände zu Erwartenden und nicht nach spekulativen Maximalaussichten richtet. – Siehe aber vorne S. 271–73 (Ablehnung einer «Situationsgebundenheit» des Eigentums).

Damit lassen sich aus der Rechtsprechung sinngemäss noch zwei weitere Abwandlungen oder Erweiterungen der eingangs formulierten Unterregel gewinnen:

Unterregel 3b: Im Entzug der bisher gegebenen bestmöglichen Nutzung liegt für sich allein keine materielle Enteignung[91].

Unterregel 3c: Eingriffe, die zum vollständigen Entzug jeder wirtschaftlichen Verwertungsmöglichkeit führen, sind enteignungsähnlich.

Ein bisher gegebener *ökonomischer* Wert darf nicht vollständig zerstört werden. Der Eigentümer muss sich nicht mit einer nuda proprietas oder einem rein ideellen Wert abfinden. Er kann namentlich nicht entschädigungslos zu bestimmten positiven Vorkehren – etwa zum Unterhalt – verpflichtet werden, sofern die dafür aufzuwendenden Mittel aus dem betroffenen Eigentumsobjekt nicht erwirtschaftet werden können (in Form eines regelmässigen Ertrages oder eines späteren Verkaufserlöses), sondern dem übrigen Vermögen des Eigentümers entnommen werden müssen.

Ein diesem Fall nahe kommender Sachverhalt liegt dem Entscheid *Balli*[92] zugrunde: Der Kanton Tessin hatte die bedeutendste private Sammlung archäologischer Gegenstände des Kantons in das Inventar der geschützten Kunstdenkmäler aufgenommen mit der rechtlichen Folge, dass die Eigentümer einer umfassenden Unterhaltspflicht und einem absoluten Verbot des Verkaufes ausserhalb des Kantons unterstellt wurden. Das Bundesgericht hat diesen Eingriff als grundsätzlich sehr schwer gewertet. Den Eigentümern wird nahezu jeder wirtschaftliche Nutzen entzogen. Zur Erfüllung der Unterhaltspflicht muss, da mobile Kunstgegenstände als solche keinen Ertrag abwerfen, auf das übrige Vermögen zurückgegriffen werden; die Aussicht aber, den Wert der Kunstgegenstände einmal durch Veräusserung realisieren zu können (was wiederum die Unterhaltsaufwendungen wirtschaftlich sinnvoll machen würde), ist durch die Begrenzung der Verkaufsmöglichkeiten auf einen limitierten Markt ebenfalls empfindlich beeinträchtigt[93].

D)   *Unterregel 4: Eine schlechte tatsächliche Eignung des betroffenen Objektes für den entzogenen Gebrauch ist ein Indiz für geringe Eingriffsintensität.*

---

[91] Die Lehre hat demgegenüber ganz vereinzelt die Behauptung aufgestellt, jeder Eigentümer habe Anspruch auf die bestmögliche Verwendung seines Eigentums und deren Entzug sei entschädigungspflichtig: Rudolf HUBER, MBVR 1956, S. 175; IMBODEN/RHINOW, 957 (allerdings unter dem Vorbehalt, dass diese Verwendung sehr wahrscheinlich in naher Zukunft verwirklicht worden wäre).
[92] BGE 113 Ia 368 (1987).
[93] Id., E.5c und d, S. 377–81.

6.2. Intensität des Eingriffs

Während diese Regel in der Literatur bisweilen ausdrücklich erwähnt wird[94], findet sie sich nicht ausformuliert in der bundesgerichtlichen Rechtsprechung[95]. Sie ist dort aber dem Sinn nach enthalten. Dies zeigen etwa jene Urteile, in denen das Gericht im Zusammenhang mit Baubeschränkungen die Steilheit des Geländes[96] oder die ungünstige Bodenbeschaffenheit[97] als Elemente für die Würdigung der Eingriffsintensität nennt. Ähnlich hat das Gericht dort argumentiert, wo es ein Bauverbot als nicht enteignungsähnlich wertete, weil Wohnbauland in unmittelbarer Nähe einer Autobahn betroffen wurde, für welches keine Nachfrage mehr nachzuweisen war[98].

Die Frage der Eignung wird dabei meist im Zusammenhang mit dem Kriterium einer in naher Zukunft bestehenden Realisierungswahrscheinlichkeit diskutiert. Aus den bereits dargelegten Gründen sollte dieses Kriterium indessen nicht überdehnt werden[99]; die Eignung wäre dann als selbständiges, wenn auch eher untergeordnetes Element der Eingriffsintensität zu werten.

Nur die *tatsächlichen* Umstände sind für die Frage der Eignung in Betracht zu ziehen. Sie legen jene unumstösslichen Grenzen fest, innerhalb welcher die durch das Eigentum vermittelten rechtlichen Befugnisse überhaupt erst ausgenützt werden können. *Rechtliche* Hindernisse, wie sie beispielsweise aufgrund der Waldqualität eines Grundstückes bestehen, sind demgegenüber dem Eigentum nicht vorgegeben. Sie werden vom Gemeinwesen angeordnet und schränken insofern die Gebrauchsmöglichkeiten erst nachträglich ein. Es ist da-

---

[94] MEIER-HAYOZ/ROSENSTOCK, 33; GRISEL, Juridiction constitutionelle, Zbl 1971, S. 224-25; BLOCHER, 136; SCHÜRMANN, 230-34 (welcher allerdings das Kriterium der Eignung in einem weiteren Sinne als dem hier gemeinten versteht).

[95] Eine vereinzelte Äusserung findet sich im BGE *Roulet*, 101 Ia 470 (1975): «Mais l'interdiction d'édifier des bâtiments ... ne peut constituer une expropriation matérielle que dans la mesure où elle touche un terrain qui se prête *en fait* à la construction» (Hervorhebung durch den Verfasser).

[96] BGE *Gadola v. Einwohnergemeinde Bern* vom 19. Februar 1932 (unveröffentlicht), E.5 S. 17; *Egger*, 82 I 166-67 (1956); *Kocher*, 107 Ib 386 (1981).

[97] BGE *Würth*, 101 Ia 227-28 (1975): feiner Schwemmsand als Untergrund; *Staat Zürich v. Hofstetter* vom 16. März 1983 (unveröffentlicht), E.4b S. 13-14: feuchter, moorartiger Untergrund, der sich für die Erstellung von landwirtschaftlichen Gebäuden nicht eignet.

[98] BGE *Erben Wegmüller* (1984), BVR 1985, S. 26-37; *Renaud v. St.Légier* vom 20. Mai 1987 (unveröffentlicht), E.4a, S. 13. Offen bleibt dabei, ob der Eigentümer allenfalls wegen der von der Autobahn ausgehenden Immissionen unter dem Titel des Entzugs nachbarlicher Abwehrrechte Entschädigung verlangen könnte.

[99] Vorne S. 281-82.

her nicht zulässig, sie in gleicher Weise als ein Gegebenes zu behandeln wie tatsächliche Hindernisse [100].

Zu erinnern bleibt daran, dass die *vollständig* fehlende Eignung des Objektes für den Gebrauch, der entzogen oder beschränkt wird, einen Schaden ausschliesst und damit die Frage einer materiellen Enteignung von vornherein gegenstandslos werden lässt [101].

E) *Unterregel 5: Eine materielle Enteignung liegt dort nicht vor, wo die Beeinträchtigung einer Eigentumsposition durch Vorteile angemessen aufgewogen wird.*

Was auf den ersten Blick – und besonders aus der Perspektive des Eigentümers – bloss als Belastung erscheinen mag, erweist sich bei einer umfassenden Würdigung oft als Massnahme, welche für den Eigentümer auch klar fassbare Vorteile zeigt. Es fehlt hier regelmässig an der für eine materielle Enteignung erforderlichen Eingriffsintensität.

In diese Kategorie fallen einmal positive Leistungspflichten, welche – ohne sich geradezu in einem entsprechenden Mehrwert für das betroffene Objekt niederzuschlagen [102] – auch Vorteile für den Eigentümer bringen. Man denke etwa an die denkmalpflegerische Auflage der Verwendung bestimmter Materialien in einem schutzwürdigen Quartier; für die betroffenen Hausbesitzer wird es sich regelmässig vorteilhaft auswirken, dass das Quartierbild in seiner Eigenart erhalten bleibt [103].

Die praktisch wichtigsten Beispiele liefern die vom privaten Nachbarrecht und vom Baupolizeirecht ausgehenden Einschränkun-

---

[100] Würdigt man auch die rechtlichen Hindernisse unter dem Gesichtspunkt der Eignung, ermöglicht man es dem Gemeinwesen zudem, das Eigentum schrittweise – aufgeteilt in kleine, sich zeitlich folgende Eigentumsbeschränkungen – auszuhöhlen. Deswegen ist auch die Argumentation, mit welcher das Bundesgericht die entschädigungslose Aufhebung der Bauchance im Gefolge der Raumplanung begründet hat, anfechtbar. Dazu KNAPP, Précis, S. 396 N. 2263, und vorne S. 141–42 und 204–05.

[101] Vorne 5.6.2, S. 255.

[102] Resultiert ein dem Aufwand entsprechender Mehrwert, fehlt es am Schaden. Eine materielle Enteignung fällt dann von vornherein ausser Betracht. Vorne S. 254.

[103] Vgl. dazu die vorne, S. 254, angestellten Überlegungen mit weiteren Hinweisen. Wirkt sich eine staatlich verfügte Leistungspflicht für den Betroffenen nur oder überwiegend belastend aus, stellt sich die Frage der Entschädigung durchaus; BGE *Balli*, 113 Ia 376–81, E. 5 (1987). – Es ist in diesem Zusammenhang bezeichnend, dass die aus Gründen des Natur- und Landschaftsschutzes wichtige landwirtschaftliche Bewirtschaftung hochgelegener und steiler Flächen nicht durch eine blosse Bewirtschaftungspflicht erzwungen, sondern durch Ausschüttung von Subventionen gefördert wird; BG über Bewirtschaftungsbeiträge an die Landwirtschaft mit erschwerten Produktionsbedingungen vom 14. September 1979, AS 1980, S. 679, SR 910.2, und die zugehörige Ausführungsverordnung, SR 910.21.

gen. Alle Eigentümer profitieren davon. Verallgemeinernd liesse sich deshalb sagen, dass Regelungen, welche einen Ausgleich zwischen den Interessen der verschiedenen Eigentümer selber bezwecken, vermutungsweise inhaltsbestimmenden Charakter haben und deshalb entschädigungslos zu dulden sind. Erst wo die Vorteile aus dem Eingriff völlig einseitig dem Gemeinwesen zufallen, ohne dass auch der betroffene Private profitiert, deutet dieses Missverhältnis auf einen schweren Eingriff hin [104].

Das Bundesgericht hat diesen Gedanken schon sehr früh in seiner Entschädigungsrechtsprechung berücksichtigt, ohne ihn allerdings als eigentliche Regel zu formulieren [105]. Mit dem Hinweis auf die dem Eigentümer letztlich erwachsenden Vorteile ist eine Entschädigungspflicht des Gemeinwesens etwa in folgenden Fällen verneint worden:

- Ziehung von Strassenbaulinien, welche einem Grundstück überhaupt erst den rückwärtigen Zugang erschliessen und damit die Nutzung in der vollen Parzellentiefe ermöglichen [106];
- Bausperre zur Sicherung einer geordneten Erschliessung von Grundstücken am Rande des Baugebietes [107];
- Herabzonung zur Anpassung der baurechtlichen Ordnung an die vorherrschende Überbauungsweise; sichert den Grundeigentümern die Erhaltung des bisherigen, von Einfamilienhäusern und Gärten geprägten Quartiercharakters [108];

[104] Dieser Gedanke wird hinten unter 6.4.2, S. 310 ff, aus einem andern Blickwinkel wieder aufgegriffen.
[105] Soweit ersichtlich erscheint er erstmals im Entscheid *Koch-Zeller*, 31 II 558 (1905). Einzig in einem Obiter Dictum des unveröffentlichten Urteils *Bäggli* vom 18. Juni 1952 hat das Bundesgericht die Frage der Entschädigungspflicht einmal in allgemeiner Weise u.a. davon abhängig machen wollen, «ob [die Beschränkung] auch dem betroffenen Eigentümer selbst in gewissem Masse zugute kommt» (E.5 S. 13); siehe vorne das Zitat S. 89, FN 47.
[106] BGE *Koch-Zeller*, 31 II 543, 558 (1905), vorne S. 38; *Rudin* vom 26. Januar 1966 (unveröffentlicht), E.5b S. 12, vorne S. 123. Vgl. auch die allgemeinen Erwägungen im BGE *Guler*, 109 Ib 117–19 (E.3).
[107] BGE *Zwieb*, 109 Ib 20 (1983). Das Bundesgericht unterlässt es hier zwar, auf die dem Eigentümer erwachsenden Vorteile hinzuweisen. Diese sind aber augenscheinlich; sie rechtfertigen nicht zuletzt die Entschädigungslosigkeit der Bausperre. Dazu auch SCHÜRMANN, 99.
[108] BGE *Mühlematter*, 97 I 632, 636 (1971). Ein vergleichbarer Sachverhalt liegt vor bei Teilbauverboten, welche u.a. die Erhaltung von Garten- und Grünanlagen in der Umgebung bestehender oder noch zu errichtender Bauten gewährleisten; BGE *Bächtold* (1982), RDAT 1983, S. 135–36; *Felaria SA* (1983), Zbl 1984, S. 368; *Müller v. Davos* (1984), Zbl 1985, S. 215 (E.5 in fine).

- Einschränkende Fischfangvorschriften zur Schonung der Fischpopulation; sichern den Wert eines ehehaften Fischereirechtes [109].

Auf der andern Seite ist in der Rechtsprechung die völlig einseitige Belastung eines Eigentümers ohne Zuweisung irgenwelcher Vorteile mehrmals als Indiz für das Vorliegen einer materiellen Enteignung gewertet worden [110]. Im Urteil *Balli v. Ticino* hat das Gericht in grundsätzlicher Weise das Verhältnis zwischen den Vorteilen, welche die zur Diskussion stehende Eigentumsbeschränkung dem Gemeinwesen auf der einen und dem Eigentümer auf der andern Seite verschafft, als massgebendes Element für die Beurteilung der Entschädigungsfrage erklärt [111].

In der Doktrin ist ein entsprechender Ansatz von GYGI vertreten worden, der das Bild eines «Vermögensbilanz-Gleichgewichtes» zum Ausgangspunkt seiner Abgrenzung zwischen entschädigungsloser Inhaltsbestimmung und materieller Enteignung gemacht hat [112]. Im übrigen hat sich die Lehre meist nur beiläufig mit dem für die Charakterisierung der Inhaltsbestimmung zentralen Gedanken eines Gleichgewichtes von Belastungen und Vorteilen auseinandergesetzt [113].

---

[109] BGE *St. Niklausen Bruderschaft*, 36 II 315 (1910).

[110] So im Urteil *Müller-Haiber*, 69 I 242 (1943): Bauverbot zur Sicherung einer späteren Sportplatzanlage (dazu vorne 3.2.); *Chappuis*, 89 I 387 (1963): Bauverbot am Lac de Bret; *Kocher*, 107 Ib 384–85 (1981): Überbauungsplan für mehrere Grundstücke, der einem einzigen Eigentümer erhebliche Einschränkungen auferlegt.

[111] BGE 113 Ia 374–75, E.3d, besonders am Schluss (1987).

[112] Expropriation, 102: «Für die Abgrenzung der Eigentumsbeschränkungen zu der materiellen Enteignung ... wird es dann auf den *deutlichen Überschuss an Gemeinwohl- oder Sozialpflichtigkeit* ankommen, auf die *Überbelastung ohne erkennbar angemessene Gegenleistung* und zu *überwiegend fremden Bedürfnissen*, dies aber nicht in einer Momentanbetrachtung, sondern in einer langfristigen Bilanzierung» (Hervorhebungen im Original).

[113] REICHLIN, ZSR 1947, S. 326a (Begründung für die Entschädigungslosigkeit des traditionellen Baupolizeirechtes liegt im Vorteil, den die Eigentümer daraus ziehen); MEIER-HAYOZ/ROSENSTOCK, 46; ZAUGG, Kommentar Baugesetz 1970, S. 305; ZIMMERLI, Zbl 1974, S. 143–44; ZIMMERLIN, Kommentar, S. 536, N. 2 zu § 212. Kritisch L. MEYER, ZBJV 1972, S. 209 (bauend auf der m.E. nicht haltbaren These, dass allein die Nutzungsmöglichkeiten den Bodenwert bestimmen).
Stärker als in der Schweiz wird bei ausländischen Autoren das Nachbarrecht als Leitbild für einen Ausgleich der unterschiedlichen Eigentümerinteressen und damit der Inhaltsbestimmung hervorgehoben: LEISNER, 232–33, besonders aber AICHER, 418–30.

F)   Unterregel 6: Ein Bauverbot auf erschlossenem Land innerhalb einer den bundesrechtlichen Grundsätzen entsprechenden Bauzone erreicht üblicherweise die für eine materielle Enteignung erforderliche Intensität.

Vorläufer zu dieser Regel sind vom Bundesgericht selber mehrmals als Obiter Dicta formuliert worden, wobei sich in den aufeinanderfolgenden Fassungen die Entwicklung des Raumplanungsrechtes spiegelt[114]. Die Regel kann gewissermassen als Anwendung der bisher erörterten Unterregeln 2b bis 5 auf einen konkreten Sachverhalt angesehen werden. Für Land, das in einer bundesrechtskonformen Bauzone liegt, gehört die Baubefugnis zum Eigentumsinhalt[115]. Ein derart qualifiziertes Bauverbot entzieht dem Eigentümer meist eine wahrscheinliche, sofort zu verwirklichende Eigentumsbefugnis und verunmöglicht zugleich die wirtschaftlich sinnvolle Nutzung des Grundstücks; es wird mit keinen Vorteilen für den betroffenen Eigentümer aufgewogen.

Die Regel scheint im allgemeinen Bewusstsein derart fest verankert, dass nur wenige Fälle vor das Bundesgericht gelangt sind[116].

G)   Unterregel 7: Die Intensität des Eingriffs hängt auch von seiner zeitlichen Dauer ab.

Im Urteil *Imhof v. Winterthur* (1968) hat das Bundesgericht erstmals in allgemeiner Weise die Dauer des Eingriffs als Element seiner Intensität bezeichnet: «eine öffentlich-rechtliche Eigentumsbeschränkung, die an sich keine materielle Enteignung bildet, kann den Charakter einer solchen wegen ihrer Dauer annehmen»[117]. So formu-

---

[114] BGE *Rohrer* AG (1963) E.5, Zbl 1963, S. 408; *Société suisse des maîtres imprimeurs*, 93 I 711–12 (1967); *Chollet und de Mestral v. Vaud* vom 23. Februar 1977 (unveröffentlicht), E.3 S. 8; *Kocher*, 107 Ib 383 (1981).

[115] Das Bauverbot wirkt deshalb als Auszonung im Sinne der im Anschluss an das Urteil *Meier* entwickelten Terminologie; dazu vorne 4.5.4, S. 177 ff.

[116] Beispiele: BGE *Chollet und de Mestral v. Vaud* vom 23. Februar 1977 (unveröffentlicht) (Bauverbot auf erschlossenen Parzellen in der Bauzone von Féchy); *Rothuizen*, 112 Ib 105 (1986) (Bauverbot auf einem erschlossenen – E.4a – Grundstück in der Bauzone von Commugny); *Hug v. Trimmis*, 114 Ib 117–20, E.3–5, und *Pagano v. EG Bern*, 114 Ib 289–93, E.3–4 (1988) (in beiden Fällen Zuweisung weitgehend erschlossener Grundstücke innerhalb des engeren Baugebietes zu einer Zone für öffentliche Bauten und Anlagen).

[117] Urteil vom 8. Mai 1968, Zbl 1968, S. 452. Das Bundesgericht hat bereits früher in einigen wenigen Fällen eine zeitliche Limitierung des Eingriffs als Grund für dessen Entschädigungslosigkeit angeführt: BGE *Koch-Zeller*, 31 II 558 (1905) (Baulinie); *S.I. Rue du Puits-St-Pierre 2*, 89 I 463 (1963) (Abbruchverbot für Wohnbauten im Kanton Genf).

liert scheint die Regel allerdings irreführend; ein wenig intensiver Eingriff muss auch bei langer oder unbeschränkter Dauer entschädigungslos hingenommen werden. Man muss daher differenzieren.

- Im Regelfall erreichen nur zeitlich illimitierte Eigentumseingriffe die für eine materielle Enteignung geforderte Intensität [118].
- Eingriffe, die – wenn zeitlich illimitiert – enteignend wirken, begründen grundsätzlich keine Entschädigungspflicht, wenn sie nur vorübergehend angeordnet werden.
- Trotz bloss vorübergehender Natur können derartige Eingriffe jedoch zu einer materiellen Enteignung führen, wenn sie während langer Zeit andauern.

Im Mittelpunkt des praktischen Interesses stehen *temporäre Bauverbote*, wie sie besonders zur Sicherung laufender Planungen oft angeordnet werden [119]. Ähnlich wie bei der Frage der Wertverminderung hat das Bundesgericht es immer abgelehnt, eine feste Dauer zu nennen, von welcher an eine Bausperre enteignungsgleich wirken würde [120]. Im Urteil *Zwieb* (1983) hat es sich zu den Grundsätzen seiner Rechtsprechung folgendermassen geäussert:

> «Ausnahmsweise kann ... die lange Dauer eines Bauverbotes einen Eigentümer besonders schwer treffen, so etwa wenn auf baureifem Land ein bewilligungsfähiges Bauvorhaben während längerer Zeit zurückgestellt werden muss. Dabei lässt sich der bundesgerichtlichen Rechtsprechung keine feste zeitliche Begrenzung entnehmen, bei deren Überschreitung eine materielle Enteignung angenommen werden müsste. Massgebend sind vielmehr die Umstände des Einzelfalles. In der Regel wird ein auf fünf Jahre befristetes Bauverbot, wie es sich gemäss ausdrücklicher bundesgesetzlicher Regelung aus den Projektierungszonen für Nationalstrassen (Art. 17 Abs. 1 NSG) oder aus Planungszonen gemäss Art. 27 RPG ergeben kann, keine Entschädigungspflicht auslösen. Doch bleibt auch in diesen Fällen die Prüfung des Einzelfalles vorbehalten (...). Ein zehn Jahre dauerndes Bauverbot auf baureifem Land kann hingegen enteignungsähnlich wirken, allenfalls unter dem Gesichtspunkt des Sonderopfers» [121].

[118] Gleich SIEGRIST, 81; siehe auch vorne S. 255.
[119] Dazu ausführlich SIEGRIST, 76–107.
[120] Anders die deutsche Rechtsprechung, welche Bausperren nur bis zu einer Dauer von drei bzw. vier Jahren entschädigungslos zulässt; OSSENBÜHL, 124–26; NÜSSGENS/BOUJONG, 77–78.
Für das schweizerische Recht postuliert SIEGRIST, 85, dass eine Bausperre nach 10 Jahren Dauer generell als Enteignung gelten müsse.
[121] BGE 109 Ib 22–23.

6.2. Intensität des Eingriffs

Dem Verfasser sind nur zwei Urteile bekannt[122], in denen das Gericht eine materielle Enteignung bei beschränkter Dauer des Eingriffs bejaht hat. Im Fall *Müller-Haiber* (1943) ging es um ein zehnjähriges Bauverbot, welches zur Sicherung einer geplanten Sportanlage auf ein privates Grundstück gelegt worden war[123]. Im Fall *Etat de Neuchâtel v. Borioli* (1977) erachtete das Gericht ein Bauverbot, welches der Kanton zum Schutze der Ufer des Neuenburgersees angeordnet und während 14 Jahren aufrecht erhalten hatte, als ausreichend, um eine materielle Enteignung annehmen zu können[124]. Als Regel muss jedoch gelten, dass eine sachlich begründete zeitliche Limitierung des Eingriffs Anlass gibt, die für einen enteignungsgleichen Tatbestand erforderliche Intensität zu verneinen[125].

Die in der Doktrin geäusserten Auffassungen weichen im allgemeinen nicht von der bundesgerichtlichen Rechtsprechung ab[126]. Einige Autoren haben auf das Problem mehrerer zeitlich beschränkter, sich unmittelbar folgender Bausperren oder Bauverbote hingewiesen, und dafür die Möglichkeit einer materiellen Enteignung bejaht[127,128].

---

[122] Nicht mitgezählt wird hier das Urteil *Mathys v. Köniz* (1984), BVR 1984, S. 451–66, wo das Bundesgericht – allerdings bei beschränkter Kognition – einen Entscheid des Berner Verwaltungsgerichtes schützte, der die Gemeinde Köniz wegen einer 20 Jahre dauernden Bauobstruktion gegenüber einem privaten Grundeigentümer zu Entschädigungsleistungen wegen materieller Enteignung verurteilt hatte.

[123] BGE 69 I 234, 239, 242.

[124] Unveröffentlichtes Urteil vom 21. Oktober 1977, E.3c S. 14; dazu vorne S. 112.

[125] Siehe BGE *Zwieb*, 109 Ib 20 (1983), wo das Bundesgericht zum Schlusse kam, dass eine mehrmals verlängerte und im Zeitpunkt des Urteils nahezu zehn Jahre dauernde Bausperre zur Sicherung einer ordnungsgemässen Erschliessungsplanung für Grundstücke am Rande des Baugebietes vom Eigentümer entschädigungslos hingenommen werden musste.

[126] Vgl. beispielsweise ZIMMERLI, Zbl 1974, S. 149; SCHÜRMANN, 226. SIEGRIST bedauert die Fixierung der Rechtsprechung auf die Dauer des Eingriffs und verlangt, dass den Verhältnissen des Einzelfalls mehr Rechnung getragen werde; 86–88.
Von einigen Autoren ist die Meinung vertreten worden, die Bejahung einer materiellen Enteignung bei einem zeitlich beschränkten Eingriff sei als Fall des Sonderopfers (also der zweiten Tatbestandsvariante gemäss der Formel *Barret*) zu werten: GRISEL, Droit administratif, 406; GYGI, VPB 1974, Nr. 78 S. 58–59; ähnlich auch BGE *Zwieb*, 109 Ib 23, E.4a in fine (1983).

[127] NIEDERHÄUSER, BVR 1980, S. 327–29; CENSI, RDAT 1981, S. 257–60; KNAPP, Précis, S. 396 N. 2263.

[128] Die bundesgerichtliche Rechtsprechung, welche als massgebenden Beurteilungszeitpunkt jenen der Rechtskraft der *definitiven* Massnahme ansieht (vorne S. 188), gewichtet m.E. die faktischen Wirkungen vorausgegangener Bausperren zu wenig. Die Frage, ob die nun definitiv entzogene Eigentumsbefugnis in naher Zukunft mit hoher Wahrscheinlichkeit hätte verwirklicht werden können, wird dadurch aus einer verzerrten Optik beantwortet. Kritisch dazu auch MÜLLER/MÜLLER, 304. – Bei mehrfach ver-

6.2.5. Beizug ausschliesslich ökonomischer Gesichtspunkte?

Im Kapitel 5.6. haben wir das Vorhandensein eines wirtschaftlichen Schadens als ein Tatbestandsmerkmal der materiellen Enteignung bezeichnet[129]. Dieses Merkmal ergibt sich zwingend daraus, dass die Rechtsfolge der materiellen Enteignung in einer nach den Grundsätzen des formellen Enteignungsrechtes zu bemessenden Entschädigung besteht. Eine ganz andere Frage ist es aber, ob das Ausmass des ökonomischen Schadens *allein* über den Grad der Eingriffsintensität entscheiden soll. Eben dieses wirtschaftliche Element scheint aber jene Einzelgesichtspunkte zu kennzeichnen, die wir anhand des vorhandenen Fallmaterials und der Äusserungen der Lehre aus dem Kriterium der Intensität abgeleitet haben; die Betrachtungsweise ist letztlich bei allen ökonomisch geprägt.

Das Kriterium der Eingriffsintensität wird dadurch in einseitiger Weise festgelegt. Die *Zumutbarkeit des Eingriffes für den konkret betroffenen Eigentümer* bleibt aus der Betrachtung *ausgeschlossen*. Die gleichsam subjektive Seite der Eingriffsintensität sollte aber nicht a priori weniger Gewicht haben als die wirtschaftliche. Auch wenn nach einer Eigentumsbeschränkung eine «wirtschaftlich sinnvolle Nutzung» verbleibt, kann es nicht unbeachtlich sein, ob der Eingriff den Eigentümer in eine vollständige «Einspurigkeit» der Verfügung drängt oder ihm noch gewisse Wahlmöglichkeiten offenlässt[130]. Ebensowenig dürfte bedeutungslos sein, dass der Eingriff den Eigentümer enteignungsrechtlich zwar kaum schädigt, ihn aber zur Aufgabe seines angestammten Gewerbes zwingt[131].

---

längerten Bausperren stellt sich die Frage, ob das *Gemeinwesen* nicht *rechtswidrig* – nämlich durch Verzögerung zeitgerechter Entscheide – *gehandelt* hat. Hier käme dann eine Entschädigung unter dem Titel der Staatshaftung für rechtswidriges Verhalten in Frage; vgl. dazu auch CENSI, RDAT 1981, S. 260–61; KOPP, 315–31; ferner allgemein BGE *R. v. Kantonsgericht des Kantons Schwyz*, 107 Ib 160 (1981); Urteil des Kantonsgerichtes St. Gallen vom 20. März 1985, SJZ 1987, S. 30–31.

[129] Vorne S. 252.

[130] Dazu LEISNER, 201–02, von dem auch der Begriff der «Einspurigkeit» stammt.

[131] Eine Ahnung von dieser Problematik vermittelt der Entscheid *Maurer*, 106 Ia 262 (1980), wo einem Betreiber eines Sammelplatzes für ausgediente Autos der weitere Betrieb seines Gewerbes, das er auf eigenem Land führt, aus Gründen des Gewässer- und Landschaftsschutzes verboten wird. (Wie das Bundesgericht in E.2c, 266–67, ausführt, erleidet der Eigentümer allerdings überhaupt keinen enteignungsrechtlich relevanten Schaden, so dass auch nach der hier vertretenen Auffassung die Annahme einer materiellen Enteignung ausgeschlossen ist; vgl. aber die Überlegungen vorne S. 257)

6.2. Intensität des Eingriffs

Wenn in der neueren Lehre immer wieder die menschenrechtliche Seite der Eigentumsgarantie und der Persönlichkeitsbezug des Eigentums hervorgehoben werden[132], so ist festzustellen, dass die Rechtsprechung diesen Aspekt hinsichtlich der Eingriffsintensität bis heute wohl zu wenig berücksichtigt hat[133].

Eine der beiden möglichen Alternativen ist vorne unter 5.6.2.B[134] erörtert worden. Sofern ausschliesslich ökonomische Aspekte über die Eingriffsintensität entscheiden, muss dies bei der Prüfung der Gültigkeitsvoraussetzungen des Eingriffs berücksichtigt werden. Bei der Abwägung der entgegenstehenden Interessen ist dem Umstand Rechnung zu tragen, dass ein subjektiv schwerwiegender, ökonomisch aber geringfügiger Eingriff nicht zu einer Entschädigungspflicht führen kann. Dementsprechend muss das Interesse des betroffenen Eigentümers stärker gewichtet werden.

Die andere Alternative besteht darin, das Kriterium der Eingriffsintensität weiter zu fassen. Die für die Annahme einer materiel-

---

[132] SALADIN, Grundrechte, 402–03; Georg MÜLLER, Privateigentum, 66–71 (allerdings ohne dem Persönlichkeitsbezug gegenüber der wirtschaftsorganisatorischen Funktion des Eigentums einen grundsätzlichen Vorrang einzuräumen, 79); MÜLLER/ MÜLLER, 308–10, mit der gerade im vorliegenden Zusammenhang aufschlussreichen Bemerkung, dass «[i]n der heutigen politischen und rechtlichen Wirklichkeit ... die wirtschaftliche Funktion des Eigentums viel stärkere Berücksichtigung [findet] als die persönlichkeitsbezogene» (309).

[133] Die bundesgerichtliche Judikatur enthält beinahe kein Beispiel, wo bei der Beurteilung der Eingriffsintensität auch die subjektiven Aspekte berücksichtigt worden wären. Als Ausnahme mag allenfalls das Urteil *Köchli AG* (1978), Zbl 1979, S. 534–43, angeführt werden: Die Brüder Köchli erwerben Landwirtschaftsland in der Gemeinde Bachs, um darauf für ihren Milchtransportbetrieb eine Einstellhalle mit Werkstatt sowie drei Einfamilienhäuser für die Chauffeure zu erstellen. Mit der daraufhin vom Regierungsrat erlassenen Verordnung zum Schutze des Bachsertales wird das erworbene Land mit einem Bauverbot belegt. Das Bundesgericht verneint eine materielle Enteignung hauptsächlich deswegen, weil dem Bauprojekt gewässerschutzrechtliche Hindernisse entgegengestanden wären. Es räumt immerhin ein, dass «auch Nutzungsmöglichkeiten zu berücksichtigen [sind], die nur gerade dem betreffenden Eigentümer offenstanden. Voraussetzung ist allerdings, dass diese Möglichkeit besserer Nutzung als nachgewiesen erscheint» (541). Im Ergebnis bleibt indessen auch hier die durch die besonderen subjektiven Umstände geschaffene Situation unberücksichtigt. In der Doktrin haben sich vereinzelte Autoren für eine Berücksichtigung der subjektiven Eingriffsintensität ausgesprochen: BÉGUIN, ZSR 1947, S. 424a und 430a (Entschädigungspflicht beim Entzug der Möglichkeit, sein Land zu bebauen oder darauf für sich selber ein Wohnhaus zu erstellen); SCHAUMANN, Landesplanung, 219. Eher skeptisch SALADIN, Grundrechte, 187; ablehnend G. MÜLLER, Kommentar, N. 55 zu Art. 22ter BV.

[134] Vorne S. 257.

len Enteignung nötige Intensität könnte dann auch aufgrund nichtökonomischer Gesichtspunkte bejaht werden[135].

6.3. Lastengleichheit

6.3.1. Allgemeines – Bedeutung in Rechtsprechung und Lehre

A) «Die Eigentumsgarantie – im Sinne der Eigentumswertgarantie – verlangt, dass gewisse schwerwiegende, im öffentlichen Interesse notwendige Eingriffe in einzelne Eigentümerpositionen nicht von den Betroffenen selbst, sondern von der ‹begünstigten› Allgemeinheit getragen werden. ... Am Anfang der Eigentumswertgarantie steht ... der Gedanke des Ausgleichs für individuelle Schädigung, der ‹Lastengleichheit der Bürger›, der Opferüberwälzung auf die Allgemeinheit»[1].

Die Forderung nach einem Ausgleich für besondere Opfer, welche bestimmten Eigentümern durch Eingriffe in ihr Eigentum auferlegt werden, hat wesentlichen Anteil an der Ausbildung des Instituts

---

[135] Wo *nur* immaterieller Schaden vorliegt, entfällt diese Alternative, da die enteignungsrechtlichen Regeln der Entschädigungsbemessung eine Abgeltung des tort moral nicht kennen. In Frage kommt hier allein die – allerdings vorgängige – Ungültigerklärung des Eingriffs wegen Überwiegens des privaten Eigentümerinteresses über die Interessen des Gemeinwesens am Eingriff. Dazu vorne S. 257.
Sobald der Eingriff aber eine auch nur geringfügige ökonomische Einbusse für den Eigentümer nach sich zieht, kommt ein erweitertes Verständnis der Eingriffsintensität zum Tragen. Bei der Beantwortung der Frage, ob eine materielle Enteignung anzunehmen sei oder nicht, spielt dann eben auch die subjektive Betroffenheit eine Rolle. Wird ein entschädigungspflichtiger Tatbestand bejaht, kann die ökonomische Einbusse nach den enteignungsrechtlichen Entschädigungsregeln immerhin abgegolten werden. Der Grundsatz, wonach geringfügige Eingriffe nie zu einer materiellen Enteignung führen, wäre insoweit relativiert.
[1] SALADIN, Bemerkungen, ZSR 1966 I, S. 428.

6.3. Lastengleichheit

der materiellen Enteignung gehabt[2]. Das Sonderopfer bildete den Kern der Konzeption *Müller-Haiber*[3], und es kennzeichnet nun die eine der beiden Varianten des Entschädigungstatbestandes gemäss der Formel *Barret*[4].

Zwischen der Forderung nach einem Ausgleich für besondere Opfer und den konkreten Ergebnissen der Gerichtspraxis zeigt sich insofern eine augenfällige Übereinstimmung, als in der bundesgerichtlichen Judikatur wohl kein Fall bejahter materieller Enteignung zu finden ist, dem nicht eine individuelle Härtesituation auf Seiten eines einzelner oder jedenfalls weniger Eigentümer zugrunde gelegen hätte. Hier liegt auch der wesentliche Berührungspunkt mit der formellen Enteignung: diese trifft einzelne Eigentümer nach Kriterien, die allein von der Sachlogik des Enteignungszweckes bestimmt sind und vom Gesichtspunkt der Lastentragung her willkürlich anmuten; die Enteignungsentschädigung muss den notwendigen Ausgleich herbeiführen.

Die Analyse der bundesgerichtlichen Rechtsprechung hat anderseits die Schwierigkeiten aufgedeckt, die sich der dogmatischen Erfassung des Sonderopfergedankens entgegenstellen. Die Formel *Müller-Haiber* scheiterte daran, dass sie in zu vereinfachter Weise auf die Zahl der Betroffenen abstellte[5]. Bei der Formel *Barret* ist die Unterscheidung zweier Tatbestände, von denen nur der eine unmittelbar auf die Lastengleichheit Bezug nimmt, zumindest in der Praxis nicht zum Tragen gekommen[6].

B) Die schweizerische Rechtslehre hat sich mit dem Aspekt der Lastengleichheit im Institut der materiellen Enteignung nur phasenweise befasst[7].

---

[2] Vorne 2.2. Vertreter des Postulates einer Entschädigungspflicht des Staates bei Sonderopfern sind in der älteren schweizerischen Rechtsliteratur namentlich VOGT, 84–85, und HIS, ZSR 1923, S. 40–48.

[3] Vorne 3.2, S. 71–73 und 3.3.3.C, S. 90–93.

[4] Vorne 4.2, S. 113.

[5] Vorne S. 90–93 und 103.

[6] Vorne S. 128 und 161–64.

[7] Grundsätzliche Auseinandersetzungen mit dem Problem der Lastengleichheit finden sich bei jenen Autoren, welche die Frage einer staatlichen Entschädigungspflicht für rechtmässige Handlungen schlechthin untersuchen. Der gewichtigste Beitrag stammt von GUENG, Die allgemeine rechtsstaatliche Entschädigungspflicht (1967); an-

Eine erste Diskussion entzündete sich an der alten Formel und an der bundesgerichtlichen Praxis, welche die materielle Enteignung von der Zahl der Betroffenen abhängig machte[8]. Die von der Lehre vorgebrachte Kritik veranlasste das Bundesgericht schliesslich, die alte Formel aufzugeben[9].

Die zweite Diskussion ist im Zeitpunkt der Abfassung dieser Arbeit noch im Gange. Sie kreist um das richtige Verständnis der Sonderopfervariante in der Formel *Barret*.

Bereits im Urteil *Barret* selber hatte das Bundesgericht den Fall des Sonderopfers mit dem Grundsatz der Rechtsgleichheit in Verbindung gebracht und gesagt, die Entschädigung diene hier dazu, «ein zerstörtes Gleichgewicht wieder herzustellen»[10]. 1981 äusserte sich das Gericht dann dahingehend, dass «la deuxième hypothèse ... se réfère *davantage* au principe de l'égalité de traitement qu'à la garantie de la propriété»[11]. Diesen Gedanken aufnehmend haben einige Autoren die These aufgestellt, die Entschädigung für Sonderopfer finde ihre verfassungsrechtliche Grundlage ganz im Rechtsgleichheitsgebot von Art. 4 BV[12].

---

zuführen sind ferner die Studien von MOOR, Responsabilité, RDAF 1977, und von FAJNOR (1987).
Spezifisch für die materielle Enteignung ist immer wieder die Frage diskutiert worden, ob die Entschädigungspflicht letztlich auf die Eigentumsgarantie oder aber auf die Rechtsgleichheit abzustützen sei. Für Art. 4 BV als Rechtsgrund sind die folgenden Autoren eingetreten: SCHAUMANN, Landesplanung, 199-201, 217, 226, und Enteignung, JZ 1960, S. 149-50; AUBERT, Quelques mots, ZBGR 1962, S. 17 und 21; FRICK, 79-81; wohl auch FAJNOR, 116. Die gegenteilige Auffassung (Eigentumsgarantie als Grundlage der Entschädigung) haben vertreten: ATTIGER, 17-18; GIACOMETTI, 506-19 (Rechtsgleichheit bloss Bekräftigung und lex generalis zur Eigentumsgarantie); GUT, 140-42; SALADIN, Grundrechte, 186; LENDI, ZSR 1976 II, S. 204-05; MOOR, ZSR 1976 II, S. 409-10; SCHÜRMANN, 229. Differenziert LENDI, Bedeutung, 306-07.

[8] Vorne 3.5.C, S. 103.
[9] Vorne 4.1, S. 111.
[10] BGE 91 I 339 (1965): «une indemnité n'est due que s'il y a une inégalité de traitement et afin de rétablir un équilibre rompu par les mesures prises».
[11] BGE *Kocher*, 107 Ib 383, Hervorhebung durch den Verfasser.
[12] Die Frage ist erstmals, allerdings noch in differenzierter Weise, von KUTTLER 1982 in der Festschrift Eichenberger erörtert worden (Eigentumsbeschränkungen, 653). Im Anschluss daran haben mehrere Autoren postuliert, das Sonderopfer sei ausschliesslich unter Art. 4 BV zu subsumieren; KÖLZ, Intertemporales Verwaltungsecht, ZSR 1983 II, S. 148; RUCH, Zbl 1983, S. 537-38; GRISEL, Traité, 774; ROUILLER, ZBJV 1985, S. 26. Gegen diese Auffassung SCHÜRMANN, 229 FN 14 (prononciert). Indifferent Georg MÜLLER, Kommentar zu Art. 22ter BV, N. 58 (mit der kaum zutreffenden Bemerkung, «für die Praxis dürfte die Zuordnung nicht von grosser Bedeutung sein»).

6.3. Lastengleichheit

Sollte sich das Bundesgericht dieser Auffassung anschliessen [13], hätte dies erhebliche Auswirkungen auf das Verfahren und die Rechtsfolge. Für einen auf Art. 4 BV gestützten Entschädigungsanspruch wird das Enteignungsverfahren, in welchem heute zahlreiche Kantone Ansprüche aus materieller Enteignung behandeln, regelmässig nicht zur Verfügung stehen [14]. Die vorgeschlagene Verselbständigung des Sonderopfers hätte deshalb die kaum praktikable Folge, dass die rechtliche Würdigung eines bestimmten Eigentumseingriffs auf zwei Verfahren aufgespalten würde [15]. Materiell gesehen hätte die Abstützung des Sonderopfers allein auf das Rechtsgleichheitsgebot zur Folge, dass hier das Gemeinwesen nicht mehr zu voller Entschädigung im Sinne von Art. 22ter Abs. 3 BV, sondern nur noch zu Schadenersatz – also wohl nur noch zum Ausgleich des negativen Interesses – verpflichtet wäre [16].

Nach der hier vertretenen Auffassung ist eine ausschliessliche Unterstellung des Sonderopfers unter Art. 4 BV verfehlt. Zu Unrecht nimmt die Diskussion ihren Ausgang bei der Prämisse der Formel *Barret*, die materielle Enteignung zerfalle in zwei streng getrennte Tatbestände. Eben dies trifft nicht zu. Ungeachtet dessen, dass sie in sich Elemente unterschiedlicher Herkunft vereinigt, bildet die materielle Enteignung einen einheitlichen Tatbestand [17].

---

[13] Es hat sich eine Stellungnahme bisher ausdrücklich vorbehalten; BGE *Oberstammheim*, 110 Ib 32–33 (1984); *Balli*, 113 Ia 382, E.6a (1987).

[14] Dazu KUTTLER in seinem Votum am Juristentag 1983, ZSR 1983 II, S. 628.

[15] Bei planerischen Eingriffen in das Grundeigentum könnte überdies nur jener Entscheid mittels Verwaltungsgerichtsbeschwerde gemäss Art. 34 RPG an das Bundesgericht weitergezogen werden, der die materielle Enteignung im engen Sinne zum Gegenstand hat, nicht jedoch der Entscheid über die Sonderopferfrage. Dazu und zu den Folgen für die Beschwerdebefugnis der Kantone und Gemeinden SCHÜRMANN, 229 FN 14.

[16] Dazu RUCH, Zbl 1983, S. 538.

[17] Zu erinnern ist auch daran, dass anlässlich der Aufnahme von Art. 22ter in die Verfassung die materielle Enteignung ganz im Sinne der bundesgerichtlichen Konzeption – also einschliesslich der hier mitanerkannten Sonderopfernatur des Entschädigungstatbestandes – verstanden wurde; vgl. die Botschaft des Bundesrates vom 15. August 1967, BBl 1967 II, S. 140 und 146. Es fragt sich daher, ob de constitutione lata eine Abspaltung des Sonderopfers überhaupt zulässig wäre.

6.3.2. Lastengleichheit als Teil eines einheitlichen Tatbestandes

A) Die Überlegungen müssen ansetzen bei der Herleitung der Formel *Barret*. Ihre Aufteilung des entschädigungspflichtigen Eigentumseingriffs in zwei selbständige Tatbestandsvarianten hat das ursprüngliche Urteil *Barret*[18] in unzulässiger Weise verkürzt. Erinnern wir uns, dass das Bundesgericht hier das alte Modell korrigieren wollte, bei dem letzlich die Zahl der Betroffenen die Entschädigungsfrage präjudiziert hatte[19]. Indem das Gericht nun anerkannte, dass die Intensität des Eingriffes allein zu einem «sacrifice réputé excessif» führen kann, erhob es dieses Element zu einem Abgrenzungskriterium von eigenständigem Gewicht. Mit den von ihm unterschiedenen beiden Erscheinungsweisen der materiellen Enteignung wollte das Gericht zwei Extremsituationen kennzeichnen, keineswegs aber zwei sich ausschliessende Tatbestände schaffen. Der fliessende Übergang vom einen zum andern Fall wird im Urteil selber ausdrücklich hervorgehoben:

> «La pratique révèle quantité d'éventualités qui sont plus ou moins à mi-chemin entre les deux exemples donnés par la jurisprudence»[20].

Dieses differenzierte Bild der materiellen Enteignung machte dann in der Formel *Barret* jener starren Unterscheidung Platz, die wir heute kennen[21]. Getrennt wurden damit Dinge, die notwendig zusammengehören.

B) Die konkreten Ergebnisse, zu denen die Gerichtspraxis seit dem Urteil *Barret* gelangt ist, widerlegen die Konzeption zweier selbständiger Tatbestandsvarianten der materiellen Enteignung. Sie entziehen namentlich der Behauptung alle Grundlagen, der Gesichtspunkt der Rechtsgleichheit spiele bloss bei der zweiten Variante – dem Sonderopfer – eine Rolle:

– In allen Fällen bejahter materieller Enteignung waren jeweils *nur einer oder einige wenige Eigentümer betroffen*. Seit dem Urteil *Barret* ist kein Fall bekannt geworden, wo eine Vielzahl oder gar eine ganze

---

[18] BGE 91 I 338–39 (1965). Der Wortlaut der massgebenden Urteilstelle ist vorne S. 106 wiedergegeben.
[19] Dazu vorne S. 106–11.
[20] BGE 91 I 339.
[21] Vorne S. 113–15.

6.3. Lastengleichheit

Kategorie von Eigentümern enteignungsgleich belastet worden wäre[22]. Eine Entschädigungspflicht des Gemeinwesens ist also nur dort anerkannt worden, wo eine klar erkennbare *individuelle Härtesituation* vorlag.

- In den Fällen bejahter materieller Enteignung hat das Gericht mit zwei Ausnahmen[23] immer die erste Tatbestandsvariante als verwirklicht angesehen, also jenen Fall, der angeblich allein durch den Entzug einer wesentlichen Eigentumsbefugnis und durch die Bedeutungslosigkeit des Gleichheitsaspektes gekennzeichnet wird. Die Sonderopfervariante ist in über zwei Jahrzehnten Rechtsprechung als eigenständiger Tatbestand nicht zum Tragen gekommen[24].
- Zumindest in zwei Entscheiden hat das Gericht *die erste und die zweite Tatbestandsvariante zugleich verwirklicht* gesehen[25].

Die angeführten Befunde lassen sich nicht anders interpretieren als als Ausdruck der einheitlichen Natur des Tatbestandes der materiellen Enteignung. Sie zeigen, wie der Gesichtspunkt der Lastengleichheit in der ersten, von ihm angeblich unabhängigen Tatbestandsvariante de facto immer präsent ist, und wie er dort auch ausreichend Berücksichtigung findet[26].

C) Das aus der Gerichtspraxis hervortretende Bild findet seine Bestätigung in dogmatischen Überlegungen.

In ihrer Bedeutung als Institutsgarantie verbietet die Eigentumsgarantie Eingriffe, die den Kern des Eigentums als fundamentale Einrichtung der schweizerischen Rechtsordnung antasten[27]. Das Gemeinwesen darf deshalb zwar einzelne Eigentumsrechte gegen Entschädigung an sich ziehen oder weitgehend beschränken; es darf aber nicht die Masse der konkreten Eigentumsrechte gegen eine Geldleistung aufheben[28]. Die Institutsgarantie verbietet es also dem Staat, im Grossen zu tun, was im Einzelfall zulässig ist. Umgekehrt steht von

---

[22] Vgl. dazu vorne S. 128.
[23] BGE *Kocher*, 107 Ib 384–86 (1981); *Hofstetter v. Zürich* vom 16. März 1983 (unveröffentlicht); dazu vorne S. 162–63. In beiden Fällen wurde übrigens nur die *Möglichkeit* einer materiellen Enteignung bejaht.
[24] Vorne 4.7.2, S. 205–06.
[25] BGE *FFS v. Plastex*, 101 Ib 290–91, E.9d (1975), dazu vorne S. 126, FN 32; *Balli*, 113 Ia 382, E.6 (1987), dazu vorne S. 164, FN 29.
[26] Ähnlich FAJNOR, 105–06.
[27] BGE *Schweizer*, 103 Ia 418 (1977); *X. v. Aargau*, 106 Ia 348 (1980).
[28] Siehe dazu den Sachverhalt des Falles *Liberalsozialistische Partei Basel-Stadt* (1959), Zbl 1960, S. 281.

der Verfassungvorschrift von Art. 22ter Abs. 3 her fest, dass durchschnittliche, nicht besonders schwerwiegende Belastungen von den Eigentümern entschädigungslos hingenommen werden müssen[29]. Es sind die auffallenden Abweichungen von dieser Durchschnittsbelastung, welche den Tatbestand der materiellen Enteignung kennzeichnen.

Den Gleichheitsgedanken für den Tatbestand der materiellen Enteignung zu berücksichtigen legen überdies auch die Prinzipien nahe, die für den Problembereich der Grundrechtskonkurrenz ausgebildet worden sind. Liegt ein Sachverhalt gleichzeitig im Schutzbereich mehrerer Grundrechte, so sind nach der überwiegenden Auffassung von Rechtsprechung und Lehre möglichst alle betroffenen Grundrechtsinteressen – und nicht nur jene des primär angeschnittenen Grundrechtes – zu berücksichtigen[30]. Auch aus diesem Gesichtswinkel rechtfertigt es sich also nicht, den Aspekt der Gleichbehandlung aus der materiellen Enteignung ganz auszuschliessen.

D) Die vorstehenden Ausführungen sollten zeigen, dass es dogmatisch verfehlt und praktisch unmöglich ist, den Tatbestand der materiellen Enteignung unter Ausklammerung des Gleichheitsaspektes zu konzipieren. Wie von einem Teil der Lehre immer vertreten worden ist, *gehört der Gedanke der Lastengleichheit beziehungsweise des Ausgleichs besonderer Opfer notwendig dazu*[31].

Als Folge dieser Auffassung muss die in der Formel *Barret* niedergelegte Zweiteilung der materiellen Enteignung aufgegeben werden. In jeder materiellen Enteignung steckt immer auch eine Un-

---

[29] Dazu vorne S. 276 und nachfolgend S. 304–05.

[30] Dazu J.P. MÜLLER, Kommentar zur Bundesverfassung; Einleitung zu den Grundrechten, N. 189ff, namentlich N. 199, mit weiteren Nachweisen. Den eigenständigen Gehalt von Art. 4 BV und dessen Hineinwirken in den Normbereich spezieller Grundrechte (wie sie die Eigentumsgarantie darstellt) hat VENANZONI hervorgehoben; ZSR 1979 I, S. 291.

[31] In diesem Sinne SCHAUMANN, Landesplanung, 198–201; AUBERT, Quelques mots, ZBGR 1962, S. 17–18; SALADIN, Bemerkungen, ZSR 1966, S. 428–29 (zu Beginn dieses Kapitels auszugsweise zitiert); Grundrechte, 185–86; FRICK, 80; FAJNOR, 105–07. Für das amerikanische Recht TRIBE: «[T]he just compensation requirement appears to express a limit on government's power to isolate particular individuals for sacrifice to the general good» (605).

Das Lastengleichheitsprinzip wird allgemein als Grundlage für die Haftung des Gemeinwesens aus schädigendem rechtmässigem Handeln angesehen. Grundlegend GUENG, Entschädigungspflicht, 52–93, 113–115; derselbe, Stand, Zbl 1968, S. 381–83; ferner HIS, ZSR 1923, S. 40–48; MOOR, Responsabilité, RDAF 1977, S. 218–20; GRISEL, Traité, 789–90; FAJNOR, 146–64.

6.3. Lastengleichheit

gleichbehandlung, die erst durch die Entschädigungsleistung ausgeglichen wird. Es erscheint daher nicht haltbar, zwei Tatbestandsvarianten auseinanderhalten zu wollen, von denen die eine – der «Entzug einer wesentlichen Eigentumsbefugnis» – den Gleichheitsaspekt völlig ausschliesst. Zulässig ist einzig die – bereits im *Urteil Barret* enthaltene [32] – Feststellung, dass die Gesichtspunkte der Eingriffsintensität und der Gleichbehandlung je nach konkretem Sachverhalt unterschiedlich ausgeprägt sein können.

Lehnt man einen verselbständigten Sonderopfertatbestand innerhalb der materiellen Enteignung ab, wird die in der Doktrin erörterte Frage seiner ausschliesslichen Zuordnung zu Art. 4 BV [33] ohne weiteres gegenstandslos.

Zu prüfen bleibt abschliessend, welche Gesichtspunkte das Gebot der Gleichbehandlung für die Abgrenzung der entschädigungspflichtigen von den entschädigungslosen Beeinträchtigungen des Eigentums hergibt.

6.3.3. Die Forderung nach Lastengleichheit als Abgrenzungskriterium

A) Festzuhalten ist vorweg, dass im Rahmen des Entschädigungsproblems eine ganz bestimmte Ausprägung des Rechtsgleichheitsgebotes, nämlich die *Forderung nach Gleichheit der Lasten*, zur Diskussion steht [34]. Gegenstand der Betrachtung sind die negativen Auswirkungen des Eigentumseingriffes auf die Lage und insbesondere auf das Vermögen des betroffenen Eigentümers. Die Lastengleichheit muss losgelöst von der Rechtsgleichheit des Eingriffes als solchen beurteilt werden; rechtsgleiche Ausgestaltung ist hier Gültigkeitsvoraussetzung [35]. Der Umstand, dass diese Voraussetzung erfüllt ist, präjudiziert die Entschädigungsfrage nicht.

---

[32] BGE 91 I 339; dazu vorne S. 299.
[33] Vorne S. 297.
[34] Vom Bundesgericht ist dies erstmals im Urteil *Balli* ausdrücklich hervorgehoben worden; BGE 113 Ia 382, E.6a (1987). Grundlegend zum Prinzip der Lastengleichheit als Teilbereich des allgemeinen Gleichheitssatzes GUENG, Entschädigungspflicht, 52–60; dazu auch FAJNOR, 146–64.
[35] Erweist sich der Eingriff als rechtsungleich, wird er – falls angefochten – aufgehoben. Dazu BGE *Balli*, 113 Ia 382, E.6a; sowie allgemein GRISEL, Traité, 358–68; MÜLLER/MÜLLER, 185–97, 208–15.

Ein Beispiel: Ein Veränderungsverbot, welches für sämtliche historisch schutzwürdigen Gebäude einer Ortschaft angeordnet wird, erfüllt das Rechtsgleichheitsgebot[36]. Offen bleibt dabei aber, ob diese Massnahme auch unter dem Blickwinkel der Entschädigung rechtsgleich ist.

Allgemein gesehen ist die Forderung nach Lastengleichheit in ähnlicher Weise inhaltslos wie der Gedanke der Rechtsgleichheit selber[37]. Die Verfassung verlangt nicht absolute Lastengleichheit, sondern Lastengerechtigkeit. Sie lässt eine Differenzierung der Lasten zu, ja gebietet sie, soweit sachliche Gründe dies erheischen. Dies zeigt sich beispielhaft in den progressiv ansteigenden Belastungssätzen der Einkommens- und Vermögenssteuer oder in der Erhebung anteilsmässig gleichbleibender Lohnabgaben bei plafonierten Leistungen in der Sozialversicherung.

Kriterium für die Beurteilung der sachlichen Begründetheit einer konkreten Lastenausgestaltung ist die *wirtschaftliche Leistungsfähigkeit der Betroffenen*[38].

Im Zusammenhang mit der Entschädigungsfrage für Eigentumseingriffe *erscheint nun als entscheidend die Überlegung, dass die einzelnen betroffenen Eigentumspositionen keinen Gradmesser für die wirtschaftliche Leistungsfähigkeit ihres Trägers abzugeben vermögen*[39]. Die Tatsache, dass je-

---

[36] Als rechtsungleich wäre der Eingriff aber zu werten, wenn von mehreren gleicherweise schutzwürdigen Bauten nur einige wenige einem Veränderungsverbot unterstellt würden. Das vom Bundesgericht im Entscheid *Schuchter,* 112 Ib 269, zur Illustration des Sonderopfers angeführte Beispiel erscheint insofern als im Ansatz verfehlt.

[37] Dies hat GUENG in eindrücklicher Weise herausgearbeitet; Entschädigungspflicht, 37–46, 57–60. Zur Inhaltsleere des Rechtsgleichheitsprinzipes allgemein MÜLLER/MÜLLER, 187–91.

[38] GUENG, Entschädigungspflicht, 67–70. Wichtigstes Anwendungsgebiet für das Kriterium der wirtschaftlichen Leistungsfähigkeit sind die Steuern. Muss die Rechtsgleichheit einer Steuer beurteilt werden, nimmt die Rechtsprechung jeweils unmittelbar darauf Bezug; siehe z.B. BGE *Hegetschweiler,* 110 Ia 7, 14–15, E.2b (1984) (Ehegattenbesteuerung); *B. v. St.Gallen,* 112 Ia 240, 244–45, E.4b und 5a (1986) (Aufhebung der Eigenmietwertbesteuerung); *Müller v. Basel-Landschaft,* 114 Ia 221 (1988) (Aufhebung der Besteuerung von Kapitalgewinnen auf beweglichem Privatvermögen).

[39] Vgl. dazu im Urteil *Balli* die Bemerkung von E.5c in fine, BGE 113 Ia 379. Weil die einzelne Eigentumsposition keine Rückschlüsse auf die wirtschaftliche Leistungsfähigkeit ihres Trägers zulässt, wäre es insbesondere verfehlt, aus der gleichen Belastung sämtlicher Vertreter einer bestimmten Eigentümergruppe (beispielsweise der Eigentümer historisch wertvoller Gebäude) auf Lastengleichheit zu schliessen. Vgl. dazu auch GUENG, Entschädigungspflicht, 72 FN 69, und namentlich 149–50. Im Rahmen des Entschädigungsproblems bei materieller Enteignung ist eine derartige Gruppenbildung jedoch zulässig, da dem Lastengleichheitsprinzip hier nur eine abgeschwächte Bedeutung zukommt; dazu sogleich hinten B.

6.3. Lastengleichheit

mand Eigentümer eines bestimmten Objektes ist, lässt keine Rückschlüsse auf seinen «Reichtum» zu. Die wirtschaftliche Leistungsfähigkeit, welche den leitenden Gesichtspunkt für die Beurteilung der Lastengleichheit bildet, kann *nur anhand einer Gesamtbetrachtung der Vermögenslage eines Individuums* bestimmt werden.

Weil Eigentum kein taugliches Kriterium für die Beurteilung der wirtschaftlichen Leistungsfähigkeit seines Trägers bildet, wäre es dem Gemeinwesen daher aufgrund des Lastengleichheitsgebotes an sich verwehrt, den Eigentümern im Wege von Eigentumsbeschränkungen Lasten aufzuerlegen, ohne diese auszugleichen.

B) Nun weist aber die Verfassung dem Lastengleichheitsprinzip im Bereich des Eigentums höchstens eine *abgeschwächte Tragweite* zu, so dass derart rigorose Konsequenzen nicht gezogen werden müssen. Indem der Verfassungsgeber in Art. 22ter BV Eigentumsbeschränkungen allgemein zugelassen hat, diese aber nur für den Fall der Enteignungsähnlichkeit als entschädigungsbedürftig erklärte, hat er sinngemäss zugelassen, dass den Eigentümern Belastungen auferlegt werden, die nicht ausgeglichen werden müssen[40]. Die Verfassung nimmt also in Kauf, dass der Gesichtspunkt der wirtschaftlichen Leistungsfähigkeit insofern ohne Beachtung bleibt.

Über diese Aussage hinaus muss die Verfassungsbestimmung von Art. 22ter noch in einem weiteren Rahmen gesehen werden. Dem Gemeinwesen ist die Aufgabe übertragen, den Eigentumsinhalt zu bestimmen. Diese Aufgabe zwingt ungeachtet des Gebotes zu allgemeiner und sachlich begründeter Regelung dazu, Differenzierungen vorzunehmen. Es müssen nach bestimmten Kriterien Gruppen von Eigentümern ausgeschieden und an die so gebildeten Gruppen unterschiedliche Rechtsfolgen geknüpft werden. Diese Differenzierungen schlagen sich in ungleichen Lasten[41] nieder. Nach der allgemein herrschenden Überzeugung müssen diese ungleichen Lasten von den betroffenen Eigentümern grundsätzlich ohne Entschädigung hingenommen werden. Vorbehalten sind einzig «Ausreisser», stossende Härtefälle,

---

[40] Dies war schon vor Aufnahme von Art. 22ter in die Verfassung nicht streitig. Sowohl nach der alten (*Müller-Haiber*) wie nach der neuen Konzeption (*Barret*) setzt die materielle Enteignung in jedem Fall eine erhebliche Beeinträchtigung der betroffenen Eigentumsposition voraus; vorne S. 71 und 110.

[41] Die Lasten dürfen allerdings nicht isoliert gesehen werden. Meist korrelieren mit ihnen Vorteile, welche ebenfalls auf die inhaltsbestimmende Regelung zurückgehen. Vgl. dazu auch vorne S. 287–89.

die sich als deutliche Abweichung von einer als zumutbar angesehenen «Belastungsbandbreite» charakterisieren.

Als sprechendstes Beispiel für eine entschädigungslos gebliebene offenbare Lastenungleichheit ist aus neuerer Zeit die Raumplanung zu nennen. Im Übergangsbereich zwischen bestehendem Siedlungs- und Landwirtschaftsgebiet sind oft mit einem einzigen Strich auf einem Nutzungsplan Millionenwerte vernichtet oder geschaffen worden, ohne dass von der Rechtgleichheit her ein derartiger Unterschied zu begründen gewesen wäre[42]. Das Bundesgericht hat diese Ungleichheiten unter dem Gesichtspunkt der Entschädigung als unmassgeblich hingenommen:

> Es «liegt im Wesen der Planung, dass Zonenabgrenzungen Ungleichheiten schaffen und dass unter Umständen nebeneinanderliegende Grundstücke, die sich in ihrer Funktion für den Eigentümer voneinander nicht unterscheiden, mit sehr verschiedenen Eigentumsbeschränkungen belastet werden. Verfassungsrechtlich genügt es, dass die Abgrenzung sachlich vertretbar, d. h. nicht willkürlich ist»[43].

C) Im gesamten gesehen ergibt sich die etwas paradox anmutende Feststellung, dass die Forderung nach Lastengleichheit in der materiellen Enteignung zwar klarerweise aufscheint, dass diese Forderung aber wegen ihrer abgeschwächten Tragweite im Bereich der Eigentumsgarantie und wegen ihrer Konturlosigkeit kaum Kriterien für die Abgrenzung der entschädigungspflichtigen von den entschädigungslosen Beeinträchtigungen des Eigentums abzugeben vermag. Aufgrund der bisherigen Überlegungen lassen sich immerhin zwei – allerdings recht allgemein bleibende – Regeln gewinnen:

---

[42] In Raumplanungsfragen weist die Rechtsprechung dem Rechtsgleichheitsgebot nur eine stark verminderte Bedeutung zu; BGE *Schild Tuch AG*, 95 I 550–52, E.2 (1969); *Neuhaus,* 103 Ia 257–58, E.4 (1977); *Fischer,* 107 Ib 339, E.4a (1981); *X. v. Deitingen,* 114 Ia 257, E.4a (1988).
Zur grundsätzlichen Antinomie zwischen Raumplanung und Rechtsgleichheit IMBODEN, Plan, 118–19, 124, 129–32 (mit dem Hinweis, dass die – zulässigen – planerischen Diskriminierungen einen Geldersatz nötig machen können), und H. HUBER, Landwirtschaftszone, 16.

[43] BGE *Gesellschaft Sonnenboden* vom 20. Dezember 1982, E.4c, Zbl 1983, S. 374. Es handelt sich um eine Schlüsselstelle. Das Bundesgericht überträgt hier erstmals Aussagen, die es in früheren Urteilen im Zusammenhang mit der Überprüfung von Zonenplänen auf ihre Vereinbarkeit mit Art. 4 BV gemacht hatte (vorangehende FN), auf die Entschädigungsfrage.
In anderen Urteilen pflegt das Gericht bei der Prüfung des Sonderopfertatbestands jeweils zu sagen, der Eigentümer befinde sich in der gleichen Lage wie alle andern Eigentümer von Land in der Nichtbauzone; BGE *Müller v. Davos,* E.7 (1984), Zbl 1985, S. 216; unveröffentlichtes Urteil *Müller und Koller v. Egnach* vom 17. September 1987, E.3b, S. 9–10.

6.3. Lastengleichheit

Unterregel 1: Trifft ein Eigentumseingriff nur einen einzigen oder einige wenige Eigentümer, oder trifft ein allgemeiner Eingriff einen Teil der erfassten Eigentümer deutlich schwerer als alle anderen, so ist dies ein Anzeichen für das Bestehen einer Entschädigungspflicht.

Die Belastung bloss einzelner Eigentümer und die unterschiedliche Belastung einzelner Angehöriger einer Gesamtgruppe von Eigentümern weist hin auf eine Verletzung der Lastengleichheit auch in der abgeschwächten Bedeutung, die diesem Grundsatz im Rahmen der Eigentumsgarantie zukommt. Die Singularität des Eingriffes allein genügt für die Annahme einer materiellen Enteignung aber nicht. Hinzutreten muss eine gewisse Schwere der Beeinträchtigung; leichtere Einbussen sind entschädigungslos hinzunehmen, auch wenn sie nur einen einzigen oder einige wenige Eigentümer treffen[44]. Im Sinne des *Urteils Barret* wird es sich immerhin aufdrängen, die Anforderungen an die Eingriffsintensität abzustufen entsprechend dem Mass an Aussonderung, das der betroffene Eigentümer erleidet[45].

Beispiel: Ein Überbauungsplan, der längs der Ufer des Genfersees und längs der parallel dazu verlaufenden Strasse in einheitlicher Weise Baulinien festlegt, begründet für die dadurch mit Bauverbot belegten Landstücke grundsätzlich keine Entschädigungspflicht. Materiell enteignet ist jedoch ein Eigentümer, dessen ganzes Grundstück mit einem Bauverbot belegt wird[46].

Unterregel 2: Der Umstand, dass ein Eingriff mehrere Eigentümer ähnlich belastet, schliesst für sich selber eine materielle Enteignung nicht aus.

---

[44] Dies hat sowohl unter der alten wie unter der neuen Formel stets zur feststehenden Praxis gehört; vgl. die Nachweise S. 304, FN 40.
Eine bestimmte Eingriffsintensität muss schon deshalb verlangt werden, weil sonst die Konsistenz der Entschädigungsrechtsprechung leidet. Der vom Bundesgericht als Beispiel eines Sonderopfers angesehene Fall *Kocher v. Orbe*, BGE 107 Ib 380 (1981), dazu vorne S. 162-63, steht in einem unüberwindbaren Gegensatz zum älteren Urteil *Egger*, 82 I 157 (1956). Bei nahezu identischem Sachverhalt – Bauverbot auf dem obersten, landschaftlich exponierten Teil eines Grundstückes, ohne dass die baulichen Nutzungsmöglichkeiten erheblich geschmälert wären – ist hier eine materielle Enteignung verneint worden. Besonders bei Eingriffen, die zugleich mehrere Eigentümer treffen, besteht die Gefahr, dass der Blick zu sehr auf allfälligen Belastungsunterschieden innerhalb der Gruppe selbst haften bleibt und die Bezugnahme auf jene Beeinträchtigungen, welche isoliert betroffenen Eigentümern sonst entschädigungslos zugemutet werden, unterbleibt. Die Fälle *Kocher* und *Egger* illustrieren diese Gefahr.
[45] BGE 91 I 339: «plus le propriétaire fait un sacrifice élevé, moins il importe de savoir comment il est traité par rapport à des tiers.»
[46] BGE *Le Fort* vom 3. Juni 1946, ZSR 1947, S. 408a, 418a.

Diese negative Regel bedarf deswegen ausdrücklicher Nennung, weil sonst die Meinung aufkommen könnte, Unterregel 1 lasse sich umkehren. Der Irrtum der alten Formel (und der sogenannten Einzelakttheorie) hatte eben darin bestanden, dass sie aus der grossen Zahl der Betroffenen ohne weiteres auf Lastengleichheit schloss. Dieser Trugschluss ist von der Lehre beharrlich kritisiert worden, und das Bundesgericht ist von ihm im Urteil *Barret* abgerückt[47].

Hinter scheinbarer Allgemeinheit und Gleichheit einer Eigentumsbeschränkung können sich durchaus ungleiche Belastungen verbergen. Deshalb darf auch eine sachlich begründete Ausscheidung einer bestimmten Eigentümergruppe und der Erlass einer für sie uniformen Regelung nicht ohne weiteres als entschädigungslose Bestimmung des Eigentumsinhaltes gewertet werden. Die Belastung muss immer auch mit Bezug auf die Gesamtheit aller Eigentümer geprüft werden. Aus dieser umfassenden Perspektive kann sich eine stossende Ungleichheit der Lasten ergeben, für welche das Gemeinwesen entschädigungspflichtig wird.

Beispiel: Das Tessiner Denkmalschutzgesetz von 1946 ermöglicht die Aufnahme geschichtlich und künstlerisch bedeutender Objekte, die sich in öffentlichen oder privaten Händen befinden, in ein Denkmalinventar. Die Inventarisation eines Objektes hat zur Folge, dass der Eigentümer zu dessen Unterhalt verpflichtet wird und dass er das Objekt nicht in endgültiger Weise aus dem Kanton ausführen darf. Auf den ersten Blick trifft diese Regelung alle Eigentümer gleich. Bei näherer Prüfung erweist sich indessen, dass das Gesetz sich auf die Eigentümer inventarisierter Mobilien wesentlich einschneidender auswirkt als auf die Eigentümer geschützter Bauten. Die Zahl der Privaten, die in das Inventar aufgenommene bewegliche Objekte ihr eigen nennen, ist äusserst gering. Im Vergleich mit den Denkmalschutzgesetzgebungen anderer Kantone charakterisiert sich die Tessiner Regelung überdies durch ihre besondere Strenge und durch das Fehlen von Subventionsmöglichkeiten. In der Gesamtbetrachtung ergibt sich eine Ungleichheit der Lasten, die trotz der Allgemeinheit der Regelung zu einer materiellen Enteignung führen kann.[48]

Je mehr allerdings ein Eingriff die Gesamtheit der Eigentümer – oder jedenfalls die Gesamtheit der Eigentümer mit gleichartigen Nutzungsmöglichkeiten – ähnlich trifft, desto eher drängt sich die Annahme auf, es liege ein Fall entschädigungslos zu duldender Inhaltsbestimmung vor[49].

---

[47] Dazu vorne S. 103 und 106–11.
[48] BGE *Balli v. Ticino*, 113 Ia 368–84 (1987). Dazu bereits vorne S. 158–59, 285.
[49] Als Beispiel diene die Nutzungsplanung mit der Trennung des Baugebietes vom Nichtbaugebiet.

6.4. Zielrichtung des Eingriffs

6.4.1. Allgemeines – Bedeutung in Rechtsprechung und Lehre

A) Die Frage nach dem Ziel, welches das Gemeinwesen mit seinem Eingriff verfolgt, wird in Rechtsprechung und Lehre meist nur punktuell als Kriterium zur Abgrenzung der Entschädigungsfrage diskutiert und verwendet.

Die Zielrichtung bildet insofern Bestandteil der höchstrichterlichen *Rechtsprechung* zur materiellen Enteignung, als das Bundesgericht Massnahmen polizeilicher Natur – unter Vorbehalt gewisser Ausnahmen – grundsätzlich als entschädigungslos erklärt. Der Zweck des Eingriffs, «eine als Folge der beabsichtigten Grundstücksbenutzung zu erwartende konkrete, d.h. ernsthafte und unmittelbare Gefahr für die öffentliche Ordnung, Sicherheit und Gesundheit» abzuwenden, präjudiziert die Entschädigungsfrage[1]. In der von der Formel *Barret* beherrschten bundesgerichtlichen Konzeption der materiellen Enteignung stellt diese Berücksichtigung der Zielrichtung des Eingriffs indessen eine eigentliche Ausnahme dar[2].

In der *Doktrin* ist das Element des Eingriffszweckes hauptsächlich im Zusammenhang mit der vom Bundesgericht vertretenen grundsätzlichen Entschädigungslosigkeit polizeilicher Eigentumsbeschränkungen erörtert worden. Die Lehre hat darüber eine ausgedehnte Auseinandersetzung geführt, welche wieder auf die Rechtsprechung zurückgewirkt hat[3]. Mehrmals ist in der Doktrin daneben der

---

[1] BGE *Frei,* 96 I 359 (1970).

[2] Vorne 4.2.C, S. 117. Vgl. aber hinten 6.4.2.C, S. 313 ff.

[3] In einer ersten Phase drehte sich die Diskussion um die Frage des richtigen Verständnisses des Polizeibegriffes. Hans HUBER wies darauf hin, dass Gründe der Polizei und Gründe der öffentlichen Wohlfahrt keinen Gegensatz bildeten und dass der Polizeibegriff daher nicht dazu tauge, zur Abgrenzung der materiellen Enteignung etwas beizutragen (Gewährleistung, 230–32; ähnlich FRIEDRICH, Eigentumsgarantie, Zbl 1968, S. 66). Diesen Einwänden trug das Bundesgericht 1970 in den beiden Urteilen *Zwyssig,* 96 I 123, und *Frei,* 96 I 350, dadurch Rechnung, dass es seiner Konzeption ausdrücklich einen engen Polizeibegriff zugrundelegte; dazu vorne S. 183–84.
Diese Neuausrichtung der Rechtsprechung leitete die zweite Phase der Diskussion ein. Einige Autoren schlossen sich dem Bundesgericht mehr oder weniger vorbehaltlos an (SALADIN, Grundrechte, 190; Etienne GRISEL, 112; LENDI, Planungsrecht, ZSR 1976 II, S. 200 FN 39). Andere Autoren verbanden ihre Zustimmung mit Vorschlägen für weitere Differenzierungen (ZIMMERLI, Rechtsprechung, Zbl 1974, S. 152–53; MOOR,

Gedanke geäussert worden, es könne für die Abgrenzung nicht ohne Bedeutung bleiben, welche Wirkungen der Eingriff beim Gemeinwesen zur Folge habe; ziehe dieses daraus konkrete, insbesondere vermögenswerte, Vorteile, müsse dies als Indiz für die Enteignungsähnlichkeit des Eingriffes gewertet werden [4]. Die Auffassung, dass die Zielrichtung des Eingriffs in allgemeiner Weise für die Abgrenzung der Entschädigungspflicht fruchtbar gemacht werden könnte, ist für die Schweiz nur vereinzelt vertreten worden [5].

B) Wenn im folgenden der Gedanke weiterverfolgt wird, in der *Art* des mit dem Eingriff verfolgten öffentlichen Interesses einen Fingerzeig für die Beantwortung der Entschädigungsfrage zu sehen, so ist gleichzeitig zu betonen, dass die *Stärke* dieses Interesses dafür ohne Beachtung bleiben muss.

Ein beeinträchtigender Eingriff in das Eigentum ist nur zulässig, wenn das damit verfolgte öffentliche Interesse das entgegenstehende Interesse des Eigentümers an der Belassung des bisherigen Zu-

---

Aménagement, ZSR 1976 II, S. 410–11; KNAPP, Expropriation matérielle, 11–12). André GRISEL schliesslich stellte die Richtigkeit des Polizeivorbehaltes grundsätzlich in Frage (Juridiction constitutionnelle, Zbl 1971, S. 224–25).

Mit den neu vorgebrachten Kritiken setzte sich das Gericht in den Jahren 1979 und 1980 auseinander. Es berücksichtigte sie teilweise in den Urteilen *Haas,* Zbl 1980, S. 354, *Gebrüder Thomann & Co.,* BGE 106 Ib 330, und *Einwohnergemeinde Aarberg,* 106 Ib 336; dazu vorne S. 184–87.

Diese Urteile lösten die dritte – noch in Gang befindliche – Diskussionsphase aus. Vgl. dazu KNAPP, Précis (2.Auflage), S. 259 N. 1099; THÜRER, ZSR 1983 I, S. 470–71; GRISEL, Traité, 775–76; WEBER-DÜRLER, Zbl 1984, S. 296–302 (alle bei prinzipieller Zustimmung zur bundesgerichtlichen Rechtsprechung mit Einwänden in Einzelpunkten). Grundsätzlich skeptisch gegen den Polizeivorbehalt G. MÜLLER, Einfluss, 760–61.

[4] KIRCHHOFER, ZSR 1939, S. 160 und 176; RUCK, Eigentumsgarantie, 230–31; GYGI, Expropriation, 102 (massgebend der «deutliche Überschuss an Gemeinwohl- oder Sozialpflichtigkeit», bzw. «die Überbelastung ohne erkennbar angemessene Gegenleistung und zu überwiegend fremden Bedürfnissen»); ANTOGNINI, RDAT 1977, S. 243–44 (Übergang oder Schaffung von Vorteilen zugunsten des Gemeinwesens als Analogie zur formellen Enteignung); MEIER-HAYOZ, Kommentar, Systematischer Teil N. 641 (Indiz); ROUILLER, ZBJV 1985, S. 29–30; PFISTERER, Zbl 1988, S. 532–33 (Indienstnahme einer Sache für staatliche Zwecke als Anzeichen für Enteignungsähnlichkeit).

Zur älteren deutschen «Überführungstheorie», für welche ebenfalls die Vorstellung einer «Bereicherung des Staates» bedeutsam ist, vgl. die Ausführungen und Nachweise bei KIRCHHOFER, ZSR 1939, S. 157–60, PETITPIERRE, 17–20, und H. HAAB, 50–55.

[5] MEIER-HAYOZ, Kommentar, Systematischer Teil N. 633; wohl auch PFISTERER, Zbl 1988, S. 528–29 und 535–36, der den Eingriffszweck als massgebend erklärt und in diesem Sinn Einschränkungen mit Einordnungsfunktion entschädigungslos lassen will.

6.4. Zielrichtung des Eingriffs

standes überwiegt. Ein ausreichend starkes öffentliches Interesse ist Rechtmässigkeitvoraussetzung des Eingriffs[6]. Die Entschädigungsfrage bleibt dadurch aber, wie von einem weit überwiegenden Teil der Lehre und wohl auch vom Bundesgericht anerkannt wird[7], unberührt. Andernfalls wäre die Wertgarantie des Eigentums im Ergebnis unter einen Vorbehalt des öffentlichen Wohls gestellt und damit das Entschädigungsgebot von Art. 22ter Abs. 3 BV aus den Angeln gehoben[8].

6.4.2. Das Gemeinwesen als Gestalter der Eigentumsordnung und als Unternehmer

A) In einem 1964 im Yale Law Journal veröffentlichten, in den USA stark beachteten Aufsatz hat Joseph SAX für das amerikanische Recht versucht, die Abgrenzungsfrage ausschliesslich anhand der Zielrichtung des staatlichen Vorgehens zu beantworten[9]. Der Autor geht davon aus, dass das staatliche Handeln, welches zu Beeinträchtigungen privater Eigentumspositionen führt, zwei grundsätzlich verschiedenen Bereichen angehört. Im einen Fall tritt das Gemeinwesen als *Schieds-*

---

[6] Art. 22ter Abs. 2 BV.

[7] *Gegen* eine Berücksichtigung der Stärke des öffentlichen Interesses für die Entschädigungsfrage haben sich *in der Doktrin* ausgesprochen: HIS, Entschädigungspflicht, ZSR 1923, S. 43; Hans HAAB, 69-70; SCHAUMANN, Landesplanung, 221-22 (besonders FN 133); HINTERMANN, 87-88; GUT, 123-24 (sinngemäss); GUENG, Entschädigungspflicht, 77 FN 86; GYGI, Expropriation, 98; LEISNER, 86-97; MEIER-HAYOZ, Kommentar, Systematischer Teil N. 633; DICKE, 61 (sinngemäss); SCHÜRMANN, 235; KNAPP, Précis, 390 N. 2225. – *Für* eine Berücksichtigung: KIRCHHOFER, ZSR 1939, S. 176; SIGG, Planung, Zbl 1949, S. 432-33; HOLZACH, 120 (in Fällen eines ausserordentlich wichtigen öffentlichen Interesses); GIACOMETTI, 528; MONTEIL, Zbl 1963, S. 461; BASCHUNG, Zbl 1974, S. 163 (nicht nur polizeiliche Gefahrenabwehr, sondern auch andere Gründe des öffentlichen Wohles sollten Entschädigungslosigkeit begründen); WEBER-DÜRLER, Polizeieingriff, Zbl 1984, S. 291-92 und 302 (für Polizeigüter); FAJNOR, 169-70 (für das öffentliche Entschädigungsrecht allgemein).
Das *Bundesgericht* hat im Entscheid *Rothuizen* erklärt, das Vorhandensein eines ausreichenden öffentlichen Interesses sei zwar erforderlich für die Gültigkeit des Eingriffs, präjudiziere die Entschädigungsfrage aber nicht; BGE 112 Ib 115, E. 4d (1986).

[8] In einzelnen Fällen erklärt sich allerdings die Verneinung der Entschädigungspflicht letztlich doch nur mit dem weit überwiegenden öffentlichen Interesse an der Durchsetzung des Eingriffs. Das Gericht sieht klar, dass bei Bejahung der Entschädigungspflicht die Wahrung des betreffenden Interesses gefährdet wäre. Hauptbeispiel der letzten Jahrzehnte bildet dafür die raumplanerische Trennung des Baugebietes vom Nichtbaugebiet. Vgl. dazu vorne S. 153 und hinten S. 349.

[9] Takings and the Police Power, 74 Yale Law Journal 36-76 (1964).

richter auf. Es schlichtet Kollisionen zwischen widerstreitenden privaten Vermögensinteressen, wie dies etwa typischerweise in der Regelung des Nachbarrechts geschieht. Im andern Fall handelt das Gemeinwesen als *Unternehmer*. Es ist – ähnlich wie ein Privater – darauf angewiesen, für die Verwirklichung der ihm obliegenden Aufgaben (private) Güter in Anspruch zu nehmen. Das Gemeinwesen wird also hier in eigener Sache und in Verfolgung eigener Interessen tätig. Zu denken ist beispielsweise an den Kauf von Waffen und Geräten für die Armee, aber auch an die Enteignung von Land für die Erstellung einer Wasserfassung [10].

In seiner Funktion als Schiedsrichter schuldet das Gemeinwesen für die von ihm verursachten Beeinträchtigungen von Eigentum keine Entschädigung. Soweit das Gemeinwesen dagegen in seiner Unternehmerfunktion hoheitlich auftritt und dabei schädigend in Eigentumspositionen eingreift, wird es entschädigungspflichtig [11].

B) Der Gedanke, dass die Begründung besonderer Vorteile auf Seiten des Gemeinwesens als Anzeichen für die Enteignungsähnlichkeit des staatlichen Handelns anzusehen sei, ist der schweizerischen Rechtslehre – wie bereits dargelegt – nicht fremd [12]. Wenn hier auf die Überlegungen von SAX (die nicht ohne weiteres auf unsere Verhältnisse übertragen werden können und gegen die sich auch begründete Einwände erheben lassen [13]) hingewiesen wird, so geschieht dies,

---

[10] Id., 62–63. SAX legt seiner Theorie ein Modell zugrunde, in welchem die einzelnen Eigentumspositionen als Resultante aus dem wechselseitigen Wettbewerb sich ausschliessender Vermögenswerte verstanden werden; id., 61. In diesen Wettbewerb greift dann das Gemeinwesen entweder als Schiedsrichter oder aber als «Mitbewerber» – eben als Unternehmer – ein; id., 61–62.

[11] Id., 63. Zur Begründung dieser Verschiedenheit der Entschädigungsfolgen knüpft SAX – ausgehend von seinem Wettbewerbsmodell (FN 10) – an die Unterscheidung von lauterem und unlauterem Wettbewerb an (id., 64). Wird das Gemeinwesen nicht zur Entschädigung verpflichtet, wenn es als Unternehmer handelt, besteht die Gefahr von Verfälschungen des Wettbewerbs unter den konkurrierenden Vermögensinteressen; id., 64–67.

[12] Vorne S. 309, FN 4 und 5.

[13] Als Hauptmangel muss ihnen entgegengehalten werden, dass die beiden Rollen, in denen das Gemeinwesen auftritt, keineswegs so klar geschieden werden können, wie dies der Autor unterstellt und wie es für ein Abgrenzungskriterium mit Ausschliesslichkeitscharakter unabdingbar wäre (dazu ausführlicher hinten D, S. 316–17). Nicht einleuchten will ferner, dass es dem Gemeinwesen allein wegen seiner Schiedsfunktion erlaubt sein sollte, beim Entscheid über konkurrierende private Interessen die Lasten völlig einseitig zu verteilen.

SAX selber hat sein Modell in einem späteren Aufsatz zugunsten einer neuen Theorie aufgegeben, welche die Entschädigungspflicht des Staates stark einschränkt. Im 1971

6.4. Zielrichtung des Eingriffs

weil sie als besonders geeignet erscheinen, die in der Verfassung angelegte Polarität zwischen Bestimmung des Eigentumsinhaltes und Enteignung[14] in Beziehung zu den unterschiedlichen Rollen und Interessen des handelnden Gemeinwesens zu setzen[15].

Dem Gemeinwesen ist die Aufgabe übertragen, die Eigentumsordnung – in Abstimmung mit anderen ihm obliegenden Aufgaben[16] – zu gestalten. In dieser Funktion handelt es, zumindest tendenziell, als neutraler, unbeteiligter Dritter im Dienste des Ausgleichs kollidierender Interessen, also als Schiedsrichter. Typische Anwendungsfälle bilden das Nachbarrecht oder das traditionelle Baupolizeirecht. Wenn der Staat in dieser Weise gleichsam die wohlverstandenen Interessen aller Eigentümer wahrnimmt, kann für einzelne Einbussen – denen ja auch entsprechende Vorteile gegenüberstehen sollten – kein Ausgleich verlangt werden.

Als Unternehmer verfolgt der Staat demgegenüber eigene Zwecke[17]. Mittels des ihm zustehenden Rechtes zur (formellen) Enteignung kann er sich dabei einseitig Vorteile verschaffen, die ihm als Privatem nicht zugänglich wären. Die Entschädigungspflicht dient hier nicht allein dazu, die Wertrelationen zu wahren[18]; sie ist auch deswe-

---

erschienenen Aufsatz «Takings, Private Property and Public Rights», 81 Yale Law Journal 149–186, vertritt er die Auffassung, das Gemeinwesen schulde immer dann keine Entschädigung, wenn es «spillover effects» beschneide. Spillover effects liegen jedesmal vor, wenn eine bestimmte Art der Eigentumsnutzung in ihren Auswirkungen nicht auf den Träger des Eigentumsrechtes beschränkt ist, sondern in die Sphaere Dritter – sei es der Allgemeinheit oder anderer Eigentümer – übergreift.

[14] Vorne 6.1.1, S. 261–62.

[15] Ansätze, die mit dem Modell von SAX vergleichbar sind, haben in der schweizerischen Lehre ANTOGNINI und PFISTERER entwickelt. Ausgehend von der formellen Enteignung als Vorbild für die in Analogie zu ihr entwickelte materielle Enteignung unterscheidet ANTOGNINI Planungen, die einem Unternehmen (im Sinne der formellen Expropriation) gleichzustellen sind (beispielsweise die Anordnung einer Zone für öffentliche Bauten und Anlagen), und Planungen, welche den Eigentumsinhalt festlegen. Erstere wären als materielle Enteignung zu werten. RDAT 1977, S. 243–45. PFISTERER sieht ein Indiz für eine materielle Enteignung im Umstand, dass ein privater Vermögenswert für staatliche Zwecke indienstgenommen wird. Eine Entschädigungspflicht besteht demgegenüber dort nicht, wo die staatliche Massnahme Einordnungsfunktionen verfolgt. Zbl 1988, S. 527–28, 532–33.

[16] BGE *Meier v. Zizers,* 105 Ia 336–37, E.3c (1979).

[17] Oder – im Falle der Enteignung zugunsten Dritter – bestimmte Zwecke anderer Privater, aber ausserhalb seiner Ordnungsfunktion; dieses stellvertretende Auftreten für ein Unternehmen lässt sich vom Auftreten des Staates für eigene Unternehmen nicht unterscheiden.

[18] Auf diesen Aspekt weist G. MÜLLER, Kommentar, N. 19 zu Art. 22ter BV, hin.

gen unentbehrlich, weil im Ergebnis nur sie – in Form von Kosten – der Verwirklichung staatlicher Unternehmungen zulasten privater Vermögenspositionen Grenzen setzt.

SAX' Denkmodell veranschaulicht nun die Erkenntnis, dass das Gemeinwesen seine weitreichenden hoheitlichen Befugnisse, die ihm als Gestalter der Eigentumsordnung zustehen, in einer Weise einsetzen kann, die nichts mehr mit Gestaltung der Eigentumsordnung zu tun haben, sondern seine Stellung als eigeninteressierten Unternehmer beschlagen. Wo das Gemeinwesen seine hoheitliche Stellung gleichsam dazu missbraucht, sich Vorteile zu verschaffen, deren es in seiner Unternehmerfunktion bedarf, ohne dazu den Enteignungsweg zu beschreiten, soll es Entschädigung leisten müssen. In der «Bereicherung» des Gemeinwesens liegt ein Indiz für die Enteignungsähnlichkeit des staatlichen Handelns [19].

C) Ungeachtet ihrer Nichtexistenz auf der konzeptionellen Ebene [20] lässt sich die Zielrichtung des Eingriffs – im Sinne einer Erlangung spezifischer Vorteile – als ein bestimmender Faktor für die Entschädigungsfrage in der Rechtsprechung klar erkennen. Allerdings muss man dazu die Ebene der Formeln verlassen und sich den konkreten Sachverhalten und Ergebnissen zuwenden.

Vergegenwärtigt man sich jene Entscheide, in denen das Bundesgericht eine *materielle Enteignung bejaht* hat, so zeigt sich, dass ihnen ohne Ausnahme Eingriffe zugrunde lagen, die dem Gemeinwesen oder jedenfalls der Allgemeinheit einen deutlich fassbaren Vorteil verschafften:
– Sicherung einer historisch bedeutsamen Stätte [21];
– Sicherung eines für öffentliche Zwecke benötigten Landstücks vor Überbauung [22];

---

[19] KIRCHHOFER, ZSR 1939, S. 160 und 176; PFISTERER, Zbl 1988, S. 533. Bezeichnenderweise hat auch das Bundesgericht im Zeitpunkt, als es erstmals den Tatbestand einer entschädigungspflichtigen Eigentumsbeschränkung anerkannte, einen allfälligen «Zuwachs beim öffentlichen Gut» als Erkennungszeichen ausdrücklich genannt; BGE *Zinggeler,* 55 I 402 (1929). Eine ähnliche Äusserung findet sich auch noch 1952 im unveröffentlichten Urteil *Bäggli* vom 18. Juni 1952, E.5 S. 12–13, im Wortlaut wiedergegeben vorne S. 89, FN 47.
[20] Vorne 6.4.1, S. 308.
[21] BGE *Götschi v. Obwalden* vom 7. Juli 1933 (unveröffentlicht); dazu vorne S. 65.
[22] BGE *Erben Müller-Haiber,* 69 I 234 (1943); FFS v. *Plastex,* 101 Ib 277 (1975); *Hug v. Trimmis,* 114 Ib 117–120, E.3–5 (1988).

6.4. Zielrichtung des Eingriffs

- Bewahrung landschaftlich wertvoller Geländeteile in ihrem ursprünglichen Zustand angesichts bevorstehender Überbauung[23];
- Grundwasserschutzzone auf erschlossenen und in der Bauzone liegenden Parzellen zum Schutze einer kommunalen Wasserversorgung[24].

Ein besonderer Vorteil auf seiten des Gemeinwesens zeigt sich auch in Fällen, wo *ausserhalb des Tatbestandes der materiellen Enteignung* auf eine Entschädigungspflicht des Gemeinwesens geschlossen wurde:
- Vorzeitige Aufhebung von Elektrizitätsverteilungskonzessionen im Hinblick auf eine Übernahme der Elektrizitätsverteilung durch den Staat[25];
- Öffentlicherklärung privater Strassen für den allgemeinen Verkehr[26];
- Landabzug im Rahmen einer Landumlegung für Anlagen, die nicht in erster Linie den Interessen der an der Umlegung beteiligten Eigentümer, sondern der Allgemeinheit dienen[27];
- Unterschiedliche Behandlung von enteignungsvorbereitenden und Ordnungsbaulinien[28].

---

[23] BGE *Chappuis,* 89 I 381 (1963; Ufer des Lac de Bret VD); *Chollet und de Mestral v. Vaud* vom 23. Februar 1977 (unveröffentlicht) (Rebgebiet bei Féchy); *Einwohnergemeinde Bern v. Ruckstuhl,* 103 Ib 210 (1977; Geländekammer am Aareufer im Nordwesten Berns); *Etat de Neuchâtel v. Boriali* vom 21. Oktober 1977 (unveröffentlicht) (Ufer des Neuenburgersees); *Kocher,* 107 Ib 380 (1981; Sicherung eines Aussichtspunktes beim Städtchen Orbe); *Einwohnergemeinde Bern v. Schenk-Käser,* 109 Ib 13 (1983; Aarehang bei Bern); *Rothuizen,* 112 Ib 105 (1986; Rebgelände bei Commugny VD); *Camenzind v. Ingenbohl,* 114 Ib 305 (1988; Schillermatte am Vierwaldstättersee in Brunnen). Siehe aber hinten S. 319–20, Text zu FN 46.
Um einen vergleichbaren Sachverhalt – Inventarisierung einer privaten archaeologischen Sammlung – geht es im Fall *Balli v. Ticino,* 113 Ia 368 (1987).
[24] BGE *Aarberg,* 106 Ib 336 (1980).
[25] BGE *Société romande d'électricité,* 74 I 465 (1948); dazu vorne S. 96.
[26] BGE *Hotel Bucher-Durrer AG,* 34 I 90 (1907); *Bürgerstock-Hotels AG v. Landrat Nidwalden* vom 16. Juni 1939 (unveröffentlicht); *Cretegny,* 71 I 433 (1945). Zu diesen Entscheiden ausführlich vorne 3.4.1, S. 94–95.
[27] BGE *Egloff,* 100 Ia 223, 229–31 E.3c (1974): «Ein solcher Landabzug hat ... Enteignungscharakter und darf nicht entschädigungslos erfolgen. Es kann nicht der Weg der Landumlegung gewählt werden, um dem Gemeinwesen kostenlos Land zu beschaffen für öffentliche Anlagen, die nicht vorwiegend im Interesse der Eigentümer umgelegter Parzellen liegen» (S. 230).
[28] Enteignungsvorbereitende Baulinien sind bei der späteren Enteignung als werkbedingte Nachteile anzusehen und müssen entsprechend entschädigt werden; BGE

6.4. Zielrichtung des Eingriffs

In diesen Fällen bejahter Entschädigungspflicht (aus materieller Enteignung oder anderen Gründen) verwendet das Bundesgericht bisweilen den Begriff der *Servitut* als übergreifenden Nenner. Es setzt den Eingriff mit einer zugunsten des Gemeinwesens begründeten Dienstbarkeit gleich, welche dem privaten Eigentümer zwangsweise auferlegt wird[29]. Unausgesprochen wird damit eine Verbindung mit der formellen (Teil-)Enteignung hergestellt[30]. Nicht ohne Berechtigung hat RUCH dem Bundesgericht entgegengehalten, die Argumentation über den Servitutscharakter des Eingriffs sei nicht geeignet, das Abgrenzungsproblem zu lösen, da sie auf sämtliche Fälle öffentlichrechtlicher Eigentumsbeschränkung angewendet werden könnte[31]. Dem Gericht ist diese Schwäche seiner Argumentationsweise aber wohl schon bisher nicht verborgen geblieben. Dass es das Bild der Servitut dennoch verwendet, muss als Versuch angesehen werden, den Gedanken des dem Gemeinwesen zufliessenden Vorteils – wenn auch mit unzureichenden Mitteln – zu verallgemeinern.

L. v. Gemeinde Hölstein BL (1985), Zbl 1986, S. 448–50. Der dem Gemeinwesen aus der Ziehung der Baulinie erwachsende Vorteil ist hier somit abzugelten. Entschädigungslos bleiben dagegen in der Regel die Ordnungsbaulinien, welche der Baupolizei zugerechnet werden; BGE *Fricker*, 93 I 338 (1967); *Genossenschaft Zentralschweizer Metzgermeister*, 95 I 453 (1969); *Hoirs Chapallaz*, 99 Ia 364 (1973); *Guler*, 109 Ib 116 (1983; mit grundsätzlichen Erwägungen); *Felaria SA* (1983), Zbl 1984, S. 366; dazu auch vorne S. 283–84 und 287–88.

[29] Die Argumentation mit dem servitutsartigen Charakter des Eingriffs findet sich bereits in einigen frühen Entscheiden: BGE *Klingler*, 15 742 (1889), und *Kummer*, 16 719 (1890), wo beide Male die Beeinträchtigung eines privaten Grundstückes durch den ausserdienstlichen obligatorischen Schiessbetrieb zur Diskussion steht (dazu vorne S. 31); ferner BGE *Hungerbühler*, 16 528 (1890) (Baubeschränkung). Mit dem Servitutscharakter des Eingriffs begründet das Bundesgericht ausdrücklich zwei Fälle von materieller Enteignung, nämlich den Entscheid *Götschi* vom 7. Juli 1933 (unveröffentlicht), E. 4 S. 16–17 (dazu vorne S. 65), und *Kocher*, 107 Ib 385 (1981) (dazu vorne S. 162–63). Dieselbe Argumentation findet sich im Entscheid *Cretegny*, 71 I 440 (1945), wo der Kanton eine private Strasse für die Benutzung durch den allgemeinen Verkehr in Anspruch nimmt; vorne S. 95.
Auch die umgekehrte Argumentation kommt in bundesgerichtlichen Urteilen vor. In den Entscheiden *Le Fort* (1946), ZSR 1947, S. 416a, und *Meier v. Zizers*, 105 Ia 338 (1979), begründet das Gericht die Entschädigungslosigkeit der Massnahme damit, dass zugunsten des Gemeinwesens keine Servitut geschaffen worden ist. Vorne S. 196.

[30] Dieser Ansatz ist in der Doktrin mit beachtenswerten Argumenten von ANTOGNINI vertreten worden; RDAT 1977, S. 243–44.

[31] Zbl 1983, S. 537. Beipflichtend KUTTLER, Materielle Enteignung, Zbl 1987, S. 193.

D) Weniger eindeutig ist die Situation in jenen Fällen, in denen die Gerichtspraxis eine *materielle Enteignung verneint* hat. Nicht für alle lässt sich sagen, das Gemeinwesen habe bei seinem Handeln keine eigenen Ziele verfolgt und keine Vorteile erlangt.

Der Ausgleich zwischen konkurrierenden Eigentümerinteressen steht immerhin bei vielen Fällen im Vordergrund (auch wenn daneben allgemeine Interessen mitberücksichtigt werden). Hierher gehören die bereits genannten Baupolizeimassnahmen[32], die Planung und Etappierung der Baugebietserschliessung[33], aber auch denkmal- und ortsbildpflegerische Einschränkungen, die einem Quartier oder einer Ortschaft den überkommenen Charakter sichern[34].

Andere ebenfalls entschädigungslos erklärte Eingriffe zeigen das Gemeinwesen in einer ambivalenten Rolle. Es beschränkt sich nicht darauf, zwischen widerstreitenden privaten Vermögensinteressen zu vermitteln, beansprucht aber auch nicht private Ressourcen für eigene Unternehmungen. Der Staat nimmt hier vielmehr *Anliegen der Allgemeinheit* gegenüber den Eigentümern wahr, wobei er zugleich als Schiedsrichter wie in gewisser Weise auch als interessierte Partei auftritt. Das anschaulichste Beispiel gibt wohl die raumplanerische Ausscheidung des Bau- und Nichtbaugebietes. Um einen Ausgleich divergierender Eigentümerinteressen geht es hier nicht; ebensowenig aber auch um eine unmittelbare Inanspruchnahme privater Güter zugunsten der Öffentlichkeit. Der Staat nimmt vielmehr eine eigentliche, wichtige Ordnungsaufgabe wahr. Unverkennbar zieht aber die Allgemeinheit aus dieser Ausscheidung einen klaren Vorteil, während auf der andern Seite bloss ein Teil der Grundeigentümer – nämlich die Eigentümer von Bauerwartungsland, das in die Nichtbauzone gewiesen wird – eine Belastung erfährt.

Zu erinnern ist schliesslich an die Verstaatlichungen und Regalisierungen bisher privater Güter zu Beginn dieses Jahrhunderts[35]. Die Rechtsprechung hat diese ungeachtet der offenkundigen Tatsache, dass ein Zufluss von Vorteilen an das Gemeinwesen stattfand, als

---

[32] Als Beispiele: BGE *Fröbel*, 30 I 59 (1904, offene Bauweise für gewisse Teile der Stadt Zürich); *Koch-Zeller*, 31 II 543 (1905; Baulinie); *Kunz v. Ollon* vom 29. April 1948 (unveröffentlicht) (Höhenbeschränkungen für neue Gebäude); *Guler*, 109 Ib 116 (1983; Baulinie).

[33] BGE *Zwieb*, 109 Ib 20 (1983).

[34] BGE *Mühlematter*, 97 I 632 (1971); *Neeff und Heusler v. Basel-Stadt*, 111 Ib 257 (1985).

[35] Vorne 2.3 und 2.4, S. 43 ff.

Neubestimmung des Eigentumsinhaltes gewertet und damit grundsätzlich entschädigungslos zugelassen.

Die Erklärung für diese Anomalie muss darin gesucht werden, dass bei den beiden letztgenannten Fallgruppen (Nutzungsplanung; Verstaatlichung) eigentliche Wandlungen der Eigentumsordnung vorlagen. Das Bundesgericht erachtete hier der unbestritten inhaltsbestimmenden (und also entschädigungslosen) Charakter des staatlichen Handelns als ausschlaggebend[36]; der Umstand, dass dem Gemeinwesen fassbare Vorteile zufielen, rückte ganz in den Hintergrund. *Die Zielrichtung des Eingriffes hat in erster Linie dort Bedeutung, wo das Gemeinwesen im Rahmen einer grundsätzlich feststehenden Eigentumsordnung in einzelne private Eigentumspositionen eingreift und sich dabei Vorteile verschafft*[37]. Hält man sich dies vor Augen, erscheint das aus der Rechtsprechung gewonnene Bild bemerkenswert konsistent.

E) In Übereinstimmung mit den Stimmen der Lehre[38] und den Ergebnissen der Rechtsprechung ist also festzuhalten, dass in der Zielrichtung des staatlichen Handelns ein wesentliches Element für die Abgenzung der materiellen Enteignung von den entschädigungslos bleibenden Eigentumsbeschränkungen liegt. Massstab ist die «Eigennützigkeit» dieses Handelns. Je mehr der Eindruck vorherrscht, es sei dem Gemeinwesen bei seinem Eingriff darum gegangen, sich einseitig Vorteile zu verschaffen, desto stärker erscheint der Eingriff enteignungsähnlich. Je desinteressierter, bloss auf den Ausgleich widerstrebender Eigentümerinteressen ausgerichtet das staatliche Handeln dagegen ist, desto mehr wird ein Fall entschädigungsloser Inhaltsbestimmung anzunehmen sein.

Als Hilfsmittel zur weiteren Differenzierung dieses Prinzipes kann man sich eine Skala vorstellen, auf der sich die Eingriffe in das Eigentum ordnen lassen, beginnend mit der staatlichen Beschaffung privater Güter ausserhalb des Steuer- und Gebührenrechtes und endend bei der gegenseitigen Ordnung der privaten Vermögensinteressen der Privaten untereinander. Einer vom einen zum andern Extrempunkt abnehmenden Eigennützigkeit des Gemeinwesens in der Beanspruchung privater Vermögenswerte steht das zunehmende Eigeninteresse der privaten Eigentümer an der Regelung gegenüber. Entspre-

---

[36] Vorne 2.3, S. 43–44, und 4.4.D, S. 152–54.
[37] Dazu auch hinten S. 338 und 353–55.
[38] Vorne S. 309, FN 4.

6.4. Zielrichtung des Eingriffs

chend der Abnahme der öffentlichen «Eigennützigkeit» schwächt sich auch die Enteignungsähnlichkeit der staatlichen Massnahmen zunehmend ab.

Auf dieser Skala lassen sich nun einige Fixpunkte angegeben:

- Die *formelle Enteignung* bezeichnet den einen Endpunkt. Sie ist das von der Verfassung vorgegebene Instrument für die staatliche Güterbeschaffung und ruft in jedem Fall nach einer Entschädigung.[39]
- Der zweite Fixpunkt wird durch die Eingriffe bestimmt, bei denen das Gemeinwesen *unmittelbare finanzielle Vorteile erlangt, ohne dass es aber zu einem eigentlichen Rechtsübergang kommt*. Als Beispiele wären die Inanspruchnahme privater Strassen für den öffentlichen Verkehr[40] oder die Zuweisung eines Grundstückes in die Zone für öffentliche Bauten und Anlagen[41] zu nennen[42].
- Einem dritten Fixpunkt können jene staatlichen Massnahmen zugeordnet werden, die der Allgemeinheit *klar fassbare Vorteile ideeller Natur* verschaffen, ohne dass auch dem betroffenen Eigentümer ein Nutzen erwächst. Darunter würden etwa Bau- und Veränderungsverbote für einzelne Denkmäler, historische Stätten und wertvolle

---

[39] Zur formellen Enteignung und ihrer Abgrenzung von der materiellen Enteignung vorne 4.6.4, S. 192–97 und 5.5.2, S. 247–51.

[40] BGE *Hotel Bucher-Durrer AG*, 34 I 90 (1907); *Bürgenstock-Hotels AG v. Landrat Nidwalden* vom 16. Juni 1939 (unveröffentlicht); *Cretegny*, 71 I 433 (1945). Vorne 3.4.1, S. 94–95.

[41] BGE *Erben Müller-Haiber*, 69 I 234 (1943); *Hug v. Trimmis*, 114 Ib 117–20, E.3–5 (1988). ANTOGNINI, RDAT 1977, S. 243–44; PFISTERER, Zbl 1988, S. 532. Die gegenwärtige bundesgerichtliche Rechtsprechung sieht in der Zuweisung eines Grundstückes zur Zone für öffentliche Bauten und Anlagen kein selbständiges Anzeichen für die Enteignungsähnlichkeit des Eingriffs; BGE *Benoit*, 112 Ib 485, bes. E.10 (1986). Ich erachte die Nichtberücksichtigung des Vorteilsaspektes in solchen Fällen für fragwürdig. Siehe auch vorne S. 194–96.

[42] Als Ausnahme aus der Judikatur wäre der Entscheid *Société suisse des maîtres imprimeurs*, 93 I 708 (1967), zu nennen. Das Bundesgericht erachtete hier die den Genfer Verlegern und Buchdruckern auferlegte Pflicht, der Kantonsbibliothek von jedem Druckerzeugnis ein Gratisexemplar abzugeben, als entschädigungslos zulässig. Diese Ausnahme wird aber dadurch wieder relativiert, dass das Gericht die Entschädigungslosigkeit auf Werke mit einem Wert von höchstens 50 Franken beschränkte (id., 712), was wiederum als Bestätigung der Regel aufgefasst werden kann. Dazu vorne S. 124–25.

Geländeteile fallen[43], oder die Unterhaltspflicht für eine Kunstsammlung in Verbindung mit einem Verbot der Veräusserung ausserhalb des Kantons[44].
- Den vierten Fixpunkt bilden *Massnahmen, welche vornehmlich Interessen der Allgemeinheit verfolgen, daneben aber auch Ordnungscharakter aufweisen.* Den betroffenen Eigentümern erwachsen daraus regelmässig keine Vorteile; aber auch das Gemeinwesen erscheint nicht eigentlich «bereichert». Die Trennung des Baugebietes vom Nichtbaugebiet gehört zu dieser Kategorie.
- Einen fünften Fixpunkt markieren Regelungen – etwa der Baupolizei und der Nutzungsplanung (für Grundstücke innerhalb des Baugebietes) –, mit denen ein *Ausgleich sowohl zwischen den verschiedenen privaten Eigentümerinteressen wie auch zwischen diesen und den Interessen der Allgemeinheit vorgenommen* wird. Diese Massnahmen dienen ebenso stark dem Interesse der Privaten wie jenem der Öffentlichkeit.
- Zuletzt sind die Regelungen zu nennen, die vornehmlich im Interesse der Eigentümer selber liegen, also etwa das private Nachbarrecht.

Die jeweilige Zuordnung eines Eigentumseingriffs zu einem Punkt auf dieser Skala gibt ein Indiz für die Beantwortung der Entschädigungsfrage. Um mehr als ein Indiz kann es allerdings nicht gehen. Die anderen Abgrenzungskriterien müssen ebenfalls berücksichtigt werden. Bei einem geringfügigen Eingriff vermag beispielsweise die Tatsache, dass dieser dem Staat messbare finanzielle Vorteile verschafft, eine Entschädigungspflicht nicht zu begründen[45]. Zu beachten ist auch, dass Zielrichtungen unterschiedlicher Art sich überlagern

---

[43] BGE *Götschi,* vom 7. Juli 1933 (unveröffentlicht; dazu vorne S. 65) (Bauverbot für eine unterhalb des Landenberges in Sarnen [Landsgemeindeplatz] gelegene Parzelle); *Teilkirchgemeinde Möriken* (1947), Aargauische Gerichts- und Verwaltungsentscheide 1948, S. 422 (Unterschutzstellung einer Kirche); *Chappuis,* 89 I 381 (1963; Bauverbot für Ufergelände am Lac de Bret); *Kocher,* 107 Ib 380 (1981; Bauverbot für einen Aussichtspunkt in der Nähe von Orbe); *Rothuizen,* 112 Ib 105 (1986; Bauverbot für landschaftlich wertvolle Geländeerhebung über dem Genfersee).
Geht es um eine umfassende Anordnung, die etwa einem ganzen Quartier seinen historisch wertvollen Charakter sichert, wird der Eingriff in der Regel durch Vorteile, die jedem Eigentümer zufliessen, angemessen aufgewogen; vorne S. 288, Text zu FN 108, und S. 316.
[44] BGE *Balli,* 113 Ia 368 (1987).
[45] BGE *Société suisse des maîtres imprimeurs,* 93 I 708 (1963), vgl. vorne FN 42.

können. So verlangt etwa das eidgenössische Raumplanungsgesetz in Art. 3 Abs. 2, dass bei der raumplanerischen Gebietsausscheidung auch Anliegen des Landschaftsschutzes Rechnung getragen wird. Die Rechtsprechung hat es regelmässig abgelehnt, die Mitberücksichtigung landschaftsschützerischer Anliegen im Rahmen einer einwandfreien Nutzungsplanung als besonderes Indiz für das Vorliegen einer Entschädigungspflicht zu werten[46]. Schliesslich ist an die abgeschwächte Bedeutung der dem Staat erwachsenden Vorteile in den Fällen zu erinnern, wo ein Wandel der Eigentumsordnung zur Diskussion steht[47].

6.4.3. Polizeiwidrige Eigentumsnutzungen[48]

A) Mit dem im vorangegangenen Unterabschnitt diskutierten Ansatz haben wir versucht, die Entschädigungsfrage danach zu beantworten, ob das Gemeinwesen in seiner Ordnungs- oder aber in seiner Unternehmerfunktion einschränkend in das Eigentum eingegriffen hat. Wenn wir uns jetzt der polizeilichen Natur des Eingriffs als Abgrenzungskriterium zuwenden, so steht zwar weiterhin die Zielrichtung des staatlichen Handelns im Mittelpunkt, diesmal aber unter verändertem Blickwinkel. Qualifizierendes Merkmal ist nicht mehr die Rolle des Gemeinwesens, sondern die – aktuelle oder potentielle – Schädlichkeit und Gefährlichkeit der unterbundenen Eigentumsnutzung[49].

B) Der Grundgedanke ist klar und entspricht einer wohl allgemein geteilten Rechtsüberzeugung: Der Staat soll nicht Entschädigung leisten müssen, wenn er den Eigentümer daran hindert, Leib und Leben, die Gesundheit, die öffentliche Ordnung und Sicherheit zu schädigen und zu gefährden. Oder anders ausgedrückt: Ein Eigentümer hat

---

[46] BGE *Baumberger,* 106 Ia 381 (1980); *La Soliva Immobiliare SA,* 108 Ib 351, E.5a (1982); *Oberstammheim,* 110 Ib 35, E.4b (1984); *Berta v. Cully,* 114 Ib 100 (1988).
[47] Vorne D, S. 317.
[48] Für das deutsche Recht siehe OSSENBÜHL, 129–31; NÜSSGENS/BOUJONG, 137–40.
[49] Die beiden Ansätze decken sich nicht. Polizeiliche Massnahmen kann das Gemeinwesen sowohl in seiner Ordnungs- wie in seiner Unternehmerfunktion anordnen. Um einen Fall der ersteren Art geht es beispielsweise bei der Festlegung von Gebäudeabständen oder feuerpolizeilichen Auflagen. Als Unternehmer tritt das Gemeinwesen dagegen auf, wenn es zum Schutze einer öffentlichen Wasserversorgungsanlage Bauverbote erlässt.

jene wirtschaftlichen Nachteile selber zu tragen, die ihm daraus erwachsen, dass er sein Eigentum in Übereinstimmung mit der Rechtsordnung nutzt[50].

Diese Regel lässt sich so lange ohne Schwierigkeiten anwenden, als die Polizeiwidrigkeit einer Eigentumsnutzung offenkundig oder jedenfalls ohne weiteres erkennbar ist. Die Polizeiwidrigkeit fällt dabei wohl meistens mit einem Verstoss gegen eine ausdrückliche Rechtsvorschrift zusammen. Für rechtswidrige Nutzungen gibt es keinen Schutz[51]. Ein Eigentümer, der im Übrigen Gemeindegebiet ohne Baubewilligung einen Sammelplatz für beschädigte und ausgediente Autos in Betrieb nimmt, wird daher das behördliche Verbot dieser eigenmächtig begründeten, von Anfang an rechtswidrigen Eigentumsnutzung entschädigungslos hinnehmen müssen[52]. Gleich verhält es sich, wenn ein Eigentümer sein Wohnhaus so weit verfallen lässt, dass es unbewohnbar erklärt werden muss; mit diesem Eingriff wird bloss auf den Verstoss gegen die jedem Gebäudeeigentümer obliegende Unterhaltspflicht geantwortet[53, 54].

Die Schwierigkeiten beginnen dort, wo die Polizeiwidrigkeit einer bestimmten Nutzung *entweder erst nachträglich* (d.h. nachdem mit dieser Art von Nutzung begonnen wurde) *eintritt, oder nachträglich aufgrund eines hoheitlichen Aktes begründet oder jedenfalls festgestellt wird.* Die Gerichtspraxis zeigt, dass die Streitfälle um die Entschädigungspflicht bei polizeilich begründeten Eingriffen beinahe ausnahmslos um derartige Sachverhalte kreisen:

(1) *Nachträglich eingetretene* Polizeiwidrigkeit:
Pferdestallungen bzw. eine Schweinemästerei, die bei Aufnahme des Betriebes abseits des Siedlungsgebietes gelegen waren, werden aufgrund der Stadtentwicklung von Wohnbauten umgeben. Die Immissionen veranlas-

---

[50] AUBERT, Quelques mots, ZBGR 1962, S. 17 N. 20; GEISSBÜHLER, 169; KNAPP, Précis (2. Aufl.), S. 259 N. 1099; WEBER-DÜRLER, Polizeieingriff, Zbl 1984, S. 291.
[51] Dazu GRISEL, Traité, 776; PFISTERER, Zbl 1988, S. 473 und 523.
[52] BGE *Mallet* (1980), RDAF 1982, S. 137.
[53] BGE *Daccord v. Vaud* vom 28. März 1941 (unveröffentlicht).
[54] Der Grundsatz, dass rechtswidrige Eigentumsnutzungen entschädigungslos aufgehoben werden können, findet im Recht der *formellen* Enteignung eine Entsprechung: Für den Entzug der dem Eigentümer bisher faktisch offenstehenden Möglichkeit, sein Eigentumsrecht zu überschreiten und polizeiwidrige Zustände herbeizuführen, schuldet das Gemeinwesen keine Entschädigung; BGE *Säurefabrik Schweizerhall*, 101 Ib 166 (1975); *Maurino SA*, 108 Ib 492 (1982); *X. AG*, 112 Ib 124, bes. 126–27 E.3a (1986).

6.4. Zielrichtung des Eingriffs

sen die Behörden, die Weiterführung der angestammten Betriebe zu untersagen[55].

(2) Polizeiwidrigkeit *durch nachträglichen hoheitlichen Akt überhaupt erst begründet*:

Erstmalige Aufnahme einer Waldabstandsvorschrift in ein Baugesetz[56];

Erlass gesetzlicher Vorschriften, welche das Betreiben von Altauto-Sammelplätzen nur unter einschränkenden Auflagen zulassen[57];

Anordnung einer Grundwasserschutzzone mit Bauverboten für Grundstücke, welche innerhalb der Bauzone liegen und erschlossen sind[58].

(3) Polizeiwidrigkeit aufgrund eines nachträglichen hoheitlichen Aktes *festgestellt*:

Verweigerung der Bewilligung für die Ausbeutung eines Kiesvorkommens, da eine erhebliche Gefahr der Verschmutzung von Grundwasservorkommen besteht[59].

Verweigerung der Baubewilligung für ein Mehrfamilienhaus, da die von der nahegelegenen Autobahn ausgehenden Lärmimmissionen die Gesundheit der Bewohner gefährden[60].

In diesen Fällen fehlt jenes Element, das der Regel der Entschädigungslosigkeit ihre Rechtfertigung gibt: Dem Eigentümer kann nicht vorgeworfen werden, seine Art der Eigentumsnutzung habe die Grenzen des Erlaubten von Anfang an überschritten und könne daher nicht Anspruch auf Schutz erheben. Vielmehr steht man vor jener Vorher-Nachher-Situation, welche die materielle Enteignung schlechtweg kennzeichnet: Eine bisher gegebene (rechtmässige) Eigentumsbefugnis ist dem Eigentümer aufgrund einer staatlichen Intervention entzogen worden[61].

---

[55] BGE *Cherbulliez v. Vaud* vom 23. Oktober 1931 (unveröffentlicht) (Pferdestallungen in Lausanne); *Staub v. Wetzikon* (1961), Zbl 1961, S. 562 (Schweinemästerei). Leading case für das amerikanische Recht ist *Hadacheck v. Sebastian*, 239 U.S. 394 (1915) (Betriebsverbot für eine Backsteinbrennerei, die – ursprünglich in einer unbewohnten Gegend errichtet – mit der Zeit vom Siedlungsgebiet von Los Angeles umgeben wird; Entschädigungspflicht verneint).
Zu erinnern ist daran, dass das *private Nachbarrecht* keine Alterspriorität kennt und daher eine Veränderung des Ortsgebrauches zulasten bereits ansässiger Nachbarn zulässt; BGE *Pauli,* 88 II 10 (1962).

[56] BGE *Zwyssig,* 96 I 123 (1970).
[57] BGE *Maurer,* 106 Ia 262 (1980).
[58] BGE *Aarberg,* 106 Ib 336 (1980).
[59] BGE *Frei,* 96 I 350 (1970).
[60] BGE *Haas* (1979), Zbl 1980, S. 354.
[61] Dazu vorne 5.1.1, S. 212.

Es kann sich hier einzig die Frage stellen, ob die Schädlichkeit oder Gefährlichkeit der entzogenen Nutzung Grund genug darstellt, die Entschädigungspflicht des Gemeinwesens ohne weiteres dahinfallen zu lassen. Die zurzeit geltende höchstrichterliche Rechtsprechung der Schweiz bejaht diese Frage dem Grundsatz nach[62].

Entscheidend müsste nach Auffassung des Verfassers die Überlegung sein, dass die Schädlichkeit oder Gefährlichkeit einer Eigentumsnutzung nicht aus sich selbst heraus evident, sondern weitgehend Sache der Definition ist. Sie lässt sich oft kaum gegenüber den Motiven abgrenzen, die in anderen Fällen zum Verbot bestimmter Nutzungen führen. Ein Bauverbot, das erlassen wird, um eine Grundwasserschutzzone vor Verunreinigung zu bewahren, unterscheidet sich wenig vom Bauverbot, mit welchem der Zersiedelung des Landes entgegengewirkt werden soll; in beiden Fällen geht es um den Schutz grundlegender Güter. Eine Waldabstandsvorschrift verfolgt keinen qualitativ anderen Zweck als eine baurechtliche Höhenbeschränkung für Gebäude. Und auch wo ein Unterschied sich allenfalls ausmachen liesse, vermöchte er doch nur ungenügend jene Ungleichbehandlung zu erklären, die darin liegt, dass im einen Fall der Entschädigungsanspruch *grundsätzlich* entfällt, während er im andern aufgrund von Kriterien allgemeiner Tragweite immerhin überprüft wird.

C)   Entsprechend einer in der Literatur mehrfach geäusserten Meinung wird auch hier die Auffassung vertreten, dass die *Berücksichtigung der polizeilichen Natur des Eingriffs für die Beantwortung der Entschädigungsfrage entbehrlich* ist[63]. Die Grundsätze und Kriterien, die für die Beurteilung der Enteignungsähnlichkeit allgemein gelten, geben genügend Anhaltspunkte zur Lösung des Entschädigungsproblems.

Im einzelnen lassen sich für die verschiedenen Ausgangssituationen die folgenden Unterregeln formulieren:

Unterregel 1: Eigentumsnutzungen, die im Zeitpunkt ihres Beginns bereits widerrechtlich waren – und dazu gehören auch die erkennbar polizeiwidrigen Nutzungen – geniessen keinen Schutz und

---

[62] Dazu vorne 4.6.1, S. 182–87. Der Grundsatz ist allerdings mit so gewichtigen Ausnahmevorbehalten (vorne S. 186–87) versehen, dass sein Geltungsanspruch allein schon dadurch in Zweifel gezogen scheint.

[63] GRISEL, Juridiction constitutionnelle, Zbl 1971, S. 224; KNAPP, Expropriation matérielle, 12; Précis (2. Auflage), S. 259 N. 1099 in fine; G. MÜLLER, Einfluss, S. 760–61; WAGNER, ZSR 1989 II, S. 405.

6.4. Zielrichtung des Eingriffs

können entschädigungslos aufgehoben werden[64]. Diese Regel gilt auch dann, wenn die Aufnahme einer Eigentumsnutzung erkennbarerweise zu einem polizeiwidrigen Zustand führen müsste und daher präventiv verboten wird[65].

Unterregel 2: Wird eine Eigentumsnutzung verboten, die zu Beginn rechtmässig und polizeikonform war, im Verlaufe der Zeit infolge veränderter Umstände aber polizeiwidrig wird, ist die Entschädigungsfrage nach den üblichen Kriterien zu lösen.

Von Bedeutung wird insbesondere sein, ob der Eigentümer das Risiko sich verändernder Verhältnisse auf sich genommen hat[66], und wie lange er nach dem Eintritt eines erkennbar polizeiwidrigen Zustandes die bisherige Nutzung noch ungehindert hat fortsetzen können[67]. Ein Entschädigungsanspruch darf aber nicht von vornherein ausgeschlossen werden[68].

---

[64] So ausdrücklich (aber in Obiter Dicta) BGE *Erben Müller-Haiber,* 69 I 241 (1943); *Maurer,* 106 Ia 264 (1980). GRISEL, *Traité,* 776; PFISTERER, Zbl 1988, S. 473 und 523. Ein konkretes Beispiel gibt der Entscheid *Mallet* (1980), RDAF 1982, S. 137.

[65] Es handelt sich hier in gewissem Sinne nur um die vorweggenommene Feststellung einer mit Gewissheit zu erwartenden Rechtswidrigkeit.
Dieser Fall scheint mir beispielsweise in den Fällen *Frei,* 96 I 350 (1970), und *Haas* (1979), Zbl 1980, S. 354, gegeben. Im ersten verbieten die Behörden die Inbetriebnahme einer Kiesgrube wegen der zu erwartenden Verunreinigung des Grundwassers, im zweiten die Erstellung von Mehrfamilienhäusern im unmittelbaren Lärmimmissionsbereich einer Autobahn. Verboten werden in beiden Fällen Nutzungen, die normalerweise unanfechtbar wären, im konkreten Fall aber unweigerlich zu verbotenen Sekundärwirkungen oder -handlungen (Verschmutzung des Grundwassers; Vermieten eines den Gesundheitsanforderungen nicht genügenden Gebäudes) führen würden.

[66] Vgl. PFISTERER, Zbl 1988, S. 524. Zum Kriterium des eigenen Verhaltens des Eigentümers hinten 6.6.
Für Fälle, wo sich umgekehrt der Eigentümer in einer eigentlichen Vertrauenslage befand, befürwortet Frau WEBER-DÜRLER einen – auf Art. 4 BV gestützten – Ersatz des Vertrauensschadens (also des negativen Interesses); Polizeieingriff, Zbl 1984, S. 298–99.

[67] Angesprochen wird damit das Kriterium der Eingriffsintensität. Die Eingriffsintensität erscheint beispielsweise gering, wenn die für die bisher gegebene Nutzung eingesetzten Investitionen abgeschrieben sind. GRISEL, Expropriation matérielle, 106; vgl. auch WAGNER, ZSR 1989 II, S. 407–08. – Das Beispiel des Entscheides *Maurer,* 106 Ia 266-67, E.2c (1980), zeigt überdies, dass nicht selten nach dem Verbot der polizeiwidrigen Nutzung andere, polizeikonforme Gebrauchsmöglichkeiten offenbleiben, die dem betroffenen Eigentumsobjekt seinen Wert belassen.

[68] BGE *Firma C. v. SBB,* 113 Ib 327, 332 E.3: Schliessung eines rechtmässig bestehenden privaten Bahnüberganges aus polizeilichen Gründen; Anspruch auf Entschädigung oder Realersatz für das unterdrückte Wegrecht ausdrücklich bejaht.

Unterregel 3: Nach den allgemein geltenden Abgrenzungskriterien beurteilt sich die Entschädigungsfrage ferner dann, wenn erst eine nachträgliche Anordnung des Gemeinwesens die Polizeiwidrigkeit einer Nutzung begründet.

Nicht eine Veränderung der tatsächlichen, sondern eine Veränderung der *rechtlichen* Verhältnisse führt hier zur Polizeiwidrigkeit. In diesen Fällen zeigt sich meist besonders deutlich, dass die Schädlichkeit oder Gefährlichkeit einer bestimmten Eigentumsnutzung eine Frage der Definition ist. Was eben noch rechtlich zulässig war, wird nun als unerlaubt erklärt. Hier besteht kein Anlass, von den üblichen Regeln abzuweichen [69].

Unterregel 4: Bezweckt das polizeiliche Verbot einer bestimmten Eigentumsnutzung, den *Eigentümer selbst zu schützen*, beantwortet sich die Entschädigungsfrage ebenfalls nach den üblichen Kriterien.

In diesen Fällen wird es aber oft an der Eignung des Objektes für die verbotene Nutzung gefehlt haben, so dass der Eingriff die für eine materielle Enteignung erforderliche Eingriffsintensität nicht erreicht [70].

---

[69] Die beiden Fälle *Zwyssig*, 96 I 123 (1970; erstmalige Einführung einer Waldabstandsvorschrift im Baugesetz für den Kanton Obwalden), und *Aarberg*, 106 Ib 336 (1980; Grundwasserschutzzone mit Bauverbot für Grundstücke, die bisher – trotz des Vorbestehens einer öffentlichen Wasserversorgungsanlage – im Baugebiet gelegen waren), illustrieren dies deutlich. Sie belegen zudem die Erfahrungstatsache, dass auch ein eng gefasster Polizeibegriff dem Gemeinwesen noch viel Spielraum lässt, um das Sicherheitsbedürfnis der Allgemeinheit extensiv auszulegen: Die mit der Waldabstandsvorschrift bzw. mit dem Bauverbot verfolgten Zwecke liessen sich mittels geeigneter Auflagen wohl ebensogut erreichen.

[70] Vorne S. 285–87. – Die Entschädigungslosigkeit von Eingriffen, welche den Schutz des betroffenen Eigentümers selber bezwecken, bejahen L. MEYER, ZBJV 1972, S. 206–07 und 216; ZIMMERLI, Rechtsprechung, Zbl 1974, S. 153; G. MÜLLER, Einfluss, 760.
Es fragt sich allerdings, ob das positive Recht Vorschriften kennt, die allein den Eigentümer bzw. sein Eigentum vor Gefahren schützen wollen. Die Beispiele der Gerichtspraxis zeigen, dass in der Regel auch Dritte mitgeschützt sind: BGE *Gemeinde Landschaft Davos v. Seiler* (1971), Zbl 1971, S. 473 (Bauverbot für lawinengefährdetes Grundstück); *Haas* (1979), Zbl 1980, S. 354 (Verbot für Wohnbauten längs einer Autobahn wegen Lärmimmissionen).
Meist rechtfertigt wohl überhaupt erst die Gefährdung Dritter den staatlichen Eingriff. Soweit nicht Folgekosten für die Öffentlichkeit zu erwarten sind (beispielsweise in Form von Leistungen, welche die Sozialversicherung erbringen muss), ist schwer einzusehen, wie es Aufgabe des Staates sein könnte, den Eigentümer selber vor Gefahren zu schützen.

6.5. Vertrauensschutz?

6.5.1. Die vertrauensbegründende Wirkung der Eigentumsgarantie

Im Verhältnis zwischen Staat und Privaten soll begründetes Vertrauen auf die Beständigkeit einer Rechts- oder Tatsachenlage Beachtung finden[1]. Damit rückt die Eigentumsgarantie in den Blickwinkel des Vertrauensschutzes. Ihre Wirkung liegt ja eben darin, beim Individuum die Erwartung zu wecken, dass das Gemeinwesen bestehende Eigentumspositionen respektieren wird[2]. In diesem Lichte betrachtet erscheint die materielle Enteignung als Fall, wo eine als legitim anerkannte Erwartung in die Beständigkeit einer Vermögensposition vom Gemeinwesen verletzt wird mit der Folge, dass eine Entschädigung die Verletzung ausgleichen muss[3]. Dies legt die Frage

---

[1] Zum Vertrauensgrundsatz allgemein WEBER-DÜRLER, Vertrauensschutz, passim, für eine Übersicht besonders 5-10; GRISEL, Traité, 388-98; MÜLLER/MÜLLER, 222-23; G. MÜLLER, Kommentar, N. 59-72 zu Art. 4 BV; mit besonderer Bezugnahme auf den Übergang vom bisherigen zu neuem Recht: KÖLZ, Intertemporales Verwaltungsrecht, ZSR 1983 II, S. 122-57.

[2] Dieses Ineinanderspielen von Vertrauensschutz und Eigentumsgarantie hat das Bundesgericht beispielsweise im Urteil *Surpunt Immobilien AG*, 102 Ia 337-38, E.3d (1976), anerkannt, wo es verlangt, dass das Interesse des Eigentümers an der Beständigkeit eines Planes unter dem Titel der Eigentumsgarantie in die Interessenabwägung bezüglich eines neuen Planes einzufliessen habe; siehe auch BGE *Arbau AG*, 109 Ia 113 (1983); *Erbengemeinschaft X. v. EG Hochwald*, 114 Ia 32-34 (1988).
Die Zusammenhänge zwischen Vertrauensschutz und Eigentumsgarantie kommen auch in der andauernden Diskussion über die adäquate Zuordnung der wohlerworbenen Rechte zum Ausdruck; dazu BGE *Graf*, 106 Ia 166-69 (1980); *Geschwister Imhof* (1985), Zbl 1985, S. 500-01.
Zum Verhältnis zwischen Eigentumsgarantie und Vertrauensschutz in der Literatur LEISNER, 59-60 und 214-16 («Die Eigentümerposition als solche ist kraft Verfassungsrecht ein besonderer Vertrauenstatbestand», 215); WEBER-DÜRLER, Vertrauensschutz, 59-60 («die Eigentumsgarantie selbst erfüllt eine Vertrauensschutzfunktion», 59); PFISTERER, Zbl 1988, S. 529-32.

[3] Der Vertrauensschutzaspekt der materiellen Enteignung ist erst in der zweiten Hälfte der achtziger Jahre von der Literatur aufgegriffen worden: LENDI, Aspekte, Recht 1985, S. 51; *ders.*, Bedeutung, 307-08; KUTTLER, Materielle Enteignung, Zbl 1987, S. 199; FAJNOR, 111-16; PFISTERER, Zbl 1988, S. 529-36 (mit der – in dieser Allgemeinheit allerdings zu weit gehenden – Feststellung: «Im Grunde hat das Bundesgericht ... über alle Entscheidungsmuster hinweg Vertrauensschutz gewährt»; S. 529).
Der Vertrauensgrundsatz erscheint durch die materielle Enteignung auch als berührt, wenn man diese unter dem Blickwinkel einer missbräuchlichen Art von Inhaltsbe-

nahe, ob nicht der Gedanke des Vertrauensschutzes unmittelbar in die Beurteilung der Entschädigungspflicht hineinspielen sollte. Die Schwierigkeiten, die einem solchen Versuch entgegenstehen, sind indessen nicht gering.

In erster Linie ist zu berücksichtigen, dass die von der Eigentumsgarantie begründeten Erwartungen durch die Verfassung selber relativiert werden. *Die Garantie steht unter dem ausdrücklichen Vorbehalt nachträglicher Verschlechterungen der Eigentümerposition*; einen Anspruch auf Fortbestand einer günstigen Rechtslage verschafft sie eben nicht [4]. Wir sind damit erneut auf das Grunddilemma des Eigentumsschutzes zurückgeworfen: Geschützt ist allein das «richtige» Vertrauen. Worin dieses besteht, muss grundsätzlich der differenzierten Rechtsordnung entnommen werden.

Eine zweite, damit zusammenhängende Schwierigkeit liegt im Umstand, dass typische Vertrauensschutzfälle ihren Ausgang regelmässig in einer *individuellen Beziehung zwischen Staat und Bürger* nehmen. Handle es sich um die Verbindlichkeit einer behördlichen Zusage oder Auskunft oder um den Widerruf eines Verwaltungsaktes wegen nachträglicher Rechtswidrigkeit – stets ist bereits ein konkreter Rahmen gegeben, innerhalb dessen das Element des Vertrauens Bedeutung hat. Dieser Situation gegenüber wirken die von der Verfassungsgarantie des Eigentums geweckten Erwartungen – ganz abgesehen vom verfassungsmässigen Vorbehalt nachträglicher negativer Änderungen – derart allgemein und abstrakt, dass darauf besondere Vertrauensschutzansprüche kaum abgestützt werden können [5].

Eine dritte Schwierigkeit liegt bei den *Rechtsfolgen*. Die Sanktion bei einer Verletzung des Vertrauensgrundsatzes besteht grundsätzlich entweder in der Weitergeltung des Zustandes, auf den das Vertrauen sich bezog, oder aber in einem Ausgleich des Vertrauenscha-

---

stimmung ansieht; dazu vorne S. 249–50, 262 und 310–13. Verletzt ist hier die Erwartung, dass das Gemeinwesen sich Vorteile nur auf dem Wege der formellen Enteignung beschaffen wird. Dieser Aspekt wird hier nicht weiter verfolgt.

[4] Art. 22ter Abs. 2 BV. BGE *Neef-Schäfer*, 102 Ia 252 (1976); *Meier v. Zizers*, 105 Ia 337–38 (1979); *Arbau AG*, 109 Ia 114 (1983); *Erbengemeinschaft X. v. EG Hochwald*, 114 Ia 33 (1988). Dazu vorne 6.1.1, S. 259–60.

[5] Dazu auch FAJNOR, 114. – Zum Gegensatz zwischen individuellen und generellen Vertrauensgrundlagen und zum Erfordernis einer sogenannten «Sonderverbindung» allgemein MERZ, Kommentar, N. 34 zu Art. 2 ZGB. Differenzierend-kritisch WEBER-DÜRLER, Vertrauensschutz, 84–85 mit weiteren Nachweisen; G. MÜLLER, Kommentar, N. 62–63 zu Art. 4 BV.

6.5. Vertrauensschutz

dens[6]. Davon unterscheidet sich die Rechtsfolge der materiellen Enteignung mit ihrem Anspruch auf volle Entschädigung grundlegend. Der materiell enteignete Eigentümer ist auf der einen Seite schlechter gestellt, weil er eine Aufhebung des Eingriffes nicht erwirken kann, auf der anderen Seite aber deutlich besser, weil die auf den Verkehrswert abstellende Enteignungsentschädigung weitgehend auch den entgangenen Gewinn abgilt[7].

Wenn sich die Rechtsprechung zum Vertrauensschutz und die Rechtsprechung zur materiellen Enteignung weitgehend unabhängig voneinander entwickelt haben, so erklärt sich dies auch aus den erwähnten Unterschieden. Der in der Eigentumsgarantie mitschwingende Vertrauensschutzaspekt schlägt sich in der Rechtsprechung zur materiellen Enteignung aber dennoch nieder. Das Bundesgericht greift regelmässig Topoi auf, die in das Umfeld des Vertrauensschutzes gehören. An drei Beispielen (Entzug des gegenwärtigen Gebrauchs; Voraussehbarkeit des Eingriffs; Verhalten von Behörden) soll dies nachfolgend illustriert werden. Seit den siebziger Jahren verwendet das Gericht zunehmend auch die Begriffe «Vertrauen» und «Vertrauensschutz» selber, wenn es das Vorliegen einer materiellen Enteignung prüft[8]. Die Frage ist damit gestellt, welchen Stellenwert der Vertrauensschutzgedanke im Recht der materiellen Enteignung zutreffenderweise haben soll[9].

---

[6] Dazu allgemein WEBER-DÜRLER, Vertrauensschutz, 128–46 (hier auch Hinweis auf weitere Arten von Rechtsfolgen); FAJNOR, 185–90.

[7] Im Verkehrswert schlägt sich der Gewinn nieder, den der Markt der betreffenden Sache für den Fall ihrer wahrscheinlichen bestmöglichen Nutzung zubilligt. Da sich im Falle einer materiellen Enteignung die Entschädigung nach der Differenz der Verkehrswerte vor und nach dem Eingriff bemisst (BGE *Erben Schulthess*, 93 I 145 [1967]; *Sigg*, 98 Ia 386, E.2 letzter Satz [1972]), wird dem Eigentümer also dieser erwartete Gewinn abgegolten. Der Vertrauensschaden berücksichtigt demgegenüber nur das negative Interesse; dem Betroffenen werden die Nachteile abgegolten, die er durch das Nutzloswerden seiner Aufwendungen erleidet. Siehe auch WEBER-DÜRLER, Vertrauensschutz, 146.

[8] Siehe dazu die hinten, S. 337, FN 41–43 angeführten Urteile.

[9] Hinten 6.5.3, S. 336 ff.

6.5.2. Gesichtspunkte des Vertrauensschutzes in der Rechtsprechung zur materiellen Enteignung

A) Bestandesschutz

Gemäss einem Grundgedanken des Vertrauensschutzes erscheinen Dispositionen, die im begründeten Vertrauen auf eine gegebene Rechts- oder Tatsachenlage getätigt wurden, besonders schutzwürdig[10]. Eine spezifische Ausprägung erfährt dieser Gedanke unter übergangsrechtlichen Gesichtspunkten im Prinzip des Bestandesschutzes: Werte, welche mit einem erheblichen Aufwand rechtmässig geschaffen wurden und ohne Verluste nicht rückgängig zu machen sind, werden regelmässig auch unter einem neuen Rechtszustand geduldet, der ihre Neubegründung nicht mehr zulässt[11]. Hauptbeispiel ist die auch unter dem Gesichtspunkt des Eigentumsschutzes bedeutsame Bestandesgarantie für plan- oder bauordnungswidrig gewordene Bauten[12].

Auf demselben Gedanken beruht offenbar die in der bundesgerichtlichen Rechtsprechung ausgebildete Regel, dass der Entzug eines (zuvor rechtmässig begründeten) gegenwärtigen Gebrauchs das Gemeinwesen entschädigungspflichtig macht. Diese Regel bildet die früheste jener drei Rechtsprechungslinien, welche schliesslich im Institut der materiellen Enteignung vereinigt worden sind[13]. Sie hat sowohl in der alten wie in der neuen Formel ausdrücklich Eingang gefunden und stellt allgemein den klarsten und am wenigsten umstrittenen Satz im Recht der materiellen Enteignung dar.

Die Entschädigungspflicht für den Entzug des gegenwärtigen Gebrauchs und der intertemporalrechtliche Grundsatz des Bestandesschutzes überschneiden und ergänzen einander, decken sich aber nicht:
– Das Prinzip des Bestandesschutzes richtet sich an den Gesetzgeber[14]. Soweit dieser es als übergangsrechtliche Norm berücksichtigt, entfällt das Problem einer materiellen Enteignung. Die Frage der Entschädigungspflicht stellt sich erst, wenn das neue Recht den Bestan-

---

[10] Dazu allgemein WEBER-DÜRLER, Vertrauensschutz, 96–104.
[11] Dazu bereits vorne 6.2.4.B, S. 278–79.
[12] Dazu Martin PFISTERER, Die Anwendung neuer Bauvorschriften auf bestehende Bauten und Anlagen, 93–111; EJPD/BRP, Erläuterungen zum RPG, N. 25 zu Art. 22, N. 29–49 zu Art. 24; KÖLZ, Intertemporales Verwaltungsrecht, ZSR 1983 II, S. 191–96; ZAUGG, Kommentar zum Baugesetz 1985, N. 1ff zu Art. 3.
[13] Vorne ausführlich 2.3, S. 43–46. Bezeichnenderweise wurde die Regel aus Anlass eigentlicher Inhaltsänderungen des Eigentums entwickelt; ihr übergangsrechtlicher Gehalt und damit ihr Bezug zum Vertrauensschutz zeigt sich darin augenfällig.
[14] BGE G. v. Genève, 113 Ia 119, 122 E.2a (1987).

6.5. Vertrauensschutz

desschutz nicht gewährleistet und unmittelbar selber oder über nachfolgende Anwendungsakte zum Entzug einer bereits ausgeübten Eigentumsnutzung führt.

- Nur über die materielle Enteignung erfassbar ist dagegen der Fall, wo eine *neue* Konkretisierung einer *bestehenden* Rechtsvorschrift eine ausgeübte Nutzung entzieht.

Der «gegenwärtige Gebrauch» erfasst nur einen Ausschnitt des Dispositionsbegriffes, der im Bereich des Vertrauensgrundsatzes verwendet wird: *Gemeint ist damit allein jene rechtmässig ausgeübte Art der Nutzung des Eigentums, die nun durch staatlichen Akt untersagt wird.* Der durch das Institut der materiellen Enteignung gewährte Schutz ist hier beinahe absolut[15].

Anders verhält es sich für Dispositionen, die im Hinblick auf die Verwirklichung einer *bisher nicht verwerteten Eigentumsbefugnis* getätigt worden sind. Man denke etwa an jene Abfolge von Handlungen, die vom Erwerb eines Grundstückes zu Überbauungszwecken über die Ausarbeitung von Plänen bis zur vorbereitenden Erstellung von Infrastrukturanlagen reichen. Einen unmittelbaren Schutz geniessen diese Dispositionen in der geltenden Rechtsprechung nicht[16]. Sie bleiben

---

[15] Für ihn gilt namentlich auch nicht der durch die Rechtsprechung sonst gemachte Vorbehalt der grundsätzlichen Entschädigungslosigkeit polizeilicher Eingriffe; vorne S. 186, Text zu FN 20.

[16] So hat das Bundesgericht namentlich den Kauf von landwirtschaftlich genutztem, nicht in einer Bauzone gelegenen Boden zu Baulandpreisen regelmässig als unbeachtlich erklärt mit der sinngemässen oder ausdrücklichen Begründung, der Eigentümer sei das Risiko eingegangen, die beabsichtigte Überbauung nicht realisieren zu können. BGE *Sigg* (1972), Zbl 1972, S. 497; *Stalder* (1979), BVR 1979, S. 387; *Krönert*, 106 Ia 190 (1980); *Meikirch*, 107 Ib 227 (1981); *Aesch* (1982), Zbl 1983, S. 81. Dazu auch hinten S. 344–45.
Unbeachtlich blieben in mehreren Fällen auch erhebliche Aufwendungen für Infrastruktur: BGE *Meier v. Zizers*, 105 Ia 341 (1979) (Erstellung der Kanalisation und der Wasserversorgung durch den Eigentümer im Einvernehmen mit der Gemeinde); *de Giorgi*, vom 13. Juni 1984, Zbl 1984, S. 507 = BVR 1984, S. 409 (Eigentümer erstellt im Hinblick auf die geplante Überbauung seines Grundstücks auf Empfehlung der Gemeinde vorerst eine Autoeinstellhalle).
Die Rechtsprechung macht eine Ausnahme einzig dann, wenn die Behörde aus Anlass eines konkret gestellten und nach dem geltenden Recht zu bewilligenden Baugesuches eine Eigentumsbeschränkung anordnet, um dieses Vorhaben zu verhindern, oder wenn dem Eigentümer Zusicherungen für den Fortbestand der geltenden Ordnung gemacht worden sind. In diesen Fällen müssen die nutzlos gewordenen Aufwendungen ersetzt werden, dies aber nicht unter dem Titel der materiellen Enteignung, sondern unter jenem des Vertrauensschutzes. BGE *Neef-Schäfer*, 102 Ia 252–53, E.7 (1976); *EG Wohlen v. Bergmann*, 108 Ib 357–58 (1982); *Badertscher v. EG Biel* (1986), BVR 1986, S. 312–14; Siegrist, 97–105.

solange unbeachtlich, als nicht aus anderen Gründen eine materielle Enteignung bejaht wird[17]. Einzig für die Fälle der Nichteinzonung hat das Bundesgericht – unter dem Titel der «besonderen Umstände» – erheblichen Kosten für Erschliessung und Überbauung die Bedeutung eines Indizes für die ausnahmsweise Bejahung einer materiellen Enteignung zuerkannt, aber auch dies letzlich nur dort, wo der Eigentümer diese Aufwendungen aus einem zureichenden Vertrauen auf die geltende Rechtslage vorgenommen hatte[18].

Gesamthaft gesehen wird im Institut der materiellen Enteignung also eine ganz spezifische Art der Disposition – die Verwertung unmittelbar jenes Eigentumsgebrauchs, der mit dem Eingriff aufgehoben wird – beinahe absolut geschützt, während auch weitgehende Dispositionen, die im Hinblick auf die Verwirklichung eines künftigen Gebrauchs getroffen werden, kaum je Aussicht auf Schutz haben.

B) Voraussehbarkeit des Eingriffs

Häufig nimmt das Bundesgericht auf den Gedanken des Vertrauensschutzes in der Weise Bezug, dass es dem Eigentümer vorhält, er hätte mit dem fraglichen Eigentumseingriff rechnen müssen. In dieser Argumentation ist das Urteil enthalten, dass der Private für seine – nun enttäuschte – Erwartung in die Beständigkeit der bestehenden Rechtslage keine zureichenden Gründe hatte; dementsprechend kann er auch nicht einen Ausgleich für die Enttäuschung beanspruchen. Die Schutzwürdigkeit des geltend gemachten Vertrauens wird verneint.

Einige Beispiele:

– BGE *Koch-Zeller* (1905): Die Ziehung von Strassenbaulinien stellt eine Belastung dar, «mit der jeder Grundeigentümer in gewisser Lage von vornherein rechnen muss»[19].

---

[17] In diesem Fall werden sie mit der Enteignungsentschädigung mittelbar und – soweit als Inkonvenienzen berücksichtigt (siehe BGE *EG Bern*, 103 Ib 225–26, E.7 [1977]) – direkt abgegolten.

[18] Zu dieser Rechtsprechung vorne 4.5.4, S. 180–81; siehe als Beispiel etwa BGE *EG Wohlen v. BKW*, vom 14. September 1988, E.3d und 4c)aa, BVR 1989, S. 101–105. Interessanterweise erwiesen sich bisher in den bekanntgewordenen Nichteinzonungsfällen, die als materielle Enteignungen gewertet wurden, nie die vom Eigentümer getätigten Aufwendungen als tatsächlich ausschlaggebend. Vgl. die vorne, S. 182, FN 104, angeführten Urteile.

[19] BGE 31 II 558.

6.5. Vertrauensschutz

- BGE *Helvetia* (1911): Die Verstaatlichung des Gebäudeversicherungswesens ist eine «Neuerung, mit welcher die [Versicherungs-] Gesellschaften von Anfang an rechnen mussten»[20].
- BGE *Zwyssig* (1970): «Waldabstandsvorschriften sind in der Schweiz so verbreitet, dass auch im Kanton Obwalden mit ihrem Erlass zu rechnen war»[21].
- BGE *La Soliva Immobiliare SA* (1982): «Da kein Eigentümer damit rechnen kann, dass selbst eine definitive Zonenzuteilung auf alle Zeiten bestehen bleibt (...), muss der Eigentümer eines am Rande des überbauten Gebietes gelegenen und lediglich einem Baugebiet zweiter Etappe zugewiesenen Grundstücks ... damit rechnen, dass diese Absicht [der späteren Einzonung] mit Rücksicht auf veränderte Verhältnisse und neue Erkenntnisse, nach denen sich die Ortsplanung zu richten hat, aufgegeben wird»[22].
- BGE *de Giorgi* (1984): «Jedenfalls kann der Eigentümer von [eingezontem] Land, das nach dem voraussichtlichen Bedarf nicht binnen 15 Jahren für eine Überbauung benötigt wird, nicht mit dessen Verbleib in einer nicht voll erschlossenen Bauzone rechnen»[23].
- BGE *Schuchter* (1986): Wer ein Gebäude kauft, von dem er weiss, dass es Denkmalrang hat, muss damit rechnen, dass der Abbruch verweigert wird[24, 25].

Mit der Voraussehbarkeit des Eingriffs argumentiert das Gericht regelmässig dann, wenn die Entschädigungsfolgen von Änderungen der Eigentumsordnung zu beurteilen sind. Die angeführten Beispiele sind dafür bezeichnend: zur Diskussion stehen entweder neue Gesetze, welche den Inhalt des Eigentums unmittelbar berühren (z.B. Einführung gesetzlicher Waldabstandsvorschriften), oder die Konkretisierung neuen Rechts im Einzelfall (z.B. Nutzungsplanung). Massgebend für solche Situationen ist der Grundsatz, dass die Eigentumsordnung veränderbar ist; niemand hat Anspruch darauf, eine gegebene ihm günstige Rechtslage beizubehalten[26]. Wenn das Gericht dem Eigen-

---

[20] BGE 37 I 534; der Verstaatlichung ging de facto eine fünfjährige Übergangsfrist voraus.
[21] BGE 96 I 130.
[22] BGE 108 Ib 350.
[23] BGE vom 13. Juni 1984, Zbl 1984, S. 510.
[24] BGE 112 Ib 267–68 (das Bundesgericht macht diese Aussage sowohl für den Entzug einer wesentlichen Eigentumsbefugnis im Sinne der Formel *Barret* wie für die Sonderopfervariante).
[25] Ergänzend ist darauf hinzuweisen, dass die Vorhersehbarkeit von Immissionen, welche vom Betrieb eines öffentlichen Werkes ausgehen, einen enteignungsrechtlichen Entschädigungsanspruch ausschliesst: BGE *Werren*, 94 I 302 (1968); *Buob*, 110 Ib 48–50 (1984); sowie die vorne, S. 222, FN 15, gegebenen weiteren Hinweise.
[26] Vorne 6.1.1, S. 259–60, und 6.5.1, S. 327.

tümer vorhält, er hätte mit dem Eingriff rechnen müssen, ruft es ihm eben diese Maximen – und damit auch das Prinzip der Entschädigungslosigkeit der Inhaltsbestimmung – in Erinnerung.

Ein komplementäres Element zu dieser Überprüfung der Legitimität von Eigentümererwartungen liegt im *Erfordernis der Realisierungswahrscheinlichkeit* gemäss der Formel *Barret*: nur der Entzug von Eigentumsbefugnissen, die nach den gesamten Umständen aussichtsreich waren und in Kürze hätten realisiert werden können, vermag materiell enteignend zu wirken [27]. Gesagt ist damit wiederum, dass der Eigentümer langfristig nicht mit einem gleichbleibenden Eigentumsinhalt rechnen darf; seine auf einen weiteren Zeithorizont ausgerichteten oder gar spekulativen Erwartungen sind entschädigungsrechtlich nicht geschützt. [28]

Auffallen muss, dass dem Bundesgericht der Topos der Voraussehbarkeit einer eingetretenen Eigentumsbeschränkung nahezu ausnahmslos nur dazu dient, der Berufung von Eigentümern auf ein schutzwürdiges Vertrauen in die Beständigkeit ihrer Position entgegenzutreten [29]. Die Beständigkeitserwartungen der Privaten scheinen regelmässig weiter zu gehen, als es mit dem Grundsatz der Veränderbarkeit der Eigentumsordnung vereinbar ist.

C) *Vertrauensbegründendes Verhalten von Behörden*

Das Verhalten staatlicher Organe ist oft geeignet, die bei den Privaten vorhandenen Erwartungen zu verstärken. Die Erstellung von

---

[27] Dazu ausführlich vorne S. 128 ff, 164 ff und 279–82. Wie dort ausgeführt, erscheint diese starke Beschränkung des Entschädigungsgebotes indessen mit dem Wesen des Eigentums nur vereinbar, wenn die Auswirkungen einer Wandlung der Eigentumsordnung – und damit die mehr übergangsrechtliche Seite des Entschädigungsgebotes – zur Diskussion stehen.

[28] Einen ähnlichen Bezug zur Voraussehbarkeit des Eingriffs (und zum Vertrauensschutzgedanken allgemein) weist auch der Vorbehalt der «*besonderen Umstände*» auf, den das Bundesgericht für Raumplanungsfälle entwickelt hat; dazu vorne S. 180–81. Dieser Vorbehalt kommt zum Tragen, wenn ein Eigentümer *ausnahmsweise* nicht mit der negativen Veränderung des Eigentumsinhaltes rechnen musste, sondern – eben wegen des Vorhandenseins besonderer Umstände (beispielsweise einer auf seine Kosten erstellten Erschliessung) – auf die Zuweisung seines Grundstückes zur Bauzone bauen durfte.

[29] Siehe als Beispiele die auf S. 331–32 angeführten Entscheide. Das umgekehrte Argument, es habe an der Voraussehbarkeit des Eingriffs *gefehlt*, findet sich etwa in BGE *FFS v. Plastex*, 101 Ib 277, 291 (1975), wo das Bundesgericht die völlige Unvorhersehbarkeit einer auf das Eisenbahnrecht gestützten Einsprache gegen ein von den lokalen Behörden bereits bewilligtes Bauprojekt zum Anlass nimmt, eine materielle Enteignung zu bejahen.

6.5. Vertrauensschutz

Erschliessungsanlagen durch das Gemeinwesen (und ebenso die Zustimmung des Gemeinwesens zu einer Privaterschliessung), eine Besteuerung zu Baulandwerten oder die Entlassung eines Grundstückes aus der Unterstellung unter das Bundesgesetz über die Entschuldung landwirtschaftlicher Heimwesen bringen etwa zum Ausdruck, dass auch die Behörden von der Überbaubarkeit des betreffenden Grundstückes ausgehen. Auch direkte Meinungsäusserungen einzelner Behördemitglieder können in diese Richtung wirken. Der Vorbehalt, mit dem die Verfassung in Art. 22ter Abs. 2 jede Erwartung in die Beständigkeit einer Eigentumsposition versieht, wird durch derartiges behördliches Verhalten relativiert, ja der Eigentümer kann in guten Treuen den Eindruck gewinnen, nun auf die Festigkeit seiner Position bauen zu können.

Unter bestimmten, eng umschriebenen Voraussetzungen anerkennt das öffentliche Recht unmittelbar einen Anspruch auf Schutz des durch behördliches Verhalten geschaffenen Vertrauens[30]. In aller Regel sind diese strengen Voraussetzungen aber nicht erfüllt. Kann nun das behördliche Verhalten dennoch für den Entscheid über das Vorliegen einer materiellen Enteignung Bedeutung haben?

Die Rechtsprechung gibt auf diese Frage keine klare Antwort. Die Tendenz geht aber erkennbar dahin, dem behördlichen Verhalten *keine* besondere, entschädigungsbegründende Wirkung beizumessen.

Eckpunkt bildet die neuere Rechtsprechung zu den Entschädigungsfolgen der Raumplanung. Ihr zufolge schafft nicht einmal der Umstand, dass eine förmliche Bauzone vom zuständigen Organ rechtsgültig ausgeschieden wurde, als solcher ein schützenswertes Vertrauen in die Baulandqualität; eine im Sinne der materiellen Enteignung grundsätzlich geschützte Erwartung besteht nur für jene Bauzonen, die den Anforderungen des eidgenössischen und kantonalen Rechts (namentlich hinsichtlich der Dimensionierung) entsprechen[31].

---

[30] Es handelt sich um die als selbständiger Vertrauensschutztatbestand anerkannte, auf Art. 4 BV abgestützte Bindung der Behörden an bestimmte Zusagen und Auskünfte; dazu ausführlich WEBER-DÜRLER, Vertrauensschutz, 195-219; GRISEL, Traité, 390-94; MÜLLER/MÜLLER, 223-25; G. MÜLLER, Kommentar, N. 60 und 62-69 zu Art. 4 BV.

[31] BGE *Dulliken*, 112 Ib 398, E.5a (erster Abschnitt) (1986); *Wohlen v. BKW*, 114 Ib 303, E.3a (1988). Vgl. dazu die Ausführungen zur Nichteinzonung und Auszonung, vorne S. 177-82.

6.5. Vertrauensschutz

Geschützt wird also nur das «richtige» – nämlich das mit der Rechtsentwicklung Schritt haltende – Vertrauen[32].

Folgerichtig sind auch andere rechtskräftige Hoheitsakte, welche von der Baulandqualität des betreffenden Landes ausgingen, namentlich die Besteuerung zu Baulandwerten oder die Nichtunterstellung unter das Entschuldungsgesetz, als bedeutungslos erklärt worden[33]. Äusserungen, Empfehlungen und Zusicherungen von Gemeindebehörden, die auf die Zulässigkeit der Überbauung oder auf eine beabsichtigte Einzonung schliessen liessen, blieben regelmässig ohne Beachtung, zumal wenn der verbindliche Entscheid in die Zuständigkeit des Gemeindegesetzgebers gefallen wäre[34]. Aber auch Absichtserklärungen des Gemeindegesetzgebers selber wurde eine bindende Wirkung abgesprochen[35].

Die Rechtsprechung weist aber auch gegenläufige Elemente auf. Hat sich das Verhalten der öffentlichen Hand «materialisiert» – zu

---

[32] PFISTERER, Zbl 1988, S. 531 und 535.
Bereits die Terminologie bringt den Unterschied zwischen «richtigem» und «falschem» Vertrauen zum Ausdruck: von «Nichteinzonung» spricht die Rechtsprechung unter anderem dann, wenn ein bisher in einer altrechtlichen Bauzone gelegenes Grundstück bei einer Revision der Nutzungsplanung in die Nichtbauzone gewiesen wird; die Umgangssprache bezeichnet einen derartigen Vorgang jedoch als «Auszonung». Anders der bundesgerichtliche Ausdruck «Auszonung». Er ist allein für jene Fälle reserviert, wo ein in einer *bundesrechtskonformen* Bauzone liegendes Grundstück mit einem Bauverbot belegt wird; vorne S. 177–82.

[33] Unbeachtlichkeit der steuerlichen Einschätzung: BGE *Erben Rutsch* (1977), BVR 1977, S. 453; *Stalder* (1979), BVR 1979, S. 386–87; *Schmid v. Neuenegg* vom 11. Juli 1979 (unveröffentlicht), E.8b, S. 21–22; *La Soliva Immobiliare SA*, 108 Ib 351 (1982). Nichtunterstellung unter das LEG bzw. Entlassung aus der Unterstellung unter das LEG unbeachtlich: BGE *Schmid v. Neuenegg* vom 11. Juli 1979, E.8b, S. 21; *Gesellschaft Sonnenboden* (1982), Zbl 1983, S. 373.

[34] BGE *Krönert*, 106 Ia 190 (1980): Abgelehnter Antrag des Gemeinderates auf Einzonung der betreffenden Parzelle. «Wer Land in der Hoffnung erwirbt, die Stimmberechtigten würden den gestellten Antrag annehmen, handelt auf eigenes Risiko. Eine abweichende Annahme wäre mit der ... demokratischen Grundordnung der Gemeinden nicht vereinbar» (S. 190). *de Giorgi* (1984), Zbl 1984, S. 507 = BVR 1984, S. 409: Empfehlung der Gemeindebehörden, im Hinblick auf eine geplante Überbauung vorerst eine Autoeinstellhalle zu errichten, die tatsächlich auch erstellt wird; materielle Enteignung verneint.

[35] BGE *Meikirch*, 107 Ib 225–27 (1981): Beschluss einer Gemeindeversammlung, ein bestimmtes Gebiet als künftige Gewerbezone ins Auge zu fassen; Einzonung später verweigert.
Verneint wurde eine schutzwürdige Erwartung auf definitive Einzonung regelmässig bezüglich der in einen Nutzungsplan aufgenommenen Bauzonen 2. Etappe oder Reservebauzonen: *La Soliva Immobiliare SA*, 108 Ib 348–50 (1982); *Prosima v. Tägerwilen*, 112 Ib 388–96, bes. E.4f (1986); *Dulliken*, 112 Ib 396–404, bes. E.5d (1986).

denken ist an die Erstellung von Erschliessungsanlagen –, wird es für die Entschädigungsfrage bedeutsam[36]. Planungen des Gemeinwesens können ebenfalls von Belang sein[37]. Nicht zu verkennen ist schliesslich, dass das behördliche Verhalten wohl nicht selten *unterschwellig* den Entscheid über das Vorliegen einer materiellen Enteignung beeinflusst, namentlich wenn dieses Verhalten eine widersprüchliche oder gar missbräuchliche Färbung aufweist.

Bezeichnend scheinen dafür etwa die drei Stadtberner Fälle *Bern v. Ruckstuhl*, *Bern v. Schenk-Käser* und *Pagano v. Bern*. In allen waren die Stadtbehörden während der Phasen, die dem Entschädigungsverfahren vorausgingen, von der Baulandqualität der betreffenden Landstücke ausgegangen; sie hatten diese Rechtsauffassung auch erkennbar zum Ausdruck gebracht[38]. Ähnlich verhielt es sich im Fall *Camenzind v. Ingenbohl*, wo die Behörden sowohl des Kantons wie der Gemeinde die Überbaubarkeit bejaht und entsprechende Teilbewilligungen erteilt hatten, an der Gemeindeversammlung, die über den revidierten Nutzungsplan zu entscheiden hatte, auf Antrag eines Gemeindebürgers (und entgegen dem Entwurf des Gemeinderates) aber die Auszonung beschlossen wurde[39].

6.5.3. Berücksichtigen oder nicht berücksichtigen? Ein Vorschlag zur Differenzierung

Unübersehbar haben seit der zweiten Hälfte der siebziger Jahre Elemente des Vertrauensschutzes in der Rechtsprechung zur materiellen Enteignung zunehmend Bedeutung erlangt. Der Gesichtspunkt von Treu und Glauben wird in den Urteilserwägungen bis zum Leading Case *Meier v. Zizers*[40] zwar meist noch getrennt vom Tatbe-

---

[36] Der Stand der Erschliessung ist einer der Faktoren, die für die Beurteilung der Realisierungswahrscheinlichkeit der entzogenen Nutzung zu beachten sind; vorne S. 135–38, 166–68 und 171 FN 59.

[37] Die planerischen Vorstellungen des Gemeinwesens sind ebenfalls ein Faktor für die Beurteilung der Realisierungswahrscheinlichkeit; vorne S. 138–39. Ein mit dem Gewässerschutzrecht übereinstimmendes Generelles Kanalisationsprojekt hat Bedeutung im Rahmen der sog. Besonderen Umstände; vorne S. 181.

[38] BGE 103 Ib 222–23, E.5a und b (1977); 109 Ib 13 (1983) (Gemeinderat verhandelte erfolglos über einen Landerwerb, bevor das Terrain in eine Schutzzone gewiesen wurde); 114 Ib 292, E.4 (1988). In allen drei Fällen wurde eine materielle Enteignung bejaht.

[39] BGE 114 Ib 305 (1988).

[40] BGE 105 Ia 330 (1979).

stand der materiellen Enteignung untersucht[41]. Im Anschluss an den *Zizers*-Entscheid beginnt das Bundesgericht dann aber, ihn unmittelbar in die Prüfung der Frage zu integrieren, ob eine materielle Enteignung vorliegt. Bleibt die Einordnung des Vertrauensschutzaspektes vorerst noch unsicher[42], neigt die Rechtsprechung seit 1984 klar dazu, ihn unter den «besonderen Umständen» zu erörtern[43].

Auch wenn materielle Enteignung und Vertrauensschutz unstreitig in einer Wechselbeziehung stehen, verbleiben zwischen diesen Rechtsinstituten doch grundlegende Unterschiede[44]. Indem die jüngste Rechtsprechung den Vertrauensschutz ohne weiteres in die materielle Enteignung einbezieht, hat sie sich über diese Unterschiede nach Auffassung des Verfassers zu leichtfertig hinweggesetzt.

Die Kritik muss von den beiden typischen Erscheinungsweisen oder Leitbildern ausgehen, die das Recht der materiellen Enteignung in seiner heutigen Ausprägung kennzeichnen. Wie wir bereits gesehen haben[45], steht die eine Erscheinungsweise im Zeichen der Analogie zur formellen Enteignung, während die andere geprägt ist vom Gedanken eines Ausgleiches für besondere Härten, welche einzelnen Eigentümern in der Folge einer Änderung des Eigentumsinhaltes auferlegt werden.

– Der verfassungsrechtliche Begriff der «Eigentumsbeschränkungen, die einer Enteignung gleichkommen» (Art. 22ter Abs. 3 BV), nimmt unmittelbar Bezug zur formellen Enteignung. Kennzeichnend für diese sind die Elemente der Eingriffsintensität, des Einzeleingriffes

---

[41] Meist wird die Frage erörtert, ob die Behörden dem betroffenen Eigentümer in irgendeiner Weise den Bestand der geltenden Rechtslage zugesichert haben: BGE *Erben Rutsch* (1977), E.4a und b, Zbl 1977, S. 558; *Stalder* (1979), E.6b-e, BVR 1979, S. 385–87 (Gesichtspunkt von Treu und Glauben hier unter der Tatbestandsvariante des Sonderopfers diskutiert!); *Schmid v. EG Neuenegg* vom 11. Juli 1979 (unveröffentlicht), E.8, S. 20–22; *Meier v. Zizers*, 105 Ia 343–44, E.6 (1979).

[42] BGE *Baumberger*, 106 Ia 380, E.3e) cc (1980); *La Soliva Immobiliare SA*, 108 Ib 349–50, E.4d (1982); *Erben Dangel* (1982), E.3d, Zbl 1982, S. 443–44.

[43] Erstmals im BGE *Meikirch*, 107 Ib 225–27, E.3d (1981); *Müller v. Davos* (1984), E.6, Zbl 1985, S. 215–16; *Prosima Immobilien AG*, 112 Ib 394–95, E.4f (1986); *Dulliken*, 112 Ib 403–04, E.6d (1986); *EG Wohlen v. BKW*, vom 14.9.88, E.4c) aa, BVR 1989, S. 104–05.
Dass unter der Rubrik der «besonderen Umstände» Gesichtspunkte des Vertrauensschutzes zu prüfen sind, geht auch klar aus den Äusserungen der Bundesrichter Kuttler (Materielle Enteignung, Zbl 1987, S. 199) und Pfisterer (Zbl 1988, S. 488–89) hervor.

[44] Vorne S. 327–28.

[45] Vorne S. 262–65; vgl. auch hinten S. 353–55.

6.5. Vertrauensschutz

und eines dem Gemeinwesen zulasten eines privaten Eigentümers erwachsenden Vorteils[46]. Die Fälle materieller Enteignung, die von diesem Leitbild geprägt sind, verwirklichen sich im Rahmen einer grundsätzlich feststehenden Eigentumsordnung. Bestimmte Eigentumsbefugnisse werden punktuell entzogen, nicht aber als Kategorie, als Teil des allgemein geltenden Eigentumsinhaltes aufgehoben. Ein typisches Beispiel stellt die Zuweisung eines innerhalb des überbauten Gebietes liegenden Grundstückes in die Zone für öffentliche Bauten und Anlagen dar; die Baulandqualität des betreffenden Grundstücks wird nicht grundsätzlich in Frage gestellt[47].
Dem Gedanken des Vertrauensschutzes kommt in dieser Konstellation keine eigenständige Bedeutung zu. Auch ein Eigentümer, der mit einer derartigen Einschränkung seiner Befugnisse rechnen musste, ist als materiell enteignet anzusehen und hat dementsprechend Anspruch auf Entschädigung[49].

– Anders verhält es sich dann, wenn die Entschädigungspflicht die Aufgabe hat, einen Ausgleich für besondere Härtefälle zu schaffen, die im Gefolge einer Neuordnung des Eigentumsinhaltes auftreten. Wie wir gesehen haben, ist die Inhaltsbestimmung des Eigentums grundsätzlich ohne Entschädigung hinzunehmen, auch wenn sie sich für den einzelnen Eigentümer in der Aufhebung bisher gegebener Eigentumsbefugnisse äussert. Eine Ausnahme wird jedoch angenommen, wenn infolge der neuen Festlegung des Eigentumsinhaltes und ihrer Konkretisierung im Einzelfall begründete, durch äussere Umstände erhärtete Erwartungen enttäuscht und Aufwendungen, die aus dieser Erwartung heraus getätigt wurden, wertlos gemacht werden[50]. Verletzt ist hier der in der Pflicht zum Handeln nach

---

[46] Vorne S. 263–65.

[47] Dieser Sachverhalt liegt den Entscheiden *Hug v. Trimmis*, 114 Ib 117–20, E.3–5 (1988), sowie *Pagano v. EG Bern*, 114 Ib 286 (1988), zugrunde.

[49] Anknüpfend an das erwähnte Beispiel einer Zuweisung in die Zone für öffentliche Bauten und Anlagen würde dies etwa bedeuten, dass man einem Eigentümer, dessen unbebautes Land an ein bestehendes, offenkundig zu klein gewordenes Schulareal anschliesst, nicht entgegenhalten dürfte, er habe angesichts des auch ihm erkennbaren Bedürfnisses nach einer Erweiterung der Schule nicht mit dem Fortbestand der geltenden Rechtslage rechnen dürfen und sei deshalb nicht Opfer einer materiellen Enteignung geworden.

[50] Dazu vorne S. 154–56, 180–82 und 265.

Treu und Glauben wurzelnde Anspruch auf Konsistenz und Kontinuität staatlichen Handelns[51]. Lässt sich der Anspruch nicht real – durch Beibehaltung der Rechtslage, auf welche der Eigentümer gebaut hatte, allenfalls durch Einräumung einer Übergangs- und Amortisationsfrist – einlösen, muss der Ausgleich in Form einer Entschädigung gewährt werden. *Bei dieser Fragestellung erscheint die Berücksichtigung des Vertrauensschutzgedankens – neben den anderen Beurteilungskriterien – richtig.*

Bei der Beurteilung der Entschädigungsfolgen der Raumplanung stand im wesentlichen diese Problematik zur Diskussion. Ein sprechendes Beispiel liefert der Fall *Camenzind v. Ingenbohl*: ein in einer altrechtlichen Bauzone am Rande des überbauten Gebietes liegendes, weitgehend erschlossenes Grundstück wird in sämtlichen Projekten für eine Überarbeitung der Ortsplanung innerhalb der Bauzone belassen, anlässlich der Beschlussfassung über die neue Planung in der Gemeindeversammlung auf den Antrag eines Bürgers aber in die Nichtbauzone gewiesen[52].

Auch wenn sich diese beiden Erscheinungsweisen des Entschädigungsproblems konkret nicht immer säuberlich auseinanderhalten lassen, sind sie der Tendenz nach doch eindeutig unterscheidbar. *Gemäss dem herrschenden Verständnis werden beide aber unterschiedslos dem einen Begriff der materiellen Enteignung unterstellt.* Folgerichtig gelangt die Rechtsprechung auch zur gleichen Rechtsfolge, nämlich zur «vollen Entschädigung» nach den Grundsätzen des formellen Enteignungsrechtes. Adäquat erscheint diese Rechtsfolge nun aber nur in jenen Fällen, die unter dem Leitbild der Enteignungsanalogie stehen[53]. Für die übergangsrechtlichen Härtefälle drängt sich nach der hier vertretenen Auffassung eine *andere Lösung* auf. Die Entschädigung hat hier die beschränkte Aufgabe, den Eigentümer wirtschaftlich in jene Lage zu versetzen, in welcher er sich befinden würde, wenn er nicht aus – nun enttäuschtem – Vertrauen auf das Fortbestehen der bisherigen Rechtslage tätig geworden wäre. Geschuldet ist also nicht volle Entschädi-

---

[51] Dazu namentlich KÖLZ, Intertemporales Verwaltungsrecht, ZSR 1983 II, S. 137–42.

[52] BGE 114 Ib 305 (1988).

[53] Die Enteignung – und mit ihr auch die enteignungsgleiche Eigentumsbeschränkung – lässt den allgemeinen Inhalt des Eigentums unverändert. Es drängt sich daher auf, dass das Gemeinwesen jenen Eigentümern, die zu seinen Gunsten auf Teilrechte aus ihrem Eigentum verzichten müssen, volle Entschädigung entrichtet; die andern Eigentümer verbleiben ja im vollen Genuss dieser Teilrechte.

6.5. Vertrauensschutz

gung im Sinne des Enteignungsrechtes, sondern Ausgleich des erlittenen Vertrauensschadens[54].

Mit dem hier gemachten Vorschlag würde die materielle Enteignung auf jene Situationen zurückgeführt, in denen – wie die Verfassung es sagt – eine offenkundige Enteignungsähnlichkeit besteht. Die gemäss der herrschenden Rechtsprechung ebenfalls als materielle Enteignung behandelten übergangsrechtlichen Härtefälle würden dagegen in den Bereich des Vertrauensschutzes gewiesen, wo sie dogmatisch ihren richtigen Platz haben.

Eine derartige Neuausrichtung würde keinen vollständigen Bruch mit der bisherigen Rechtsprechung bedeuten:

- Im Urteil *Neef-Heusler* hat das Bundesgericht bereits wichtige Ansätze ausgebildet, die sich weiterentwickeln liessen. Das Gericht entschied dort, dass Projektierungskosten, die vom Eigentümer im begründeten Vertrauen auf die geltende Rechtslage getätigt werden, unter bestimmten Umständen abgegolten werden müssen. Als Rechtsgrund für diese Entschädigung bezeichnete es ausdrücklich den Vertrauensgrundsatz[55]. Der hier gemachte Vorschlag läuft auf nichts anderes als eine Erweiterung dieser Rechtsprechung hinaus.

- Aber auch die vom Bundesgericht im Bereich der Nutzungsplanung getroffene Unterscheidung zwischen «Auszonung» und «Nichteinzonung» könnte im Sinne des hier gemachten Vorschlages fruchtbar gemacht werden. In den Auszonungsfällen steht der Inhalt des Eigentums nicht grundsätzlich zur Diskussion; die Entschädigungsfrage ist hier nach den Grundsätzen der Enteignungsähnlichkeit zu beantworten[56]. Anders bei den Nichteinzonungsfällen: Hier ist ja eben anhand des konkreten Einzelfalles zu prüfen, ob eine Situation entschädigungsloser Inhaltsbestimmung oder aber ein entschädigungsbedürftiger Härtefall vorliegt[57]. Die konsequente Differenzie-

---

[54] Zur Unterscheidung vorne S. 328, FN 7.
In bestimmten Situationen würden sich die volle Entschädigung nach Expropriationsrecht und die Entschädigung für Vertrauensschaden im Ergebnis kaum stark unterscheiden. Zu denken ist namentlich an jene Fälle, wo eine bereits ausgeübte Nutzung untersagt wird. Die Entschädigung wird hier in jedem Fall auf eine Abgeltung der getätigten und nun nutzlos gewordenen Dispositionen hinauslaufen.
[55] BGE 102 Ia 252–53, E.7 (1976). Dazu bereits vorne S. 330, FN 16. Der bernische Gesetzgeber hat diese Rechtsprechung im Baugesetz vom 9. Juni 1985, Art. 135, zu einem gesetzlichen Entschädigungstatbestand erhoben.
[56] Vorne S. 177–79 und 182.
[57] Vorne S. 179–82

rung dieser Fälle nicht nur hinsichtlich ihrer Voraussetzungen, sondern auch hinsichtlich ihrer Rechtsfolge würde nach Auffassung des Verfassers einleuchtendere Ergebnisse erbringen als die geltende Rechtsprechung, bei der letztlich nicht klar wird, worin der Sinn der Unterscheidung zwischen «Auszonung» und «Nichteinzonung» liegen soll.

Eine Differenzierung der Entschädigungstatbestände in einen mehr auf die Enteignungsähnlichkeit und einen mehr auf die Rechtsänderung ausgerichteten Fall ist in der Doktrin mehrfach verlangt worden. Bei der Diskussion der möglichen Entschädigungsfolgen einer modernen Nutzungsplanung mit Unterscheidung des Baugebietes vom Nichtbaugebiet haben Hans HUBER und im Anschluss an ihn weitere Autoren angeregt, für diese «Sozialumschichtung» eine Entschädigungsregelung ausserhalb der materiellen Enteignung vorzusehen[58]. 1975 postulierte BRUHIN einen neben die Fälle der materiellen Enteignung tretenden indirekten – d.h. auf Entschädigung ausgerichteten – Plangewährleistungsanspruch bei intensiven Vertrauensenttäuschungen[59]. 1989 hat schliesslich LENDI im Rückblick auf die Entschädigungsrechtsprechung zur Nutzungsplanung eine eigenständige Berücksichtigung der Vertrauensgesichtspunkte gefordert[60].

Festzuhalten ist schliesslich, dass eine Beschränkung der materiellen Enteignung auf die Fälle eigentlicher Enteignungsähnlichkeit und die Berücksichtigung der «übergangsrechtlichen Härtesituationen» unter dem Vertrauensgesichtspunkt das Entschädigungsgebot von Art. 22ter Abs. 3 BV nicht unterlaufen würden. Schon der Wortlaut der Verfassung selber deutet darauf hin, dass die Enteignungsähnlichkeit das massgebende Kriterium der materiellen Enteignung bilden soll; dieses Kriterium lässt sich kaum fruchtbar machen, wenn die Entschädigungsfolgen von Änderungen der Eigentumsordnung zu beurteilen sind. Hauptsächlich aber lehrt die Erfahrung der Rechtsprechung, dass sich der verfassungsrechtliche Entschädigungstatbestand mit seinem Gebot der vollen

---

[58] HUBER, Landwirtschaftszone, 15–16; MEIER-HAYOZ/ROSENSTOCK, 44–49 und 52–53; ROSENSTOCK, Aspekte, ZSR 1971 I, S. 187–92.

[59] 162–64. Der ein Jahr nach Erscheinen der Dissertation von BRUHIN gefällte Entscheid *Neef-Heusler*, 102 Ia 252–53, E.7 (1976), stellt den ersten Anwendungsfall dieses Entschädigungstatbestandes dar.

[60] Bedeutung, 307–08; allerdings mit der Einschränkung: «Diese und weitere Fragen lassen sich aber nur im Zusammenhang mit der Rechtsfortbildung durch die Gesetzgebung neu instradieren .... Das Bundesgericht wird wohl kaum von sich aus den Vertrauensschutz in den Vordergrund rücken können» (308).

Entschädigung aus der Sicht der betroffenen Eigentümer geradezu als Hemmnis auswirken kann, wenn er auf Rechtsänderungen angewendet wird.

Die moderne Nutzungsplanung illustriert dies deutlich. Wie weitblickende Beobachter vorausgesagt hatten [61], musste die Rechtsprechung bei der Beurteilung der Entschädigungsfolgen der Raumplanung – also einer grundlegenden Änderung des Eigentums [62] – notgedrungen eine sehr einschränkende Praxis entwickeln, wenn sie den Vollzug der Nutzungsplanung nicht an den Kosten für die öffentliche Hand scheitern lassen wollte. Über das Erfordernis der Realisierungswahrscheinlichkeit und, im Anschluss an das Urteil *Meier v. Zizers*[63], mit dem Grundsatz der entschädigungslosen Inhaltsbestimmung unter Vorbehalt besonderer Umstände hat das Bundesgericht die materielle Enteignung auf seltenste Ausnahmefälle beschränkt. Das praktische Ergebnis bestand darin, dass einige wenige Eigentümer «alles» – nämlich den Ersatz des Verkehrswertes ihres Landes zu Baulandpreisen –, die meisten Eigentümer aber nichts erhielten. Es steht für den Verfasser ausser Frage, dass bei einer auch durchaus restriktiven Entschädigungspraxis nach Vertrauensprinzip in nicht wenigen begründeten Fällen der Vertrauensschaden hätte abgegolten werden können, ohne dass deswegen die Raumplanung gefährdet gewesen wäre. Das Gefälle zwischen den Fällen bejahter und verneinter Entschädigung wäre geringer ausgefallen. Überdies wären die Behörden der öffentlichen Hand in stärkerem Mass zu einem konsistenten Verhalten angehalten worden [64].

Zusammenfassend ist also festzuhalten, dass der Gesichtspunkt des Vertrauensschutzes kein durchgehendes Kriterium für die Beurteilung der Entschädigungsfrage darstellen kann. Liegt ein Fall eines punktuellen Entzugs einer Eigentumsbefugnis bei gleichgebliebener Eigentumsordnung vor, sind die Kriterien der Enteignungsanalogie massgebend; einem bestehenden oder fehlenden Vertrauen auf Seiten des betroffenen Eigentümers kommt keine Bedeutung zu; volle Entschädigung ist geschuldet. Ist anderseits zu beurteilen, ob in der Folge einer Änderung der Eigentumsordnung ein entschädigungsbedürftiger Härtefall vorliegt, wird der Vertrauensschutz mitentscheidend; bejaht man einen derartigen Härtefall, muss die Entschädigung folgerichtig im Ausgleich des Vertrauensschadens bestehen; eine volle Entschädigung nach den Regeln des Expropriationsrechtes wäre hier nicht sachgerecht.

---

[61] ROSENSTOCK, Aspekte, ZSR 1971 I, S. 189–90.
[62] Vorne 4.7.1, S. 200–02.
[63] BGE 105 Ia 330.
[64] So wäre beispielsweise im Fall *Wohlen v. Bergmann*, 108 Ib 352 (1982), angesichts des widersprüchlichen Verhaltens der Gemeindebehörden eine Entschädigung für die nutzlos gewordenen Aufwendungen gerechtfertigt gewesen, wogegen eine eigentliche Enteignungsentschädigung wegen materieller Enteignung auf eine nicht zu rechtfertigende Belohnung der Eigentümer hinausgelaufen wäre.

6.6. Verhalten des Eigentümers

6.6.1. Allgemeines – Bedeutung in Rechtsprechung und Lehre

Weder die Rechtsprechung noch die Doktrin behandeln das Verhalten des Eigentümers als eigenständiges Kriterium zur Abgrenzung der entschädigungspflichtigen von den entschädigungslosen Eigentumseingriffen. Dennoch zeigt die Praxis der materiellen Enteignung, dass das Eigentümerverhalten regelmässig berücksichtigt wird. Dies kann nicht erstaunen, wenn man die materielle Enteignung in ihrem weiteren Zusammenhang als Anwendungsfall der Haftung des Gemeinwesens für sein rechtmässiges Handeln sieht [1]. Es gehört zu den im Schadenersatzrecht allgemein anerkannten Grundsätzen, dass der Geschädigte sich sein eigenes Verhalten zurechnen lassen muss und dass dieses Verhalten dann, wenn es zum Schaden beigetragen hat, zur Herabsetzung oder zum Ausschluss der Entschädigung führen kann [2].

Die Fälle, in denen das Eigentümerverhalten für die Frage der Entschädigung praktische Bedeutung hat, sind zum Teil bereits in anderem Zusammenhang zur Sprache gekommen. Die nachfolgende Übersicht kann sich daher auf das Wesentliche beschränken.

6.6.2. Anwendungsfälle

A) Bei der Erörterung der polizeilich motivierten Eingriffe ist auf den selbstverständlichen Grundsatz hingewiesen worden, dass nur die den Rahmen der Rechtsordnung wahrenden Eigentumsnutzungen unter dem Schutz der Eigentumsgarantie stehen. Macht der Eigentümer von seinem Eigentum einen *rechtswidrigen oder erkennbar polizeiwid-*

---

[1] Dazu vorne 5.3, S. 227 ff.
[2] Vgl. für das private Schadenersatzrecht Art. 44 Abs. 1 OR und allgemein OFTINGER, Schweizerisches Haftpflichtrecht, Band 1, Zürich 1975 (4. Auflage), S. 157–65, bes. 159.
Die Autoren, die sich mit der öffentlichrechtlichen Haftung des Gemeinwesens für rechtmässiges Handeln befassen, heben die Bedeutung des Verhaltens des Geschädigten ausdrücklich hervor: GUENG, Entschädigungspflicht, 77–81; MOOR, Responsabilité, RDAF 1977, S. 217–18; FAJNOR, 162; WEBER-DÜRLER, Entschädigungspflicht, 351–52.

rigen Gebrauch und wird ihm dies verboten, hat er keinen Anspruch auf Entschädigung[3].

B) Ein klarer Fall eines dem Eigentümer zuzurechnenden Schadens liegt vor, wenn jemand *Eigentum erwirbt, das bereits mit einer Eigentumsbeschränkung belastet ist,* und für diese Belastung später Entschädigungsansprüche geltend macht. Das Gericht hat hier ausnahmslos eine materielle Enteignung verneint[4].

C) Am häufigsten nimmt das Bundesgericht auf das Verhalten des Eigentümers dann Bezug, wenn es ein *bewusst eingegangenes Risiko* zu erkennen glaubt:

> «Es entspricht nicht dem Zweck der Eigentumsgarantie, dass die Allgemeinheit dem Einzelnen Risiken abnehmen muss, die dieser in eigener Verantwortung frei übernommen hat»[5].

Der Vorwurf des Risikos wird erhoben, wo ein Eigentümer im Hinblick auf noch nicht verwirklichte Nutzungsmöglichkeiten Investitionen tätigt, obwohl er sich angesichts der gesamten Umstände der Ungewissheit der bestehenden Rechtslage und damit auch der Ungewissheit einer Realisierung dieser Investitionen bewusst sein muss.

In diesem Sinne hat das Bundesgericht etwa den Kauf von Landwirtschaftsland zu übersetzten Preisen[6], die Erstellung von Bau-

---

[3] Vorne 4.6.1, S. 182 ff und 6.4.3, S. 320 ff.

[4] BGE *Koch-Zeller*, 31 II 543 (1905), dazu vorne S. 38–39; *Stebler v. Appellationshof des Kantons Bern* und *Stebler v. Regierungsrat des Kantons Bern* vom 11. Dezember 1936 (unveröffentlicht), dazu vorne S. 67; *Krieger und Mozzatti v. Luzern* vom 21. Februar 1951 (unveröffentlicht). In allen diesen Fällen hatten die Rekurrenten Land gekauft, auf dem einschränkende Strassenbaulinien lasteten; als sich dann die erwartete Übernahme des baulinienbelasteten Landes durch den Staat bzw. die Aufhebung der Baulinie verzögerte, verlangten die Eigentümer – erfolglos – Entschädigung. Ferner BGE *Häuptle v. Scharans* vom 5. Februar 1986, Zbl 1987, S. 70: Kauf einer in einer Wohnzone gelegenen, aber mit einer Bausperre belegten Parzelle, die später definitiv in die Landwirtschaftszone gewiesen wird; materielle Enteignung verneint (namentlich unveröffentlichte E. 4c).

Zur Geltendmachung des Anspruches aus materieller Enteignung ist aber grundsätzlich auch ein Rechtsnachfolger berechtigt; vorne S. 253 oben.

[5] BGE *Meikirch*, 107 Ib 227 (1981).

[6] BGE *Sigg* (1972), Zbl 1972, S. 497 (E.7); *Stalder* (1979), BVR 1979, S. 387 (das Risiko lag hier insbesondere im Umstand, dass der Eigentümer den Kauf nur deshalb hatte tätigen können, weil er ein zwölfjähriges Bauverbot zugunsten des Kantons Bern einging); *Meikirch*, 107 Ib 227 (1981; Kauf von Landwirtschaftsland zu Industrielandpreisen, obwohl die vorgesehene Umzonung noch nicht stattgefunden hatte); *Aesch* (1982), Zbl 1983, S. 81 (Kauf von nichteingezontem Land am Hallwilersee weit ausserhalb des Baugebietes).

projekten für Grundstücke ausserhalb des Baugebietes[7] oder den Erwerb eines Gebäudes, von dessen kunsthistorischer Bedeutung und Schutzwürdigkeit der Erwerber weiss[8], als ein dem Eigentümer anzulastendes Verhalten gewertet. Umgekehrt hat das Bundesgericht in einem Fall dem Eigentümer zugute gehalten, dass ihm hinsichtlich der entzogenen Eigentumsbefugnis in keiner Weise spekulatives Verhalten vorgeworfen werden konnte[9].

D) Auch im Zusammenhang mit Eigentumseingriffen hat der Eigentümer die Pflicht, das Seine zur Verminderung des Schadens beizutragen[10]. Dieser Grundsatz wird beispielsweise zu berücksichtigen sein, wenn eine bestimmte Eigentumsnutzung infolge Veränderung der tatsächlichen Verhältnisse im Laufe der Zeit polizeiwidrig wird; der Umstand, dass dem Eigentümer eine andere, polizeikonforme Nutzung zuzumuten ist, wird für die Entschädigungsfrage nicht ausser Betracht fallen können[11].

---

[7] BGE *La Soliva Immobiliare SA*, 108 Ib 351–52, E.5c (1982); *Wohlen*, 108 Ib 358, E.4b)cc (1982).

[8] BGE *Schuchter v. St.Gallen*, 112 Ib 263 (1986); materielle Enteignung wegen Verweigerung der Abbruchbewilligung verneint.

[9] BGE *Chappuis*, 89 I 387 (1963; Bauverbot am Lac de Bret).

[10] BGE *S.I. Rue du Puits-St Pierre 2*, 89 I 463 (1963): «L'autorité cantonale ... tiendra compte aussi des mesures que le propriétaire aura adoptées ou aurait dû raisonnablement prendre pour remédier aux inconvénients découlant de la prohibition.»
Zur Schadensminderungspflicht im Enteignungsrecht allgemein BGE *Etat de Berne*, 112 Ib 526, bes. E.1 (1986).

[11] Vgl. vorne 6.4.3.C, S.324.

6.7. Rechtspolitische Würdigung des Eingriffs

6.7.1. Allgemeines – Bedeutung in Rechtsprechung und Lehre

A) Die bisherigen Ausführungen dieses Abschnitts haben das Ziel verfolgt, die massgebenden Gesichtspunkte für die Abgrenzung der entschädigungsbedürftigen von den entschädigungslosen Eigentumseingriffen zu bestimmen. Eine Reihe von Faktoren hat sich dabei als bedeutsam erwiesen. Bei aller Verschiedenheit verbindet sie die Eigenschaft, dass die Ebene einer im engeren Sinne «rechtlichen» Argumentationsweise nicht verlassen wird. Zwar ist jeder dieser Faktoren in weitem Masse unbestimmt und ausfüllungsbedürftig; jeder verlangt dem Rechtsanwender Wertungen ab. Der Rahmen eines für das öffentliche Recht üblichen juristischen Urteils bleibt aber gewahrt.

Wenn jetzt die Abgrenzungsfrage auch unter dem Aspekt einer rechtspolitischen Würdigung des Eingriffs untersucht werden soll, so verlassen wir in gewisser Weise diese Argumentationsebene. Das Element der «rechtspolitischen Würdigung» soll ausdrücken, dass der Richter in den Entscheid über die Entschädigungsfrage unmittelbar auch Vorstellungen über den als richtig und wünschbar erachteten Zustand der Gesellschaft einfliessen lässt. Die Abgrenzung zwischen entschädigungspflichtigen und entschädigungslosen Eingriffen wird insoweit eine Angelegenheit des «social engineering».

B) Das *Bundesgericht* hat selber nur einmal auf diese Art der Argumentation ausdrücklich Bezug genommen. Im Urteil *Zinggeler*, wo es zum ersten Mal die Möglichkeit bejahte, dass eine blosse Eigentumsbeschränkung für das Gemeinwesen Entschädigungsfolgen auslösen könnte, erwähnte es unter den massgebenden Faktoren auch die Wertung der fraglichen Befugnis durch das Rechtsbewusstsein[1].

Das Gericht ist auf diesen Faktor später nie mehr zu sprechen gekommen. Insbesondere hat es ihn auch nicht in seine Konzeption der materiellen Enteignung aufgenommen. Dennoch enthält seine Rechtsprechung Spuren davon, ähnlich wie dies für andere in den offiziellen Formeln nicht enthaltene Kriterien zutrifft. Gewisse Ergebnisse

---

[1] BGE 55 I 403 (1929); die entsprechende Urteilsstelle ist vorne, S. 51, im Wortlaut wiedergegeben.

dieser Rechtsprechung lassen sich überhaupt nur aus einer vom Gericht vorgenommenen rechtspolitischen Würdigung des Eingriffs erklären[2].

C) Ungleich deutlicher hat die *Doktrin* den Stellenwert anerkannt, den politische Überlegungen bei der Beantwortung der Abgrenzungsfrage einnehmen. Allerdings wird das Phänomen meist nur als solches vermerkt[3]; zu einer eigentliche Auseinandersetzung mit ihm ist es in der schweizerischen Rechtsliteratur nicht gekommen[4]. Das Fehlen einer Diskussion liesse sich wohl am ehesten mit einer gewissen Illusionslosigkeit erklären: mehrere Autoren weisen auf den Umstand hin, dass der Richter eine Grenze zwischen Individual- und Kollektivinteressen ziehen muss und damit notwendigerweise auch politisch Stellung nimmt[5].

6.7.2. Anwendungsfälle

Rechtspolitische Argumente im hier verstandenen Sinne kommen im Alltag der Entschädigungsrechtsprechung nicht zum Zug. Bedeutsam werden sie erst in einer bestimmten Situation: Der Richter findet sich im Dilemma, dass – nicht bloss in dem gerade zur Beurteilung stehenden Fall, sondern in einer Vielzahl vergleichbarer Fälle – die Anwendung der üblichen Abgrenzungsregeln zu Rechtsfolgen führen müsste, die ihm nicht tragbar scheinen. Er kann seine Rechtsprechung aber nicht einfach ändern, da er sie für den Regelfall weiterhin als richtig erachtet.

---

[2] Dazu sogleich 6.7.2.

[3] KIRCHHOFER, ZSR 1939, S. 176–77; RUCK, Eigentumsgarantie, 232; SCHAUMANN, Landesplanung, 220; JOST, Zbl 1950, S. 9; MONTEIL, Zbl 1963, S. 462; BONNARD, JdT 1966, S. 79; FRIEDRICH, Zbl 1968, S. 63; BLOCHER, 134; PFISTERER, Zbl 1988, S. 525. – Für das öffentliche Entschädigungsrecht allgemein FAJNOR, 159–60.

[4] Verschiedene Autoren haben immerhin bezweifelt, ob bei eigentlichen Reformen der Eigentumsordnung (so namentlich bei der Nutzungsplanung) die Entschädigungsproblematik mit dem Institut der materiellen Enteignung adäquat bewältigt werden könne; FISCHER, Zbl 1901, S. 178 (Ziff. 4); HUBER, Landwirtschaftszone, 15–16; MEIER-HAYOZ/ROSENSTOCK, 16–17 und 52; ROSENSTOCK, Aspekte, ZSR 1971 I, S. 189–92; MEIER-HAYOZ, Kommentar, Systematischer Teil, N. 647.
Kritisch zum Beizug rechtspolitischer Überlegungen aus deutscher Sicht LEISNER, 50–62.

[5] KIRCHHOFER, ZSR 1939, S. 177; FRIEDRICH, Eigentumsgarantie, Zbl 1968, S. 63.

6.7. Rechtspolitische Würdigung des Eingriffs

Die über hundertjährige Rechtsprechung des Bundesgerichts weist einige wenige Beispiele einer derartigen rechtspolitischen Würdigung auf. Sie sind dadurch gekennzeichnet, dass jeweils der Verfassungs- oder Gesetzgeber in allgemeiner Weise Eigentumsbefugnisse aufgehoben hatte, die bis anhin im üblichen Inhalt des Eigentums eingeschlossen gewesen waren.

Als erste Gruppe sind die in das erste Drittel dieses Jahrhunderts fallenden Regalisierungen der Wasserkraft und der Mineralien und die Öffentlicherklärung der grossen Grundwasservorkommen zu erwähnen. Zuvor hatte die Befugnis zur Aneignung und Verwendung der entsprechenden Güter zum Grundeigentum gehört. Bei der Aufhebung dieser Befugnisse hätte nun – entsprechend dem geltenden formalen Verständnis der Entschädigungspflicht – eine Entschädigungspflicht des Staates verneint werden müssen; das Eigentum war ja durch den Gesetzgeber in allgemeiner Weise eingeschränkt worden. Anderseits konnte sich das Gericht der Einsicht nicht verschliessen, dass hier eine Eigentumsbeschränkung eigener Art vorlag: das Gemeinwesen hatte nicht zuletzt aus fiskalischen Gründen gehandelt und dabei teilweise auch gefestigte Eigentumspositionen aufgehoben. Wir haben im Kapitel 2 im einzelnen untersucht, wie das Bundesgericht auf diese mit herkömmlichen Mitteln nicht zu bewältigende Herausforderung reagiert und eine Entschädigungspflicht in beschränktem Umfang anerkannt hat [6].

Ein zweites Beispiel bietet die ab den sechziger Jahren auf kantonaler und dann auf eidgenössischer Ebene einsetzende Nutzungsplanung. Auf eidgenössischer Ebene liegt der Raumplanung eine gewichtige Verfassungsänderung (Aufnahme von Art. 22 ^{quater}) [7] zugrunde, die sich dann im Gewässerschutzgesetz von 1971 und im Raumplanungsgesetz von 1979 niedergeschlagen hat. Mit ihr ist die bisher als Teil des Eigentumsinhaltes verstandene Baubefugnis für einen Teil des schweizerischen Territoriums aufgehoben worden. Aufgrund der herkömmlichen Kriterien der Intensität, der Lastengleichheit und der Zielrichtung des Eingriffs hätten die Massnahmen der Nutzungsplanung nach Meinung des Verfassers in nicht wenigen Fällen zu einer Entschädigung führen müssen, wo diese vom Bundesgericht dann verneint worden ist [8]. Zu einer eigentlichen Neuorientie-

---

[6] Dazu vorne 2.3 und 2.4, S. 43 ff.
[7] Dazu vorne 0.1, S. 1, FN 1.
[8] Dazu vorne 4.7.1, S. 202–05.

rung der Rechtsprechung kommt es im Urteil *Meier v. Zizers* mit seinem Entscheid, die raumplanerische Gebietsausscheidung als Bestimmung des Eigentumsinhaltes und damit als grundsätzlich entschädigungslos zu duldenden Eingriff zu werten [9].

Es wäre allerdings nicht gerechtfertigt, dem Bundesgericht vorzuwerfen, es habe hier einfach seine eigenen Wertvorstellungen zur Anwendung gebracht. Die rechtspolitischen Überlegungen waren von komplexerer Art. Ausgangspunkt bildete für das Gericht die Erkenntnis, dass eine strikte Anwendung der üblichen Kriterien mit Entschädigungsfolgen verbunden gewesen wäre, welche die Verwirklichung der vom Verfassungs- und Gesetzgeber angestrebten, auf die Erhaltung der natürlichen Lebensgrundlagen angelegten Ziele verunmöglicht hätte [10]. Indem das Gericht die Entschädigungspflicht begrenzte, verhalf es den vom Verfassungsgeber beschlossenen Neuerungen zum Durchbruch. Das Gericht nahm dafür in Kauf, dass Allgemeininteressen zulasten bestimmter Einzelinteressen bevorzugt wurden [11].

6.7.3. Würdigung

Es muss auffallen, dass die bisherigen Fälle, in denen rechtspolitische Überlegungen den Entscheid über die Entschädigungsfrage beeinflussten, jeweils durch eine ausserordentliche Situation gekennzeichnet waren. Es lagen ihnen wesentliche – rechtlich durch Verfas-

---

[9] BGE 105 Ia 330 (1979); dazu ausführlich vorne 4.4, S. 149 ff.

[10] Bemerkenswert freimütig diesbezüglich die Äusserungen der aus richterlicher Erfahrung schöpfenden Autoren ZIMMERLI, Praxis, 40, und ROUILLER, ZBJV 1985, S. 9. Vgl. auch FAJNOR, 168–69.

[11] Das Urteil *Meier v. Zizers* muss insofern als ein Ausnahmefall verstanden werden, wo die für die Abgrenzungsfrage sonst verpönte Abwägung öffentlicher und privater Interessen (dazu vorne S. 310) unmittelbar auf das Entschädigungsurteil eingewirkt hat.
Das Urteil ist in der Doktrin auf breite Zustimmung gestossen; vgl. die Nachweise vorne S. 153, FN 26. In seiner allgemeineren Form wird allerdings das Argument, dass eine Massnahme den Staat zuviel kosten könnte und daher entschädigungslos erklärt werden muss, von nicht wenigen Autoren abgelehnt: REICHLIN, ZSR 1947, S. 322a; SCHAUMANN, Landesplanung, 221 (vgl. aber die Überlegungen dieses Autors in der Deutschen Juristenzeitung 1960, S. 150); HUBER, Gewährleistung, 232–33; GYGI, ZBJV 1968, 117–18 (differenziert); MEIER-HAYOZ, Kommentar, Systematischer Teil N. 641 (vgl. aber oben S. 347, FN 4). Anderer Auffassung demgegenüber FAJNOR, 169–70.

6.7. Rechtspolitische Würdigung des Eingriffs

sungsrevisionen oder neue Gesetze bewirkte – Änderungen der bisherigen Eigentumsordnung zugrunde. *Die rechtspolitische Würdigung charakterisierte sich insofern nur als unumgängliche Anpassung des Entschädigungsrechtes zum Zwecke, die neue Ordnung sich etablieren zu lassen.* In Situationen eigentumsrechtlicher «Normalität» unterblieb der Beizug derartiger Überlegungen.

Zu beobachten ist auch, wie die Rechtsprechung eine anfänglich rechtspolitische Argumentationen im Laufe der Zeit zu «verrechtlichen» und in die Gesamtheit des Entschädigungsrechts einzubinden verstand. Insofern nehmen die Fälle rechtspolitischer Würdigung jeweils nur einen Entwicklungsschritt der Entschädigungsrechtsprechung vorweg. Sie stellen gleichsam die Übergangspunkte eines Paradigmenwechsels dar. Aus den erwähnten Verstaatlichungsfällen zu Beginn des Jahrhunderts entwickelte das Bundesgericht das Institut der materiellen Enteignung[12]. Die mit dem Urteil *Meier v. Zizers* eingeleitete Rechtsprechung hat eine neue Rückbesinnung auf den Grundsatz der Entschädigungslosigkeit der Inhaltsbestimmung des Eigentums gebracht und wird deshalb über kurz oder lang zu einer Anpassung der Konzeption *Barret* führen müssen[13].

Im Ergebnis verdient die Art, wie das Bundesgericht rechtspolitische Überlegungen in seine Entschädigungsrechtsprechung hat einfliessen lassen, Zustimmung. Das Gericht hat sich letztlich darauf beschränkt, in Respekt für die aus dem ordnungsgemässen politischen Prozess hervorgehenden veränderten Grenzziehungen zwischen privater und öffentlicher (Vermögens-)Sphaere den Gehalt der Eigentumsgarantie jeweils neu zu überdenken. Aufgegeben hat es diesen Gehalt nie. Wo das Gericht die Entschädigungspflicht einschränkte, liess es den nötigen Spielraum offen, um eine völlig einseitige Durchsetzung des öffentlichen Wohls auf Kosten Einzelner zu verhindern[14]. Nicht zu übersehen ist die Tatsache, dass das schweizerische politische System als ganzes von seinen gewichtigen Möglichkeiten, korrigierend gegen «rechtspolitische Urteile» einzuschreiten, nie Gebrauch gemacht hat[15]. Dies darf als Anzeichen gewertet werden, dass das Gericht mit seiner Praxis innerhalb des Verfassungskonsenses geblieben ist.

---

[12] Dazu vorne 2.3 und 2.4, S. 43 ff.
[13] Dazu vorne S. 153–54 und 206–07.
[14] Vorne 4.4.E, S. 154–55.
[15] Beispielsweise durch Erlass spezifischer gesetzlicher Entschädigungsgebote oder -verbote. Dazu schon vorne 4.7.3, S. 209.

6.8. Die Abgrenzungskriterien in ihrer Gesamtheit

6.8.1. Konstanz der Kriterien im Wandel der Eigentumsordnung

In den bisherigen Kapiteln dieses sechsten Abschnittes haben wir versucht, jene Gesichtspunkte herauszuschälen, welche die entschädigungslosen von den entschädigungsbedürftigen Beeinträchtigungen des Eigentums zu unterscheiden erlauben. Als Leitschnur dienten uns in erster Linie die Erfahrungen einer nun über hundertjährigen Rechtsprechung des Schweizerischen Bundesgerichtes. Daneben haben wir uns auf die in der Doktrin geäusserten Überlegungen gestützt.

Unsere Untersuchung hat mehrere entscheiderhebliche Gesichtspunkte hervortreten lassen. An erster Stelle steht die Intensität der Beeinträchtigung – ein Kriterium, das seinerseits mehrere unterschiedliche Facetten in sich vereinigt (Kapitel 6.2). Ein zweites grundlegendes Element liegt im Gedanken der Lastengleichheit. Obwohl ihm im Rahmen des Eigentums nur eine abgeschwächte Tragweite zukommt, wirkt er auf die Abgrenzung massgebend ein. Erscheint ein einzelner Eigentümer oder ein kleiner Kreis von Eigentümern hinsichtlich der wirtschaftlichen Folgen eines Eingriffs ausgesondert, besteht Grund zur Annahme einer Ausgleichspflicht. Umgekehrt sind «grossflächige» materielle Enteignungen in der Praxis nicht anzutreffen (Kapitel 6.3). Nach der hier vertretenen Auffassung bestimmt – drittens – auch die Zielrichtung des Eingriffes die Entschädigungsfrage. Die Enteignungsähnlichkeit der Beeinträchtigung kann sich aus dem Umstand ergeben, dass das Gemeinwesen sich Vorteile verschafft hat, die üblicherweise nicht kostenlos zu erlangen sind (Kapitel 6.4). Ein viertes, erst in der neueren bundesgerichtlichen Rechtsprechung hervorgetretenes Kriterium bildet der Gedanke des Vertrauensschutzes. Mit Änderungen der Eigentumsordnung muss zwar jeder Eigentümer rechnen; Einschränkungen bisher gegebener Eigentumsbefugnisse dürfen aber nicht überfallartig, brüsk vorgenommen werden (Kapitel 6.5). Anderseits muss sich – sechstens – der Eigentümer sein eigenes auf Risiko gründendes oder fehlerhaftes Verhalten entgegenhalten lassen (Kapitel 6.6). Letztlich ist nicht zu verkennen, dass die Entschädigungsrechtsprechung immer auch von rechtspolitischen Argumenten geleitet worden ist (Kapitel 6.7).

6.8. Die Abgrenzungskriterien in ihrer Gesamtheit

Die Relevanz der angeführten Kriterien lässt sich für den gesamten untersuchten Rechtsprechungszeitraum nachweisen (sieht man vom Vertrauensschutzgedanken ab, der allgemein erst seit den siebziger Jahren als eigenständige Grösse in das öffentliche Recht Eingang gefunden hat). Allerdings darf man sich dabei nicht auf die vom Bundesgericht seit 1942 verwendeten Formeln stützen, denn diese vermitteln ein falsches Bild. Es ist unumgänglich, hinter die Formeln zu blicken und unmittelbar die seit 1875 ergangenen Entscheide – namentlich jene der besonders wichtigen und interessanten Phase von der Jahrhundertwende bis in die dreissiger Jahre – zu befragen; die Kontinuität der entscheidwesentlichen Kriterien wird dann deutlich sichtbar[1].

Neben dieser für das schweizerische Recht feststellbaren Konstanz in zeitlicher Hinsicht liesse sich eine solche auch aus rechtsvergleichender Sicht aufzeigen. Ein Blick auf das deutsche und auf das amerikanische Recht beispielsweise zeigt, dass die Abgrenzung der entschädigungsbedürftigen von den entschädigungslosen Beeinträchtigungen des Eigentums ähnlichen Kriterien wie in der Schweiz gehorcht[2].

Man darf also für das schweizerische Recht der letzten hundert Jahre – und vielleicht überhaupt für die Rechtsordnungen des westlichen Kulturkreises – von einer gewissen *Allgemeingültigkeit der Argumentationsweise* sprechen[3]. Diese Allgemeingültigkeit steht nach Auffassung des Verfassers nur scheinbar in Gegensatz zu der offenkundigen Tatsache, dass der Eigentumsinhalt im selben Zeitraum einige einschneidende Wandlungen durchgemacht hat. Zwar vermögen solche Wandlungen das überlieferte Entschädigungsrecht in Bedrängnis

---

[1] Dazu durchgehend Teil 1, bes. 2.3.A, 2.4.A, 3.1.F, 3.2.C; ferner 6.2.1.A, 6.3.1.A. Es scheint in hohem Masse bezeichnend, dass Bundesrichter Emil KIRCHHOFER in seiner vor einem halben Jahrhundert erschienenen grundlegenden Studie zur materiellen Enteignung dieselben Kriterien als ausschlaggebend anführt, welche noch heute die Abgrenzung bestimmen; ZSR 1939, S. 175–77.

[2] Für das amerikanische Recht RIVA, 16 The Urban Lawyer 425 (1984); für das deutsche Recht etwa OSSENBÜHL, 117–121. Siehe auch vorne 0.3, S. 7–12, mit weiteren Hinweisen.

[3] PFISTERER interpretiert den historischen Befund tendenziell wohl anders. Auch er stellt eine Kontinuität in der bundesgerichtlichen Rechtsprechung insofern fest, als alle Entscheidmuster noch heute Verwendung finden (Zbl 1988, S. 470). Er sieht darin aber bloss «historisch bedingte Teilantworten, die für die jeweilige Problemstellung erarbeitet wurden» (S. 520).

zu bringen⁴; doch gilt dies nur für die Übergangssituation. Sobald der Wandel einmal als – grundsätzlich entschädigungslos hinzunehmende – Neubestimmung des Eigentumsinhaltes verstanden worden ist und sich ein neuer, als stabil empfundener Zustand festgesetzt hat, kommen die alten Kriterien wieder zum Zug⁵. Die Voraussage erscheint daher als zulässig, dass auch bei künftigen Regelungsbedürfnissen, wie sie etwa der Umweltschutz hervorruft, die Entschädigungsproblematik mit demselben Instrumentarium wird bewältigt werden können.

6.8.2. Das Zusammenspiel der Abgrenzungskriterien

A)   *Unterschiedliche Tragweite bei unterschiedlicher Ausgangslage*

An das eben Gesagte anknüpfend ist eine erste wichtige Erkenntnis festzuhalten, die uns die Rechtsprechung vermittelt: Die Entschädigungsfrage kann sich in zwei grundlegend verschiedenen Situationen stellen, die nach einer entsprechend differenzierten Behandlung rufen.

> *a)* Im ersten Fall hat man es mit einem Eingriff zu tun, der im Rahmen der grundsätzlich feststehenden Eigentumsordnung verharrt. Er kennzeichnet sich als punktuelle Massnahme zulasten eines bestimmten Eigentumsobjektes. Zwar mögen andere vergleichbare Objekte dieselben Einschränkungen erfahren, doch ist dies nicht zwingend. So oder so kann der Eingriff nicht als Ausdruck einer neuen Grenzziehung des Eigentumsinhaltes verstanden werden. Vielmehr erscheint er im eigentlichen Sinn als «Eigentumsbeschränkung», also als Beschränkung grundsätzlich gegebener – und für andere Objekte weiterbestehender – Eigentumsbefugnisse in einem konkreten Fall.

> *b)* Anders ist die Situation, wenn die auf Entschädigungsfolgen zu untersuchende Beeinträchtigung in den Rahmen einer wesentlichen Neuordnung des Eigentumsinhaltes hineingehört. Hier ist für eine ganze Kategorie von Eigentumsobjekten der

---

⁴ Hauptbeispiel bilden die Wandlungen des Bodenrechts, dazu vorne 4.4 und 4.7.1. Zu erinnern ist daneben an die zu Beginn des Jahrhunderts vorgenommenen Überführungen bisher privater Güter in den öffentlichen Bereich (Mineralien; Wasserkraft; Grundwasser; Gebäudeversicherung), vorne 2.2 bis 2.4.

⁵ Dazu sogleich hinten 6.8.2.A.

6.8. Die Abgrenzungskriterien in ihrer Gesamtheit

Kreis der aus ihnen fliessenden Nutzungsmöglichkeiten und Befugnisse durchgehend neu gezogen worden. Zwar nimmt auch hier die einzelne Beeinträchtigung aus der Sicht des betroffenen Eigentümers die Gestalt einer Einschränkung bisher gegebener Eigentumsbefugnisse an; von einer weiteren Warte aus betrachtet ist sie aber bloss Ausdruck für den neu festgelegten Eigentumsinhalt.[6]

Im Regelfall hat man es mit Eigentumsbeschränkungen der ersten Art zu tun, also solchen, welche innerhalb des Rahmens der geltenden Eigentumsordnung bleiben[7]. Auf sie ist das übliche Instrumentarium zur Bewältigung der Entschädigungsfrage – namentlich die Kriterien der Intensität, der Lastengleichheit und der Zielrichtung des Eingriffs – zugeschnitten.

Ausnahmsweise kann aber ein Eingriff zur Debatte stehen, der nicht als blosse punktuelle Beeinträchtigung der geltenden Eigentumsordnung, sondern als Manifestation einer eigentlichen Neubestimmung des Eigentumsinhaltes verstanden werden muss[8]. Wie die Gerichtspraxis zeigt, treten die üblicherweise massgebenden Abgrenzungskriterien dann in den Hintergrund. Die sonst von der Enteignungsanalogie geprägte Sicht macht beinahe ganz einer (strengeren) übergangsrechtlichen Betrachtungsweise Platz. Als Kriterien dominieren der Vertrauensschutzgedanke und rechtspolitische Erwägungen. Im Ergebnis haben die Gerichte die Entschädigungspflicht in solchen Fällen meist auf den Entzug bereits verwerteter oder unmittelbar vor der Verwertung stehender Befugnisse beschränkt[9]. Den übrigen betroffenen Eigentümern sind dabei sehr erhebliche wirtschaftliche Einbussen entschädigungslos zugemutet worden. Dass diese Einbussen meist nur einen begrenzten Eigentümerkreis trafen, hat ebensowenig Beachtung

---

[6] In der Praxis sind die beiden Situationen allerdings selten so scharf geschieden, wie dies hier getan wird. Wandlungen des Eigentumsinhaltes können allmählich erfolgen; was zuerst wie eine Eigentumsbeschränkung anmutet, kann sich im Rückblick als Vorläufer einer Neubestimmung des Eigentumsinhaltes erweisen. Die Entschädigungsrechtsprechung wird nach Auffassung des Verfassers aber nur dann verständlich und kohärent, wenn man sich den dargestellten grundsätzlichen Unterschied der Ausgangssituation vor Augen hält.

[7] Zu denken ist etwa an baupolizeilich oder denkmalpflegerisch motivierte Nutzungseinschränkungen für grundsätzlich überbaubares Land.

[8] Beispiele dafür bilden die Regalisierung der Mineralien und der Wasserkräfte sowie die Öffentlicherklärung des Grundwassers (dazu vorne S. 43-53) und aus neuerer Zeit die raumplanerische Nutzungsordnung mit Ausscheidung des Siedlungs- und übrigen Gebietes (vorne S. 146-57 und 200-05).

[9] Vorne S. 43-46 sowie S. 154-55 und 173-76.

gefunden wie die Tatsache, dass dem Gemeinwesen oder jedenfalls der Öffentlichkeit aus der Neuregelung des Eigentumsinhaltes erhebliche Vorteile erwuchsen.

Dogmatisch hat die Rechtsprechung diese beiden Ausprägungen der Entschädigungsproblematik bisher nicht auseinandergehalten; sie subsumiert sie beide gleicherweise unter den Tatbestand von Art. 22ter Abs. 3 BV. Nach der hier vertretenen Auffassung müsste jedoch eine Differenzierung vorgenommen werden, dies namentlich im Hinblick auf die Rechtsfolge. Als materielle Enteignung wären nur die Fälle der ersten Gruppe zu qualifizieren, also die Einschränkungen bestimmter Eigentumsbefugnisse bei gleichbleibender Eigentumsordnung; hier erscheint die Rechtsfolge der vollen Entschädigung angemessen. *Nicht unter dem Gesichtspunkt der materiellen Enteignung, sondern des Vertrauensschutzes wären demgegenüber die Situationen zu beurteilen, in denen bisher bestehende Eigentumsbefugnisse als Folge einer Änderung der Eigentumsordnung aufgehoben oder beschränkt wurden.* Volle Entschädigung im Sinne des Enteignungsrechtes ist in solchen Fällen weder von der Verfassung noch von der Sache her geboten; eine allfällige Entschädigung hat vielmehr die Funktion, den erlittenen Vertrauensschaden auszugleichen.[10]

B) *Bejahung der Entschädigungspflicht als Ausnahme*

Ein auffallendes – wenn auch beinahe schon zur Selbstverständlichkeit gewordenes – Merkmal der bundesgerichtlichen Praxis ist die Seltenheit, mit der das Vorliegen einer materiellen Enteignung bejaht wird. Regel bildet die Verneinung einer Entschädigungspflicht des Gemeinwesens.

Dieser Befund steht in Einklang mit der Grundidee der materiellen Enteignung als eines schweren, ausserhalb des Üblichen stehenden und deshalb stossend anmutenden Eingriffs in die Eigentumsrechte einer Person. Von diesem Gedanken ist die Rechtsprechung ausgegangen[11], und von hier hat er Eingang in die Bundesverfassung gefunden[12].

Der Ausnahmecharakter der Fälle bejahter Entschädigungspflicht lässt sich nicht trennen vom Prinzip der vollen Entschädigung[13].

---

[10] Dazu ausführlich vorne 6.5.3, S. 336–42.
[11] Siehe etwa vorne S. 51, Text zu FN 18, und S. 72–73.
[12] Botschaft zu Art. 22ter und 22^{quater} BV, BBl 1967 II, S. 146.
[13] LENDI, Bedeutung, 306–07. – Um das Prinzip der vollen Entschädigung ist im Rahmen der Arbeiten für eine Totalrevision der Bundesverfassung eine ausgedehnte Diskussion geführt worden; dazu G. MÜLLER, Kommentar, N. 68 zu Art. 22ter BV (mit weiteren Hinweisen).

6.8. Die Abgrenzungskriterien in ihrer Gesamtheit

Diese weitgehende Rechtsfolge erscheint nur für ausserordentliche und schwerwiegende Eigentumseingriffe als angemessen. Eine andere Lösung wäre auch kaum zu vereinbaren mit der Beschränkung der Pflicht zu voller Entschädigung auf Eigentumsbeschränkungen, die einer Enteignung gleichkommen; denn diese Beschränkung impliziert sinngemäss die Entschädigungslosigkeit als Regel[14]. Nur in einem System, das abgestufte Entschädigungen und namentlich auch die Abschöpfung der vom Gemeinwesen geschaffenen Mehrwerte vorsähe, liesse sich eine Entschädigungspflicht für weniger weit gehende Eigentumsbeeinträchtigungen rechtfertigen[15].

In der Abgrenzung der entschädigungsbedürftigen von den entschädigungslosen Eingriffen findet der Ausnahmecharakter der materiellen Enteignung seinen Niederschlag. Die Fälle bejahter Entschädigungspflicht kennzeichnen sich dadurch, dass bei ihnen die als massgebend erkannten Abgrenzungskriterien jeweils ausgeprägt – und meist alle zusammen – gegeben waren[16]. Sind die für eine Entschädi-

---

[14] Art. 22ter Abs. 2 und 3 BV. Wäre die Entschädigungs*pflicht* Regel und Entschädigungslosigkeit die Ausnahme, käme es im Ergebnis zu einer weitgehenden Zementierung des Status quo im Bereich des Eigentums; so bereits FISCHER, Zbl 1901, S. 178 (Ziffer 4). In diesem extremen Sinne ist die Eigentumsgarantie in der Schweiz nie verstanden worden. – MOOR sieht den Ausnahmecharakter der materiellen Enteignung in der Rechtmässigkeit des staatlichen Handelns begründet, das ihr zugrundliegt; Responsabilité, RDAF 1977, S. 218, 224; Evolution, Rep 1982, S. 285; dazu vorne 5.3, S. 229, FN 6. Vgl. im übrigen den hier gemachten Vorschlag zur Differenzierung der Entschädigungstatbestände; vorne S. 336–42 und S. 355.

[15] BÉGUIN, ZSR 1947, S. 427a und 430a; HUBER, Landwirtschaftszone, 15–16; MOOR, Responsabilité, RDAF 1977, 224–25; LENDI, Bedeutung, 307. Das Bundesgesetz über die Raumplanung vom 22. Juni 1979 schreibt den Kantonen in Art. 5 Abs. 1 – ergänzend zur verfassungsrechtlichen Entschädigungspflicht für materielle Enteignungen – einen Ausgleich für erhebliche Vor- und Nachteile vor, die durch Planungen entstehen. Entsprechende Regelungen sind aber bisher kaum erlassen worden.

[16] Dies lässt sich anhand der Urteile überprüfen: *Götschi*, vom 7. Juli 1933 (unveröffentlicht; vorne S. 65); *Erben Müller-Haiber*, BGE 69 I 234 (1943); *Le Fort* (1946), ZSR 1947, S. 408a; *Chappuis*, BGE 89 I 381 (1963); *EG Bern*, BGE 103 Ib 210 (1977); *Aarberg*, BGE 106 Ib 336 (1980); *Kocher*, BGE 107 Ib 380 (1981); *EG Bern*, BGE 109 Ib 13 (1983); *Rothuizen*, BGE 112 Ib 105 (1986); *Balli*, BGE 113 Ia 368 (1987); *Küsnacht*, BGE 113 Ib 318 (1987); *Hug v. Trimmis*, 114 Ib 112 (1988); *Pagano v. EG Bern*, 114 Ib 286 (1988); *Camenzind v. Ingenbohl*, 114 Ib 305 (1988). In diesen Fällen sind – wenn auch in unterschiedlicher Kombination und Stärke – die Schwere des Eingriffs, der enge oder engste Kreis der Betroffenen, ein spezifischer der Öffentlichkeit erwachsender Vorteil und meist auch ein Vertrauenselement nachweisbar. Dass in einigen der älteren Fälle das Bestehen einer materiellen Enteignung heute vermutlich verneint würde, ist mit der neuen Inhaltsbestimmung des Grundeigentums zu erklären; vorne S. 200–05.

gungspflicht sprechenden Gesichtspunkte nur schwach und nur vereinzelt präsent, handelt es sich nicht um materielle Enteignung.

C) *Offenheit der Kriterien als Hindernis für eine normative Festlegung ihres Zusammenwirkens*

Die Abgrenzung der entschädigungspflichtigen von den entschädigungslosen Eigentumseingriffen wird durch eine Mehrzahl von Kriterien bestimmt, die in ihrem gegenseitigen Verhältnis recht klar voneinander unterschieden sind. Einzeln besehen kennzeichnet indessen alle eine erhebliche inhaltliche Offenheit und Unbestimmtheit. Eingriffsintensität, Lastengleichheit, Zielrichtung des staatlichen Handelns, Vertrauen: immer geht es um allgemeine Prinzipien, die sich einer Anwendung im Wege der einfachen Subsumption verschliessen. Dies gilt auch dann noch, wenn die einzelnen Kriterien, wie es hier versucht worden ist, in Unterregeln umgebrochen werden. Stets bleibt ein hohes Mass an Konkretisierungsbedürftigkeit; den Wertvorstellungen und dem subjektiven Urteil des Rechtsanwenders ist weiter Raum gelassen. Zu der Unbestimmtheit der Abgrenzungskriterien kommt noch die Vielfalt der Sachverhalte hinzu, in denen die Frage der materiellen Enteignung sich stellen kann[17]. Im konkreten Fall wird die Lösung des Entschädigungsproblems deshalb zu einem komplexen gedanklichen Prozess, in welchem die einzelnen Kriterien als Eck- und Referenzpunkte berücksichtigt, zum Sachverhalt in Beziehung gesetzt und gegeneinander abgewogen werden müssen. Es erscheint dabei als unausweichlich, dass – in Verallgemeinerung einer Feststellung André Grisels – «la conception varie selon les juges»[18]. Verständlich wird auch, dass trotz gleichbleibender Abgrenzungskriterien die Rechtsprechung strengere oder weniger strenge Züge annehmen kann.

In der Lehre wird die normative Offenheit des Entschädigungstatbestandes einhellig anerkannt[19]. Die Lehre ist sich namentlich

---

[17] Eine Zusammenstellung findet sich vorne, S. 213–16.

[18] Traité, 766. Ähnlich lautet das fünfzig Jahre früher abgegebene Urteil eines anderen Bundesrichters: «Bei der Unsicherheit der Kriterien ist es gegeben, dass das Rechtsempfinden der entscheidenden Stelle eine gewichtige Rolle spielt», Kirchhofer, ZSR 1939, S. 177.

[19] Betont in diesem Sinn Moor, Responsabilité, RDAF 1977, S. 220–21 und 224, sowie Evolution, Rep 1982, S. 271; Kirchhofer, ZSR 1939, S. 154–55; Schürmann, 223 und 235; Pfisterer, Zbl 1988, S. 536 und 537; ferner die in der folgenden FN angegebenen Literaturstellen.

6.8. Die Abgrenzungskriterien in ihrer Gesamtheit

auch einig in der Folgerung, die aus diesem Befund zu ziehen ist: Das Problem der Abgrenzung zu den nicht entschädigungsbedürftigen Beeinträchtigungen des Eigentums kann nicht mit Formeln bewältigt werden[20]. Zu Unrecht geben solche Formeln vor, Anleitungen zu einer gleichsam deduktiven Lösung des Entschädigungsproblems zu geben. Sie verkürzen damit die Wirklichkeit in unzulässiger Weise. Die Erfahrungen der bundesgerichtlichen Rechtsprechung sprechen diesbezüglich eine deutliche Sprache[21].

Die Unmöglichkeit einer Formelbildung bedeutet nicht Beliebigkeit des Entschädigungsrechts. Auch ein Case Law, wie es das Recht der materiellen Enteignung heute ist und wohl immer bleiben wird, kann in sich konsistent und in einem für die Praxis ausreichenden Masse berechenbar sein. Insofern liefert uns die Judikatur des Bundesgerichts ein positiv zu würdigendes Beispiel. Man wird es daher nicht bedauern, sondern als Realität hinnehmen, dass dieses Recht die Eigenheiten eines Fallrechtes aufweist: es ist zwangsläufig stark

---

[20] KIRCHHOFER, ZSR 1939, S. 162, 174–75; IMBODEN, Tragweite, SJZ 1944, S. 295; HUBER, Gewährleistung, 228–29; GIACOMETTI, 528–29; BONNARD, JdT 1966, S. 75–76 und 79; MEIER-HAYOZ/ROSENSTOCK, 24; FRIEDRICH, Eigentumsgarantie, Zbl 1968, S. 73–74; BOSSHARDT, Zbl 1968, S. 248; SALADIN, Grundrechte, 182; ZIMMERLI, Zbl 1974, S. 140 und 143–44; KUTTLER/SALADIN, Gutachten, 20; MOOR, Responsabilité, RDAF 1977, S. 220–21; DILGER, 474–75; PFISTERER, Zbl 1988, S. 519–20. Mit Entschiedenheit gegen die Reduktion des Problems auf «Grossformeln» hat sich aus der Sicht des deutschen Rechts LEISNER gewandt; 15 und 191–92. Im gleichen Sinn PAPIER, N. 310 zu Art. 14 GG.

[21] Vorne 4.7.2, S. 205–08. – Im Gegensatz zum schweizerischen Bundesgericht hat der amerikanische Supreme Court ausdrücklich sein Unvermögen eingestanden, das Recht der «Regulatory Takings» in einer Formel zusammenzufassen:

> «The question of what constitutes a 'taking' for purposes of the Fifth Amendment [vorne S. 10] has proved to be a problem of considerable difficulty. While this Court has recognized that the 'Fifth Amendment's guarantee ...[is] designed to bar Government from forcing some people alone to bear public burdens which, in all fairness and justice, should be borne by the public as a whole,' ... this Court, quite simply, has been unable to develop any 'set formula' for determining when 'justice and fairness' require that economic injuries caused by public action be compensated by the government, rather than remain disproportionately concentrated on a few persons. ... Indeed, we have frequently observed that whether a particular restriction will be rendered invalid by the government's failure to pay for any losses proximately caused by it depends largely 'upon the particular circumstances [in that] case'. ...
> In engaging in these essentially ad hoc, factual inquiries, the Court's decisions have identified several factors that have particular significance.»

Penn Central Transportation Co. v. New York City, 438 U.S. 104, 123–24 (1978) (Urteilszitate weggelassen).

sachverhaltsbezogen; die für die Praxis notwendigen Verallgemeinerungen und Schematisierungen werden über typische Sachverhalte und Fallgruppen herbeigeführt; die dogmatische Seite bleibt eher vernachlässigt.

Diese Realität muss im übrigen nicht Anlass sein, den Bereich der materiellen Enteignung zur Gänze dem Richter zu überlassen. Der Lehre bleibt die wichtige Aufgabe zugewiesen, dem am Einzelfall und am Präjudiz ausgerichteten richterlichen Vorgehen ein Gegenstück in Form einer Gesamtbetrachtung entgegenzustellen. Indem sie aus der ihr angestammten umfassenden Perspektive heraus argumentiert, kann sie den Richter vor der Gefahr bewahren, das Recht der materiellen Enteignung in unverbundene Fallgruppen zerfallen und zu einer Technik werden zu lassen. Anderseits zwingt die Pflicht zur Berücksichtigung der praktischen Aspekte die Lehre, die Auseinandersetzung nicht bloss auf einer allgemeinen – und damit unverbindlichen – Ebene zu führen, sondern zu den konkreten Problemen vorzudringen. Auf einen solchen fortgesetzten Dialog, bei dem jede Seite ihre besonderen Stärken ausspielt, ist das Entschädigungsrecht angewiesen. Es wird daraus an Geschlossenheit, Verständlichkeit, Praktikabilität und nicht zuletzt an Gerechtigkeit gewinnen.

Urteilsregister

Das Register verzeichnet die im Text berücksichtigten Urteile des Schweizerischen Bundesgerichts. Urteile kantonaler oder ausländischer Gerichte werden nicht angeführt.
Verwiesen wird auf die Seiten im Haupttext und allenfalls auf die dortigen Fussnoten (FN). Fettgedruckte Seitenzahlen bezeichnen jene Stellen, wo das betreffende Urteil mit einem Schwergewicht behandelt wird.

1856	ZSR 1860, III, 4–5	*Kammermann*	242 FN 49
1859	ZSR 1861, III, 22–28	*Wolfrath v. Eidgenossenschaft*	216 FN 33
1862	ZSR 1864, III, 38–43	*Inhaber der Fährengerechtigkeit Koblenz v. Nordostbahn*	242 FN 49
1876	BGE 2 91–97	*Huber v. Gemeinde Fluntern*	**20–21**; 22 FN 1; 26; 34
1877	BGE 3 256–62	*Alpgenossenschaft Redeten*	29 FN 5
	BGE 3 512–17	*Einwohnergemeinde Hüningen*	22 FN 1; 23
	BGE 3 683–87	*Bucher und Durrer*	33 FN 4; 94 FN 2
1878	BGE 4 380–96	*Gemeinde Finsterhennen*	33 FN 4
	BGE 4 464–76	*Wittwe Schaffner v. Kt. Basel-Stadt*	24 FN 9; 25 FN 13; 42 FN 18
	BGE 4 476–91	*Seeli & Cie v. Etat de Vaud*	25 FN 13
	BGE 4 598–602	*Imhof-Hotze v. Kt. Zürich*	33 FN 8
1879	BGE 5 388–99	*Imhof v. Kt. Basel-Stadt*	15 FN 5; 20 FN 7; 24 FN 9; **25**; 29 FN 7; 30 FN 11; 182; 260 FN 3
	BGE 5 536–39	*Renggli v. Kt. Luzern*	26 FN 15; 28 FN 1
1880	BGE 6 98–113	*Schindler*	22 FN 1; 29 FN 6, 8, 9; 33 FN 6
	BGE 6 156–62	*Borelli v. Ticino*	33 FN 5
	BGE 6 586–99	*Verdan v. Biel*	23; 29 FN 9, 10
1881	BGE 7 709–13	*Nordmann v. Biel*	24 FN 6; 30 FN 10
1882	BGE 8 134–43	*D. v. Ct. de Fribourg*	25 FN 13
	BGE 8 249–55	*Versicherungskasse Trub*	33 FN 4
1883	BGE 9 105–18	*Haldimann v. Staat Bern*	33 FN 6
	BGE 9 133–36	*Aunant v. Etat de Vaud*	33 FN 4

1885	BGE 11 90–106	Banca cantonale ticinese	33 FN 7
	BGE 11 112–25	Tirozzi v. Etat de Genève	25 FN 13
	BGE 11 480–85	Spiess v. Kt. Luzern	30 FN 11
1886	BGE 12 697–714	Ladame v. Etat de Neuchâtel	33 FN 5
1887	BGE 13 281–89	Tobler v. Einwohnergemeinde Bern	24 FN 6; 30 FN 10
	BGE 13 447–56	Broger v. Appenzell Innerrhoden	26 FN 17
1888	BGE 14 413–23	Appenzell Innerrhoden v. Broger	26 FN 17
	BGE 14 429–33	Wild v. Appenzell Innerrhoden	33 FN 10
1889	BGE 15 20–30	Stadtgemeinde St. Gallen	26 FN 17
	BGE 15 179–86	Spiess und Moser v. Kt. Zürich	33 FN 6
	BGE 15 735–43	Klingler	31 FN 12; 315 FN 29
1890	BGE 16 435–47	Laskowski v. Etat de Genève	33 FN 5, 7
	BGE 16 521–29	Hungerbühler & Möhl v. Gemeinde Romanshorn	24 FN 6; 30 FN 10; 315 FN 29
	BGE 16 693–709	Stadtgemeinde St. Gallen v. Appenzell Innerrhoden	**21**; **26–27**; 28; 30 FN 11; 59 FN 28
	BGE 16 709–20	Kummer	31 FN 12; 32; 233 FN 7; 315 FN 29
1891	BGE 17 52–60	Weitnauer v. Kt. Basel-Stadt	26 FN 15; 67 FN 16
	BGE 17 187–207	Spiess und Moser v. Kt. Zürich	33 FN 6
	BGE 17 544–56	Hoirie Terrisse v. Etat de Neuchâtel	31 FN 13; 61 FN 4
	BGE 17 789–800	Bund v. Gotthardbahngesellschaft	33 FN 7
1893	BGE 19 959–85	Caisse hypothécaire du Ct. de Fribourg v. Etat de Fribourg	33 FN 9
1894	BGE 20 63–67	Gaudy und Dormann v. Vereinigte Schweizerbahnen	33 FN 10
	BGE 20 321–28	Blättler v. Nidwalden	31 FN 12
	BGE 20 686–95	Riva e Albrizzi v. Ticino	33 FN 5
	BGE 20 790–97	Wasserfallen v. Etat de Neuchâtel	24 FN 9
1895	BGE 21 1027–34	Centralbahn v. Brunner-Wohler	28 FN 1
1896	BGE 22 616–30	Meyer und Keller v. Bundesfiskus	15 FN 5; 30 FN 11; **32**; 82 FN 17; 222 FN 16; 223 FN 22; **236**

	BGE 22 1012–24	Lussy v. Nidwalden	20 FN 6; 22–23; **27**; 29 FN 7; 233 FN 9
1897	BGE 23 II 1514–22	Röthlin v. Obwalden	24 FN 6; 29 FN 9
1898	BGE 24 II 257–72	Witwe Sutter v. Eidgenossenschaft	31 FN 14
	BGE 24 II 509–18	Dreyer v. Etat de Neuchâtel	30 FN 11; 61 FN 4; 216 FN 35
	BGE 24 II 946–55	Clavel v. Etat de Fribourg	33 FN 6
1900	BGE 26 I 72–78	Hasenfratz v. Thurgau	22 FN 1; 25 FN 13; 29 FN 7; 215 FN 23
	BGE 26 II 491–510	Betschart v. Nidwalden	15 FN 5; 22 FN 1; 27 FN 20, 21; 233 FN 9
1902	BGE 28 I 355–65	Decroux v. Ct. de Fribourg	33 FN 8
1903	BGE 29 I 390–96	Dame Charrière-Vuagnat v. Etat de Genève	33 FN 4; 214 FN 17
	BGE 29 II 428–51	Société pour l'exploitation des hôtels et eaux thermales de Lavey-les-Bains v. Vaud et Confédération	31 FN 15
1904	BGE 30 I 59–70	Fröbel v. Kt. Zürich	21 FN 11; 26 FN 16; 33 FN 8; 43 FN 2; 316 FN 32
1905	BGE 31 II 543–59	Koch-Zeller v. Kt. Basel-Stadt	15 FN 5, 8; 26 FN 15; **38–39**; 40 FN 10, 13; 58 FN 21; 67 FN 16; 288 FN 105, 106; 290 FN 117; 316 FN 32; 331; 344 FN 4
1908	BGE 34 I 90–97	Hotel Bucher-Durrer v. Nidwalden	52 FN 20; **94**; 314 FN 26; 318 FN 40
1909	BGE 35 I 439–47	Gesellschaft der Hotels Bucher-Durrer AG v. Barmettler	94 FN 1
	BGE 35 I 725–53	Kraftwerke Beznau-Löntsch AG v. Kt. Glarus (1. Urteil)	36 FN 3
1910	BGE 36 II 307–15	St. Niklausen-Bruderschaft v. Fiskus des Kts. Nidwalden	**39–40**; 40 FN 13; 55 FN 3; 60 FN 30; 289 FN 109
1911	BGE 37 I 503–35	Helvetia v. Graubünden	22 FN 1; 32 FN 2; 36 FN 3; **40–41**; 45; 47; 52 FN 20, 25; 55 FN 4; 58 FN 21, 22; 59–60; 233 FN 10; 332
1912	BGE 38 I 341–81	Kraftwerke Beznau-Löntsch AG v. Kt. Glarus (2. Urteil)	36 FN 3

	BGE 38 II 384–92	*Speck v. Kt. Zug*	41 FN 16; 48 FN 6; 55 FN 3; 58 FN 21
1913	BGE 39 I 73–78	*Brack v. Kt. Zürich*	60 FN 30
	BGE 39 I 549–57	*Widmer v. Kt. Zürich*	56 FN 10
1914	BGE 40 I 447–56	*SBB v. Hibbert*	58–59; 222 FN 15
1917	BGE 43 I 204–09	*Schuhfabrik AG Buochs v. Nidwalden*	98 FN 23
1918	BGE 44 I 158–73	*Weinmann v. Kt. Luzern*	36 FN 3; **43–44**; 48; 55 FN 5
1919	BGE 45 I 255–63	*Kanton Zürich v. Widmer*	**45–46**; **55–57**; 58 FN 22
1921	BGE 47 II 71–82	*Lombardi v. Confederazione*	31 FN 16; 35 FN 2; **41–42**; 45 FN 7; 58; 73 FN 16; 222 FN 17
	BGE 47 II 144–55	*Bernhard v. Eidgenossenschaft*	35 FN 2
	BGE 47 II 176–82	*Grünzweig v. Hürlimann*	35 FN 2; 42
	BGE 47 II 497–522	*Hunziker v. Eidgenossenschaft*	35 FN 2; 42
	BGE 47 II 522–28	*Ramseyer v .Eidgenossenschaft*	35 FN 2; 42
1922	BGE 48 I 580–615	*Meyenberg v. Kt. Zug*	1 FN 2; 36 FN 3; **44–45**; 48; 50 FN 13; 52 FN 25; 55 FN 6; 57; 58 FN 22; 60 FN 30; 75 FN 22; 239 FN 41
1923	BGE 49 I 56–72	*Bory Frères v. CFF*	222 FN 18; 223 FN 20
	BGE 49 I 555–86	*Kt. Unterwalden ob dem Wald v. Elektrizitätswerk Luzern-Engelberg AG*	60 FN 30
1925	26. Juni Zbl 1925, 492–94	*Lugon-Moulin v. SBB et Entreprise Dubuis, Dupont, Gianadda & Cie*	59 FN 27
1929	BGE 55 I 397–406	*Zinggeler v. Kt. Zürich*	4 FN 10; 22 FN 12; 36 FN 3; 45 FN 8; **49–52**; 54; 55 FN 7; 62; 63; 65 FN 8; 72 FN 14; 75 FN 22; 152 FN 25; 153 FN 26; 154; 221 FN 10, 14; 233 FN 9; 261 FN 8; 266; 313 FN 19; 346
1930	BGE 56 I 256–78	*Thurgauische Vereinigung für Wahrung der Interessen der Grundbesitzer am Bodensee, Untersee und Rhein v. Thurgau*	51 FN 17–18; 57 FN 17
1931	23. Oktober	*Cherbulliez v. Vaud*	45 FN 9; 183 FN 2; 214 FN 12; 322 FN 55

1932	19. Februar	Gadola v. Einwohnergemeinde Bern	**64–65**; 68 FN 21; 284 FN 86; 286 FN 96
1933	7. Juli	Götschi v. Obwalden	63 FN 3; 64 FN 4; **65–66**; 68; 213 FN 3; 266 FN 2; 268 FN 13; 313 FN 21; 315 FN 29; 319 FN 43; 356 FN 16
1935	BGE 61 I 225–33	Bürgisser v. Kt. Zürich	98 FN 23; 238 FN 36
	11. Juli	Fankhauser v. Kt. Bern	64 FN 4; **66**
1936	BGE 62 I 9–14	Konkursmasse der Bau- und Handelsgenossenschaft Neuenhof v. Stadtgemeinde Zürich	59 FN 27
	11. Dezember	Stebler v. – Thun und Bern, Appellationshof – Thun und Bern, Regierungsrat	64 FN 4; **67–68**; 268 FN 13; 344 FN 4
1937	15. Juli	Einwohnergemeinde Beinwil v. Aargau	64 FN 4; 68; 70 FN 6
1939	16. Juni Zbl 1940, 76–78	Bürgenstock-Hotels-AG v. Nidwalden	**94–95**; 314 FN 26; 318 FN 40
1941	28. März Zbl 1941, 153–55	Daccord v. Lausanne	183 FN 2; 215 FN 18; 321 FN 53
	18. Juli «Strasse und Verkehr» 1942, Beilage «Landes-, Regional- und Ortsplanung», S. 41–46	Wettstein und Suter v. Kt. Zürich	4 FN 11; 5; 64 FN 4; 68 FN 19; **69–77**; 87 FN 41; 91–92; 100; 152 FN 25; 154; 275
1942	BGE 68 I 153–59	Sernf-Niederenbach AG und Hefti v. Kt. Glarus	98 FN 23
1943	BGE 69 I 234–43	Gemeinschaft der Erben Müller-Haiber v. Einwohnergemeinde Solothurn	63–64; 68 FN 20; **69–77**; 84 FN 23, 24; 89 FN 47; 90 FN 50; 97; 98 FN 20; 100; 117; 152 FN 25; 154; 267; 289 FN 110; 292; 296; 313 FN 22; 318 FN 41; 324 FN 64; 356 FN 16
	12. März	Boden- und Effekten AG v. Kt. Zürich	64 FN 4
1944	BGE 70 II 31–47	Bezirksgemeinde Ennetbürgen v. Bürgenstockbahn AG	94 FN 1; 95 FN 6
1945	BGE 71 I 433–43	Cretegny v. Ct. de Genève	**95**; 314 FN 26; 315 FN 29; 318 FN 40

1946	3. Juni ZSR 1947, 408a–18a	*Le Fort v. Vaud*	78 FN 2; 79 FN 5; 85 FN 25, 30; **86–87**; **91**; 97; 246 FN 2; 267 FN 3; 306 FN 46; 315 FN 29; 356 FN 16
1947	20. März AGVE 1948, 422–34	*Reformierte Teilkirchgemeinde Möriken v. Aargau*	78 FN 2; 79 FN 6; 98 FN 19, 24; 99 FN 25; 215 FN 21; 319 FN 43
1948	BGE 74 I 41–50	*v. Schulthess v. Gemeinde Jona*	95 FN 9
	BGE 74 I 147–56	*Witwe Lips-Meier v. Gemeinde Uitikon*	79 FN 9
	BGE 74 I 465–76	*Société Romande d'Electricité v. Vaud*	**96**; 233 FN 7; 237 FN 23; 239 FN 38; 314 FN 25
	29. April	*Kunz v. Ollon*	78 FN 3; 79 FN 5; 85 FN 25, 26; 86 FN 33; **88–89**; 98 FN 19; 284 FN 86; 316 FN 32
	11. November Zbl 50, 117–19	*Buser v. Kt. Basel-Land*	78 FN 2; 79 FN 5; 85 FN 27, 28; 89 FN 48; **92–93**
1949	14. September	*Weber und Toggenburger v. Kt. Zürich*	78 FN 3; 79 FN 7; 214 FN 10; 284 FN 88
1950	BGE 76 I 329–37	*Rüesch v. Ennetbaden*	79 FN 9
	25. Januar Zbl 1950, 229–31	*Scotoni-Gassmann AG v. Wallisellen*	78 FN 2; 79 FN 6
	25. Januar Zbl 1950, 451–56	*Bässler v. Kt. Baselland*	78 FN 2; 79 FN 7; 87 FN 41; **96–97**; 215 FN 25; 222 FN 19; 223 FN 22; 227 FN 34; **238 FN 36**; 243 FN 53
	22. März Zbl 1950, 308–17	*Messikommer v. Kt. Zürich*	79 FN 6; 98 FN 19, 24
1951	BGE 77 I 211–25	*Rosenberger v. Stadt Zürich*	79 FN 9
	21. Februar	*Krieger & Mozzatti v. Kt. Luzern*	78 FN 3; 79 FN 5; 85 FN 25, 31; 88 FN 42; 284 FN 86; 344 FN 4
1952	19. März Zbl 1952, 185–87	*Pfirter v. Gemeinde Pratteln*	78 FN 2; 79 FN 5; **81–82**; 85 FN 25, 28; 215 FN 19
	18. Juni	*Bäggli v. Kt. Zürich*	78 FN 3; 79 FN 6; 89 FN 47; 98 FN 19; 288 FN 105; 313 FN 19
	3. Dezember Zbl 1953, 273–78	*Frei v. Kt. St. Gallen*	215 FN 26; 238 FN 36

1953	BGE 79 I 199–208	Gebrüder Werlen v. Eidgenossenschaft	**96–97**; 223 FN 22; 235 FN 18; 243 FN 53
	BGE 79 I 230–40	Sager v. Gemeinde Rothrist	137 FN 71
	17. Juni Zbl 1954, 124–28	Bremgartner v. Gemeinde Ennetbaden	137 FN 71
	21. Oktober Zbl 1954, 361–63	Richner v. Gemeinde Lenzburg	137 FN 71
1954	2. März Zbl 1955, 120–25	K. v. Gemeinde G.	89 FN 46; 98 FN 19; 215 FN 20
1955	BGE 81 I 274–86	Büchel v. Kt. St.Gallen	**15**
	BGE 81 I 340–50	Spiess v. Kt. Zürich	79 FN 6; 98 FN 19, 21; 98 FN 24; 99 FN 25
	6. April Zbl 1955, 360–64	Scheuber v. Nidwalden	78 FN 2; 79 FN 8; **81**; 215 FN 24
	21. Dezember Zbl 1956, 278–84	Schiess v. Stadt St.Gallen	79 FN 6
1956	BGE 82 I 157–67	Egger v. Winterthur	78 FN 1; 79 FN 6; **88**; 268 FN 13; 275 FN 45; 284 FN 86; 286 FN 96; **306 FN 44**
1958	BGE 84 I 167–78	Ries v. Vaud	79 FN 6; 99 FN 25
	25. Juni BJM 1959, 143–53	Schlemmer v. Kt. Basel-Stadt	99–100
1959	BGE 85 I 32–39	Teno AG und City Umbau AG v. Stadt Zürich	233 FN 9; **234**; 236
	17. Juni Zbl 1960, 281–85	Liberalsozialistische Partei Basel v. Kt. Basel-Stadt	300 FN 28
	2. Dezember Zbl 1960, 161–67	Meier v. Gemeinde Metzerlen und Kt. Solothurn	74 FN 17, 19; 78 FN 2; 79 FN 8; **82**; 88 FN 42; 223 FN 21; 233 FN 8; 243 FN 53
1960	11. Mai Zbl 1961, 69–80	Keller und Meier v. Zurzach	1 FN 1; 79 FN 9; 100 FN 29; 216 FN 31
1961	BGE 87 I 362–64 Zbl 1961, 562–65	Staub v. Gesundheitsbehörde Wetzikon	**83**; 183 FN 2; 214 FN 13; **322 FN 55**
	12. Juli Zbl 1961, 521–24	Grogg v. Einwohnergemeinde Thunstetten	78 FN 2; 79 FN 7, 9; 90 FN 48; 213 FN 5; 283
1962	BGE 88 II 10–18	Pauli v. Patinoire artificielle du Val-de-Travers	322 FN 55

1963	BGE 89 I 381–88	Chappuis v. Vaud	75 FN 20; 78 FN 1; 79 FN 6; **87**; **92**; 98 FN 22; 106 FN 5, 6; 107 FN 9; 268 FN 14; 269 FN 15, 19; 289 FN 110; 314 FN 23; 319 FN 43; 345 FN 9; 356 FN 16
	BGE 89 I 460–64	SI Rue du Puits-St-Pierre 2 v. Ct. de Genève	72 FN 12; 78 FN 1; 79 FN 7; 91 FN 56; 101 FN 6; 214 FN 15; 290 FN 117; 345 FN 10
	20. Februar Zbl 1963, 404–09	Rohrer J.F. AG v. Romanshorn	79 FN 7; 86 FN 35; 290 FN 114
1965	BGE 91 I 329–39 Zbl 1967, 69–77	Barret v. Ct. de Neuchâtel	4; 5; 39 FN 8; 71 FN 11; 77 FN 29; 92 FN 59; 93; **105–12**; **113–16**; 128–29; 202–03; 214 FN 7; 267; 270 FN 24; 271 FN 28; 276; 277–78; 279; 296–97; **299–302**; 306; 307
	BGE 91 II 100–07	Tanner v. Loder	219 FN 2
1966	BGE 92 I 66–72 Zbl 1966, 378–81	Dr.A.Wander AG v. Bürki und Staat Bern	118 FN 3; 220 FN 3
	BGE 92 I 369–81	Gemeinde Celerina v. Sinimar AG	137 FN 71
	BGE 92 I 503–16	Hell v. Gemeinde Reinach	137 FN 71
	26. Januar	Rudin v. Birsfelden	118 FN 5; 119 FN 12; 123; 275 FN 44; 288 FN 106
1967	BGE 93 I 130–54	Erben Schulthess & Erben Bäggli v. Kt. Zürich	118 FN 3; 129 FN 42; 187; 189 FN 35, 36; **192–94**; 252 FN 2; 328 FN 7
	BGE 93 I 338–44	Fricker v. Gemeinde Meggen	**114–15**; 118 FN 2; 119 FN 12; 123; 220 FN 5; 275 FN 45; 284 FN 85; 315 FN 28
	BGE 93 I 638–47	Raduner & Co. AG v. Thurgau	237 FN 26
	BGE 93 I 708–16	Société suisse des maîtres imprimeurs, Section genevoise v. Ct. de Genève	114 FN 5; 118 FN 2; 119 FN 12; **124–125**; 127 FN 34; 215 FN 29; 221 FN 12; 232 FN 6; 233 FN 8; 276; 277 FN 55; 290 FN 114; 318 FN 42; 319 FN 45
1968	BGE 94 I 286–303	Werren v. Vaud	39 FN 8; 222 FN 15; 332 FN 25
	BGE 94 I 446–51	Impérial Watch AG v. Valais	238 FN 33
	BGE 94 I 628–44	Perles AG v. Eidgenossenschaft	219 FN 1

	8. Mai Zbl 1968, 446–53	*Imhof v. Winterthur*	118 FN 4; 290
	5. Juni Zbl 1969, 317–23	*Burckhardt v. Gemeinde Niederhasli*	118 FN 4
1969	BGE 95 I 308–12	*Rossetti v. Ticino*	235 FN 18
	BGE 95 I 453–62	*Genossenschaft Zentralschweizer Metzgermeister v. Gemeinde Köniz*	85 FN 29; 114; 118 FN 2; 119 FN 12; 123; 315 FN 28
	BGE 95 I 546–55	*Schild Tuch AG v. Gemeinde Zug*	305 FN 42
1970	BGE 96 I 123–30	*Zwyssig v. Obwalden*	54 FN 2; 114; 116–17; 118 FN 2; 119 FN 12; 124 FN 25; 153; **183–84**; 221 FN 11; 308 FN 3; 322 FN 56; 325 FN 69; 332
	BGE 96 I 282–92	*Kanton Zürich v. Gebr. Abegg*	197 FN 64; 239 FN 38
	BGE 96 I 350–64	*Frei v. Kt. Zürich*	115; 118 FN 2; 119 FN 12; 148 FN 8; **183–84**; 186 FN 20; 214 FN 10; 220 FN 7; 229 FN 10; 308 FN 1, 3; 322 FN 59; 324 FN 65
	BGE 96 I 552–56	*Suard v. Ct. de Fribourg*	198 FN 65
	BGE 96 I 718–28	*Grossert v. Jagdgesellschaft Niederhasli-Niederglatt*	197 FN 63; 198 FN 65; 238 FN 30
1971	BGE 97 I 112–16	*Baumann v. Gemeinden Horgen und Hirzel*	118 FN 3
	BGE 97 I 349–52	*Erben der Anna Bader v. Staat Zürich*	118 FN 3
	BGE 97 I 602–04	*Sticher v. Gemeinde Müswangen*	278 FN 59
	BGE 97 I 624–29	*Mangana AG v. Murten*	118 FN 3; 188 FN 32, 33; 228 FN 3; 229 FN 10
	BGE 97 I 632–38	*Mühlematter und Knöpfel v. Lausanne*	115; 118 FN 2; 119 FN 12; 121; 123 FN 20; **125–26**; 128; **142–43**; 275; 276; 283; 288 FN 108; 316 FN 34
	BGE 97 I 792–808	*Reutemann v. Stadt Zug*	118 FN 2; 124 FN 25; 215 FN 22; 254 FN 10
	BGE 97 I 809–20	*Gerber und Wimmer v. Einwohner- gemeinde Muri BE*	118 FN 3; 189 FN 36; 193 FN 49; **194**
	BGE 97 II 25–37	*Kanton Aargau v. Kanton Zug*	237 FN 27
	17. Februar Zbl 1971, 473–79	*Gemeinde Landschaft Davos v. Seiler*	186 FN 21; 325 FN 70

1972	BGE 98 Ia 381–88 Zbl 1972, 493–97	Sigg v. Staat Zürich	115; 118 FN 2; 119 FN 12; 129 FN 42; **130–33**; 134 FN 61; 135; 136 FN 70; 137 FN 71, 73; 145 FN 107; 187 FN 28; 203 FN 9; 328 FN 7; 330 FN 16; 344 FN 6
	BGE 98 Ia 584–95	Schneiter v. Vaud	214 FN 17
	BGE 98 Ia 659–66	Immobiliengesellschaft Mühleplatz Luzern AG v. Kt. Luzern	237 FN 25
1973	BGE 99 Ia 110–12	Etat de Neuchâtel v. Dame Barret	17 FN 22; 118 FN 3
	BGE 99 Ia 364–69	Hoirs Chapallaz v. Nyon	118 FN 2; 119 FN 12; 257 FN 21; 315 FN 28
1974	BGE 100 Ia 223–31	Egloff v. Niederrohrdorf	314 FN 27
1975	BGE 101 Ia 224–230	Würth v. Gemeinde Thal	118 FN 2; 119 FN 12; 134 FN 61; **135 FN 63**; 136 FN 66, 69, 70; **142–43**; 145 FN 107; 256 FN 18; 283; 286 FN 97
	BGE 101 Ia 328–31	SI Perly-Soleil v. Ct. de Genève	218 FN 38
	BGE 101 Ia 443–50	VPOD v. Basel-Land	198 FN 65; 237 FN 23; 238 FN 35
	BGE 101 Ia 467–73	Roulet v. Etat de Neuchâtel	118 FN 2; 119 FN 12; 135 FN 62; 137 FN 74; 138 FN 76; 145 FN 107; 229 FN 10; 286 FN 95
	BGE 101 Ib 52–55	Département fédéral de justice et police v. Dutoit	16; 118 FN 3; 149 FN 11
	BGE 101 Ib 56–64	EG Neuenhof v. SBB	232 FN 5, 6
	BGE 101 Ib 64–70	Hoeffleur v. Kt. Zug	147 FN 5; 169 FN 52; 204
	BGE 101 Ib 166–70	Säurefabrik Schweizerhall v. Basel-Land	321 FN 54
	BGE 101 Ib 189–97	EDI v. Marugg	147 FN 5; 150 FN 16; 204 FN 15
	BGE 101 Ib 277–91	FFS v. Plastex di Alberto Greco	118 FN 2; 119 FN 11; **126 FN 32**; 128 FN 39; 164 FN 29; 229 FN 10; 268 FN 14; 269 FN 19; 300 FN 25; 313 FN 22; 333 FN 29

1976	BGE 102 Ia 122-31	Erben Monneron v. Gemeinde Männedorf	118 FN 2; 119 FN 12; 140 FN 86; 145 FN 107; **234-36**
	BGE 102 Ia 243-53	Neef-Schäfer v. Kt. Basel-Stadt	118 FN 3; 218 FN 38; 327 FN 4; **330 FN 16**; 340
	BGE 102 Ia 331-39	Surpunt Immobilien AG v. Flims	326 FN 2
	BGE 102 Ia 438-52	Meier-Engler v. Stadt Zürich	198 FN 65
	30. Januar	Département fédéral de justice et police, Etat de Vaud et Commune de Buchillon v. Collomb	118 FN 5; 119 FN 12; 140 FN 85; 145 FN 107; 255 FN 15
1977	BGE 103 Ia 250-58	Neuhaus v. Gemeinde Gretzenbach	305 FN 42
	BGE 103 Ia 417-26	Schweizer v. Kt. Schaffhausen	300 FN 27
	BGE 103 Ib 210-26	Einwohnergemeinde Bern v. Ruckstuhl	16; 17 FN 21, 22; 118 FN 2; 119 FN 11; 134 FN 58, 60, 61; 135 FN 64; 136 FN 67; 139 FN 78; 149 FN 12; 176 FN 81; 189 FN 36; **190-192**; 224 FN 26; 314 FN 23; 331 FN 17; 336; 356 FN 16
	BGE 103 Ib 293-96	Aérodrome régional de Montreux SA v. Vaud	133 FN 55; 278 FN 59
	23. Februar	Chollet et de Mestral v. Vaud	118 FN 5; 119 FN 11; 126 FN 33; 127 FN 34; 134 FN 60; 136 FN 67; 139 FN 78, 80; 176 FN 81; 290 FN 114; 290 FN 116; 314 FN 23
	23. März BVR 1977, 451-54 Zbl 1977, 553-59	Erben Rutsch v. Kirchlindach	118 FN 4; 119 FN 12; 133 FN 55; 134 FN 61; 136 FN 69; 139 FN 79, 81, 83; **143**; 335 FN 33; 337 FN 41; 145 FN 107
	27. April Zbl 1978, 18-24	zur Gilgen v. Kt. Luzern	118 FN 4; 119 FN 12; 140 FN 87; 145 FN 107; 272 FN 33
	21. Oktober	Ct. de Neuchâtel v. Borioli	107 FN 7; **112**; 118 FN 5; 119 FN 11; 126 FN 33; 128 FN 40; 134 FN 59, 60, 61; 136 FN 68; 139 FN 78; 184 FN 10; 214 FN 7; 292; 314 FN 23
1978	BGE 104 Ib 79-86	Eberle v. Kt. St. Gallen	193 FN 49
	BGE 104 Ib 374-77	Schnellmann AG v. Kt. Schwyz	147 FN 6

	21. März	*Coderey v. Commune de Lutry*	118 FN 5; 119 FN 12; 136 FN 69; **139 FN 78**; **144 FN 104**; **145 FN 109**; 176 FN 80; 273
	15. November Zbl 1979, 534–43	*Köchli AG v. Kt. Zürich*	115 FN 12; 118 FN 4; 119 FN 12; 134 FN 61; 137 FN 71; 139 FN 79; 145 FN 107; **294 FN 133**
	5. Dezember	*Crot v. Commune de Lutry*	118 FN 5; 119 FN 12; 176 FN 80
1979	BGE 105 Ia 134–48	*Hausbesitzer-Verein Basel v. Kt. Basel-Stadt*	243 FN 54
	BGE 105 Ia 219–23	*Blaser v. Thun*	235 FN 18; 238 FN 36
	BGE 105 Ia 330–44	*Meier, Stock und Hartmann v. Gemeinde Zizers*	54 FN 2; 113 FN 1; 115; 117; 118 FN 2; 119; 127 FN 36; 144 FN 103; 147 FN 7; 148 FN 10; **149–58**; 160; 164 FN 32; 168 FN 47, 48; 171 FN 57; 172; 174; 176–77; 180 FN 95, 96, 99; 185; 192; 196; 201 FN 2; **202–05**; 206 FN 23; 214 FN 7; 260 FN 3; 282; 312 FN 16; 315 FN 29; 327 FN 4; 330 FN 16; 336 FN 40; 337 FN 41; 342; **349–50**
	14. Februar BVR 1979, 380–87	*Stalder v. Bolligen*	118 FN 4; 119 FN 12; 121 FN 16; 134 FN 61; 139 FN 79, 82, 83; 141 FN 89; 149 FN 13, 14; 330 FN 16; 335 FN 33; 337 FN 41; 344 FN 6
	30. Mai Zbl 1980, 354–58	*Haas v. Gemeinde Knonau*	118 FN 4; **185**; 186 FN 22; 214 FN 6; 309 FN 3; 322 FN 60; 324 FN 65; 325 FN 70
	11. Juli	*Schmid v. Neuenegg*	118 FN 5; 119 FN 12; 121 FN 16; 134 FN 61; 136 FN 70; 137 FN 73; 139 FN 83; 140 FN 88; **141**; **144**; 145 FN 107, 108; 149 FN 13, 14; 153; 165; 176 FN 80; 335 FN 33; 337 FN 41
1980	BGE 106 Ia 163–76	*Graf und Erni v. Kt. Luzern*	197 FN 63; 198 FN 65; 237 FN 23; 238 FN 35; 239 FN 41; 326 FN 2

BGE 106 Ia 184–90	Krönert v. Herisau	166 FN 35, 36; 168 FN 45; 179 FN 90; 330 FN 16; 335 FN 34
BGE 106 Ia 254–62	Aeppli v. Kt. Zürich	198 FN 65
BGE 106 Ia 262–67	Maurer v. Staat Zürich	117; 120 FN 14; 214 FN 14; 221 FN 9; 253 FN 8; 279 FN 63; 293 FN 131; 322 FN 57; 324 FN 64, 67
BGE 106 Ia 342–55	X. v. Aargau	300 FN 27
BGE 106 Ia 355–63	Groupe Action Prison v. Ct. de Genève	198 FN 65
BGE 106 Ia 369–83	Baumberger v. Wettingen	113 FN 1; 145 FN 109; 168 FN 45, 48; 174 FN 68; 320 FN 46; 337 FN 42; 279 FN 66; 321 FN 52
BGE 106 Ib 223–31	Kanton Zürich v. Anton Bonomos Erben Immobilien AG	253 FN 8
BGE 106 Ib 231–41	Hüsler v. Staat Bern	224
BGE 106 Ib 241–51	Zimmermann v. Kt. Zürich	235 FN 18
BGE 106 Ib 330–35	Gebr. Thomann & Co. v. Gemischte Gemeinde Röschenz	**185–86**; 214 FN 11; 309 FN 3
BGE 106 Ib 336–41	Aarberg v. Hurni	**185–87**; 309 FN 3; 314 FN 24; 322 FN 58; 325 FN 69; 356 FN 16
5. November RDAF 1982, 137–41	Mallet v. Ct. de Genève	120 FN 14; 214 FN 14; 279 FN 63; 324 FN 64
3. Dezember Zbl 1982, 132–33	Buess v. Gemeinde Wenslingen	188 FN 32
1981 BGE 107 Ia 35–41	Chemische Fabrik Ütikon v. Gemeinde Full-Reuenthal	260 FN 3
BGE 107 Ia 193–98	X. v. Caisse des pensions de l'Etat de Neuchâtel	238 FN 32
BGE 107 Ib 140–50 Zbl 1981, 537–48	Kraftwerke Ilanz AG v. Graubünden	**198–200**; 216 FN 32; **239–40**
BGE 107 Ib 160–67	R. v. Kantonsgericht Schwyz	293 FN 128
BGE 107 Ib 219–28	Meikirch v. Hodel	133 FN 57; 162 FN 19, 21; 166 FN 35, 36; 179 FN 91; 330 FN 16; 335 FN 35; 337 FN 43; **344**

	BGE 107 Ib 229–33 Zbl 1982, 81–88	Messner v. Gemeinde Hombrechtikon	17 FN 20; 166 FN 36; 179 FN 91; 192 FN 45
	BGE 107 Ib 334–40	Fischer v. Gemeinde Marthalen	180 FN 97; 305 FN 42
	BGE 107 Ib 380–86	Kocher v. Commune d'Orbe	17 FN 20; 91 FN 56; 127 FN 34; **162–63**; 164; 196 FN 60; 206 FN 19; 253 FN 7; 256 FN 18; 270; 286 FN 96; 289 FN 110; 290 FN 114; 297 FN 11; 300 FN 23; **306 FN 44**; 314 FN 23; 315 FN 29; 319 FN 43; 356 FN 16
1982	BGE 108 Ia 135–39	Hosig v. Chur	198 FN 65
	BGE 108 Ib 334–45	Sarnen v. Abegg	188 FN 32; 194 FN 52, 54; 195 FN 56
	BGE 108 Ib 345–52	La Soliva Immobiliare SA v. Politische Gemeinde Celerina	166 FN 35, 36; 179 FN 92; 320 FN 46; 332; 335 FN 33, 35; 337 FN 42; 345 FN 7
	BGE 108 Ib 352–59 BVR 1983, 203–25	Wohlen v. Bergmann	61 FN 1; 162; 163; 168 FN 45, 49; 169 FN 50; 171 FN 57; 174 FN 68; 177 FN 85; 179 FN 93; 187 FN 29; 196 FN 60; 218 FN 38; 224 FN 26; 228 FN 3; 232 FN 10; 273 FN 35; 281 FN 73; 330 FN 16; 342 FN 64; 345 FN 7
	BGE 108 Ib 492–98	Maurino SA v. Cantone Ticino	321 FN 54
	30. Juni Zbl 1982, 441–44	Erben Dangel v. Sils i.E.	159 FN 7; 168 FN 45; 179 FN 93; 187 FN 25; 337 FN 42
	22. September Zbl 1983, 77–81	Einwohnergemeinde Aesch v. Reisdorf	166 FN 36; 171 FN 57; 172 FN 60; 175 FN 72; 179 FN 90; 181 FN 100; 260 FN 3; 330 FN 16; 344 FN 6
	22. September	Gemeinde Domat/Ems v. Emser Werke AG	169 FN 50; 255 FN 15
	20. Oktober RDAT 1983, 132–36	Bächtold v. Comune di Cadempino	187 FN 25; 268 FN 14; 284 FN 85; 288 FN 108
	20. Dezember Zbl 1983, 371–75	Gesellschaft Sonnenboden und zum Berg Wyl v. Seelisberg	171 FN 57; 179 FN 90; **305 FN 43**; 335 FN 33
1983	BGE 109 Ia 113–15	Arbau AG v. Teufen	260 FN 3; 326 FN 2; 327 FN 4

BGE 109 Ia 188–93	*Erbengemeinschaft Candrian v. Gemeinde Flims*	167 FN 42
BGE 109 Ib 13–20	*Einwohnergemeinde Bern v. Ida Schenk-Käser*	113 FN 1; 165 FN 33; **177–78**; 179 FN 93; 180 FN 96, 99; 181 FN 103; 182 FN 104; 188 FN 29; 314 FN 23; 336; 356 FN 16
BGE 109 Ib 20–26	*Zwieb v. Gemeinde Flims*	129; 159 FN 7; 167 FN 39, 42; 168 FN 45; 175 FN 76; 213 FN 3; 279; 288 FN 107; 291; 292 FN 125, 126; 316 FN 33
BGE 109 Ib 26–43	*Kieswerk Rothenbrunnen AG v. Kanton Graubünden*	235 FN 18
16. März, teilw. publ. in BGE 109 Ib 114–15	*Staat Zürich v. Hofstetter*	1 FN 2; 17 FN 23; 131 FN 49; 161 FN 13; **163**; 164; 273 FN 35; 277; 284 FN 89, 90; 286 FN 97; 300 FN 23
BGE 109 Ib 116–21	*Guler v. Gemeinde Klosters*	159 FN 5; 176 FN 77; 215 FN 28; 221 FN 8; 253 FN 4; **256**; 288 FN 106; 315 FN 28; 316 FN 32
BGE 109 Ib 257–67	*Stornetta v. Comune di S. Antonino*	195 FN 56; 197 FN 61
BGE 109 Ib 268–76	*Kresse v. Staat Zürich*	253 FN 4; 255 FN 13
16. Februar Zbl 1984, 324–28	*Estavayer-le-Lac v. Ct. de Fribourg*	1 FN 2
16. März	*Stadt Winterthur v. Bachmann*	252 FN 3; 253 FN 5
14. Dezember Zbl 1984, 366–68	*Felaria SA v. Gemeinde Celerina*	160; 176 FN 77; 268 FN 14; 275 FN 45, 46; 283 FN 80; 284 FN 85; 288 FN 108; 315 FN 28
1984 BGE 110 Ia 7–27	*Hegetschweiler v. Kt. Zürich*	303 FN 38
BGE 110 Ia 51–55 Zbl 1984, 461–64	*Gemeinde Elsau v. Winterthur Lebensversicherungsgesellschaft*	180 FN 97
BGE 110 Ib 29–37	*Gemeinde Oberstammheim v. Farner*	161 FN 15, 16; 163 FN 27; 168 FN 47, 49; 171 FN 57; 207 FN 26; 270 FN 22, 23; **298 FN 13**; 320 FN 46
BGE 110 Ib 43–52	*Buob v. Kt. St. Gallen*	332 FN 25

BGE 110 Ib 59–62	Etat de Neuchâtel v. Zbinden	214 FN 11; 220 FN 3
BGE 110 Ib 160–65 Zbl 1985, 35–41	Kant. Fischereiverein Graubünden v. Kraftwerke Ilanz AG	198 FN 67; 200 FN 76; 216 FN 32
BGE 110 Ib 255–60	Philipp v. Gemeinde Savognin	194 FN 54
BGE 110 Ib 359–63	Staat Wallis v. Erben Schwestermann	159 FN 5; 253 FN 7; 284 FN 86
14. März Zbl 1984, 554–57	Gemeinde Segl/Sils v. Feller	169 FN 50; 255 FN 15; 270 FN 22
30. März Zbl 1986, 368–74	von Düring v. Kt. Luzern	243 FN 53
13. Juni Zbl 1984, 507–11 BVR 1984, 409–16	de Giorgi v. Wohlen BE	167 FN 41; 168 FN 45; 169 FN 52; 177 FN 85; 179 FN 93; 180 FN 98, 99; 181 FN 100; 205 FN 18; 330 FN 16; 332; 335 FN 34
20. Juni BVR 1984, 461–66	Mathys v. Köniz	219 FN 2; 292 FN 122
19. September BVR 1985, 26–37	Erben Wegmüller v. Einwohnergemeinde Rüdtlingen-Alchenflüh	170 FN 56; 286 FN 98
2. Oktober BVR 1985, 80–84	Neiger v. Langnau und Staat Bern	187 FN 25; 216 FN 34
21. November Zbl 1985, 211–16	Müller v. Gemeinde Landschaft Davos	160; 167 FN 41; 168 FN 47; 169 FN 52; **177–78**; 179 FN 93; 180 FN 95; 181 FN 100; **202–03**; 206 FN 23; 275 FN 43; 283; 288 FN 108; 305 FN 43; 337 FN 43
1985 BGE 111 Ib 81–85	Etat de Neuchâtel v. Hoirs J.	189 FN 35, 36
BGE 111 Ib 257–69	Neeff und Heusler v. Kt. Basel-Stadt	17 FN 20; 149 FN 4; 160 FN 12; 209 FN 31; 214 FN 16; 254 FN 11; 270 FN 23; 272 FN 33; 273 FN 36; **274**; **275**; 280 FN 71; 284 FN 87, 90; 316 FN 34
BGE 111 Ib 269–79	Gemeinde Eggersriet v. Anderegg	188 FN 33; 189 FN 34; 221 FN 13
13. Februar	Berner v. Gemeinde Rheinfelden	198 FN 65
10. April Zbl 1985, 498–504	Geschwister Imhof v. Kirchgemeinde Attinghausen	197 FN 63; 199–200; 237 FN 23; 238 FN 31; 239 FN 40, 41; **241**; 326 FN 2

	4. September Zbl 1986, 448–50	L. v. Gemeinde Hölstein	195 FN 56; 315 FN 28
1986	BGE 112 Ia 155–60	Silberschmidt v. Ermatingen	167 FN 42
	BGE 112 Ia 275–81	Gemeinde Sent	199–200; 229 FN 8; 238 FN 31; **241**
	BGE 112 Ib 105–19	Rothuizen v. Commune de Commugny	113 FN 1; 165 FN 33; 173 FN 64; 174 FN 68; 182; 220 FN 4; 273; 290 FN 116; 314 FN 23; 319 FN 43; 356 FN 16
	BGE 112 Ib 124–28	X. AG v. Eidgenossenschaft	321 FN 54
	BGE 112 Ib 263–70	Schuchter v. Politische Gemeinde St.Gallen	159 FN 4; 163; 176 FN 77; 209 FN 31; 214 FN 16; 220 FN 6; 221 FN 13; 272 FN 33; 284 FN 87, 90; 303 FN 36; 332; 345 FN 8
	BGE 112 Ib 322–33	Y. v. Kt. Basel-Landschaft	227 FN 35
	BGE 112 Ib 388–96	Prosima Immobilien AG v. Gemeinde Tägerwilen TG	165 FN 33; 166 FN 36; 179 FN 92; 181 FN 100; 207 FN 24; 335 FN 35; 337 FN 43
	BGE 112 Ib 396–404	Einwohnergemeinde Dulliken	160 FN 9; 168 FN 47; 171 FN 57; 179 FN 93; 180 FN 99; 181 FN 100; **201 FN 2**; 334 FN 31; 335 FN 35; 337 FN 43
	BGE 112 Ib 485–96	Erbengemeinschaft Benoit v. Biel	164 FN 28; 168 FN 45; 169 FN 51; 179 FN 93; 180 FN 94; 181 FN 103; 194 FN 54; **196 FN 58**; 318 FN 41
	BGE 112 Ib 496–513	Locarno v. Balli	159 FN 6; 190 FN 40; 195 FN 56; 197 FN 61
	BGE 112 Ib 526–31	Etat de Berne v. Hoirie B.	345 FN 10
	18. Januar BVR 1986, 247–53	Erben Müller v. Hilterfingen	243 FN 53
	5. Februar Zbl 1987, 70–74	Häuptle v. Scharans	168 FN 47; 188 FN 29; 344 FN 4
	1. Dezember Zbl 1987, 549–52	B. v. Gemeinde Tägerwilen TG	168 FN 47, 48; 179 FN 92

1987	BGE 113 Ia 119–26	*G. et B. v. G. et Ct. de Genève*	278 FN 62; 329 FN 14
	BGE 113 Ia 353–57	*Eheleute X. v. Aargau*	224 FN 24
	BGE 113 Ia 357–62	*Stadt Chur v. X.*	200 FN 74; 238 FN 31; 241 FN 48
	BGE 113 Ia 368–84	*Balli v. Stato del Cantone Ticino*	158–59; 161 FN 16; 164 FN 29; 176 FN 77; 209 FN 31; 216 FN 30; 233 FN 7, 8; 255 FN 12; **285**; 287 FN 103; 289; 298 FN 13; 300 FN 25; 302 FN 34, 35; 303 FN 39; **307 FN 48**; 314 FN 23; 319 FN 44; 356 FN 16
	BGE 113 Ib 39–49	*R. v. BLS*	133 FN 55; 278 FN 59
	BGE 113 Ib 133–38	*Edwin Badertscher Architekturbüro AG v. Gemeinde Seuzach*	168 FN 45, 49; **169–70**; 171 FN 57; **174 FN 68**; 179 FN 93; 187 FN 28
	BGE 113 Ib 318–26	*Gemeinde Küsnacht v. B.*	**172–73**; 174 FN 69; 182; 235 FN 17; 280 FN 70; 282 FN 78; 356 FN 16
	BGE 113 Ib 327–33	*Firma C. v. SBB*	324 FN 68
	15. April	*Bütikofer v. Moosseedorf*	179 FN 91; 196 FN 58
	20. Mai	*Renaud v. Commune de St-Légier*	170 FN 56; 286 FN 98
	16. September Zbl 1988, 273–82	*Schweizerischer Bund für Naturschutz v. Engadiner Kraftwerke AG*	199 FN 69
	17. September	*Müller und Koller v. Munizipalgemeinde Egnach TG*	166 FN 36; **183 FN 4**; 187 FN 25; 214 FN 8; 305 FN 43
1988	BGE 114 Ia 32–34	*Erbengemeinschaft X. v. Einwohnergemeinde Hochwald*	326 FN 2
	BGE 114 Ia 221–32	*Willy Müller v. Kt. Basel-Land*	303 FN 38
	BGE 114 Ia 254–59	*X. v. Einwohnergemeinde Deitingen*	305 FN 42
	BGE 114 Ib 100–07	*B. und F. v. Cully*	171 FN 57; 179 FN 93; 180 FN 95, 99; 181 FN 103; 207 FN 24; 320 FN 46
	BGE 114 Ib 108–12	*Commugny et Vaud v. R.*	194 FN 54
	BGE 114 Ib 112–25	*H. v. Gemeinde Trimmis*	160 FN 12; 180 FN 94; 181 FN 102; 182 FN 104; 268 FN 14; 290 FN 116; 313 FN 22; 318 FN 41; 338 FN 47; 356 FN 16

BGE 114 Ib 174–79	Erbengemeinschaft J. v. Stadt Schaffhausen	195 FN 56
BGE 114 Ib 283–86	C. v. Etat de Neuchâtel	197 FN 61
BGE 114 Ib 286–301 BVR 1989, 213–28	Pagano v. Einwohnergemeinde Bern	171 FN 58; 179 FN 93; 180 FN 94; 181 FN 101; 182 FN 104; 290 FN 116; 336; 338 FN 47
BGE 114 Ib 301–04 BVR 1989, 97–107	Einwohnergemeinde Wohlen v. Bernische Kraftwerke AG	**160 FN 9**; 166 FN 34; 178 FN 89; 179 FN 93; **180 FN 95, 99**; 181 FN 103; 331 FN 18; 334 FN 31; 337 FN 43
BGE 114 Ib 305–12	X. v. Ingenbohl	**172 FN 63**; 179 FN 93; 181 FN 101; 182 FN 104; 314 FN 23; **336; 339**; 356 FN 16
BGE 114 II 230–38	Alexandre SA v. Schweiz. Rentenanstalt	219 FN 2
12. Januar	FFS v. Comune di Lugano	161 FN 14
21. Januar	Balthasar v. Gemeinde Horw	168 FN 44
9. März	Erben Rüeger v. Gemeinde Vaz/Obervaz	179 FN 90
11. Juli Zbl 1989, 82–92	SBB v. Kte. Zürich, Zug, Schwyz und Bezirke Einsiedeln und Höfe	199 FN 69

Sachregister

Absichten
- des Eigentümers **142-44**; **171-73**; 282
- des Gemeinwesens 138-39; 171 FN 57; 335

Abwasser *siehe* Erschliessung; Gewässerschutz

Abzonung 160; **283**; 288

Affektionsinteresse 122; **253**; 257; 295 FN 135

«Alles-oder-nichts»-Charakter der materiellen Enteignung 2; 342; 355-56

Allgemeine staatliche Entschädigungspflicht 18; 61-62; 218 FN 37; 219 FN 1; 227; 301 FN 31

Amortisation 324 FN 67; 339

Änderung der Eigentumsordnung *siehe* Rechtsänderung

Anwendungsakte als enteignende Eingriffe 20 FN 7; 34; 49; 54-55; 101; **220-21**

Ausdehnung der Enteignung **194**

Ausgeübter Eigentumsinhalt 43-46; 80-83; 107-08; 110; **278-79**; 329-31

siehe auch Gegenwärtiger Gebrauch

Ausgleich
- zwischen konkurrierenden Eigentümerinteressen 288; **310-20**
- für die durch staatliche Aktivitäten entstandenen Vor- und Nachteile 2; 356
- *siehe auch* Lastengleichheit

Ausnahmebewilligung 140; 166

Ausnützungsziffer 159-60; 283

Auszonung 152; 154; **176-79**; **182**; 207 FN 25; 290; 335 FN 32; 340-41

Autobahn 170; 185

Barret
- Formel
  - Wortlaut 113; 164-65
  - Konzeption 110; **120-21**; 153
  - Kritik **205-08**
- Urteil **105-12**

Baufreiheit 84; 111; 127 FN 36; 129; 137 FN 72; 160; **200-01**

Baugebiet *siehe* Auszonung; Bauzone

Baugebietsetappierung *siehe* Bauzone zweiter Etappe

Bauland 79; 86; 102; 129-33; 146-47; 200-05; 290

siehe auch Bauzone

Baulinie 25-26; 85-86; 123-24; 159; 168; **283**; 288

Baupolizei
- Allgemein **283-84**; **287-88**; 316; 319
- Rechtsprechung 25; 78-79; 85-86; 119; 124; 159

Bauprojekt, Entschädigung für nutzlose Kosten **330 FN 16**; 340

Bausperre 255; 288; **291-92**

Bauten und Anlagen im öffentlichen Interesse *siehe* Zone für öffentliche Bauten und Anlagen

Bauverbot 79; 86; 126; 129; 290

siehe auch Bauzone; Realisierungswahrscheinlichkeit

Bauvorschriften *siehe* Baupolizei

Bauzone
- Allgemein 79; 146-48; 152; **176-82**; 290; 334
- Bundesrechtskonforme 160; 167; 177 FN 83; **178**; 290; 334-35
- Reservebauzone 179; 335 FN 35
- zweiter Etappe 179; 335 FN 35

Begriff der materiellen Enteignung *siehe* Materielle Enteignung, Begriff

Behördliches Verhalten **333-36**

Bemessungszeitpunkt **189**; 193-94

Beschaffenheit des Grundstücks 134-35; 255-56; 285-87

Bereicherung des Gemeinwesens *siehe* Vorteile des Gemeinwesens

Beschränkte dingliche Rechte als Objekte einer materiellen Enteignung 233

Besitzstandgarantie *siehe* Bestandesschutz

«Besondere Umstände» 171 FN 58; 175 FN 73; 178; **180-82**; 333 FN 28; 331; 337

Sachregister

Beständigkeit staatlichen Handelns 181;
  282; 339
Bestandesschutz **278-79**; **329-31**
Bestimmung des Eigentumsinhaltes
  siehe Inhaltsbestimmung
Bestimmungsgemässe Nutzung 159;
  271-73; 283-84
Beurteilungszeitpunkt
– Allgemein 129 FN 42; 173; **187-89**
– bei sich ändernder Rechtslage **189-92**
Bodenrecht *siehe* Raumplanung
Bodenmarkt *siehe* Marktpreise; Nachfrage
Bundesrecht/Kantonales Recht 1 FN 2;
  17 FN 23; 188 FN 32
Bundesrepublik Deutschland **11-12**; 99;
  225 FN 29; 249 FN 14; 272

Dauer des Eingriffs 255; **290-92**
Déclassement *siehe* Auszonung
de minimis-Schwelle 124-25; **276-77**
Denkmalschutz 159; 163; **254-55**;
  271-73; 275; **284-85**; 287; 303;
  307; **313**; **316**; 332
Dézonage siehe Auszonung
Dienstbarkeit *siehe* Servitut
Dies aestimandi **189**; 193-94
Differenzmethode 194; 252; 328 FN 7
Disposition 33; 43; 72; 324 FN 67;
  329-31; **344-45**

Ehehafte Rechte 33; 237
Eigentum als Objekt der materiellen Enteignung 31-33; 217; **230-45**
Eigentumsbeschränkung
– Allgemein **220-21**; **258**; 261; 304;
  353
– Rechtsprechung 1; 20; 24-27; 30; 34;
  49-50; **54**; 70-71; **101**; **153-54**; 179
Eigentumsgarantie
– Allgemein 1 FN 1; 7-11; 150-53;
  230-31; 241-45; **259-62**; 294; 350
– und Lastengleichheit 295-302
– und Vertrauensschutz 326-28
– *siehe auch* EMRK
Eigentumsinhalt *siehe* Inhaltsbestimmung
  des Eigentums

Eigentumsordnung 174-76; 178-79;
  200-02 **259-62**; 280-82; 310-20;
  332; **337-42**; **349-50**; 353-55
Eigentumspotential *siehe* Zukünftige
  Nutzungen
Eignung des betroffenen Objektes zur
  Verwirklichung der entzogenen Nutzung 170; **255-56**; **285-87**;
Eingriff in Teil eines Objektes **268-69**
Eingriffsintensität
– Allgemein 263-64; 265; **266-95**
– Ältere Rechtsprechung 51; 71-73;
  85-89
– Konzeption *Barret* 108-111
– Rechtsprechung 1965-79 122-18
– Rechtsprechung nach 1980 158-64
Eminent Domain 10
EMRK 2 FN 4; **8-9**
Enteignung
– Begriff 18-20; 29-30; 57-58;
  192-94; **250-51**; 263-64
– formelle **57-58**; 99; **192-97**; 224;
  232; 235 FN 18; **246-51**; 263-65;
  318
– als Gegensatz zur Inhaltsbestimmung
  18-20; 28; **261-62**
– materielle *siehe* Materielle Enteignung
Enteignungsähnlichkeit als Kennzeichen der materiellen Enteignung 36;
  46-52; 196; 247; **262-65**; **337-42**
Entschädigung
– Berechnung bei materieller Enteignung 252; 328 FN 7
– Bemessungszeitpunkt **189**; 193-94
– bei Ergänzung der materiellen durch
  eine formelle Enteignung **194-96**
– Inkonvenienzen 224 FN 26; 331
  FN 17
– kein Anspruch für Inhaltsbestimmung
  des Eigentums 18-20; 54; 151-53;
  178; 203; **261-62**
– nur für ökonomischen Schaden 122;
  252-257; 293-95
– wegen
  – formeller Enteignung 247; 278
    FN 59
  – materieller Enteignung 247; 252;
    339-42; 355

382

- verletzten Vertrauens 327-28; **339-42**; 355
- volle 1-2; **247-48; 339-42; 355-56**
- Rechtsfolge und nicht Voraussetzung des enteignenden Eingriffs **99**; 193; 241 FN 48; 247; 249 FN 14; 251
- Zins 189; 197

Entschädigungspositivismus 18; 42; 61; 102; 227

Erscheinungsweisen der materiellen Enteignung 213-16; **220-27**

Erschliessung 135-38; 159; **166-68**; 171; 254; 288; 290; 336
- und «besondere Umstände» 180-81

Erschliessungsetappierung 167

Erschliessungsplanung 167; 292 FN 125

Europäische Menschenrechtskonvention *siehe* EMRK

Fahrnis als Objekt einer materiellen Enteignung **233**

Faktische Interessen 32; 223; **235-36**; 238 FN 36; 243-45

Finalität **224-27**; 236 FN 21

Folgecharakter der Entschädigung bei der materiellen Enteignung **99-100**; 193; 241 FN 48; 247; 249 FN 14; 251

Forderungen als Objekte einer materiellen Enteignung 233

Formalismus der frühen Rechtsprechung 34

Formelle Enteignung *siehe* Enteignung

Formeln
- Allgemein 4; 208; **357-59**
- alte Formel, *siehe* Formel *Müller-Haiber*
- *Barret* 113; 164-65; 205-08
- *Müller-Haiber* 71
- neue Formel, *siehe* Formel *Barret*

Gebrauch
- gegenwärtiger *siehe* Gegenwärtiger Gebrauch
- zukünftiger *siehe* Zukünftige Nutzungen

Gefahrenabwehr *siehe* Polizeiliche Eingriffe

Gegenstand der materiellen Enteignung
- Allgemein **230-45**

- Rechtsprechung 31-33; 96-97; 197-200

Gegenwärtiger Gebrauch 43-46; 80-83; 107-08; 110; 120; **278-79; 329-31**

Gemeingebrauch 33; **238**

Gemeinwesen
- als Gestalter der Eigentumsordnung 249; 262; **310-20**
- Haftung *siehe* Staatshaftung
- Interessenkonflikte 249-50; 262; 313
- als Schiedsrichter **310-20**
- als Unternehmer **310-20**

Generelles Kanalisationsprojekt 139; 147; 151; 154-55; 181; 336 FN 37

Geschichtliche Stätten *siehe* Denkmalschutz

Gesetz (als unmittelbar enteignender Eingriff) 221

Gesetzliche Grundlage (als Voraussetzung für eine staatliche Entschädigungspflicht) *siehe* Legalitätsprinzip

Grundstück
- als Objekt der formellen Enteignung 232; 250-51
- als Objekt der materiellen Enteignung 233

Gewässerschutz 135-36; **146-48**; 148-53

Haftung des Gemeinwesens *siehe* Staatshaftung

Heimschlag **194**

Herabzonung *siehe* Abzonung

Hoheitliche Natur des enteignenden Eingriffs 217; **219-27**

Immaterielle Beeinträchtigung 122; **253**; 257; 295 FN 135

Immissionen 30-31; **58-59**; 170; **222**; 224 FN 24; 332 FN 25

Immobilien als Objekt der materiellen Enteignung 233

Industriezone **253**; 283

Infrastruktur *siehe* Erschliessung

Inhaltsbestimmung des Eigentums
- Allgemein 231; **259-62**; 280-82; 288; 304; 310-20; 338-42; 348-49; 352- 55

- Rechtsprechung 19-27; 49-50; 54-57; 101; 116; 152-57; 174-75; 178; 200-03; 206
Inkrafttreten der Eigentumsbeschränkung *siehe* Beurteilungszeitpunkt
Inkonvenienzen 224 FN 26; 331 FN 17
«in naher Zukunft» *siehe* Realisierungswahrscheinlichkeit
Intensität des Eingriffs *siehe* Eingriffsintensität
Interesse, faktisches, als Objekt einer materiellen Enteignung 32; 223; **235-36**; 238 FN 36; 243-45
Interesse, öffentliches, am Eingriff (als Voraussetzung für dessen Rechtmässigkeit) 229; **309-10**
Interessenabwägung (bei der Abgrenzung der entschädigungspflichtigen von den entschädigungslosen Eigentumsbeschränkungen) 153; **309-10**; 349 FN 11
Investitionsschutz 33; 43-46; **278-79**; **329-31**

Kanalisation *siehe* Erschliessung
Kanalisationsprojekt, generelles 139; **147**; 151; 154-55; 181; 336 FN 37
Konzeptionen der materiellen Enteignung *siehe* Formeln
Konzession *siehe* Wohlerworbene Rechte
Kulturdenkmäler *siehe* Denkmalschutz
Künftige Nutzung *siehe* Zukünftige Nutzung; Realisierungswahrscheinlichkeit

Lage eines Grundstücks 134-35; 170-71
Landesplanung *siehe* Raumplanung
Landschaftsschutz
- Allgemein 272; 313-14; **320**
- Rechtsprechung 56; 65-66; 69; 79; 86-88; 105ff; 119; 126
Landumlegung 168; 170; 314
Landwirtschaftliche Bewirtschaftung 161; 284
Landwirtschaftszone 177; 179; 204; 283 *siehe auch* Raumplanung
Lastenausgleich 220 FN 3
Lastengleichheit **295-307**
siehe auch Sonderopfer

Legalitätsprinzip 18; 42; **61**; 102; 225; 227
Leitbilder der materiellen Enteignung **262-65**; **337-39**

Marktpreise 131-33
Massgebende Rechtslage *siehe* Rechtslage
Massgebender Zeitpunkt *siehe* Beurteilungszeitpunkt
Materielle Enteignung
- Begriff 1 FN 2; 31; 45 FN 7; 51 FN 17; 339; 355
- Entschädigung *siehe* Entschädigung
- Ergänzung durch formelle Enteignung **194-96**
- Gesetzliche Umschreibung 3; 209
- Konkretisierungsbedürftigkeit 3; **262-66**; **357-59**
- Kriterien zur Abgrenzung von den entschädigungslosen Eingriffen **262-66**; **266-359**
- Unterscheidung von der formellen Enteignung
  - Allgemein **247-51**
  - Ältere Rechtsprechung 28-30; 57-58
  - Rechtsprechung seit 1965 192-97
- Tatbestand 2; **217**
- Verfassungsgrundlage 1
Methode
- des Bundesgerichts 5-6; 53; 120-22; 202-05
- dieser Untersuchung 3-7; 217-18; 266
Mittelbare Eingriffe 224-26; 236 FN 21
Mobilien als Objekte einer materiellen Enteignung 233

Nachbarrecht (als Inhaltsbestimmung des Eigentums) **287-88**; 289 FN 113; **312**; 319
Nachbarrechtliche Abwehransprüche 30-31; **58-59**; 170; 222; 232 FN 5
Nachfrage 132-34; 170
«nahe Zukunft» *siehe* Realisierungswahrscheinlichkeit

Natur- und Heimatschutz
- Allgemein 248 FN 9; 271-73; 275; 313-14; 316; 318-20
- Rechtsprechung 45; 55-56; 65; 69-70; 79; 86-87; 159
- *siehe auch* Denkmalschutz; Landschaftsschutz

Nichteinzonung 173; **176-82**; 207 FN 25; 335 FN 32; **340-41**

Non-classement siehe Nichteinzonung

Nutzung, gegenwärtige
siehe Gegenwärtiger Gebrauch

Nutzungsmöglichkeiten, künftige
siehe Zukünftige Nutzung

Nutzungspflicht 172; 280

Nutzungsplanung *siehe* Raumplanung

Objekt der materiellen Enteignung **230-45**

Öffentliches Interesse *siehe* Interesse

Öffentlichrechtliche Rechtspositionen als Objekte der materiellen Enteignung **236-41**

Pflichten des Eigentümers
- zu positiven Leistungen 32-33; 214-15; **254-55**; 287
- zur Schadenskleinhaltung 345

Planerische Vorstellungen des Gemeinwesens 138-39; 171 FN 57; 336

Planung *siehe* Raumplanung

Planungszone *siehe* Zeitlich beschränkte Eingriffe

Polizeiliche Eingriffe
- Allgemein 308; **320-25**
- baupolizeilicher Natur *siehe* Baupolizei
- Doktrin 308-09 FN 3
- Kritik und eigene Auffassung **320-25**
- Rechtsprechung
  - ältere 24-25
  - seit 1965 **182-87**

Positive Leistungspflichten des Eigentümers 32-33; 214-15; **254-55**; 287

Privatrechtliches Handeln des Gemeinwesens 219

Privatrechtliche Rechtspositionen als Objekt der materiellen Enteignung **233-36**

Provisorische Massnahme 188
siehe auch Zeitlich beschränkter Eingriff

Puzzle 6 FN 19

Quartierplan 168; 170

Raumplanung
- Allgemein 79; 119; 146-48; 305; 316
- Entschädigungsfolgen 102; 119; 129-30; **148-57**; 174-75; **176-82**; **200-05**; 316; 320; 339; 348-49

Raumplanungsgesetz (Bundesgesetz vom 22.6.1979) 1 FN 2; 16-17; 146; 166-67; 189 FN 38; 204; 320

Realakte **222-24**

Realisierungswahrscheinlichkeit
- Allgemein 108; 128-30; 173-75; 181; 187; **279-82**; 333
- Formel **164-65**
- Kriterien **133-44**; **165-73**
- Kritik 169 FN 52; 175-76; 203-05; 280-82
- Rechtsprechung
  - 1965-79 **128-46**
  - nach 1980 **164-76**
- und Sonderopfer 164

Rechte als Objekte der materiellen Enteignung
- Allgemein **233-41**
- Kritik 241-45

Rechtliche Gegebenheiten **140-42**; **165-70**

Rechtmässigkeit
- der entzogenen Eigentumsbefugnis 75; 83; 279; **321-25**; 343
- des Handelns des Gemeinwesens
  - materielle Enteignung als Anwendungsfall 217; **227-29**
  - nicht Voraussetzung zur Geltendmachung des Entschädigungsanspruchs aus materieller Enteignung 229-30
- *siehe auch* Staatshaftung

Rechtsänderung **174-75**; 189-90; **200-05**; 260; 265; **282**; 316-17; 326-27; 331-33; **338-42**; 352-55

Rechtsanwendung 20 FN 7; 49–50;
  54–57; **220–21**
Rechtsentzug 30; 58; 192–93; 246
Rechtsgleichheit *siehe* Lastengleichheit
Rechtslage, massgebende 169; **188;
  189–92**
Rechtspolitische Beurteilung des Eingriffs 153; **346–50**
Rechtsschutz gegen materielle Enteignungen **14–17**; 229–30
Rechtssicherheit 326
Rechtsvergleichung
– Allgemein **7–12**; 352
– BRD **11–12**; 99; 225 FN 29; 249 FN 14; 272
– EMRK 2 FN 4; **8–9**
– USA **10–11**; 122 FN 18; 269 FN 18; 310–12; 322 FN 55; 358 FN 21
Rechtswidrigkeit **227–30**; 321–25
Refus de classement siehe Nichteinzonung
Reservezone 179; 335 FN 35
Revers 215; 221; 256
Risiko 331–33; **344–45**
Rodungsverbot 140; 169 FN 50; 255–56
Rückzonung *siehe* Auszonung, Nichteinzonung

Schaden als Voraussetzung einer materiellen Enteignung
– nur ökonomischer Schaden 122; **252–57**; 293–95
– nicht immaterieller Schaden 253; 257; 295 FN 135
– Vertrauensschaden 327–28; 339–42; 355
Schadenskleinhaltung 345
Schiedsrichter *siehe* Gemeinwesen
Schutzzonen *siehe* Landschaftsschutz
Selbsterschliessung 167
Servitut
– als Kennzeichen für eine materielle Enteignung 163; 196; **315**
– als Objekt einer materiellen Enteignung 233 FN 9
Situationsgebundenheit **271–73**
Sonderopfer
– Allgemein **295–307**

– Ältere Rechtsprechung 37–42; 68; 71–73; 77; 90–93
– Konzeption *Barret* 109; 113; 128
– Rechtsprechung nach 1980 **161–64**
Sonderopfertheorie 36–37; 68; 295–96
Staatshaftung 18–19; 42; 61–62; 218 FN 37–38; 219 FN 1; **227–29**; 296 FN 7
Staatsrechtliche Beschwerde **15–16**
Steuerliche Einschätzung 139; 335 FN 33
Strasse *siehe* Erschliessung
Substanz 28; 59–60; 199; **270–71**

Taking 10; 358 FN 21
Tatbestand *siehe* Materielle Enteignung
Teilbauverbot 25–26; 85–86; 123; 160; **283–84**
Teilenteignung 248; **252**; 263 FN 13
Teilweiser Eingriff in ein Grundstück **268–69**
Treu und Glauben *siehe* Vertrauensschutz

Überbauungschance *siehe* Zukünftige Nutzungsmöglichkeiten; Realisierungswahrscheinlichkeit
Überbauungsordnung 168; 170
Übergangsrecht 129; 174; 181; 265; 329; **337–42**; **354–55**
Übriges Gebiet 177; 179; 204
Umlegung *siehe* Landumlegung
Umverteilung 5; 26; 264; 303; 346–50
Umweltschutz 279 FN 65; 320–25; 353
Unterhaltspflicht 254; 287
Unternehmer *siehe* Gemeinwesen
USA **10–11**; 122 FN 18; 269 FN 18; 310–12; 322 FN 55; 358 FN 21

Verfahren
– Unterschiede zwischen formeller und materieller Enteignung 99; 193; 247–51
– zur Geltendmachung einer materiellen Enteignung **14–17**; 99; 229–30
Verfassung 1; 3; 150–51; 200–03; 230–31; 242–45; 259–62; 341
Verfügung als enteignender Eingriff 220
Verhalten des Eigentümers **343–45**

Verjährung der Ansprüche aus materieller Enteignung **188**
Vermögensminderung 217; **252-57**; 293-95
Vertrauensschaden 327-28; 339-42; 355
Vertrauensschutz 161-62; 181; 265; 278; **326-342**; 351; 354-55
Verwaltungsgerichtsbeschwerde **16-17**
Verwirklichung der entzogenen Nutzung
  siehe Realisierungswahrscheinlichkeit
Verzinsung 189; 197
Volle Entschädigung 1-2; 247-48; **355-56**
- und EMRK 9
- im Gegensatz zum Vertrauensschaden 328; **339-42**; 355
Vorteile
- des Eigentümers 88-89; **287-89**
- des Gemeinwesens 51-52; 89; 249-51; 264; **310-20**
Vorteilsabgabe 2; 356
Vorwirkung der Enteignung 195
Wahrscheinlichkeit einer Verwirklichung der entzogenen Nutzung
  siehe Realisierungswahrscheinlichkeit

Wald 140; 169; **255-56**
Waldabstand 183; 283; 332
Wasseranschluss *siehe* Erschliessung
Wertverminderung des betroffenen Objektes **274-77**

Wesentliche Eigentumsbefugnis 110-11; 120; 152-53; **158-61**; 270-71
Wirtschaftlich sinnvolle Nutzung 88; 159-60; **283-85**
Wohlerworbene Rechte
- Allgemein **236-41**
- Rechtsprechung 33; 96; **197-200**

Zeitlich beschränkter Eingriff 255; **290-92**
Zielrichtung des Eingriffs **308-25**
Zins 189; 197
Zivilrechtliche Streitigkeiten **14-15**
Zizers
- Urteil *Meier v. Zizers* **149-57**; 202-05; 349-50
- Folgen 176-82; 206
Zonen *siehe* Bauzone; Raumplanung
Zone für öffentliche Bauten und Anlagen 180; **195**; 313, 318
Zukünftige Nutzungen
- Allgemeines 83-93; **108**; 110; 128; **277-82**
- im Gegensatz zu bereits ausgeübten Nutzungen 46; 74; **277-78**; 330-31
- Wahrscheinlichkeit ihrer Realisierung
  siehe Realisierungswahrscheinlichkeit
Zusatzprotokoll, erstes, zur EMRK
  siehe EMRK
Zusicherungen von Behörden 335
Zweck des Eingriffs 248-49; **308-25**